'마우스'를 사랑해주셔서

감사드립니다.

행복하세요   최란

2021. 5~.

짜깍~

최란작가님께. ♡

'마우스'라는 걸작을 집필표신 작가님께

진심으로 감사드리며, 반응으로 살아 있어서

행복했습니다. 사랑합니다

고생 많으셨습니다

적힌 대사에 공감도
연습 더 있기
영광였습니다
감사합니다 ♡

'이유스' 와 '옹이'를
사랑해주셔서 감사합니다 ♡
- 주헌 -

마우스 2

| 내 피릿속에 살인마가 산다 |

· 최란 대본집 ·

마우스 2

| 내 머릿속에 살인마가 산다 |

무 삭 제
오리지널

IZI 이지퍼블리싱

목차

- 2권 -

1 이 책은 최란 작가의 드라마 대본 집필 형식에 따라 최대한 원본에 맞춰 편집되었습니다.

2 드라마 대사는 구어체이기에 한글 맞춤법과 달라도 그 표현을 그대로 살렸습니다.

3 말줄임표는 두개, 세 개, 네 개 등으로 다양하게 표현되었으며 이는 대사 시 호흡의 양을 다양하게 표현하고자 한 작가의 의도를 반영한 것입니다.

4 쉼표, 느낌표, 마침표와 같은 구두점도 작가의 의도를 반영하였습니다.

5 이 책은 작가의 최종 대본으로 방송이 되지 않은 부분이 포함되어 있습니다.

   (본 방송용 대본과 비하인드가 포함된 대본은 각각 대본 작업화 되었으며 촬영현장에는 두 버전이 모두 전달되었습니다)

용어설명

S#   Scene. 씬. 장면
        같은 장소와 같은 시간 내에서 이뤄지는 행동이나 대사
        S 뒤에 장면 번호를 적어 표기

E   Effect. 대사와 음악을 제외한 효과음
        보통 등장인물은 보이지 않고 소리만 나는 경우에 사용

OL   Overlap. 오버랩
        현재 장면이 사라지면서 다음 장면으로 바뀌는 기법

NA   Narration. 내레이션
        장면 밖에서 들려오는 목소리

인서트   Insert(Ins)
        장면 사이에 삽입한 화면

몽타주   각각 편집된 장면들을 짧게 끊어서 붙인 화면
        짧은 컷을 빠르게 교차하여 보여주는 것

F.S   Full Shot. 풀샷
        인물이나 물체, 풍경 등의 전체 모습이 모두 나오는 것

플래시 컷 Flash Cut
        화면과 화면 사이에 들어가는 매우 짧은 순간적인 장면
        극적인 인상이나 충격 효과를 주기 위해 사용

플래시 백   Flash Back 회상 장면
            지금 일어나고 있는 사건의 인과나 인물의 성격을 설명할 때 사용

F   Filter. 필터
            전화 수화기로 통해 들려오는 목소리나
            마음속으로 하는 이야기 등을 표현할 때 사용

점핑   Jumping
            건너뛴 상황. 상황 전환

퀵 플래시   Quick Flash
            빠른 화면 전환

Cut to   가까운 공간 안에서의 각도 전환

디졸브   Dissolve (Dis)
            한 화면이 사라지면서 동시에 다른 화면이 점차 나타나는 기법

F.O   Fade Out. 페이드 아웃
            화면이 천천히 어두워져서 암전 상태로 되게 하는 기법

제 11 부

S#1   프롤로그 - 황금들판/ 해질녘

깃발 펄럭이는 잠자리채 들고 키보다 큰 억새풀 사이를 뛰어다니는 소년X(1부#81), 풀에 앉은 잠자리, 숨죽여 잡으려는 순간, 인기척에 휙 날아가 버린다. 아쉬운 소년X, 억새풀을 헤치며 소리 나는 곳으로 향하는데. 눈앞에 억새풀 제치다 헉! 놀란다. 바닥에 피투성이로 죽어있는 오리, 그 앞, 피 묻은 칼 든 아이의 뒷모습, 돌아보는데 재훈이다. 칼 쥔 손에서 흐르는 피 칼끝에 맺혀 뚝뚝 떨어지고…

재훈   (영혼 없는 눈빛으로) 뭘 봐. 꺼져.
소년X   (다가가 재훈 손 살피며) 깊이 벴네. 아프겠다.
재훈   (당황스런. 손 확 뿌리치며) 꺼지라고!!!

뒤로 주춤거리며 소년X 사라지자 혼자 남은 재훈, 자신의 손 보면 상처 깊다. 옷에 피 쓱 닦아내는데 억새풀 헤치며 다시 돌아온 소년X, 손에 병풀 잔뜩 들고 있다. 바닥에 돌멩이 집어 들어 병풀 찧으면. 재훈, 뭐하나 싶은 표정으로 보는데, 소년X, 짓이겨진 병풀 들고 와 다시 재훈의 베인 손 잡더니 상처 위에 덮는다.

재훈   (움찔) 뭐하는 거야. (뿌리치려고 하면)
소년X   (꽉 잡고) 가만있어 봐. 울 엄마가 그러는데, 상처소독엔 이 병풀이 좋대.

재훈	(펴 바르는 소년X, 이상하다는 듯 보는) 넌 내가 안 무서워?
소년X	(보며) 어?
재훈	토끼 배 가른 후론, 다들 나 피하는데…
소년X	… 다친 친굴 두고 갈 순 없잖아. (하며 잠자리채 깃발 풀어 아프지 않게 살살 묶으며) 동물을 죽이는 건 정말 나쁜 짓이야. 다신 그러지 마…

재훈, 자신의 손 묶고 있는 소년 보는 위로…

재훈	(E) 왜 나는 이런 아이로 태어나지 못했을까…
소년X	(마무리하고) 됐다. (재훈 보며 미소 짓는)

재훈, 소년X의 눈부신 미소 바라보는 위로.

재훈	(E) 나·· 이 아이처럼 되고 싶어·· 이 아이가… 되고 싶어…

나란히 마주 보고 서 있는 재훈과 소년X 위로 휘잉~휘잉 바람소리 들리며
두 소년 사이로 (세로) 타이틀 뜨고 사라진다.

마 우 스

S#2   무강건설 공사장/ 밤

위 화면 그대로 받아, 재훈, 소년X 자리 그대로 충격받은 얼굴로 요한 올려보는 바
름과 비릿한 미소로 바름 내려다보고 있는 요한 모습.

요한	어때? 기분이?
바름	(허··) 너… 너··?
요한	사람 죽이는 기분. 아주 짜릿하지?
바름	으! 으아악!!! (도망쳐 나가는)

S#3 　 바름의 집 외경 + 현관 안/ 새벽

뛰어 들어오는 바름. 그대로 현관 구석에 무너지듯 쭈그리고 앉아 바들바들 떠는.

바름	어, 어떡해… 사람을 죽였어… (머리 쥐어뜯으며) 아냐‥ 내가 그런 게 아냐. 성요한이… 그래, 그놈 때문이야 그놈!!! (괴로워 머리 막 치는데)
요한	(E) 그럼 좀 나아지나?
바름	(놀라보면)
요한	(거실 소파에 등 푹 기댄 채 다리 꼬고 앉아) 내 탓 하면 좀 나아져? (피식) 니 그 두 손으로 그 놈 목을 눌렀잖아‥
바름	(귀 틀어막고, 눈 꾹 감고 중얼거리는) 이건 환각이야‥ 환각…
요한	니가 아무리 부정해도 넌 살인자에 불과해. 살.인.자!
바름	(발끈) 저, 정당방위였어. 정당방위!! 그래. 우형철이 날 죽이려고 하니까!
요한	정당방위? (일어나 바름에게 다가가) 설마 경찰이 정당방위 뜻을 모르나? 좀 더 솔직해져 봐. 숨통이 끊어지는 그 순간을 즐겼잖아. (바름 얼굴에 바짝 대고) 그 놈 목조를 때… 황홀했잖아. 기분 죽이지 않았어?
바름	(소리 지르는) 아냐 아니라구! 난 너랑 달라. 다르다구!
요한	(재밌다는 듯 큭큭 거리다) 지금 니 꼴을 봐… 그러고도 그 말이 나와?
바름	(으으! 미치겠는) 꺼져! 제발 좀 꺼지라고!!!!
(E)	바름아‥?

놀라 보면 현관 앞, 장바구니 든 이모. 바름, 당황해 돌아보면 요한 사라지고 없다.

이모	왜 그래? 어디 아프니? (식은땀 흘리는 바름 이마에 손 짚어 보는데)
바름	(울먹) 미안해요. 이모… 실망시켜 드려서‥ (문 쾅 닫고 뛰쳐나가는)

S#4 　 북부서 강력팀/ 아침

바름 들어서면, 정신없는 형사들. CCTV 보고 있는 호남과 무치 등. "여기! 여기서부터 끊겼어" "이쪽으로 쭉 가면 오창IC인데, 북양주 쪽으로 간 거 같은데…"

바름   (후·· 심호흡 하고서) 저기··· 자수하러 왔어요

그러나 듣지 못하는 무치와 일동.

바름   (용기 내 더 크게) 제가·· 우형철을 죽였어요. (역시나 통화하고 회의하느라
           아무도 듣지 못하자. 꽥!) 내가 죽였다구요!!! 우형철! 내가! 죽였어!!!

순간 쥐 죽은 듯 조용해지는. 무치, 일동 문쪽 돌아보는 위로, 요란한 사이렌 소리··

S#5   공사장 입구 + 사건현장 (2층)/ 아침

도착하는 경찰차. 차에서 바름 데리고 내리는 무치, 앞장서 올라가면 고개 푹 숙인
채 따라가는 바름과 형사들. 바름, 현장 안 들어가지 못하고 밖에서 쭈뼛대는데, 안
쪽(사건현장) 보던 무치, 바름 이상하게 돌아보는. 바름, 안쪽(사건 현장) 보면 온데간
데없는 우형철 시체와 아무 일 일어나지 않은 듯, 깔끔한 현장.

바름   (당황하며) 어? 뭐야? (두리번거리며) 어디 갔어··?

〈시간 경과〉 감식반원들 지문 조사, 혈흔 조사 등 감식 중이다.

S#6   공사장 입구/ 아침

감식 마치길 기다리는 무치와 바름. 바름 초조한 표정으로 손톱 물어뜯고 있고, 그
런 바름 안타깝게 보는 무치. 감식반원들 나오자 바름 벌떡 일어나면.

무치   넌 여기 있어. (감식반 차량 쪽으로 가면)
감식반   (차에 장비들 실으며) 혈흔은 안 나왔고. 지문도 저 친구랑 우형철 건 안 나
           왔어. 여긴 살인사건 현장이 아냐. (가려다) 그 친구 맞지? 뇌 수술한.
무치   아. 예···

감식반	뇌란 게 후유증이 어떻게 나타날지 모른대‥ 병원에 데려가 봐.
바름	(자신 쪽으로 오는 무치 보며 다급히) 뭐래요?
무치	(걱정스럽게 보자)
바름	진짜예요! 내가 미쳤다고 죽이지도 않은 사람을 죽였다고 하겠어요?
무치	여기 확실해? 혹시 딴 장소랑 착각한 거 아니고?
바름	(미치겠는) 아, 맞다니까요. 저쪽 국도 변에 우형철 차랑 제가 몰고 온 트럭이 있을 거예요. 확인해보세요!
무치	(바름 물끄러미 보다) 낙하산! (부르면 신형사 오고) 저기 국도 변에 승용차랑 트럭 있는지 확인해봐. (하다) 트럭은 어디서 탄 거야?
바름	아, 슬기씨네 빌라 골목 들어가는 입구에… 키가 꽂혀있길래 다급해서‥
무치	도진동 나원빌라 골목입구 쪽에 CCTV 있는지 확인해보고 도진동 빌라촌 인근 대로에 트럭 도난 신고 들어온 거 있는지도 좀 알아봐.
신형사	네. (하는데)

그때 형사들 부산해지며 급히 출발하고, 신형사 전화 오면, 받는.

| 신형사 | 그래요? (끊고) 우형철 위치 떴대요. 핸드폰 전원이 들어왔나 봐요. |
| 바름 | (놀라) 네? 어디서요? |

S#7   거산도 방파제 위/ 낮

거산도 표지판 보이고. 도착하는 무치, 방파제에 몰려있는 경찰차들. 뛰어가면, 현지경찰, 강형사에게 증거봉투에 담겨있는 핸드폰 건넨다.

| 강형사 | 방파제 틈에 걸려 있었으면, 바다에 던지려다 떨어진 것 같은데… |
| 무치 | 여긴 범죄자들 밀항지로 유명한 곳인데? (둘러보면 저만치 CCTV 보이는) |

S#8   북부서 강력팀/ 밤

CCTV 화면. 흐릿하지만 배에 올라타는 3-4명의 밀항자들 찍혀있고 우형철 뒷모습 보이자, 화면 스톱된다. 화면 보고 있는 바름. 이 상황이 믿어지지 않는 듯··

강형사   새벽 네 시에 밀항선이 떴어··· 그리고 이 남자! (화면 짚는)
바름   (끄덕) 맞아요. 베이지색 바지에, 검정색 점퍼·· 검정 야구모자, 형광색
          로고 운동화도·· 다 우형철이 입은··· 우형철 맞아요··· 어떻게 된 거지··
          이게?
신형사   (바름 보는 무치 어깨 톡톡, 무치 돌아보면 귓속말) 확인해봤는데 승용차, 트
          럭 같은 건 없구요. 그 동네 트럭 도난신고 들어온 것도 없어요.
무치   그래? (후 한숨 내쉬고 바름 보는)

S#9   북부서 현관 앞/ 밤

허탈하게 나오는 바름과 배웅 나온 무치.

무치   (생각난 듯 주머니에서 바름 핸드폰 꺼내 주며) 그 집에 떨어져 있었대··
          (걱정스런) 병원··· 같이 가줄까?
바름   아니에요·· (꾸벅 인사하고 가려다 문득 돌아보는) 형사님은 알고 있었죠?
          우형철이 그 여고생이랑 안마사 죽인 범인인 거·· (보는 위로)

S#10   과거. 불법 퇴폐 안마시술소/ 바름의 회상/ 낮

주인   (바름 핸드폰 속 우형철 사진. 보며 짜증스런) 아, 왜 또 와서 물어요.
바름   (황당) 누가요?
주인   있잖아. 등치 이만하고 깡패같이 생긴, 티비 나왔던 그 형사·· 신부형 죽은.
바름   네? 고무치 형사님이요?
주인   어. 그 형사가 (형철 사진보며) 그 사람, 여기 온 적 있냐고 확인하고 갔어!
바름   아··

S#11   북부서 현관 앞/ 밤

바름   그래서…

무치   맞아. 알고 있었어. 첨엔 정순경 말 듣고 불안했었어. 내가 죄 없는 성요
한한테 총 쏜 게 아닌가‥ 근데 김진아 시신이 좀 달랐어. 송수호는 살아
있을 때 불을 질렀는데, 김진아는 살해 후 질렀더라고. 그런데 결정적이
었던 건!

S#12   과거. 안마사 미미네 오피스텔/ 10부 #56 상황/ 낮

끌어 내려진 시체 살피고 있는 형사들과, 바름 설명하는 모습 보이고. 주변 살피던
무치 눈에 화장대 위 가방 보면, 카드전단지 가득 있다.

무치   피해자 가방에서 명함 전단지 뭉치를 발견했어.

플래시 컷/ 우형철 사무실 (8부 #59)
무치, 바닥에 떨어진 안마소 카드 전단지 집어 들어 보며 "좋은데 다니시네?"

무치   우형철 사무실 바닥에 떨어져 있던 것과 같은 거였지. 그래서 우형철이 거
기 손님으로 다녀간 걸 확인하고 복팀장한테 얘기해 그 놈 미행을 붙였지.
내가 김영희 시신과 범행도구를 찾는 동안, 혹시라도 또 범행을 저지를까
봐. 그럼 현장에서 체포하면 되니까. 근데 이형사가 놈을 놓치는 바람에‥
바름   전 것도 모르고‥ (원망 섞인 눈빛으로) 아셨음 얘기 좀 해 주시지‥
무치   얘기하려고 파출소에 갔던 건데‥ 정순경 컴퓨터에 있던 영상에서 박혜원
을 알아본 거야. (어깨 툭툭 치며) 덕분에 박혜원과 김영희 시체 찾은 거야‥
바름   그만 가보겠습니다. (돌아서 가는데)
무치   왜 그렇게 성요한이 진범이 아니길 바란 거야? 간절해 보였어‥ 내 눈엔‥
바름   (무치 돌아보고 잠시 뭐라고 할까, 망설이다) 그냥‥ 그냥요… (가는)
무치   (이상한 듯 바름 가는 뒷모습 보는)

S#13   응급실 앞 + 안/ 밤

터벅 걸어오는 바름, 입구에서 보면 잠든 슬기 손 꼭 잡고 안쓰럽게 보는 동구‥

바름   (들어와 동구 뒤에 서서) 좀 어때?
동구   (반갑게) 얌마! 난 또 니가 우형철 죽였단 얘길 듣고 얼마나 놀랬는지 알
       아? (눈치 보며) 너 머린 괜찮은 거지‥?
바름   괜찮아. (말 돌리며) 슬기씬 좀 어때?
동구   다행히 크게 다친 덴 없대. 고맙다. 바름아‥ 너 아니었음‥ (눈물 그렁)
바름   고맙긴…
동구   근데 나‥ 니가 그 새끼 죽였단 얘기 들었을 때‥ 절대 그랬을 리 없다고
       생각하면서도‥ 한편으론 잘했다고 생각했어‥ 그런 새낀 죽어 마땅하
       니까‥
바름   (그런 동구 보는 위로)
기자   (E) 매듭사건의 진범이 우재필이 아닌, 아들 우형철인 것으로 드러났습
       니다.

S#14   무진청 증거보관팀 사무실/ 밤

기자   (E) 경찰은 우형철이 필리핀으로 밀항한 것으로 추정하고 필리핀에 수사
       협조요청을 한 상태…

티비 뉴스 보고 있는 무치. 곰곰 생각에 빠져있는데‥

플래시 컷/ (#6)
바름   미쳤다고 죽이지도 않은 사람을 죽였다고 하겠어요?/ (미치겠는) 아, 맞다
       니까요!

무치, 뭔가 찜찜하고. 그때, 두석 들어온다. 벌떡 일어난 무치! 두석 눈치 보면‥

두석	(아무 일 없었던 것처럼) 정바름 순경 말이야. 우리 팀으로 발령 났어.
무치	에?
두석	강형사가 강력하게 추천했어.
무치	기혁이 형이요? 아니, 근데 그 친구 아직 상태가··
두석	얘기 들었는데·· 당분간은 내근만 시키지 뭐. 평안파출소랑은 얘기했으니까 내일부터 출근하라고 해.

자리로 가는 두석, 무치 걱정스레 보면·· 두석, 자리에 앉아 책상 위 가족사진 슬픈 눈빛으로 본다. 무치, 그런 두석의 모습 짠하게 바라본다.

S#15   바름의 집/ 밤

현관문 열리는 소리. 지친 표정으로 들어오며 통화 중인 바름.

바름	증거보관팀으로요? 네. 감사합·· (하다 근심스러운) 근데 저··· 괜찮을까요?
무치	(F) 병원에선 뭐래?
바름	아·· 뭐 특별한 이상은 없다고·· 스트레스를 좀 받아서 그런 거 같다고·· 너무 걱정 안 해도 된다고 하셨습니다.
무치	(F) 그래. 오늘은 푹 쉬고 내일 봐.

전화 끊고 피곤한지 소파에 몸 파묻고 TV 켜는 바름. 매듭살인사건 진범, 우형철 밀항 관련 뉴스가 나오고 있다. 바름, 보다 고개 뒤로 젖힌 채 눈 감는다.

플래시 컷/ 우형철의 목 조르는 바름. 우형철의 시체, 눈 뜬 채 바름 바라보는.

번쩍 눈 뜨는 바름. 한숨 쉬고 일어나 주방 가서 물에 약 먹는데. 아차! 서둘러 사료 그릇에 사료 담고 물 갖고 나오는데, 거실 구석에 있던 새장(고양이 집) 비었다.

| 바름 | 나비야, 나비야·· (장식장 구석에 숨어 하악거리며 바름 경계하는 고양이 반응에 씁쓸한) 미안해·· 이리 나와서 먹어. 다신 안 그럴게·· (계속 경계하고 |

하악질 하는 고양이) 알았어‥ 그럼 여기 둘게. 뱃속 애기 생각해서라도 꼭 먹어야 해. (하며 사료그릇 새장 앞에 놓으며 새장 보는데, 순간 파바박!!!)

퀵 플래시/ 어벙이 비틀어 죽이는 바름 (6부 #111)

순간, 극심한 두통에 으으윽! 머리 감싸 쥐는 바름. 파바박 계속 떠오르는 잔상들! /머리 붕대 감은 채 눈 뜬 바름. 새장 앞에 서서 새장 속 새, 멀건 눈으로 보는. 새장 문 열고 조심히 손 펼치면, 올라앉는 새. 서늘해진 눈빛과 동시에 새 목 비틀어 창밖으로 던지고 침대에 눕고 "이제 좀 조용하네‥" 이내 눈 감는‥ (6부 #111)

바름 (허억허억) 뭐야‥ 이 기억은… (심하게 눈동자 흔들리며) 이것도 환각인가?

S#16 무진병원/ 아침

간호사 새요?
바름 네.
간호사 그때 이모분께 말씀드렸는데‥ 못 들으셨나 봐요.
바름 (긴장해서 보면)
간호사 소아병동에 입원해있던 아이가 화단에서 발견했었어요.

S#17 무진병원 병동 뒷 화단/ 아침

봉긋한 미니 무덤, 나무젓가락으로 십자가 모양 대충 꽂아놓은 것 보고 선 바름.

간호사 (E) 하도 불쌍하다고 울길래 달래느라 뒷마당에 묻고 무덤도 만들어줬어요‥

허… 바름 자신의 손 내려다보는. 무섭고 소름 끼친다.

바름 내가 죽였어… 내가… (거칠게 숨 몰아쉬다 퍼뜩!) 그럼… 우형철도‥?

S#18   무강건설 공사장- 사건현장/ 낮

뛰어 들어오는 바름. 두리번거리며 살펴봐도 말끔한. 아닌가? 돌아서 나가다가 문득! 자재 밑 들춰보면 바닥 불에 그을린 자국 보인다.

플래시 컷/ 엎어지는 드럼통. 바닥에 불붙는… (10부 #101)

바름   (허·· 맥 빠지는) 맞아. 이 자리… 환상이 아니었어… 그럼 대체 누가…

S#19   무강건설 공사장 앞/ 낮

넋 나간 얼굴로 가는 바름 뒷모습 바라보는 차 안 시선. 수풀로 가려진 차. 운전대에 올린 팔. OZ문신 사내, 차 안에서 어깨 축 처진 채 가는 바름 보는 위로

S#20   과거. 무강건설 공사장 앞 + 사건현장/ 11부 #2이후 상황/ 밤

바름, 뛰쳐나와 도망치면. 지켜보던 사내, 차에서 내려 안으로!

〈점핑〉 우형철 시체 들쳐 업고 나와 차 트렁크에 구겨 넣고는 약품 챙겨 다시 공사장으로 올라가는 사내.

〈점핑〉 산소표백제로 닦으며, 현장 싹 치우는데. 바닥 그을림 안 지워지자, 잠시 고민하다 그 옆에 있던 자재들을 그 위에 쌓아둔다.

현재/ 낮
바름, 터벅터벅 걸어가는 모습 보며 누군가에게 전화하는 사내!(OZ)

사내(oz)   눈치챈 거 같습니다. 어떡할까요?

S#21   버스 안/ 낮

멍하니 앉아 창밖 바라보는 바름. "다음은 북부경찰서 앞. 내리실 분은…" 하차 안내 방송 들리면 일어나는. (+바름 등 뒤에서 바름 지켜보고 있는 누군가 시선)

S#22   정류장 앞/ 낮

내리는 바름을 툭 밀치며 먼저 내리려던 노인, 발 헛디뎌 넘어지는.

바름   괜찮으세요? (부축해서 일으키면)
노인   (바름 밀치고 휙 가버리는)
바름   (황당한 듯 보다 경찰서 쪽으로 가는)

S#23   북부서 현관 앞/ 낮

현관 앞에 서는 바름.

바름   (E) 어떡하지‥? 다시 자수해도 그냥 정신병자 취급만 할 텐데‥ 아냐.
              그래도 자수해야 해. (들어가려는데 핸드폰 울리고, 무의식적으로 받는) 네.
(F)   그래서 자수할 건가요?
바름   네? (이상한)
(F)   자수할 생각이냐구요. 정바름씨!
바름   (뭔가 이상한) 누구‥세요?
(F)   우형철 시체가 왜 사라졌는지 궁금하죠?
바름   (순간 놀라 핸드폰 놓치는. 허‥ 바닥에 떨어진 핸드폰 보다 집는데‥)
              내 폰이 아냐. 누, 누구야‥ 당신‥?

인서트/ 거리/ 누군가. 통화하는 입 모양만 보인다. (이하 바름과 교차)

| (F) | 자세한 얘기는 만나서 하는 걸로 하죠. 당신에게 일어나는 모든 일에 대한 명쾌한 대답을 해드리죠‥ 대신 명심할 게 있습니다. 지금 이 모든 일은 그 누구도 절대 알아서는 안 됩니다. 뇌수술에 관여된 사람은 물론, 당신 이모한테두요. 약속해주시죠. |
| 바름 | (E) 뇌수술? 이모? 나에 대해 모든 걸 다 알고 있어… 대체 누구지‥?
(입술 잘근 씹는. 이윽고) 몇 시에 어디로 가면 되죠? |

S#24   평안천 산책로 앞/ 밤

산책로 입구에 안절부절못하며 벤치에 앉은 바름. 시계 보면, 자정 넘은 시간. 왜 안 오지? 하는데 순간 벤치 뒤, 장갑 낀 손이 바름 입에 손수건 대면. 바름, 기절하는.

S#25   대관람 차 앞 + 안/ 밤

덜컹 소리에 눈뜨는 바름. 대관람차 움직이고 있고, 바름 앞 #22 노인 앉아있다.

| 바름 | (힘겹게 눈 뜨며) 정류장‥ 그‥? |

추레한 복장의 노인, 모자와 백발 가발, 안경 벗으면 다름 아닌, 대니얼!!이다.

| 대니얼 | 반갑습니다. (미소 지으며 악수 청하는) |
| 바름 | (멍하니 바라보는데 퍼뜩!) |

플래시 컷/ 대니얼 관련 검색하는 바름. 화면에 대니얼 얼굴. (9부 #101)

바름	주, 죽었는데…? 성요한한테 살해됐다고‥
대니얼	네. 바로 이 자리에서 죽을 뻔했었죠.
바름	그, 근데 어떻게‥?
대니얼	살아있냐구요? 그건 차차 말하기로 하고, 것보다 정바름씨가 더 궁금한

일이 있을 텐데요··

바름 ?

대니얼 우형철 시체가 어디로 사라졌는지··

바름 (헉!) 그, 그럼 박사님이 치운··? 하지만, 우형철이 밀항선 타는 걸 봤는데··

대니얼 얼굴을… 확인했나요?

바름 네? 그건 아니지만… 뒷모습이. 옷이랑 신발도…

대니얼 우형철과 비슷한 체격의 누군가 우형철 코스프레를 하고, 일부러 CCTV에 찍혔다면요?

바름 허… 그럼…

대니얼 (그런 바름 보는 위로)

플래시 컷/ 부두/ 이민 가방 밀며 밀항선 오르는 형철과 같은 체격, 차림의 사내.

대니얼 (E) 따지고 보면 우형철이 그 배에 타긴 탔겠죠. 누군가와 함께…

대니얼 물론 지금쯤 물고기 밥으로 사라졌겠지만…

바름 대체 왜…그런 짓을··

대니얼 /거두절미하고 만나자 한 용건을 말하죠. 우형철 죽일 때 기분이 어땠죠?

바름 네? 그건 시, 실수였어요·· 그 놈이 절 죽이려고 해서… 정당방위라구요··

대니얼 좀 더 솔직해져 보죠. (바름 눈 똑바로 보며) 우형철의 숨통을 끊을 때·· 그 순간 자신도 모르는 쾌감을 느꼈을 텐데··

바름 무, 무슨 소리예요··

플래시 컷/ 요한 "좀 더 솔직해져 봐. 숨통이 끊어지는 그 순간을 즐겼잖아. 그 놈 목조를 때… 황홀했잖아. 기분 죽이지 않았어?" (#3)

바름 (놀란 눈으로 대니얼 보고)

대니얼 안타깝게도 살인마 성요한의 전두엽이 지난 1년간 상당 부분 당신의 뇌를 잠식했습니다. 지금 이 순간에도 당신의 뇌를 잠식 중이구요. 그러다 결국 당신의 뇌는 성요한 뇌에 온전히 잠식당하고 말 것입니다. 그 후 어떤 일이 벌어지게 될 거 같나요··

바름	…
대니얼	살인은 중독입니다. 우형철을 살해함으로써 당신 안에 내재된 살인충동이 깨어났을 겁니다. 스위치가 켜져 버린 거죠‥
바름	스위치‥?
대니얼	(끄덕) 시간이 갈수록 그 충동은 점점 심해질 겁니다. 이제 결코‥ 멈추지 못해요. 그 어떤 의지로도.
바름	마, 말도 안 돼… (하는데 순간 대관람차, 하늘에서 끼익 멈추는)
대니얼	깨어나 버린 그 살인 본능을 다른 쪽으로 푸는 건 어떤가요? 우형철을 죽였듯, 상위 1%의 싸이코패스, 프레데터를 처단하는 걸로요.
바름	(무슨 말인가 빤히 보는)
대니얼	정바름씨가 DNA를 가져오면, 그 사람이 프레데터인지 아닌지 확인시켜 드리죠…
바름	에? 설마‥ 나더러 사람을 죽이라는 거‥예요?
대니얼	대신 정바름 씨 덕분에, 억울한 죽음을 당하는 피해자는 없을 겁니다.
바름	미쳤어‥ 이봐요! 나 자수할 거예요. 우형철 죽인 죗값 치를 거라구요!
대니얼	시체도, 증거도 없는데, 어떻게요? 정바름씨가 우형철을 죽인 걸 믿게 하려면 연쇄살인마 성요한의 뇌가 당신의 뇌를 잠식했다는 걸 세상에 알려야 하는데, 괜찮겠어요? 알린다 한들, 그 또한 누가 믿어 줄까요? 혹여, 누군가 믿어 준다 해도 당신은 과학계나 의학계의 실험쥐로 생을 마감해야 할 텐데‥ 그래도 괜찮나요?
바름	(미칠 거 같은 순간 어느새 대관람차 지상에 도착하고‥)
대니얼	(혼란스러운 바름 보며) 지금이야 혼란스럽겠지만… 내 제안 잘 생각해봐요. 시간이 얼마 없습니다. 조만간 그 스위치는 또 켜질 테니까. (바름의 핸드폰과 쪽지 무릎 위에 올려놓고 내리는)
바름	(멍하니 자리에 앉아 중얼거리는) 당신 미쳤어… 완전히 미쳤어…
대니얼	(그 말에 돌아보며 서늘하게) 내 말 듣는 게 좋아. 정바름. 그렇지 않으면 넌 결국 니 가족이나, 니가 사랑하는 사람부터 죽이고 말 거야…

S#26 **바름의 집 외경 + 바름의 서재/ 새벽**

컴퓨터 앞에 앉아 대니얼 검색해 읽고 있는 바름. 〈싸이코패스 유전자 발견〉 〈노벨생리의학상 후보 선정!〉 등등 〈대니얼 박사, 英 돌아가는 경유지 홍콩서 노상강도〉 등등·· 〈대니얼 박사 공식 사망〉!

바름   (불안한) 말도 안 돼·· 스위치가 켜지다니·· 아냐·· 말도 안 된다고! (대니얼이 준 전화번호 쪽지 좍좍 찢어 쓰레기통에 쑤셔 넣는)

S#27   무진청 증거보관팀 사무실/ 아침

퀭한 얼굴의 바름, 정자세로 두석 앞에 앉아있다.

두석   복팀장한테 얘기 들었어. 지난번에 고형사 사고 칠 뻔한 거 자네 기지로 막았다고·· 그렇게만 해줘. 부탁하네. 고형사. 자네를 우리 부서로 추천한 것도 고형사를 옆에서 지켜달라는 거야…
바름   (보면)
두석   복팀장이나 강형사, 신형사·· 모두가 고형사를 걱정하고 있다네. 다들 저 녀석을 많이 아끼지··
바름   고형사님이 부럽네요. 이렇게 걱정하고 아끼는 분들이 많아서… 제가 조금이라도 도움이 된다면·· 최선을 다해보겠습니다.
두석   그래. 고맙네··

배정받은 자신의 책상으로 오면.

무치   (턱짓하며) 저기부터 정리해 놔라. (나가는)

무치 책상 위 정리되지 않은 산더미처럼 쌓인 증거품들. 바름, 증거품 박스 분류하며 정리하는데 증거품 들고 빼꼼 들어오는 신형사.

신형사   오우~ 드뎌 입성했네? 축하해! 이거 우형철 사건 증거물들. (놓고)
바름   (신형사 차림 보고) 소개팅 약속 있으세요? 양복을 다 빼입고.

신형사	소개팅이라니. 며칠 후면 품절남인데? 고선배가 사회 봐 주시기로 했어.
바름	아. 결혼하시는구나··
신형사	내가 아직 청첩장 안 줬구나. 갖다 줄게. (깃 세우며) 어때? 뜨끈뜨근한 SS 신상이야. 리미튀드~ 오늘 방송 출연한다고 확 긁었어. 화면빨 쥑이겠지?
바름	오~ 방송 출연하세요?
신형사	응. 드뎌. 오늘 밤 10시 돌아온 셜록 홍주 첫방 첫 게스트! 내가 그동안 최피디님한테 오죽 지극정성이었냐. 이 신상은 다 계획이 있었단다·· 커피믹스까지 타준 데는 다 계획이! 하필 그 믹스 땜에 형사인생 잠시 꼬였지만··
바름	아 최피디님 방송 다시 하는구나·· 잘됐네요···
신형사	그나저나 고선배는 어디 가고 혼자야? 좀 도와줄까?
바름	괜찮아요.
신형사	그렇지. 그러다 이 신상 정장에 뭐 묻기라도 하면·· 그지? (보다) 대신 음료수라도 뽑아다 줄게. (하며 주머니 뒤지며) 현금이···
바름	괜찮아요. (하며 증거품 넣은 박스 치우면)
신형사	(무치 책상 유리 밑 껴있는 천 원짜리 지폐 보이는) 저건 여기서도 껴놨네. 가만·· (유리 살짝 들어 천 원 지폐 꺼내며) 이걸로 사와야겠/
무치	동작 그만! (신형사 꺼낸 지폐 확 뺏는) 이 자식이 아직도 정신 못 차렸네. 커피믹스 때 사고 쳤음 정신 차려야지! (하며 조심스레 제자리에 두는)
신형사	뭔데요? 이게? 증거품이라도 돼요?
무치	(쓸쓸한 듯 보며) 살인의뢰비!
신형사	에? 살인의뢰비요?
바름	(보면)
무치	(눈빛 깊어지는) 어떤 꼬맹이가 나쁜 새끼 죽여 달라고 줬어·· 일종의 착수금
바름	(보는)

S#28   OBN 방송국- 스튜디오/ 셜록 홍주/ 밤

홍주	(클로징) 오늘은 대한민국 3대 미제사건 중 하나인 〈휘발유 테러 사건〉에 대해 살펴봤습니다. 다음 시간에는 강덕수 출소 1년 특집으로 범죄 심리 전문가와 당시 사건 관계자들 모시고 아동성범죄 현주소를 진단하는

시간 갖도록 하겠습니다. 다음 주에 뵙겠습니다. (끝나면 대본 정리하며) 신형사님 오늘 정말 잘하셨어요. 아동심리 전공자라더니 거의 전문가 수준이시네요.

신형사   아이 뭘 또‥ 그럼 다음 주에도 나올까요? 아동성범죄면,, 또 아동심리를 전공한 저 같은 형사가 패널로…

홍주   아. 좋아요. 작가한테 얘기해놓을게요.

신형사   그럼 고선배랑 같이 나올까요?

홍주   고선배요? 고무치 형사요?

신형사   강덕수 잡아 처넣은 게 또 우리 고선배잖아요. 그래서 고선배가 지금도 그 피해 아동이었던 친구한테 엄청 각별해요. 며칠 전엔 그 친구 땜에 저한테 돈도 빌려달라고 하던데요? 울 아부지 선거만 안 나갔어도‥ 그 돈 빌려주지도 못하고‥ 2021 라이키 수카이도 못 사고‥ 아씨…

홍주   (곰곰 생각하는) 아‥ 그래서…

플래시 컷/ 홍주의 회상 (10부 #39)

무치   그게… 누구 좀 데리고 있어주면 안 될까? 당분간만…

홍주   (괜히 미안한)

S#29   유나네 집 앞/ 밤

승용차 안에 유나 아빠 부부 앉아있다. 차 앞에 유나母와 유나, 그 뒤 봉이도 있다.

유나母   이사 갈 집 정하면 바로 데리러 갈 거야. 그때까지만 말 잘 듣고 있어 응?
유나   (입 뚱 나와서) 알았쪄. 꼭 데리러 와야 해!
유나母   (자기 핸드폰 주며) 엄마 보고 싶음 이걸로 봉이언니한테 전화해‥ 알았지?
봉이   (유나 보고 미소 짓는) 언제든지. 언니가 바로 엄마한테 달려와서 바꿔줄게.
유나   (끄덕이고 핸드폰 주머니에 넣는다)

유나 차에 타면 출발하는, 멀어지는 차 향해 손 흔드는 유나母와 봉이. 그 모습 전봇대 (벽) 뒤에서 지켜보고 있는 강덕수!

S#30   봉이 알바 호프집/ 밤

이 테이블 저 테이블 다니며 부지런히 서빙 중인 봉이, 와자지껄 우르르 들어오는 대학생들. 봉이, "어서 오세요." 하며 학생들이 앉은 곳으로 메뉴판 들고 간다.

혜지   (메뉴판 건네받으며 슬쩍 보며) 맞지? 오봉이?
봉이   (보면 어른 티 팍 나는 혜지다. 순간 흠칫!)

플래시 컷/ 3부 #67/ 봉이할머니 혜지 손 붙들며 "학상. 미안혀. 내가 비께 잉? 한 번만 용서혀 줘." 하며 부탁하면 손 확 뿌리치는

혜지   오랜만이다? 어떻게 지내나 궁금했는데 여기서 보네? 할머니 일은 안됐어
봉이   (무시하고) 5명이면 통큰 세트 어떠십니까? 행사기간이라 20% 할인입니다.
옆학생   이걸로 하자. 이걸로 주세요.
봉이   네. (메뉴판 걷고 주방 쪽으로 가서) 통큰 세트 하나요. (주문하고 돌아보면)

봉이 보며 쑥덕거리는 혜지와 친구들. 봉이 불쌍한 듯 보는. 봉이, 열 받지만 참는.

〈점핑〉 계산하는 혜지. (뒤에 동창들 여전히 계산중인 봉이 힐끔거리는)

봉이   (불편함 참고, 카드 긁는) 여기 싸인하세요! (하면)
혜지   (사인하더니 지갑에서 만 원짜리 빼 건네며) 이건 팁!
봉이   (기가 찬) 얼굴에 너무 떡칠을 하고 다니니까 피부 건조한 거 봐. (혜지가 준 만원 다시 쥐여주며) 나 줄 돈 있음 수분 팩이라도 사서 써!
혜지   (허‥ 기막힌) 불쌍해서 팁 좀 줬더니. (나가는데)
봉이   이게 진짜! (확 머리채 잡고 뒤로 꺾는)

S#31   바름의 집/ 밤

들어오는 바름. 이모, 냉장고에 붕어즙액 넣다 돌아보고.

이모	왔니? 몸은 좀 어때? 붕어즙 좀 짜왔어. 기가 허할 땐 붕어만 한 게 없대.
바름	왜 얘기 안 했어요? 어벙이 죽었다는 거…
이모	(놀라보다 후 한숨) 너 깨어나고 나도 못 알아봤어. 그런 애한테 무슨 얘길 해‥ (하다) 근데 어떻게 알았어? 어벙이 죽은 거? 봉이가 얘기하디?
바름	아 그게‥
이모	(붕어즙 마저 넣으며) 봉이 걔는 지 입으로 오빠 속상해한다고 얘기하지 말라더니‥ (하는데)
바름	(핸드폰 울리는 봉이다. 이모 눈치 보며) 어 봉이야! 네?

S#32   봉이 알바 호프집/ 밤

바름 들어오면 손님 없고, 사장 혼자 테이블 정리 중인. 바름, 사장한테 인사하면. 눈짓하면 돌아보는. 테이블에 머리 엉망인 상태로 엎드려 잠든 봉이 있다.

바름	(다가가 조심스레 깨우는) 봉이야… 일어나 오봉이‥
봉이	(게슴츠레 눈 뜨고, 반갑게 바름 얼굴 잡으며) 오좌‥ 우리 바름 오좌‥ 발라도 너무 발라~ 그래서 내가 너무 좋아하잖‥ (하다 갑자기 볼 확! 꼬집으면, 아아 아파 놔! 아파하는 바름) 씨! 발르면 뭐해 자기한테 시집오라고 한 것도 기억 못 하는 이 바부탱. 목걸이도 내가 간직하고 있는‥ (볼 꼬집던 손 풀리며 다시 커억커억 잠드는)
바름	(시뻘게진 볼 만지작거리며) 왜 이렇게 마신 거예요?
사장	글쎄‥ 학교 동창인 거 같은데, 뭔 일인지‥ 그 사건이 어쩌니, 불쌍하니 마니, 하더니 싸움이 붙어서‥
바름	그 사건‥? (하다 뭔지 알겠는, 짠하게 잠든 봉이 보는)

S#33 봉이네 집/ 밤

봉이 업고 들어오는 바름. 테이블에 핸드폰 올려놓고 봉이 바닥에 내리고 이불 꺼내오다, 문득 책상 위 액자 속 할머니 사진과 눈 마주친다. 사진 바라보는 위로‥

플래시 백/ 봉이할매 "울 정순경은 어째 묵는 것도 저래 복시러까 잉." (2부 #45)

한숨 내쉬며 봉이에게 이불 덮어주는데. 봉이 꿈이라도 꾸는 듯. "할머니. 보고싶어‥ 할무니" 하며 흐느끼는‥ 바름, 그런 봉이 짠하게 바라보며 헝클어진 머리카락 쓸어 올려주는데 순간! 문득 봉이의 흰 목에 시선!

요한   (E) (속삭이듯) 탐스럽지‥ 그 목을 꾸욱 누르고 싶지…

바름 눈빛 텅 비어가며 봉이 흰 목에 손 가는‥ 목 누르려는 포즈의 바름 손!

요한   (E) 눌러봐, 얼른‥ 그 촉감이 얼마나 보드라운지‥ 느껴봐 느껴보라고!

봉이 목에 닿는 바름의 손. 지그시 누르려는 순간‥ 멈추는.

요한   (E) 뭘 망설여… 눌러. 누르라고! 얼른!

바름, 고개 세차게 저으며 우당탕탕 뛰어나가는. 문 쾅 닫히는 소리에 깨는 봉이.

S#34 봉이네 동네 골목/ 밤

정신없이 뛰쳐나가는 바름. 헉헉거리며 미칠 것 같은데‥

대니얼   (E) 살인은 중독입니다. 시간이 갈수록 그 충동은 점점 심해질 겁니다. 이제 결코‥ 멈추지 못해요. 그 어떤 의지로도…

으으아악!!!! 멈춰 서서 머리 쥐어뜯으며 소리 지르는 바름. 행인들 놀라보는.

S#35   봉이네 집/ 밤

목마른지 냉장고에서 물 꺼내 벌컥벌컥 마시는 봉이, 컵 내려놓다 테이블 위 바름 핸드폰 본다.

퀵 플래시/ 봉이, 아파하는 바름 볼 꼬집은 채 "씨! 발르면 뭐해 자기한테 시집오라고 한 것도 기억 못 하는 이 바부탱" (#32)

봉이   (머리 막 흩트리며) 아씨 쪽팔려·· (핸드폰 들고 슬리퍼 신고 뛰어나가는)

S#36   대로변 (횡단보도 앞) + 홍주의 차안/ 밤

봉이 뛰어오면 저만치 터벅터벅 횡단보도 건너가고 있는 바름 보인다. 오빠! 부르며 건너려 하지만 신호 빨간불로 바뀌고 건너지 못하고.

봉이   (핸드폰 든 손 흔들며) 오빠! 핸드폰! 핸드폰!

바름, 봉이 부르는 소리 듣지 못하고. 운전하며 오던 홍주, 신호 걸려 멈추면.
봉이 파란불 들어오자마자 횡단보도 건넌다.

거리/ 멍하니 걸어가던 바름. 생각난 듯 주머니 뒤지며.

바름   핸드폰··· 아차·· 봉이 집에·· (돌아서 다시 횡단보도 쪽으로 가는데, 저만치 횡단보도 건너려는 봉이 보인다.) 어?

횡단보도 한가운데/ 밤

봉이, 횡단보도 급히 뛰어 건너다 슬리퍼 벗겨진. 아씨! 뒤돌아보면 벗겨진 슬리퍼 사람들 발에 채여 저만치 밀려난. 후다닥 건너오던 길로 돌아가 슬리퍼 신는데, 맞은편(봉이 건너오던 쪽)에서 걸어오는 무리. 순간 슬리퍼 신던 봉이 옆 지나치는 누군가! 봉이에게 속삭이는 듯하다.

인서트/ 바름, 봉이에게 귓속말하는 사내(강덕수) 모습 보는 '뭐지?' 하는 표정.

순간 얼어붙는 봉이. 공포 어린 시선, 털썩 주저앉는 봉이. 횡단보도 중간 차선 앞에 서 있던 차 안 홍주, 봉이 지나치는 사내 순간적으로 보는데··

홍주   강덕수··? (동시에 차 문 열고 뛰어나가는)

S#37   횡단보도 앞/ 밤

빨간불로 바뀌자, 빵빵!!! 빠앙~ 신경질적인 경적 소리. 홍주 봉이에게 뛰어오고.

홍주   (걱정스런) 괜찮아요?
봉이   (아무 말 못 하고 바들바들 떨고만 있는)

S#38   일각/ 밤

횡단보도 건넌 후, 쓱 돌아보는 강덕수. 주저앉아 있는 봉이 보며 피식 웃고 고개 돌리다 누군가와 툭 부딪히는.

강덕수   이 새꺄. 눈깔을 장식품으로 달고 다녀? (눈 부라리면)
바름   (꾸벅 고개 숙이며) 죄송합니다.

캬악 땅에 침 뱉고 가는 강덕수 보는 바름. 다시 봉이 쪽 보면, 홍주, 봉이 부축해 가는 모습 보인다.

바름   (다시 가고 있는 강덕수 돌아보며) 저 놈이… 그··? (보는 위로)

S#39   과거. 구동마을 골목 마지막 집 안/ 바름의 회상/ 3부 #71 이어/ 낮

할머니   (한숨 내쉬며) 그 어린 걸 술 심부름을 보내서·· 그 험한 꼴을 당흐게 하고 이
        염병할 년은 술 처먹고 디지벅 자고 있었당께·· 나가 죽일 년이여. 나가.
바름   (그런 할머니 짠하게 보며) 어르신 잘못 아니에요. 자책하지 마세요.
할머니   얼마 안 있음 빵에서 나온디야. 나가 그 호로잡놈의 시끼 나오는 날만 기
        둘리고 살았어.
바름   (보면)
할머니   거그서 지둘렀다가 나오자마자 그 시끼 배떼지를 허천나게 쑤셔불 거시
        여. 어채피 갈 나이도 됐고 깜빵 잡혀들가는 것도 암시랑도 안흔디. 그 짠
        흔거·· 우리 똥강아지 봉이·· 고거시 핼미 없이 혼자서 우찌 살란가·· 가
        시내 싸난 척 해도 천상 애기여 애기·· 우리 봉이 시상 혼자 남겨지는 거
        만 생각하믄… 나가·· 나가··(눈시울 뜨거워지는) 그랑께·· (바름 손 꼭 잡
        고) 정순경이 나 없어도 울 봉이 쪼까 들여다봐줘. 잉? 나가 죽어서도 절
        대 은혜 안 잊어불랑께… 잉?
바름   (그런 할머니 가슴 아프게 보다) 싫어요. 안 들여다볼래요.
할머니   잉?
바름   그러니까 행여 이상한 생각 하지 마시라구요. 그런 놈은 어르신이 어떻
        게 안 해도 반드시 천벌 받게 되어 있어요. 그러니까 행여 이상한 생각 하
        시면 안 돼요… 오래오래 봉이 옆에 계셔야 해요. 아셨죠?

S#40   현재. 횡단보도 앞/ #38 이어서/ 밤

바름   (허··) 봉이랑 같은 동네 사는 거야··? (문득 시선 바닥에 뱉어진 침 보는)
대니얼   (E) DNA를 가져오면, 그 사람이 프레데터인지 확인시켜 드리죠…

바름, 망설이다 주머니에서 휴지 꺼내 강덕수 침 조심히 닦고, 다른 휴지로 감싸는.

S#41   봉이네 집/ 밤

꿀꺽꿀꺽 물 마시는 봉이. 컵 잡은 손 바들바들 떨고 있다.

홍주   (그런 봉이 걱정스럽고 짠하게 보다 조심스레) 아까 그 남자·· 혹시 무슨 얘길
        한 거예요?

봉이   (경계하는 눈빛으로 홍주 보다) 암 말 안 했는데요? 슬리퍼 신다 다리가 접
        질려서 넘어진 것뿐이에요.

홍주   아·· (망설이다 정색하며) 오봉이씨. 이건 그냥 넘길 문제가 아니에요.

봉이   (버럭!) 지금 나 취재하러 왔어요? 그 쪽 누군지 알아요. 왜요? 방송 내려
        구요? 내지 마세요. 당신들 시청률에 미쳐서 자극적이고 선정적인 방송만
        만들잖아! 피해자 생각은 하나도 안 하잖아! 당신들 얼마나 잔인한 줄 알
        아? 정의로운 척 하지 마. 당신들도 가해자들이랑 다를 게 하나도 없다구!

홍주   그게·· 오해가 있는 거 같은데 취재하러 온 게 아니라, 고형사가 봉이씨 걱
        정 많이 해서… 실은 우리 집에서 같이 지내자고 얘기하려고 찾아갔다가…

봉이   (버럭!) 내가 무슨 죄졌어요? 죄지은 놈은 그 놈인데, 왜 내가 도망 다녀야
        하냐구요. 나 더 이상 그때 그 어린아이 아니에요. 나 하나 정돈, 스스로
        지킬 수 있어요. 가세요! 가요! (홍주 등 떠밀고 쫓는)

S#42   봉이네 집 대문 밖/ 밤

바름, 봉이 집으로 오는데. 홍주, 봉이에게 떠밀려 나오고 문 쾅 닫힌다. 홍주, 걱정
스럽게 보다 돌아가는. 그 모습 보는 바름.

S#43   봉이네 집 안/ 밤

들어오는 봉이. 후 한숨 내쉬며 할머니 사진 액자 본다. 액자 속 할머니 어루만지며.

봉이   (울먹) 할머니·· 지켜준다면서·· 왜 먼저 갔어·· 할머니···

바름	(E) 봉이야··
봉이	(후다닥 눈물 닦고 액자 자리에 놓고 문 열면 바름 서 있다) 오빠··? 왜?
바름	어·· (쭈뼛) 핸드폰을 두고 간 것 같아서··
봉이	아, 핸드폰·· 잠깐만. (손에 쥐고 정신없이 핸드폰 찾는)
바름	(봉이 손 가만히 보다) 들고 있잖아 바보야.
봉이	(보는) 아, 그러네. 맞다 참··· (정신없는, 핸드폰 바름에게 주면)
바름	(받으며) 우리 집으로 갈래?
봉이	어? 갑자기··? 왜?
바름	그냥·· 우리 집은 방도 남고·· 여기보단 환경도 좀 낫잖아·· 솔직히 이 집 너무 낡았고·· 아까 보니까 따뜻한 물도 안 나오고 음 또 바퀴벌레도 나오/
봉이	(하는데 1초도 망설임 없이) 그래도 돼?

S#44   바름의 집- 방안/ 밤

열심히 바닥 닦는 바름. 새 이불 침대에 깔고, 룸 스프레이 뿌리고 냄새 맡아보는.

바름	가만 뭐가 또 필요하지··? 전등불이 강하니까 스탠드를 갖다놔야겠다.

후다닥 나갔다 거실 장스탠드 들고 들어오는데. 흠칫! 침대에 눕듯 앉아 있는 요한.

요한	(꽃무늬 이불보며) 촌스럽긴. 오봉이 취향 아닌 거 같은 데…
바름	꺼져.
요한	(바름 보며 피식) 같이 지내도 괜찮겠어? 결국 죽이고 말 텐데…
바름	꺼지라고! 꺼져!!! (하며)

정신없이 장스탠드 들고 막 휘두르다, 봉이 위해 세팅한 물건과 거울 등 스탠드에 맞아 깨지며 엉망 되는! 헉헉거리며 멈추는 바름. 요한 사라지고 없다. 바름 눈에 펼쳐진 엉망이 된 방안·· 속상한 표정으로 보다 문득 침대 쪽 돌아보면 세상 평온한 표정으로 잠들어있는 봉이(환상) 보인다.

바름	보, 봉이야‥
요한	(어느새 바름 옆에 나타나 속삭이듯) 저 여자 속을 파헤쳐보면 어떨까? 궁금하지 않아? 저 여자 속이?
바름	(점점 눈빛 비어가는)
요한	(깨진 거울 조각 바름에게 내밀며) 자 해봐. 어서!
바름	(무의식적으로 깨진 거울 조각 받아 잡고 잠든 봉이에게 다가가는)
요한	나라면 저 여자의 입술부터 시작할 거야‥ 저 도톰하고‥ 부드러운…
바름	(봉이의 입술에 깨진 거울 대는데)
요한	오 정바름. 너랑 나랑 취향이 같구나. 그래. 그렇게 꾸욱…

깨진 거울에 힘이 조금 들어가자 봉이 입술에서 새빨간 피가 툭 터지는‥ 순간 바름의 눈빛에 영혼 완전 사라지고, 바름 눈에 살기어린 미소 띠며 깨진 거울로 막 찌르기 시작하는! (바름의 시선만 보여주고, 봉이 쪽은 보여주지 말 것)

〈점핑〉 봉이 위해 바름이 준비한 꽃 이불 발기발기 찢겨 난자된 상태, 침대 밑에 등 기댄 채 피 묻은(자기 상처로) 손으로 머리 감싸 쥔 채 끅끅거리는 바름‥ 그 옆에 피 묻은 깨진 거울조각.

S#45   무진청 증거보관팀 사무실/ 아침

출근하는 바름. 서랍 열어 강덕수 침 닦은 휴지 넣은 비닐봉지 꺼내보는 위로‥

대니얼   (E) DNA를 가져오면, 그 사람이 프레데터인지 아닌지 확인해 주죠.

열린 서랍 속 개봉 안 한 새 칫솔 뜯어 적당히 여기저기 문질러서 헌 칫솔로 만든 후 칫솔모 위에 휴지에 묻은 침 묻히고 봉투에 넣는다. 이어 옆자리 고무치 책상 위 컵에 칫솔 없자 가려는데 의자 밑에 떨어져 있는 칫솔 발견하고는 그것까지 챙겨 봉투에 넣고 팀장(두석) 자리에 가서 칫솔 가져오는.

S#46   몽타주 - 무진청 내 사무실/ 아침

다른 팀 사무실 칫솔들 닥치는 대로 봉투에 넣는 바름.

S#47   폐병원 대니얼 아지트 안/ 낮

우르르 테이블 위에 쏟아지는 #45 #46 칫솔들. 대니얼 황당한 얼굴로 보면.

바름   찾아봐요! 싸이코패스 유전자!
대니얼   날 실험하는 건가요?
바름   (보는)

S#48   무진청 증거보관팀 사무실/ 낮

무치, 어이없는 표정으로 보면. 증거품들 정리하다 만 상태로 엉망이다.

무치   (보며) 온 지 얼마나 됐다고 벌써부터 빠져나가고‥ (전화해) 어디야? 니가
         아직도 국민 아들에, 후리랜선 줄 알아.

인서트/ 추출해낸 DNA 들어있는 PCR 튜브를 염기서열분석장비에 넣는 대니얼.
바름, 문틈으로 그 모습 보며 "그게 아니라 평안파출소에 잠깐‥ 급히 오느라 인수인
계를 못 해서‥ 빨리 갈게요."

전화 끊고 정리하다 만 증거품들 목록 하나하나 목록에 적으며 박스에 넣던 무치,
서랍 열어 가위 찾느라 뒤적이는데, 뭔가 손에 잡힌다. 뭐지? 하고 빼면 반지 케이스
(9부 #49)다.

무치   이게 여깄었네? (쓸쓸한. 열어보는데)

플래시 컷/ 문 앞에 서 있는 무치와 홍주. 그 너머로 아이 울음소리·· (10부 #86)

후·· 한숨 쉬고, 반지케이스 닫고 쓰레기통에 휙 던지는데, 홍주 들어온다.

무치 (순간 당황, 이내 시선 피하며 박스 정리하는) 무슨 일인데?
홍주 강덕수, 봉이씨랑 마주쳤어…
무치 (놀라 보며) 뭐? 어디서?
홍주 동네에서.
무치 강덕수가 돌아왔어? 하! 이 새끼 증말
홍주 아무래도 협박한 거 같아. (USB 건네고) 내 차 블랙박스 영상이야. 이걸로
    강덕수 그 놈 피해자 협박죄로 다시 처넣을 방법 생각해보자고.

무치, USB 뺏어 컴퓨터에 꽂고 확인하면 봉이와 강덕수 모습 고스란히 찍혀있다.
"이 새끼가 진짜!" 책상 쾅! 내치고는 그대로 뛰어나간다.

홍주 고형사!!! (쫓아 나가는)

S#49 폐병원 대니얼 아지트 안/ 낮

대니얼, 칫솔 뭉치들 들고 와 바름 앞에 놓는다. 바름, 긴장한 얼굴로 보면.
대니얼, 그 중 보라색 칫솔 집어 든다. 바름, 하!!! 표정 위로··

플래시 컷/ 보라색 칫솔에 문지르는 강덕수의 침…

대니얼 누굽니까?
바름   알 필요 없어요. (칫솔 쓸어 담고 쇼핑백 들고 나가려는데)
대니얼 멈추게 해야 합니다.
바름   (멈칫)
대니얼 이 정도로 순도 높은 싸이코패스. 프레데터는 한 번 범죄를 일으킨 이상,
     반드시 같은 범죄를 일으킬 겁니다. 절대 못 멈춰요. 아마 더 흉악한 범죌

일으킬 겁니다. 그들의 범죄는 점점 진화하니까요…

S#50   보호관찰소 상황실 안/ 낮

문 쾅 열리고 씩씩거리며 들어오는 무치. 두리번거리다, 강덕수 담당 보호관찰관 보고, 달려가 다짜고짜 멱살 잡는.

무치   너 이 새끼야 일 똑바로 안 할래?
관찰관   왜, 왜 이래요.
무치   강덕수가 피해자한테 접근했다고!
관찰관   강덕수가 이 지역으로 이동 신청했어요! 며칠 전에…
무치   그럼 감시를 해야지. 24시간 감시라며?
관찰관2   (못마땅한 듯 보며 상황판 가리키는) 강덕수는 지금 관할 안에 있다구요! 법
         적으로 아무 문제없어요!!
무치   그럼 피해자 만나서 협박해도 그 지역 안에만 있으면 상관없단 소리야?
관찰관2   법적으로야 문제없죠. 피해자 접근금지는 강덕수한테 해당되지 않으니까.
관찰관   (조심스레) 혹시 강덕수가 피해자한테 뭔 짓 했어요?
무치   암만 그렇다 해도 요청을 안 해도 그거 한 번 더 들여다보고, 더 신경 쓰
         는 게 그렇게 어렵냐?!! 피해자한테 협박한 거 같다고.
관찰관2   (뭐야?) 한 거 같다고요? 한 게 아니구요? 아니 그럼 뭐 한 동네 사는데, 우
         연히 마주칠 수도 있는 거 아닌가‥ 것까지 우리더러 어쩌라고‥
무치   (멱살 확 잡으며) 뭐 이 새끼야!!!
보호관   (말리는) 진정하세요‥ 진정‥
무치   (주먹 꽉 쥐다 확 뿌리치며) 니들 강덕수 똑바로 감시해라. 뭔 일 나면 니들
         먼저 내 손에 디진다. 어? 아흐!!! (휙 가는)

S#51   무진청 증거보관팀 사무실/ 낮

후 한숨 내쉬며 털썩 앉아 고민하는 무치.

S#52   봉이네 집/ 낮

마당 한켠에 잔뜩 쌓아 놓은 짐가방 있고. 초조한 듯 앉았다 일어났다, 가만히 있지
못하고 기다린다. 고민고민하다 어딘가로 전화하는 봉이.

봉이   어 오빠… (주저주저하다가) 언제 갈까.?

인서트/ 무진청 증거보관팀 복도
바름, 쇼핑백 든 채 사무실 안 청소 아주머니 앞에서 길길이 뛰고 있는 무치 보는.

바름   아, 그게·· (잠시 망설이다) 내가 이모한테 미리 말씀 못 드렸는데. 이모가
       좀··/
봉이   (실망하지만, 애써 태연한 척) 그래! 알았어. 실은 생각해보니까 좀 불편하
       겠드라고·· 그래서 나도 못 가겠다고 말하려고 전화한 거야··
바름   (속상한) 아. 그래··
봉이   아이고·· 라면 물 끓는다. 나중에 통화해. 끊어.

전화 끊는 봉이. 한숨 푹 쉬고, 마른세수하고는 머리끈 질끈 묶는다.

S#53   무진청 증거보관팀- 증거물보관 창고 안/ 낮

들어오는 바름. 주머니 속 보라색 칫솔 꺼내 보곤, 2010년도 강덕수 사건 자료 연다.
목록 중 피해자진술 영상 클릭해, 피해자진술(어린 봉이 모습) 플레이한다. 여순경 앞
앉아 있는 봉이 얼굴 엉망이다. 그런 봉이 짠히 보는.

S#54   모니터 화면/ 병실/ 11년 전/ 낮

여순경   그날 무슨 일이 있었는지 언니한테 자세히 얘기해 줄 수 있어요?
어린봉이 (쭈뼛쭈뼛 잔뜩 겁먹은 표정으로) 아빠가 돌아가시고·· 할머니가 술을 많이

마셨어요. 그날도 막걸리가 떨어져서… 가서 받아오라고…

모니터 속 엉망인 어린 봉이의 얼굴에서‥

S#55   대포집 앞 + 안/ 11년 전/ 밤/ 비

막걸리 마시고 있는 공사인부들, 그 중 강덕수 있고, 찢어진 우산 쓰고 봉이 온다.

어린봉이	(주인에게 꾸벅 인사하고 주전자 내밀며) 막걸리 좀…
주인	(사정 다 아는) 아이고‥ 이 밤중에 또! (짠한 듯 봉이 보며) 에혀 들어와‥
노동자1	(주인 따라 들어가는 봉이 보고) 쟤 공사장에서 추락사한 오씨 딸이여.
강덕수	(가게 안 서 있는 봉이 쪽 보는 위로)
노동자1	(E) 노모가 아들내미 앞세우고, 정신을 못 차리는갑서‥ 맨날 술이래‥
노동자2	(E) 아이고. 그래도 어린 손녀 생각해서 정신 차려야 할 텐데‥ (쯧)
강덕수	(가게 안, 봉이 보다, 술잔 벌컥벌컥 마시고는 탁 놓고 일어나는)
노동자1	벌써 가게?
강덕수	응. 집에 엄니 혼자 계셔서… (쓱 봉이 쪽 한 번 더 보고 가는)

S#56   안신동 초입 다리 위/ 11년 전/ 밤/ 비

우산 목 사이에 끼고, 무거운 주전자 낑낑대며 들고 가는 봉이. 억수같이 쏟아지는 빗속, 다리 끝 뭔가 보이는. 뭐지? 실눈 뜨며 조심히 다가가는데‥ 비 홀딱 맞은 채 벌벌 떨고 있는 새끼강아지다. 다리 난간에 개줄 묶어놓은

어린봉이	(E) 누가 다리에 강아지 목줄을 묶어놔서‥ 풀어주려고 했는데…

난간에 묶인 줄 거의 다 풀려가는데, 갑자기 봉이 입 틀어막는 손. 흡!!!

S#57　　안신동 초입 텅빈 다리 위/ 11년 전/ 밤/ 비

뚜껑 열린, 막걸리 다 빠져나간 찌그러진 양은 주전자. 그 위로 쏟아지는 빗소리‥

S#58　　현재. 증거보관팀 증거물보관 창고 안/ 낮

어린 봉이의 진술 영상 멈춰져 있다. 하아‥ 한숨 내쉬는 바름.

플래시 컷/ 다리에서 덜덜 떠는 봉이. "가, 강아…지…" (2부 #43)

바름　　　그래서 그랬던 거구나‥ 하아‥ (속상한)

수사기록 열어보는 바름. 기록 보면, 안신파출소 고무치 순경이 발견, 병원 이송.

바름　　　고무치 순경?

S#59　　거리/ 11년 전/ 밤/ 비

빗속을 뚫고 봉이 업고 뛰는 순경복 무치. (남학생 교복 자킷 봉이 몸에 덮인 채) 봉이 피투성이로 축 처져 있는‥

무치　　　안돼. 아가. 잠들지 마. 잠들면 안 돼. 정신 차려! 내가 그 새끼 잡을게…

S#60　　강덕수의 집/ 11년 전/ 낮

걸쇠 건 채 문 여는 강덕수. 누구? 하는데 무치다. 순간 문 닫으려다 뒷문으로 도망치는 강덕수! 헉헉거리는데, 눈앞에 선 무치! 강덕수 얼굴에 펀치! 날려 제압하고 수갑 채우는‥

강덕수   (손 뒤로 꺾인 채) 아 왜 이러세요. 난 취해서 아무것도 기억 안 난다구요.

S#61   현재. 무진청 증거보관팀 사무실/ 낮

자리에 앉아있는 무치, 심난한 표정 짓는 위로‥

재판장   (E) 피고 최후변론하세요.

S#62   과거. 법원- 재판정 안/ 11년 전/ 낮

방청석에 앉아 있는 무치, 손수건 쥔 손 바들바들 떨고 있는 봉이 할머니 본다.

강덕수   (억울한 표정으로 재판장 향해) 저도 정말 미치겠습니다. 버선발을 까뒤집
         을 수도 없고, 정말 기억 안 납니다. 근데요 제가 아무리 술을 먹고 개차
         반 짓한다 해도 어떻게 사람인 이상 그 어린애한테 그런 짓을 하겠습니
         까? 저 정말 그런 쓰레기 아닙니다. 사실이면 제 거시기를 확 짤라버리십
         시오. 전 정말 억울할 따름입니다.

S#63   현재. 무진청 증거보관팀- 증거물보관 창고 안/ 낮

바름, 수사기록 읽으며 다음 페이지 (현장사진) 넘기다 흠칫! 바들바들 떨리는 손으
로 한 장 한 장 보는데 눈물 쏟아지는. 마지막 장 보고 흡! 입 틀어막는 위로

S#64   과거. 법원- 재판정 안/ 11년 전/ 낮

판사   (판결문 읽는) 수법이 잔인하고, 동종 전과가 있는 점을 미루어 엄벌에 처한
         다. 하지만 피고인의 주장대로 만취상태에서의 행동으로 심신미약이 일

부 인정된다. 피고인 강덕수에 대해 징역 10년, 보호감찰 10년에 처한다.

탕탕탕! 재판봉 치면. 동시에 이놈아, 썩을 놈들아! 강덕수에 달려드는 봉이할매. 떼어내려는 법정 경찰들. 무치, 경찰 막으려 몸싸움하고 한바탕 난리 치다, 오열하며 주저앉는 할머니 가슴 아프게 보는.

S#65   현재. 무진청 증거보관팀- 증거물보관 창고 안/ 낮

입 틀어막은 채, 마지막 사진 보는 바름. 수사기록파일 덮고 그대로 의자 뒤로 고개 젖히는 눈 꼭 감은 채 그대로 한참을 가만히‥

S#66   현재. 무진청 증거보관팀 사무실/ 낮

심난한 얼굴로 앉아있는 무치, 문득 유리 밑 지폐 본다. 그 위로

S#67   과거. 안신동 파출소/ 무치의 회상, 11년 전/ 밤

순경   (업무보고 있는 무치에게 와서) 고순경. 누가 찾아왔어.

S#68   과거. 안신동 파출소 앞/ 무치의 회상, 11년 전/ 밤 (3부 #37 상황)

무치   (나오다 서 있는 봉이 발견하고는 놀라) 웬일이야? (둘러보며) 혼자 왔어?
어린봉이   (호주머니에서 천 원 지폐 한 장 꺼내 주며) 그 놈 나오면 죽여주세요‥
무치   (보며 가슴 아픈‥ 애써 웃고) 그러니까 나한테 살인의뢰 하는 거야? 지금?
어린봉이   (야무지게 끄덕하는)
무치   (받으며) 좋아. 까짓 거. 그 새끼 나오면 아저씨가 죽여줄게.
어린봉이   약속해요‥

무치   (그런 봉이 짠한 얼굴로 보다, 고사리 같은 손가락에 자신의 손가락 거는)

S#69   현재. 무진청 증거보관팀 사무실/ 낮

무치, 결심한 듯 총 확인한 후 차고 나가는.

S#70   봉이네 집/ 낮

샌드백 걸고 땀 흘리며 복싱, 발차기 중인 봉이. 담장 밖, 가슴 아프게 보는 바름.

플래시 컷/ 봉이, "나 정순경한테 시집가도 돼?/ 내가 잘할게‥" (3부 #32)
바름, 가슴 미어지는…

S#71   강덕수 집 앞/ 낮

걸어오는 바름. 열린 대문 틈으로 보면, 강덕수 마루에 누워 낄낄대며 TV보는 중이다. 그 모습 보는 바름 주먹 꽉 쥐는 위로‥

동구   근데 나‥ 니가 그 새끼 죽였단 얘기 들었을 때‥ 절대 그랬을 리 없다고 생각하면서도‥ 한편으론 잘했다고 생각했어‥ 그런 새긴 죽어 마땅하니까‥ (#13)

바름 결연한 얼굴로 골목에서 나가면, 엇갈려 들어오는 무치의 차.

S#72   강덕수 집 안/ 낮

문 열고 들어오는 무치. 핸드폰 보고 있다가 놀라 보는.

강덕수	(반갑게) 웬일이세요? 형사님.
무치	너 봉이한테 뭐라 그랬어.
강덕수	네? 무슨 말인지··
무치	횡단보도에서 영상 다 찍혔으니까 거짓말할 생각 마.
강덕수	아무 말도·· 그냥 우연히 마주친 것뿐이에요··
무치	이 새꺄! (주먹으로 얼굴 날리는) 뭐라 그랬어. 뭐라 그랬냐고!!!
덕수	(입술 쓱 닦으며) 정말 별말 안 했습니다. 그냥 뭐 이런 인부인사 정도? (무치 귀에 대고 뭐라 하는)
무치	뭐? 이 개새꺄!!! (발로 차고 지근지근 밟는) 내가 경고했지? 한 번만 더 허튼짓하면 죽여 버린다고!!!

총 꺼내 강덕수 머리에 대고 덜덜 떨다 결심한 듯 방아쇠 당기려는데! 인기척에 돌아보면 놀란 얼굴로 대문 앞에 선 덕수母. 무치, 결국 총 내리는··

S#73   북부서 유치장 안/ 늦은 오후

강덕수와 덕수母. 무치 그 앞에 호남, 강형사, 신형사 앉아있다.

강덕수	절 쏠려고 했다니까요. 진짜에요. 전 가만있었는데 다짜고짜··
무치	아무 짓도 안 해? 저 새끼가 봉이한테 뭐라 그랬는데!!!
강덕수	저 정말 가만있었는데·· 엄니, 말 좀 해봐요. 엄니도 봤잖아요··
일동	(덕수母 보면)
덕수母	(끄덕) 우리 아들은 암 짓도 안 했는데·· 저 형사님이··· 다짜고짜··
무치	(허!) 이 할머니도 똑같애. 지 자식이랑. 한편이라고!
덕수	이건 살인미숩니다. 엄연히·· 잘 살아보겠단 사람·· 정말 너무 하시는 거 같아요·· 저 지난 10년 동안 참회하고 남은 생 속죄하며 살려고 했는데·· 흑··
호남	고정하시고 일단 오늘은 들어가시고··· 다시 연락드리겠습니다.
강덕수	(덕수母 일으키며) 가요 엄니·· (일어나 꾸벅 인사하는)
무치	저 새끼 다 쇼야! 쇼!!! 그냥 보내면 어떡해! (하는데)

강덕수	(가다 무치 돌아보고 피식 웃고 가는)
무치	(순간 흠칫! 깨닫는) 나, 낙하산. 아무래도 저놈한테 말린 거 같애·· 일부러 날 자극시킨 거 같애·· 날 봉이 옆에서 떼어두려고!! 뭔 짓을 할 거 같애!
신형사	현실적으로 그렇겐 못해요·· 전자발찌도 차고 있고, 너무 걱정 마세요.
무치	아니라고!!! 봉이가 위험하다고!!!! 나 좀 풀어줘!! 제발, 제발!
신형사	(난감한) 정순경 이 자식은 고선배 지키라고 그 팀에 보내났더니 어딜 쏘다니는 거야··
무치	그, 그럼 부탁 하나만 하자.

S#74　몽타주/ 낮 -> 밤

중고 차 시장/ 차 둘러보는 바름.
집 인근 공터/ 중고차 번호판 떼고 다른 걸로 붙이는 바름. 비닐 씌우는
철물점/ 각종 살인도구들 (망치, 스패너, 해머, 쇠줄 등) 고르는 바름.
총포상/ 칼 만져보는 바름. 이걸로 주세요!
바름의 집/ 거울 앞에서 칼 쓰는 연습 하는 바름.
공터/ 큰 가방에 들고 와, 트렁크에 넣는. 트렁크 쾅 닫는
바름의 집/ 거울 보는 바름 자신의 몸 보는 데 걱정스런
체육관/ 산책로/ 미친 듯이 달리기. 푸시업 등등··운동하는
바름의 집/ 긴장한 자세로 소파에 앉아있는 바름. 시계 자정 가리키면 일어나는
공터/ 비닐 확 벗기고, 준비한 차에 타고 결연한 표정으로 시동 거는.

S#75　강덕수 집/ 밤

담 너머 준비한 가방 던지고, 담 넘는 바름. 조심조심 들어가려는데 마루에 거품 물고 쓰러져있는 강덕수! 헉 놀라는 바름. 그 옆 유서 발견하고 보고, 다급히··

바름	이봐요 이봐 정신 차려요!!! (들처 업는)

S#76   응급실 복도/ 밤

고개 떨군 채 앉은 바름, 안에서 강덕수 위세척하는 부산한 모습 보인다. 하아. 한숨 내쉬던 바름, 자신의 손에 들린 (유서)쪽지 본다. 〈지난 날 제가 저지른 끔찍한 죄를 후외하고 또 후외하고 있습니다. 죽을 죄를 졌습니다. 죽음으로 죄값을 대신합니다. 그 아이에게 속죄할랍니다.〉

바름   (하아‥) 틀렸어. 강덕수는 싸이코패스가 아냐‥ 아니 싸이코패스였다 해
        도 지금은 아냐… 교화됐어… 참회하고 속죄하잖아‥

그때 다급히 뛰어오는 덕수母. 바름, 팔 토시(*뒤꿈치에 패치, 퀼트로 된 ○모양) 한쪽만 낀 덕수母발 본다. 덕수母, 바름과 눈 마주치다, 나오는 의사 붙들고 덕수 상태 물어 보는‥

바름   (그 모습 보며) 하마터면‥ 후회할 짓을 할 뻔했어. (일어나 터벅터벅 가는)

S#77   버스 안/ 낮

멍하니 창밖 보는 바름. 주변에 핸드폰 뉴스 보며 웅성웅성 "강덕수 자살 시도했대" "대박" "그래도 인간이었나베"‥ "왜 살려? 디지게 두지" 등등 들으며 한숨 내쉬는데 차창 밖, 길바닥에 주저앉아 땡깡 부리는 아이 달래는 이모 보인다. 어?

S#78   정류장 앞 + 일각/ 낮

버스에서 내리는 바름, 이모 향해 뛰어가는‥

바름   이모!
이모   어? 바름아. (순간 당황하는)
훈석   (이모 바짓가랑이 잡고 계속 땡깡부리는) 사줘. 사달라고오~

바름	(누구지? 하는 표정으로 이모 보면)
이모	너 훈석이 기억 안 나? 훈석이 애기 때 니가 업어 키우다시피 했는데‥
바름	아‥ (아이가 낯선) 미안해 훈석아. 형아가 머리를 좀 다쳐서‥
이모	형한테 인사해야지‥
훈석	(아랑곳 않고 계속) 아아앙앙 사줘 사달라구~~!!!
이모	(눈짓하며) 고양이 사달래잖니. 지가 키우겠다고‥
바름	(돌아보면 반려동물 가게 앞 유리관 안 고양이 보이는) 키우게 하지‥
이모	아휴‥ 쟤가 키우니? 내가 키우지. 지금은 안돼. 나중에 훈석이 더 크면‥ 대신 인형 사줄게. 고양이 인형. 어?
훈석	싫어~ 야옹이 야옹이~
바름	(땡깡 부리며 울고 있는 훈석에게) 훈석아. 형아가 맛있는 거 사줄까?

S#79 햄버거 가게 안/ 낮

햄버거 메이커 로고 박힌 고양이캐릭터 인형들 진열되어있고, 이모 빅 사이즈 고양이인형 사며 훈석과 바름 쪽 힐끔거리면, 훈석 햄버거도 안 먹고 뚱한 표정이다.

바름	(입도 안 댄 햄버거 보며) 먹어. 햄버거 싫어해? (여전히 뚱한 채 안 먹자) 형아 집에 고양이 있는데… 볼래? (사진 보여주며) 곧 새끼도 낳을 거야‥
훈석	(냉큼 화면 속 나비 보고 표정 확 밝아지며) 우와. 나 보러 갈래~ 갈 거야.
바름	지금 말고, 새끼 낳으면 보러 와. 형아가 연락할게‥
훈석	진짜?!!! 약속! (바름이랑 손가락 약속하고는 신나서 우걱우걱 햄버거 먹는)
이모	(고양이인형 안고 와서) 자~ 고양이 대신 사주는 거야.
훈석	우와‥ (받아서 끌어안는)
바름	(훈석 귀엽다는 듯 보며 결심하는/E) 그래‥ 이겨낼 수 있어‥ 박사님이 틀렸다는 걸 보여 줄 거야… 성요한한테 절대 지지 않을 거야!!!

S#80 봉이네 집 앞/ 낮

봉이 대문 열면 신형사 서 있다.

신형사	고선배가 강덕수를 폭행해서 유치장에 있어요. 지금··
봉이	네?
신형사	이거·· (뭔가 건네는)
봉이	(보면 전기충격기이다)
신형사	고선배가 꼭 갖고 있으라고 전해달래요.

S#81 봉이네 집- 방안/ 낮

전기 충격기 들고 들어오는 봉이. 전기 충격기 보는데 TV 뉴스, 일기예보 중이다.

기상캐스터 중국에는 고기압이, 일본 규슈에는 저기압이 자리 잡으면서 두 기압이 동
해안 지역에 강한 동풍을 만들어 낼 것으로 보입니다. 이로 인해 이번 주
말부터 내륙지방에 천둥번개를 동반한 비가 내리겠습니다.

봉이, 심각한 표정으로 일기예보 보는 위로··

플래시 컷/ 강덕수, 봉이 귀에 대고 속삭이듯 "10년 동안 감방에서 단 하루도 널 잊
은 적이 없었어. 비만 오면, 니 생각이 더 간절해 미치겠드라고. 기대해. 비 오는 그
날 찾아갈 테니까" (#36 상황)

불안한 봉이, 그때 밖에서 천둥번개 소리 우르르 쾅쾅 들린다.

S#82   북부서 유치장 안/ 낮

무치 미치겠는데·· 우산 들며 혹은 젖은 채로 들어오는 형사들.
뭔 비가 이렇게 쏟아지냐·· 그 말에 헉!!!

플래시 컷/ (#72)
무치   이 새꺄! (주먹으로 얼굴 날리는) 뭐라 그랬어. 뭐라 그랬냐고!!!

덕수   (입술 쓱 닦으며) 정말 별말 안 했습니다. (무치 귀에 대고) 단 하루도 널 잊은 적이 없었어. 비만 오면, 니 생각이 더 간절해 미치겠드라고‥

무치   비‥!! (미치겠는. 소리치는) 나 좀 꺼내줘. 나 좀‥ 기혁이형! 형님! 팀장님. 신형사!!! 이형사! 어디갔어!!!

S#83   바름의 집/ 낮

거실 창 앞, 비 오는 창문 밖 보던 바름, 주방 가서 사료 담은 그릇 들고 나온다.

바름   나비야. 밥 먹어‥ (사료그릇 놓으려다) 어? 새끼 낳았네. (귀여운 듯 보다 생각난 듯 영상 통화로 전화하는)

훈석   (F) 형아?

바름   어? 훈석이가 바로 받네. 엄마는?

훈석   (F) 엄마, 할무니 집에 갔쪄. 아프다고 막 울면쪄 갔는데 핸드폰 두고 갔쪄.

바름   할머니‥?

훈석   (F)응. 제주할무니. 훈석이 귤 엄청 맛있는데 여기 까졌어. (후후 부는 시늉)

바름   (뭔 말인가 싶다가) 그럼 혼자 있어?

훈석   (F) 아니. 아줌마랑. 아줌마 방에서 코 골고 자.

바름   아‥ 훈석아. 봐봐 (새끼고양이 쪽으로 화면 맞추면)

훈석   (F) 새끼 낳았어? 우왕 귀여워‥ (보다) 형아 나 가서 볼래‥ 볼래에~~~

바름   음‥ 좋아. 지금 데리러 갈게. 옷 입고 있어. (문득) 집이 어디였지? 그러고 보니 같은 동네 살면서 형이 훈석이 집에 한 번도 안 가봤네‥

훈석   (F) 주소 불러주까? 잠깐만‥ (집에 온 택배박스 주소 읽으며) 무진시 무진동 무진아파트 1동 301호.

바름   (적다 문득) 무진동? 평안동 아냐? 이사 갔나?

S#84   북부서 로비 앞 저녁

신형사	(통화하며) 응 자기양~ 나 지금 방송하러 가. 지난번에 내 얼굴 너무 크게 나왔찌? (그때 문앞 서성이는 누군가 보고) 어? 이따 전화할게. (끊고, 가며) 여긴 웬일로‥?
덕수母	그게‥ 실은‥ 그 형사님 풀어주세요‥ 덕수 그 놈이 거짓말한 거예요.
신형사	네?
덕수母	총 쏘려고 한 적 없어요. 내가 봤어요. 그 형사님이 찾아와서 화를 내니까 아들놈이 열 받아서 거짓말한 거예요‥ 형사님 아무 죄 없으니까 풀어주세요. 제가 증인이에요. 제가 다 봤어요. 총 꺼낸 적도 없어요‥
신형사	아… 네‥ (이상한?)
덕수母	죄송합니다. 아들놈 잘못 키워서… 혹시 몰라서 진술서도 써왔어요. (주머니에서 꾸깃꾸깃 종이 꺼내 건네는데 팔에 멍든)
신형사	어디 다치셨어요?
덕수母	아‥ (숨기고) 빗길에 넘어져서 그래요‥ (하고 다급히 가는)
신형사	(뭔가 이상한. 종이 펴면 무치가 총으로 협박하지 않았다는 내용의 자필 글씨 보다 시계 보고 마침 들어가는 이형사보고) 이형사!
이형사	(돌아보면)
신형사	이거 좀 팀장님한테 전달해줘. (뛰어가는)
이형사	(뭔가 펼쳐 보는)

S#85 훈석이 집/ 저녁

열린 방문 틈으로 곯아떨어져 잠든 아줌마 보는 고양이 인형 들고 선 훈석. 거실로 나오면, 바름, 식탁 테이블 위 〈이모 훈석이랑 우리 집에 있을게요. 쪽지 보면 전화 주세요〉 쓴 쪽지 두고, 고양이인형 안고 있는 훈석 손잡고 나가는.

S#86 시장- 주방용품 가게 안/ 밤

봉이	(칼날 살피며) 이걸로 주세요. (그 위로 우르르 쾅쾅 천둥번개)

S#87 OBN 방송국- 스튜디오/ 셜록 홍주/ 밤

카메라에 불 들어오고.

홍주   11년 전 그 끔찍한 사건이 일어난 오늘도 비가 왔습니다. 강덕수가 출소
           하고 1년이 되는 날입니다. 그리고 며칠 전 횡단보도 앞에서 강덕수가 그
           피해자를 만났습니다. (영상 공개하는)

화면 넘어가고 CCTV 공개되면,
인서트/ 시청자들 아흐 저 쌔끼!!! 강덕수 욕하는 댓글 마구 올라가고
인서트/ 유치장 안/ 티브이 보고 있는 무치.

홍주   단도직입적으로 묻겠습니다. 전자발찌 차고 있으면, 아이들 안전합니까?
전문가   안전합니다. 강덕수 사건 이후로 법률안 개정을 통해 관리감독을 더욱
           강화했습니다. 재범 위험이 높은 범죄자는 1대1 보호관찰도 가능하게 됐
           습니다.

S#88 강덕수 집/ 밤

단단한 근육질 몸 푸쉬업하며 홍주 방송 보고 있는 강덕수, 픽 웃는

S#89 OBN 방송국- 스튜디오/ 셜록 홍주/ 밤

홍주   출소하고, 1년이 지났고 아무 문제도 없었습니다만, 안심할 수 있나요?
전문가   처음 6개월은 모두들 주시하죠. 그러다 1년쯤 되면, 슬슬 경계가 풀리게 되
           고·· 다들 교화 갱생됐다고 믿게 되죠. 그 시기를 기다리는 겁니다. 그리고
           모두가 경계를 풀 때 또다시 범죄에 착수하죠. 그때가 제일 위험한 때죠··

S#90   강덕수 집 방안/ 밤

강덕수   (잠바 입고 지퍼 올리며) 오랜만에 몸 좀 풀어볼까? (목 이리저리 꺾는)

S#91   바름의 집- 거실/ 저녁

고양이 인형 들고 뛰어 들어오는 훈석, 바름 뒤따라 들어온다. 우와 귀여워~ 하며 보는데 훈석 뒤로 바름 보이자 어미 고양이 몸집 키우고 꼬리 세우며 하악질한다.

훈석   근데 야옹이가 형아 안 좋아하나봐?
바름   어? 아냐 새끼 낳고 예민해서 그래. (말 돌리는) 배고프지? 뭐 해줄까?

S#92   슈퍼 앞/ 밤

봉이 품에 칼 품고 터벅터벅 가면, 슈퍼 앞 세워진 야채트럭 뒤에서 그 모습 지켜보며 통화 중인 강덕수.

강덕수   네. 관찰관님. 약국에 좀 왔습니다. 병원에서 처방해준 약이 다 떨어져서요.
홍주   (E) 성범죄자의 동선 관리는 음성통화에 의존하는 비율이 99%입니다.

S#93   바름의 집 거실/ 저녁

돈카츠 맛있게 먹고 있는 훈석.

바름   (귀여워 죽겠다는 듯 보며) 더 썰어줄까? (썰어 포크에 집어 들어주다 헉!)

헉 소스라치는 바름 눈에 훈석 뒤에서, 훈석의 목 서서히 감싸 쥐는 요한 보인다.

S#94   봉이네 집/ 밤

칼과 전기 충격기 책상 위에 올려둔 채 결연한 표정으로 기다리고 있는 봉이.

봉이   내가 격투를 왜 배웠는지 알아? 강덕수? 와봐! 오늘 넌, 내 손에 디졌어!

S#95   바름의 집 주방/ 저녁

훈석   (새파랗게 질린 바름 보며) 형아 왜 그래? 어디 아파?
바름   어? (어느새 훈석 뒤에 요한 사라지고 없다. 허허‥ 숨 몰아쉬는)

S#96   몽타주/밤

가게 앞/ 나오는 트럭기사. 야채트럭 타고 출발한다. 그 위로 (E) 경보 소리
보호관찰소 상황실/ 경보 소리에 벌떡 일어나는 센터직원. 모니터 보면 전자발찌 훼손경보! 강덕수 위치추적기 동네에서 멀어지는!
상황실 앞/ 무도 무관들 차에 올라타고, 현장 출동하는.

S#97   도로 위 + 차 안/ 밤

"강덕수 핸드폰 위치추적도 같은 방향이다. 현재 무창 인터체인지 빠져나가고 있다‥" 무전 받으며 현장으로 가는.

S#98   봉이네 집/ 밤

기다리고 있는 봉이. 시계 보는 밤 11시를 향해간다. 티비 틀면 속보화면 뜬다.

기자	속보입니다. 1년 전 출소한 아동성범죄자 강덕수가 전자발찌를 끊고 도주했습니다. 강덕수의 위치 추적결과 강원도 정순쪽으로 향하고 있는 것으로··
봉이	도망쳤어? 뭐야? 참내·· (긴장 풀렸는지, 배에서 꼬르륵 소리 나는)

S#99 점방 안 (봉이 동네 슈퍼 안) / 밤

라면 계산대에 올리는 봉이. 핸드폰으로 뭔가 열심히 보고 있는 주인.

봉이	뭘 그렇게 봐요? (화면 보면 설록 홍주다)
주인	내가 최홍주 팬이거든. 어디선가 인터뷰한 거 봤는데 고아출신인데·· 어릴 때부터 정의로운 피디가 되는 게 꿈이었대. 그래서 악착같이 공부해서 저 자리에까지 갔대. 멋지지? 같은 여자로서··
봉이	(부러운 듯 보는) 그러게요.
주인	(라면 봉지에 담아 주며) 참, 유나 왔던데?
봉이	유나가요? 언제요?
주인	저녁 무렵에 지 엄마 준다고 빵 사 갖고 갔어.
봉이	네? (하는데 순간! 설록 홍주 방송에서)
홍주	(E) 소아성애자를 비롯한 아동성범죄자는 변하지 않습니다. 그들의 관심사는 오직 어린아이입니다.
봉이	설마… (뛰쳐나가는)

S#100 바름의 집 주방 / 밤

설거지하며 거실 보는 바름, 고양이 사진 찍느라 정신없는 훈석 보고 피식 웃는. (거실에는 TV 틀어져 있다.) 바름, 다시 설거지하려는데 개수대에 물이 차오르고.

〈점프〉 싱크대 아래 공구상자 펼쳐 놓고 스패너 든 채 싱크대 아래 고개 박고 관조이는 바름. 고양이 사진 잔뜩 찍어 바름 앞에 들이대는 훈석.

훈석	형, 나랑 놀자. 심심하단 말야··
바름	(짜증) 훈석아 형이, 이거 수리 좀 하고.
훈석	아아~ 놀아줘 놀아줘 숨바꼭질 숨바꼭질~ (땡깡 부리며 바름 잡아당기는)
바름	(순간 짜증 확 나는데)
훈석	내가 먼저 숨을게! 형이 백까지 세고 나 찾아! (뛰어가는)
바름	(눈동자 텅 비어가는) 거 참 시끄럽네. 짜증나게.

S#101 바름의 집 거실/ 밤

TV 틀어져 있는 거실. 우르르 쾅쾅! 천둥번개 치고 스패너 들고 거실로 나오는 바름. 눈빛 텅 비어있다. 야옹- 날카로운 소리에 바름 보면, 거실 구석 새끼 고양이 최대한 자신 뒤에 가린 어미 고양이, 꼬리 잔뜩 세운 채 바름 경계하고 있다.

S#102 북부서 유치장 안/ 밤

무치	어이 형! 형님 혀엉~ 나 좀 꺼내 줘. 봉이가 위험해 위험하다고!!! 제발 한 번만 눈 딱 감아줘. 그냥 내가 열쇠 훔쳤다고 할게. 제발 어? 어?
강형사	(그런 무치 보며 곰곰 생각하다 무치 손닿을 정도 거리에 툭 열쇠 던지는)
무치	(반가운) 고마워. 형 (집으려는데)
강형사	봉이 구하겠다고 그 열쇠 집어서 그 문 열고 나가는 순간 넌 경찰복 벗게 될 거야. 알지? 선택해. 한서준인지, 오봉인지·· (가면)
무치	(잠시 열쇠 집은 손 내려다보다 집어서 문 열고 후다닥 뛰쳐나가는)

S#103 북부서 복도/ 밤

정신없이 뛰어가는 무치. 이형사 화장실에서 나오다 슬쩍 보는.

S#104 바름의 집/ 밤

스패너로 벽 탕탕 치며 천천히 걸어가는 바름의 텅 비어있는 눈빛.

바름   (중얼거리는) 우리 훈석이 어디 숨었을까. 꼭꼭 숨어라‥ 머리카락 보일라…

S#105 바름의 집- 옷장 안/ 밤

훈석   (하품 늘어지게 하는) 형아. 진짜 못 찾네. 바부팅‥

S#106 북부서 주차장/ 밤

뛰어나오며 봉이에게 전화하는데 받지 않는. 차에 타고 급엑셀 밟는 무치.

S#107 OBN 방송국- 홍주 사무실/ 밤

들어오는 홍주, 퇴근하는 스텝들에게 수고했어 내일 봐. 인사하고 자리에 앉아 퇴근 준비하는데. 우르르 쾅쾅! 소리에 창밖 돌아보는 홍주. 그 위로‥

홍주   (E) 그 스위치가 비가 될 수 있나요?
전문가   (E) 뭐든 가능해요. 실제로 수성연쇄살인사건 당시 '비 오는 날의 살인'이
       라 불렸던 적도 있으니까요.

안되겠는지 가방 들고 다급히 나가는 홍주.

S#108 유나네 집 안/ 밤

뛰어온 봉이, 문 두드리는데 쓱 열리는 문! 이상하고, 뛰어들어가 보면 유나母, 술에 취해 곯아떨어져 있다. 이불 확 들추면 큰 베개 놓여 있고, 유나는 없다.

봉이   (헉!) 아줌마. 아줌마 유나 어딨어요? 유나!!

그러나 유나母 취해서 일어나지 못하는. 봉이 그 옆에 떨어져 있는 핸드폰 보는.

봉이   내가 아니었어‥ 처음부터 유나가 목표였어.

S#109   다리 앞/ 밤

유나 이불에 돌돌 만 채 업고 가는 강덕수 씨익 웃는 위로.

S#110   과거. 가게 앞/ 강덕수의 회상/ 밤

강덕수, 가방에서 절단기 꺼내 발찌 잘라 트럭에 집어 던진다.
이윽고 가게 안에서 트럭 운전기사 나와 타고 출발하는. 출발하는 트럭 보며, 담배 꺼내 라이터 불 붙이려 하는.

플래시 컷/ 슈퍼 앞 평상/ 낮
호빵 보는 유나. 그런 유나에 동네 사람들, "아이고 짠한 것 부모 잘못 만나 뭔 죄야" 하며 가는. 홀로 남은 유나, 그때 평상에 호빵 든 봉투 던지듯 내려놓는 강덕수. 음흉한 미소 지으며 '먹어' 라고 말하는. 받지 않고 경계하며 보는 유나.

플래시 컷/ 유나 집 앞 일각/ 밤
유나부의 중형세단에 타는 유나. 배웅하는 유나母와 봉이 모습. 먼발치서 지켜 보는 강덕수 모습. 분한 듯 입술 질끈 깨무는데‥

플래시 컷/ 유나 집 대문 앞/ 낮

택배 들어보는 강덕수 '저소득층 어린이 지원 사업 물품' 택배에 적힌 유나母 핸드폰 번호. 씩 웃으며 번호 입력하는. 유나엄마 번호로 문자 보내는. '봉이언니야…'

S#111   몽타주

유나 집/ 유나母 핸드폰 보고 있는 봉이. 문자에, <봉이언니야. 엄마가 갑자기 많이 아파. 빨리 집으로 와. 아빠한텐 비밀. 걱정하실 거야. 몰래 나와. > 보자마자 뛰어 나가고! 젖혀진 이불은, 유나母가 자다 뒤척이며 발로 차서 다시 덮어지는…

유나 집 앞/ 봉이 신고 전화하며 뛰어나오는 여기 안신동 52번지. 강덕수가 방금 집에서 아일 데려갔어요!! 빨리 동네 수색해줘요. 빨리요!!!!
다리 위/ 강덕수 어깨에 둘둘 싸인 이불 속 재갈 물린 유나 공포어린 표정 위로.

과거/유나의 집/ 저녁
강덕수 손에 입 틀어 막힌 채. 덜덜 떠는 유나. 그 옆 약 먹고 잠들어있는 엄마.

강덕수	(유나 귀에 속삭이며 칼 보여주며) 소리 내면 니 엄마 죽일 거야. 그래도 좋아?
유나	(덜덜 떨기만 하고 눈물 뚝뚝)
강덕수	조용히 따라갈 거지? 가자 (유나 손잡으면)
유나	(아무 말 없이 끅끅대며 따라간다. 엄마 돌아보는)

S#112   거리/ 밤

봉이, 미친 듯이 뛰어가는 안 돼! 안 돼! 제발‥ 제발…

S#113   도로＋차 안/ 밤

전속력으로 달리는 무치‥

S#114 홍주 차 안/ 밤

정신없이 운전하는 홍주. 바름에게 전화하는데 받지 않는 미치겠는.

S#115 유나네 집 앞/ 밤

경찰차 멈추고, 딩동딩동! 술에서 덜 깬 유나母 나온다. 순찰 1,2 서 있다
유나母   (비몽사몽. 잠 덜 깬) 이 밤중에 뭔 일이에요.
순찰1   아이가 없어졌다고 신고가 들어와서요. 확인하려구요.
유나母   우리 애가요? (인상 빡! 돌아보며) 저기서 자고 있잖아요. 누가 장난 전화
         를 하고 지랄이야.
순찰   아. 네. 그럼 (순찰차에 타면)

문 닫고, 들어와 사람 모양으로 둘둘 말린 이불 덮여있는 이불 옆에 누워 잔다.

S#116 바름의 집 곳곳/ 밤

스패너든 채, 여기저기 문 여는 바름. 침대 밑도 들여다보고‥ 나오다, 신경질적으
로 문 탕! 치는데 그때, 핸드폰 벨소리 들리고. 순간 발걸음 멈추는 바름. 쓰윽 뒤돌
아보는 핸드폰 벨소리 들리는 쪽으로 향해 걸어가는데‥

S#117 억새숲 중앙/ 밤

두 손 모아 덜덜 떨며 비는 유나, 강덕수, 라이터 껐다 켰다 하며 그런 유나 보다가,
라이터 주머니에 넣고 유나 얼굴 쓰윽 만지는데 하지 마요! 밀치는 유나. 반사적으
로 손 쳐들어 유나 때리려는 순간 멈칫! 동작 멈추고 귀 기울인다. 한차례 적막 흐르
고‥ 휘잉 바람 소리뿐. 강덕수 미간 꿈틀거리는데 순간, 갈대숲 사이로 검은 물체
튀어 오르며 동시에 강덕수 등에 올라타 백쵸크 시전하는 봉이! 강덕수 올라탄 채

있는 힘껏 목 조이는 봉이. 강덕수 켁켁- 거리고 봉이 백쵸크가 통하는 것처럼 보이는 것도 잠시, 강덕수 몸 틀며 힘으로 봉이 바닥에 내리꽂는다. '악!' 비명소리와 봉이 나가떨어지는. 미처 일어나기도 전, 강덕수 곧바로 달려들어 봉이 얼굴 발로 강타하는. "퓹" 입에서 피 터지는 봉이. 강덕수 그 틈에 다시 발차기하자 순간 다른 발목 파고드는 봉이, 강덕수 무게중심 잃고 쓰러지면, 봉이 있는 힘껏 앵클락 시전한다. 괴로워하던 강덕수, 손에 잡히는 돌멩이로 봉이 후려친다. 휘청하는 봉이. 그 틈을 타, 강덕수 주먹으로 반격! 한방. 두방. 세방·· 봉이, 안면에 들어오는 주먹질 참아보려 하지만, 입안 피 터져 나온다. 아득해지는 봉이. 강덕수 픽 웃으며 봉이 힐끔 쳐다보더니 유나에게 발길 돌린다. 유나 잡아채는 강덕수. 질질 끌고 가는데. 안 돼.!! 절대! 강덕수 다리 끝까지 붙잡는. 강덕수 발로 봉이 안면과 복부를 계속 차며 떼 내려하지만, 봉이 이 악물고 끝까지 버틴다.

봉이   (이 앙 다문채) 유난 나처럼 살게 안 할 거야·· 절대로··

인서트/ 다리 위/ 경찰차 휙 돌고 가는··

계속 발길질하는 강덕수. 눈 부어오르며 까무룩 의식 잃어가는 봉이. 강덕수 다리 꽉 잡은 손에 서서히 힘 풀리고. 그 틈에 강덕수 발로 봉이 목 짓누르면 끄윽 거리는 봉이. 강덕수, 유나 뒷덜미 움켜쥔 채 끌고 가려는데 죽을힘을 다해 으아아악!! 주머니 속 전기 충격기 조준해 쏘지만! 빗나가고. 강덕수에 맞은 봉이 쓰러지는데. 다시 한번 강덕수 바짓가랑이 붙잡는 봉이. 강덕수 열 받았는지 더 세게 차면! 얻어터지면서도 안 놓는 봉이. 겁에 질려 눈물 뚝뚝 흘리는 유나 보며 버티는··

S#118   도로 위 + 무치 차 + 다리 인근 억새숲/ 밤

안신동 표지판 보이기 시작하고, 전속력으로 내달리는 무치 차, 2차선 도로 맞은편에 뭔가 달려오는, 무치 뭐지? 싶어 찬찬히 보는데 달려오는 트럭 발견하고 핸들 트는데, 몸 한쪽으로 쏠리며 도로 옆으로 차 미끄러져 내려간다. 나무에 들이받자 멈추는! 피어오르는 보닛 연기. 이마에 피 흘리며 차문 열고 비틀거리며 나오는 무치. 뒤통수 갈기는 몽둥이 든 손 (손등 oz). 그대로 푹 쓰러지는 무치.

S#119 바름의 집 2층 복도 끝 팬트리/ 밤

문 확 열리면, 새근새근 잠든 훈석. 그 옆 핸드폰 계속 울린다. 잠든 훈석 내려 보는 바름의 텅 빈 눈동자, 훈석을 향해 들고 있는 스패너 힘껏 쳐드는.

인서트/ 봉이, 계속 언어터지면서 끝까지 바지 잡는 손·· 서서히 힘 풀리는···

S#120 바름의 집 거실/ 밤

클래식 바흐 골든베르크 변주곡 중 아리아 음악 흐르고, 카메라 시선, 거실 통 유리창 밖으로 바름이 누군가 스패너로 내려치는 뒷모습 보인다. (TV 계속 켜져있다)

S#121 억새숲/ 밤

강덕수 바지 툭 놓치는 의식 잃어가는 봉이. 강덕수 씨익 웃으며 유나 질질 끌고 수풀 속으로 들어가고, 끄윽끄윽 의식 잃어가는 봉이의 아득해지는 시선, 슬로우 모션처럼 흐른다. 쏴아~ 빗소리·· 끄윽··끄윽·· 눈물과 피 뒤섞인 채 끄윽거리는 봉이 앞에 드리우는 그림자. 봉이, 올려 보면, 앞에 선 누군가의 발 보인다. 죽을 힘 다해 바짓단 꽈악 붙잡으며 웅얼거리는··

봉이   (끄윽끄윽··) 유나·· 데려·· 가··· 저기·· 아이 좀·· 제발 살려··

봉이 시선에 들어온, 비에 씻기며 떨어지는 스패너의 핏물. 흠칫하는 봉이. 시선 더 올려보면 가물거리는 시선 너머 자신을 내려다보며 선 사내의 얼굴 형태만 희미하게 보이는데·· 얼굴에 묻은 핏물 보인다. 그런 봉이, 건조한 눈빛으로 내려다보고 있는·· 바름이다! 그 위로··

대니얼   (E) 내 말 듣는 게 좋아. 정바름!

〈점핑〉 갈대숲에 선 바름의 F.S. 갈대밭 사이로 한 치의 망설임 없이 무언가를 내려치고 있는 바름의 얼굴 위로 피 계속 튀는데·· 텅 빈 바름 눈빛, 그 위로··

대니얼   (E) 그렇지 않으면 결국 넌, 니 가족과 사랑하는 사람부터 죽이고 말 거야··

L.S 갈대숲, 계속해서 내리치는 바름의 모습 보이고, 그 모습 멀리서 바라보는 시선에서 페이드아웃·· 다시 화면 밝아지면 소강상태의 비. 먼 부감샷으로, 쇠줄(도사견 종류에 메는 쇠줄) 끌고 가는 우비차림의 형체(바름)! 그 줄에 끌리는 무언가, 우비에 보이지 않는다. 그 모습 롱부감샷으로, 가늘고 긴 한 줄의 선명한 핏줄기 수풀 사이로 쭉 이어져 있는. (영화 피에타의 엔딩씬 느낌으로)

the END

제12부

S#1   과거. 프롤로그 - 다리 아래 일각/ 새벽

쏴아아~ 내리치는 강렬한 빗소리. 바쁘게 게임기 누르며 가는 중학교 교복 소년(*15세 재훈, 명찰 없음)의 손가락. 다른 한 손 우산을 든 채 걸어가는 소년의 뒷모습 비추는데‥

재훈   (NA) 지름길을 두고 굳이 이 길로 돌아가는 이유가 있다.
         아무도 다니지 않는 길, 아무에게도 방해받지 않는 이 시간이 좋다.

빗소리에 묻혀 들릴 듯 말 듯 여자아이의 '살‥려‥' 신음소리에 게임기 누르던 손 멈추고 돌아보는 소년 얼굴, 재훈이다. 재훈 시선 따라가면, 저만치 어둠 짙게 깔린 다리 아래. 소리 나는 쪽 향해 천천히 가는 재훈. 다리 아래 안쪽 구석, 공사용 포대 덮여 있고 포대 아래 묽은 핏물(물과 섞인) 흘러나온다. (포대 근처, 마치 포대 앞 지키기라도 하듯 앉아있는 강아지 '끼잉끼잉'거리는-부각시키지 말 것) 재훈, 고개 살짝 밑으로 꺾으면 살짝 들춰진 포대 속, (어둠 속)죽어가는 아이 간절한 눈빛과 마주친다.

재훈   (NA) 그곳에서 죽어가는 한 아이를 봤다.

재훈, 간절한 아이의 눈빛을 그저 멀건 눈으로 바라보다, 이윽고 뒤돌아서더니

다시 손가락 바쁘게 게임기 누르며 가던 길 간다.

재훈   (NA) 짜증이 밀려왔다‥ 하던 게임을 방해 받았다는 생각에…‥.

게임기 누르며 가는 재훈 뒤로 "살려‥주…세…" 간절한 아이 목소리 위로‥

재훈   (NA) 그 아이에 관한 뉴스가 저녁 내내 TV에 나온다‥ 사람들이 뉴스를 보고 운다. 대체 왜 우는 걸까‥?

살려달라는 간절한 목소리는 그렇게 빗소리에 서서히 묻혀가며 페이드아웃 된다.

마 우 스

S#2   현재/ 다리 아래/ 밤

화면 밝아지면, 다리 밑(#1 장소) 공사용 포대에 누군가 덮여있고 포대 밑으로 묽은 핏물(물과 섞인) 흘러나오고 있다. 그 위로 경쾌한 음악 흐르면서.

S#3   바름의 집- 주방/ 아침 (새벽)

톡 튀어 오르는 갓 구워진 노릇노릇한 식빵 한 조각. 또르르 따라지는 커피. 커피 잔 드는 손. 모락모락 피어오르는 김. 여유롭게 커피 향 맡는, 바름이다!(한쪽 손 붕대로 감긴) 한 모금 마시고 만족스런 표정 뒤로 세탁기 안에서 뱅글뱅글 돌아가는 세탁물 핏물 가득한. 그 위로.

바름   (E) 박사님 말이 맞았어요…

S#4 과거. 폐병원. 대니얼의 아지트 문 앞/ 바름의 회상/ 어제 밤

얼굴에 피 범벅인 채, 헉헉거리며 서 있는 바름. 베인 손에는 피 뚝뚝 흐른다.

바름   받아들이지 않으면, 가족과 사랑하는 사람을 죽이고 말 거라는…
대니얼   (열린 문 사이로 그런 바름 응시하며) 그래서‥ 기분이 어떤가?
바름   …
대니얼   괴로운가?
바름   (눈빛 반짝) 짜릿했어요.

S#5 현재. 바름의 집 거실/ 아침 (새벽)

손에 커피 잔 든, 거실 밖 풍경 보는 바름. 상쾌한 기분에 목 이리저리 꺾는 위로.

바름   (E) 개운해요. 찌뿌둥했던 뭔가가 확 풀리는 느낌이랄까…

다시 커피 한 모금 마시며 만족스럽게 음미하는 바름의 표정 위로 사이렌 소리‥

S#6 다리 아래/ 아침 (새벽)

정신없이 미끄러져 내려오는 무치, 몰려와 있는 주민들 통제 중인 경찰들에게 다급히 신분증 보이고 들어가면 다리 안쪽 공사용 포대(#2)에 누군가 덮여있다. 그 앞에서 경찰들과 이야기 나누던 신형사, 무치 발견하고 달려오는‥

신형사   어디 갔다 이제 나타나요. 지금 병원에 (하는데)

신형사 확 밀치고 포대 쪽으로 다급히 가는 무치. 포대 앞에 멈춰, 떨리는 손으로 포대(위쪽) 잡아 확 걷는! 순간 헉… 경악하는 무치 위로 다급한 초인종. 딩동딩동!!

S#7 바름의 집/ 아침 (새벽)

인터폰 화면 속 이모 보인다. 순간 표정 굳는 바름의 눈빛 위로

퀵 플래시/ 잠든 훈석 보며 스패너 확 내리치려는! (11부 #119)

잠시 생각하다, 문 열림 버튼 누르고, 스윽 (소파 쪽으로) 고개 돌리는데!

인서트/ 다리 밑 (#6에 이어)/ 아침 (새벽)
무치 시선 끝, 들쳐 올려진 포대 밑 얼굴·· 강덕수다!

바름의 시선 끝, 거실 소파에 쌔근거리며 잠들어있는, 훈석이다!

S#8 과거. 2층 팬트리 안+ 앞 (11부 #119 이어)/ 바름의 회상/ 밤

쌔근거리며 잠든 훈석을 텅 빈 눈빛으로 내려다보는 바름. 스패너 확! 내리치려는 순간! 야옹 소리와 함께 스패너 든 바름 손 향해 달려드는 고양이. 으윽! 낮은 비명과 고양이 뿌리치고 팔 보는 바름, 오른쪽 손목 윗 부근 10cm 가량 고양이 할퀸 흔적 선명히 났다. 짜증스럽게 돌아보면 등 세운 채 하악질하는 어미고양이. 고양이 향해 스패너 휘두르는 바름! 1층으로 고양이 도망가면 쫓아가는 바름. 세상모르고 잠든 훈석 옆에 바름의 휴대폰 지잉-지잉- 진동 계속 울리고 있다.

S#9 과거. 바름의 집 거실/ 바름의 회상/ 밤

바름 내려오면 거실 구석 텅 빈 새장 앞, 어미 고양이 바름 보며 하악질하고 있다.

바름　　　(비웃는) 눈물겨운 모성이군.

어미 고양이 향해 다가간 바름, 스패너 휘두르자, 휙 피하며 살짝 열린 거실 창 밖으

로 나가는 고양이. 문 열고 따라 나가는 바름. 카메라, 거실 창 밖 비추면 칠흑처럼 어둡고 고요하다. 일순 야옹! 날카로운 비명과 동시에 '우르르 쾅!', 번개 치면, 스패너 내리치는 바름의 뒷모습 보였다 사라졌다 반복한다. (고양이 보여주지 말 것)

진열장 밑 틈새로 비친 새끼고양이 눈빛, '야옹야옹' 나지막한 울음소리 들린다. 바름, 멈추고 바로 선 뒷모습, 쓰윽 돌아보면 얼굴에 튄 피. 그 모습이 섬뜩하다.

인서트/ 바름 집 외경. 번쩍거리며 천둥 번개 내리치는.

거실로 들어온 바름. (훈석 있는) 2층 향해 계단 한발 내딛는 순간, 야옹~ 새끼고양이 울음에 멈칫, 진열장 쪽으로 가는데 거실에 켜져 있던 TV에서 뉴스 방송 중인··

기자   (E) 오늘 저녁 10시경 인오공원 산책로에서 나무에 목을 매 숨진 70대 여성이 발견됐습니다. 발견 당시 온 몸에 심한 타박상을 입은 상태로··

뉴스 화면/ 산책로 나무 아래 떨어져 있는 팔 토시(*뒤꿈치 패치, 퀼트로 된 ○모양) 순간 바름 멈칫!!! 화면에 시선 고정한다.

기자   (E) 경찰은 현장에서 발견된 자필유서를 토대로 신원 파악에 나섰습니다.

화면 속 얼핏 현장에서 발견된 유서 비추는데. '이 죄 많은 애미가 죽으믄 멈추라. 죄발 멈처 후외 말고 더는 끙찌칸 죄 짓지 말어 좨발.' 뉴스 보던 바름 눈에 감정이 나타나기 시작한다. 그 눈빛 위로··

플래시 컷/ 강덕수의 집 (11부 #75)/ 과거
거품 물고 죽어가는 덕수 옆에 유서 보는 바름. 유서 적힌 쪽지에 삐뚤빼뚤 글씨

〈지난 날 제가 저지른 끙찌칸 죄를 후외하고 또 후외하고 있습니다. 죽을 죄를 졌습니다. 죽음으로 죄값을 대신합니다. 그 아이에게 속죄할랍니다. 〉

순간 바름 눈에 당혹스러움 스치는 위로.

플래시 컷/ 11부 #76 응급실 복도

복도에 앉아있는 바름 눈에 뛰어오는 덕수母- 한쪽만 팔토시(*뒷꿈치에 패치, 퀼트로 된 ○모양)

바름   (E) 그땐 정신없어 몰랐어요.

바름과 눈 마주치는 순간 덕수母 원망서린 눈빛 스치는 위로

바름   (E) 그 눈빛이 날 원망하는 눈빛이었단 걸…

S#10   과거. 폐병원 - 대니얼의 아지트/ 바름의 회상/ 밤

바름   (대니얼에게 다친 손 치료 받으며) 그때 알았죠. 내가 본 그 유서, 강덕수가 아니라 엄마가 썼단 걸요. 강덕수가 자살하려던 게 아니라 그 엄마가 아들을 죽이려고 술에 농약을 탔단 사실을….
대니얼   (상처 소독해주며 말없이 듣는)
바름   생각했어요. 왜 아들을 죽이려 했을까‥ 그건 아들의 또 다른 범죄를 막으려 했던 최후의 수단이었던 거죠‥

S#11   몽타주

과거/ 바름의 집- 거실/ 밤

TV 앞 손에 피범벅인 스패너 든 채 그대로 멍하니 서 있는 바름 위로.

바름   (E) 순간 떠올랐어요‥ 박사님이 했던 말…
대니얼   (E) 이 정도로 순도 높은 싸이코패스. 프레데터는 한 번 범죄를 일으킨 이상, 반드시 같은 범죄를 일으킬 겁니다. (11부 #49)
바름   (멍하니 TV보다 입 달싹이는) 봉이‥ 봉이가 위험해‥ (그대로 뛰쳐나가는)

바름의 차안/ 전속력으로 달리는 바름 차(11부 #74), 옆 좌석에 피 묻은 스패너.
다리 위/ 진입하다 끼익 브레이크 밟는! 차에서 내려 망가진 우산 집는 바름.

플래시 컷/ 바름, 봉이에게 캐릭터 우산 씌워주는. (8부 #81)

다리 위/ 바름, 다급히 다리 난간 앞에 서 어둠 속 내려다보는.
으슥한 어딘가/ 차 트렁크 안 가방(11부 #74) 열어, 우비 꺼내 걸치는 바름.

S#12   과거. 다리 인근- 억새숲/ 11부 #121/ 밤

가방과 피 묻은 스패너 든 채 저벅저벅 걸어오던 바름, 멈춰서면 만신창이 피투성이
로 쓰러진 봉이 있다. 바름 눈빛 심하게 흔들리는데, 봉이 손끝 꿈틀하더니 힘겹게
눈뜨며 손 뻗어 바름 바지 잡으며‥

봉이   유나‥ 데려‥ 가… 저기‥ 아이 좀‥ 제발 살려‥ (하다 스르르 눈 감기면)
바름   (눈에 분노 서리며 중얼거리는) 잠시만 기다려.

돌아서 봉이 가리킨 곳 향해 어둠 속으로 저벅저벅 걸어 들어가며 페이드 아웃‥

S#13   현재. 다리 아래. 사건 현장 + 과거. 억새숲 (교차)/ 아침 + 밤

처참하게 망가진 강덕수 얼굴. 심각한 표정으로 보고 있는 무치 위로

덕수   (E) 살려주세요 살려줘요……

과거/ 억새숲
비굴할 정도로 싹싹 비는 강덕수(목에 도사견용 개줄 맨 채 *참고그림) 얼굴로 날아오는
주먹! 퍽! 목 뒤로 꺾이며 피 튀는 강덕수. 서늘한 눈빛의 바름, 강덕수 얼굴 향해 계
속 난타질하면 (찰나처럼) 코뼈 부러지고 눈 부어오르는, 얼굴 보이지 않을 정도로 피

범벅 된 상태로 정신 가물가물한 강덕수.

강덕수   (끄억끄억) 누‥ 누구야‥ 너… (하는데)

S#14   과거. 증거물보관 창고 안 + 현재. 다리 아래 (교차)/ 낮 + 아침

입 틀어막은 채, 마지막 사진보고 충격 받은 바름의 표정.
사진 속, 피멍으로 퉁퉁 부어오른 알아보기도 힘든 형태의 어린 봉이 얼굴.

인서트/ 억새숲 - 바름, 순간 강덕수 얼굴 확 덮치고! 으아악 강덕수의 비명 위로
퀵플래시/ (#14 사진 속) 봉이 한쪽 볼에 선명한 이빨자국.

인서트/ 억새숲 - 바름, 강덕수 얼굴서 입 떼면 너덜너덜한 피범벅 볼 살점 물고 있
다. 퉷! 뱉고는 손으로 입가 피 쓱 닦는 바름의 서늘한 눈빛.

현재/ 다리 아래. 사건현장/ 아침
무치 보면, 살점 뜯겨져 나가 너덜거리는 강덕수의 오른쪽 볼. (모자이크)
강덕수 얼굴 아래쪽 시선 두는 무치. 강덕수 목(위쪽 방향으로) 선명한 쇠줄 자국!

인서트/ 억새숲 - 도사견 개줄(쇠줄) 목에 걸린 채 질질 끌려가며 버둥거리는 강덕수.
쇠줄 더 확 잡아당기며 거칠게 끌고 가는 바름 위로‥

퀵 플래시/ (#14 사진 속) 봉이 목에 걸려있던 (개)줄.

현재/ 다리 아래. 사건현장/ 아침
무치, 문득 반대쪽 다리에 시선 멈추는. 대롱대롱 매달려있는 개줄(쇠줄)에 뭔가 달
려있다. (모자이크)

신형사   (*인근에서 발견한 족적 줄자 놓고 핸드폰으로 찍는데)
무치   저건 뭐지? (하며 일어나는데)

| 신형사 | (돌아보며) 아. 저게‥ (난감한 표정 지으며) 감식반이 도착 전이라 그대로 둔 건데‥ |

어느새 무치, 대롱거리는 개줄 쪽으로 가고 있다. 저게 뭐지? 하는 표정 위로‥

| 이모 | (E) 훈석아. 일어나. 얼른! |

S#15   바름의 집 거실/ 아침 (새벽)

훈석	(쏟아지는 잠 이겨내며 억지로 눈 뜨며) 엄마!
이모	(버럭! 엉덩이 때리며) 너 엄마한테 얘기도 안하고 여 음 어떡해. 밤새 얼마나 찾아다녔는지 알아? 어?
훈석	(으아앙! 울음 터트리는)
바름	(당황해 말리며) 훈석이 잘못 없어요. 제가 데려온 거예요. 제가‥ 전화기를 두고 나가셨길래… 식탁에 쪽지 써놨는데 못 봤나 봐요. 죄송해요.
이모	(후 한숨 애써 진정하며) 가. 얼른! (훈석 끌 듯 데리고 가는)

S#16   현재. 다리 아래 + 과거. 다리 아래 (교차)/ 아침(새벽) + 밤

대롱거리는 개줄 앞에 멈춰선 무치. 자세히 보다 헉! 놀라는 위로‥ (무치표정만)

플래시 컷/ 재판정/ 과거

| 강덕수 | (억울한 표정) 저도 정말 미치겠습니다. 버선발을 까뒤집을 수도 없고, 정말 기억 안 납니다. |

| 강덕수 | (E) 거, 거짓말했어요‥ 술 취하지도 않았어요. |

바름, 표정 없는 눈빛으로 서 있다. 그 앞에 엉망인 얼굴로 무릎 꿇고 싹싹 비는 강덕

수! (무릎 아래 보여주지 말 것. 이미 바지 벗겨놓은 상태)

강덕수   (손이 발이 되게 빌며) 다신! 다신! 그런 짓 안 할게요··
바름   (강덕수 입에 재갈 물리며) 이젠 하고 싶어도 못할 거야··

음음·· 거리는 강덕수 손 묶고. 품에서 이빨 나간 식칼 뽑아드는 바름.

바름   어르신이 10년 동안 니 출소날만 기다리며 갈고 또 갈았던 칼이래. 근데
          잘 들면 재미가 없잖아. 그래서 내가 이를 좀 뽑아왔어.

강덕수, 그 말에 보면 칼날 끝, 이 빠져 울퉁불퉁. 그래서 더 공포스럽게 느껴지는!
공포에 질린 강덕수 재갈 물린 채 읍읍!!!! 으읍!!!! 하는 위로··

강덕수   (E) 저 정말 그런 쓰레기 아닙니다. 사실이면….

플래시 컷/ 재판정/ 과거

무치   (순경복 차림으로 방청석 앉아 최후 진술중인 강덕수 노려보는)
강덕수   (억울한 표정으로) ·· 제 거시기를 확 짤라버리십시오.

바름, 강덕수 사타구니 쪽으로 칼 가져가는데. 강덕수 버둥거리느라 허벅지애 칼끝
스친다. 바름, 칼 팍! 꽂는! 동시에 바름 얼굴에 피 팍 튀는! 표정 없는 바름 얼굴. 으
으윽!! 재갈 물린 강덕수 고통스러워하고. 칼 쥔 손에 힘주는 바름 얼굴에서!

S#17   과거. 억새숲 입구/ 11부 #121/ 밤

어느새 억새에 맺힌 빗방울. 비 잠시 소강상태. 억새풀 헤치는 소리, 개줄(쇠줄) 끌리
는 소리. 이윽고 어둠 속에서 개줄 끌고 나오는 바름! 한 손에 강덕수 성기(모자이크)
쥐고, 다른 한 손으로 쇠줄 쥔 채 질질 끌고 가는. 목에 개줄 채워진 채 질질 끌려가
는 강덕수, 다리 사이로 피 흐르는··(피에타처럼)

송수호	(E) 사람이 이웃에 상해를 입혔으면 그가 행한대로 상대에게 행할 것이니··
송수호	(무릎 위 성경 읽는) 뼈를 부러뜨렸으면 상대의 뼈도 부러 뜨려… 끄억··
	(2부 #33)
수호,무치	(E) 상처에는 상처로·· 끄억… 눈에는 눈··

S#18   현재. 다리 아래. 사건현장/ 아침 (새벽)

개줄에 대롱대롱 매달려있는 성기(모자이크) 허·· 기막힌 표정으로 보는 무치.

무치	이에는 이·· (묘한 기분이 드는) 왜 그 사건의 기시감이 느껴지는 걸까··?

무치 뒤로 우르르 쾅쾅!!! 돌아보는 무치.

무치의 상상/ (포대 젖혀놓은) 강덕수 벗겨진 하반신(완전 모자이크)! 우비 사내 뒷모습, 강덕수 시신 보며 서 있다.

무치	(그 모습 보며 중얼거리듯) 놈은 싸이코패스야…

포대 덮고 돌아서는 우비 사내, 문득 무치 서 있는 쪽 돌아보는. (우비 속, 얼굴 잘 보이지 않는/가려진) 마치, 무치 자신을 바라보는 듯한 우비 속 눈빛, 무치 보며 씩 웃는 듯한. 그렇게 바름과 무치 두 사람의 시선 마주치는·· 그 위로 우르르 쾅쾅!!

무치	성요한 같은 놈이 나타났어….

그렇게 다리 아래 두 사람만 서 있던 풍경(환상)이 어느새 현재. 주변 경찰, 구경꾼들로 북적이는·· 그 한가운데 무치 서 있다·· F.S

S#19   바름의 집 대문 앞 + 이모의 차 안/ 아침

바름   (훈석에 안전벨트 매주는 이모 보며 안절부절) 죄송해요 이모·· 화 풀어요.

그러나 이모, 화 잔뜩 난 얼굴로 바름에게 시선조차 안주고 차 출발한다.

훈석   (사이드미러로 바름 보다, 엄마 눈치 보며) 엄마. 화 많이 났쪄.

대답 않고 운전하는 이모, 운전대 잡은 손 아주 미세하게 떨린다.

S#20   바름의 집 거실/ 아침

심난한 얼굴로 바름 들어오면 새장 속 새끼고양이, 그새 잠에서 깼는지 낑낑 대고 있다. 바름, 주방에서 그릇에 고양이용 우유 덜어와 새끼고양이 앞에 주지만, 우유에 입도 대지 않고 계속 낑낑거리는.

바름   먹어. 배고프잖아··

새끼 고양이, 우유 안 먹고 훈석의 고양이인형(11부 #91) 가슴팍으로 파고들며 젖 빠는 듯한 행동. 그런 새끼고양이 보다, 순간 울컥 하는 바름 눈물 고이는 위로.

대니얼   (E) 다시 정바름, 자네의 감정이 돌아오면, 엄청난 죄책감이 밀려올 거야. 아주 많이 고통스러울 거야.

S#21   과거. 폐병원 대니얼의 아지트/ 바름의 회상/ 밤

대니얼   (다친 바름 손에 붕대 매듭 마무리하며) 그 감정을 잘 추슬러야 해··
          그렇지 않으면 버티기 힘들 거야··
바름   (보는)

S#22   현재. 바름의 집 거실/ 아침

바름 계속해서 고양이 인형 파고들며 젖 빠는 새끼 고양이 보다 결국 흐느끼는

바름   미안해… 미안해… 정말 미안해··

어깨 들썩이며 끅끅거리는 바름. 그렇게 한참을…

S#23   바름의 집 마당/ 아침

양지 바른 곳 봉긋이 올라온 어미 고양이 무덤. 새끼고양이 안은 채 그 앞에 멍하니 앉아있는 바름. 나무 사이로 쏟아지는 햇살 눈부심에 눈물 고이는.

S#24   다리 아래. 사건현장/ 아침

검시관 옆에서 시신 살피는 무치, 쇄골 부위 상처 보고 다리 사타구니 안쪽에 지진 흔적 발견한다. 상처들 핸드폰으로 찍고, 확대해서 보는데.

강형사	(E) 뭐하다 이제 나타났어? 어제 밤에 뛰쳐나가더니··
무치	(돌아보면 강형사다) 아, 그게 사고가 좀 있어서/(하는데)
강형사	/근데 왜 여있어? 안 가봐도 돼? (뭔말인가 보는 무치 보고 신형사에게) 얘기 안 했어? 오봉이 무진 병원에 있어.
무치	뭐?
신형사	(다 기어 들어가는 목소리로) 상태가 많이 안 좋대요··
무치	야씨! 진즉 얘길 했어야지!! 니가 그러니 낙하산 소릴 듣지! (후딱 뛰어가는)
신형사	뭐뭐! 말할 틈을 줬나·· 뭐. 그 놈의 낙하산. 낙하산. 울 아빠 대통령만 돼봐·· 나 낙하산이라고 놀린 인간들 싹 다 복수할 거야!
강형사	(시신 머리 뒤쪽 탄 흔적 살피며) 그럴 일 없다. 나라가 뒤집어지기 전엔…
신형사	(입 삐쭉)

S#25 택시 안/ 낮

우울한 표정으로 창밖 바라보고 있는 바름. 전광판에 속보 자막과 모자이크한 시신 사진 뜬다. 자막 〈속보. 강덕수 사망! 처참한 시신으로 발견〉 그 위로.

기자　　(E) 강덕수가 살해됐습니다. 11년 전 사건이 발생했던 그 현장에서 주요 부위가 절단된 채로…

S#26 거리/ 몽타주

식당/ 밥 먹다 숟가락 놓고 "기분이다! 골든벨이다. 내가 이 식당 밥 다 쏜다!!" 외치면, "내가 쏠 거야!!" "내가 쏠래요!!" 앞다퉈 신나하는 손님들.
버스. 지하철/ 자리에 앉아있던 승객들 모두 핸드폰 보며 '대박' 합창하듯!!!
유튜브방송/ "오늘 도저히 방송을 안할 수 없네요.~ 정의는 살아있습니다 여러분!"

S#27 무진병원- 봉이 병실 안/ 낮

의식 없는 봉이. 얼굴 통통 부어 올라있고 피멍으로 엉망이다. 걱정스레 보고 선 홍주. 다급히 뛰어 들어온 무치, 홍주 보고 놀라지만 이내 표정 굳으며 봉이 본다. 그런 무치 씁쓸히 보는 홍주. 무치, 엉망인 봉이 모습에 화 치밀어 오르는.

무치　　아씨! 어떻게 애를 이 지경으로 만들어!!! 으!!!
홍주　　동네아이가 그 놈 타겟이었어. 그 아이 구하려다가‥ 아이 말이 자기 끌려가지 않게 하려고 끝까지 버티다‥
무치　　(속상해 미치겠는)
홍주　　내가 블랙박스를 들고 고형사를 찾아간 게 잘못이었어. 강덕수 다시 쳐 넣을 방법 모색하자고 보여준 건데…
무치　　‥
홍주　　(속상한 눈으로 무치 보며) 왜 그렇게 무모해. 봉이씨 지키려면 강덕수를 쫓아갈 게 아니라 봉이씨 곁에 있었어야지. 결국 강덕수 농간에 놀아난 거잖아. 부탁이야. 제발 한서준 내려놓고, 더는 누구 죽이겠다고 그런 짓 좀/

무치　　/(낮지만 단호히) 니가 뭔데 나한테 이래라 저래라야.

홍주　　(후 한숨) 고형사 마음 모르는 거 아니지만··

무치　　하! 알아? 니가 내 맘을 알아? 알면! 알면 적어도!! (하다 말을 말자 싶은)

홍주　　적어도·· 성요한 아이 따윈 안 낳을 거라고?

무치　　(노려보는) 성요한! 한서준 아들이야··

홍주　　그래서? 그래서 뭐? 하고 싶은 얘기가 뭐야··

무치　　(차마 말하지 않고 휙 나가는)

S#28　　무진병원- 병실 밖 복도/ 낮

씩씩거리며 서 있는 무치, 홍주 병실에서 나와 그런 무치 보는.

홍주　　··· 이해 안 되지? 내가 그 아이 낳은 거···

무치　　(휙 돌아보며 흥분해 다다다!) 어! 그래. 난 도저히 이해할 수가 없어! 꼭 그 싸이코 새끼 애를 낳아야 했어? 걘 행복할 것 같애? 아! 생각났어. 나 아주 오래전에 성요한 본 적 있드라고.

홍주　　?

바름　　(걸어오다 병실 앞 두 사람 분위기 심상치 않아 한쪽으로 비켜서서 듣는)

무치　　내가 걔 엄마 찾아간 적 있거든. 돈 좀 뜯어내려고 찾아가서 막 협박했어. 내가 사람들 다 보는데서 니 남편 헤드헌터 한서준이랑 한패 아니냐며 지랄을 떨었거든. 그때, 엄마·· 하고 부르던 어린애 얼굴을 정확히 기억해. 걔가 성요한이었어. 엄청 충격 받은 표정이더라고. 말을 안 해줬나 봐. 지애비가 한서준이란 걸! 근데 고등학교 때 성요한, 한서준 자식이라고 작살나게 맞았다며? 오죽 왕따였겠어? 니 자식도 성요한이랑 똑같은 꼴 당하게 될 거야. 니 새끼가 얼마나 고통 속에서 살아갈지 지켜볼 자신 있어? 어!

홍주　　(입술 바들바들 떨리는. 애써 침착하게) 아니! 난 내 아이 절대 그렇게 안 키울 거야.

무치	어디 한 번 키워봐. 어떤 애로 크는 지 두 눈 똑바로 뜨고 지켜 볼 테니까!
	(헉헉 숨 몰아쉬다 에이씨! 하고 휙 가는)
홍주	(눈에 눈물 그렁그렁하더니 후두둑 떨어지자 다급히 비상문 열고 나가는)
바름	(보는)

S#29   무진병원- 봉이 병실 안/ 낮

무치	(들어와) 아흐씨!!! (머리 잡아 뜯으며 미치겠는)

S#30   무진병원- 병원 비상계단/ 낮

바름, 조심히 비상문 열어보면 위쪽 계단에 무릎에 얼굴 묻고 우는 홍주 보인다. 조심히 올라가 홍주 앞에 서는 바름. 흐느끼는 홍주 가슴 아프게 보다, 자기도 모르게 홍주 머리 위로 손 올리려다 멈칫! 순간 고개 드는 홍주와 눈 마주치는. 그 자세 그대로 홍주 보는 바름의 슬픈 눈빛과 원망 깃든 홍주 눈빛 부딪힌다.

S#31   무진 병원 옥상/ 낮

바름	(커피 건네며) 죄송해요. 전화 여러 번 하셨던데·· 조카가 집에 놀러 와서 놀아주느라·· 벨소리를 못 들었어요··
홍주	(바름 보며) 봉이씨 보고 왔어?
바름	··· 아직···
홍주	(속상) 보면 많이 속상할 텐데·· 그래도 강한 친구니까 금세 회복 될 거야.
바름	(끄덕) 그래야죠. (커피 한 모금 마시며 고개 들다 나무 사이로 햇살이 반짝거리는데, 순간 기분 묘해지며 눈에 눈물이 고는)
홍주	(그런 바름 보며) 왜?
바름	모르겠어요··· 갑자기 눈물이··· (하는데)
홍주	(순간 당황, 벌떡 일어나며) 시간이 벌써 이렇게 됐네. 난 방송 준비할 게 밀

려서 들어가 봐야겠어. (황급히 가는)

바름   (그런 홍주 슬픈 눈으로 보는)

S#32   무진병원- 봉이 병실 안/ 낮

속상한 표정으로 봉이 보고 있는 무치.

홍주   (E) 아이 말이 자기 끌려가지 않게 하려고 끝까지 버티다‥

피에 떡진 봉이 머리칼 조심스레 떼어주려는데, 봉이 흐릿하게 눈뜨는.

무치   (반갑게) 정신 드니? 오봉이. 괜찮아?
봉이   /고마워요‥ 아저씨. 고마‥ (이내 다시 눈 스르르 감기는)
무치   자식. 뭐가 고맙단 거야… 가서 구하지도 못했구만‥ (마저 머리칼 떼는데)

들어오던 바름, 그 모습 보고 순간! 질투 어린 눈빛으로 변하는. 성큼성큼 다가가, 봉이 머리카락 떼려던 무치 손목 확 잡는.

무치   (놀라 돌아보다, 버럭!) 얌마. 넌 뭐하고 쳐 있다가 이제 나타나?
바름   (꽉 잡은 채) 여긴 제가 있을 테니 그만 가세요‥
무치   뭐?
바름   (더 힘 꽉 쥐며 노려보는) 봉이 옆에 제가 있겠다구요!
무치   알았어, 알았어. 놓으라고 쫌! (바름 놓으면) 아씨‥ 아퍼… (붕대 감은 바름 손 보며) 손은 또 어디서 다쳤냐?
바름   아, 조카랑 놀다가…

S#33   무진병원- 병실 밖 복도/ 낮

병실에서 나오는 무치. 아흐‥ 손목 보면 바름에게 잡혔던 부위 벌건.

무치	짜식. 보기랑 다르네. 힘이 완전 헐크급이야. (하다 피식) 뭐야, 정순경 지금·· 나 질투하는 거? (어이없어 피식 하는데 전화 오는, 받자마자)
호남	(F) 너 어디야 당장 들어와!

S#34   거리/ 낮

기자	(E) A양을 구하기 위해 강덕수와 싸우다 큰 부상을 입은 신고자 B씨는 11년 전 강덕수 사건의 피해아동이었던 것으로 밝혀진 가운데··

S#35   홍주의 차안/ 낮

생각에 빠진 채 운전 중인 홍주, 틀어놓은 라디오에선 계속 뉴스 들리는.

기자	(E) 신고 접수까지 했던 경찰의 안일한 대응이 알려지며 파장이 커지자, 경찰은 사건의 중대성을 감안, 특별수사본부를 설치하여 수사키로··

홍주, 생각에 잠긴 채 운전하는 위로··

S#36   과거. 홍주의 집 (오피스텔)/ 홍주의 회상/ 3부 #56에 이어

큰 창으로 반짝반짝 햇살 쏟아져 들어오고 창 밖 바라보는 요한,

홍주	무슨 생각 해? (하며 보면)
요한	(여전히 시선은 창 밖) 슬퍼·· 저 잎들 사이로 쏟아지는 햇살이…
홍주	어? 왜? (보면 나뭇잎 사이로 햇살 반짝거리는, 이상한 듯 보면)
요한	(보며) 늘 그랬어·· 어릴 때부터·· 늘·· 왜 그런 기분이 드는 걸까…

S#37 현재. 홍주의 집 거실 + 방/ 낮

집 들어오는 홍주, 열린 방문 사이로 도우미가 컴퓨터 앞에 앉아 통화 중인 모습 보인다. 컴퓨터 모니터에 맘카페 창 떠있고, 도우미 〈셜록 홍주 최홍주. 살인마 성요한 애 낳았다!〉 글 클릭하면, 미친 ** 뻔뻔한 ** 등등·· 온갖 욕설 댓글들.

도우미	(젖병 문 채 잠든 아이 안고, 눈으로 읽으며 통화중인) 진짜 소름 돋네. 어쩐지 애가 유난스럽다 했어. 어. 한번 울기 시작하면·· 멈추질 않아. (하다 인기척에 후다닥 컴퓨터 끄고, 홍주 들어오면 표정 바꾸며) 왔어? 최피디.
홍주	(들었지만 내색 않고) 네. (받아 안는) 오늘은 제가 볼 테니까 들어가세요.
도우미	어? 어어. 그래·· (가방 챙겨 급히 나가고)
홍주	(홍주 품에 안겨 쌕쌕거리며 잠든 아기 슬프게 보는) 미안해·· 우리 애기…

S#38 무진청 강덕수 살인사건 특별수사본부 사무실/ 밤

사무실 자리, 자료, 보드판 등등 세팅하느라 정신없는 팀원들.
이형사, 짐정리하면서 슬쩍 팀장실 쪽 보면 열린 문 사이로 무치, 강형사 등 있다.

S#39 무진청 특본 팀장실/ 밤

팔짱 낀 채 찌리며 앉아있는 호남. 그 앞에 강형사, 무치, 신형사 앉아있다.

호남	잘한다. 저 자식 경찰복 벗게 하겠다고 열쇠 던져 준 놈이나·· 그 열쇠 냉큼 집어 문 따고 도망친 놈이나··
무치	(삐딱하게 앉아) 특본팀장 감투를 썼음 날 데려왔어야지! 어뜨게 이 둘을, 아니 이형사까지 데려오면서 나만 쏙 빼냐, 섭섭하게시리?
호남	(한심한) 강덕수 엄마가 찾아와서 이거 안 주고 갔음! (덕수母가 쓴 자필진술서 흔들며) 너! 경찰복 벗는 데서 끝나는 정도가 아니라, 깜빵 갔어 임마!
무치	(뺏어서 읽는. 속상한) 그러니까 이거 써주고 나가서 바로 목 맨 거네.

신형사	몸에 멍이 있드라구요. 강덕수한테 맞았나봐요. 어떻게 자기 엄마를…
무치	(신형사 뒤통수 때리며) 글게 이새끼야! 너는 왜 그 진술서를 늦게 줘서 일이 꼬이게 만들어?
신형사	늦게 주긴 누가 늦게 줘요! 난 받자마자 줬어요. 이형사한테! 이형사 그 자식이 팀장님한테 늦게 준 거예요!
무치	아… 그 자식도 맘에 안 들어. 그러니까 날 특본팀에‥/
호남	/유서 내용으로 봐서 강덕수가 아일 노린 걸 알고, 범행을 막아보려고 자살을 선택한 것 같아. 지 땜에 지 엄마가 자살했음 죄책감으로 범행을 멈출 줄 알았던 거야. 그 어머니로선 그게 최선이라 생각했겠지‥
무치	(한숨) 그래서 봉이한테 모질게 대했던 거였네. 동네 떠나게 하려고… 근데 그런 종류의 새낀 그런 걸로 죄책감 따위 안 가져요. 아휴…
호남	그나저나 너 어젯밤에 나가서‥ 어디 갔다 아침에야 나타난 거야. 대답 똑바로 해라. 안 그럼 니가 첫 번째 강덕수 살해 용의자다!
무치	아, 그게‥ 쪽 팔려서‥ (쭈뼛거리다) 강도당했어요.
일동	강도?

S#40   무진병원- 봉이 병실 안/ 밤

잠들어있는 바름. 인기척에 벌떡 일어나면, 봉이 깨난다.

바름	정신 들어?
봉이	(여기가 어딘가 하다, 벌떡 일어나려는데 온몸에 통증 느껴지는)
바름	누워있어. (다시 눕히려는데)
봉이	(뿌리치고 다급히) 유, 유나는?
바름	무사해. 다친 데도 전혀 없고. 지금 엄마랑 같이 있어.
봉이	(하아‥ 안도의 한숨 내쉬다 퍼뜩!) 아저‥ 고형사님은?
바름	(묘하게 서운한) 내가 어떻게 알아. (하다) 강덕수‥ 죽었어.
봉이	(후… 안도하는 표정)
바름	(그런 봉이 보며) 알고… 있었어? 강덕수 살해 된 거…?
봉이	(당황하는) 어? 아, 아니? 지금 알았지‥ 내가 어떻게 알아.

바름	(그런 봉이 이상하게 보는)

S#41   무진청 특본 팀장실/ 밤

무치	아뵤! 진짜라니까! 눈 떠보니까 지갑이 털렸드라고!
신형사	누가 그렇게 강도질을 해요? 선배 차가 고급외제차도 아니고 똥찬데?
강형사	그러게. 뒤에서 따라와 부딪힌 것도 아니고, 맞은편에서 달려왔다며?
무치	아씨, 내 말 안 믿어? 가! 씨씨티비 확인하자고. 나도 그 새끼 잡아야겠다고 꼭 찾아야한다고! 내 지갑!
신형사	현금 많이 넣어놨어요?
무치	내 가족사진이 지갑 안에 있다고! 가족사진이라곤 딱 그거 한 장인데‥
호남	알았어. 일단 가봐. 너 아직 용의자니까 경거망동하지 말고 있어. 어?
무치	(벌떡 일어나) 나도 내가 범인이었음 좋겠수다. 강덕수 그 시끼 내 손으로 죽였어야했는데!! 그 시끼한테 뺏겨서 천추의 한이라고~ 지금!!! (휙 나가면)
신형사	설마‥ 아니겠죠?
강형사	아냐 쟤. 지가 안 죽였어도 지가 죽였다고 했던 놈인데‥ 죽이고 저렇게 안 죽였다고 펄펄 뛸 놈이 아니지.
신형사	하긴‥ 근데 웬일로 자기가 아니라고 펄펄 뛰네요?
호남	무치가 범인이 싸패라고 했다고 했지?
신형사	예. 성요한 같은 놈이 나타났다고 하드라구요.
호남	그래서 그럴 거야. 지가 죽였다고 하면, 진짜 싸패 범죄자가 사람들 죽이면서 활개치고 다닐까봐. 무치 말대로 범인이 진짜 싸패면 그 놈 찾아서 죽일려고 할 거야. 그러니까 어떻게든 무치가 잡기 전에 우리가 잡자. 어?
강,신형사	(결연한) 네!

S#42   무진청 특본 사무실/ 밤

신형사	(이형사에게 가서 따지듯) 얌마. 넌 그 진술서 왜 그렇게 늦게 줘서 나만 고 선배한테 낙하산소리 듣게 만들어?!!! 근데 왜 그 진술서를 그렇게 늦게

	줬어? 빨리 줬으면 고선배가 더 먼저 갈 수 있었을 텐데… 그럼/
이형사	(짐정리하며 무시하는 말투) 그럼 직접 주든가. 방송출연에 눈이 멀어 갖고. (휙 가 버리는)
신형사	(기막힌) 깜빡할 게 따로 있지. (짐정리에 정신없는 이형사 보다 가면)
이형사	(쓱 돌아보는)

S#43   무진청 복도/ 밤

무치	어떤 새끼가 감히 고무치 지갑을 털어! 반드시 찾는다. 이 도둑 눔의 새끼! (씩씩거리며 가다 문득!)
신형사	(E) 누가 그렇게 강도질을 해요? 선배 차가 고급외제차도 아니고 똥찬데?
강형사	(E) 그러게. 뒤에서 따라와 부딪힌 것도 아니고, 맞은편에서 달려왔다며?
무치	그러게…? 이상하긴 해·· (곰곰 생각하는 위로)

플래시 컷/ 운전석에 엎드려 있는 무치. 힘겹게 일어나 차문 열고 나오는데 순간 뭔가 팍 치며, 그대로 푹 고꾸라진다. 그 순간 사이드 미러에 비친 몽둥이 든 손목 부근의 OZ 문신!

무치	(갸웃) OZ?

S#44   굴다리 밑 (은밀한 장소)/ 밤

차 트렁크에 들어 있는 가방에서 장갑 꺼내 끼는 바름. 봉이할머니 이 빠진 칼 꺼내 들고 산소첨가표백제로 꼼꼼히 닦고 증거봉투에 칼 넣은 후, 종이가방에 넣는.

S#45   무진청 증거보관팀 사무실/ 밤

무치	(무치 차 굴러 떨어질 당시, CCTV에 찍힌 희미한 트럭 보며 통화 중인) 대포차? 아씨·· (끊으며) 그럼 어디서 찾냐고? 하나 밖에 없는 가족사진인

데‥ (하다) 아 맞다! (후다닥 서랍 열어 무치 십자가 목걸이 꺼내 열면, 무치 가족사진 들어있다. 안도의 한숨) 다행이네‥

슬픈 눈으로 가족사진 속 엄마, 아빠, 무원 얼굴 쓰다듬다 마음 다지며 십자가 닫고는 자신의 목에 걸고 옷 안쪽으로 (안보이게) 집어넣는.

S#46   무진청 증거보관팀 밖 복도/ 밤

종이가방 들고 걸어오던 바름. 사무실에서 나오는(퇴근하는) 무치 보고 슬쩍 숨고. 무치 지나가는 것 보고 있다 사무실로 들어가는.

S#47   무진청 증거보관팀 증거보관창고 안/ 밤

문 열고 들어오는 바름. CCTV 사각지대로 돌아서 장갑 꺼내 끼고 성요한 증거박스 내리고, 장갑 끼고 품에서 비닐에 싸인 칼 조심스레 꺼내 보는 위로

봉이   (E) 할머니가 강덕수 출소하면 죽이겠다고 칼을 준비했더라구.
          그 칼이야, 내가 구동성당에 들고 갔던 칼이…

바름, (할머니)칼 증거봉투 안에 조심스레 옮겨 담고, 증거박스에 넣고 닫는.

기자   (E) 강덕수가 살해된 지 만 하루 째, 범인의 윤곽조차 잡지 못한 가운데…

S#48   거리 + 댓글 몽타주

버스·지하철·학교·회사/ 빠르게 댓글 올리는 시민들의 손!손!손! '강덕수 살해범을 법무부 장관으로!!!'

기사 댓글/ '경찰 오랜만에 맘에 드네!' '잡지마! 잡지마!!' '커밍아웃. 내가 강덕수를 죽였다(ID:nakhasan)' 필두로 '커밍아웃 내가 강덕수를 죽였다' 댓글 릴레이.

기자   (E) 살인사건에 대한 특본 철수를 요구하는 여론이 쇄도하고 있습니다. 한편, 강덕수 살인범을 수사하지 말자는 청와대 청원까지 등장하며…

S#49   무진청 현관 앞/ 아침

출근하는 바름. 양복 입은 사내들 서성거리고 뭔가 분위기가 이상하다. 뭐지? 싶은.

S#50   무진청 증거보관팀 사무실/ 아침

바름 들어오면 무치, 자리에 앉아 자신의 핸드폰 뚫어지게 들여다보고 있는.

바름   무슨 일 있어요? 밖에 분위기가 좀··
무치   (관심 없) 봉인 좀 어때?
바름   많이 좋아졌어요. 근데 뭐 보시는 거예요?
무치   뭐긴. 강덕수 죽인 새끼 잡아야지. (핸드폰으로 촬영한 강덕수 사체 부위 들여다보고 있는)
바름   (눈치 살피며) 전 국민이 안 잡히길 바라던데…
무치   쳇! 다크 히어로라도 등장한 줄 착각들 하는 거지. 그 새끼 정체도 모르고··
바름   (순간 긴장) 정·· 체요?
무치   싸패야. 그 새끼. 성요한 같은 새끼라고.
바름   (침 꿀꺽 삼키는)
무치   (혼잣말로) 딴 걸 더 봐야 알 거 같은데·· (전화하는) 야 낙하산! 니들 증거품들 안 갖고 와? 사건 발생한 지가 언젠데. 뭐? (픽) 너 가도 너무 갔다. 대통령 핑계대면 누가 봐 줄까봐? 갖고 와 당장! (하다) 하! 이게 막 끊어? 어 그래! 내가 니 아빠 찍어주나 봐라. (벌떡 일어나며) 박스 들고 따라와.

무치 나가면, 바름 불안한 표정으로 박스 하나 집어 들고 후다닥 따라간다.

S#51   무진청 특본 회의실/ 낮

무치   (문 쾅 열며) 현장중거물은 곧장! 증거보관팀으로 보낸다. 몰라? (하는데)

문 앞, 경호원들 서 있다. 특본팀들 긴장한 자세로 있고, 강형사는 브리핑 중이다. 뭔가 싶어 보면, 맨 앞에 수건 걸친 추리닝 차림의 대통령과 그 옆 청장 앉아있다.

무치   누구야? 저 노인넨·· (하다 헉!)

신형사, 으이그 표정 짓고. 박스 든 채 따라 들어오다 무슨 일인가 보는 바름.

무치   아·· 그게·· (브리핑하던 강형사 보며) 하던 거 계속 하세요. (뒤로 빠지며 신형사 옆에 서며) 뭐야. 진짜였네? 대통령.
바름   (그제야 헉!) 저 추리닝 입은 분이 대통령이에요?
신형사   (속닥) 나도 뭐가 뭔지 몰라. 예고 없이 갑자기 들이닥친 거야. 전 국민의 관심사건이라며 조깅 도중에 즉석에서 뛰어왔대·· 쳇! 대선 앞두고 대국민 쇼지. 뭐. 두고 봐 이따 대문짝하게 기사 날 걸?
바름   (보면)

대통령 옆, 흐트러짐 없는 자세로 있는 비서실장(최영신) 보인다. 기분 착잡한 바름. 빔프로젝트 화면에 유나 사진, 걸어가는 사진, 슈퍼에서 빵 들고나오는 사진, 등등

호남   강덕수 핸드폰에서 나온 김유나양 사진입니다. 이 사진들은 강덕수가 모친의 집으로 돌아온 다음날부터 촬영된 것으로, 그때부터 김유나양을 노리고 범행을 계획했던 것으로 추정됩니다.
대통령   용의자는 특정됐나요?

다음 사진 넘기면, 강덕수 뒷목 부근 단추 크기만 한 살 탄 흔적 보인다. 바름, 저게

뭐지? 싶어 자세히 보는데‥

강형사	강덕수 뒷목 부근에 난 상처로, 전기 충격기 자국입니다. 전기 충격기가 살에 제대로 닿지 않고 빗맞으면 이런 식의 탄 자국이 작게 남습니다.
청장	전기충격기가 빗나갔다는 것은 범인이 여성일 확률이 높다는 뜻인데.
강형사	그렇습니다. 현장에서 발견된 충격기에서 11년 전 강덕수 피해자였던 오씨의 지문이 나왔습니다. (신형사 보며) 전기 충격기를 오씨에게 전달했다는 신형사 진술도 받았고요. 때문에 전형적인 복수 살인으로 방향을 잡고‥/
무치	/뭐? 복수살인? (욱!) 그건 직접적인 살해 증거가 아니라고! 유나가 얘기했잖아. 걔가 강덕수랑 몸싸움했다고, 그때 썼겠지! 그리고 걔 상태 몰라?!! 누굴 죽일 수 있는 상태였냐고!!!
호남	(당황하며 대통령 눈치 보며) 가만있어. 고무치!
강형사	(다음 사진 넘기면 강덕수의 상처들과 봉이 상처들) 여기! 여기! 여기! 보시는 것처럼 현재 강덕수의 시신에 난 상처들은 11년 전 강덕수가 피해아동에게 저질렀던 사건 당시를 그대로 재현한 것으로 보입니다. 정확히 계산을 하고 준비했다는 것이죠.
무치	헛다리 짚지 마. 이건 전형적인 싸이코패스 범죄야!
바름	(무치 말에 표정 굳고)
일동	(웅성웅성)
호남	(미치겠는 낮게) 가만 좀 있으라고!/
대통령	/싸이코패스? (흥미로운) 근거가 뭔가?
무치	아. 예! 근거 말씀 드리겠습니다 (씩씩거리며 앞으로 나가 띄워져있는 강덕수 사체 부위별 사진 중, 쇄골 부위, 칼끝으로 찍힌 자국 짚으며 강형사 보며) 여기, 이 상처는 어떻게 설명할 건데.
강형사	뭘 어떻게 설명해? 그 상처 역시 11년 전 피해자 몸에 있던 상처 그대로/
무치	/맞아. 하지만 다른 상처들은 다 사망 전 생긴 상천데, 이 상처는 사망 후 생긴 겁니다. 보세요. 여긴 동맥이 지나가는 자리라 여길 찔렸으면 주변에 비산된 혈흔이 있어야 하는데 없잖아! 심장이 멈춘 후 찔린 상처라고!
바름	(보면)
호남	(불안불안 입 모양으로 중얼~) 고무치. 고무치 반말하지 말고‥
무치	(무시) 범인은 놓쳤어. 이 상처를. (하며 봉이 몸에 난 상처 가리키며)

바름   (그런 무치 긴장한 얼굴로 보는 위로)

S#52   과거. 도로 (사건당일)/ 밤

얼굴에 강덕수 피 튄 그대로 운전 하는 바름. 순간 끼익 브레이크 밟는! 후다닥 핸드
폰에서 봉이 사진(#14 사진 찍은)들 넘겨보더니, 한 사진에서 멈추고 입술 잘근 깨문
다. 이윽고 다시 시동 걸고 출발하는.

무치   (E) 살해 후 자신이 놓친 게 있다는 걸 알고 다시 돌아온 거라고!

인서트/ 다리 아래 - 저벅저벅 걸어오는 바름. 사진 꺼내 보며, 봉이에게 있던 (동맥
이 지나가는 자리의) 쇄골 상처. 그 자리 그대로 죽은 강덕수 몸에 상처 내는.

무치   (E) 그리고 그 위치에 그대로 상처를 낸 거야!

S#53   현재. 무진청 특본 회의실 (#51 이어)/ 낮

바름 긴장한 얼굴로 보는데, 라이터로 지진 다리 부위 사진 띄워진다.

무치   (사진 보며) 그리고 여기! 자세히 보면 라이터로 지진 흔적이 있습니다. 강
           형사 말대로라면 11년 전 피해아동과 같은 위치에, 같은 상처가 있어야
           겠죠? 그런데 11년 전 피해아동의 다리엔 불로 지진 흔적은 없습니다. 이
           지진 흔적은 왜 있을까요?
대통령   (호기심 어린) 더 심한 고통을 주려고 했을까‥?
무치   고통을 주려고 했다면 상처가 훨씬 심했을 겁니다. 화상 부위도 컸을 거
           고, 민감한 부위를 지졌겠죠. 하지만 신경세포들이 모여 있는 곳이 아닌
           다리 쪽이면 고통을 주려고 한 게 아닙니다. 지진 범위도 아주 작고 깔끔
           합니다.
바름   (조바심에 자기도 모르게 끼어드는) 왜‥

일동	(바름 보는)
최영신	(역시, 바름 유심히 보는)
바름	(초조함 역력한) 왜 그랬을까요….
무치	그러게. 왜 그랬을까? 자세히 보면, (클로즈업) 화상 밑에 흔적이 남아있어.
바름	(하·· 작은 탄식 위로)

플래시 컷/ 강덕수 (성기쪽) 칼로 잘라내려다(절대 보여주지 말고 허벅지 부위만) 버둥거리는 강덕수 때문에 순간 칼끝이 사타구니 쪽 살짝 스친다. (#16)

무치	(E) 놈은 실수로 상처를 냈던 겁니다. 그 자리에 있어선 안 될 상처를··

플래시 컷/ 움직임 없는 다리. 바름, 라이터 켜더니 상처 난 부위 지지는··

무치	(E) 그 상처를 없애려고 지진 거예요. 지우개로 잘못 쓴 글자를 지우듯··

대통령, 강덕수 시신 사진 건네받아, 직접 지진 흔적 속 미세한 흉터 보고 끄덕이는. 바름 그 모습 보고 더 긴장하는.

바름	그렇다고 해서 범인이 싸이코패스라고 단정 지을 수 있나요?
일동	(바름 보는)
무치	무작위 살상 폭탄테러범으로 유명한 싸이코패스 유나바머가 언론과 경찰에 자신이 쓴 글을 보낼 때 잘못 쓴 글자가 있으면 종이 뒤가 뚫릴 때까지 몇 번이고 그 글자를 그어댔어. 잘못 쓴 글을 긋는 수준이 아닌 그 실수를 아예 지워내려는 듯 말야. 유나바머는 균열이나 실수를 용납하지 못하는 강박이 있었어. 그런 싸이코패스 살인범을 파워 컨트롤 킬러라고 하지. 강덕수 살인범도 모든 것을 자신이 컨트롤해야만 한다는 강박이 있는 싸이코패스 살인범이 분명하다고!
바름	(자신도 모르게 입술 꽉 깨물고)
무치	(대통령 쪽 보며) 실수로 생긴 자상을 얼른 불로 지져서 최대한 깔끔하게 지우려고 한 것도 당시 피해아동에게 없는 상처였기 때문에 자신이 만든 복제본에 흠을 남기기 싫었던 거죠. 그리고 또 하나! 겉으로 보이는 이 상

처들 말고, 안으로 큰 골절상 등도 있습니다. 밖으로 멍이 안 들게 폭행을 가한 거라 할 수 있죠.

대통령 밖으로 멍이 안 들게 폭행이 가능한가?

무치 핏줄이 없는 곳만 골라 때리면 멍이 들지 않죠.

바름 (생각에 빠지는 위로)

사건당일/ 바름 회상/ 강덕수 공격하는 바름. 그 옆에서 구경중인 요한!

요한 (E) 핏줄이 없는 부분만 공략해. 그래야 흔적이 남지 않지.

바름, 강덕수의 공격 피하며 공격하는!

S#54   무진청 특본 회의실/ 낮

무치 신체훼손인 거세도 살아있는 동안 실행했습니다. 그거야말로 복수가 아닌, 강덕수에게 최대한의 고통을 주고 싶었던 사디스트적 행동이죠. 사디즘은 싸이코패스의 전형적인 특성이라고! 고로 이 사건은 복수살인이 아니고 싸패 범죄입니다! 또 유사한 범죄가 발생할 수 있으니/

강형사 /그럼 어떻게 범인이 11년 전 사건을 그대로 재현할 수 있죠? 그건 피해 당사자가 아니고선/

바름 (긴장하는)

무치 (빠!!) 피해당자가 아니고선? 전 국민이 다 알아! 전 국민이!! 그 쓰레기 같은 언론들이 판매고, 조회수 올리겠다고 그 끔찍했던 상황을… 하루가 멀다 하고 낱낱이 다 공개했잖아! 그 아이 생각은 눈꼽만치도 안하고!!!

바름 (안도하는)

강형사 그렇지만 언론에 공개 안 된 것도 있죠. (화면, 강덕수 시신 사진 보이면 가슴 팍에 담뱃불로 지진 흔적) 여기 담뱃불로 지진 흔적! 일명 담배빵! 이는 담당 수사팀 외에는 몰랐던 내용이었습니다. 온라인망에도 올라오지 않은 기록이고, 오직 수기로 작성된 서류에만 남아있구요.

신형사 (헉!) 그럼 역시…?

무치	내부 소행일 수도 있잖아.
바름	(흠칫)
호남	(으이그!!! 저 시끼 머리 부여잡는)
대통령	(흥미로운) 저 수기로 된 사건 파일은 지금 어딨습니까?
호남	그게·· 저희 청 산하에 있는 증거보관팀에···
바름	(초긴장하는)
대통령	그럼 확인해 보고, 보고바랍니다. 저는 오후 일정이 있어서 이만. (일어나는)
최영신	(바로 뒤 따르는)
일동	(우르르 일어나거나 정자세로 서는)
대통령	(나가며 신상 보고) 자넨가? 신후보··?
신형사	(초긴장해서) 네.
최영신	(그 말에 힐끔 신상 본다)

플래시 컷/ 신성민 "아내에게 연락이 왔습니다. 임신했다구요·· 10년을 간절히 기다렸던 아입니다." (1부 #22)

최영신	(유심히 보는)
대통령	훌륭한 아버님을 두셨어요. 그 아버지에 그 아드님이겠죠? (미소, 어깨 톡톡 치고 가려다, 바름 보고 급 반가운) 우리 국민 아들, 정바름 순경이죠?
바름	(차렷 자세로) 네! 증거보관팀 순경 정!바!름!입니다!
대통령	(그런 바름 보고 미소 지으며) 건강한 모습으로 만나게 돼서 반갑습니다.
바름	(씩씩하게) 감사합니다. 대통령님과 국민들의 격려 덕분입니다.
대통령	(다른 경찰들 돌아보며) 아무리 죽어 마땅한 자라 할지라도 살인은 중대 범죄입니다. 결코 법을 어긴 범죄는 정당화될 수 없습니다.
바름	(긴장해 보는)
최영신	(대통령 옆에서 그런 바름 보는)
대통령	여러분만 믿겠습니다. 하루빨리 범인을 잡아 공권력의 건재함! 보여줍시다!!

회의실 나가던 최영신, 바름과 시선 마주치는. 이윽고 가는 최영신 보는 바름.

S#55   무진청 증거보관팀 사무실/ 낮

우르르 몰려 들어오는 특본 팀원들과 무치, 바름. 두석, 무슨 일인가 보는.

호남   선배. 증거보관실 CCTV 좀 확인해야겠어요.
두석   (놀라 보며) 무슨 일인데?

〈점핑〉 CCTV 화면 계속 패스트로 돌아가는. 하지만 창고로 드나든 사람은 무치,
바름, 두석 뿐이다.

바름   (초긴장해서 슬쩍 주변 보면 무치 멍한 표정 짓고 있는)
호남   (그런 무치 보고는) 내부? 어디 대통령 앞에서 내부소행을 입에 담아. 아흐!

(팀원들 보며) 오봉이 카드 내역서나 통신기록, 그제 밤부터 강덕수 사망 시각까지 동
선 확실히 파악하고‥ (얘기하며 가면 팀원들 따라 나가는)

무치   (멍한) 그 상처에 대해서 당시 담당형사와 의사 외엔 아무도 몰라… 설
        마… 진짜 봉인가…? 안 되는데‥ 그럼 안 되는데‥ (불안한‥ 중얼거리는)
바름   (그런 무치 보는데)
두석   (E) 진짜면!

바름,무치 (두석 보면)

두석   오봉이 그 친구가 진짜 죽였음‥ 손 놓고 있을 거야? 잡히게 둘 거냐고?
무치   네? (두석 보며) 봉이‥ 걔 불쌍해서 안 돼요. 걔 인생이‥
두석   그럼 특본에서 움직이기 전에 먼저 움직여. 얼른!!
무치   (결연한 눈빛으로 보고 끄덕! 뛰어 나가는)
두석   (서 있는 바름 보며) 뭐해? 가서 도와. 여긴 내가 정리할 테니까.
바름   아‥ 네 (두석 눈치 보다, 후다닥 따라나가는)

S#56   무진청 특본 사무실/ 낮

신형사   (통화 중인) 네 오봉이 카드내역서 보내셨어요? 잠시만요. 네 왔네요. (하며 봉이 카드내역서 보다) 어?

S#57   유나네 집 안/ 낮

유나母   (사과 깎는 손 덜덜 떨리는)

바름   (보면)

유나母   술을 끊어서‥ 금단현상이에요. 아휴‥ 내가 봉이씨한테 죽을죄를 지었죠. 봉이씨한테 너무 미안해서‥ 술 끊기로 맘먹었더니…

바름   주세요. 제가 깎을게요‥ (사과 깎으며 보면, 유나 앞에 무치 앉아있다)

무치   경찰언니한테 진술한 거 다 보고 왔는데… 아저씨가 좀 더 궁금한 게 있어서 온 거야‥ 물어봐도 괜찮아?

유나   (끄덕)

무치   (핸드폰 동영상 기능 켜고 세팅) 진술내용을 보니까 유나가 숨어 있던 곳에 누가 신발을 갖다 놨다고 얘기했던데…

유나   (끄덕이는 위로)

S#58   과거. 사건현장/ 유나의 회상/ 밤

억새숲/ '살려주세요.' 울먹이는 유나, 강덕수 음흉하게 유나 만지려하는데‥

유나   (E) 그때 무슨 소리가 났어요.

강덕수, 소리 나는 쪽 돌아보는데. 그 틈에 유나, 손에 진흙 집고는 다시 자기 쪽 돌아보는 강덕수 눈에 확 뿌리고 미친 듯이 도망치는.

다리 인근/ 도망친 유나, 언덕배기 다리 위로 올라가려는데 빗물에 자꾸 미끄러지며 신발 벗겨진다. 어떡하지. 어떡하지 바들거리다, 순간 다리 밑에 방치되어있는 발전기 보이고. 다급히 다리 밑으로 뛰어가 발전기 문 열고 안으로 들어가 숨는.

유나   (E) 너무 급해서 그 안으로 들어갔는데…

발전기 안/ 유나, 발전기 안에서 웅크린 채 오들오들 떨고 있는데, '철컹' 문 잠그는 소리 들린다. 무릎에 파묻었던 얼굴 들며 놀라는데··

S#59   현재. 유나네 집 안 + 사건현장/ #57 이어/ 낮

무치   (눈빛 반짝) 누가 문을 잠궜다? 근데 왜 소릴 안 질렀어? 강덕수면 어떡할
         려고!
유나   강덕수 아니에요.
바름   (사과 깎는 손 멈추고 긴장해서 보면)
무치   얼굴 못 봤다며. 아니란 걸 어떻게 알아…
유나   그 나쁜 놈이면 문을 열고 날 끌고 가지, 안 잠궜을 거잖아요.
무치   우와 똑똑하네, 우리 유나. 그래서?
유나   그래서… 너무 무서워서 그냥 가만히 있었어요.

발전기 안/ 발전기 속에서 오들오들 떨고 있는 유나, 그때 덜컹 소리 들리고…

유나   (E) 얼마나 지났는지 모르겠는데·· 문 열리는 소리가 났어요.

발전기 안/ 유나, 문틈으로 밖 보면, 가지런히 놓여있는 유나의 신발. 그러나 나가지 않고 그대로 웅크리고 있는··

유나   (E) 근데·· 무서워서 못 나가겠더라구요··

〈**시간경과**〉 웅크리고 있던 유나. 사이렌 소리 들리자, 고개 드는··

문 활짝 열리고, 경찰들 모습 드러나자, 유나 으앙 울음 터트리는.

무치	신발이 놓여 있었다구? (이해 안 되고, 갸웃)
유나	(끄덕이는)
바름	(사과 깎으며 듣다, 유나母 찬장에서 접시 꺼내려고 까치발로 낑낑대자 얼른 일어나) 제가 할게요! (찬장에서 접시 꺼내는)
유나	(눈치 보며 망설이다) 근데요… 저기·· (하다, 찬장에서 접시 꺼내는 바름 쪽 보고, 순간 움찔)
무치	어? 뭐? 할 말 있어?
바름	(획 돌아보는)
유나	네? (시선 오른쪽으로 뜨며) 제가요? (코 만지며) 아니요. 할 말 없는데?
무치	?
유나	(목 긁으며 일어나며) 엄마 나 졸려.
유나母	그래. 그래. 애 피곤한데 그만하시죠. 들어가 자자. (방으로 데리고 가는)
바름	(방으로 들어가는 유나 뒷모습 보는)

S#60   유나네 집 대문 앞/ 낮

나오는 무치와 바름, 각자 생각에 잠겨있다.

무치	이상하지…?
바름	(끄덕) 싸이코패스가 그렇게 어린이를 보호하고, 신발까지 놔주는 친절을 베푼다는 게·· 말이 안 되는 거죠··
무치	(불안한) 역시 봉이가 죽인 건가··? (하는데 전화 오는 받는) 뭐?
바름	왜요?

S#61   무진병원- 봉이 병실 안/ 낮

칼 사고 있는 봉이 모습 찍힌 CCTV 영상 틀어져 있고. 침대에 앉아 그 화면 보고 있는 봉이. 확신하는 강형사와 난감한 표정의 신형사 서 있다.

강형사	카드내역서에 칼 구입목록이 있어서 구입처 가서 확인한 거예요.
봉이	…
강형사	사장 증언에 의하면, 제일 베였을 때 고통스러운 칼이 뭐냐고 물어봤다구요? 그랬다가 거기 사장님이 우스갯소리로 잘 안 드는 칼이라고 해서 일부러 날이 잘 안 드는 칼로 바꿔갔다는데‥ 맞죠?

그때, 쾅! 문 열고 들어오는 무치와 바름

무치	아픈 애 잡고 뭐하는 거야, 지금! 봉이 아니랬잖아. 아니라고 말해. 오봉이!
봉이	(입 꾹 다무는)
강형사	데리고 나가!
무치	(신형사와 이형사에게 끌려가며) 어? 아니라고 해. 아니라고 어?
봉이	(그런 무치 보는)

S#62   무진병원- 봉이 병실 앞/ 낮

바름, 무치와 나오는.

바름	(곰곰 생각에 빠져있는/E) 왜 봉이는 자기가 안했단 말을 안 하지? 왜 입을 다무는 거야‥? (하며 불안한 얼굴로) 고형사님. 저 칼 구입내역만으론 체포 못 하는 거죠? 저건 증거가 안 되는 거잖아요‥
무치	(입술 잘근 깨물며) 아무래도 봉이가 맞는 거 같아‥
바름	네?
무치	혹시라도 봉이가 흘린 단서 같은 거 있는지 찾아보고 없애면 돼 우리가. 봉이가 자백하면 다 끝이야. 서두르자고!
바름	(그런 무치 보고) 왜죠‥?
무치	뭐가?
바름	봉이한테 왜 그렇게까지… 친 동생도 아니잖아요‥
무치	(후‥) 그때‥ 정순경 니가 거깄었어도 같은 생각을 할 거야. 그동안 너무 힘들었어. 그 아이. 할머니까지 저렇게 되고… 이제 봉이 행복하게 살 권

리 있어. 난 봉이가 강덕수를 죽였어도 봉이의 선택을 지지해!

바름   (보는)

무치   싫음 넌 빠져.

바름   아뇨. 저도 할게요.

무치   (끄덕) 난 신고자가 혹시 뭐 본 게 있나 확인하고 증거 될 거 있음 다 없앨
        테니까 자긴 가서 최홍주 만나봐. 눈치 챈 거 있는지 슬쩍 떠봐. 알았지?

바름   네.

무치   그래. 남들이 찾아내기 전에 서두르자고·· (바름 어깨 툭툭 치고, 휙 가면)

바름, 가는 무치 보다가 불안한 표정 짓는데.

S#63   사건현장, 다리 위/ 낮

무치, 다리 위에 신고자(50대/ 형식부)와 서서 다리 아래 내려다보며 얘기 중이다.

신고자   자정쯤인가… 친구랑 술 한 잔 하고 집에 가는 길이었는데··

S#64   홍주 사무실/ 낮

바름, 홍주와 마주 앉아 얘기 중이다.

홍주   정순경한테는 아무리 전화해도 안 받고. 고형사는 유치장에 있어서 전화
       를 할 수도 없는 상황이었고. 봉이씨가 집에 없길래 찾아다니다… 다리
       아래까지 내려갔는데… 거기서 발견하고 병원에 데려간 거야…

S#65   과거. 다리 위/ 홍주와 신고자의 회상/ 11부 #121 이후 상황/ 밤

손 바들바들 떨며 운전하는 홍주. 뒷좌석 의식 잃은 봉이 누워 있다.

/비틀거리며 달리는 자전거(초소형 블박 달린), 다리 진입하려는데 맞은편에서 전속력으로 달려오는 차/운전하던 홍주, 순간 어둠 속에서 튀어나오는 자전거에 놀라 빵! 경적 울리며 옆으로 핸들 틀면, 놀라 옆으로 비틀거리다 넘어지며 다리 아래로 떨어지는 자전거

신고자   (신음 내며 정신없이 달려가는 차에 대고) 야! 운전 똑바로 안 해?!!!

S#66   과거. 다리 아래/ 신고자 회상/ 밤 + 동틀녘

다리 아래로 내려가는 신고자. 넘어진 자전거 일으켜 세우고 고장난 데 없나 살피다, 저만치 다리 밑 구석에 덮여 있는 공사용 포대 잠시 보고는 자전거 끌고 가는.

신고자   그런데 집에 와서도 계속 그 포대가 걸리는 거예요. 예감이 이상하드라고. 그래서 새벽에 다시 가 봤지··

다가가서 포대 걷어 보면 강덕수 시체다. 으어어억!!! 주저앉는.

S#67   현재. 홍주 사무실/ 낮

바름   (눈치 살피며) 뭐 다른 건 본 거 없나요?
홍주   아니·· 너무 깜깜해서··
바름   (안도하는) 아·· 네··

S#68   사건 현장. 다리 아래/ 낮

걸어오는 무치. 초록색 발전기 발견한다. 발전기 들여다보면, 틈 사이로 어느새 공포스러운 유나의 눈빛 보인다.

유나   (E) 얼마나 지났는지 모르겠는데·· 문 열리는 소리가 났어요.

보면, 어느새 발전기 밑 나란히 놓여있는 신발.

바름   (E) 싸이코패스가 그렇게 어린이를 보호하고, 신발까지 놔주는 친절을 베푼다는 게·· 말이 안 되는 거죠··

무치   (곰곰 생각하는 위로)

플래시 컷/ 무치, "아픈 애 잡고 뭐하는 거야! 지금. 봉이 아니랬잖아. 아니라고 말해 오봉이!" 하지만, 봉이 입 꾹 다무는·· (#61)

무치   하아·· 봉이야··

미치겠는 무치, 돌아서려는데 바닥에 미세하게 긁힌 자국 보인다. 뭐지? 바닥에 바짝 붙어 자세히 보는데·· 자국 따라가면, 시멘트 관들 쌓여있다. 이리저리 둘러보다 시멘트 관 바닥 쪽에 끼인 미세한 섬유조직(녹색) 발견하는 모습 위로··

플래시 컷/ 강덕수 윗옷 찢겨진 (어깨 녹색 띠)

무치   (갸웃하다)··· 이게 뭐지? (하는데)

굴러간 흔적에 맞춰 시멘트 관 굴려보는 무치. 자국 멈춘 곳에서 문득 위 바라보면, 정확히 다리 아래 경계에 위치해 있다. 갸웃하다 반 바퀴 더 굴려보면!

플래시 컷/ 강덕수의 쓸린 손/ 목줄자국이 위쪽으로 향한/ 귀 아래 찢어진 채 귀 피투성이. 등 쓸린 흔적. 등··

시멘트 관 입구에서 그대로 고개 젖히는 무치, 다리 난간 보인다. 급히 전화하는!

무치   알았어!!!! 범인이 어떻게 강덕수를 살해했는지!

바름   (F) (흠칫!) 네?

S#69   다리 아래/ 낮

뛰어 내려오는 바름, 도착하면 호남 비롯 특본팀 와 있고 무치 설명 듣고 있다.

무치   유나는 무슨 소리가 나서 강덕수가 돌아보는 순간 얼른 진흙을 집어 눈에
다 뿌렸다고 했어. 그 소리는 범인이 냈을 거야.

S#70   무치의 추리- 사건 당시 현장/ 밤

눈에 들어간 진흙 때문에 괴로워하는 사이, 유나 도망치는 모습 지켜보는 우비 입은
봉이!(피투성이 상태 괴로워하는 강덕수 뒤로 하고, 달아나는 유나를 성큼성큼 따라가는 봉
이.(11부 그 상태로 도저히 보이지 않게 정정한) 유나가 다리 위로 올라가려는 모습 지켜
보다, 다리 밑 발전기 안으로 숨자 발전기 문 잠그고 두리번거리는데. 구석에 잔뜩
놓여있는 시멘트 관 본다.

무치   (E) 범인은 유나가 들어간 발전기 문을 잠궈 버리고…

현재/ 다리 아래/ 낮

무치   이 공사용 관을 굴려 저기로 옮겼어. (굴리고) 봐. 여기 굴린 자국!

시멘트 관 굴리는 무치의 손, 어느새 봉이의 손으로 바뀌며‥

무치의 상상 - 다리 아래/ 과거/ 밤
관 굴려 다리 끝에 정확히 세팅시키는 봉이! 준비해온 개줄(도사견용 쇠줄)을 관 주위
에 둘러놓고 고정시킨 후, 줄을 휙 위로 던지면 다리 위로 걸쳐지는. 그리고 벗겨진
유나 신발 주워 (강덕수 오는 방향)관 들어가는 입구 쪽에 한 짝 두고 바깥(나오는 쪽)
에 나머지 한 짝 둔다.

다리 위/ 우비 입은 채 다리 아래 내려다보며 선 봉이. 그 위로 비 쏟아지고.

무치	(E) 모든 준비를 마치고는, 다리 위로 올라가 강덕수가 나타나길 기다렸어.

S#71   무치의 추리- 사건 당시 다리 아래/ 밤

두리번거리며 다리 밑까지 오는 강덕수. 순간 강덕수, 관 앞에 놓인 유나신발 보고. 씩씩거리며 관 안으로 들어가는데, 바깥쪽으로 통하는 입구에 나머지 유나 신발 한 짝 보이는. 강덕수, 기어서 바깥쪽으로 얼굴 나오자, 그때! 다리 위에서 쇠줄 확 낚아채는 봉이! 순간, 목에 개(쇠)줄 채워지며 위로 끌려올라가는 강덕수. (관 천장에 목이 걸리자 켁켁거리며 스스로 관에서 나오는) 대롱대롱 매달린 강덕수 F.S! 강덕수를 다리 위로 쭉 끌어올리는 봉이의 얼굴에서 스틸!!!

무치	(E) 갈비뼈 5대가 부러지고, 손목에 금이 간 오봉이가 저 아래서 이 다리 위까지 강덕수를 끌어올렸다고?

무치	45키로 오봉이가 70키로의 강덕수를! 그게 말이 된다고 생각해?
바름	(듣는 바름에서, 다시 과거 장면!)

강덕수, 대롱대롱 매달려있고 계속 줄 끌어올리는 손, 카메라 올리면‥ 바름이다!

무치	(E) 놈은 힘이 쎈, 건장한 20대나 30대 초반 정도의 남자야.
바름	(굳은 표정 되는)
무치	(다리 난간에 긁힌 자국들) 여기 긁힌 자국들. 쇠줄 끌어올린 흔적 보이지? 이래도 오봉이라고 할 거야?
바름	(보면)
무치	범인은 강덕수를 여기서부터 개줄로 묶어서 끌고 저 아래까지 끌고 내려갔어. 11년 전, 강덕수가 봉이한테 한 짓 그대로!

S#72   무진병원 외경 + 봉이 병실 안/ 밤

봉이 앞에 무치와 바름 서 있다.

무치	이제 괜찮아‥ 형사들이 더 안 괴롭힐 거야‥
봉이	(그런 무치 보는)
바름	(이불 덮어주며) 좀 자‥ 힘들었을 텐데‥
봉이	고마워요 아저씨…
무치	(보며) 고맙긴. 괜히 애먼 사람 의심해서‥ (더 말 잇지 못하고) 쉬어. (가면)
바름	(가는 무치 보는 봉이 보고 서운한 표정 짓고 나가는)
봉이	(무치 가면 생각에 빠지는)

S#73 과거. 억새숲 + 다리 밑/ 봉이의 회상/ 밤

수풀 속, 쏴 쏟아지는 비에 다시 힘겹게 의식 돌아오는 봉이. 죽을힘 다해 일어나,
정신없이 유나‥ 유나‥ 여기저기 찾아 헤매다 떨어뜨린 칼 보이자 집어 들고 다리
쪽으로 가는. 다리 아래, 공사용 포대로 조심스레 가, 포대 걷는데. 헉!! 주저앉는.
강덕수다. 봉이 덜덜 떠는데, 강덕수 옆에 떨어져 있는 피 묻은 지폐.

봉이	(헉!) 아저씨‥? 허…

S#74 현재. 바름의 집/ 밤

피곤한 듯 들어와 소파에 앉아 TV 켜면, 뉴스에 온통 〈대통령, 강덕수 사건 특본팀
불시 방문! 직접 수사 챙겨〉 등 나오고 있다. TV 끄고, 베란다 빨랫줄에 걸려있는
옷과 바지 등 걷는데. 순간 생각난 듯 주머니 뒤적인다.

바름	분명 여기다 넣어뒀는데‥ (뒤지는 위로)

인서트/ 증거물보관창고 안 성요한 사건 증거박스 열어, 봉이할머니 칼 챙기는.
인서트/ 증거보관팀 사무실 창고 문 열고 나오는 바름. 나가려다 무치 책상 돌아보

는. 다가가 책상 밑에 끼워진 천원지폐(귀퉁이 찢어진) 본다. 그 위로‥ 무치 "살인의
뢰비!" (11부 #27)

바름	내가 접수할게. 이건 내 의뢰비야… (빼서 자기 주머니에 넣고 가는)
바름	(계속 뒤지다) 이상하다. 어디다 흘렸지? (갸웃하는)

S#75   무진청 증거보관팀 사무실/ 낮

유나의 진술영상(여형사) 돌려보는 무치, 신나서 들어오는 신형사. 두석 자리로 가서
뭔가 건네고. 무치 보며 싱글벙글 다가오는.

무치	넌 뭐가 그렇게 기분이 좋냐‥
신형사	그냥요. 봉이씨도 혐의를 벗고‥ 그거 알아요? 봉이씨 우리 다슬이 닮은 거.
무치	닮긴 뭘 닮아. 봉이가 만만 배 이쁘지.
신형사	정순경은 어디 갔어요? 청첩장 주러 왔는데. (바름 자리에 청첩장 놓고) 축 의금 일체 사절인 거 알고 있겠죠?
무치	알겠지. 이 시기에 대권 도전한 후보아들이 결혼이라니‥ 쯧~
신형사	그럼 어떡해요? 미루면 배불뚝이로 웨딩드레스 입는다고 싫다는데‥ (하다 초음파 사진 지갑에서 꺼내 보여주며) 애가 아주 벌써부터 패피에요. 아빠 닮아서. (하다)
무치	(흘긋 보고) 패피가 뭔데?
신형사	(고게 절레절레) 선배는 뭔 줄 알아요? 패테 패테. 패션 테러리스트. (사진 흐뭇하게 보며) 벗어도 이 정도인데, 얼마나 멋있으려고… (하다, 무치가 보는 영상 속 여자애 보며) 이렇게 이쁜 딸이면‥ 뭐야, 왜 또 유나 진술을 봐요? 우리 사건에 관심 좀 꺼요. 솔직히 난 범인 안 잡혔으면 좋겠구만. (유나 진술 힐끗 보며) 누구보다 이 꼬맹이야말로 안 잡히길 바랄걸요? (하다) 어? 이 꼬맹이 거짓말 하는 거 같은데‥
무치	뭐?
신형사	그게‥ 보세요. 입을 자꾸 가리잖아요. 이건 거짓말 할 때 하는 행동이거 든요. 그리고 시선이 오른쪽 위를 자꾸 보잖아요. 이것도 거짓말할 때나

잔머리 굴릴 때 하는 행동이거든요.

무치   그래? (다시 리와인드해서 플레이 누르면, 범인 못 봤니. 뭐라도 좋아. 본 거 있
          으면·· 할 때 유나의 행동들) 진짜야?

신형사   이래봬도 저 아동심리 전공이거든요.

무치   (갸웃)

플래시 컷/ 유나네 집 안 (#59)

유나   근데요··· 저기·· (하다, 움찔)/ 제가요? (코 만지며) 아니요. 할 말 없는데?

무치   그럼 혹시 코를 만지는 행동은?

신형사   것두 거짓말할 때 보이는 행동반응이죠. 거짓말 할 때 카테콜아민 물질
          이 분비 돼서 가려운 거거든요··

무치   아무래도 유나가 뭘 본 거 같아·· (휙 일어나 나가면)

신형사   뭘 봐요? 어 (후다닥 따라 나가며) 같이 가요···

S#76   유나네 집 안/ 낮

무치   뭘 본 거 맞지?

유나   (겁먹은 얼굴로 망설이는)

무치   (봤구나 싶은)

신형사   걱정할 필요 하나 없어. 경찰 아저씨들이 지켜줄 거니까··

유나   경찰 아저씨요? (고개 절레절레)

S#77   유나네 집 앞/ 낮

무치   가서 봉이한테 SOS 쳐. 지금 유나 입 열 사람은 봉이 밖에 없어. 만에 하
          날 대비해서 난 여기 있을게. 애가 뭘 본 걸 그 놈이 눈치 챘으면 유나가
          위험할 거야.

신형사   네. (뛰어가는)

S#78   무진병원 봉이 병실 안/ 낮

바름   (놀라보는)

봉이   (어느새 깁스 푼) 유나가요?

신형사   예. 분명히 뭘 봤다니까요. 근데 입을 꾹 다물더라구요. 겁먹은 거 같아
           서 경찰아저씨가 지켜줄 테니 걱정 말라고 했는데. 더 꽉 입을 다물드라
           니까요.

바름   (심하게 동공 흔들리는)

봉이   그래요? (불안한/E) 고형사님을 본 건가…?

신형사   하아. 애들한테까지 대한민국 경찰이 신뢰가 바닥이라니…

바름   (E) 미치겠네. 날 본거야··

봉이   (E) 유나가·· 유나가 입을 열면 안 되는데··

신형사   지금 유나를 설득할 사람은 봉이씨 밖에 없다고 고선배가··

봉이   (다급한) 알았어요. 제가 만나볼게요. 저한테는 다 얘기할 거예요.

신형사   그럼 유나 데리고 오라고 할게요.

바름   (다급히) 우리가 가자 봉이야. 어차피 너 퇴원해도 된 됐잖아·· 의사선생
           님이.

봉이   그래. 제가 갈게요. 그게 낫겠어요.

신형사   그럼 고선배한테 전할게요. (핸드폰 들고 나가면)

바름   조금만 기다려. 얼른 퇴원수속 밟고 올게 기다려. (뛰어나가는)

S#79   무진병원 병실 밖 복도/ 낮

나와서 안절부절 하는 바름.

바름   대체 뭘 본 거야… 얼굴을 봤나? 그럴 리가 없는데·· 뭐지 대체… 봉이한
           텐 다 털어놓을 텐데·· (병실 안 봉이 보며) 봉이가 유나를 만나게 하면 안
           돼… 어떻게든··! (고민하다)

S#80　　무진청 특본 사무실 복도/ 낮

강형사　　(쭈뼛거리며 서 있는 바름에게) 어 왜? 증거품 다 보냈는데?

바름　　　그게 아니라… 봉이가 입은 옷이랑, 병원에 도착했을 때 입은 옷이랑 최피
　　　　　디님 블랙박스에 찍힌 옷이 달라서‥ 증거품 정리하다 우연히 발견했어요.

강형사　　옷?

〈점핑〉 CCTV보고 있는 강형사와 바름.

바름　　　이거 보세요. 다르죠?

강형사　　(두 옷이 비슷해 보이지만 자세히 보면 다르다) 그러네.

바름　　　(그런 강형사 보며 부러 큰소리로) 어? 이건 뭐지? (홍주 블랙박스 보며 블랙박
　　　　　스에 찍힌 홍주가 봉이 부축하며 차 쪽으로 오는 장면)

강형사　　(봉이 손 클로즈업해서 보는) 칼이야. 하‥ 찾았어. 살인도구! (뛰어나가는)

바름　　　(한시름 놓은 표정으로 보는데 전화 오는) 어. 봉이야. 퇴원수속이 생각보다
　　　　　오래 걸리네. 이제 다 끝났어. 금방 갈게.

S#81　　홍주네 집/ 낮

도우미, 유모차 끌려는데 바퀴 고장난. 뒷 베란다에 쌓여있는 잡동사니 중 구석에
처박힌 안 쓰던 유모차 끌어내는.

방안/ 섭외중인 홍주, "안녕하세요? 조미정씨 어머니시죠? 다름 아니라 무진연쇄살
인사건 특집방송을 준비 중인데‥ 인터뷰를‥" (하는데 전화 끊은 듯 뚜뚜 소리 나
고 심난하게 수화기 보는데 "은총이 데리고 산책 다녀올게" 소리와 문 닫히는 소리.

거실/ 거실 나와 창문 열고 바람 쐬는 홍주. 그때, 밖에 유모차 끌고 나간 도우미 보
인다. 순간 헉! 놀라는 홍주.

S#82   홍주네 아파트 인근/ 낮

정신없이 뛰어오는 홍주. 이모님 이모님! 부르면. 도우미 돌아보는. 뛰어가는 홍주.

(E)	최홍주 피디님.
홍주	(돌아보면 강형사 있다.)
도우미	(눈치보다 후다닥 가는)
강형사	(유모차 안에 아이 보다, 놀라보고 있는 홍주 보며) 어디 뒀어요?
홍주	뭐, 뭘요.
강형사	오봉이씨 옷이요. 병원 주차장에서 비슷한 옷으로 갈아 입혔드라구요. 옷이 비슷해서 다들 간과했네요. (태블릿 화면 보여주면, 화면 속 봉이 가리키며) 강덕수 피가 잔뜩 묻은 이 옷! (화면 속 봉이 손에 들고 있는) 그리고·· 손에 쥐고 있던 이 칼, 어디다 감추셨냐구요.
홍주	(난감한 표정 위로)

플래시 컷/ 홍주의 회상/ 뛰어와 두리번거리면 저쪽에서 봉이 피범벅 된 채 걸어온다. 봉이, 홍주 보자마자 홍주 품으로 푹 쓰러지는. 놀라 다리 쪽 돌아보는 홍주. 공사용 포대로 뭔가 덮여 있는./ 다리 밑 포대 들추는 홍주. 흡!! 입 틀어막는··

플래시 컷/ 차 안/ 피 묻은 봉이 옷 들고 와 비닐에 넣고. 피 묻은 시트 닦고. 바닥에 떨어진 칼도 비닐봉지에 담는.

강형사	내놓으시죠. 증거인멸죄가 얼마나 큰 지 아시죠?
홍주	…
강형사	최대 징역 5년입니다. 그 아이·· 엄마 없이 자라게 하고 싶으세요? 맡아 키워줄 친정도 없으시잖아요.
홍주	(아이 내려 보면 방긋 웃는. 홍주, 눈물 그렁이며 유모차 속 아이 꺼내 안는)
강형사	(보면)
홍주	(시선 유모차 아이 앉은 자리 보면)

강형사, 눈치 채고 유모차 의자 바닥 확 젖히면 그 안에 든 피 말라붙은 비닐봉지.

S#83 　무진병원 현관 앞/ 낮

봉이, 목발 짚고. 같이 나오던 바름, 옆에 바짝 붙어 봉이 챙긴다. 그때 도착하는 이형사의 차. 내리는 이형사.

이형사　　오봉이씨. 잠시 서로 가주실까요?

S#84 　무진청 특본 사무실/ 낮

무치　　(신형사와 뛰어오며) 야! 내가 봉이 아니라고 몇 번을 말했어!!!
이형사　　오봉이씨 옷과 오봉이가 구입한 칼에서 강덕수 혈흔이 잔뜩 나왔어요.
무치　　뭐? (돌아보면 강형사 책상 앞에 고개 떨군 채 앉아있는 봉이) 허…

S#85 　유나네 집 안 + 골목/ 낮

유나, 유나母 집 정리 중이다.

유나母　　엄마 쓰레기봉투 좀 사 올게. (나가면)
유나　　(바닥에 앉아 정리하는데 드리우는 그림자, 고개 들어 보면 바름이다. 순간 유나 눈에 긴장감 서리는)
바름　　안녕 유나야‥ (유나 보는 바름의 미소 위로) 이사 가는 거야?
유나　　(책 담으며) 네. 기자들이 자꾸 찾아온다고. 엄마가 귀찮대요.
바름　　그렇구나. 이리 줘 아저씨가 할게. (책들마저 담으며) 그날‥ 뭘 봤다며?
유나　　(멈칫!)
바름　　(떠보듯) 뭘 본거야? 어? (하는데 아무 소리 없자 문득 휙 돌아보는)
유나　　(바름 빤히 쳐다보며) 아저씨죠?

인서트/ 유나의 회상/
유나, 발전기 안에서 덜덜 떤다. 누군가 다가오는 발소리에 덜덜 떠는데 잠기는 소리에 순간 눈 뜨는데. 틈 사이로 잠그는 손목 부근, 고양이 할퀸 흔적 보인다.

얼어붙은 바름. 쓰레기 봉지 들고 대문 밖으로 나가는 유나. 바름, 순간 눈빛 변하며, 마당 한쪽에 있던 빨간 벽돌 집어 들고 따라 나가는. 쓰레기 더미 쌓여있는 쪽으로 걸어가고 있는 유나 향해 빠른 걸음으로 가는데‥ 주변 쓱 보면 골목에 아무도 없다. 순간 텅빈 눈빛이 되며 유나 바로 뒤까지 빠르게 걸어가더니 유나 바로 뒤에서 벽돌 확 쳐드는!!!

S#86   다리 위/ 밤

다리 위에 걸터앉아 있는 바름. 그 옆에 빈 소주병들 널브러져있다. 이미 거하게 취기 올라와있는 바름. 슬픈 눈으로 다리 앞 풍경 보고 있는 위로‥

| 대니얼 | (E) 일부러 그 아이한테 뒤집어씌우는 거야? |

S#87   과거. 폐병원 대니얼 아지트/ 바름의 회상/ 낮

대니얼	일부러 오봉이에게 뒤집어씌운 거냐고.
바름	어쩔 수 없잖아요‥ 내가 잡힐 순 없으니‥
대니얼	그래서 첨부터 오봉이한테 뒤집어씌우려고 오봉이가 당한 그대로 강덕수한테 해놓은 거야?
바름	…
대니얼	(한숨) 오봉이. 자넬 아주 특별하게 생각하고 있는 아이라면서.
바름	…
대니얼	(그런 바름 보는) 그럼 유나는…
바름	…
대니얼	설마‥ 죽이려고? 그 어린 애를‥?
바름	유나가 절 봤다면‥

S#88   현재. 다리 위/ 밤

바름   (술병에 남은 술 병째로 벌컥벌컥 들이키고는) 결국 성요한에게 내 뇌가 완전히 잠식당하는 날이 오겠지… (잠시) 그땐 어떡하지·· 어떻게 감당하지·· (입술 달싹이는) 무서워……

홍주   (E) 뭐해? 여기서?

바름   (돌아보면)

홍주   (그런 바름 보는) 봉이씨 땜에 속상해서 그러는구나…

바름   (취해서 멀건 눈으로 홍주 보는 데 몸 흔들리는)

홍주   (그런 바름 모습 위태위태하고) 내려와. 그러다 떨어져.

바름, 내려오려고 몸 뒤로(다리 안쪽) 돌리다, 순간 중심 잃고 휘청! 앞으로 쏟아지듯 넘어지면, 홍주 반사적으로 바름 몸 잡는데.

바름   (그대로 홍주에게 몸 기댄 채 중얼거리는) 무서워요·· 너무 무서워…

홍주   (순간 흠칫!)

플래시 컷/ 요한 홍주에게 안겨서… 무서워요·· 너무 무서워…. (3부 #54)

허·· 소름 끼치는 홍주 바름 확 밀쳐내면 바름 다리 바닥에 쿵 떨어지는.

홍주   (바름 공포스럽게 내려다보며 거칠게 숨 내쉬며) 뭐야·· 너…

바름   (놀래 처다보는)

그렇게 바름과 홍주 서로 바라보며 페이드 아웃된다.

S#89   강 하류/ 낮

다시 화면 밝아지면, 신형사 작대기 들고 강가 바위틈 사이 뒤지고 있다. 순간 바위틈에 뭔가 걸리고, '어?' 손으로 바위 아래 뒤져보다 뭔가 꺼내는데, 둘둘 말아 묶인 검정색 우비! 후다닥 장갑 꺼내 끼고 우비 풀면 피 잔뜩 묻은 흉기와 살점!!

S#90　　유나네 집 안/ 낮

무치　　　(텅 비어있는 유나 집 둘러보며) 어디 간 거야? (그때 전화벨 울리는, 받는)

S#91　　강가/ 낮

무치 놀란 얼굴로 우비 속, 흉기 보고 서 있다.

신형사　　맞죠?
무치　　　(끄덕) 근데 왜 나한테 먼저 연락했어?
신형사　　그게‥ 혹시… 여기서 봉이양 지문이나 DNA가 나올까봐…
무치　　　어?
신형사　　전 봉이씨가 진짜 강덕수 죽였어도… 봉이씨가 처벌 받으면 안 된다고 생
　　　　　각하거든요‥ 실은 낙하산 아이디로 댓글도 1000개나 달았어요.
무치　　　허‥ (긴장한 눈으로 우비 속 흉기 보는)

S#92　　국과수 안/ 낮

안절부절 앉아있던 무치. 직원 결과지 들고 나오면 벌떡 일어나 뺏어 들고 보는.

무치　　　(보다) 어? (믿어지지 않는) 뭐야‥ 이게…

S#93　　무진청 현관 앞/ 낮

뛰어들어오는 바름. 무치 현관 앞 화단에 팔짱 끼고 걸터 앉아있다.

| 바름 | 어떻게 된 거예요? 봉이가 풀려나다뇨? (하는데) |

신형사가 부축해서 데리고 나오는 봉이.

| 바름 | (봉이 보자마자 반갑게) 봉이야‥ |
| 봉이 | (바름과 무치 쪽 보더니 반갑게 절룩거리며 뛰어 내려오는) |

바름, 봉이가 자신을 향해 뛰어오자 미소 짓는데. 봉이, 바름 지나쳐 무치에게 가 무치 보고 선다. 무치, 봉이 머리 부비며 짜식. 고생 많았다! 하는데, 그 모습 보는 바름의 눈빛 묘하게 서운하고 질투심 생기는.

S#94 봉이네 집/ 낮

전복죽 한술 떠서 봉이에게 먹여주는. 그 모습 보며 골똘히 생각에 잠겨있는 무치.

봉이	입맛 없어.
바름	좀만 먹어. 새벽부터 수산시장 가서 사온 거야. 내 정성을 생각해서라도.
봉이	정말 안 먹혀서 그래‥ (숟가락 밀치는데)
무치	(와서 바름 손에 숟가락 확 뺏어 한술 크게 떠서) 먹어!
봉이	(보는)
무치	(속상한) 너 지금 니 꼴이 어떤지나 알아. 잘 먹어야 상처도 빨리 아물고 멍도 빨리 빠진다구.
봉이	(그런 무치 보다가 앙! 입 크게 벌려서 무치가 뜬 죽 한 입 먹는)
바름	(그런 둘의 모습 질투 어린 눈빛으로 보는)

S#95 골목/ 낮

나오는 무치 차. 무치와 바름 차에 타있다. 무치 차와 스쳐 들어가는 홍주의 차.

S#96   골목길 + 무치의 차 안/ 낮

무치   (운전하며) 강덕수 말이야…
바름   (보는)
무치   어쩌면 살았을 수도 있어…
바름   (놀라 보는) 무슨 말이에요?

S#97   봉이네 집/ 낮

홍주   미안해요. 옷이랑 칼‥ 경찰에 넘긴 거… 어쩔 수 없었어요. 아이가 있어
       요… 나한테 혹여 무슨 문제라도 생기면 아이가… 난 맡아 키워 줄 친정
       도‥ 친구도 딱히 없거든요‥
봉이   이해해요.
홍주   아뇨, 다는 이해 못 할 거예요. 나중에 봉이씨가 엄마가 되면 이해할 거예
       요. 부모에게 자식은 절대적인 존재라는 걸‥
봉이   (끄덕) 제가 부탁드린 건 안 넘겼죠.
홍주   아‥ (지갑에서 피 묻은 천 원짜리 지폐 빼서 건네는)
봉이   (보다) 피디님은 제가 범인이라고 생각하세요?
홍주   그랬어요‥ 그래서 그 옷이랑 칼 감춘 거고‥ 그 후에 아니란 거 알았죠.
봉이   (보는) 어떻게 아셨죠? 제가 범인이 아니라는 걸‥
홍주   (빤히 보다) 그냥‥ 그냥 알 수 있어요… 쉬어요‥ (가려는데)
봉이   (E) 고마워요
홍주   (돌아보면)‥
봉이   내버려둬서요…
홍주   (무슨 말인지 이해한. 봉이 보는 위로)

S#98   과거. 다리 아래 인근, 사건현장/ 홍주의 회상/ 밤

비틀거리며 오는 봉이 발견하고 놀라는 홍주. 홍주 달려가는데, 푹 쓰러지는 봉이.

홍주 카메라 바닥에 놓고 봉이 일으켜 세우려는데. 피범벅인 상태의 봉이 손에 들린 피 묻은 칼! 홍주, 반사적으로 봉이 온 길 보면 다리 아래 포대 보이고. 홍주, 심상치 않음 느끼고 확인하려는데 홍주 확 잡는 봉이. 애절한 눈빛으로(가지 말라고) 고개 젓는데. 봉이 뿌리치고 달려가는 홍주.

S#99   과거. 다리 아래, 사건현장/ 홍주의 회상/ 밤

포대 들추는 홍주의 손! 강덕수다! 놀라는 홍주, 힘겹게 눈 뜨는 강덕수와 눈 마주치고. '살려‥쥐‥ 살려줘…' 기어 들어가는 강덕수의 애절한 목소리. 홍주, 그런 강덕수 보다, 다시 조용히 포대 덮는다.

S#100   현재. 봉이네 집/ 낮

봉이   그러고 보니 우린 공범이네요.
홍주   (의미심장한 표정으로) 죽어 마땅한 놈이잖아요.

S#101   차 안 + 강 하류/ 낮

바름   (충격 받은 얼굴로 앉아있는데)
무치   (E) 뭐해? 안 내리고.

정신 차려보면 강가에 차 세워져있다. 여긴? 하는데 무치 차에서 내려 강 하류 쪽으로 걸어가는. 그런 무치 보고, 바름도 내려 무치 따라간다.

무치   (강 하류 앞에 서서 강 쪽 바라보며) 정순경은 안 궁금해? 봉이가 왜 풀려났는지? (돌아보며 의미심장한 표정 지으며) 안 물어보네?
바름   (당황한) 아‥ 그러고 보니 왜…
무치   신형사가 범행도구를 찾아냈어. 바로 여기서! 봉이 칼 말고. 진짜 흉기

	말야. 강덕수 거시길 썰어버린.
바름	(흠칫)
무치	놈이 우비에 흉기를 싸서 강에 집어 던졌던 모양이야. 그날 비가 엄청 왔잖아. 유속이 워낙 쎄서 당연히 멀리멀리 흘러 갈 거라고 생각하고 던졌겠지.

플래시 컷/ 다리 아래 (강물 앞)/
바름, 둘둘 말아 묶은 우비 쳐들어 힘껏 강에 던지려는!

무치	근데 또 이 아쌀한 하느님이 도우하사·· 바위틈에 걸려 버렸어. 그걸 찾아낸 거지. 꽁꽁 싸맨 우비 덕에 칼과 칼을 싸맨 강덕수 옷에 묻은 혈흔에서 강덕수 말고 다른 DNA도 나왔어. 검사결과 봉이 DNA가 아니어서 풀려난 거고. (바름 다친 손 보며) 강덕수를 찌르다, 자기도 좀 다친 거 같아··
바름	(반사적으로 다친 손 숨기듯 잡는)
무치	(그런 바름 빤히 쳐다보며) 근데·· 도저히 납득이 안 되는 결과가 나왔어.
바름	(침 꿀꺽 삼키는)
무치	혼란스러워…
바름	(아랫입술 지그시 깨무는)
무치	내가 지금 이 상황을 어떻게 받아들여야 할지….

하며 바름 빤히 바라본다. 바름, 애써 긴장한 표정 감추려는 듯, 무치의 시선 맞받는다. 그렇게 바름과 무치, 서로 팽팽하게 바라보는··

the END

제13부

S#1　　버스정류장 + 구령 숲길 (안개숲길)/ 밤

겨울비 추적추적 내리고 -1995년 구령-자막 떴다 사라지면 정류장에 서는 버스. 코트 여민 채 힘겹게 내리는 지은. 뒤따라 내린 사내, 검은 야구모자(20대초) 푹 눌러쓰고 있다.

물안개 자욱한 한없이 길게 뻗은 숲길 (*참고 사진)
넋 나간 표정으로 터벅터벅 걸어가는 지은(만삭-9달-의 배 큰 코트로 덮인) 위로‥

대니얼　　(E) 지은씨는 이미 낙태 시기도 지났고요.
지은　　　(E) 그럼 어떡해요‥ 살인마를 낳으라구요? (1부 #70)

멍하니 걷는 지은 맞은편에서 걸어오던 군인, 지은 뒤따라오는 듯한 검은 야구모자 사내 의심스레 보는데. 귀에 이어폰 꽂고 고개 푹 숙인 채 지은 앞지르는 사내, 이어 군인 옆 스쳐 지나간다. 군인, 여전히 의심스런 표정으로 가는 사내 뒷모습 지켜보는데, 사내 자욱한 안개 속으로 사라진다. 보는 동안 군인 옆 지나가는 지은. 군인 보면 지은 멍하니 걸어가는. 순간! 지은 뒤에서 훅! 입 틀어막는 손! 버둥거리는 지은 질질 끌고 숲 안으로 들어간다.

S#2　구령숲 속/ 밤

지은 엎드린 채, 스타킹에 허리 뒤로 두 손 묶여있다. 그 옆, 군인 팩에서 사과와 맥가이버 칼 꺼내 여유롭게 사과 초승달모양으로 잘라 와작와작 씹어 먹는 입·· 군인이다!

지은　(반항 의지 없는, 중얼거리듯) 차라리 잘됐어·· 죽여줘. 얼른 죽여·· 얼른···
군인　(순간 멈칫) 미친년! (잠시 보다) 정 소원이면 죽여주지·· (사과와 맥가이버 칼 내려놓고)

지은 입에 양말 구겨 넣는, 지은 각오한 듯 눈 꾹 감는데. 순간 퍽! 놀라 눈 뜨고 고개 돌리면, #1의 사내, 주먹 날리며 공격한다. 속수무책 얻어터지던 군인, 간신히 사내 배 발로 차면, 반동에 사내 넘어지며 모자 벗겨지고 드러나는 얼굴, 송수호다! 급히 모자 집어쓰고, 도망치는 군인 쫓는. 지은, 묶인 손으로 군인 떨어뜨린 맥칼 집어 스타킹 힘겹게 자르는··

S#3　숲길/ 밤

길가로 뛰어나와 군인 쫓는 수호, 안개 속으로 도망치는 군인 놓치고 헉헉 숨 몰아쉬는. /숲에서 비틀대며 힘겹게 걸어 나온 지은, 저만치 헉헉거리는 송수호 뒷모습 보인다.

지은　(원망스런, 소리치는) 왜 살렸어? 왜! 죽게 두지! 죽게 놔두지… 왜에~!!!

돌아보는 송수호. 지은의 벌어진 코트 사이로 드러난 (9달)배, 서늘한 시선으로 보는

송수호　(나즈막이 혼잣말처럼 중얼거리는) 꼭 낳아…. 그 아이…
　　　이윽고 돌아서는 송수호. 자욱한 물안개 너머로 사라지고 지은 수호 사라진 뒤에도 소리 지르며 절규하는… '왜 살렸냐고!! 왜! 같이 죽게 두지 왜!!! 왜에에!!'

주저앉아 통곡하는 지은의 모습 물안개가 휘어 감고. L.S으로 펼쳐진 안개 자욱한 숲길.

기자1   (E) 수성에서 살인사건이 발생했습니다. /
기자2(O.L) (E) 또, 수성입니다. 지난 2년간 10건의 연쇄살인사건이…
기자3(O.L) (E) 수성 연쇄살인사건 범인이 잡혔습니다. 석포제련소에 근무하던 김씨의 자백으로…
기자4(O.L) (E) 수성 연쇄살인사건 피의자 김씨에게 무기징역이 선고…

화면 페이드아웃 되고… 타이틀 뜬다.

마 우 스

S#4   과거. 바름의 집- 방안/ 밤

화면 밝아지면 벽 가득 〈수성 연쇄살인사건〉 관련 스크랩, 10번째 시신 발견! 범인 김모씨 체포! 현장 검증 모습 등 기사들 붙어 있고. 바라보는 시선, 알 수 없는 표정의 바름 위로

무치   (E) 넌 봉이가 왜 풀려났는지 안 궁금해? 왜 안 물어봐?

S#5   현재. 강 하류 (12부 #95에 이어)/ 낮

바름   (보면)
무치   신형사가 범행도구를 찾아냈어. 바로 여기서!
바름   네? 범행… 도구라면…
무치   봉이 칼 말고. 진짜 흉기 말야. 강덕수 거시길 썰어버린.
바름   아… 그래서 봉이가 혐의를 벗은 거군요. (안도하는 척! 하는 표정 위로)

S#6 　과거. 다리 앞 강/ 이하 바름의 회상/ 낮

우비 벗어 피 묻은 이 나간 (할머니)칼과 장갑 말아 던지려다(12부 #95) 멈추는!
/가방에서 새 장갑 꺼내 끼고, 준비해 온 새 칼 꺼내 포대 아래 흐르는 강덕수 핏물 묻히고 새 우비 꺼내 강덕수 볼 살과 피 묻은 새 칼, 강덕수 셔츠(팔꿈치 패치 *퀼트로 된 ○모양)로 싸고, 새 우비에 셔츠 넣어 둘둘 말아 가방에 넣는.

S#7 　과거. 무진병원 봉이 병실 안/ 낮 (12부 #74)

바름　(흠칫 놀라 놀라보는)
봉이　(어느새 깁스 푼) 유나가요?
신형사　예. 분명히 뭘 봤다니까요. 근데 입을 꾹 다물더라구요. 겁먹은 거 같아 서 경찰아저씨가 지켜줄 테니 걱정 말라고 했는데. 더 꽉 입을 다물드라 니까요.

S#8 　과거. 무진병원 병실 밖 복도/ 낮 (12부 #75)

바름　(안절부절) 내 얼굴을 봤나? 그럴 리가 없는데‥ 뭐지 대체… 봉이한텐 자 기가 본 걸 다 얘기할 텐데‥ (병실 안 봉이 보며) 봉이가 유나를 만나게 하 면 안 돼… 어떻게든‥! (고민하다)

S#9 　과거. 무진청 특본 사무실 복도/ 낮 (12부 #76)

강형사　(쭈뼛거리며 서 있는 바름에게) 어 왜? 증거품 다 보냈는데?
바름　그게 아니라… 봉이가 입은 옷이랑, 병원에 도착했을 때 입은 옷이랑 최 피디님 블랙박스에 찍힌 옷이 달라서‥ 증거품 정리하다 우연히 발견했 어요.

S#10   과거. 무진병원 현관 앞/ 12부 #79 이후/ 낮

이형사   (바름 부축 받으며 나오는 봉이에게) 오봉이씨. 잠시 서로 가주실까요?

〈CUT TO〉 이형사 차에 타는 봉이. 출발해서 가는 차 보며 안도하는 바름 위로.

바름   일단 유나랑 봉인 떨어트려 놨고. 이제 유나가 뭘 봤는지 확인해야 해.
        (후다닥 뛰어가는)

S#11   과거. 몽타주/ (12부 #81)

집/

바름   (떠보듯) 뭘 본 거야? 어? (하는데 아무 소리 없자 문득 휙 돌아보는)
유나   (바름 빤히 쳐다보며) 아저씨죠?

골목/ 얼어붙은 바름. 텅 빈 눈빛으로 유나 쫓아 빠르게 가더니 뒤에서 벽돌 확 쳐드
는!!!

S#12   과거. 무진청 특본팀 복도/ 낮

바름   (들어와 신형사 자리로 가서 걱정스런 표정 짓고) 봉이는요?
신형사   계속 입을 다물고 있어. 저러고 있음 봉이씨만 불리해질 텐데··
바름   봉이 칼이 범행도구라고 단정 지을 수 없잖아요·· 더 찾아봐야 하는 거
        아니에요?
신형사   강바닥까지 싹 뒤졌는데·· 안 나왔어···
바름   그날 급류가 잖아요. 물건이 떠내려갔음 원심력으로 바깥쪽으로 크게
        돌았을 텐데·· 하류로 내려가는 길에 급경사가 있던데 혹시 바깥쪽 바위
        틈 같은데 꼈을 수도 ··? (눈치 살피면)

신형사   그래. 그쪽 한번 찾아봐야겠다. (나가는)

S#13   과거. 다리 인근 강가. 강가 하류/ 낮 (12부 #83)

바름, 멀리 강 하류에서 긴 막대기 찌르며 바위 틈 샅샅이 찾고 있는 신형사 본다. 순간 바위 밑에 껴있던 우비 찾아내는 신형사, 무치에게 전화하는 모습 지켜보는 바름. 됐다 싶은.

현재/ 강 하류 (#5과 동장소)/ 낮

바름   (안도하는 표정 지으며) 그게 바위 밑에 끼어있었다니 정말 하늘이 도왔네요.

무치   그 범행도구에서 강덕수 말고, 다른 사람 DNA가 나왔어.

바름   네?

무치   도저히 납득이 안 가는 결과가 나왔어.

바름   (침 꿀꺽 삼키는)

무치   내가 지금 이 상황을 어떻게 받아들여야 할지··

바름   …

무치   (갸웃하며) 교도소에 수감돼 있는 놈이야.

바름   네? 그게·· 무슨…

무치   강덕수를 찌른 칼에서 나온 DNA가 지금 현재! 교도소에 복역 중인 놈 꺼라고.

바름   (이해 안 되는 표정으로) 아니, 교도소에 있는 사람 DNA가 어떻게…

무치   그래서. 내가 혼란스럽다고. 지금·· (곰곰 생각하며) 일부러 넣은 거 같애··

바름   일부러요? 범인이요? 왜요? 왜 하필, 교도소에 수감돼 있는 사람 DNA를 넣어놔요?

무치   왜겠어. 약 올리는 거지.

바름   약··이요?

무치   100% 알리바이가 증명되는, 교도소에 있는 사람 DNA를 골라서 심어놨다는 건, 니들이 아무리 날 잡으려고 해도 난 안 잡힌다. 그런 경찰에 대한 자신감? 여유? 그런 거겠지.

바름   정말·· 그게·· 이율까요? (알 수 없는 표정 짓는)

S#14   봉이의 집 마당/ 12부 #94에 이어/ 낮

마루에 나란히 걸터앉아있는 홍주와 봉이. 홍주 시선에 마당 한쪽에 걸려 있는 샌드백과 여기저기 굴러다니는 닳아빠진 권투글러브, 널브러져 있는 각종 운동기구 보인다.

홍주   (속상한) 저게 다… 강덕수 때문에··?

봉이   (피 묻은 지폐 만지작거리며) 출소일이 다가올수록 매일매일이 악몽이었어요. 아무도 지켜주지 않을 거라 생각했어요. 저거라도 안하고 있음 불안해서·· 그래서·· 그런데··

홍주   (봉이가 쥔 지폐 보며) 대체 그 돈은 뭐 길래… 그렇게까지 챙기는 거예요?

봉이   아, 아니에요. (주머니에 넣는)

홍주   (그런 봉이 이상히 보다) 암튼! 이제 다 끝났어요. 다 잊고 행복한 꿈만 꿔요… 봉이씨.
           참, 봉이씬 꿈이 뭐예요?

봉이   꿈이요? 제가 껌은 좀 씹어봤는데·· 꿈은·· (쓸쓸) 지난 10년은 불안과 공포가 제 삶을 온통 지배하고 있어서… 그런 거 꿀 여유·· 없었어요.

홍주   (속상한) 이제부터 꿈을 꿔요. 생각만 해도 막 설레고 심장 뛰는··

봉이   (쓸쓸한. 홍주 보며) 원래·· 꿈이 피디였어요?

홍주   (눈빛 아련해지는) 아뇨. 누군가의 꿈이, 내 꿈이 됐죠. 보여주고 싶었어요. 당신의 꿈을 대신 이뤄낸 내 모습을·· 그래야·· 아주 조금이라도… (말 흐리는)

봉이   (그런 홍주 이상하게 보는)

홍주   (말 돌리는) 참, 우리 팀에서 일 해볼래요? 막내작가 필요한데··

봉이   제가요? 아니·· 난·· 대학도 안 나오고·· 고등학교도 졸업 못했는데요.

홍주   상관없어요. 학력 같은 건.

봉이   작가면·· 아휴·· 책이라곤 엎어져 잘 때 베는 거나, 라면 받침대로 쓴 거
        말곤···

홍주   (그런 봉이가 귀여운) 이제부터 열심히 읽으면 되죠.

봉이   아니, 그게·· 글이라곤 반성문 말곤 써 본 기억이 없는··

홍주   반성문 쓴 실력이면, 문장력, 창의력, 논리력 걱정은 안 해도 되겠는걸요?

봉이   (고개 절레절레) 아니에요. 못해요. 제까짓 게 무슨···

홍주   방송쟁이한텐 글 잘 쓰는 것보다, 책 많이 읽는 것보다 더 중요한 덕목이
        필요해요. 그걸 갖고 있어요, 봉이씬. (무슨 말인가 보는 봉이에게 명함 주
        며) 생각해 보고 연락 줘요.

〈점핑〉 밤/ 대문 열고 들어오는 바름. 봉이야! 봉이야! 부르는데 없는.

바름   어딜 간 거야? 몸도 불편한 애가·· (둘러보다 마당에 샌드백 보는)

바름, 샌드백 앞으로 가서 한번 툭 쳐보는. 다시 한 번 툭! 툭! 쳐보는 위로.

〈플래시 컷〉 몽타주
/개 목줄 채워진 채 질질 끌려가던 강덕수 순간 쇠줄 끌어당기고 바름 넘어지는
/달려드는 강덕수에게 계속해서 공격당하는 바름.
/힘겹게 피해 도망가는 바름. 쇠줄 매단 채 바름 쫓는 강덕수.
/바름 덮치는 강덕수! 엎치락뒤치락하다 일방적으로 강덕수에게 공격당하는 바름.

요한   (신나게 관전하는) 세상에서 제일 재밌는 게 쌈 구경인데 말이야.

〈교차 화면〉
과거/ 강덕수에게 맞으며 계속 휘청이는 바름··
현재/ 툭툭 치던 샌드백 점점 세게 치는 위로

요한   (E) 컨디션이 안 좋을 땐 경동맥이나 경정맥 쪽을 노리는 게 좋아.

〈교차 화면〉

과거/ 바름 경동맥과 경정맥쪽 공격해보지만 여의치 않은.

현재/ 어느새 살기 어린 눈빛으로 변해있는 바름 샌드백 미친 듯이 치는 위로

요한   (E) 거기까지 손이 닿지 않으면 대퇴동맥을 노리라구!!

바름, 요한 말대로 대퇴동맥 공격하면 덕수 휘청이다 제압당하는, 미친 듯 관절 공격하다 허벅지 앞부분 쪽 공격하면.

요한   (E) 어쭈 제법인데. 맞아 핏줄이 없는 부분만 공략하라고. 그래야 흔적이 남지 않지.

〈교차 화면〉

과거/ 무릎 꿇고 싹싹 비는 강덕수. 살려주세요 살려주세요 비는 얼굴 위로 주먹 날리는

현재/ 퍽! 동시에 툭 터지는 샌드백 모래 주르르 흘러나오는. 헉헉 숨 몰아쉬며 놀란 얼굴로 터진 샌드백 보는 바름, 자신의 주먹 낯선 눈빛으로 보는.

S#15   안신동. 유나의 집/ 밤

봉이   (지루한 얼굴로 앉아있는) 어디 갔길래‥ 여적 안 와? (순간 불안) 경찰서 갔나? 유나가 정말 아저씰 봤음 어쩌지? (유나모에 전화하지만 '전원이 꺼져 있어‥' 응답기 나온다)

바름   (E) 여깄었네?

봉이   (돌아보면, 대문 앞 바름 서 있다)

바름   어디 갔나 한참 찾았잖아.

봉이   유나가‥ 없어… 꼭 만나야 하는데… 꼭…

바름   (걱정스런 눈빛의 봉이 보며) 이사 갔어…

봉이   이사? (안심하다 반면 섭섭한) 인사도 없이?

바름, 주머니에서 핸드폰 꺼내더니. 뭔가 누르고 건네면 봉이 뭔가 본다. 반갑게 미소 짓는. 바름의 핸드폰 화면, 유나 환하게 손 흔들며 미소 짓고 있는 영상이다.

유나	(F) 봉이언니~ 인사 못하고 가서 미안해요.
바름	(영상 보고 있는 봉이 보는 위로)
유나	(E) 아저씨죠?

S#16   과거. 유나의 집 (안신동) + 골목/ 바름의 회상 (12부 #81 이후)/ 낮

유나	(바름 오른팔 소매 위로 휙 올리면 *오른쪽 손목 윗 부근 10cm 가량 고양이 할퀸 흉터)
	이거 봤어요‥ 문 잠글 때…
바름	(놀란 얼굴로 얼어붙은)

골목 끝/ 쓰레기 버리러 가는 유나 따라가는 바름. 바로 뒤에서 벽돌 확 쳐드는데!!!

유나	(E) 고맙습니다.
바름	(순간 멈칫! 유나 쓰레기 봉지 놓고 돌아보면 반사적으로 벽돌 뒷춤에 숨기는)
유나	아저씨 아니었음 나… 지금 여기 없을 거예요. 벌써 죽었겠죠?
바름	(뒷춤에 들고 있는 벽돌 든 손 바들바들 떨리는)
유나	죽을 때까지 비밀 지킬 거예요! 엄마한테도, 봉이언니한테도요.
바름	(아무 말 못 하고 보는)
유나	(빵긋 웃으며) 약속! (새끼손가락 내미는)
바름	(유나 손가락 한참 보다, 벽돌 잡지 않은 쪽 손, 새끼손가락 내미는)
유나	(바름 새끼손가락에 자기 손가락 걸고) 완전 다 잊을 거예요. 레드썬!!!
	(손가락 풀고는 바름 목 꼬옥 끌어안는) 정말 정말 고마워요.

목 풀고, 다시 집 쪽으로 총총걸음으로 뛰어가는 유나. 멍하니 보는 바름 뒷춤에 잡고 있던 벽돌, 툭 떨어뜨리는 위로‥

S#17   과거. 몽타주

과거/ 무진청 특본팀 사무실 복도/ 낮
유나모와 유나 있고 이형사 손사래 치면 실망한 얼굴로 돌아서는 유나와 유나모.

유나   (E) 언니 보러 갔었는데 경찰 아저씨가 지금은 못 만난다고 해서…

과거/ 안신동 유나의 집 앞/ 낮
용달차에 엄마와 앉은 유나. 차 앞에 선 바름. 유나, 아저씨 핸드폰 좀 줘봐요. 하면 핸드폰 내주는 바름. 유나, 동영상 찍으며 '언니~ 인사 못하고 가서 미안해요'

〈점핑〉 용달차 출발하면 바름에게 손 흔드는 유나 위로··

유나   (E) 옛날 살던 동네로 다시 이사 가요.

유나의 새 집/ 엄마랑 짐정리 하는 유나. 행복한 표정이다.

유나   (E) 엄마는 절대 술 절대 안 마시고 치료도 받기로 나랑 약속했어요.
           이사 가면 학교도 다닐 거예요.

유나 학교/ 칠판에 '나의 꿈'적혀있고. 봉이 얼굴 히어로처럼 그린 그림으로 발표 중인.

유나   저는 커서 오봉이 언니 같은 사람이 될 것입니다!
유나   (E) 꿈이 생겼어요….

억새숲/ 유나 시선으로, 강덕수 바지 잡고 끝까지 늘어지며 엎어터지면서고 놓지 않는 봉이. 유나 엉엉 울며 보는 위로·· (11부 #111)

유나   (E) 어른이 되면, 꼭 언니 같은 사람이 될 거예요.
유나   (야무지게 발표하는) 언니는 고트맨보다, 레이디버그 보다 멋진 나의 영원
           한 히어로입니다!

현재/ 동영상 화면 + 안신동. 유나의 집/ 밤

봉이	(화면 속 언니 안녕 인사하는 유나 보고 화면 끄는) 내 까짓 게 뭐라고. (눈물 쓱 닦으며) 내가 유나의 꿈이래… 나 같은 사람이 되고 싶대··
바름	(그런 봉이 꼭 안아주는)
봉이	(바름 품에 안겨서) 유나한테 부끄럽지 않은 어른이 될래. 이제부터…
바름	(말없이 봉이 머리 쓰다듬는)

S#18   OBN 방송국 복도 + 시사교양국/ 밤

터벅터벅 걷던 홍주. 문득 교양국 사무실, 문 앞 덩그러니 놓인 책상 보인다.

수정	(E) 들어가자마자, 입구에 책상 하나가 덜렁 있거든 그게 내 책상이야…

선배한테 혼나며 절절매고 있는 신입 모습 어느새 수정으로 보이는 홍주. 슬픈 눈빛 위로…

S#19   과거. 한서준의 아지트/ 홍주의 회상/ 낮

어두컴컴한 벽 구석, 엉망인 상태의 어린 현수와 수정 쭈그리고 앉아 얘기 중이다.

수정	바로 화장실 앞이라 냄새가 장난 아니거든. 그래서 아무도 안 앉으려고 해서 그 자리는 결국 신입 차지지. 근데 난·· 내 자리가 너무 좋아··
현수	왜요?
수정	냄새 나면 어때? 그래도 방송국에 내 자리가 있는 게 너무 좋고 행복한 데··
현수	(그런 수정 보는) 그렇게 좋아요?
수정	그럼. 어릴 때부터 꿈이었거든. 진실을 얘기하고 정의롭고 공정한 세상을 만드는 피디가 되는 게! (반짝이던 눈빛, 절망의 눈빛으로 변하며) 이제 그 꿈을 이룰 수 없겠지…
현수	(위로하는) 아니에요. 언니. 우리 살아서 나갈 수 있어요. 꼭 살아서 나가요.

수정	그러자. 현수야 언니가 약속할게. 무슨 일이 있어도 널 꼭 데리고 나갈 거야.
현수	(울먹이며 끄덕이는)

현재/ OBN 방송국 복도 + 시사교양국/ 밤

홍주	(슬픈 눈빛) 미안해요 언니·· 언니 꿈·· 대신 이루고 싶었는데·· 이제 나·· 자격이 없어··· (하는데 핸드폰 울린다. 받으면)

인서트/ 봉이 "저 할래요. 그 일! (눈빛 반짝) 내 꿈을··· 찾고 싶어요···"

S#20 폐병원 대니얼의 아지트/ 밤

들어오는 바름. 대니얼 차 끓이며 힐끗 보면 심난한 얼굴로 소파에 털썩 앉는 바름

대니얼	표정이 왜 그래? 잘 마무리 된 거 아니었어?
바름	(마른 세수하며) 하마터면 그 어린앨 죽일 뻔했다구요··
대니얼	결국 안 죽였잖아.
바름	그거야·· 비밀 지켜준다고 손가락까지 걸고 약속해서···/
대니얼	(물끄러미 보다) 어린애가 한 약속 땜에 안 죽였다고? 약속은 핑계고, 죽일 수 없었던 거야.
바름	죽일 수·· 없었다구요··?
대니얼	그 아일 안 죽일 거라 확신했어. 자네가 정말 죽일 거 같았음 어떻게든 따라가 말렸겠지.
바름	왜요? 왜 내가 유나를 죽이지 않을 거라고 확신했어요?
대니얼	자네 뇌 속에선 여전히 정바름과 성요한이 치열하게 싸우고 있지만, 지금은 선한 본능이 프레데터의 본능을 억누르고 있어.
바름	하지만 훈석일 죽일 뻔했잖아요, 키우던 고양이도 (순간 고통스러운) 죽이고···.
대니얼	그땐, 억눌렸던 살인본능이 깨어난 순간인 데다 처음이라 통제력을 잃었던 거고·· 그 살인 본능을 강덕수로 해소 했잖나··· 당분간은 잠잠할 거야.
바름	하··· (자조하듯) 당분간이라··· 언제 또 터질지 모른단 거죠.

대니얼	(그런 바름 알 수 없는 표정으로 보다) 그나저나 봉이양한테 뒤집어씌울 목
	적이 아니었다면‥ 왜 강덕수를 그렇게 처리한 거야?
바름	그게… 봉이 할머니가 강덕수 죽이겠다고 준비했던 그 칼로 응징하고 싶
	었어요. 그래서 증거보관실에 있던 그 칼을 빼오다‥ 봤어요.

S#21 과거. 무진청 증거보관팀 증거보관실/ 바름의 회상/ 밤

장갑 낀 손으로 증거박스에서 봉이할매 칼 빼고, 박스 제자리에 두려는데 바로 옆 박
스(송수호사건) 실수로 건드리자 박스 뒤집어지며 내용물 쏟아지는. 당황하며 후다
닥 쏟아진 증거물 주워 담다 성경 집는데 피 묻은 페이지 보이자, 뭔가 싶어 펼쳐보
고 읽는. (*성경책 사이에 성모사랑의 집 후원 영수증 껴있다, 부각하지 않기!)

바름	사람을 쳐죽인 자는 반드시 죽일 것이요. 짐승을 쳐죽인 자는 짐승으로
	갚을 것이며… 상처에는 상처로, 눈에는 눈으로, 이에는 이로 갚을지라…

S#22 현재. 폐병원 대니얼의 아지트/ 밤

바름	그 순간 그렇게 죽이고 싶어졌어요. 봉이가 당한 그대로 해주고 싶었어요.
대니얼	(물끄러미 보면)
바름	성요한이 그 체육관장 송수호를 죽일 때‥ 읽힌 것 같대요. 그 구절이 제
	마음에 훅 들어온 건‥ 역시, 성요한 영향이겠죠?
대니얼	…
바름	성요한은 송수호와 대체 어떤 일이 있었길래… 그렇게 잔인하게 복수 했
	을까요.? 연골이 닳아 없어질 때까지 때리고, 살아있는 상태에서 불을 지
	르고, 것도 모자라 심장에 칼까지…
대니얼	(알 수 없는 표정)

S#23 무진청 특본팀 사무실/ 밤

기다리고 있는 무치. 호남과 강형사 들어온다.

무치	(다급히) 뭐래요? 만나봤어요? 이재식?
호남	어. 충격 받았는지 제대로 말도 못하고 덜덜 떨드라고. 하기야 지 DNA 가 강덕수를 죽인 살인 도구에서 나왔다는데… 충격 받을 만하지.
무치	누구 의심 갈 만한 사람은 없대요?
호남	잘 모르겠대. 근데 그 친구 작년에 강덕수랑 같은 교도소에 있었드라고. 강덕수 출소 전에… 같은 방을 썼대.
무치	그래요?
호남	(팀원들에게) 최근에 이재식이랑 접촉한 수용자 중, 출소자들 위주로 특이 사항 조사해보고. 강덕수랑 이재식이랑 같은 방 썼던 방 동기 중에 최근 출소자 있는지부터 확인해봐. (가는)
일동	네. (흩어지면)
무치	(뭔가 찜찜한 표정 짓는데)
강형사	(E) 술 한 잔 하자.
무치	(돌아보는)

S#24   대포 집 (실내포차)/ 밤

무치, 강형사 앉아 소주 기울이고 있다.

강형사	찌라시 봤을 땐 안 믿었는데‥ 맞는 거야‥? 성요한 아이‥?
무치	(말없이 술잔 들이키는)
강형사	하‥ 참‥ 얄궂네… 하필‥ (속상한 듯 무치 보다) 괜찮냐‥?
무치	안 괜찮을 건 또 뭐야‥ (마시는)
강형사	(그런 무치 짠하게 보다 마시는)

S#25   대포 집 (실내포차) 앞/ 밤

만취한 상태의 강형사 부축하며 차에 태우는. 차 안에는 대리기사 타고 있다.

강형사	(혀 잔뜩 꼬인) 나쁜 년. 어떠케 그래. 아씨! 최홍주! 너한테 그럼 안 되지이~
무치	형이 지금 나한테 이러면 안 되는 거거든?!! 기사님. 103동 앞에 형수님 나와 계신다니까 그 앞에다 주차·· (하는데 강형사 핸드폰 울리는. 강형사 주 머니에서 핸드폰 꺼내 받으며) 네. 형수님. 지금 출발하·· (하다) 최피디?
홍주	(F) 왜 고형사가 받아?
무치	(퉁명스럽게) 아, 뭔데?
홍주	(F) 강형사님이 오늘 중에 내 카메라 돌려준댔는데·· 연락이 없어서….
무치	카메라? (보면 차 뒷좌석에 카메라 놓여있는)
홍주	(F) 그날·· 봉이씨 부축하느라 현장에 놓고 갔던 건데 특본팀에서 내용 확인하고, 별거 안 찍었다고 오늘까지 돌려준다고 했는데….
무치	아 내일 받아. (끊으려는데)
홍주	(F) 오늘까지 편집해서 넘길 영상이 그 안에 들어 있단 말이야.
무치	(퉁명스럽게) 알았어. 집에 가는 길이니까 갖다 줄게.

S#26   OBN 방송국. 셜록 홍주 사무실 + 바름의 집/ 밤

카메라 들고 들어오는 무치. 사무실 텅 비어있다. 두리번거리면 홍주 자리 보드판에
스케줄 적혀있는데, 무진연쇄살인사건 방송 준비/ 유가족 인터뷰 관련 전화연락 등
써 있다.

무치	(불편한) 뭐야··? 저걸 왜 방송해?

카메라 책상 위에 두려는데 책상 위 가득 무진연쇄살인사건 관련 자료들이다. 불쾌
한 표정 짓는. 자료 옆으로 확 밀고 카메라 두고 나가려다 문득 카메라 보는.

홍주	(F) 그날·· 봉이씨 부축하느라 현장에 놓고 갔던 건데…

무치, 다시 앉아 영상 재생하면 영상 속, 수풀에 넘어진 자전거만 덜렁 보이는데.

플래시 컷/ 신고자 "다리를 진입하려는데 다리에서 헤드라이트도 안 켜고 차가 달려 오드라구요. 그 차를 피하다 자전거가 아래로 굴러 떨어졌어요."

무치 별 기대감 없이 패스트로 쭉 돌려 봐도 넘어져 있는 자전거만 보이다 영상 끝난다. 화면 끄려던 무치, 문득 자전거 손잡이 쪽, 아주 작게 달린 뭔가 발견하는!

무치	이게 뭐지? (클로즈업해 보다, 생각난 듯 바름에게 영상 통화 거는.) 어. 정순경.
바름	(화면 속/ 당황스러운) 갑자기 웬 영상통화를. 부담스럽게‥
무치	정순경 자전거 잘 타고 다니길래. (모니터 보여주며) 이거 자세히 봐봐‥ 이게 뭐 같아?
바름	(보고) 아‥ 그거요? 지유 캠에서 이번에 새로 출시한다는 초소형 블랙박 슨 거 같은데‥ 완전 초소형이라 라이더들 사이에 핫템이거든요. 근데 그거 아직 출시 안 됐는데…
무치	블랙박스란 말이지… (눈빛 반짝) 알았어. (전화 끊고 다급히 뛰어나가는)
바름	(끊어진 핸드폰 보며) 누구 거길래… (하다 순간!!) 자전거‥? 맞아 그 자전거‥

바름의 회상/ 억새숲 일각 (11부 #115 강덕수 살해 이후 상황)
저 멀리 홍주가 봉이 부축해 다리 위로 올라가는 모습 보는 바름. (바름도 가려고) 다 리 쪽 향해 걸어가는데 쿵! 소리에 무슨 소린가 싶어, 소리 나는 쪽으로 가보면 넘어 져있는 자전거! 자전거 보다, 자전거 주인(신고자) 내려오자 급히 몸 숨기는!

바름	블랙박스가 있었음‥ 내가 찍혔을 텐데‥ 하아!! (다급히 뛰어나가는!!!)

S#27   OBN 방송국. 셜록 홍주 사무실/ 밤

커피 들고 들어오는 홍주. 책상에 자신의 카메라 놓여있는.

홍주	어? 그새 다녀갔네? (자리에 앉아 카메라 집어 드는데)

모니터 화면 일시정지 돼 있고 화면에 초소형 블랙박스 줌인되어있다. 이게 뭐지?

하다 줌아웃하면 언덕 아래 처박혀 있는 자전거. 순간 홍주, 뭔가 깨달은 듯 후다닥 뛰쳐나가는.

(E)　　　　형식아!! 형식아! 이리 나와봐. 언능!

S#28　　신고자 (형식이네) 집 대문 앞 (대문과 벽에 그래피티 요란하게 그려진)/ 밤

형식　　　(무릎 툭 튀어나온 추리닝 궁둥이 북북 긁으며 나오며) 왜요? 아부지?

신고자　　(문 앞에 서 있는 무치 보며) 자전거에 뭐시 달렸냐고 물어본디··

형식　　　에? 아 당빠마트 보고 전화 주신 분? 제가 파워블로거거든요. 업체에서 사용해보고 후기글 올려 달래서 달았는데. 성능 개짱! 미리 말씀드리는데 가격 네고! 네버! 안됩니다. 아직 출시도 안 된 핫한 신상에 그게 또. 자동으로 업로드/

무치　　　/(말 자르며 다급히) 어딨어? 지금?

신고자　　으이그 이놈아 형사님이서!

형식　　　에? 아·· 난 또··· 무슨 일로. (하다 눈 부라리는 무치 보고 깨갱) 따라오세요. 창고 앞에 세워뒀어요. (슬리퍼 질질 끌고 앞장서 들어가는)

무치　　　(다급히 따라 들어가고 문 닫히는)

택시 서고, 다급히 내린 바름. 대문 앞, 무치 차 세워진 것 보고 끝났구나 싶어 절망하는. 그때 대문 열리고 무치 나온다. 무치, 바름 보며 오면. 바름, 눈 심히 흔들리는.

형식　　　(뛰어나와 무치 붙들며) 꼭 좀 잡아주세요. 형사나리. 아흐~!! 당빠마트에 너무 자랑질을 해놔서… 어떻게 우리 집을 알았지? 도둑눔의 시끼·· 으으!!!

바름　　　(뭔가 이상한? 무슨 일인가 상황 살피면)

무치　　　분명히 한 시간 전까진 자전거에 달려 있는 거 확인했다는 거지?

형식　　　아, 그렇다니까요.

바름　　　(눈치 살피며) 누가·· 가져갔어요?

무치　　　어. 그 싸이트에 올린 것 좀 보여줘 봐. (형식 보여주면, 블랙박스 단 자전거 대문 앞에 척하니 세워 찍은) 참내. 대문 앞에서 찍으셨어? 지나가는 개도 여기가 니 집인 줄 알겠다.

형식   (순간 신남) 그럼 쥑이죠? 제가 또 그래피티 동호회 회원이거든요.

무치   으이그! 왜 훔쳐가세요 광고를 하지 그랬냐! (머리통 쥐어박는)

형식   (머리통 긁으며) 아씨. 초면에‥ 공권력이 이래도 됩니까? 확 고발할까 보다‥

무치   훔쳐간 거면 블랙박스에 범인 얼굴이 찍혔어도 신고 안 할 확률이 큰데‥ 아씨!!! 하필!!! (하다 바름 보고 이상한) 근데 여긴 왜 왔어?

바름   아. 그냥‥ 궁금해서…

S#29   일각/ 밤

헉헉대며 숨어 무치와 바름 지켜보는 시선‥ 홍주다! 손에 블랙박스 들고 있는. 칩 핸드폰에 연결하면, 우비 차림의 바름 얼굴 정면으로 선명하게 찍혀있다.

S#30   OBN 방송국. 셜록 홍주 사무실 앞/ 아침

쭈뼛거리며 들어오는 봉이, 막 가방 메고 나오던 홍주와 마주친다.

홍주   (반갑게) 왔어요? 나 지금 취재 가는데 같이 갈래요?

S#31   무진청 증거보관팀 사무실/ 아침

바름 출근하면, 컴퓨터 앞에 앉아있는 무치 있다.

바름   (가방 놓고 무치 옆으로 다가가 슬쩍) 그 블랙박스 훔쳐 간 도둑은 잡았어요?

무치   아니! 조용해. (열 받는) 이럴 줄 알았어. 지가 구리니까 신고 못 하는 거야. 도둑놈의 시끼! 하필 훔쳐가도!!!

바름	아‥ (안도하며 무치 컴퓨터 모니터 화면 쪽 보며) 뭐 보시는 거예요?
무치	이재식 사건. 강덕수 범행도구에서 DNA 나왔다는 재소자. 자기 딸 강간하려던 놈을 현장에서 발견하고 때리다 범인이 사망하는 바람에 5년형이나 받았드라고.
바름	그래요?
무치	아니 딸 강간당하는 거 그냥 구경만 하고 있으라는 거야 뭐야. 이런 개떡 같은 법!
바름	그러게요… (표정 묘한) 차암 억울하겠어요.
무치	참, 이재식이 강덕수랑 같은 방에서 지냈대.
바름	(진심으로 놀라) 네?
무치	이재식이 강덕수가 수감됐던 안영교도소에 있다가, 6개월 전에 무진교도소로 옮겼드라고. (하며 죽은 강덕수 사체사진과 박스 안. 발견된 범행도구 등 다시 자세히 살펴보는)
바름	(갸웃하며) 근데 둘이 같은 방을 쓴 거랑 강덕수 살해도구에서 이재식 DNA가 나온 게 무슨 상관이죠? 강덕수 출소한 지가 1년이 넘었는데…
무치	그러게‥ (이재식 자필진술서 보며) 복장학원 졸업하고 청바지 염색 공장에서도 일했고. 진짜 열심히 살았네. 이런 사람을 5년씩이나‥ 근데 왜 하필 이 사람 DNA를 갖다놨을까?
바름	글쎄요. (의미심장한)
무치	(벌떡 일어나며) 아무래도 내가 직접 좀 만나봐야겠다. (가는)
바름	(나가는 무치 빤히 쳐다보다) 같이 가요. (후다닥 따라 나가는)

S#32   무진교도소- 운동장/ 낮

운동장에서 삼삼오오 모인 수용자들. 동구 둘러보면 구석에 햇볕 쬐고 있는 김씨와 이재식.

동구	(옆에 앉아 입 크게 말하는) 재심신청 해봐요 예? 이렇게 억울하게 사는 건‥
김씨	(쏩쓸히 고개 젓는)
이재식	새로 증거가 나와야 재심도 가능하대. (분한!) 공소시효도 지났는데‥ 진

범이 자백 좀 해주면 오죽 좋아. 억울한 우리 아재 좀 풀려나게‥

김씨 (어눌하게) 아. 개…아‥ (난 괜찮아, 하다 노트 꺼내 글씨 쓰는/E) 난 괜찮아 이제.

이재식 (속상한) 괜찮긴요. 아재 딸 며칠 후에 결혼한다면서요. 억울한 누명 벗겨지고 풀려나서 딸 손잡고 식장에 들어가는 게 꿈이라고 하셨잖아요?

김씨 (속상한 얼굴로 하늘 올려다보는)

교도관 1313! 면회!

이재식 (생각난) 아‥ 맞다. 깜박했네. 방송국에서 강덕수에 대해 뭐 물어본다고‥ (뛰어가면)

김씨 (그런 재식 뛰어가는 모습 쓸쓸히 보는)

동구 (그런 김씨 보고) 가족 분들은‥ 면회 안 오세요? 한 번도 면회 오는 거 못 봤는데‥

김씨 지‥ 지‥ (하다 쓰는/E) 집사람은 나 체포되고 홧병으로 세상 떴어.

동구 (속상한) 따님은요?

김씨 (가만있다, 이윽고 펜 잡고 쓰는) 안 오는 게 편해. 나도‥

동구 (김씨가 쓴 글씨 보고 짠한데)

교도관 (E) 운동시간 끝! 다들 샤워장으로 이동!!!

S#33   무진교도소 샤워장 앞/ 낮

홍주, 봉이 접견실 가는데 샤워장 가는 수용자들 인솔하는 교도관 중, 동구 보인다.

봉이 어? (반가운) 동구오빠!!!

동구 어 오봉이? 니가 여긴 웬일‥? 어? 최피디님도?

봉이 오빠. 나 셜록 홍주팀 막내작가 됐다~ 오늘 1일 차!

동구 진짜? 니가 뭔 수로? 오라~ 최피디님 챤스구나. 이거 실수하신 것 같은데요. 봉이 저거 저거 쌈질만 잘했지. 문학소녀랑은 완전 거리가 먼데?

봉이 아씨‥ 너 죽을래?

동구 봐요. 이렇다니까요. 작가가 쓰는 용어가‥ 이렇게 1차원적이어서야‥

홍주 (그런 두 사람 재밌다는 듯 보는)

동구 취재 오셨어요? 아. 강덕수 사건 땜에? 어제도 형사님들 다녀갔는데‥

동구, 홍주와 얘기 나누는 동안 봉이, 문득 자신들 쪽 보고 있는 김씨와 눈 마주치는데, 자신을 보는 김씨 눈빛 애틋해 보이는.

봉이 (작게) 저 할아버진 뭔 죄야? 법 없이도 살 분처럼 생겼는데? 생계형 범죄? 장발장?

동구 아. 그게‥ (쭈빗) 수성 연쇄살인사건이라고…

봉이 뭐? 그 사건 범인이야? (팔 가리키며) 우와! 지금 나 완전 닭살 돋는 거 보여?!!

동구 아니, 그게/

봉이 개반전! 유주얼 서스팩트야 뭐야. 그러면서 저런 착한 눈깔을 해? 확 눈깔을 씨!!

홍주 (시계 보며) 시간 다 됐어. 가요. 봉이씨. (앞장서 가면)

봉이 아, 네! 오빠 이따 봐. (하며, 후다닥 달려가다, 발 걸려 넘어진다) 어어!! (콰당!)

김씨 (넘어지는 봉이 보고 달려와 안절부절못하는)

동구 야, 괜찮아? 임마. 조심 좀 해!!

봉이 어‥ 괜찮아‥ (하며 일어나는데)

교도관, 김씨 제지하면. 다친 봉이 보고 노심초사하는 김씨. 그런 김씨 보며 눈 부라리던 봉이, 피나는 자신의 손 보며 눈물 그렁이는 김씨 모습에 순간 당황한다. 갸웃하고 가는.

S#34 무진교도소- 사무실/ 낮

담당교도관 착실한 분이에요. 이재식씨. 수감생활 내내 한 번도 문제 일으킨 적 없는 대표적인 모범수죠. 고생 많았는데 며칠 후면 만기출소에요.

무치 지금 좀 만나 볼 수 있을까요?

담당교도관 지금 운동하고 있을 시간인데. 잠깐만 기다리세요. 끝났나 보고 올게요. (나가면)

바름 앉아있고 무치 사무실 둘러보면, 게시판에 여러 작업장에서 찍은 수용자들 사진, 운동하는 사진 있다. 그 중 이재식 생활복 바지에 붙은 패치(*강덕수 셔츠와는 다른 모양) 발견하는.

무치   이거‥?

플래시 컷/ 강덕수 현장 사진. 우비 속, 강덕수 티셔츠 소매 팔꿈치에 붙어있는 패치! (#6)

담당교도관   (들어오며) 지금 인터뷰 중이라는데요‥
무치   (돌아보며) 인터뷰요?

S#35   무진교도소- 접견실/ 낮

카메라 온 되어있고 홍주와 봉이 맞은편 이재식 앉아있다. 교도관 지키고 서 있다.

이재식   충격 먹었죠, 뭐… 어떻게 제 DNA가 거기 있었는지…
홍주   강덕수랑 같은 방을 쓰셨다구요?
이재식   네. 아주 잠깐이긴 한데‥

그때, 문 쾅 열고 들어오는 무치와 뒤따르는 바름과 교도관.

봉이   어? 아저씨?
무치   (봉이 보고 놀라는) 봉이‥ 너‥?
봉이   (뒤따라 들어오는 바름 보며) 오빠?
바름   (봉이 보고 놀라며) 니가 여긴‥ 어떻게‥?
홍주   (바름과 눈 마주치자, 얼른 시선 돌리는)
봉이   아, 그게…
무치   (바름에게) 봉이 데리고 나가.
봉이   왜요? 저도 있을래요.

무치	(버럭!) 나가 있어!
바름	(당황스런 봉이 잡으며) 나가자. 봉이야. (억울한 표정의 봉이 달래듯 데리고 나가면)
무치	(문 닫히자마자 홍주에게 따지듯) 재가 왜 여깄어?
홍주	아 그게… 우리 팀에서 일하기로 했어. 그래서··
무치	(허) 그래서 이 범죄자들 우글거리는 데에 저 어린 앨 데리고 와? 어?
홍주	(그 말에 이재식 눈치 보고) 알았어. 나중에 얘기해. 지금 인터뷰 중이니까.
무치	(무시하고, 다짜고짜 게시판에서 뗀 사진 보여주며) 이거 당신이 달았어요?
재식	아·· 네·· 제가 복장학원에 다닌 적이 있어서 이런 거 만드는 거 좋아하거든요··
무치	그럼 강덕수 옷에도 이런 거 달아준 적 있어요?
홍주	(허!) 안 보여? 지금 인터뷰 중이잖아.
무치	지금 방송이 중요해? 강덕수 죽인 살인마 새끼 잡는 것보다 그깟 방송이 더 중요하냐고?
담당교도관	(말리며) 두 분 여기서 이러시면 안 됨/
홍주	/그깟 방송? 솔직히 말해? 강덕수 죽인 사람 잡는 거 안 중요해. 아니! 안 잡혔음 좋겠어.
무치	뭐? 지금 그걸 말이라고/
이재식	/맞아요. 패치.
무치	뭐?
이재식	강덕수 옷에 패치 그거 제 옷 맞다구요. 제가 영치금으로 산 옷에 짜투리 천으로 패치를 달았는데·· 그게 맘에 들었나봐요. 계속 탐내더니 출소 날 제가 입고 있던 걸 강제로 벗겨갔어요·· 그러면서 뭐 특별한 날 입겠다나··
무치	/(특별한 날, 까지 듣고 홍분!! 빡!!!) 특별한 날?!! 그러니까 그 날이 특별한 날이었어? 아흐!!! 강덕수 이 개새끼 아주 잘 처죽었다. 아흐 내가 죽였어야 했는데!! (하다 문득 홍주, 재식, 교도관 시선에 민망한)

S#36   홍주의 차 안 + 무진교도소 주차장 앞/ 낮

운전하며 출발하는 홍주, 백미러로 무치와 서 있는 바름 보는데.

봉이   (E/ 시무룩해서 중얼거리는) 아저씬 왜 그렇게 화를 내지?
홍주   어? 아… 봉이씰 많이 아껴서 그래요… 봉이씨가 세상 어두운 거‥ 그만
         보게 하고 싶어서…
봉이   (끄덕이다 홍주 눈치 보며) 늘… 궁금했었는데‥
홍주   (보며) 뭘?
봉이   고형사님 말이에요‥ 좋아하셨어요?
홍주   어? 아‥ 그게…

S#37   무진교도소 주차장/ 낮

차 앞에 서서 얘기 중인 바름과 무치.

바름   이재식한테 벗겨간 옷을 특별한 날 입으려고 안 입고 아껴두고 있다, 그
         날 처음 입은 거다? 그래서 1년이 지난 지금까지 그 옷에 이재식 DNA가
         남아있었던 거고‥ 그 옷으로 강덕수를 찌른 칼을 쌌으니까. 칼에서 이
         재식 DNA가 검출될 수 있었던 거고?
무치   (끄덕) 보관만 잘했으면‥ (머리 쥐어뜯으며 아흑!) 결국 강덕수 죽인 놈 흔
         적은 아무것도 남아있지 않았단 얘기잖아!
바름   다시 원점이네요‥
무치   아씨. 지금까지 뭘 한 거야! 엉뚱한 DNA로 시간만 잡아먹고! 우씨! (분
         해 발로 차 차는)
바름   (무치 보며 알 수 없는 표정으로 보는)

S#38   편의점 앞/ 밤

바름과 봉이, 동구 간단한 주류와 안주 놓고 앉아 건배 중이다.

바름	봉이의 꿈을 위하여!!!
동구	짠!!! 축하한다. 작가라니·· 내가 못다 이룬 꿈 우리 봉이가 이루는구나··
봉이	작간 무슨. 걍 노가다야. 하루 종일 복사에 소품 챙기고 큐카드 정리하고··
동구	오~ 힘쓰는 일이면 우리 봉이, 천상예술상 작가상 받겠네?
봉이	우씨! 그렇다면! 오스카 작가상 정돈 줘야쥐~
바름	(그런 봉이 사랑스런 눈으로 보는데)
봉이	(마시다 생각난) 근데 아까 그 아저씨 말야··· 나 넘어질 때 눈이 딱 마주쳤는데··· 어쩔 줄 몰라 하는 거 봤어? 손바닥이 까져서 피 쪼금 났다고 그걸 보고 눈물까지 그렁이고··
바름	그래? 어디 봐. (봉이 까진 손 걱정스레 들여다보는)
봉이	(좋은)
동구	가지 가지한다. (하다) 너 보니까 딸 생각이 났대. 자기 딸이랑 니가 많이 닮았다드라고··
봉이	내가?
동구	안 그래도 나한테 너 손 다친 건 괜찮은지 살펴보라고 신신당부를 하드라고. 니가 자길 이상하게 봤을까봐 계속 걱정하셨거든··
봉이	남이 자길 이상하게 보는 걸 걱정한다고? 그런 사람이 자그마치 사람을 10명이나 죽여?
동구	(한숨) 그분이 한 짓 아냐·· 참! (바름 보고) 그때 가져간 머리카락은?!!
바름	아·· 안 된대. 미제 사건 아니면··
봉이	머리카락? 뭔데? 미제 사건 아니면 뭐가 안 돼?
바름	어. 국과수에서 미제 사건 증거품 DNA검사를 다시 한다고 하길래 혹시나 해서 그 분 머리카락을 검사해보려고 했거든. 근데 안 된대·· 범인 잡히고 판결 난 사건은.
봉이	(동구 보며) 오빠 왜 그렇게 확신해? 그 사람이 범인 아니라고.
동구	그때 김씨 아저씨·· 경찰한테 엄청 고문당했대. 그래서 할 수 없이 거짓 자백을 한 거래. 사형이라도 면하려면 자백을 하는 게 좋다고 해서. 나중엔 재판받을 때 가혹행위 때문에 어쩔 수 없이 시키는 대로 자백했다고 했는데도·· 안 받아들여진 거고··
봉이	하여튼, 저 팔랑귀! 진짜 억울했음 재심인가? 뭐 그런 거 받았을 거 아냐?
동구	새로운 증거가 나오지 않는 이상·· 재심을 신청할 수 없나 봐. 이슈라도

좀 되면 좋은데… 그럼 또 알아? 새로운 증거라도 나올지? 봉이 니가 좀 방송국에 얘기해서 방송해 봐.

봉이 그렇게 억울하면 가족이 나섰어야지. 가족은 뭐해?

동구 유일하게 남은 가족이 딸인데·· 얼굴 못 본 지도 꽤 됐나봐. (생각할수록 분한) 후!! 진짜 너무 하지 않냐?! 그래도 딸인데!

봉이 딸이니까·· 딸이어서·· 더 배신감이 컸을 커야… 누구보다 믿었던 사람 이었을 테니까··

바름 (곰곰 생각에 빠지는)

S#39 봉이네 집/ 밤

씻고 나오는 봉이. 곰곰 생각에 잠긴 채, 수건으로 얼굴 닦고 나오다.
플래시 컷/ 자신을 바라보는 김씨 눈물 그렁이는 표정 (#33)

봉이 가짜 눈물 같진 않았어… (곰곰 생각하는 위로)

동구 (E) 새로운 증거가 나오지 않는 이상·· 재심을 신청할 수 없나봐. (#38)

봉이 (컴퓨터 앞에 앉아 수성연쇄살인사건 검색하고 관련 내용 읽기 시작하는)

〈시간경과〉 환하게 동터오는데. 시뻘겋게 충혈된 눈으로 자료 보고 있는 봉이.
문득 시계 보다. 헉! 지각이다!! 정신없이 출근 준비하는.

S#40 OBN 방송국. 설록 홍주팀 사무실/ 아침

회의 테이블에 모인 팀원들. 봉이, 젤 구석자리에서 연신 하품하며 노트북 보고 있는.

홍주 가처분 신청이 인용돼서 담주 아이템이 펑크 났어. 강덕수 사건은 취재 중 이라 당장 내보낼 방송이 없는데·· 급히 준비해서 방송 낼 아이템 없을까?

봉이 (길게 하품하며 노트북 화면 보는, 제보란에 도배되어있는 글 하품하며 읽다 손 번쩍!) 반 친구 할머니가 치맥, 아니 치매환잔데 그 할머니가 동네 길고양이 살해범으로 몰렸대요. 설록 홍주님께서 꼭 고양이 살인사건의 진실을 밝혀서 할머니의 억울함을 풀어달라는데·· 이 아이템은 어때요? (고개 들면 일동, 봉이 한심하게 쳐다보고 있는) ·· 왜요?

강작가　명탐정 코남이가 또 올렸냐? 걘 공부 안 한대? 우리 게시판이 지 낙서장인지 알어. 아주 도배를 해요 도배를. 도배 값을 청구하든가 해야지. 증말.

봉이　(그러고 보니 게시판 장악 글들 죄다 아이디 명탐정 코남이다)

강작가　그런 글을 올리는 초딩이나, 그런 글을 보고 방송을 하자는 우리 막내나·· 우리 방송이 동네 사랑방 방송도 아니고. (비꼬듯) 오봉이 작가님. 저희 방송 전국굽니다. 에?

봉이　(머쓱, 다른 팀원 아이템 얘기하면, 조연출에게 나지막이) 유명한 친구에요?

조연출　(역시 나지막이) 걔, 우리 팀에선 진상꼬맹이로 불려··

홍주　다른 아이템은 뭐 없을까?

봉이　(피곤한지 하품 늘어지게 하다 홍주랑 눈 딱 마주치자 뻘쭘. 소심하게) 저··· 그·· 수성연쇄살인사건은 어떨··까···요···? 블로그 글들 검색해 봤는데·· 의문점이 한두 가지가 아니던데··

강작가　경찰 고문에 거짓 자백했던 주장? 거야 범인 쪽 주장이고.

홍주　갑자기 그 사건은 왜? 무슨 계기라도 있어?

봉이　그건 아니고·· 정말 누명을 쓴 게 맞다면, 적어도 그 사람 딸만큼은 아빠가 범인이 아니란 걸·· 선량한 사람이라는 걸 알아줬으면 해서요··

강작가　우리 프로가 무슨 개인방송이야? 그 사람 딸을 위한 개인방송국이냐고.

봉이　죄송합니다·· 그런데 전··· 만약 아빨 믿지 못하는 딸이 믿을 수 있다면·· 전 국민도 믿지 않을까 하는 마음에서···

홍주　(곰곰 생각하다) 자 각자 하루만 더 아이템 찾아보고 내일 다시 얘기하자.

일동　(일어나 각자 자리로 가면)

봉이　(괜한 말을 했나 싶어 의기소침해 앉아있는데)

홍주　(봉이한테 와 격려하는) 기획의도 너무 좋은데? 적어도 딸은·· 아빠가 범인이 아니란 걸 알아줬으면 하는 방송. 아빠를 믿지 못하는 딸이 믿을 수 있다면·· 전 국민도 믿지 않을까 하는 기획이라·· 접근이 아주 좋아.

봉이　진짜요? (금세 생기 도는)

홍주　(끄덕) 그런데! 그 사람 딸을 어떻게 믿게 할 건데? 감정으로 호소할 순 없어.

이미 아빠에 대한 마음이 닫힌 상황이면 확신을 주는 썸띵이 있어야지.

봉이   어떻게든 제가 찾아볼게요.

홍주   어떻게든? 좋아. 어떻게든! 찾게 되면 다시 얘기해보자!

봉이   네! (씩씩하게 자기 자리로 가면)

강작가   (못마땅) 아무리 초짜라지만 너무 똥오줌 못 가리네. 어디서 저런 애를/

홍주   /왜 나 처음 일할 때 모습 같아 보기만 좋은데… (흐뭇하게 보는)

〈시간경과〉 모두가 퇴근한 밤. 혼자 자리에 앉아 열심히 공부하는 봉이.

봉이   (하아… 한숨 내쉬는) 인터넷 자료론·· 한계가 있어··

S#41   수성경찰서 외경 + 복도/ 낮

뱃살 뒤룩뒤룩 쩌 있는 당시 담당형사 이 쑤시고 걸어가면, 졸졸졸 따라가는 봉이.

담당형사   (귀찮은) 아, 왜 이래? 20년도 넘은 사건을… 가요! 가!

봉이   제가 수사자룔 못 보니까 담당형사님 얘길 직접 들으려는 거잖아요. 그때 현장 검증 때요/

담당형사   (멈춰서 버럭) /기억 안 나 안 난다고! 아씨 안 꺼져?!! 너 뭐야?!!! 어? 확씨!!!

봉이   (순간 확 도는) 확씨?! 나 오씨다! 오씨! 확씨 아니고 오씨라고! 오!봉!이!

담당형사   (황당하게 보는)

봉이   왜? 뭐가 켕기나 보네? 지은 죄가 없음 이따구로 반응 안하지이~!

담당형사   뭐? 어린놈의 기집애가 어디서 지금 형살 협박하는 거야? 그 새끼가 범인 맞다고!!!

봉이   (껄렁하게 보며) 맞는지 아닌진! 어디 한 번 까봅시다. 당신 나 자극했어! (가는)

담당형사   (참내 무시하는 표정 짓고 이 쑤시며 들어가는)

S#42   무진청 증거보관팀 사무실/ 밤

바름 증거품 정리하는데… 오빠~ 부르는 소리에 고개 들면 봉이 얼굴 빼꼼 내미는.

바름   어? 웬일이야?

봉이   어… 취재 왔다가… (둘러보다) 여기가 고형사님 자리구나? (책상에 앉아
           보다) 어휴‥ 지저분해‥ (치우며 슬쩍) 여기 말야. 재판 끝난 사건도 증거
           품이나 기록물 같은 거 보관하나‥?

바름   재판까지 한 사건은 검찰에 이미 증거품도 다 넘어가기 때문에 판결 끝나
           면 폐기되지‥

봉이   아‥ (실망하는)

바름   근데 헤드헌터사건 같은 큰 사건은 유가족 동의하에 보관해. 경찰 교육
           자료로 필요하다고.

봉이   (눈빛 반짝) 그래? 그럼 수성 연쇄살인사건은?

바름   뭐, 그 사건도 뭐 헤드헌터사건과 맞먹는 연쇄살인사건이었으니까 당연
           히 보관 중이지. (하다 질투 어린) 책상 구멍 나겠다. 고만 닦어라. (증거박
           스 들고 창고로 들어가는)

봉이   (반짝!) 나도 구경할래! (후다닥 따라 들어가는)

S#43   무진청 증거보관팀 증거보관실/ 밤

봉이   (어마어마한 증거박스 가득 찬 창고 안 둘러보며) 우와 여기가 증거박스들 보관
           해 놓는 데구나. 엄청 크구나‥ 전국에 있는 증거품들이 다 모이는 데야?

바름   증거품만 아니라 수기로 작성한 옛날 사건수사기록들까지 다 여깄어. 대
           한민국 범죄의 역사가 모여 있는 곳이지.

봉이   와~ 우리 정순경님. 요직에서 일하네. 근데 어떤 순서로 정리돼있는 거야?

바름   죄목별로, 그리고 년도 별로. 저기부터 중대범죄. 연쇄살인부터… 존속
           살인‥ 순으로 쭉. (하며 박스 증거품 정리하며) 나가. 얼른. 여긴 외부인 출
           입금지야. 팀장님 오실 시간이라구.

봉이   알았어. 수고해~ 오빠 (가면)

바름   (다시 증거품 목록 확인하고 박스 넣고 전등불 끄고 나가는)

S#44　　무진청 외경 + 증거보관팀 사무실 + 증거보관실 안/ 아침

바름, 출근하면 기다리고 있는 남부서 형사1.

경찰　　남부선데요. 증거품 중에 유족 측에 확인할 게 있어서요. (목록표 주면)
바름　　아. 네 잠시만요. (후다닥 자리에 백팩 놓고, 목록표 들고 가는)

창고 들어가 증거품박스 꺼내 목록에 있는 증거품 꺼내는데. 어디선가 들리는 인기척. 뭐지? 싶어 가면, 봉이, 구석에서 뭔가 적고 있다. 그 옆 널브러진 사건파일들.

바름　　(기막힌 표정으로) 오봉이! 너!
봉이　　(화들짝 놀래다 히죽 웃으며) 오빠.
바름　　거깄어? 밤새?! (널브러진 사건 파일들 보며) 그걸 다 본 거야?!!!
봉이　　어? (당황하며 파일 숨기는)
바름　　(확 뺏으며) 팀장님 아시면 큰나! (널브러진 파일들 부랴부랴 정리하는데)
봉이　　(E) 이상해‥
바름　　(열심히 치우며 듣는 둥 마는 둥) 아 빨리 나가라고! 팀장님 출근하시기 전에….
봉이　　이상하다구‥ 오빠‥! 이거 봐봐. 사과‥
바름　　(치우다 문득 봉이 보면) 사과…??
봉이　　전문가 말이 첫 살인부터 범행수법이 너무 능숙했대잖아. 근데, 살인사건의 첫 시작은 서툴기 마련이라며‥ 그래서 수성 인근 살인사건은 물론 살인미수사건까지 싹 다 뒤져봤거든? 근데 이거 봐. (보여주면)
바름　　(보는)
봉이　　수성사건 일어나기 2년 전에 구령에서 미수사건이 하나 있었어. 이때 임산부를 잡아두고 사과를 잘라먹었대. 수성연쇄살인사건 피해자들한테 사과조각이 나왔잖아‥ 비슷하지?
바름　　(서류 보며, 묘한 표정) 그러네‥ 근데 이놈은 결국 안 잡혔네‥ 그렇다면 이 구령 사건의 범인이 수성 연쇄살인사건의‥/
봉이　　(OL) 진범일 수도 있지! 그러면 정말 그 김씨 아저씨는‥ 억울하게 누명을 쓴 걸 수 있어‥

바름	(그런 봉이 빤히 쳐다보며) 누명을 쓴 게 맞다면‥ 바로 잡고 싶어?
봉이	당연한 거 아냐?! 진범이 아니면 20년 넘게 억울한 옥살이를 한 거라고. 당장 풀어줘야지!!
바름	(알 수 없는 표정으로 봉이 보는)

/

S#45   바름의 집 거실/ 밤

보드판에 수성연쇄살인사건 1~10차 사건 현장 지도와 사건내용 잔뜩 스크랩 등 붙여놓고 공부하는 봉이와 동구. 바름 간식 가져와 그 앞에 놓는다.

바름	(하아‥) 사건자료 이렇게 카피해오는 거 팀장님이 아시면 나 짤릴 텐데‥
동구	에이, 대국적인 차원에서 큰일 했어. 고맙다. 마이 프렌즈!
봉이	봐봐. 수성연쇄살인사건 10차 현장에서 피해자 것이 아닌 체모 5개가 발견됐어. 감식 결과 혈액형은 O형으로 추정. 게다가 체모에서 카드뮴이 다량 검출됐대. 경찰은 당시 카드뮴이 많이 방출되는 인근 석포제련소에 근무하는 공장 직원 중에 범인이 있을 거라 추정했고, 당시 김씨 아저씨, 김봉철도 석포제련소에서 일하고 있었어. 혈액형은 O형에다가 살인사건 현장들에서 10키로 내외거리에 집이 있었거든. 또 김봉철이 야근하던 날과 사건 발생 날짜들이 맞아떨어지기도 했나봐.
동구	후‥! 근데 그 시절 국과수 감식은 지금처럼 정확하지도 않아서, 결과도 믿을 수가 없잖아! 그리고. 카드뮴에 노출된 O형이 김씨 아저씨밖에 없었겠냐고!
봉이	(끄덕) 하지만 김봉철의 자백이 결정타가 됐어. 결국 무기징역 선고‥ 2심 3심에선 경찰의 가혹행위 때문에 허위진술을 할 수밖에 없었다고 했지만 받아들여지지 않았다는 거지…
바름	어쨌든 새로운 증거가 있어야 재심이 된다며‥ 그럼 새로운 뭔갈 찾아내야 하는 상황인데‥
봉이	그 구령미수사건 피해자 말이야‥ 우리 추리가 맞다면, 수성살인사건의 유일한 생존자일 수도 있잖아. 만나봐야 하지 않을까?
동구	어떻게?

봉이	(바름 보며 믿음직스럽다는 눈빛 보내며) 바름 오빠가 찾아줄 거야
바름	내가? (황당한 듯 보다) 26년 전 주소라·· 쉽지 않을 텐데·· (눈 반짝이며 보는 봉이 보며 후…) 알았어. 일단 그 주소를 시작으로 찾아볼게.
봉이,동구	오우! 정순경이~~

S#46   경찰청 정보센터/ 낮

직원	(주소지 확인하는) 어, 근데 개명했네? 성진아로 되어있는데? (뽑아서 주며) 근데 증거보관팀에서 수사도 해?
바름	그건 아니고·· 감사합니다. (돌아서 나오며 봉이에 전화하는) 봉이야 찾았어. 주소 보낼게.

S#47   지은의 집 앞/ 낮

바름이 보낸 주소 보며 걸어오는 봉이. 두리번거리는데 저만치 집 앞 담벼락에 페인트칠 하는 지은 보인다. 주소 다시 한 번 확인하고

봉이	(페인트칠하고 있는 지은에게 조심히 다가가) 혹시 성진아씨? (하는데) (*봉이 다가가는 각도 옆쪽에서 다가가는 걸로/ 맞은편 안 됨/ 벽 정면으로 안 보이도록!)
지은	(눈물 훔치다 놀라 돌아보며) 누구··
봉이	(순간 당황하며) 아·· 저·· 방송국에서…

S#48   지은의 집 마당/ 낮

지은 따라 들어오는 봉이.

지은   (뭔가 생각난 듯) 아, 잠시만요·· 집안이 너무 지저분해서·· 잠시만. (후다
        닥 들어가는)

봉이 마당에서 기다리는데. 손 핥는 느낌에 보면 복실, 꼬리 흔들며 반갑다는 듯 핥는.

봉이   아휴·· 이뻐라 (하며 복실이 쓰다듬다 다친 다리 발견하는) 어쩌다 다쳤어?
        (하는데 얼굴에 검정 점 보이자) 어?
플래시 컷/ 다리 위/ 봉이 다리 위 다리 부러진 강아지 목줄 풀어주는 (11부 #52)

봉이, 다친 다리 살피며 갸웃하다, 고개 들면 거실 통창 커튼 반쯤 처진 사이로 벽에
걸려있는 사진액자 다급히 내리는 지은 본다. 봉이 눈에 얼핏, 의사가운 입은 남자
와 찍은 사진(3부 #6) 보이는. (거리상 봉이 눈에 남자 얼굴은 보이지 않는)

S#49   지은의 집 거실/ 낮

테이블에 꽃차 김 모락모락 나고 있고. 봉이, 소파에 앉아있다.

지은   방송국에서 무슨 일로…
봉이   아 다름이 아니고·· 취재 중에 조금 의문점이 있어서요. 실례가 되지 않
        는다면·· 95년도에 겪으신 일에 대해 좀 더 자세히 듣고 싶은데··
지은   (흠칫, 헤드헌터사건인가 하고) 95년··도요? (긴장하는)
봉이   (조심스럽게) 어떤 남자한테 납치를 당했다가··
지은   아… 그 일이요… 근데 왜 갑자기 그때 일은…
봉이   그게·· 실은… 수성 연쇄살인사건에·· 몇 가지 의문점들이 있어서·· 취
        재 중이에요.
지은   수성 연쇄살인사건이라면 오래전에 범인 잡혔잖아요.
봉이   네. 그렇죠…
지은   혹시 수성 사건하고 제가 겪은 일이랑 무슨 관계가 있는 건가요?
봉이   그건 아니고·· 확인할 게 있어서 그때 일 자세히 좀 얘기해주실 수 있으
        세요?
지은   (끄덕이면)

봉이	(핸드폰 녹음기능 튼다)
지은	그때 제가 임신 9개월 차였을 때예요… 버스에서 내려서 집을 가고 있었는데…

S#50 과거. 숲 속/ 지은의 회상 (#2)/ 밤

엎드려 스타킹으로 묶인 지은. 칼로 사과 초승달모양으로 벤 뒤, 먹고 있는 군인.

지은	(자포자기한 표정으로) 차라리 잘됐어·· 죽여줘. 얼른 죽여·· 얼른…
군인	(순간 멈칫! 하다 낮게 중얼거리는) 미친년. 정 소원이면 죽여주지··

현재/ 지은의 집- 거실/ 낮

지은	그게 다예요·· 군복을 입었었고. 사과를 쪼개 먹었다는 거…
봉이	혹시 더 기억나는 특징 같은 건 없으세요?
지은	(기억하려 애쓰다) 아뇨. 더는… 사실, 뉴스 보고 수성사건이 제가 당했던 것하고 비슷해서 혹시나 했거든요·· 그래서 경찰에 얘기도 했었어요. 그때도 담당 경찰들이 와서 똑같이 물어봐서 대답했는데·· 그 뒤로 별 소식이 없길래 그 사건이랑은 상관이 없는 줄 알았는데··
봉이	수성 사건 담당 형사들이 찾아왔었다구요?
지은	네·· 혹시나 같은 사람인가 싶어서 본 그대로 다 얘기했는데, 알겠다고 하고 가더니 별 소식이 없어서·· 그냥 다른 사건인가보다 그렇게 생각했죠.
봉이	(분한) 일부러 누락시켰어! 근데·· 그때 그 구해주셨다던 분은 찾았나요?
지은	아뇨·· 저희 동네 사람이 아니었어요·· 외지인이라 찾기가 쉽지 않았죠··

S#51 지은의 집 대문 밖/ 낮

나오는 봉이. 복실이랑 따라 나오는 지은.

봉이	안녕~ 잘 있어. (하며 머리 쓰다듬다) 몇 살이에요?

지은   11살 정도 됐어요.

봉이   아… 근데 다리는 왜?

지은   잘 모르겠어요. 아들이 다리 밑에서 주워왔다는데‥ 그때 이미…

봉이   아‥ 착한 아드님을 두셨네요. 가보겠습니다. 오늘 도와주셔서 감사합니다. (인사하고, 복실에게도 인사하는) 안녕‥ (가다 벽에 글씨 지워진 흔적 힐끔 보고 가는)

지은   (가는 봉이 쓸쓸히 보다) 저 언니한텐 엄청 순하네. (쓰다듬으며) 복실아‥ 우리 복실이도 오빠 많이 보고 싶지… 엄마도 보고싶어. 내 새끼‥ 우리 요한이… (눈물 그렁이는 위로)

지은   (E) 차라리 죽여달라고 했어요 얼른 죽이라고 했더니…

S#52   OBN 방송국. 셜록 홍주 사무실/ 낮

지은   (E) 멈칫하더니 욕을 하고 중얼거리더라구요. 미친년. 정 소원이면 죽여 주지‥

일동   (지은의 녹취 듣고 있는)

봉이   (긴장한 눈으로 눈치 보면)

홍주   좋아! 이걸로 준비해 보자!!!! (가는)

강작가 오우 제법인데. 오봉이?

봉이   (신난, 전화 오면 받는다) 어 오빠! 어디?

S#53   OBN 방송국 로비/ 낮

바름   그렇게 좋아?

봉이   당연하지. 다 오빠 덕분이야. 오빠가 그 분 찾아줘서… (하다 문득) 근데 왜 그랬을까?

바름   뭐가?

봉이	그때‥ 만삭이었다는데 범인한테 왜 죽여 달라고 했을까‥? 실례가 될까 봐 그것까진 못 물어봤는데… 보통 임산부면 뱃속 애 생각해서 더 살려달라고 사정할 텐데… 죽여 달라는 건‥ 좀 그렇지 않아‥?
바름	글쎄‥ 뭐 우리가 모르는 사정이 있겠지…
봉이	그래도 그렇지‥ (하는데 전화 오는) 네. 네? 아씨 오빠 잠깐만. (후다닥 들어가는)

S#54   OBN 방송국. 셜록 홍주 사무실/ 낮

봉이 뛰어 들어오면 팀원들 죽 쑨 표정으로 테이블에 앉아 있다.

봉이	왜요? 왜 하지 말래요?
강작가	판결도 끝난 오래된 사건인데… 괜히 잘못 건드렸다가 경찰, 검찰, 법원까지 뒤집어진다고. 그걸 어떻게 감당할 거냐고 했댄다.
홍주	(고개 젓는) 내가 다 책임지겠다고 하는데 끄덕도 안 해.
봉이	(실망하는)

S#55   바름의 차 안/ 저녁

봉이 데려다 주는 바름, 쫑알쫑알 하소연하는 봉이.

봉이	뭐가 무서운데? 당당하면 방송하든 말든 신경 안 써야지. 하여튼 경찰, 검사, 판사, 방송국 놈들 다 똑같아! 다들 지들 기득권에만 관심 있지. 억울한 인생은 어떻게 되든 말든! 아흐!
바름	(그런 봉이 보며) 그렇게 화나?
봉이	(속상한) 정말 누명을 쓴 게 맞다면… 너무 불쌍하잖아. 그 분 인생이…
바름	방송한다고 달라지겠어?
봉이	최소한‥ 딸은 믿을 수 있잖아. 그리고 여론이 움직이면 조금은… 뭐라도 달라지지 않을까?
바름	(그런 봉이 물끄러미 보는)

〈CUT TO〉 운전 중인 바름 창밖 보면 선거운동이 한창이다. 유세 차 지나가면 소박한 미니트럭 위, 신성민과 신상, 다슬 서 있다. 그 모습 보는 바름, 뭔가 결심한 표정으로 돌아보면 봉이 피곤한 듯 곤히 잠들어있다. 그런 봉이 보는.

S#56   무진청 특본팀 사무실 앞/ 밤

양기자와 이형사 실랑이 벌이는 "취재 안된다구요" "가세요. 좀!" "왜 밀치고 그래!"

바름	(E) 안녕하세요? 기자님.
양기자	(돌아보다) 어? 그때 그 대가리 깨진·· 아·· 뇌 다쳐서 수술했던·· 복직했단 소식 들었는데 여기로 발령 났나 보네?
바름	네. 증거보관팀에서 근무 중이에요. 근데 무슨 일로··
양기자	강덕수 사건 땜에·· 뭐 나온 게 있나 해서·· 근데 보안유지 엄청 하네·· 뭐 들은 거 없어요?
바름	그거보다·· 대선이 코앞인데·· 국민들은 그 쪽에 더 관심 있지 않나요?
양기자	에? (심드렁) 내가 뭐 정치부 기자도 아니고/
바름	(의미심장한 표정으로) 제가 살인사건자료를 정리 하다 우연히 발견한 게 있는데…
양기자	?

S#57   무진청 특본팀 사무실/ 아침 (다음날)

이형사	(뛰어 들어오며) 대박! 뉴스 봤어요? (하다 흡!)

호남, 이형사 입 틀어막은. 특본팀, 눈치 보면 신형사 자리에서 책상에 고개 박은 채 괴로워한다. TV엔 속보 한창이다.

양기자	(E) 무소속 신성민 후보의 예비며느리가 수성 연쇄살인사건 진범 김씨의 딸로 밝혀졌습니다. 김씨는 지난 97년부터 2년간 10명의 여성을··

S#58　술집 (실내포차)/ 밤

무치, 바름 신형사 앞에 앉아 위로 중이다.

무치　　너도 모르고 있었던 거야?

신형사　(고개 젓는) 대학 때부터 제가 엄청 좋아해서 쫓아다녔거든요. 결혼하자
　　　　고 정식으로 프러포즈했더니 다짜고짜 헤어지자는 거예요. 왜 그러냐고
　　　　계속 매달렸더니 그제야 터놓드라구요. 아빠가 수성 사건 범인이라고··

무치　　에휴·· 니네 부모님도 알아?

신형사　(끄덕) 뭐든 아부지랑 상의하니까·· 바로 말씀드렸죠.

바름　　뭐라셨는데요? (하다) 어? 신형사님. 아버지 나왔어요. (티비 보는)

TV 화면/

신성민　(앞다퉈 질문하는 기자들에 둘러싸인 채 가다 말고 서서) 네. 우리집 식구가 될
　　　　아이가 맞습니다. 그럼 어떡합니까? 아들에게 그 아일 버리라고 해야 합
　　　　니까? 반듯하고 사랑스런 아입니다. 자식이 무슨 잘못입니까? 우리 며늘
　　　　아이, 지금껏 고통받아왔습니다. 축복해주지 못해도 돌멩이는 던지지 말
　　　　아 주십시오.

인서트/ 거리 전광판 신성민 인터뷰 보는 사람들. 저마다 수군거리는.
/포털 실시간 검색어에 오르는 신성민, 신성민 예비며느리·· 실검 1, 2위 찍는다.
/신성민 후보 "아들에게 버리라 할 수 없다. 돌멩이 던지지 말아 달라" 기사 댓글들
에서 팽팽하게 맞서는 찬반 의견들.

S#59　OBN 방송국. 셜록 홍주 사무실/ 밤

홍주　　(뛰어 들어오며) 하래.

봉이　　(보면)

홍주　　수성 사건이 포털 실검 1위고, 범인 딸이 신성민 후보 예비며느리라고 전

국이 난리니까 하래‥ 그 어떤 압력이 들어와도 자기가 다 막아주겠다고.

강작가 참~~ 국장스럽다. 그 인간 왜 그렇게 한결 같냐. 굿 타이밍이거든. 시청률 올리기엔.

홍주 그러든가 말든가. 자, 초초초 생방이니까 다들 빨리빨리 움직이자고!!!

봉이 (얼떨떨, 신나고)

S#60 술집 (실내포차) 앞/ 밤

바름 (포차 문 앞에서 봉이와 통화 중인) 그래?

봉이 (F) 응. 지금 방송준비 땜에 정신없어. 신형사님한테는 미안한 말이지만 전화위복이 됐어‥

바름 그래. 잘됐다. 파이팅! 오봉이! (전화 끊고 미소 짓고. 돌아보면 안쪽 괴로운 듯 술 마시고 있는 신형사 모습 보인다) 미안하게 됐네‥ 그래도 뭐…

S#61 지은의 집/ 아침

실례합니다. 봉이와 홍주, 대문 열고 들어가면 이미 이사 가고 텅 비어있는 집이다.

봉이 어? (당황하며) 며칠 전까진 여기 살았는데‥

홍주 흠‥ (실망한 봉이 보며) 괜찮아. 직접 인터뷰하면 좋긴 한데… 지난번 녹취내용이 있으니까 그걸로 방송하면 돼. (봉이 어깨 툭툭 두드리는)

S#62 폐병원 대니얼 아지트/ 낮

대니얼 (커피 내주며) 그때 그 파란색 칫솔 주인 말이야. 그 사람이 다음 타겟이야?

바름 (끄덕) 성요한의 본능이 언제 깨날지 모르니 대비해놔야죠.

대니얼 대체 누구야? 그 놈은….

S#63   무진청 증거보관팀 사무실/ 낮

터벅터벅 들어오는 무치, 자리에 털썩 앉아…

무치   그나저나 이 쥐새끼 같은 놈을 어디서 찾는다‥? 또 누굴 죽이기 전에 잡
          아야 할 텐데…
하며 책상에 올려져있는 강덕수 사건 자료 다시 넘겨보는데 강덕수母 자살도 이와
관련 추정이라는 대목 보고, 문득!

플래시 컷/ 강덕수母 자살 현장 사진들! (12부 #36)

S#64   무진청 특본팀 팀장실/ 낮

문 쾅 열고 들어오면, 호남 없고 호남 책상 위 뒤지다 덕수母 자살 현장 사진 찾아보
면 덕수母가 입고 있는 면바지에 붙어있는 패치! 사진 들고 후다닥 뛰어나가는.

S#65   무진교도소 접견실/ 낮

덕수모가 자살 당시 입었던 바지 사진 건네는 무치.

이재식   (사진 보고) 네. 맞아요. 저한테서 가져간 바지예요.

무치, 다급히 강덕수 범행 도구 말려있던 우비 속 티셔츠 패치 보이는 사진 꺼내 보
여주면.

이재식   (보며) 모르는 옷인데‥ 이 소매 뒤꿈치에 붙어있는 패치도 제가 단 게 아
          니구요.
무치   (E/ 혼란스러운) 그럼 이재식 DNA가 왜 거기서 나와? 역시나 범인이 심
          어줬단‥?

S#66   OBN 방송국. 셜록 홍주 스튜디오/ 밤

홍주   (온에어 불 켜지면) 셜록, 홍줍니다. 오늘은 26년 전, 미수에 그친 한 사건
에 대해 이야기해보려 합니다. 1995년 구령에서 일어난 이 사건은, 인터
넷을 찾아봐도 아무런 정보가 나오지 않습니다. 당시는 헤드헌터사건의
진범, 한서준이 잡힌 직후라 세상은 온통 그 사건에만 집중해있었죠. 아
무도 이 미수사건을 주목하지 않았습니다. 하지만·· 이 사건엔 이상한
의문점들이 있습니다. 우선 미수에 그쳐 무사히 빠져나온 분의 증언부터
들어보겠습니다.

화면 속/ 대역 앉아있는 모습 위로 지은의 녹취가 음성변조 되어 들린다.

지은   무릎길이의 스타킹을 신고 그 위에 양말을 신고 있었는데 그걸 벗겨서 스
타킹으로 제 손을 뒤로 묶고, 가방에서 사과랑 맥가이버 칼을 꺼내 제 앞
에서 잘라 먹었어요. 초승달모양으로 잘라 베어먹드라구요. 그 사과 조
각이 지금까지도 생생하게 기억이 나요.

홍주   알아채시겠습니까? 네, 바로 스타킹과 사과. 이 두 가지는, 10명의 피해
자가 발생한 수성연쇄살인사건의 유명 시그니처입니다. 그리고 밝혀지
지 않은 또 하나의 시그니처를 저희가 확인했습니다. 당시 부검의 증언
들어보시죠!

인터뷰 화면/

검시관   수성사건 피해자들 몸에서 나온 사과조각이 특이해서 기억해요. 초승달
모양이었습니다.

홍주   전부요?

검시관   네. 전부요.

홍주   구령에서 그녀가 본 사과조각도 초승달이었습니다. 과연, 우연의 일치일
까요? 다시 그녀의 증언 들어보시죠.

지은   (E) 차라리 얼른 죽이라고 했더니·· 그 사람이 저한테 욕을 했어요. 미
친*이라고… 그리고 정 소원이면 죽여주겠다고··

홍주   현재 수성연쇄살인사건 진범으로 복역 중인 김씨는 선천적인 청각장애에, 언어장애입니다. 그런데 범인은 죽여달란 말을 듣고 욕을 했고 소원이면 죽여주겠다고 했습니다. 그가 청각장애에 언어장애인라면, 어떻게 그 말을 듣고, 어떻게 말을 할 수 있었을까요?

인서트/ 거리 곳곳 집중해서 보는 시민들./ 알 수 없는 표정의 바름/ 결연하게 보는 봉이.

홍주   구령 미수 사건 목격자의 증언에 따르면, 범인은 군복을 입은 20대였습니다. 역시 당시 40대였던 김씨의 나이와 맞지 않는데요. 만약, 구령 미수 사건의 범인과 수성연쇄살인사건의 범인이 동일인이라면! 현재 범인은 40대 중반쯤으로 추정됩니다.

S#67   지은의 새 집/ 밤

짐 정리하며 셜록 홍주 방송 보고 있는 지은. 생각에 빠지는.

플래시 컷/ 지은 "(소리치는) 왜 살렸어? 왜!!!! 죽게 놔두지! 그냥 죽게 놔두지… 왜애~!!" 돌아서는 송수호. 자욱한 물안개 너머로 사라지는‥ (#3)

지은   누구였을까? 누구길래… 날 구하고 그냥 그렇게 가버렸을까…?

S#68   무진청 증거보관팀 사무실/ 밤

TV에 셜록 홍주 방송 보고 있는 무치.

모니터 + 실사/

홍주   저희 취재 결과 현재 전문가들은 당시의 국과수 감정서가 모순이 많으며 도저히 김씨의 체모와 당시 발견된 체모가 같은 시료로 볼 수 없다고 했

는데요. 당시 수성 연쇄살인사건 현장 근처에는 김씨가 근무했던 석포제
련소 외에도 카드뮴이 나올 수 있는 공장이 상당히 많았던 것으로 확인됐
습니다. 우선 4번째 사건 현장 근처이자, 김씨가 근무하고 있던 제련소. 7
번째 사건 현장 근처인 악세서리 공장. 그리고…

S#69 무진청 증거보관팀 사무실/ 밤

홍주   (E) 사건 현장과는 떨어져 있으나, 역시 카드뮴이 검출될 수 있는 청바지
         염색공장까지‥!

무치   (TV 보며) 청바지 염색공장? 카드뮴‥ 지금 나이가‥ 40대 중반‥?

무치, 후다닥 이재식 사건 파일 뒤져 5년 전 폭행치사 사건 살펴보는데, 이재식 자필
진술서에 '수성에서 청바지 염색공장 근무' 부분 확인하는.

무치   수성‥ 청바지 염색 공장…? (갸웃하는)

S#70 신고자 (형식이네) 의 집 안/ 밤

부스스한 머리, 엉덩이 북북 긁으며 노트북 폴더 정리하던 형식. 무명의 동영상 파
일 발견한다. 갸웃하다 알겠다는 표정으로 클릭하는데. '어? 누구지?' 자세히 들여다
보면, 헉!

형식   헐!!! 대 사건!!! (핸드폰 들어) 112. 112 (하다 문득, TV 보는데 홍주 방송
         보인다.)

112   네. 112 신고센터입니다.

형식   (전화 끊고 눈빛 반짝) 방송국에 제보하면 사례금을 얼마나 줄려나…?

S#71 OBN 방송국. 셜록 홍주 스튜디오/ 밤

홍주	이 사건의 진범이 김씨가 아닌 다른 인물임이 밝혀져도 그는 처벌받지 않습니다. 공소시효가 만료되었기 때문입니다. 어쩌면 경찰, 검찰, 법원이 엉뚱한 사람을 진범으로 몰아, 진짜 범인에게 공소시효라는 시간을 벌어줬을지 모릅니다. (엔딩 음악 깔리며 온에어 꺼지면) 수고하셨습니다. (인사하고 마이크에 대고) 수고했어. 봉이씨! (핸드폰 울리는 보면 발신자 정보 없음 뜬다. 일어나 구석으로 가서 받는) 네. 누구요? (하아‥! 어처구니없는 표정 짓는)

S#72   무진청 현관 앞/ 밤

생각에 빠진 채 나오는 무치, 봉이 선물 봉투 들고 기다리고 서 있다.

무치	어? 오봉이? 웬일이야?
봉이	오늘 방송 보셨어요?
무치	어. 봤어. 정순경한테 얘기 들었어. 대단하다. 오봉이.
봉이	(좋은) 제가 뭘요. 다 최피디님이 하셨죠‥ 그리고‥ 이거… (선물 봉투 내민다) 얘기 들었어요. 신형사님 결혼식 사회 보신다면서요. 그 옷 입고 보실까봐.
무치	(자기 옷 보며) 이 옷이 어때서? (하는데 낡고 찢어지고‥ 쩝‥) 근데 너 나한테 왜 이래?
봉이	에? (당황하는) 뭘 왜 그래요. 그냥… 뭐 이제 취직도 했겠다‥ 분위기 봐서 당장 짤릴 거 같진 않고‥ 월급도 받으니까. 미리 좀 땡겨서‥ 그동안 신경 써준 거 고맙고‥
무치	(꺼내 입어보며) 아냐! 이거 어쩔! 어때? 이렇게 입으니까 정순경보다 멋져 보이지?
봉이	아뇨. 그건‥ 아니에요.
무치	눈에 콩깍지가 제대로 씌었네‥ 하기야 우리 정순경이 좀 잘생겼냐‥ 인정!
봉이	(좋은‥)
무치	정순경이 너 아주 많아 좋아하드라‥ 그런 세상없는 착한 놈이 니 옆에 있어서 얼마나 다행이고 든든한지 몰라‥ 할머니가 보내주신 선물 인가봐‥

봉이	(끄덕)
무치	오봉이. 이제 행복하자. 할머니한테 행복해 죽겠는 모습 보여주자. 어?
봉이	(눈물 그렁이며 끄덕이는)

S#73   OBN 방송국. 셜록 홍주 사무실/ 낮

홍주	(들어오면)
봉이	전화 좀 받아보세요. 최피디님한테 직접 제보하겠다고··
홍주	(받는) 네 최홍주입니다. 알겠습니다. 보고 얘기하시죠·· 번호 하나만 남겨 주시겠어요? (시계 보며) 6시까지 사무실로 오세요. 로비에 얘기해놓을게요.
봉이	뭔데요?
홍주	(번호 적어주며) 강덕수 사건 관련해서 세상이 뒤집어질 만한 영상이 있다 는데·· 특종이라고 호들갑이야. 이따 퇴근시간 전까지 온대. 나는 오늘 인터뷰가 좀 있어서 늦게 들어올 거 같으니까 봉이씨가 만나봐.
봉이	뭐지? (적어준 번호 저장하는)
홍주	기대하지 마. 이런 전화 수도 없이 받아. 그나저나, 어제 방송 반응 좋던 데? 기분이 어때?
봉이	얼떨떨해요. 그래도 사람들이 궁금해 하고, 이슈되니까·· 기분이 좋네요. 헤.
홍주	수고했어. 오봉이!
봉이	(으쓱! 하는데)
강작가	경찰 입장 발표한다.
일동	(티비 보는)

S#74   무진교도소 복도/ 낮

동구	(적고 보여주는) 따님이 방송 봤나 봐요! 이렇게 바로 면회를 오다니!
김씨	(안절부절하며 달달 떠는)
동구	긴장하지 말고 파이팅!!! (노트 주며) 사랑한다고 꼭 얘기해줘요.
김씨	(끄덕이는)

S#75   무진교도소 접견실/ 낮

고개 툭 떨군 채 아무 말 없이 앉아있는 김씨. 뒤집어둔 노트 꾸욱 움켜쥐고 있다.
다슬, 그런 아빠 보다가 일어나 가는.

S#76   무진교도소 복도/ 낮

동구   (신난) 뭐래요? (사이) 에이. 왜요? 사랑한다고 했어요?
김씨   (끄덕)
동구   역쉬! 봉이한테도 알려줘야겠어요. 엄청 자부심 느낄 거예요··
김씨   (슬픈 눈빛)

S#77   뉴스화면 + 몽타주/ 낮

경찰   내부 확인 결과, 수성연쇄살인사건 수사 과정에 아무 문제도 발견되지 않
        았습니다. 구령 미수사건과 수성연쇄살인사건은 그 어떤 연관 관계가 밝
        혀지지 않은 사건임에도 불구하고 마치 동일한 사건인 양 국민들을 혼란
        에 빠뜨린 설록 홍주팀에 유감을 표합니다. 저희 경찰은 새로운 증거가
        나오면 언제든지 수사를 재개할 것이며…

설록 홍주 사무실/ 봉이 홍주 등 일동 분한!
증거보관팀 사무실/ 알 수 없는 묘한 표정으로 뉴스 보는 바름··

S#78   수성 청바지 공장/ 낮

공장장   (사진 보는) 네. 여기 한 2년 정도 다녔어요…
무치   근데·· 그 당시에 이 근처에서 살인사건들 발생했잖아요. 수성연쇄살인
        사건··

공장장	말도 마세요‥ 저도 끌려갔다 왔는데…
무치	혹시 이재식은‥
공장장	용의 선상에 오르긴 했는데… 저도 이재식도 혈액형이 달라서 풀려났죠.

S#79   청바지 공장 주차장, 무치 차 안/ 낮

무치	(수사기록 보는) 의붓딸을 강간하려던 놈을 때리다 실수로 죽였다? (기록에 적힌 의붓딸에게 전화하는데 받지 않자. 다시 신형사에게 전화하는) 어 낙하산. 이름 핸드폰 번호, 주소 불러줄 테니까 어디 사는 지 알아봐줘. 빨리!

S#80   신고자 (형식이네) 집 안/ 저녁

휘파람 불며, 노트북 가방에 챙겨놓는 형식.

S#81   한산한 거리/ 저녁

자전거 타고 신나게 달려가는데. 마주 달려오는 트럭! 형식, 어어? 하다가 트럭에 치여 굴러 떨어진다. 들고 있던 가방 놓친 채 쓰러져있는 형식. 누군가 다가와서 노트북 가방 쓱 집어 드는데, 손에 OZ문신 보인다. 트럭 타고 유유히 사라지는‥

S#82   무진교도소 샤워실/ 저녁

자포자기한 얼굴로 목줄 만드는 김씨의 슬픈 눈빛 위로‥

플래시컷/ 다슬 "그날 새벽에 화장실에 가려고 일어났는데‥ 아빠가 없었어요. 안자고 기다렸더니 좀 있다 아빠가 들어왔는데 온몸이 비에 젖어있었고 바지에 진흙이랑 풀들이 묻어있더라구요." 다슬 보고 있는 김씨, 눈물 글썽이며 입 모양 읽고 있는데. "다음날 10번째 피해자가 우리 집 근처에서 발견됐다는 뉴스를 봤어요‥ 아무한 테도 말 못했어요."(#75)

S#83   이재식의 의붓딸 집 앞/ 저녁

이삿짐 다 실은 용달차 앞에 선 무치와 이재식 의붓딸.

의붓딸   저, 정말이에요? 그럼 이제 내, 내가 사실대로만 말하면 정말 영원히 못 나와요? 정말요?

무치   (끄덕)

의붓딸   그럼 이제 도망 안 다니고 살아도 돼요? 저희?

무치   (끄덕)

의붓딸   (울음 터진) 강간은! 이재식 그 자식이 할려고 했구요! 저랑 썸 타던 오빠 가 그걸 보고 구해주려다 그 새끼한테‥ 그 새끼가 오빠 벽돌로 내려쳤다 구요.

무치   하⋯ 근데 왜 그때 사실대로 얘기 안 했어요!!?

의붓딸   너무 겁나서⋯ 사실대로 말하면 저랑 엄마도 죽이겠다고‥ 너무 무서웠 어요.

무치   허‥ (기막힌 얼굴로 핸드폰 꺼내 드는데)

의붓딸   저, 정말 이재식이 수성 연쇄살인사건 진범이에요?

S#84   무진교도소 정문 앞/ 저녁

동구   (배웅 나온) 그동안 고생 많았어요‥

이재식   고마웠습니다. 구교도관님. 사회에서 만나면 술 한잔해요‥ (*상의 가슴부 위에 단추들로 장식된 패치)

동구   네. 열심히 사세요.

이재식   (인사 꾸벅 하고 나간다)

동구   (나가는 재식 흐뭇하게 보고 돌아서는데 전화 오는, 무치다) 네, 고형사님?

인서트/ 무치 "이재식이 어딨어 지금!!!"

동구   방금 출소했는데요. 배웅하고 오는 길인데‥ 왜요?

무치   (F) 뭐? 아씨!!! 잡아 빨리!!!

S#85   무진교도소 정문 앞/ 해질녘 (밤 아님)

뛰어나오는 동구. 그러나 이미 재식 사라지고 없다. 전화기 너머 "찾았어? 구동구!
찾았냐고!!"무치의 다급한 목소리 흘러나오고‥

S#86   거리 + 달리는 무치의 차 안/ 저녁

무치   (확 끊는) 아씨!! 한발 늦었어! (신형사에게 전화) 수성연쇄살인사건 현장 중
          에 아직 개발 안 된 데가 어딘지 빨리 좀 알아봐. 어‥ (안절부절못하는데)

신형사   (F) 8번째, 10번째 피해자 발견된 조명리 풀숲이요! 거긴 아직 그대로에요!

무치   (핸들 확 틀어 유턴하는)

S#87   OBN 방송국. 셜록 홍주 사무실/ 저녁

봉이   (시계 보면 어느새 7시) 뭐야 6시까지 온댔는데… (조연출에게) 최피디님 퇴
          근하셨어요?

조연출   취재 간다고 아까 나갔어.

봉이   아‥ (핸드폰 꺼내 제보자 전화번호로 전화하는데, 구조대원이 전화 받는다) 사
          고요?

구조대원 (F) 네. 무진병원 응급실로 후송중입니다.

봉이   아… (전화 끊는데 카톡 프사에 형식 얼굴) 어? 우리 동네 개백순데…?

홍주   (E) 강덕수 사건 관련해서 세상이 뒤집어질 만한 영상이 있다는데‥ 특
          종이라고 호들갑이야.

봉이   강덕수‥? 세상이 뒤집어질 만한 특종‥? (헉!) 설마… 아저씨가 찍은 거

야? (뛰어나가는)

S#88   달리는 무치의 차 안/ 밤

무치   (미친 듯 운전하며) 그거였어… 이재식이 다음 타겟이란 걸 예고한 거야!

S#89   사건현장 (억새풀숲)/ 밤

쭈그리고 앉아있는 바름 뭔가 구경 중이다. 손 뒤로 스타킹 묶인 채 엎드려있는‥ 입에 재갈 물려있는 이재식이다! 바름, 재식 바라보는 위로…

S#90   과거. 폐병원 대니얼의 아지트/ 이하 바름의 회상/ 11부 #45 이 후 상황/ 낮

바름   (보라색 칫솔 보고 /E) 강덕수… (담아 가려는데)
대니얼   이것도!
바름   (돌아보면)
대니얼   (파란색 칫솔 들고 있다) 이 자도 프레데터야.
바름   네?

플래시 컷/ 무치 책상 아래에 떨어진 파란색 칫솔. 집어드는 (11부 #42)

바름   어떻게 된 거야… 고형사님이 프레데터라니‥‥

S#91   과거. 무친청 증거보관팀 사무실/ 11부 #48 인서트 이후 상황/ 낮

바름, 통화 끝내고 사무실 안으로 들어오면 무치 책상 밑에서 뭔가 열심히 찾고 있는.

바름	(슬쩍 다가가) 뭐 찾으세요?
무치	아, 그게… 증거품에 있던 범인 칫솔인데…
바름	(슬쩍 같이 찾아주는 척하며) 무슨 사건인데요?
무치	어? 폭행치사. 살인사건은 아닌데… 그래도 증거품 없어지면‥
바름	(슬쩍 주머니에서 꺼내 집는 척 하며) 이거예요?
무치	어? 맞아. 아씨. 한시름 났네‥ (박스에 넣는)

S#92   과거. 무진청 증거보관팀 증거보관실/ 낮

바름	(이재식의 폭행치사사건 자료 읽는) 성폭행 당하려는 의붓딸을 구하려다 실수로 죽인 거면‥ 프레데터일리 없는데‥ (읽는) 1997년 수성에 직장을 구해 이사. 수성에서 8년을 살고‥ 2005년 춘주로 이사‥ 수성‥ 수성‥ 수성 연쇄살인사건…? (갸웃) 그 사건은 범인이 잡혔는데‥

수성연쇄살인사건 검색하면, 1998년 범인 체포. 김봉철. 사건발생 1997년~1998년 초반까지.

바름	97년부터 98년이면 이재식이 수성에서 직장생활을 했던 시기이기도 해‥
동구	(E) 아씨. 그 김씨 아저씨‥ 억울하게 누명 쓰고 들어온 것도 서러운데! (9부 #83)
바름	(전화하는) 동구야. 그 김씨 아저씨‥ 머리카락 구할 수 있어? 국과수에서 미제 사건 증거품을 다시 검사한대. 니가 그 분, 수성사건 진범이 아닌 것 같다고 했잖아. 혹시나 해서‥ 증거품이랑 같이 좀 보내볼까 하구‥

S#93   과거. 바름의 집/ 밤

동구	(머리카락 주며) 몰래 뽑아왔어. 이거면 확실히 알 수 있는 거야?
바름	일단 부탁은 해볼려고. 안 해줄 수도 있어. 미제 사건이 아니라서‥ (챙기면)

동구	참. 내 머플러! 그때 두고 갔는데‥
바름	아, 피 묻어서 세탁소에 맡겨놨지‥ 문 닫았겠다. 내일 찾아서 갖다 줄게.
동구	간다. 결과 나오면 꼭 연락 줘.
바름	(동구 가면 서랍에서 피 묻은 머플러 꺼낸다)

S#94   과거. 폐병원 대니얼의 아지트/ 밤

바름	(머리카락 든 투명봉투 내밀며) 검사 좀 해주세요.

〈시간 경과〉

대니얼	정상인의 유전자야.
바름	(그럴 줄 알았다는 표정, 봉투에서 피 묻은 머플러 꺼내 내밀며) 이 피에서 DNA 채취 가능하죠? (새 우비랑 새 칼-12부 #83에서 발견된- 내밀며) 여기 다 심어놓을 수 있죠?

이하 현재/ 사건현장 (억새풀숲 - 살인의 추억의 장소 느낌)/ 밤

바름	(이재식 묶으며) 너 출소 때까지 기다리느라 지겨워 죽는 줄 알았어.
이재식	(겁에 질린) 사. 살려줘‥
바름	그때 피해자들도 이렇게 빌었겠지? (벗겨둔 재식의 옷에서 팬티 집어 들며) 근데 넌 어떻게 했어? (이재식 입에 억지로 팬티 꾸역꾸역 밀어 넣는)

S#95   무진병원 응급실/ 밤

봉이	(뛰어 들어와 두리번거리다 간호사 붙들고) 좀 전에 실려 온 교통사고 환자요. (하다, 침상 위 만신창이 된 형식 응급처치 모습 보는)

침상 옆 형식 짐 바구니. 봉이 주변 살피며 후다닥 가방 뒤지는데‥ 아무것도 없다.

피 묻은 윗옷 주머니 뒤지면, 앞주머니에서 작은 USB 나온다.

S#96   무진병원 화장실 안/ 밤

다급히 들어오는 봉이. 문 잠그고 USB 꺼내 변기에 버리려다, 문득! 멈추는‥

S#97   인근 피씨방/ 밤

자리에 앉는 봉이. 컴퓨터에 USB 급히 넣고, 저장된 영상 클릭하면, 화면 뜬다.
침 꿀꺽 삼키고 보는 봉이. 일순! 모니터 보고 있는 봉이의 눈빛 심하게 흔들리는.

S#98   사건현장 (억새풀숲)/ 밤

끼익! 차에서 급히 내린 무치. 내려 보면 펼쳐진 수풀. 뛰어내려 수풀 헤치며 가는데‥

S#99   억새풀숲 속/ 밤

입안 가득 팬티 땜에 끄윽 거리는 재식 몸 위에 올라타 죽일 듯 목 조르는 바름!

인서트/ 피씨방 모니터 화면에 바름의 모습 선명하게 보인다!!

봉이   (충격 받은) 오… 오빠였어…?

S#100   일각/ 밤

수풀 헤치며 달려온 무치. 멈칫!!! 어디선가 들리는 인기척, 긴장하며 소리 난 쪽으로 조심히 다가간다. 이윽고 신음소리 나는 수풀 앞에 멈추는‥ 숨죽이는 무치, 이내 확 수풀 젖히면!
/죽어가는 재식 목 조르던 바름, 휙 돌아보는! 그렇게 바름과 무치 서로 마주 보는!!!
(듯한)

the END

제 14 부

S#1   프롤로그 - 구동. 바름의 집/ 낮

스산한 바람, 재개발 관련 문구 플래카드 펄럭인다. 부서진 담벼락에 빨간 라카로 쓰인 재개발 문구. 유령도시로 변한 삭막한 구동 풍경. 카메라 시선, 구동 풍경 훑다 (dis) 열린 바름 집 대문 안 들어가면 마당 쓰레기들 바람에 흩날리고. 휑하니 널따란 뒷마당 가면 역시나 폐허 같은. 뒷마당 한가운데 앙상한 나뭇가지만 남은 커다란 화분 덩그러니 놓인. 카메라, 화분 한참 비추면 위로 스산한 바람 소리. 어느새 화분 흑백으로 변하며 서서히 F.O되고

마 우 스

S#2   억새풀 숲/ 밤

수풀 헤치며 달려온 무치. 멈칫!!! 어디선가 들리는 인기척, 긴장하며 소리 난 쪽으로 조심히 다가간다. 이윽고 신음소리 나는 수풀 앞에 멈추는‥ 숨죽이는 무치, 이내 확 수풀 젖히면! 홍주 재갈 물린 채 묶여있다. 무치, 급히 재갈 풀어주고 뛰어가는!

S#3   일각/ 밤

죽어가는 재식 목 조르던 바름, 휙 돌아보는!
/무치, 수풀 확 헤치면, 머리에 팬티 씌워져 있고, 두 손 스타킹으로 결박된 채 죽어 있는 이재식.(입안에도 팬티, 바지 반쯤 벗겨진) 인근에 숨은 바름. 핸드폰 꺼내는 무치 살피는데·· 전화하려던 순간 등 뒤에서 기운 느끼는 무치! 확 뒤돌아 수풀 헤치면, 바름 후다닥 도망치는.

S#4   억새풀숲/ 밤

수풀 헤치며 도망가는 바름, 쫓는 무치와 추격전! 무치 시선에 바름 뒷모습이 수풀 사이로 보였다 사라졌다하고. 손 뻗으면 잡힐 듯한데! 어느새 수풀 사이로 사라지는! 하아. 숨찬 무치, 주변 돌아보면 풀벌레 소리만 들린다. 숨 고르며 수풀 우거진 나무 위에 숨은 바름! 핸드폰 플래시로 주변 쓰윽 비추는 무치. 두리번거리며 앞으로 나아가다 멈춰 서서.

무치   (소리치는) 넌 니가 뭐라도 된 줄 알지? 사람 죽이고 싶어 죽겠어서 컨셉을 그렇게 잡았냐? 그래봤자 니 본질은 싸이코패스 살인마야·· 숨지 말고 당당히 나와! 나오라고! 이 개새끼야!!

무치를 수풀 사이로 내려다보고 있는 바름, 슬픈… 그 위로 쏴아~ 물 내리는 소리··

S#5   피씨방 건물 화장실/ 밤

뱅글뱅글 돌던 USB 물속으로 사라진다. 넋 나간 듯한 표정으로 보고 있는 봉이.

S#6   몽타주/ 밤

앵커	(E) 의붓딸을 구하려다 강간범을 폭행해 사망에 이르게 하여 5년 형을 선고받았던 A씨가, 출소 직후 살해된 채 발견됐습니다. A씨는 2016년 폭행치사죄로 징역 5년 형을…

TV화면/ 속보 로고 뜨고

송기자	(1s) 조금 전, 저희 보도국으로 익명의 영상이 도착했습니다. 다소 충격적인 장면일 수 있습니다. 하지만 그보다 더 충격적인 진실이 세상에 드러나는 순간입니다. 보시죠.

거리·지하철·버스 등/ 사람들 뭐지? 싶어 호기심 어린 눈으로 보는데…
VCR 영상/ 거칠게 흔들리는 화면 속, 남자의 목소리 들린다··

(E)	살려주세요… 제가 그랬어요…제가 다 죽였어요··

흔들리는 영상 속 사내 모습 등장하는데! 바지 반쯤 벗겨진 상태, 손 뒤로 묶인 이재식이다!

이재식	수성시에서 죽은 여자들 다 내가 했어 내가… 수성여중 앞에서 실종된 그 여중생·· 걔도 내가 죽였어. 그 학교 뒷산에 큰 바위가 하나 있거든요… 거기 밑에다 묻었어. 죽인 여자들 물건들도 다 거기다 묻어놨어·· 이제 다 자백했으니까·· (겁에 질린) 사, 살려줘·· (하는데, 영상 속에 나타나는 재식 팬티 욱여넣는 장갑 낀 손. 이재식, 버둥거리며 우욱!)

도로/ 요란한 사이렌 소리와 함께 달리는 경찰차들.
수성여중 뒷산/ 팍!팍! 플래시 터지고 폴리스라인 밖, 기자들 취재경쟁이 한창이고. 바위 밑 다급히 파고 있는 경찰인력들. 그 앞에 서서 보고 있는 호남 강형사, 신형사 등 잔뜩 긴장한 얼굴로 보고… 퍽 소리와 함께 나오는 여중생 유골. 그리고 상자 속, 피해자들 전리품들.
교도소/ 신나서 뛰어가는 동구. 문 쾅 열리면 대롱거리는 발. 뛰어가 발 꽉 붙잡으며··

동구   안 돼!! 죽지 마. 죽지 말라구요. 무죄 밝혀졌는데·· 죽긴 왜 죽어·· 왜!!!

S#7   바름의 집 앞/ 밤

바름 엉망인 얼굴로 터벅터벅 걸어오면, 대문 앞 누군가 쭈그리고 앉아있다.

바름   (누군가 자세히 보면 봉이다) 봉이야!
봉이   (고개 들어 바름 보자 눈물 그렁이더니 뛰어와 바름 허리 끌어안으며 으아악 우는)
바름   (당황하는) 무슨 일이야? 어? 왜? (허리에서 봉이 떼며 얼굴 보는)
봉이   (으아앙 울기만 하는)
바름   (걱정스런) 무슨 일인데? 왜 그래? (하는데)

순간 봉이 바름에게 확 달려들어 바름 입술에 입술 대는(꾹 누르는). 홉! 놀란 바름.
으앙 아기처럼 울며 바름에 입 맞추는 봉이. 놀라 똥그래진 바름 눈, 이내 슬픈 눈빛
되는.

바름   (E) 난·· 살인자야·· 사람을 죽였어···

바름   (조심스레 봉이 떼어내며 슬픈 눈빛으로) 난··· 니가 알고 있는··· 내가 아냐··
봉이   오·· 빠··
바름   (이내 차갑게) 피곤해. 들어갈게! (문 쾅 닫고 들어가면)

봉이 닫힌 대문 울먹이며 바라보는··
대문 안/ 대문에 등 댄 채 서 있는 바름. 굳게 닫힌 대문 바라보고 있는 봉이와 대문
에 등 기댄 채 있는 바름, 대문 사이로 그 두 사람 부감으로 한참을 비춘다.

S#8   사건현장 (억새풀숲)/ 밤

파박! 카메라 플래시 터지고, 얼굴에 팬티 뒤집어 쓴 채, 허리 뒤로 스타킹으로 손 묶

여 바지 반쯤 벗겨진 채 죽어있는 재식. 검시관, 핀셋으로 엉덩이 쪽(항문)에서 뭔가 끄집어내면 피 묻은 초승달 모양 사과조각들이다. 호남, 강형사 등 아연실색한 표정으로 보는.

검시관	수성 연쇄살인사건 피해자들 몸에서 나온 거랑‥ 같은 모양이야… 갯수도 같아.
무치	(뒤에서 보며 중얼거리는) 눈에는 눈‥ 이에는 이…

S#9 　 수성병원 응급실/ 밤

무치 들어오면, 홍주 침상에 걸터앉아 다친 팔, 다리 등 치료 받고 있다 들어온 무치 보는.

홍주	(서 있는 무치 보며) 괜찮아. 끌려가면서 좀 쓸린 정도야.
무치	어떻게 된 거야?
홍주	지난번 인터뷰 때 빠진 질문이 있어서. 오늘 출소한다고 해서 갔었는데‥ (생각하는 위로)

S#10 　 과거. 교도소 앞/ 홍주의 회상/ 낮 + 현재. 수성병원 응급실/ 밤

/ 차에 앉아 기다리는 홍주. 교도소 문 열리고 이재식 나오는. 마중 나온 사람 없다. / 버스정류장 가는 길, 가방 멘 채 터벅터벅 걸어가는 이재식. 그 뒤를 천천히 따라가는 홍주의 차. 천천히 걸어가는 이재식 따라가다, 차 창문 내리면

이재식	(보고 반가운) 어? 피디님! 여긴 웬일로‥
홍주	다른 재소자 취재 왔다가… 우연히 가시는 거 보고… 오늘 출소시구나‥ 어디로 가세요?
홍주	난, 근처에서 잠깐 인터뷰 하자고 했는데‥ 엄마 산소에 좀 데려다 달래서….

이재식	수성에요. 거기 엄마 산소에 가서 인사부터 드리려구요··
홍주	타세요. 마침 그 지역에 취재갈 일이 있는데 잘됐네요.

| 홍주 | 인터뷰를 따야 하는 입장이라 할 수 없이 부탁을 들어준 건데··· |

S#11   과거. 홍주의 차 안/ 해질녘

운전하는 홍주(목에 스카프, 바지입은). 힐끔 보는 이재식 시선 느껴진다.

홍주	(창밖 보며) 저기가 수성살인사건 열 번째 피해자가 발견된 곳이라던데··
이재식	(계속 홍주 다리 힐끔거리다 차창 밖 보며) 이쪽 방향이 아닌데··
홍주	그래요? 제가 길을 잘못 들었나보네요. 뭐, 좀 돌아가죠.
이재식	(계속 홍주 힐끔 거리며) 그러죠 뭐. 남는 게 시간인데·· (시선 돌려 창밖 보는데)
홍주	참, 출출하시죠? 발밑에 봉지 있어요. 꺼내 드세요.

재식, 봉지에서 꺼내면 사과다. 와작 씹으며 창밖 억새풀숲 보며 생각에 잠기는 듯한 표정.

홍주	(E) 왜? 그때 추억이 새록새록 떠올라?
이재식	(순간 먹던 사과 멈칫 고개 돌려 당황한 얼굴로 홍주 보며) 무, 무슨·· 말··?
홍주	(담담한 표정으로 재식 보며) 너잖아··· 이 새끼야··

S#12   과거. 억새풀숲 길/ 해질녘

차 뒷유리 창 너머로 확 핸들 트는 재식 모습 비춘다. 풀숲 아래로 굴러 떨어지는 차. 마치 그 모습 저만치 떨어져 지켜보는듯한 카메라 시선.

S#13   과거. 사건현장 (억새풀숲) 안/ 해질녘

홍주, 허리 뒤로 얇은 재킷(홍주 것)으로 묶인 채, 재식 노려보고 있다.

이재식   (그 앞에 앉아 사과 와작와작 베어 먹으며) 어떻게 알았어? (대답 없는 홍주 보며)
         아놔. 착하게 살라고 했는데·· 왜 날 자극해?
홍주   착하게 살아? 차라리 똥개가 똥을 끊지.
이재식   뭐. 근데 이 년이!

홍주 머리채 잡아 재갈(스카프) 물리고 웃으며, 홍주 등에 올라타 바지춤 풀려하는
데! 재식 목 뒤로 꺾이며 머리채 잡아 당겨지는! 홍주, 돌아보면 수풀 속으로 끌려가
는 재식! 반항하지만 간단히 제압당하곤 사라져버리는. 수풀 쪽 바라보는 홍주의 의
미심장한 표정 위로··

홍주   (E) 아무것도 못 봤어. 그땐 난 재갈에 물린 채 의식을 잃었었으니까··

S#14   현재. 바름의 집 거실/ 밤

들어오는 바름. 지친 듯 소파에 몸 깊이 묻은 채 눈 감고 고개 뒤로 젖히는 위로…

플래시 컷/ 바름, 통화 중이고. 수화기 너머로 홍주 목소리 들리는.

홍주   (F) 정순경. 오늘 이재식 출소라는데 내부 사정 땜에 출소시간이 좀 늦어
         진다고 하네? 인터뷰 좀 따려는데 동구씨한테 출소시간 좀 물어봐줌 안
         될까?
바름   아 네. 물어볼게요. (끊고, 불안한) 이러다 최피디님이 위험해지면·· (후다
         닥 뛰어가는)

S#15   과거. 교도소 앞/ 바름의 회상/ 해질녘

홍주 차에 타는 이재식 모습 숨어서 지켜보는 바름.
/10차사건 현장 억새풀숲 아래로 굴러 떨어지는 홍주 차. (#12)
멀리서 차로 따라가다 그 모습 보고 흠칫! 하는 바름.

바름   (이내 눈빛이 텅… 비어가며 중얼거리는) 시간을 좀 앞당겨야겠네…

S#16   현재. 병원 앞 신호등/ 밤

나오는 무치 차. 옆, 홍주 앉아있다. 무치 차 횡단보도 앞에 멈춰서면, 건너편 전광판 뉴
스 화면에 이재식 나체에 손 뒤로 묶인 모습(#3) 보이는. 보는 홍주의 담담한 표정 위로

이재식   (E) 다 내가 했어 내가‥ 수성여중 앞에서 실종된 그 여중생, 걔도 내가
           죽였어. (#6)
무치   (역시 전광판 보며) 놈은 대체 이재식이 수성 사건 진범이란 걸, 어떻게 알
           아낸 걸까…?
홍주   글쎄… (알 수 없는 표정 짓는)

S#17   무진병원 응급실 스테이션 앞/ 밤

봉이   아까‥ 교통사고로 실려 온 환자요. 박형식씨…
간호사   아‥ 박형식씨요‥ 한 시간 전에 사망하셨습니다.
봉이   아… 네… (돌아서는)

안도와 슬픔이 교차되는 복잡한 눈빛 되는 봉이 위로‥

봉이   (E) 사람이 죽었는데‥ 다행이다… 안심하는 난 또 뭐냐… (하아 한숨 내
           쉬며 터벅터벅 가는)

S#18   거리/ 아침

출근길 풍경 거리 걷는 인파들/ 지하철/ 버스 등에서 핸드폰 보는 위로 몽타주 뉴스들.

기자1   (E) 영상 속, A씨의 자백이 사실로 드러났습니다. 경찰은 수성여중 뒷산
           에서 피해자들의 유류품과 함께 24년 전 실종된 여중생 윤 양의 유골을
           찾아냈습니다. 이로써…

기자2   (E) A씨를 살해한 범인이 보낸 영상으로 그간 억울한 옥살이를 한 김봉
           철 씨의 누명이 벗겨져··

S#19   바름의 집 거실/ 아침

화면/

송기자   (리포팅) 수성 연쇄살인사건 진범 A씨를 살해한 범인이 심판맨, 다크 히
           어로 등으로 불리며 국민들에게 열광적인 호응을 얻자, 청와대는…

최영신   (브리핑 중인) 사적복수는 결코 용납될 수 없는, 법치국가의 근간을 흔드
           는 중대범죄라고 말씀하셨습니다. 대통령께서는 수사기관에 범인 검거
           에 총력을 다 할 것을….

화면 꺼지는, 리모컨 든 손 늘어뜨리고 소파에 엎드린 바름. 커튼 쳐있고, 거실은 컴
컴하다.

바름   기분이 별루야. 왜 이렇게 다운되지·· 지난번엔 짜릿하고 개운했는데··
           (하다 생각에 빠지는)

플래시 컷/ 바름에게 입 맞추는 봉이. (#7)

하아·· 미치겠는 바름. 소파쿠션 머리에 막 누르며 괴로워하는.

S#20   봉이네 집/ 아침

역시, 밥 깨작거리며 생각에 잠겨있는 봉이 위로

플래시 컷/

바름   (봉이 떼어내고) 난… 니가 알고 있는 내가 아냐‥ (#7)

봉이   얼마나 힘들까‥ 하아… 다 나 때문인데. 날 위해 그런 건데‥ (하는 위로)

/봉이   (E) 늘 궁금했었는데‥ 고형사님 말이에요‥ 좋아하셨어요?

플래시 컷/

홍주   (운전하며) 고백했었어요 내가. 사귀자고. 근데 1초 만에 차였죠. 아주 대
차게‥ (씁쓸한) 타이밍이 안 좋았어요. 하필 고형사가 한서준을 죽이겠
다고 결심 한 직후였거든요. 날 불행하게 만들 수 없어서‥ 밀어낸 거였
어요‥ 나중에 안 사실이지만. (13부 #36 이어)

봉이   (후 한숨) 오빠도 그런 마음 인거야‥ 아저씨처럼…

S#21   거리 + 신형사 차 안/ 아침

대선 막바지 선거운동 치열하다. 후보들 캠프들 따닥따닥 붙어 경쟁적으로 선거운동
중이고‥ 전광판에는 여론조사 결과 발표 중 꼴찌 신성민이 3위로 급부상! 중이다.

앵커   (E) 23년간 억울한 옥살이를 한 김봉철씨의 사연이 알려지면서 신성민
후보의 지지도가 급격히 상승해 지지도 3위로 뛰어오른 가운데 대선이
보름 앞으로 다가와…

다슬   (거리 선거운동 보다 운전중인 신형사 돌아보며) 대체 어딜 가는데?

S#22 들판 (혹은 숲)/ 낮

다슬   (차에서 내리는 신상 보고, 따라 내리며 두리번거리는) 여긴‥ 나 어릴 때 살던
       동넨데…
신형사 (뚜벅뚜벅 걸어가 나무 밑, 나무뚜껑 여는) *영화 러블리 본즈 . 지하 벙커 분
       위기의 느낌.

S#23 벙커 안/ 낮

사다리로 조심스레 내려오는 다슬. 둘러보면 낡고 오래된 거미줄 잔뜩 친 크리스마
스 장식.

다슬   (놀라 보며) 이게 다 뭐야?
신형사 크리스마스 선물로 지하벙커 갖고 싶다고 졸랐다며?
다슬   어?
신형사 크리스마스 깜짝 선물로 준비하신거래. 그 날‥ 너 깼던 날. 크리스마
       스 날 새벽이었지? 온 몸이 비와 땀으로 젖어있고 바지에 진흙 풀이 묻어
       있던 이유야‥ 니 아버지.
다슬   이, 이걸 만드느라고‥? (눈물 왈칵) 것도 모르고‥ 어떡해‥ 미안해서‥
       어떡해‥ 우리 아빠‥

자기 가슴 치며 꺼억꺼억 우는 다슬. 신형사 꼭 끌어 안아준다. 그 위로‥ **(E) 신랑
입장!!!**

S#24 예식장 홀 안/ 낮

턱시도 입은 신형사 입장한다. 그 모습 보는 바름과 봉이, 홍주, 호남, 강형사, 이형사 등.

무치   (봉이가 사준 옷 차려입고 씩씩하게 사회 보는) 다음은 신부 입장!

S#25　예식장 홀 앞 + 홀 안/ 낮

신부에 내미는 늙고 추레한 손‥ 김씨다! 그 옆 교도관복의 동구, 엄지 척! 하는.
/신부 손잡고 들어선 김씨. 하객들 박수 쏟아지고. 어느새 바름 옆으로 와서 박수 치
는 동구. 김씨, 다슬의 손 신형사에게 건네주려는데‥

다슬　　(김씨 손 더 꽉 잡고 눈물 흘리는) 미안해요. 아빠… 믿어주지 않아서….
김씨　　(다슬 눈물 닦아주며) 어‥ 우. 우… 지. 마….

김씨, 눈물 흘리는 다슬 눈물 닦아주면, 하객 모두 뭉클해서 보고, 바름 역시 그 모습
뿌듯하게 본다. 김씨, 신랑에게 신부 손 넘겨주고, 자리에 앉는. 이어지는 주례사.

바름　　(작은 목소리로) 어떻게 나온 거야? 정식 재판이 끝나야 나오는 거 아냐?
동구　　특별 귀휴를 줬어. 그 사람 아니었음 아저씨 지금 저 자리에 못 있을 거
　　　　　야. (생각하는 위로)

S#26　과거. 무진교도소 샤워실 (#6에 이어)/ 동구의 회상/ 밤

대롱대롱 매달린 채 자신의 발 붙들려는 동구를 발로 차내는 김씨.

동구　　(쾅! 벌러덩 넘어지며 소리치는) 범인이 자백했다구요! 이제 따님도 오해 풀
　　　　　렸을 거라구요!

아무리 소리쳐도 김씨 동구 입 안 읽자 벽으로 뛰어가 김씨 잘 보이는 위치에 손가락
물어뜯어 벽에 글씨 쓰는. 의식 잃어가는 김씨, 〈진범 자백했어요!〉 보이는 순간!
줄에 손가락 끼우며 살 의지 보이는. 동구 후다닥 달려가 김씨 다리 잡으면 더 이상
내치지 않는.

S#27　현재. 예식장 홀 안/ 낮

동구   (김씨 바라보며) 아저씰 살린 거야… 저 부녀를 구원한 거라고… 그 사람이…

바름   (씁쓸하게 행복해 보이는 김씨와 다슬 보는)

S#28   예식장 건물 앞/ 낮

봉이   (홍주와 나오며) 회사로 들어가실 거예요?

홍주   (끄덕이다, 생각난) 참, 그 제보자는 만났어?

봉이   (순간 당황하는) 아‥ 아뇨. 안 왔어요. 전화도 안 받고… 장난전화였나 봐
        요. (하며)

바름 쪽 보다 바름과 눈 마주치는 봉이. 바름, 봉이 시선 피하며 무치와 무진청 형사
들과 가는. 봉이, 그런 바름 보며 가슴 아픈.

S#29   바름의 집 거실/ 낮

바름   (현관문 열고 힘없이 들어오는 데 이모, 거실 청소 중인다 반가운) 이모!

이모   (청소하며) 내가 며칠 안 왔다고 집이 이게 뭐냐‥ 나 없이 어떡할라고‥

바름   (눈치 보며) 죄송해요. 이제 화 풀리신 거예요? 훈석이 많이 혼낸 거 아니
        죠? 그게/

이모   /이모부 미국지사로 발령 났어. 같이 가기로 했다.

바름   그래요? 아‥ 언제요?

이모   바로 들어가서 인수인계 받아야 하나봐. 준비할 게 한두 개가 아니라 맘
        만 바쁘다.
        집도 내놔야하고 짐도 싸야하고‥ (하다) 그나저나 바름이 니가 걸려서‥

바름   에이, 전 괜찮아요. 어린 애도 아니고. 지금까지도 친아들 이상으로 잘 돌
        봐 주셨는데…

이모   (그런 바름 물끄러미 보다 시계 보고) 시간이 벌써 이렇게 됐네. 가봐야겠다.
        훈석일 옆집에 맡겨두고 와서. (가방 들고 현관에서 신발 신는데)

바름   (망설이다 용기 내서) 저기‥ 이모… 저 아이… 말이에요. (돌아보며)

이모	(바름 시선 따라가 보면 새장 속, 새끼고양이 잠들어있다)
바름	훈석이가 키우면 안 돼요? 그날 보니까 많이 이뻐하던데‥
이모	(잠시 생각하다) 그러자. 훈석이도 낯선 나라 가면 혼자 외로울 텐데‥ 친구 되고 좋겠네.

〈시간경과〉 거실/ 밤

어두운 거실. 벽에 등 대고 앉아 우두커니 빈 새장 보는 바름. 순간, 천둥번개 치면 창밖에서 거실 쪽 돌아보는 바름!(얼굴에 피 튄, 12부 #9 모습) 거실에 앉은 바름과 창밖 서늘한 자신이 서로 마주보는 듯한. 하아 숨 몰아쉬는 바름. 그때 핸드폰 울리고, 보면 봉이다. 계속 울려대는 핸드폰, 망설이다 받지 않고 다시 멍하니 어둠 짙게 깔린 창 밖 바라보는‥

S#30 봉이네 집/ 밤

봉이	(뚜뚜뚜 끊긴 핸드폰 보고 한숨 쉬는 위로)
홍주	(E) 날 불행하게 만들 수 없어서‥ 그래서 밀어낸 거였어요‥ (#20)
봉이	밀어내면 내가 잡아땡기면 되지 뭐. 내 팔뚝 힘이 얼마나 쎈지 보여줄 거야. (문자 보내는)

S#31 몽타주/ 낮 - 밤

일하다가도, 쉬다가도, 자다가도 계속되는 봉이의 핸드폰 폭탄 문자 받는 바름.
오빠 바빠?/ 바빠/ 보고 싶은 영화 개봉했는데 같이 볼까?/ 바빠/ 저녁 먹을까?/ 바빠/ 점심 먹을까?/ 바빠‥/ 주말에 뭐해?/ 바빠!/ 야식 먹을까?/ 자!

S#32 무진청 주차장 + 현관 앞/ 낮

차에서 내리는 무치. 비 후두둑 쏟아지자 현관 쪽으로 뛰어 들어가는데 저만치 민원실 앞 처마 밑에서 계속 전화 중인 봉이 발견하는. 봉이에게 가려다, 손에 음식 포장 백 든 채 안절부절 전화 거는 봉이 보고 멈칫, 가만 보다 그냥 모른 척 들어가는.

S#33 무진청 증거보관팀 증거보관실 + 민원실 앞/ 낮

계속 울리는 핸드폰 소리 무시하고 증거물 정리하던 바름, 망설이다 결국 전화 받는.

봉이	(F) 나 취재차 온남동 왔는데 여기 브리또 저세상 맛집 있거든? 사갈까? 점심 같이 먹을래?
무치	(들어오다 바름 통화 중인 모습 보는)
바름	(차갑게) 바빠. 지방출장중이야. (무심코 창가 보는데 민원실 처마 아래 봉이 보인다) 어?
봉이	(F/ 실망스런 목소리) 아·· 언제 오는데? 난 괜찮아 시간 많으니까 기다릴게.
바름	(슬픈 눈빛으로 보며) 기다리지 마. 늦어.
봉이	(F) 얼마나··? 난 괜찮은데… 기다릴 수 있는데…
바름	(속상한 마음에 버럭) 괜찮긴 뭐가 괜찮아! 옷도 얇게 입고! 그렇게 비 맞다 감기 들/ (아차!)
봉이	(순간 바름 사무실 창 쪽 올려다보면)
바름	(후다닥 창가 옆으로 확 숨는)
봉이	(F) (시무룩) 알았어. 오빠. 갈게.
바름	(속상해 미치겠는데)
봉이	(F) 근데 오빠…
바름	…
봉이	(F) 난! 오빠가 내가 아는 오빠든, 내가 모르는 오빠든 상관없어!
바름	(듣는)
봉이	(F) 오빠가 누구든! 어떤 모습이든! 그냥·· 오빠가 좋아! 오빠 없인 안 돼·· 나! 그 말 하고 싶었어… (씩씩하게) 만나서 하고 싶었는데… 전화로 했으니까 됐어·· 끊을게. (확 끊는)
바름	(다시 창밖 보면 비 맞으며 터벅터벅 가는 봉이 모습 보인다. 그 모습 슬프게 보는데)
무치	(E) 니들 싸웠냐?

바름	(놀라 돌아보면)
무치	(창밖 봉이 가는 모습 내려다보며) 왜 그래? 아주 눈꼴시려 못 봐줄 정도로 좋아 죽더니‥
바름	(다시 창밖 보며) 나랑 있음 불행해질 거예요. 봉이. 더는 불행하면 안 되는 아이잖아요.
무치	왜 그런 생각을 해? 왜 너랑 있으면 불행해져? 봉이가?
바름	…
무치	(창밖에 가는 봉이 시선 두며) 왜 그러는진 모르겠지만… 나도 그런 생각 한 적 있어‥
바름	(무슨 말인가? 무치 돌아보면)
무치	(쓸쓸한 눈빛) 그때 내가 그 고백을 받아들였다면‥ 어땠을까… 지금쯤 내 삶이 바뀌었을까? 그랬으면… 지금 나도 보통 사람들처럼… 살고 있을 까…? 가정을 이루고‥ 아이를 낳고… 집 장만을 걱정하고… 노후를 계획하고…
바름	후회‥ 하세요?
무치	후회? 후회라… (쓸쓸한) 이제 내 선택지는 하나야… 달려가야 해… 돌아 갈 곳도 없어.
바름	(상념에 잠긴 무치 보다 자신도 창밖 바라보며 /E) 그래 어쩌면… 내 삶이 바 뀔지 몰라‥ 봉이랑 있으면 나‥ 원래의 나, 정바름으로 돌아갈 수 있을 지도 몰라‥(눈빛에 희망이 생기는)

S#34   무진청 밖 거리/ 낮

터벅터벅 비 맞으며 버스정류장 쪽으로 걸어가는 봉이.

바름	(E) 오봉이!
봉이	(돌아보면)
바름	(헉헉거리며 뛰어와 마주보고 서서 봉이에게 우산 씌워주며) 내일‥ 같이 저녁 먹을래‥?
봉이	(울컥) 안 바빠‥?

바름	(미소 지으며) 안 바빠. 이제부터.
봉이	(미소 짓는)
바름	으이그. 비 다 맞고 춥겠다. (봉이 자신의 품에 꼬옥 끌어 안아주는)
봉이	(푹 안기며 행복한 표정 짓는)
바름	(E) 널 이렇게 좋아하는 건·· 나 정바름이 감정 따윈 없는 싸패살인마 성요한을 이겨내고 있단 증거야··· 이겨낼 거야! 반드시! 봉이야·· 내게 힘을 줘··· 나를 지켜줘··· 오봉이···

S#35   봉이네 집/ 아침

한껏 멋 부린 채 거울 앞에 서 이리저리 보던 봉이, 생각난 듯 서랍 열어 뒤지기 시작한다.

봉이	여기 어디다 뒀는데·· (찾다 서랍 맨 안쪽 상자 꺼내들며) 찾았다! (상자 열면 미색 도자기 재질로 보이는 플라워 목걸이 (*사진- 펜던트 하나 달랑거리는 14K 목걸이 줄) 보는 위로··)

플래시 컷/ 목걸이 보고 좋아하는 봉이. (6부 #99)/ 목걸이 뜯어 주머니에 넣는 (7부 #55)

봉이, 목걸이 목에 걸고 만족스럽게 보는.

S#36   OBN 방송국. 셜록 홍주 사무실/ 저녁

자료검색 중인 봉이. 계속 시계 힐끔 거리며 퇴근시간 기다리는데 책상에 뭔가 올려지는.
보면 〈셜록 홍주〉 작가 오봉이 써있는 명함(케이스)이다. 고개 들면 홍주 있다.

봉이	하아. (감동한. 벌떡 일어나 꾸벅 인사하는) 감사합니다. 열심히 하겠습니다. (신나서 명함 꺼내 보다 지갑에 기념으로 한 장 끼우는데 전화 오는) 왔어? 오빠?
바름	(F) 차가 좀 막혀서 한 10분 정도 더 걸릴 거 같아.
봉이	어. 도착하면 문자해. (전화 끊는데)

강작가	(그런 봉이 보며) 한껏 멋 부리고 출근할 때부터 알아봤지. 좋을 때다. (하는데)
조연출	(통화중인) 아·· 제보요·· (잠시 듣다, 전화기 막고 강작가 향해) 그 꼬맹이에요. 진상꼬맹이.
강작가	진상? 아. 명탐정 코남이? (속닥거리는) 적당히 하고 끊어.
조연출	(끄덕) 그게·· 우리 프로에서 방송하기엔 아이템이 안 맞아서··· 동물농장에 제보해봐. 뭐? (하!) 너 지금 몇 신데? 집에 가. 얼른. 엄마 걱정하셔.
봉이	(보는)
조연출	(끊고는) 참내. 로비에 와있대요. 게시판 도배글 막아 놨더니 항의하러 온 거 같아요.
강작가	맹랑하네 꼬맹이가. 그래서 보냈지?
조연출	네.
홍주	(질책하듯) 어린 애가 여기까지 찾아왔는데 그냥 보냈다고? 애가 오죽 하고 싶은 말이 있으면 직접 찾아왔겠어. 들어줘야지. (수첩 들고 휙 나가는)

S#37　OBN 방송국 정문 밖/ 저녁

보타이 매고, 안경 쓰고 헤어스타일마저 만화 명탐정 코난 코스프레한 뚱뚱한 꼬마 명고남, 가방 멘 어깨 축 늘어뜨린 채 입 뚱 나와서 터벅터벅 걸어 정문 밖으로 나가는데.

봉이	(E) 명탐정 코남!!
고남	(돌아보면)
봉이	끊어진 하나의 진실을 간파하는 겉모습은 아이! 두뇌는 어른! 너의 이름은 명탐정 코남!
고남	(신난. 받아서) 몸은 뚱뚱해졌어도, 두뇌는 그대로! 불가능을 모르는 명탐정!
봉이/고남	(동시에 합창하듯) 진실은 언제나 하나!
고남	(히~~~) 누나도 코난 팬이에요?
봉이	아니. 난 거기서 맨날 주무시는 탐정아저씨 팬이야. 야외에서 그렇게 푹 자기 쉽지 않거든.
고남	왜 누나가 나와요? 난 셜록 홍주 누나 보고 싶었는데···

봉이	셜록 홍주님은 쪼까 바쁘셔. 유명인이잖냐.
고남	그럼 누나는 왓슨이에요?
봉이	나? 아‥ 난 왓슨이 아니라‥ (생각난 듯 지갑에서 명함 꺼내 척 내미는) 옛다! 개시다.

S#38   OBN 방송국 로비/ 저녁

나오는 홍주. 갔나? 하고 로비 두리번거리다 카페 안에 앉아있는 봉이 발견하는. 우걱우걱 케이크 먹고 있는 고남과 케이크 흘리자 닦아주는 봉이. 미소 지으며 보고 있는 홍주.

S#39   폐병원 대니얼 아지트/ 저녁

소파에 앉아 신문 보고 있는 대니얼. <강덕수·이재식 동일범의 소행? 범행에 대한 국민들 의견 나뉘어⋯ 정부 강력 대응> 등 각종 기사들 쏟아져 나오고. 착잡하게 보던 대니얼, 신문 내려놓고 일어나 창가에 가서 서서 생각하는 위로‥

플래시 컷/ 서류 들고 내려가면 차문 열리고, 창문 사이로 서류 넘기는 대니얼 (1부 #71)

대니얼	하아⋯ 내 잘못된 선택으로⋯ (괴로워하는/E) 이런 식으로 이용하는 게 맞는 걸까⋯ (결심하는 눈빛/E) 그래, 여기서 끝내는 게 맞아‥

S#40   OBN 방송국 로비 카페/ 저녁

봉이	그니까 반 친구 꽃님이 땜에 할머니의 억울함을 풀어주고 싶단 거지? 멋진 걸? 명탐정다워.
고남	그래서 말인데요. (봉이에게 얼굴 바짝 대며 속삭이듯) 내가 여길 찾아 온 이율 말할게요.

봉이	(그런 고남이 귀여운. 역시 바짝 대며) 뭔데?
고남	알아냈어요. 고양이 살인범.
봉이	그래? 역쉬 명탐정이!!! (하이파이브 하고는) 누군데?
고남	(으쓱!) 에이 누구냐 보다 어떻게 알아냈냐가 중요하죠. 그것이 코난의 정신이랄까?
봉이	(맞장구치며) 그렇지. 그래. 어떻게? (하며 몸 바짝 대다 머플러에 케이크 묻자) 에이‥ (자연스럽게 머플러 풀어 냅킨으로 케익 닦아내며) 어떻게 알아냈어?
고남	증거물을 찾았어요. 빼!박! 증거! 내가 갖고 있어요.
봉이	증거물?
고남	(속삭이며) 근데 지금부터가 진짜에요. 고양이 살인보다 더 놀라운 진실!! 진실은 오직 하나!

S#41 OBN 방송국 로비/ 저녁

바름 시계 보며 다급히 들어오다, 카페에 앉아있는 봉이 발견하고는 반갑게.

바름	봉이야!
봉이	(바름 발견하고 반가운) 왔어? 오빠?!!!
고남	(반사적으로 돌아보는)
봉이	인사해. 여긴 명탐정 코난이라고.
고남	아. 데이‥또? 그렇다면 제가 방해 되면 안 되죠. 작가누나. 나중에‥ (허둥지둥 일어나 가는)
바름	어? (고남이 두고 간 책가방 집어 들면 앞면 비닐 안에 나리초등학교 5-9 명고남택 들어있다) 꼬마야. 가방은 가져가야지!
고남	(돌아보고는 아차! 뛰어와 후다닥 가방 채가듯 받고 빠른 걸음으로 허둥지둥 가는)
바름	(그런 고남 이상하게 보다) 누구야?
봉이	(사이 머플러 두르고) 아. 제보하러 와서‥ 같은 반 친구 할머니가 고양이를 죽이고 다닌다고 소문나서 반 친구가 왕따를 당하나봐. 고양이 살해범을 알아냈대. 증거도 찾았대나봐‥
바름	(뭔가 찜찜한데 핸드폰 울리는, 받으면) 네. (봉이 슬쩍 보며) 저녁 먹으러 왔는

데‥ 나중에‥

대니얼	(F) /중요한 일이야. 당장 와.
바름	무슨… (뚜뚜 끊긴)
봉이	사무실이야? 왜? 급한 일이래?
바름	어? 어어‥ (잠시 생각하는데)
봉이	들어가 봐, 얼른. 밥은 다음에 먹으면 되지. 실은 나도 점심을 많이 먹어서 입맛도 없고‥
바름	그래?
봉이	응. 좀 체한 거 같기도 하고…

S#42 봉이네 집 화장실 + 거실/ 밤

봉이 (상 위에 김 모락모락 올라오는 라면 냄비 척 올리며) 오빠랑 저녁 먹는다고 첨 일 굶었더니… 배고파서 눈깔 돌아가는 줄 알았네‥ 참! 놀토 할 시간이다! (리모컨 들어 TV 켜고 라면 폭풍 흡입하며 놀토에 집중!) 저게 안 들려? 아, 저 신동엽 아저씨 막귀야?

하는데 문자 알림 소리! 후다닥 바름인가 싶어 보는데 〈작가누나 할 말 있음. 내일 접선 가능?〉 픽 웃으며 답장. 〈내일 학교 끝나는 시간 맞춰 학교 앞에서 대기하겠음. 명탐정 코난이 증거품 찾은 다음 이야기가 완전 궁금해 죽을 지경. 오늘밤 잠 다 잤음!〉 이어 오는 고남의 답장 문자 〈꼭!!! 혼자 오길 바람〉

봉이 혼자? (왜? 문자 치며 라면 흡입하는데 전화 오는, 먹던 라면 후다닥 뱉으며 받는) 오빠!

S#43 폐병원 대니얼 아지트/ 밤

바름	(봉이와 통화하는, 걱정스런) 아직도 체기 안 가라앉았어?
봉이	(F) 어? 어어. 아니‥ 다 가라앉았어.

| 바름 | 그래 다행이다. 미안해 오늘은. 낼 맛있는 거 먹자. 입맛 없어도 뭐라도 좀 먹고 자. (전화 끊고 뭔가 찜찜한 듯 생각에 빠지는) |

플래시 컷/ 고남, 바름 보자 순간 당황하는 표정 역력한 "아. 데이‥또? 그렇다면 제가 방해 되면 안 되죠. 작가누나. 나중에‥" 인사하는 둥 마는 둥 허둥지둥 일어나 가는 고남 (#41)

바름	(갸웃하는데)
대니얼	(E) 뭘 그렇게 골똘히 생각해?
바름	(돌아보며) 무슨 일로 부르신 거예요?
대니얼	(쪽지 한 장 넘기는)
바름	(보면 어딘가의 주소 적혀있다. 이름은 없다 고개 들어 대니얼 보면)
대니얼	다음 사냥감. (바름 슬프게 보며) 최상의 프레데터라고 생각하면 돼.
바름	(대니얼 물끄러미 보다 새삼 검사 장비들 둘러보며) 전부터 생각했는데… 조력자가 있는 거죠? 그 조력자가 (쪽지 흔들며) 이 집에 사는 사람 죽이라고 가져다준 건가요? DNA를?
대니얼	뭐?
바름	어릴 때 영국으로 입양되셨다면서요. 영국에서 자라고, 지금은 공식적으로 사망한 사람인데‥ 그런 분이 이 장비들과 식료품을 혼자서 구했을 리 없고. 누굽니까? 도와주는 사람?
대니얼	(바름 물끄러미 보다) 알 필요 없어…
바름	참 여러 가지로 미스터리한 분이세요. 세계적인 유전학 박사님이 무슨 이유로 이런데 숨어 지내는지‥ 왜 죽은 척 세상에 모습을 드러내지 않는지‥ 그동안은 물어보지 말래서 궁금해도 꾹 참았는데‥ 누구한테 쫓기고 있는 거‥ 맞죠?
대니얼	(후‥ 한숨) 때가 되면 다 알게 될 테니 기다려.
바름	때라‥ 그때가 언젠지 모르겠지만‥ 알겠습니다. 기다리죠. 그런데! 앞으로 이런 거 시키지 마세요. (대니얼 앞에서 쪽지 쫙쫙 찢으며) 내가 결정해요. 내가 처리할 놈은!

S#44   나리초등학교 교문 앞 수위실/ 낮

수위   알다마다요. 고남이. 이 학교 해결사예요 해결사. 내 구두 훔쳐 간 도둑
              놈도 잡아줬다니까… 근데 아직 수업이 안 끝나서‥ (하는데)

병태   (E) 안녕하세요.

바름 돌아보면 냉동차 서 있고 운전석 사내 밝은 미소 지으며 수위에게 인사하는데.
오른쪽 얼굴은 깔끔한 데 비해, 왼쪽은 수염 쭈뼛쭈뼛 자라나 있는. (*병태 오른쪽 귀에
링 피어싱, 수염 너무 집중해 비추지 말 것)

수위   (친근하게) 어. 왔어. 잠깐만 (수위실에서 나와 교문 활짝 열어주면)

냉동차 안으로 들어가는데 그 뒤로 도시락 통 안은 채 후다닥 뛰어 들어가는 꽃님할매.

수위   어? 아이고 저 치매 노인네 또 왔네. 할무니. 나가요 나가~ ! (쫓아 들어가고)

남겨진 바름. 그때 수업 끝났는지 애들 우르르 나오고. 기다려도 고남 안 나오자, 들
어가는.

S#45   나리초등학교 현관 (교문 아님) 입구 + 복도/ 낮

가방 메고 나오던 고남, 걸어오는 바름 발견하고 어? 뒷걸음치다 후다닥 안으로 들
어가는.

고남   (뒤돌아보며) 아씨‥ 작가누난 혼자 오라니까… (하는데 누군가와 툭 부딪히는)

S#46   나리초등학교 교문 앞/ 낮

뛰어오는 봉이. 교문 밖으로 (다 가고) 한두 명 나오는 아이들 보며.

봉이	수업 끝났나? (핸드폰 꺼내 고남에게 전화하는데. 신호음만 들리고. 받지 않자 학교 안에서 나오는 학생 붙들고) 너 명고남이라고 알아? 나비넥타이 매고 다니는‥
학생	나오다 복도에서 봤는데? (가는)
봉이	그래? (학교 안쪽 보는)

S#47   학교 복도/ 낮

계속 고남에게 전화하며 두리번거리며 걸어가는 봉이. 역시 신호음만 가고 받지 않는데… 어디선가 쿵!!! 선반 넘어지는 소리. 반사적으로 돌아보는데 동시에 고남 핸드폰 연결된.

봉이	어디야? (하는데‥ 힘없는 목소리로 F/병‥ 병…) 고남아. 너 왜 그래? 어? (두리번거리다) 설마! (쿵 소리 난 쪽으로 다급히 뛰어가는)

S#48   학교 복도 + 급식실 앞/ 낮

뛰어온 봉이. 반쯤 열려 있는 급식실 문 보이는. 혹시나 싶어 들어가다, 코 찌르는 냄새에 인상 찌푸리며 코 확 막는! 급식실 안에 선반들, 부식품들 가득하다. 두리번거리며 안쪽으로 들어가다 헉! 놀라는 봉이 시선. (절대 아이 모습은 보여주지 말 것!)

S#49   운동장/ 낮

바름 두리번거리며 엇갈렸나‥ 하며 나오는데 저만치 아이들 웅성거리고 다급한 분위기에 무슨 일인가 보면 고남 들쳐 업고 건물 밖으로 뛰어나오는 병태(고남은 잠바에 덮인-아이 보여주지 않는)와 뒤따라 나오는 봉이. 바름 놀라 보는데 누군가 등 툭툭 치는 돌아보면.

꽃님할매   (해맑게) 고양이 4마리! 고양이 4마리! (하더니 정신없이 뛰어가는)

S#50   무진병원 응급실 앞/ 낮

복도 의자에 멍한 표정으로 앉아있는 봉이. 응급실 앞 통곡하는 고남모와 진정시키려 노력하는 고남부 보인다. 그 모습에 가슴 찢어지는 봉이 위로‥ **(E) 셜록 홍줍니다.**

S#51   몽타주

교실/ 아이들 고개 푹 숙이고 앉아있고. 꽃님이 슬픈 눈으로 돌아보면 고남의 빈자리.
교문 밖/ 〈학교의 부주의. 책임을 규명하라!〉 피켓 들고 1인 시위하는 고남부. 그 앞 쪼그리고 앉아 고남부 구경하듯 보고 있는 꽃님할매. 그 앞에 서는 홍주. 가슴 아프게 보는‥

홍주   (E) 오늘은 반 친구 할머니의 억울한 누명을 벗기려 수사에 나섰던 한 꼬마 탐정의 안타까운 사고에 대해 얘기해보려 합니다.

S#52   OBN 방송국. 셜록 홍주 스튜디오/ 밤

홍주   꼬마 탐정은 급식실 선반이 넘어지며, 그곳에 있던 청소용 세제 원액이 쏟아져 온 몸에 큰 화상을 입었습니다. 학교는 애초 청소액을 둔 급식실 문을 잠그지 않았습니다.

자료 화면/ 사건 현장인 학교 급식실 주방 sk 둘러보는 홍주.

홍주   (E) 마음만 먹으면 누구나 문을 열고 들어올 수 있습니다. 그런데도 학교 측은 여전히 책임을 회피하며 아이의 부주의 탓으로 돌리는 데에 급급합니다…

S#53   무진청 증거보관팀 사무실/ 밤

바름   (셜록 홍주 방송 보면서도 계속 생각에 잠겨있는) 왜 날 보고 당황했을까··

무치   (E) 이상한데··

바름   네? (정신 차리며 무치 보며) 뭐가요?

무치   (사고현장 급식실 화면에 시선 고정한 채 중얼거리는) 단순 사고가 아닌 거 같
       은데··

S#54   나리초등학교 외경 + 급식실 안/ 오전

열린 문 앞에는 접근금지 테이프 둘러져 있고, 바닥 살피는 무치와 바름. 바닥 타일이
선반 앞부분과 선반 밑바닥 급식실 주방 하수구 쪽으로 흰색으로 크게 탈색되어있다.

무치   봐. 선반이 넘어지면서 통이 떨어져서 청소용 세제 원액이 아이 위로 쏟
       아진 거면, 아이 앞 뿐 아니라 이 양 옆까지 넓게 퍼져서 쏟아지는 게 맞
       아. 선반의 운동량이 청소액통, 그리고 통 안의 원액에까지 전달돼서 넓
       게 쏟아졌을 거라구.

바름   (자세히 보며) 근데 탈색된 범위가 좁네요. 바로 머리 위에서 쏟아 부으면··

무치   (끄덕) 이렇게 범위가 좁겠지·· 이건 죽이려고 작정하고 부은 거야.

바름   대체 누가 어린아이한테 그런 끔찍한 짓을··

무치   (눈빛에 독기) 찾아내야지. 어떤 개싸이코 쉐긴지. (핸드폰 꺼내 타일 사진
       찍는)

바름, 창밖 나가요! 나가! 수위 목소리에 창밖 돌아보면, 보자기에 싼 도시락 통 안고
운동장 뛰어가는 꽃님할매와 뒤쫓는 수위 보인다. 다시 고개 돌리다 문득 선반에 시
선 멈추는. 선반 위 물건들 전부 오른쪽으로 치우쳐 있다. 갸웃하다 폰으로 셜록 홍
주 속 급식실 나오는 부분 자세히 보면, 화면 속엔 선반 물건이 양쪽으로 고르게 가
지런히 정리되어 있다.

바름   (구석으로 가 전화하는) 어 봉이야. 방송에 나간 급식실 화면 말야. 그거 언

제 찍은 거야? 고남이 사고 다음날 아침? 그래‥ 나중에 전화할게. (끊고 다시 오른쪽에 치우쳐진 선반 위 물건들 보다 오른쪽으로 고개를 돌리면 문이 있다.)

무치 (바름 보며) CCTV 좀 확인하고 올게. (나가면)

바름 (나가려는 영양사에게) 저기‥ 사고 후에 누가 정리나 청소 같은 거 했어요?

영양사 아뇨. 바로 폐쇄됐고 경찰들이 와서 손대지 말래서 아무도 손 안 댔는데요. (가면)

바름 (갸웃) 놈은 최피디님이 촬영 한 후 여길 왔다갔어. 왜 다시 와서 선반물건들을 만졌을까?

S#55   급식실 문 밖/ 낮

접근금지 테잎 걷고 나오는 바름, 미닫이 문 닫으려는데 덜컥거리며 닫히지 않는. 보면 문턱에 미세한 핏자국! 핸드폰으로 사진 찍고 문턱 안쪽 보는데, 뭔가 끼어있다. 뭐지 싶어 손 넣어 꺼내면, 달랑거리는 도자기 재질(*봉이 목걸이 펜던트와 재질은 같으나 모양은 전혀 다른)의 키링 달린 작은 키다. 뭐지? 싶어 보는데 누군가 휙 낚아챈다. 놀라 보면, 꽃님할매. 내꺼야! 하며 들고 있던 도시락 통에 넣은 뒤 뚜껑 닫아 도시락 통 꽉 끌어안는.

S#56   명안지구대/ 낮

문 열리면, 도시락 통 꽉 끌어안고 있는 꽃님할매, 바름 손에 이끌려 들어온다.

바름 저기‥ 할머님 댁을 몰라서‥

김순경 어? 정순경? 이야. 오랜만이야. (반갑게) 나 기억 안나? 구동파출소에서 같이 일했었는데‥

바름 아… 김순경님…?

김순경 우와 나 기억하네. 난 또 정순경이 수술하고 기억을 못 한다고 들어서‥

바름 아‥ 그게 지금은 거의 다‥ 돌아왔어요‥ 어린 시절 빼곤….

김순경	다행이네. 복직했단 소식은 들었어. (할머니보고) 할머니~ 또 학교에 도시락 들고 갔어요?
바름	(무슨 말인가 보면)
김순경	어. 손녀딸이 도시락 안 가져갔다고. 매일 저러고 빈 통을 들고 갔다 주러 가셔‥ 애들 학교에서 다 급식 먹는데‥ 에휴‥ 가요. 할머니 모셔다 드리께.

S#57 나리초등학교 급식실 통로/ 낮

무치	(통로 위에 설치된 CCTV 보며 실망한 표정으로) 아씨‥ 뻥카네.

S#58 꽃님이네 집 마당/ 낮

열린 방문 사이로 쌔근쌔근 잠든 할머니 보이고 마루에 앉아 보고 있는 바름과 김순경.

바름	(걱정스럽게) 상태가 많이 안 좋으신 것 같은데‥
김순경	안 그래도 얼마 전에 죽은 길고양일 들고 온 동네를 돌아댕기는 바람에 다들 노망난 할머니가 살충제를 줘서 고양이들을 죽였다고 수군거렸어.
바름	아… 그 할머니구나… 그 고남이란 아이가 얘기했다던…
김순경	들었어? 근데 난 고남이 말대로 할머니가 그런 짓을 했을 것 같진 않고… (하다) 기억해? 구동에 한동안 고양이 죽이고 다닌 새끼 있었잖아. 죽여서 이빨까지 뽑아가고‥
바름	(잠시 기억 더듬다) 아…

플래시 컷/ 고양이 사체 앞 김순경, 소장과, 시체 보고 구역질 하며 뛰어가는 바름 (2부 #55)

김순경	아무래도 이 동네로 왔나 봐. 할머니가 들고 다닌 고양이. 이빨이 싹 다 뽑혀서 없드라고‥
바름	(인상 찌푸리며) 이빨을 뽑아요?

S#59 명안지구대 외경 + 지구대 안/ 낮

지구대1 (황당한) 살인미수?

무치 (핸드폰 화면 보여주며) 봐봐. 이게 어떻게 선반이 넘어지면서 쏟아진 약품 자국이야?! 당신들 건성으로 했지. 수사?

지구대1 건성? 아. 진짜! 당신이 뭔데 남의 관할 사건에/

무치 (멱살 잡으며) 뭐 이 새꺄. 바닥에 약품 자국 하나 똑바로 확인 안한 새끼들이 뭘 잘했다고!

지구대2 (말리며) 아휴. 알겠어요. 가서 확인해볼게요. 진정하시고‥

무치 (씩씩거리며) 이거 살인미수사건이니까 당장 증거물 싹 다 제출해 알았어? (확 나가는)

지구대2 (찜찜한) 근데 그때 그 할머니가 급식실에서 봤다고 했잖아요. 도망치는 거.

지구대1 치매 노인네가 한 말을 뭘 믿어. 조사해봤자, 어차피 증언으로 채택도 안 돼.

지구대2 (찜찜한) 그치만 우리한테 얘기할 땐 맨 정신이었잖아요, 진술도 상당히 구체적/

지구대1 /가만있어. 긁어 부스럼 만들지 말고. 아무리 애한테 그런 짓을 했겠어? 훌륭한 청년이야.

S#60 꽃님이네 동네 일각/ 낮

걸어가는 바름. 문득 멈춰서 전봇대에 붙어 있는 고양이 살해범 목격자 찾는 전단지 본다.

꽃님할매 (E) 고양이 4마리. 고양이 4마리… (#49)

갸웃 하다 문득 전단지에 붙인 테이프 오른쪽만 붙어 나풀거리는 거 보고 순간!

플래시 컷/ 선반 위 물건들, 오른쪽에 치우쳐진 모습. (#54)

바름 (앞서 걸어가는 김순경 향해) 이 전단지 누가 붙인 거예요?

김순경	(보며) 어. 우리 동네 길냥이 아빠. 자비로 직접 전단지 제작해서 붙이고 다니드라고.
바름	길냥이 아빠요?

S#61 삼거리 정육도매센터/ 낮

무치	(신분증 보이며) 나리초등학교에서 발생한 사고 땜에 물어볼 게 있는데요.
병태	경찰분들한테 다 진술했는데··
무치	그게 좀 더 듣고 싶어서요··· 발견 당시 상황 좀 애기해주세요.
병태	그게, 저희 가게에서 그 학교에 급식용 고기를 납품하거든요.

S#62 병태의 진술/ 급식실 통하는 뒷마당 + 급식실 안/ 낮

급식실 인근 뒷마당/ 냉동차에서 고기 내리는 병태 아악!!! 고남 비명소리에 놀라 뛰어가는!

병태	(E) 그날도 여느 날처럼 차에서 고기를 내리고 있는데·· 급식실에서 아이 비명소리가 났어요. 깜짝 놀라서 바로 달려갔죠. 그랬더니··

급식실 안/ 뛰어 들어오다 (고남 쪽 -아이 안보이게) 헉 놀라 서있는 봉이.

병태	(E) 그 여자 분이 화상을 입을까봐 밀치고 제 옷으로 덮은 후 들쳐 업고 뛰었어요.

S#63 꽃님이네 동네 골목/ 낮

김순경	어. 삼거리 정육점 주인. 그 고남이 업고 뛴···
바름	아··· 그 사람·· (하다)

플래시 컷/ 수위에 인사하는 병태. 오른쪽 얼굴은 깔끔, 왼쪽은 수염 듬성 자라있는·· (#44)

S#64   삼거리 정육도매센터 앞 + 안/ 낮

문 열고 나오는 무치 가고. 잠시 후 딸랑~ 문 열리는 소리.

병태   어서오세요. (고개 들면 바름이다)
바름   저녁에 친구들이랑 고기파티를 하기로 했는데 뭐가 좋을지··· (하는데)
병태   (사람 좋은 미소로) 거기서 골라 보세요.

바름, 냉장고에 진열된 고기들 보는 척 하며 슬쩍 고기 정리 중인 병태 유심히 보는데 고기가 (병태의)오른쪽으로 치우쳐 정리되고 있다. 팔토시도 오른쪽만 많이 더러워져 있다.

바름   (일부러 병태 왼편에 서더니) 이 고긴 뭐에요?
병태   (바름 보며 대답하는) 아 살치살이에요. (다시 시선 돌려 정리하며) 살치가 맛있긴 한데 원체 나오는 부위가 작아 비싸죠. 친구들 수 많으면 돼지로 하세요. 전 돼지가 더 맛있던데··

병태, 아까와 똑같은 자세, 똑같은 위치에서 정리하고 있는데도 불구하고 자기 왼쪽에 있는 고기들은 전혀 손을 대지 않는. 그 모습 면밀하게 보는 바름.

S#65   무진병원 뇌신경외과 박민준(바름 주치의) 진료실/ 낮

바름   편측무시요? 그게 뭐에요?
박민준   우측 두정엽에 이상이 생기면 반대쪽 시각, 촉각, 공간 감각, 청각 자극에 대해서 잘 반응하지 못할 수 있거든요. 심각한 경우엔 그릇에 있는 음식 중에 오른쪽에 있는 음식만 먹거나, 화장도 오른쪽만 하고,. 면도도 오

	른쪽만 하죠.
바름	알겠습니다. (나가려는데)
박민준	기억은 좀 어떤가요?
바름	아. 최근에 고등학교 때 기억까진 돌아왔어요.
박민준	아. 그래요? 그럼 뭐 조만간 다 돌아오겠네요. 어릴 때 일들까지.
	너무 조바심 내지 말고. 혹시라도 이상 있다 싶으면 바로 찾아오구요.
바름	(끄덕이는) 감사합니다.

S#66   무진병원 복도 + 치국이 병실/ 낮

걸어오는 바름, 병실 들어오면 치국 몸 옆으로 들며 구석구석 닦아주고 있는 치국母 있다.

치국母	(바름 보고 반갑게) 바름아 웬일이야? 근무시간 아냐?
바름	(인사하며) 사건 수사 차 왔다가‥ 가는 길에… 죄송해요. 자주 오지도 못하고‥
치국母	아이고. 괜찮아… 바쁜데 뭐‥ 치국아. 바름이 왔어
바름	(치국 짠하게 보다 문득 한 쪽에 방치된 듯 놓인 재즈 씨디 발견하고) 아! 맞다. 이거 구치소에서 가져온 건데 동구랑… 아빠가 생전에 좋아했던 곡이라고 늘 귀에 꽂고 들었거든요‥
치국母	아‥ 그랬지… 이제 그런 것도 다 기억나나 봐. 바름인 이제 다 나았네‥
바름	치국이도 이제 깨날 거예요. 어머니… (하다) 잠시만요. (뛰어나가는)

S#67   꽃님이네 집/ 낮

길게 하품 하며 방에서 나오는 꽃님할매. 두리번거리다 놓여있는 도시락 통 보며

꽃님할매	우리 똥강아지. 도시락 싸줘야 되는데‥ (하며 도시락 통 들고 나가는)

S#68   삼거리 정육도매센터 안/ 낮

병태 (고기에서 비계 썰며 미소) 할머니 형사들한테 내가 도망가는 거 봤다 그랬
다며? 매번 이렇게 남은 비계 싸주는데 배은망덕하게 꼰질렀단 말이지?

꽃님할매 (도시락통 내밀며) 꼬기 꼬기! 우리 꽃님이 꼬기 좋아해.

병태 (밑에서 살충제 꺼내 비계에 묻히며) 소용없어. 치매 할망구 말을 누가 믿어.
정신 돌아와서 또 헛소리 하면 곤란하니까 보험 좀 들어놓을게. (씨익 웃
으며) 이리줘. 담아줄게.

꽃님할매 (천진하게 도시락 뚜껑 열다가 문득 그 안에 든 키링 보는)

병태 (순간 당황) 어? (씨익 미소 짓는) 거깄었네? 얼마나 찾았는데…

S#69   치국이 병실/ 낮

바름 (CD플레이어에 CD 넣으며) 간호사선생님이 구해주셨어요. (플레이하면 재
즈음악 나온다) 치국아. 이 노래 기억나? 나 요새 고등학교 때 기억도 다
나기 시작했어. 너랑 같이 캠핑 가서 이 음악 줄기차게 들었잖아. 니 아빠
가 좋아하는 음악이라고…

치국母 어제는 동구가 와서 지 꿈에 우리 치국이가 나왔대.

바름 그래요? (치국母 보며) 꿈에 어떻게 나왔대요?

치국의 손가락 아주 미세하게 꿈틀하는데. (치국母와 바름 얘기하느라 눈치 채지 못하는)

S#70   삼거리 정육도매센터 + 병태 집 앞/ 낮

바름 오면, 병태 일하는 중이다. 바름 정육점 뒤로 돌아가면, 병태 집(정육점과 이어지
는) 대문 앞이다. 주변 살피며 대문 따고 들어가는.

S#71   병태네 집 안- 거실 + 세탁실/ 낮

두리번거리는 바름. 장식장엔 고양이 장식품들로 가득하다. (오르골 포함) 역시나 오
른쪽으로 물건 치우쳐진. 여기저기 둘러보다 세탁실 선반 안, 숨겨진 통 발견하고
냄새 맡는.

바름   (코 찡그리며) 살충제··

김순경   (E) 다들 노망난 할머니가 살충제를 줘서 고양이들을 죽였다고 수군거렸
           어. (#58)

바름   (곰곰 생각하다 닫고 그 옆에 청소용 세제 원액 통 열어보고 냄새 맡다가 코 찡그
           리는) 급식실에 있던 그 청소액이야. (비로소 확신하는)

장갑 끼고 세탁실 입구 세탁바구니 속 옷들 뒤적이다, 준비한 핀셋으로 머리카락 채
취해 봉투에 넣는데 문 열리는 소리에 휙 돌아보는 바름.
/들어오는 병태, 장식장 위 오르골에 뭔가 넣는. 바름, 지켜보는데 갑자기 휙 돌아보
는 병태. 순간 바름과 눈 마주친 듯! 바름 후다닥 숨는데. 병태 갸웃하며 세탁실 향
해 다가온다.

세탁실에 숨을 공간 없자 안절부절못하는 바름. /순간 병태, 세탁실 문 확! 여는데
아무도 없다. 갸웃하며 세탁기 짚고 올라가 창문 열고 내려다봐도 아무도 없고. 두
르고 있던 앞치마 벗어 세탁기 속 빨래더미에 던지고 나가는. 문 쾅 닫히는 소리 들
리자 세탁기 빨래더미 사이로 고개 내미는 바름. 거실로 나와 오르골 들고, 뚜껑 열
면 안에 키링 있다.

플래시 백/ 급식실 앞, 내꺼야! 하며 바름이 주운 키링 도시락통에 넣는 할머니. (#55)

바름   이게 왜… 설마·· 할머니한테 뺏었나? (하다)

플래시 컷/ 선반 위, 오른쪽에 치우쳐 있던 물건들. (#54)

바름   선반을 뒤진 건·· 뭘 찾고 있었단 증거지·· 혹시 이건가·· (자세히 보면 불
           투명한 장식이 달린 아이보리 빛 키링) 이게 뭐지? (하다 고개 들면 장식장 가득
           각종 고양이 피규어들!)

플래시 컷/ 김순경 "할머니가 들고 다닌 고양이. 이빨이 싹 다 뽑혀서 없드라고‥" (#58)
봉이 "고양이 살해범을 알아냈대. 증거도 찾았대나봐‥" (#41)

바름   (허!) 고양이 이빨? (키링 자세히 보는) 고남이가 이게 고양이 이빨이라는
              걸 알았어‥ 그래서 고양이 살인범이 김병태란 걸 안 거고‥ 그 사실을
              안 김병태가 아일 죽이려고 했다…? (갸웃) 고양이 땜에 아일 죽이려는 무
              리수를 뒀다고? 무슨 키지? 일반 열쇠치곤 작은데…

두리번대다 문득 손에 든 고양이 버스 오르골에 구멍 보이는! 오르골에 꽂으면 턱
걸리는.

바름   오르골 열쇠였어? 난 또…

열쇠 빼려는데 잘 빠지지 않고. 돌려 빼려는데, 돌리자마자 고양이 버스 한 바퀴 돌
기 시작하며 음악 흘러나온다. 계속 열쇠 돌려, 겨우 빼 들고 뒤돌아 나가려는 순간!
찌익찌익 종이 걸리는 소리에 돌아보는데. 고양이 버스 입에서 토하듯 꾸역꾸역 나
오는 종이 한 장. 저게 뭐지‥? 싶어 다가가 종이 빼보면, 낡은 사진이다. 불에 휩싸
인 물체 앞, 브이 그리며 포즈 취한 빨간색 유니폼 티셔츠 입은 고딩들. (병태와 수철)

바름   (사진 속 불타는 작은 형체 보며) 뭘 태우는 거지‥ (하는데 계속해서 고양이
              버스 입에서 나오는 또 다른 사진 꺼내보다 흠칫! 하는 바름! 시선만/ 사진은 보
              여주지 않습니다) 허…

S#72   꽃님이네 집/ 밤

고깃국 담긴 냄비 올려진 밥상!

꽃님할매   (숟가락 들어 꽃님 손에 쥐어 주며) 많이 묵어. 우리 새끼!
꽃님   (막 먹으려 하는데)

대문 쾅 열리고 뛰어 들어오는 바름. 국 냄비 마당에 확 내던지는. 놀라는 할머니와 꽃님!

바름, 마당에 엎어진 고깃국 냄새 맡는데, 살충제 냄새!에 코 찡그리는

플래시 컷/ 세탁실 선반 안, 숨겨진 통 발견하고 냄새 맡는 바름, "살충제‥" (#71)

순간! 눈에 분노 서리는‥

S#73   무진청 증거보관팀 증거보관실/ 밤

후다닥 뛰어 들어오는 바름. 어린이, 산 채로 불‥ 치면 기사 좍 뜬다. 휘발유테러사건! 바름, 수사기록 중 99년 〈휘발유 테러사건〉 관련자료 꺼내들고 읽기 시작하는. 6살 황민지 어린이. 전신화상으로 사망. 학원에 가던 아이를 인근 공터로 유인 휘발유 끼얹고 불붙임. 피해아동 친구(지적장애아), 동네 주유소 알바생들이라고 지목, 하지만 지적장애아의 진술 신뢰할 수 없다 판단, 용의 선상에서 제외. 민지양 진술엔 사망 전, 범인이 빨간 옷을 입었다고 진술, 하지만 이 역시 부모의 유도 심문으로 보고 진술 채택하지 않음. 용의자 한수철이 범행 저질렀다는 결정적 증거나 범행동기가 없었음으로 용의 선상에서 제외. 결국 미제사건으로 종결. 파일 덮는 바름. 마지막 장에서 툭 떨어지는 편지. 민지父가 민지 생일에 쓴 생일카드다. "민지야. 아빠가 그 놈 잡아서 꼭 혼내줄게"그 문구 물끄러미 보는 바름.

S#74   천주교 장애우복지시설-성모사랑의 집/ 낮

바름 수녀님과 나란히 대화하며 걷는다.

수녀   입양 됐었는데 그 사건 증언 이후로 경찰서에 이리저리 불려 다니다 결국 파양됐어요. 쓸데없는 얘기해서 귀찮게 했다는 게 파양 이유죠. 그 후로 쭉 이곳에서 지내고 있답니다.

바름   근데‥ 듣기론 지적장애가 있다고 하던데‥

| 수녀 | 아니에요. 안젤라는 청각장애입니다. 그래서 발음이 부정확할 뿐 지능엔 문제가 없죠. 하지만 이 때문에 소통이 불가하다고 경찰이 지적장애로 단정 지었던 것 같아요·· |

보면 장애우들, 공예 수업 중이다. 수녀, 안젤라에게 가서 수화로 얘기하면 바름 보는데 안젤라 옆, 가족인형(엄마, 아빠, 아들 2, 딸 1) 만들다, 문득 고개 들어 바름 보는 미카엘라. 바름 찬찬히 보다 만들고 있는 인형 중 첫째아들 인형 획 집어 들더니 수녀 뒤에 휙 숨는.

미카엘라	아니다. 아니다… 오빠 아니다… 오빠 안 온다. 약속 안 지킨다.
바름	(무슨 말인가? 수녀님 보는)
수녀	(도닥거리며) 올 거야. 걱정 마. 조금 시간이 걸리는 거야… (다독이고 안젤라 데리고 오는)
바름	(계속 자기 힐끔거리고 숨는 미카엘라 보는) 무슨 일이에요?
수녀	아, 우리 미카엘라가 상처를 받은 거 같아요. 작년에 오빠란 분이 두 번 찾아 왔었는데·· 두 번째 왔을 땐 담에 데리러 오겠다고 약속했나 봐요. 그런데 그 분이·· 그 사람일 줄은…
바름	네? 그 사람이라뇨? (하는데)
수녀	아, 아니에요·· (다정하게 안젤라에게 수화하며) 안젤라. 예전에 경찰아저 씨들한테 진술한 내용 있잖아. 그거 기억나? 얘기해 줄 수 있어?
안젤라	(수녀 수화보다) 경찰이에요? (원망하듯 보며) 아무리 말해도 안 믿어주잖아요.
바름	(따뜻한 시선으로 안젤라 보며) 나는 믿어요. 나 믿고 얘기해줄래요?
안젤라	(바름 따뜻한 시선에 안심하며 살짝 말 더듬는)

S#75   구담시. 구담동 씨케이 주유소/ 낮

주유하는 바름. 운전석에서 장갑 끼며 어딘가 보면, 사무실 앞 고개 숙인 유니폼 입은 직원 뒷모습과, 혼내는 사장(한수철). 문득 시선 느낀 수철 바름 쪽 힐끔 보더니, 후다닥 뛰어와

수철	죄송합니다. 저희 직원이 자꾸 계산을 틀려서… 여깄습니다. (영수증이랑 휴지 건네주면)

S#76   폐병원 대니얼 아지트/ 밤

바름	(머리카락 든 봉투와 영수증 휴지 든 봉투 건네는).
대니얼	두 사람?
바름	(끄덕이며 분노 가라앉지 않은) 어린 애들을 건드리는 새끼들은 뭐에요?
대니얼	아동 범죄는 다 싸이코패스 범죄야. 아동 살인은 물론 아동 성폭행, 아동 학대 모두!
바름	(분노 가득한 눈빛으로 강한 어조!) 애들을 건드리는 새끼들은 인간이길 포기한 것들이죠!

S#77   무진병원 앞 + 삼거리 정육도매센터/ 밤

모여드는 꽃, 장난감 등… 병원 앞에서 기도하는 시민들 S.K·· 뉴스로 바뀌며··

기자	(E) 이틀 전, A군은 무진의 한 초등학교 급식실에서 청소용 세제 원액이 쏟아져 큰 화상을 입고 죽음과의 사투를 벌이고 있는 가운데, 시민들의 격려와 응원이…
병태	(핸드폰으로 뉴스 보며 짜증스런 표정 짓는 위로)

플래시 컷/ 숨어서 보고 있던 병태. 봉이 급식실로 뛰어 들어가는 모습 본다. (#47 상황)

병태	짜증나네. 그 기집애만 안 나타났더라면 그 꼬맹이 자식 진즉 죽었을 텐데… (하다) 뭐, 살아나봤자 또 부어버리면 그만이지만.

S#78   무진병원 고남의 병실 안 + 밖/ 밤

병실 사이로 고남(안 보이게) 침상 앞에 앉아있는 고남모와 고남부.
그 모습 창문 밖으로 지켜보던 무치, 갸웃하는데. (아이는 보이지 않게)
뛰어오는 바름. 멍하니 앉아있는 봉이 본다.

바름   (봉이 보고는 봉이 옆에 앉아 봉이 어깨 꼭 안아준다) 일어날 거야.
          (하는데 전화 울리는 일어나서 한쪽으로 가서 받는) 결과 나왔어요?
대니얼   (F) 응. 두 사람 다야. 프레데터!

바름, 전화 끊고 결연한 듯 가는데. 바름 스치며 병실 쪽으로 오는 고남 주치의.

무치   (들어가려는 주치의 잡으며) 저기 선생님. 저 애 말이에요. 왜 목 부위까지
          붕대가…
의사   목 주변도 화상이 심했어요.
무치   네?

S#79   삼거리 정육도매센터 앞 + 냉동창고/ 밤

셔터 내린 병태. 피곤한 듯, 목 스트레칭 하는데 냉동창고 불 켜진 것 본다. 갸웃하며
다가가 문 확 열면, 매달린 냉동 돼지들뿐이지만, 뭔가 이상한. 병태, 냉동 돼지들 사
이로 들어가는데 순간 돼지덩어리 병태 향해 달려들며 퍽!! 얼굴 맞고 쓰러지는. 그
앞에 서 있는 바름. 너‥?! 바름 알아본 병태, 주춤주춤 일어나는 척, 옆에 있던 연육
기 들어 바름 향해 내리치는! 바름, 피하고 곧바로 병태 다리 내리찍으면 병태 넘어
지며 냉장고에 연결된 전기선 잡고 바름 공격하려는데! 병태 목 잡아당기는 바름.
병태, 골절기 쪽으로 넘어지면서 버튼 눌리며 골절기 톱 돌아간다. 바름이 자신 향
해 달려들자 피하는 병태. 바름, 돌아가는 골절기 앞 넘어질 뻔 하지만 가까스로 피
하고. 병태, 바름 잡아 골절기 톱 쪽으로 밀며 위협하는데. 바름, 골절기 옆 자르다
만 냉동돼지 앞다리로 병태 머리 쳐서 빠져나온다. 고기들 빼곡 줄지어 걸린 사이로
바름 찾는 병태. 바름, 냉동고기 올라타고 발 들었다 병태 모습 안보이자 다시 내려
오는데, 어느새 바름 뒤에 선 병태! 고기 걸린 갈고리 잡아채서 휘두르면 바름 잽싸
게 피하며 갈고리에 걸린 고기 끌어와 막는, 병태가 휘두른 갈고리, 고기에 박히고!

병태가 고기 쑤셔대는 틈을 타 바름, 병태 확 밀면. 고기 걸어놓은 자잘한 고리들 앞에 쿵 떨어지는. 바름 다가가 잡으려 하자 발차기 하는 병태. 바름, 살짝 몸 돌려 피하자 오히려 갈고리에 병태 발 걸리고, 그대로 병태 다른 쪽 다리 뻥 차면 한쪽 다리 고리에 걸린 채 거꾸로 대롱 매달리는 병태. 흘러내린 바지로 보이는 엉덩이 고양이 4마리 타투 위로‥

플래시 컷/ 꽃님할매 (바름 보며) 고양이 4마리! 고양이 4마리! (#49)

S#80　　무진병원 응급센터장 사무실/ 밤

무치　　(챠트 보고 있는) 이 개새끼. 가만 이 정도면 기도 상태는‥
의사　　기도도 심각한 화상을 입었죠.
무치　　그 정도면 아이가 비명을 지를 수 있나요?
의사　　당연히 못 지르죠. 기도가 저 지경인데‥
무치　　하!

플래시 컷/ 병태 "급식실에서 애 비명소리가 났어요. 깜짝 놀라서 바로 달려갔죠." (#62)

무치　　이런 개쌍눔의 새끼!!! (뛰어 나가는)

S#81　　삼거리 정육도매센터 냉동창고/ 밤

매달려있는 김병태. 저벅저벅 걸어오는 소리‥ 거꾸로 매달린 병태 눈에 보이는, 완전 중무장한 방화복 차림에 방화안경 쓰고, 손에는 청소액 통 들고 있는 바름이다!

병태　　(겁먹은) 뭐, 뭐하는 거야.
바름　　(청소액 통 옆에 놓고) 너만 재미 보려고? 나도 재밀 봐야지. 때마침 이게 너네 집에 있드라.
병태　　사, 살려줘 제발…

바름　(주머니서 키링 꺼내 달랑거리며) 고남이가 같은 반 친구 할머니 누명 벗겨 준다고 혼자 수사를 하다 이걸 봤어. 그리고 이게 고양이 이빨인 걸 알아 낸 거지. 그리고 경찰서를 갔지만, 어린애라고 아무도 귀담아 들어주질 않았나봐. 그래서 방송국에 찾아간 거지.

S#82　몽타주/ 낮

학교 복도/ 아씨 누나는 혼자오라니까 하면 누군가와 쿵 부딪히는! 병태다.
혁 놀라 주춤주춤 후다닥 도망치는 고남.
급식실/ 열린 급식실 보고 후다닥 들어가다 쾅 넘어지며 문턱에 피 흘리는, 고남 일어나다 키링 얼른 미닫이 사이에 던지고. 절룩거리며 선반 뒤에 숨는. 가방 속에서 핸드폰 (봉이가 건) 울리자 꺼내 드는데 드리우는 그림자 고개 들면 병태다. 시선 내리면 병태 손에 청소용 세제 원액 통 들고 있다.
급식실/ 병태, 고남 가방 뒤지지만 키링 없다. 그때, 식료품 팬트리에 숨어 자고 있던 할머니 쿵 소리에 눈 뜨고 문틈으로 보다 혁 놀라는. 나가는 병태 보고 뛰쳐나가 잡는데 순간 병태 바지 쑥 내려가고 순간 고양이 타투 보는. 병태 할머니 뿌리치고 도망치는.
급식실/ 다음날 다 치워진 현장. 바닥에 얼룩만 남은. 몰래 들어오는 병태.
병태 (선반 위 물건들 쏟으며 찾는) "이 자식 대체 어디다 숨긴 거야…"

S#83　삼거리 정육도매센터 냉동창고/ 밤

바름　(청소액 통 뚜껑 열며) 할머니가 널 봤을 땐 아주 온전한 정신이었어‥ 경찰에 진술 했을 때도 말야‥ 그런데 경찰들이 할머니 말을 믿어주지 않은 거야. 할머니 말을 한 번만 확인했어도 너는 바로 체포됐을 텐데… (청소액 통 든 통 들어서, 부으려는 자세)
병태　사, 살려줘 제발. 살려줘.
바름　(멈추고) 근데 한 가지 이해가 안가는 게 있더라구. 아무리 생각해도 고양

이를 죽인 사실을 알았다는 이유만으로 고남이를 죽였다는 게··

병태   (달달달 떨며 청소액 통에 든 방울 거의 떨어질 듯 말 듯) 으으으··

바름   (아랑곳 않고) 이 열쇠의 비밀. 이 오르골 속의 비밀. 판도라의 상자.

병태 시선에 거꾸로 보이는 사진 속 두 청년. 강아지 태워죽이며 찍은 사진 위로

바름   (E) 1999년. 너랑 한수철 둘이 다니던 학교 인근에서 강아지가 타 죽은 동물학대사건이 있었어. 결국 범인을 못 잡았지 경찰도 사람도 아니고 동물이라고 대충 수사한 거야.

S#84   과거. 골목 일각/ 낮

민지 데리고 걸어가는 수철과 그 뒤에서 휘발유통 들고 휘파람 불며 따라가는 모자 쓴 병태. 수철, 쓱 뒤돌아보며 병태와 서로 눈 마주치는데. 다른 골목에서 나오던 아이(안젤라), 민지 뒷모습 보고 어? 민지다. 내 친구 민지 민지. 하며 해맑게 졸졸 따라가는.

바름   (E) 그래서 점점 과감해진 거야. 동물론 흥미가 떨어져서 이번엔 사람을·· 그것도 어린일!

현재/ 다시 사진으로 작은 물체가 아닌·· 다음 사진- 민지 사진 (자세히 보여주지 않을 것)

바름   그리고 이 사진을 찍었어. 니들 살인을 추억하려고. 그런데 하필 고남이가 니 키링을 가져갔고 그 키링으로 그 사진을 본 거야!! 그래서 고남일 죽여야만 했어. 고남이가 방송국에, 경찰에 알리기 전에!

순간 병태 얼굴에 청소액 한 방울 한 방울 뚝 덜어지는. 지지직 연기 피워오르고 으으으!

바름   (괴로워하는 병태 보며, 순간 멈칫!) ·· 겨우 한 방울이야. 한 방울도 고통스러워 죽겠어? (울컥) 근데 그 애들은 어땠을 거 같아? 그 고통 속에, 생떼

같은 자식을 보낸 그 부모의 고통은 또 어땠을지 넌 상상도 안 되지? 너 같은 싸이코패스는 감정 따윈 없으니까, 남의 고통 따윈 상상도 못하겠지…

병태　(으으윽)

바름　그러니 너도 똑같은 고통, 당해 봐! 눈에는 눈. 이에는 이!니까!

S#85　삼거리 정육도매센터 밖 + 안/ 밤

끼익 무치의 차 서는. 총 들고 조심스레 정육점 안으로 들어가는 무치, 쥐죽은 듯 고요하고 어둡다. 희미하게 새어나오는 안쪽 빛 보고 무치 조심스레 가면, 정육점 안쪽 고기 냉동창고 문 살짝 열려 있다. 심호흡 한 뒤 총을 겨누고 다가가는.

인서트/ 냉동창고/ 밤/ 청소원액 통 병태 향해 붓는. 으악! 비명과 연기 피어오르는·· 바름, 그런 병태 보면서 괴로운 감정이 밀려들지만·· 이 악물고 끝까지 붓는!

S#86　삼거리 정육도매센터 냉동창고 + 밖/ 밤

문 확 여는 무치, 놀란 표정으로 총 내린다. 무치 눈 앞, 고기 고리에 거꾸로 걸린 채 청소액에 온 몸 태워진 병태. 아직 연기 풀풀 나는 시체 (모자이크 처리) 멍하니 보던 무치, 바닥에 떨어진 살짝 녹아내린 사진 집어 드는. 이게 뭐지? 하다 헉!!! 뛰어나가는. 사이렌 소리와 함께 경찰차들 도착하고. 호남, 강형사, 이형사 다급히 내린다.

무치　김병태 살해됐어. 아직 멀리 못 갔어. 인근 길목 다 차단해! 얼른! (급히 차타고 가는)

S#87　달리는 무치 차 안/ 밤

무치　(운전하며 통화 중인) 1999년 5월에 발생한 휘발유테러사건. 담당형사였죠? 지금 사진 한 장 보냈으니까 빨리 확인 좀 해줘요. 빨리요! 맞아요?
그때 그 용의자?

형사	(F) 네 맞아요.
무치	하‥ 그 옆에 있는 놈은요?
형사	(F) 그때 그 주유소 같이 알바 하던 친군데‥
무치	한수철이 위험해‥ 빨리 한수철 생사 확인해요! 빨리요!! (미친 듯이 엑셀 밟는)

S#88   구담동. 씨케이 주유소 앞/ 밤

무치 차 도착하면 이미 경찰차들 와 있고, 사람들 웅성웅성 거리며 구경하고 있는.
무치, 한발 늦었구나 싶은데! 경찰에 끌려 나오는 사내. 수철이다! 어? 하는데…

수철	나 아니에요. 난 모르는 일이라구요!!! (발악하며 경찰차에 태워지고)
경찰	(주유소 창고 안에서 피 묻고, 청소액으로 녹아내린 옷가지들 들고 나온다)
무치	(허…) 그게 왜 여기…

S#89   무진청 특본팀 사무실/ 밤

바름, 박스 들고 들어오면 정신없는 특본팀 보인다.

바름	증거품 받으러 왔는데요‥ (하지만 아무도 바름에게 신경 쓰지 않고 부산한)
강형사	(호남에게) 김병태 혈흔 맞답니다. 앞치마도 김병태 꺼고… 서로 통화한 기록도 있구요.
이형사	살해 전날 김병태의 정육점을 GPS로 누르고 찾아간 흔적이 나왔습니다.
바름	(그 모습 보고 있는 위로)

S#90   과거. 몽타주/ 밤 + 낮

주유소 앞/ 티비 보는 수철 보고 수철 차 문 따는 바름. 병태 정육점 주소 GPS 누르는.
정육점/ 몰래 들어오는 바름. 병태 냉동고 들어가면 고기 자르는 도마 옆 병태의 핸드폰 집어 통화 버튼 누르고 받으면 끊고 나가는./ 병태 다시 나오는데 핸드폰 울린다. 받으면.

수철	(끊긴 전화 보고, 다시 전화하는) 누구세요?
병태	누구? 그러는 당신은 누군데·· (하다) 수철이냐?
수철	병태? 니가 웬일로 나한테 전화를 다 했어? 내 바뀐 번호 알아?
병태	내가? 나 안했는데? (갸웃)

S#91   바름의 집 안 + 샤워실/ 밤

문 열리는 소리. 어깨 축 늘어뜨린 채 힘없이 들어오는 바름.
/쏴아~ 샤워기에서 쏟아지는 물. 그 아래 (옷 입은 그대로) 웅크린 채 앉아 무릎에 얼굴 묻고 있는 바름.

바름	(E) (스스로 위로하며) 그래·· 나로 돌아오고 있는 거야··· 그래서 괴로운 거야··

S#92   무진청 취조실 밖 + 안/ 아침

무치, 바름 취조실 밖에서 보고 있고 호남, 강형사 안에서 수철 취조중이다.

수철	진짜라니까요! 그래서 통화하게 된 거고 나중에 한번 보자하고 끊었어요.
호남	그러니까 귀신이 대신 전화했다는 거야? 뭐야.
수철	미치겠네. 나 어젯밤 알리바이 증명할 수 있단 말이에요! 사무실에 같이 있었던 사람!!!
강형사	누군데?
수철	우리 주유소 직원. 당장 가서 확인 해봐요!

인서트/ 구담동. 씨케이 주유소/ 낮

무치   (차에서 내려, 저만치 주유하고 있는 직원 뒷모습 본다.) 저기요·· (돌아보는 직
        원 보는)

S#93   무진청 취조실/ 낮

초조하게 기다리는 수철과 호남, 강형사. 그때, 무치 문 빡 열고 들어온다.

무치   (들어와 심각한 얼굴로) 맞아. 당신이랑 같이 있었다고 하네.
수철   (살았다 싶은) 그럼 전 이제 누명 벗은 거 맞죠? 얼른 풀어줘요 얼른!
무치   근데 어뜩하냐? 그 직원 분, 지적장애를 갖고 계시더라구. 너도 알지? 증
        언 효력 없을 거야. 오래 전에 니가 그렇게 빠져나갔는데. 참 아이러니하
        다 이제 니가 못 빠져나가게 됐네.
수철   (충격 받는) 아냐. 나 아니라구! 아냐!!! (고래고래 소리 지르는)

S#94   무진청 취조실 밖/ 낮

바름   (그 상황 다 지켜보고 서있다.)
무치   (문 열고 나오며 바름에게) 그 놈 짓이야. 강덕수랑 이재식 죽인 놈…
바름   (시침) 설마요… 저 사람한테서 증거가 다 나왔는데요…
무치   사람 죽여 놓고 버젓이 자기 일터에 증거물 갖다놓는 인간 봤어? 작정한 거야··
바름   그런가…?
무치   근데 이상하단 말이야·· 왜 저 놈은 안 죽였을까…
바름   (의미심장하게 보며) 그러게요…

S#95   거리/ 낮

터벅터벅 걸어가는 바름. 전광판에 속보 떠 있고 수갑 찬 채 잡혀가는 한수철 보는 바름.

무치   (E) 이상하단 말이야‥ 왜 저 놈은 안 죽었을까… (#94)

바름 생각하는 위로…

S#96   과거. 구담동 씨케이 주유소/ 밤

통 유리문 너머 TV 보며 깔깔대며 웃고 있는 수철, 그 옆 직원 청소하는데 걸레 집어 던지고 발로 직원 엉덩이 차며 무시하는. 그 모습 보는 바름의 시선. 한참 보다, 그냥 뒤돌아서서 가는. 어느새 요한 나타나 졸졸 따라가며‥

요한   아, 왜. 그냥 가. 재미없게. 죽여. 죽여 버려. 남의 귀한 딸은 태워 죽여 놓
             고, 반성도 안 하는데 그냥 둘 거야? 죽은 아일 생각하라구.
바름   죽이는 거 말고도 죄값 치를 방법이 있을 거야.
요한   황민지 그 애 죽인 거 밝혀봤자 공소시효 지나서 저 새끼 처벌 안 받아.
             방법 없다구! 그냥 죽이라고 죽여!
바름   만들 거야. 방법!

S#97   현재. 거리/ 낮

바름   (전광판 수갑 찬 채 잡혀가는 한수철, 자막-정육점 주인 A씨 살해 용의자 검거!
             보는) 나… 다시 나로… 나 정바름으로 돌아가고 있어‥ 내 머리 속에서
             성요한이 사라지고 있어…

S#98   무진청 증거보관팀 사무실/ 밤

무치, 역시 한수철 체포 관련 뉴스 보며‥

무치   그때‥ 한서준을 누군가 똑같은 방식으로 죽여줬으면‥ 난 어땠을까?‥
             적어도 지금보단 행복했을까‥ (후 한숨 내쉬고 TV 끄고 일어나려다 문득 책
             상 위 달력 날짜 보더니 쓸쓸히) 내일이 형 생일이네‥ (쓸쓸한)

S#99   무진병원- 고남 병실/ 밤

TV에서 김병태 사망 뉴스 나오고, 고남모 보고 있다. 김병태가 온 몸에 독성물질 화
학약품이 부어진 채로 사망했다는 기자 리포팅 들리고 그 뉴스 듣기라도 한 듯 고남
이(엄마 몸에 가려 얼굴부위는 보여주지 말고) 붕대 감은 손 꿈틀 움직이는!

S#100   봉이네 집 인근/ 밤

서울 시내가 내려다보이는 전경. 바라보며 벤치에 앉아있는 바름.

봉이   (E) 오빠?
바름   (돌아보면 봉이 추리닝 차림으로 서 있다) 어. 왔어?
봉이   (앉으며) 할 얘기가 뭔데?
바름   (대답 없이 서울 시내 야경 보는)
봉이   (그런 바름 이상하게 보는데)
바름   봉이야.
봉이   어?
바름   내가 좀 아파‥
봉이   어? 어디가? (걱정스럽게 보며) 많이 아파?
바름   어…. 좀 많이 아파.
봉이   (불안해지는) 어디가 아픈데. 어?
바름   (그런 봉이 눈 보며) 그런데‥ 어쩌면 나을 수 있을 거 같아… 오늘 그런 희
             망을 봤어.

봉이	어? (무슨 말인가?)
바름	그러니까·· 나 다 나을 때까지··· 기다려 줄 수 있어?
봉이	(무슨 말인가 보다·· 이윽고 끄덕이는) 기다릴래·· 기다릴 거야.
바름	어쩌면·· 아주 오래 걸릴지도 몰라··
봉이	상관없어. 호호할머니가 되도 기다릴 거야. 그때 나 늙었다고 차면 안 돼! 알았지?
바름	(미소 지으며 봉이 보는) 다 나으면··· 그땐 우리 시골 내려가서 살까? 난 시골순경하고··· 넌 (하다) 아 안 되겠다. 봉이 넌 방송국에서 일해야 되는데·· 이제 겨우 니 꿈 찾았는데··
봉이	/(1초의 망설임도 없이) 오빠야!
바름	어?
봉이	내 꿈은 오빠라구! 오빠가·· 내 꿈이야··

그 말에 뭉클해지는 바름, 봉이 보는.
그렇게 마주 보는 두 사람. 서툴지만 이쁜 키스하는 페이드아웃 되고··

S#101 공항 출국장 앞 + 안/ 새벽

뛰어오는 바름. 공항 안 TV 뉴스에 〈속보, 꼬마탐정 A군 위기 넘겨···. 〉 보고 안도 하고는, 두리번거리며 출국장 앞 대기석에 앉아있는 이모와 훈석 발견하는. (고양이 는 없습니다)

바름	이모! 훈석아! (반갑게 가면)
훈석	형아!!!
이모	(훈석이 안는 바름 보며) 이 새벽에 뭐하러 나와. 잠이나 더 자지. 가뜩이나 피곤할 텐데.
바름	그래도 2년은 떨어져있을 텐데 얼굴은 봐야죠··· 참 훈석아. 고양이 이름은 지었어?
훈석	응. 토토. 오즈의 마법사에 나오는 강아지 이름이야. 토토.
바름	토토? 우와 이름 좋은데? 고양이 키우다 모르는 거 있으면 냥냥이네라는

카페 들어가서 물어봐. 형도 거기서 정보 많이 얻었거든.

훈석   냥냥이네? 알았어.

바름   (머리 쓰다듬으며) 훈석이 미국 가서도 토토 잘 돌봐줄 거지?

훈석   (끄덕) 응. 근데 토토 엄마가 안 슬퍼해? 토토랑 헤어지는데?

바름   (슬픈 눈빛 되는) 훈석이가 잘 키워줄 거라고 믿으니까‥ 안심할 거야…

이모   (그런 바름 물끄러미 보다) 탑승 시간 됐다. 가자 훈석아. 잘 지내고/

바름   네. 도착하면 바로 연락하세요. (출국장 입구에 서 있는 이모부에게도 꾸벅 인사하는)

이모부, 손들어 바름에게 인사하고 훈석 들어가며 돌아보고 바름에게 손 흔드는. 들어가는 이모와 훈석. 앞장서 들어가는 이모부.

훈석   근데 저 아저씨 누구야‥? 엄마?

이모   어? 어어‥ (돌아보면 저만치 바름 보고 서 있다)

이모와 눈 마주치자 바름 열심히 손 흔든다.

S#102   주얼리 샵 안 + 밖/ 낮

바름   (진열대 안에 각종 커플링들 보다) 이건 어때?

동구   얌마. 넌 나보다도 봉이 취향을 모르냐. 봉이는 이런 화려하고 여성스런 취향 아냐. 쯧! 멀쩡하게 생긴 놈이 연애 한 번을 안 해봐서. 여자 취향을 알 리가 있나. 이건 어때?

바름   (보면 심플한 커플링. 맘에 드는) 좋다. (점원에게) 이걸로 좀 보여주세요.

주얼리 샵 봉투 들고 나오는 바름과 동구. 바름 얼굴 잔뜩 들떠있는

동구   (그런 바름 보며) 아주 좋아 죽네. 하기야 늦게 부뚜막에 오른 고양이가 밤 샐 줄 모르는 법. 좋을 때다. 짜샤! (바름에게 어깨동무하다) 어? 한국이 어머니 아냐?

바름	(보면 길 건너 심전역 앞. 전단지 나눠주고 있는 한국母 보인다)
동구	(한숨) 아직 포기 못 하시는구나·· 하기야 그게 엄마 마음이겠지? 성요한 이 개새끼는 대체 애를 어디다 둔 거야. 시체라도 찾아야 할 거 아냐·· (속상한) 가서 인사드릴까?
바름	(잡는) 그냥 가자·· 우리 보면 더 속상하실 거야··· (가다 돌아보는. 가슴 아픈)

S#103   동구 차 안 + 구동역 거리/ 낮

동구	(운전하며 조심스레 반지 케이스 다시 열어보는 바름 힐끗 보며) 그나저나 봉이 할머니 소원 푸셨네. 그렇게 너 손주사위 삼고 싶어 하더니··
바름	(고개 들면 저 멀리 구동 재개발 플랜카드 보인다) 우리 살던 동네네? (하며 보는 위로)
동구	(E) 벌부터 부순대. 저 동네에서 너랑 나랑 봉이랑 추억도 많은데. 이제 영원히 안녕이구나.
바름	그러게·· (애틋한 눈빛으로 보는)

S#104   구동. 장미상가 앞 + 안/ 낮

들어오는 무치. 찢어져 너덜거리는 폴리스라인. 내부는 거의 창고수준으로 엉망진창이다. 고통스러움이 역력한 얼굴로 덜렁거리는 십자가 본다.

플래시 컷/ 걸려있는 무원의 모습. 그리고 내가 신이야… 피의 글씨·· (5부 #90)

무치	(고통스러움 꾹 삼키고 가져온 상자에서 미니케익 꺼내서 초에 불붙이고, 후 한숨 내쉬며 목에 걸린 십자가 꺼내 펜던트 뚜껑 열어 가족사진 보는) 거기서 축하파티하고 있어? 나만 쏙 빼고? (하다 물끄러미 사진 속 형 얼굴 보는 위로)

플래시 컷/ 무치 "(증오서린) 다신 보지 말자. 평생 보지 말고 살자. 우리!" (5부 #85)
무치 "엄마, 아빠 죽이고 너 평생 그 몸으로 살게 한 새끼 어떻게 용서해! 어떻게!!!

이 새끼야. 난 한서준이 그 새끼보다 니가 더 미워!" (3부 #15)

무치   (눈물 후두둑) 형. 미안해. 정말 미안해‥ (펜던트 사진 만지며) 보고 싶어.
           형아. 엄마. 아빠…

끅끅 거리며 어깨 들썩인다. 삐뚤어진 채 덜렁거리는 십자가, 그런 무치 바라보는 듯…

S#105   바름의 집 거실 + 대문 앞/ 밤

바름   (달달한 표정과 목소리로) 응. 봉이야. 내일 저녁 예약해놨어. 내일 봐. (전
           화 끊는데 딩동)

S#106   바름의 집 대문 앞/ 밤

바름   웬일이세요? 이 밤중에‥
무치   (적당히 취한 얼굴로 소주병들 담긴 봉지 들어 보이는) 술 한 잔 하자고.

S#107   바름의 집 거실/ 밤

거실 바닥에 앉아서 술 마시고 있는 무치와 바름.

바름   (눈 충혈된 무치 살피며) 무슨 일 있어요?
무치   오늘 우리 형 생일‥ 그래서‥ 그런가 술이 좀 땡겨서‥ 혼자 소주 까다
           가‥ 청승맞아서… 정순경 밖에 생각나는 사람이 없드라고‥ 그래서 왔어.
바름   (속상하게 보며) 잘 하셨어요‥
무치   정순경, 예전에 우리 형 많이 챙겼단 얘긴 들었어.
바름   제가 뭘요‥ 신부님이 절 많이 챙기셨죠… 고형사님 얘기 많이 하셨어
           요. 늘 애틋해하셨죠…

무치	(한잔 마시고 한숨 쉬며) 내가 왜 그렇게 형을 미워하고 안 봤는지 알아?
바름	그거야 한서준‥ 용서하자고 해서…
무치	아냐‥
바름	?
무치	실은‥ 불편해서‥ 그 핑계 대고‥ 안 보고 싶은 핑계가 한서준이었지. (눈물 그렁) 형 그렇게 만든 거‥ 나니까‥ 나 살리려고 한서준 유인하다 우리 형 그렇게 됐으니까. 우리 형 불편한 몸 볼 때마다 죄책감에 미칠 거 같았어‥ 차라리 안 보고 싶었어‥ 내가 맘이 편하고 싶어서… 그래서… 그래서‥ 핑계도 생겼겠다‥
바름	(하하 속상한) 신부님도 알았을 거예요‥ 미워해서가 아니라. 미안해서 그랬다는 거‥
무치	(눈물 쓱 닦고) 참, 우리 형 어릴 때 보여줄까? (하며 옷 안에서 십자가 목걸이 꺼내는)
바름	어? 그 목걸이 신부님도 걸고 다녔는데‥
무치	맞아. 너 그때도 그 얘기 했었지. 근데 우리 형이 (목걸이 잡으며) 이 똑같은 걸 갖고 있었다고?
바름	네. 항상 목에 걸고 다니셨어요.
무치	아‥ 엄마가 두 개를 만들었구나‥ 형 유품에는 없었는데‥ (하다, 펜던트 안 사진 보여주며) 너무 작아서 잘 안보이겠지만 봐봐. (보여주며 신난) 어릴 때부터 범생이였어, 우리 형. 공부도 엄청 잘했는데‥
바름	우와 어릴 땐 두 분이 완전 닮았었네요. 추억도 많겠다. 전 형제가 없어서‥ 부럽네요‥
무치	(그런 바름 보다) 정순경. 너 내 동생할래?
바름	동생이요?
무치	나도 정순경한테 우리 형 같은 존재가 돼 주고 싶어‥ 정순경도 고아라며.
바름	(그런 무치 보다 따뜻한 미소 짓는) 네‥ 돼 주세요‥ 형…
무치	좋아. 내 동생 정바름이. 우리 형제 된 기념으로다가 건배! 오늘 마시고 디!지!자!!!
바름	(건배하는) 네 형!!!!

〈시간경과〉

무치   (자다 일어나 술 덜 깬 비틀거리며 화장실 찾아가는) 이 집 화장실이 어디였드라‥

어둠 속, 불도 안 켜고 어둠 속 더듬거리며 복도 꺾고 문 열면 깜깜한, 스위치 더듬다 (팬트리) 쌓아둔 물건들 위로 넘어지면 떨어지는 박스 속 물건들 쏟아지고

〈시간경과〉 아침/ 닭 밝은. 바름 눈 뜨고 일어나면, 무치 가고 없다.

S#108   무진청 증거보관팀 증거보관실/ 아침

무치   (성요한 사건 증거품 박스 안 뒤지며) 이상하다. 정말 없네‥
바름   (E) 그 목걸이 신부님도 걸고 다녔는데‥ 항상 목에 걸고 다니셨어요. (#107)
무치   다른 증거품들이랑 혹시 섞였나?

성요한 사건 관련 박스들 뒤지다 봉이할머니 칼 든 증거 봉투 보고 옆으로 치우려는데, 문득 다시 보면, 칼에 이빨이 빠져있다.

무치   (갸웃 이상한) 이게 원래 이랬었나? (장갑 끼고 봉투 열어 살피는데 칼 손잡이 나무 갈라진 틈 사이로 살짝 보이는 엷은 핏물 보이는) 이게 뭐지?

S#109   바름의 집/ 아침

청소기 돌리고 있는 바름. 팬트리 문 살짝 열려 있는.

바름   (닫는데 문이 잘 안 닫히고, 보면, 십자가 목걸이 줄 걸려있다) 아이고. 귀한 물건 떨어뜨리고 가셨네‥ (주머니에 챙기고 문 닫는)

S#110   무진청 과학수사팀/ 아침

검시관	그 칼의 피를 오봉이 피 샘플, 성요한 피 샘플에 맞춰봤는데 두 사람 모두
	일치하지 않아.
무치	(갸웃) 그럼 누구 피지? 혹시 모르니까 시스템에 돌려봐 줘요. 혹시 매칭
	되는 게 있는지…

S#111   바름의 집 욕실/ 아침

홍얼거리며 샤워하는 바름. 샤워하다 문득 왼쪽 팔에 있는 흉터 보며.

| 바름 | 이건 언제 생긴 흉터였지.? 기억이 안 나는데·· (갸웃하다 다시 홍얼거리며 |
| | 샤워 하는) |

S#112   바름의 집 거실 + 방안/ 아침

신발 신고 나가는 바름. 아차차! 다시 신발 벗고 방안으로 들어가 후다닥 세탁기 앞에 던져둔 실내복에서 무치 목걸이 꺼내 주머니에 넣는.

S#113   봉이네 집/ 아침

들뜬 얼굴로 한껏 차려입고 (살짝 목 드러난 상의) 거울 보는 봉이. 목걸이(#35) 거는 위로.

| 동구 | (E) 오늘 바름이가 프러포즈할 거야. 이건 비밀인데. 커플링도 샀어. |

S#114   OBN 방송국. 셜록 홍주팀 사무실/ 아침

봉이, 신난 얼굴로 들어오며 "좋은 아침입니다" 인사하는데, 홍주 통화중이다.

홍주	네. 그래서 증거물을 좀 확인하고 싶은데… 아 증거보관팀으로 넘어갔어요?·· 아. 알겠습니다. (전화 끊고 잠시 망설이다 봉이 보고 잘 됐다 싶은 얼굴로) 봉이씨. 증거보관팀 박두석 팀장 좀 만나고 올래? 김병태 사건 증거물에 대해서 확인할게 있는데…
봉이	(씩씩하게) 네 알겠습니다.

S#115   무진청 증거보관팀 사무실/ 아침

무치	(통화중인) 결과 나왔어요?
검시관	(F) 이상하네·· 그 피 강덕수 피야.
무치	예? 강덕수 피라구요? 그게 왜·· 그 칼에서·· (중얼거리는) 뭐야 그럼 범인이 이 칼로…
바름	(들어오며 두리번거리고 두석 안 보이자, 쑥스럽지만 반갑게) 형! 무치 형!
무치	(핸드폰 든 채 멍한 얼굴로 바름 보는데)
바름	(주머니에서 목걸이 빼며) 이거 놓고·· (하다, 무치 목에 걸려있는 십자가 목걸이 발견!) 그게·· 왜·· 그 목걸이… (당황해, 획 돌아서는)

S#116   무진청 증거보관팀 앞 복도/ 아침

바름 혼란스러운 상태로 다급히 걸어가는데 복도 맞은편에서 걸어오는 봉이.

봉이	(바름 발견하고) 오빠!
바름	어? 봉이야. 아침부터 웬일… (하다 봉이 목에 걸린 목걸이 보는) 그거…
봉이	아·· 기억 나? 오빠 사고 나기 전에 나 주려고 준비한 거야. 오빠 집에 갔다가 내가 발견했지. 그때 오빠가 나한테 프러포즈하려고 써놓은 편지랑 같이 있었어··
바름	(봉이 목에 걸려있는 목걸이 줄 확 채서 펜던트 보는)
봉이	(놀라) 왜 그래··? 오빠?
바름	(입술 바들바들 떨리며) 이, 이거·· 그 날도 차고 있었어? 명고남이 너 찾아

	온 날…?
봉이	어? 어…

인서트/ 과거. OBN 방송국 로비 카페 (#40 이후 상황)

고남	(봉이 목걸이 보고) 그거‥
봉이	이거? 이쁘지? 누나가 엄청 좋아하는 오빠가 직접 만들어서 준거야.
고남	(당황하는) 오, 오빠요?
봉이	응. (자랑하듯) 저 저기 왔다. (들며) 바름 오빠!
고남	(돌아보고 바름과 눈 마주친다)

바름	허‥ (휘청이는 위로)

플래시 컷/ 열쇠 걸려있는 병태의 키링! (아이보리색의 불투명한 장식품) (#71)

바름	(같은 색과 재질의 봉이 펜던트 보며/ E) 그 애가 알아본 거야‥ 이게 고양이 이빨이란 걸… (갑자기 깨질 듯한 두통 시작되는)

플래시 컷/ 고양이 사체 보고 구역질 하는 바름 (2부 #55)
/고양이 살해 목격 전단지 붙이는 바름 (2부 #57)

봉이	(고통스러워하며 머리 잡고 있는 바름 보고) 오빠 왜 그래. 머리 아파?
바름	(잡는 봉이 손 확 뿌리치고는 후다닥 뛰어가는)

S#117   바름의 집/ 낮

뛰어 들어오는 바름. 팬트리 문 열고 쌓인 물건 다 끌어내 탈탈 털기 시작하는데 낡은 낚시 트로피(치국이랑 나갔던) 속에서 툭 떨어지는 뭔가! 집어서 보면, 봉이할머니 브로치다!

바름   (허억! 주저앉는) 이게‥ 왜‥ 우리 집에 있어…

플래시 컷/ 요한의 집/ 둘러보면 바름의 집 구조/뒷마당 등 찍힌 사진들 컷!!! (6부 #102)
동구   (E) 낼부터 부순대. 저 동네서 추억도 많은데‥ 이제 영원히 안녕이구나.
          (#103)

바름   (일어나 미친 듯이 뛰쳐나가는 위로…)

S#118   몽타주/ 낮

구동 입구/ 뛰어온 바름. 포크레인 밀고 들어가는 중이고, 건물 등 집 막 부수기 시작한…
골목/ 미친 듯이 뛰어오는 바름.
바름집/ 대문 팍 밀치며 뛰어 들어와 정신 나간 사람처럼 두리번거리다 문득! 돌아
보는.

S#119   구동. 바름의 집 뒷마당/ 낮

뒷마당에 선 바름. 휘잉 바람 불고 이미 말라 비틀어 죽은 가지 담긴 화분 덩그러니 보
인다. 다가가 덜덜 떨리는 손으로 화분에 손 대고 침 꿀꺽 삼키고 화분 확 치우려는데.

요한   안 돼! (바름 밀치며) 안 된다구, 안 돼!
바름   비켜! 비키라구!!! (확 밀치면, 넘어지며 깨지는 화분! 그 밑에 드러나는 고리
          잡고 당기는데!)
요한   (애원하다시피 잡으며) 안 돼. 열지 마. 열지 말라고‥
바름   (요한 밀치고 고리 확 걸으면 우두둑 소리와 함께 뚜껑 열리고 그 밑으로 계단 드
          러난다)

S#120   구동. 바름의 집 지하실- 계단 밑/ 낮

바름, 계단 내려오며 어둠 속 핸드폰 화면 켜는데(요한 따라 내려온다) 눈앞에 놓인 통 뚜껑 열면 그 안에 검은 액체 가득 차 있고, 뭔가 보인다. 뭐지? 싶어 손 넣어 들어 올리면!!! 쑥 드러나는 얼굴, 한국이다!!!! 으악 놓치며 엉덩방아 찧는 바름. 시선 들면 벽 가득 죽어가는 시체(변순영부터…) 사진들 붙어있다.

바름 하‥ 하…. 나였어!!! 성요한이 아니라… 나….

바름, 서서히 고개 돌리면, 어느새 바름 뒤에 서있던 요한, 자신의 모습으로 변해있다! 허‥ 충격에 멍한데. 요란하게 울리는 바름의 핸드폰! 바름 멍하니 받는‥

동구 (F/ 다급한) 바름아. 치국이가 깼어. 의식이 돌아왔어!!!

허‥ 멍한 바름의 얼굴에서!

the END

제 15 부

S#1   구동 성당- 예배실/ 밤 (6부 #1)

꿀럭꿀럭 피 뿜어져 나오는 목 부여잡은 채 고통스러워하는 무원. 목 밖으로 달랑거리는 십자가 목걸이 툭 뜯어내는 프레데터의 손. 무원의 손, 뺏기지 않으려 허공을 가르다 프레데터의 바지자락 꽉 움켜쥔다. 올려다보는 힘겨운 시선,

무원   (입 달싹거리는) 신이·· 널··· 구원하길··

볼에 튄 피 손등으로 쓱 닦아내며 무원 내려다보는 서늘한 눈빛, 어린 재훈(11살)이다. 손에 힘 풀리며 숨 멎는 무원. 재훈 시선, 무원에서 벽에 걸려있는 십자가로 옮겨진다. 재훈, 피범벅 된 자신을 내보이듯 두 팔 벌려 예수상 향해.

재훈   어때? 내 꼴이? 괴물이 되지 않게 해 달라고 했잖아·· 빌었잖아···.
       근데 넌 내 기도를 철저히 외면했어···

어느새 원망에서, 냉소와 경멸의 눈빛으로 바뀌는 재훈의 시선 예수상으로 향하고 예수상에서 다시 내리오는 시선. 끝에 냉소와 경멸의 눈빛. 바름이다!

바름   그러면서 니 따위가 무슨 신이야! 이제부터 내가 신이야! 니가 하는 개소

리를 믿고, 따르는 인간들 싹 다 심판할 거야…

팔 벌린 채로 예수상 보는 바름 얼굴 위로··

바름   (E/ 당당하게) 나는… 프레데터다. (서서히 페이드아웃되고… 암전)

바름   (E/ 슬프게) 나는… 프레데터… 였다….

마우스

S#2   구동. 바름의 집 지하실- 계단 밑/ 낮

타이틀 사라지면 암전(어둠- 포르말린 액체) 속에서 뭔가 쑥 올라오는데·· 한국 얼굴이다!
으아악!!! 놓치며 그대로 포르말린 속으로 풍덩! 동시에 바닥에 엉덩방아 찧는 바름.
벽에 걸린 초침, 분침 멈춰선 낡은 시계 위로 (E) 째깍 째깍 째깍·· 초침소리 들리
며… O.L

1년 전/ 벽시계 초침 12시 향해 달려간다. 시계 보고 있던 바름. 초침, 막 12시 넘자,
소파에서 잠든 한국에 다가간다. 영혼 빠져나간 듯한 메마른 눈빛으로 한국 내려다
보는 바름

바름   (다정한 말투로 나즈막히) 한국아. 그 형사아저씨가 약속을 안 지켰어.

한국 앞에 앉아 자신이 차고 있던 시계 풀어 잠들어있는 한국 손목에 채우며…

바름   나중에 그 형사 아저씨한테 보여줘야지. 난 약속 지켰다는 거. (이어 칼 꺼
내 들고, 세상모르고 곤히 잠든 한국 내려다보며) 시기, 질투하지 않는 자는
죄인이야!

잠든 한국 내려 보며 칼 드는 바름 영혼 없는 눈빛… 공포, 혼란의 감정에 휩싸인 눈

빛으로 바뀌고. 포르말린통 검은 액체(한국 가라앉은) 보다 시선 들면, 그제야 벽 가득 죽어가는 피해자 사진들 보인다! 마치 작품처럼 깔끔히 정리된·· 그 위로 플래시 번쩍! 터지는 효과!

퀵!퀵!퀵!/
라이터 휙 던지면 불타오르는 송수호/ 바람에게 공격당하는 변순영! 김철수! 박종호! 조미정! 죽어가는 피해자들 위로 터지는 카메라 플래시!

지하실(성요한 집과 다른 구조) 벽에 전시된 죽어가는 피해자들 모습이 담긴 사진에서 고개 돌리면, 바람 따라 내려왔던 요한이 어느새 바람, 자신의 모습으로 바뀌어 있다.

바름　　(충격에 멍한) 나였어·· 성요한이 아니라··· 나···

허·· 충격에 멍한 얼굴로 주변 둘러보면 지하실 풍경 하나하나 눈에 들어오는데 고트맨 눈에 비췄던 지하실 풍경(10부 #51) 현재의 지하실 풍경 그대로 O.L 되는··
지하실 한쪽 구석에 책장에 꽂혀있는 각종 의학 해부학 전문 서적들 (한국어책, 원서책도)
벽에 붙여진 커다란 인체 해부도와 세워진 대형 인체 해부 모형 등 보이는 위로··

퀵!퀵!퀵!/
신형사에게 울혈 설명하는 바름 (10부 #72)
"정순경 의대 나왔어?/ 어떻게 그런 걸 그렇게 잘 알아? 완전 전문용어 아냐?"

다른 한쪽에 벤치프레스. 샌드백 등등 각종 운동기구들 보이는 위로···

퀵!퀵!퀵!/ 강덕수와의 격투씬, 제압 과정 (13부 #14)
끌려가며 반항하는 이재식, 손쉽게 제압하는 (14부 #13)
김병태와의 정육점 격투씬 (14부 #79)

바름　　(충격과 혼란에 휩싸인 채 중얼거리는) 다 가짜였어·· 다···

과거/ 무진구치소 주차장, 바름의 시선/ 낮 (2부 #13-1)

차에서 칼, 몇 가지 도구 챙기는 바름. 트렁크 문 닫는데, 트렁크 위로 뚝 떨어지는 새똥. 반사적으로 고개 들면 얼굴 위로 떨어지는 새똥. 아씨 새똥 쓱 닦더니 휙 새 잡아채서

바름 감히 내 얼굴에 똥을 싸? (목 잡아 비틀려다가) 가만, 바로 죽이면 재미없잖아. 충분히 고통을 느끼게 해줘야지. (하며 다리 부러뜨리는)

새 날아가는‥ 바름, 바로 쫓아가는데. 새, 푸드덕 하며 날아가려 하지만, 부러진 다리 때문에 잘 날지 못하는. 결국 날지 못하고 뒤뚱거리며 바름 곁을 떠나는 새. 하지만 멀리 가지 못하고 결국 멈춰선 새를 잡으려 달려가 확 잡아채는 순간, 끼익!!! 브레이크 밟는 소리에 바름, 고개 올려보면 바로 앞 무치 차 아슬아슬하게 선다. 기분 나쁜 바름, 서늘한 눈빛으로 일어나다가 이내 눈빛 풀고 (연기 들어가는) 한눈에 봐도 선한 인상으로 바꾸는 위로‥

무치 (E) 근데. 저 쉐끼가!!! (차에서 내리며 버럭) 디지고 싶어 환장했어?!!!
바름 (허리 90도로 굽혀 인사하며) 죄송합니다. 정말 죄송합니다.
무치 (보면 바름 팔에 안긴 채 덜덜 떠는 새끼 새 있다)
바름 다리가 부러진 것 같아요. 차가 오는 데도 안 피하고 있길래. 저도 모르게… 많이 놀라셨죠? (다시 90도 인사) 죄송합니다.

바름, 무치 차 시야에서 사라지자, 텅 빈 눈빛으로 변하고는 다리 부러진 새 내려다본다.

바름 너 땜에 저 새끼한테 허리를 굽혔잖아. (바들거리는 새 어루만지며) 잘못했지? 좋아. 그 벌로 천천히 죽여줄게… 아주 천천히… 충분히 고통을 느낀 후에…

바름 (충격에 멍한 얼굴로 중얼거리는) 처음부터 끝까지 연기를 하며 살았던 거야…

과거/ 바름의 집 방 안/ 아침/ 3부 #57-1
캐릭터 잠옷 입은 바름. 거울 앞에 서 있다. 무표정하고 텅 빈. 메마른 눈빛 바름, 머리에 고무줄 묶고 방긋 웃는 연습한다. 다시 울먹이는 연습하고‥ 반복 연습하는데. 그 위로‥ 탁탁탁 도마 칼 소리. 됐다 싶은 순간 방문 열고 나간다.

플래시 컷 컷!!/

〈어린이에게 희망을〉보며 울먹이는. (3부 #58)

/ 다친 새 다리에 부목 대주는 바름. (2부 #16)

/ 봉이할매 발에 얼음찜질해주며 걱정스러운 표정의 바름 (2부 #58)

/ 경찰복 차림으로 이삿짐 나르는 바름 (3부 #71) 등 착한 바름의 모습들

바름   내가 했던 연기들·· 가짜의 삶·· 그 기억들이 먼저·· 돌아왔던 거야·· 그
                걸 진짜 내 기억이라고 착각했던 거였어… (허·· 허··) 성요한의 기억이라
                생각했던 기억의 파편들··

퀵 플래시!/

만신창이 얼굴이 된 송수호 때리는 주먹! (8부 #65)

/ 쓰레기더미에 버려진 쇠꼬챙이 드는 바름. 허둥지둥 도망치려는 할머니 잡아세우
고 할머니 배, 등 할 거 없이 푹푹 쑤시기 시작하는! (4부 #2-1)

바름   다 내 기억이었어. 첨부터 성요한 기억 따윈 없었어·· (충격으로 멍한·· 그
                때 요란한 핸드폰 소리 들리고, 넋 나간 바름 무의식적으로 전화 받는데)
동구   (F) 바름아!!! 치국이가 깼어·· 의식이 돌아왔어!!
바름   뭐··?

퀵 플래시!/ 치국 가슴을 뚫고 들어가는 칼날! 칼 쥔 바름의 손목 잡고, 고통스럽게
버티는 치국. 핏발 선 눈으로 코앞에서 서늘한 미소 짓는 바름 노려보는 치국!

동구   (F) 이제 막 깨서 상태가 어떤지는 잘 모르겠어. 암튼 빨리 와, 임마!
바름   허… (무너져 내리듯 털썩 그 자리에 주저앉는)

S#3   구동. 바름의 집 뒷마당/ 낮

깨진 채 옆으로 넘어져 흙 쏟아진 화분. 뚜껑 열린 지하실 문, 넓은 뒷마당에 휘잉 바람
소리·· 고즈넉한 오후의 풍경. 이어 지하실에서 터져 나오는 고통에 휩싸인 처절한

울부짖음. 으아아아악---!!!!!!!!!!!!!! 카메라 서서히 페이드아웃 된다‥

S#4　　무진청 증거보관팀 사무실/ 낮

테이블 위, 봉이할매 칼 들어 있는 증거봉투 보고 있는 무치와 두석, 호남, 강형사.

무치	원래는 이가 안 나갔었어요. 봐요. 봐. (증거품 사진이랑 비교해주며) 이게 구동성당에서 발견된 직후에 촬영된 사진이에요. 이 사진에선 멀쩡하잖아요.
호남	(나무로 된 칼자루 보며) 그런데 이 칼자루 틈에서 강덕수 혈흔이 나왔다…?
강형사	그럼 강덕수 살해범이 증거보관실에 침입해 이 칼로 강덕수를 죽이고 다시 돌려놨단 거네?
호남	뭐야? 진짜 사적보복이란 말야? 군이 봉이 할머니 칼을 가져가서 죽였다는 건‥
무치	(곰곰 생각하는)
강형사	그 칼을 가져가는 게 가능해? 대체 관리를 어떻게/
두석	(팔짱 낀 채 듣고 있다가) 내부인의 소행이라면 불가능한 일은 아니지.
무치	그렇다니까! 내가 뭐랬어. 내부인의 소행이랬잖아. 강덕수 몸에 있던 담배빵! 그때였던 거 같아. 그때 여기 들어와서 강덕수 사건 수기기록도 다 보고 이 칼도 가져갔었던 거야.
호남	아니, 그래서 그때 증거보관실 CCTV 다 봤는데… 제 3자가 드나든 흔적은 없었잖아‥
강형사	맞아. 그리고 나서 사건 당일 전후로 무진청 CCTV 싹 다 뒤졌는데도 별 특이점 없었어.
두석	강덕수 사건 관련해 다른 진전 사항은?
호남	(답답한) 아직… 어쩜 단서 하나, 목격자 하나가 없어요… 미치겠다. 위에선 계속 쪼는데…
강형사	국민들은 정의의 사도를 왜 잡냐고, 잡으면 가만 안 둔다고 협박하고, 위에선 법치국가의 근간을 흔드는 원흉이라고 빨리 잡으라고 난리고… 아휴‥

무치	내부인이 확실해요. 그 칼을 가져갔다는 건, 칼의 용도를 정확히 알고 있었단 뜻인데·· 그건 경찰만 알 수 있는 내용이잖아··
호남	일났네 일났네~ 살인범이 경찰이라고? 아흐·· (일어나서 나가려는)
무치	어디 가요?
호남	서장님한테 보고해야지. 범인이 경찰이면··
두석	/일단 앉아.
호남	(보면)
두석	확실한 건 아무것도 없어.
강형사	맞아요. 설사 범인이 이 칼을 가져가서 강덕수를 살해하고 갖다 났다 처도 경찰이라고 단정 지을 수 없죠. 무진청에 드나드는 사람이 하루에도 수백 명인데··
호남	근데 거기 비번을 어떻게 알고 들어가? (하다) 너 문 막 열어놓고 다니는 거 아냐?
무치	그게·· 그건 아닌데·· 내 생일이라··· 내부 사람이면 알 만한 사람은 다 알 수 있지··
호남	어흐. 이 자식이! 니 생일 모르는 사람이 대한민국에 어디·· (하다 움찔·· 무치 눈치 보는)
두석	만에 하나 내부인 짓이라면 더욱 신중해야지. 누군지 알고 함부로 떠들었다간·· 놈이 더 숨어버릴 수도 있어. 일단은 우리끼리 조용히 알아보는 게 맞아.
일동	(끄덕)
두석	고형사는 일단 강덕수 사건 전후로 증거보관실 CCTV 전부 돌려봐. 강형사는 내부에서 강덕수 사건 조회한 직원 있는지 알아보고.

S#5   무진청 특본팀 사무실/ 낮

호남 심난한 얼굴로 팀장실로 들어가고 강형사 자리에 앉는다.

이형사	(슬쩍) 무슨 일인데요?
강형사	어·· (말하려다 말고) 지난번에 무진청 CCTV 싹 다 뒤졌지? 빠진 거 없이?

이형사	네. 별거 안 나왔다니까요… 혹시 놓친 게 있나 해서 신형사랑 크로스 체
	크까지 했어요··
강형사	(끄덕) 참, 상이는 언제부터 출근이냐.
이형사	내일이요.

S#6   무진청 증거보관팀 사무실/ 낮

CCTV 패스트로 돌려보고 있는 무치. 화면엔 바름, 무치, 두석 세 사람만 보인다.

두석	(다가와) 특별한 거 없어?
무치	네. 봉이가 왔다간 게 찍히긴 했는데·· 확인해보니 수성사건 땜에 다녀
	갔었대요. 그리고 봉이가 있던 자리는 CCTV에 찍혀있는데 그 자리에서
	떠난 적이 없더라구요.
두석	(흠) 범인이 내부인이면 증거보관실 안에 CCTV 위치도 대충 알고 있을
	거야. CCTV를 피해 가는 건 일도 아니겠지. 더구나 그 칼이 들어있던 증
	거박스 위치는 하필 CCTV 사각지대고.
무치	(끄덕 일어나며 두석에게) 보안실 가서 다른 데도 확인해볼게요.

S#7   무진청 보안실/ 낮

한쪽에 자리 잡고 앉아서 무진청 전역 CCTV들 눈알 빠지게 보고 있는 무치.

| 무치 | (직원에게) 이게 강덕수 살해 당일 앞뒤로 사흘씩, CCTV 전부라는 거죠? |
| 직원 | 네. 특본팀이 이미 한번 훑었는데… 뭘 또 봐요·· |

무치 계속 주차장, 현관 로비 등 샅샅이 보는데·· 별다른 수상한 점 찾지 못하고··
화면 끄려다 문득 미묘하게 컷이 튀는 걸 알아챈다.

| 무치 | 가만·· (보고 또 보고 반복하다 직원에게) 이거 혹시 누가 지우거나 만졌어요? |

직원	아뇨. 특본팀에서 가져가서 본 거 외엔 누가 손 안 댔는데요? 왜요?
무치	영상 파일이랑, 무진청 CCTV 저장된 하드 좀 줘봐요. 얼른요!

S#8   영산전자상가 안 수리점/ 낮

무치, 두리번거리며 들어오면. 상점에 앉아있던 야동이, 무치 보자마자 인상 찌푸리는

무치	성님이 오셨는데‥ 뭐냐 그 똥 씹은 얼굴은? 진짜 똥 좀 씹게 해주까?
야동이	저 이제 사고 안 치고 맘 잡고 일 한다구요! 대체 몇 번을 확인하는 거예요.
무치	한 번만 더 야동 같은 거 제작하기만 해. 이번엔 깜빵으로 안 끝나고 그 손모가지를 썰어서 돼지우리에 확 던져줄 테니까. 명심해 새꺄! (USB 건네며) 이거 좀 봐봐. 누가 영상을 이어 붙인 거 같아. 복구해봐, 잘린 부분. 시간 없으니까 한꺼번에 모아서 보내지 말고 복원 되는 대로 바로 바로 보내. 알았지? (휙 나가는)
야동이	(무치 나가는 거 보고 신나서) 야동범 잡나 보네. (기대에 차서 USB 꽂는) 화 끈하려나?

S#9   무진청 증거보관팀 사무실/ 낮

들어오는 무치 자리에 앉는데 띵똥 메일 알림과 함께 메시지 뜨는.
〈난 또 진짜 좋은 건 줄 알고 영혼을 갈아서 복원 시켰구만!〉

무치	(지랄!) 벌써 다 됐나 보네? (하며 메일 열면 조각조각 영상들 있고 하나씩 클릭 하면)

수상쩍은 사내 모자 푹 눌러쓰고 CCTV에 얼굴 노출 시키지 않으며 어디론가 가는 모습 보인다. 삭제된 영상들 모두 하나씩 확인하면, 모자 푹 눌러쓴 그 사내만 전부 찍혀있는!

무치	(실눈 뜨며) 이걸 삭제했다는 건…. 이놈이 범인인가…? (싶어 찬찬히 보다)

마지막 영상 클릭! 서 있던 사내, 누군가 만나 반으로 접힌 종이 건네받고 펼쳐보는!

무치   저게 무슨 종이지? (싫어)
무치, 종이 확대해 보는데 자연스레 사내 손등도 같이 확대 되면, 희미하지만 OZ 문신!

플래시 컷/ 무치 뒤통수 몽둥이로 내려치는 손! OZ 문신 (11부 #112)

무치   이씨! 이 새끼! 딱 걸렸어. (날짜 확인하다) 뭐야. 내 뒤통수 깐 날이잖아.
                주차장! 주차장!

하며 다급히 그 시간 이후 주차장 CCTV 돌려보다 스톱! 차에 타는 모자 눌러쓴
OZ. 눈 반짝이는 무치, 출발할 때 찍힌 차 번호(15이 3787) 확대해서 차 번호 적고 후
다닥 나가는.

S#10   교통정보센터 외경 + 상황실/ 낮

주차장에서 나와서 가는 OZ문신 사내 탄 차량 계속 조회해서 연결 화면 보며 이동
동선 파악하는 무치./ 추적차량 호텔 캘리포니아 모텔 주차장으로 들어가는 장면에
서 스톱!!

무치   오케이! 이 강도새꺄! 내 가족사진 버렸기만 해라! 넌 그날로 디졌어!!!
                (벌떡 일어나 나가는)

S#11   호텔 캘리포니아 (무인 모텔) 앞 + 안/ 낮

주차장 안에 서 있는 OZ의 차. (15이 3787) 보고 서 있는 무치.

무치   아직도 있어? (모텔 건물 올려다보며) 장기투숙잔가?

무치, 현관 로비로 들어가면 주차장으로 연결되는 뒷문으로 나오는 OZ. (무치가 온 것은 모르는 상태) OZ, 그대로 차타고 주차장에서 나가는.

로비/ 무치, 로비에서 두리번거리는데 관리인 없이 무인시스템으로 운영되는 곳이다.

무치   뭐야‥ 이건… 안내 데스크도 없고‥

모텔 앞/ 다시 나와서 보는데 그새 주차장에 3787 차 없어졌다.

무치   어? 아씨 그새 어디 갔어? (하는데 핸드폰 울리는 보면, 발신자 동구다)

S#12   무진병원 외경 + 복도/ 낮

온몸 바들바들 떨며 넋 나간 표정으로 휘청휘청 걸어오는 바름. 눈은 퀭하니 충혈됐고 머리도 엉망이다. 주변 사람들 힐끔거리며 걱정스러운 표정으로 바름 보는. 바름, 주변이 뱅글뱅글 돌며 보이고, "괜찮으세요?" 소리도 윙윙거리며 들린다. 의료진, 바름 걱정스럽게 보고 팔 잡으며 어디 안 좋으세요? 하는데 의료진 손 뿌리치고 비틀거리는 바름 위로…

바름   (E) 무거워‥ 잠깐만 내려놓자.

S#13   과거. 무진구치소- 강당 가는 길/ 낮

매직박스 내려놓는 바름과 치국. 후 이마에 송글 맺힌 땀 닦으며 박스 위에 걸터앉는 바름.

치국   하여튼 저질 체력. 방금 쉬었잖아. 그새 몇 발자국이나 왔다고 벌써 힘들어. 그러다 범죄자들 잡을 때 어떡할라 그래. 임마. 제발 운동 좀 해. 어?

바름   숨쉬기 운동 말곤 너무 하기 싫어. 아직 시간 여유 있어. 3분만 쉬자. (하며 주머니에서 mp3 귀에 꽂는)

치국　어? 그거 엠피쓰리 아냐? (신기한) 아직도 그런 게 있어?

바름　어릴 때 엄마가 생일선물로 사준 건데 아직 고장도 안 나고 음질도 좋아. 돌아가신 엄마 생각에 못 버리겠드라고. (플레이 누르는)

치국　(끄덕, 옆에 나란히 앉으며) 무슨 음악 들어?

바름　(한쪽 귀 빼서 치국 귀에 꽂아주며) 클래식인데 제목은 잘 몰라. 집중할 일이 있을 때 듣는 음악이야. 이상하게 이 음악을 들으면 마음이 차분해지면서 집중력이 생기거든.

치국　음. (들으며) 좋네. (다시 빼서 바름에게 건네며) 이따 공연 땜에 긴장 많이 했구나.

바름　(치국 보며 의미심장한 미소 짓다, 저쪽 구석에 세워져 있는 간이시설 보고) 저 긴 뭐야?

치국　어. 수용자들 운동 끝나고 샤워하던 곳이었는데‥ 실내에 새로 시설 좋게 지어서 여긴 안 쓴 지 꽤 됐어.

바름　구치소 야외샤워장은 어떻게 생겼는지 궁금한데… 나 구경해볼래. (가는)

치국　(가는 바름 보며) 암튼 별게 다 보고 싶대. 호기심 왕성한 사춘기 소년이야 뭐야. (따라가는)

S#14　과거. 무진구치소- 폐쇄된 공동샤워장/ 낮

끼익 문 열고 들어오는 바름. 폐쇄된 샤워장 하수구 주변 드러운 회색 쥐들 득실거리고 수챗구멍 사이로 들락거리는. 바름, 쓰윽 눈으로 스캔하다 샤워기 틀어보는데 물 쏟아진다.

바름　아직 물이 나오네?

치국　어. 수도 시설은 연결돼 있으니까.

바름　(치국에게 등 보인 채) 근데, 그거 알아?

치국　뭐어?

바름　(쓰윽 돌아보는데 눈빛 텅 비어있는) 너 좀 새수 없는 거…

치국　어? (이내 웃으며) 뭐야. 너 동구 흉내 내냐? 안 어울리거든.

바름　(표정 없는) 우리가 고1때 처음 만났지? 같은 반 내 짝꿍. 그때부터 쭉 관찰했는데‥ 넌 너무 겸손했어. 니가 한 선행도 다 내가 했다고 공을 돌리고 말이야.

치국   (픽 웃는) 그래서 그게 재수가 없어? 그럼 나 계속 재수 없는 사람 할란다.

바름   그래서 말이야… 널 보면서 생각했어. (하며 귀에 이어폰 꽂는)

치국   뭐얼?

바름   (치국에게 다가가 치국 눈 정확히 응시하며) 널 심판할 거라고!

찰나적으로 주머니에서 칼 꺼내 들고 치국 공격하는 반사적으로 치국, 방어하려 손 올리지만 손보다 칼이 먼저 들어오며 손가락 맨 윗마디에 나는 상처(방어흔-요한 발견). 치국 손가락 베이며 가슴팍으로 들어오는 칼날! 퍽퍽 찌르는데 눈에 살기 가득한 바름. 치국 그 와중에 힘겹게 바름 칼 잡고 버티며 끄억끄억 핏발 선 눈으로 노려보는.

치국   (점점 힘 빠지는) 왜… 왜…

바름   (피식) 교만하지 않는 자는 죄인이야. 새끼야!

힘 더 꽉 주며 밀어 넣으면! 치국, 결국 바름 손 놓치고, 가슴에 쑥 들어가는 칼. 이내 쓰러지는 치국. 칼 뽑아 계속 난자하며 바름 얼굴 위로 튀는 피피피!!!

바름   그따위 개쓰레기들이 지가 뭐라도 된 양 설친다구? 쥐새끼처럼 숨어 있다 연약하고 힘없는 여자나 죽이는 비겁한 버러지 새끼야? 내가?!

CUT TO/ 치국 끅끅거리며 의식 잃어가고, 바퀴 굴러오는 소리 들린다. 바름, 매직박스 끌고 와 보면, 어느새 치국 의식 없다. 발로 툭툭 차보는. 그러나 치국의 몸, 죽은 듯 꿈쩍 않는. 바름, 치국 옷 거칠게 벗겨내고 손목에 채워진 시계 풀러 자신의 주머니에 넣고는

바름   (비아냥거리듯) 어이! 벌거벗은 임금님.

매직박스 안, 대각선 안쪽에 치국 억지로 구겨 넣는데 몸이 잘 들어가지 않는.

바름   (짜증스러운) 아씨. 뭘 처 먹었길래! 이럴 줄 알았음 살 좀 빼게 한 담에 죽일 걸.

억지로 구겨 넣은 뒤, 바닥에 떨어진 치국 손가락 두 개 중 하나(검지)는 박스에 휙 던 져넣고 다른 하나(중지)는 준비해온 비닐에 넣어 주머니에 넣는. 박스 뚜껑 닫고 샤 워기 틀고 샤워 호스 끌어와 피 묻은 매직박스에 쏴아아 뿌리며 피 씻어내고 벽에 튄 피와 수챗구멍에 흥건한 핏물 싹 다 씻어내는. (이때, 바름 mp3 툭 떨어져 수챗구멍 속 으로 빠지는)
/유유히 매직박스 끌고 가는 바름의 뒷모습‥ 수챗구멍 속으로 들락거리는 쥐들.

S#15   현재. 무진병원- 치국 병실 앞/ 낮

어느새 치국 병실 앞에 덜덜 떨며 서 있는 바름. 문 앞에 면회금지/절대안정이라 적 혀있다. 바름, 차마 문 열지 못하고 결국 돌아서서 가려는데‥ **(E) 바름아!** 동구 부르 는 소리에 놀라 고개 들면 맞은편에서 걸어오는 동구와 김교도, 그리고 무치!

동구	왔어? (상태 보며) 근데‥ 너 꼴이 이게 뭐야?
바름	(차마 시선을 어디 둘지 몰라 하고 있는데)
동구	면회 시간 됐어. 들어가자. 얼른‥ (김교도와 병실문 열고 들어가는)
무치	(싱글벙글) 나도 동구한테 연락받고 왔어. 들어가자. 임마. (병실로 들어가는)
바름	(주춤거리며 서 있다, 후다닥 도망치듯 가려는데)
동구	(E) 바름아.
바름	(흠칫 놀라 멈춰 서서 돌아보면)
동구	(병실에서 나와) 어디가? 치국이 깼다! 얼른 들어와!
바름	(깼다는 말에 더 바들바들 주춤주춤 뒷걸음질 치는데)
동구	저 자식 왜 저래? (와서 주춤거리고 서 있는 바름 잡아끌고 데리고 들어가는) 와! 얼른!

S#16   치국의 병실 안/ 낮

바름, 병실에 들어서면 사람들에 둘러싸인 채 침대에 등 기대 앉아있는 치국 보인 다. 아직 상태가 좋지 않은 듯, 멍한 눈빛의 치국 시선이 병실 앞에서 쭈뼛거리고 서 있는 바름으로 가는. 순간, 바름과 치국 눈 딱!!! 마주치는.

일동	(치국 시선 따라 돌아보면)
바름	(시선 자신에게 몰리자, 바들바들 떨며 눈 질끈 감고 중얼거리듯) 내, 내가 치국이를‥/
치국	/(힘겹게) 바, 바름‥아‥

순간 바름 눈 뜨면, 치국 엷은 미소 지으며 힘겹게 (포옹하려는 듯) 두 팔 올리고 있다. 멍해지는 바름. 이게 어떻게 된 거지 싶어 망부석처럼 가만 서 있는데‥

동구	뭐해, 임마. 치국이 팔 떨어지겠다.
바름	(달달 떨며 치국 앞으로 다가가 치국 앞에 서면)
치국	(바름 안는)
무치	(그 모습 미소 지으며 보다 문득! 어? 하는 표정/ *무치 표정만 주세요)
바름	(치국에 안긴 상태에서 극도로 혼란스러운/E) 어, 어떻게 된 거지‥

플래시 컷/ 칼 잡은 바름 손목 잡고 버티며, 핏발 선 눈으로 자신 노려보는 치국. (#14)

바름	(E) 분명히 날 봤는데….
간호사	(E) 면회 시간 끝났습니다. 지금은 환자분 안정이 우선이니 나가주세요.

간호사 다가오면 치국, 바름 안은 팔 풀고. 간호사, 치국 부축하며 눕힌다. 일동, 일어나 나가는데도 바름 멍하니 앉아있자 동구, 나와 임마! 하며 바름 끌고 가는. 바름, 동구한테 끌려 나가다 돌아보면, 누워있는 치국 바름 보며 희미하게 미소 짓는.

S#17   치국의 병실 앞/ 낮

일동 나오면, 복도에서 치국母와 담당주치의 심각하게 얘기 나누는 중이다.

치국母	(걱정스러운) 자기가 왜 여기 누워 있냐고… 사고 당시 일을 기억 못 하는

거 같아요.

바름   (듣는)

치국주치의 극심한 충격을 받으면 뇌가 스스로 감당 못 할 기억을 차단하기도 하죠. 그래서 그날 일은 얘기하셨어요?

치국母   아뇨. 충격받으면 안 좋을 거 같아서‥ 일단은 교통사고가 크게 났다고 둘러댔어요…

치국주치의 잘하셨어요. 몸 상태가 좋아질 때까지는 그렇게 알게 하는 게 나을 거예요. 괜히 쇼크 오면‥ 아직은 상당히 불안정한 상태예요. 의식은 돌아왔지만 저러다 또 급격히 나빠지기도 하거든요. 상태를 좀 지켜봐야 할 거 같아요‥ (가는)

동구   (치국母 어깨 붙잡고) 어머니. 너무 걱정마세요. 하여튼 의사 놈들은 겁부터 준다니까. 뭔 일 나도 책임 안 질라고 그러는 거니까 신경 쓰지 마세요. 치국이‥ 바름이도 알아봤는걸요.

치국母   (반갑게) 그래?

동구   아주 둘이 눈물의 포옹까지 했어요. 나한텐 눈길도 안 주더니‥ 야! 너 보곤 바로 반응하드라… 섭섭하게시리

바름   (죽을 지경인데)

무치   한시름 났네. 정순경. (바름 어깨 잡자)

바름   (순간 화들짝 놀라, 확 비키며 도망가다시피 후다닥 뛰어가는)

동구   어디가!! (하다) 저 자식 너무 좋아서 맛탱이가 갔네, 갔어. 쟤네 둘 완전 소울메이트거든요.

무치   (허둥지둥 가는 바름 이상한 표정으로 보는)

S#18   무진병원- 병실 앞 복도 (코너)/ 낮

허둥지둥 가던 바름. 코너 돌며 슬쩍 병실 복도 쪽 보면, 병실 앞 동구와 얘기중인 무치 보인다. 바름 고통스러운 얼굴로 무치 훔쳐보는데, 울리는 핸드폰! 화들짝 놀라 보면 봉이다. 하아!!! 차마 받지 못하는 바름. 이어 딩동 문자 알림음. 보면 〈**오빠. 나 지금 오빠 집에 왔는데 집에도 없네. 어디야? 그러고 가서 연락도 안 되고? 걱정되니까 문자 보는 대로 전화해**〉

S#19 바름의 집 거실 + 마당/ 낮

봉이, 바름 집 소파에 잠들어있다가 퍼뜩 깨서 핸드폰 확인하는데 답 없는.

봉이   뭐야 전화도 안 받고 문자도 씹고. 갑자기 목걸이는 뜯어가고‥ 왜 그러
는 거야‥?

일어나 가려다 문득 진열대 위에 놓여있는 반지 케이스와 그 옆 리본 달린 봉투 발견
하는.

동구   (E) 너 오늘 이쁘게 입고 나가라. 저녁에 바름이가 너한테 프로포즈할려
고 잔뜩 준비했어.
봉이   프러포즈라면‥ 혹시…

호기심 어린 눈빛으로 케이스 조심스레 열어보는데 커플링이다. 우와~ 신나 죽겠는 얼
굴로 반지 자기 손에 끼워보는데 딱 맞는. 손들어 이리저리 보는.

S#20 바름의 집 마당/ 낮

거실창 유리 너머로 그런 봉이 모습 보고 있는 바름의 슬픈 눈빛 위로‥

S#21 구동파출소 안/ 밤/ 추가 (3부 #94-1)

꺼진 핸드폰 충전기에 꽂으며 전원 켜는데. 켜지자마자 계속해서 부재중을 울리는.
바름, '봉이할머니' 부재중 전화 잔뜩 와 있는 것 확인한다. 무슨 일인가 전화 걸면 받
지 않는다. 문자메시지 알림 뜨자 별 생각 없이 확인하는데, 흠칫! 문자, **〈누스에 난
그 학상 죽인 놈 봐 부렀는디. 우째야 쓰냐?〉**

바름   (E/픽 웃는) 내가 여기 있는데 누굴 봤다는 거야? 노망난 할망구! (하는데)

음성 1통 와 있다. 확인하는데 봉이할매 목소리, 'E/우째 전화를 안 받는 겨? 정순경, 나가 무사서 어따 신고도 못 하긋는디‥ 버스 탔응께 만물상 앞으로 나와 있어. 사진 갖고 왔어.'

바름 　　　(순간 불안한 예감이 드는) 사진? 무슨 소리야? (후다닥 뛰어나가는)

S#22　　골목 끝 집 안 (4부 #2, #2-1)

바름, 서서 보고 있는데. 할머니 서서히 고개 드는.

봉이할매 　(반가운) 오메메. 정순경. 아따 애 떨어지는지 알았네.
바름 　　　어르신 무슨 말이에요? 사진이라뇨?
봉이할매 　긍게 고거시 내가‥ 뭘 봤냐믄 그 포도 밭인가서 죽은 학상있지잉. 그 학상 죽은 사진이‥
바름 　　　(흠칫!) 네?
봉이할매 　봐 봐. 얼마나 끔찍혼가‥ (하며 사진 꺼내는데)
바름 　　　어디서 난 거예요? 네?
봉이할매 　고거시‥ (사진 바름에게 주려다 순간 사진 속, 조미정 시신 옆에 떨어져 있는 봉이의 교복 단추, 순간 멈칫!) 이거‥ 봉이 교복 단춘디. 이것이 어째 여그‥ (하다 문득)

플래시 컷/ 봉이할매, 바름 셔츠 소매에 봉이 교복 단추 떼서 달아주는 (2부 #45)

봉이할매 　(공포스러운 눈빛으로 고개 들면)‥ 어째‥ 이것이…
바름 　　　(순간 지금까지 바름에게서 보지 못했던 표정. 확 짜증 섞인) 아씨!!!

바름 표정에 순간 쿵! 심장 내려앉는 봉이할매. 후다닥 도망치려는데 쓰레기더미에 자빠지는. 쓰레기더미에 버려진 쇠꼬챙이 드는 바름. 일어나 허둥지둥 도망치려던 할머니 붙잡아 세우고 봉이 할머니 배, 등 할 거 없이 푹푹 쑤시기 시작하는 바름! 얼굴 위로 피 튀는데 그 눈빛이 텅 비어 있고

〈CUT TO〉 과거. 1년 전, 구동 골목 끝 집/ 밤 (3부 #97-1)
봉이할매 배에 꽂힌 꼬챙이 쑥 뽑고 내려다보는 바름 시선에 보이는 봉이할매.

봉이할매   (입술 달싹이는) 내‥ 내 새끼 짠혀 어찌‥까… (눈물 떨어지며 눈 감기는)

바름   (눈물 후두둑 떨어지는 위로) 어떡해‥ 어떡해‥ 봉이야…

인서트/ 과거. 무진병원 바름 병실 (4부 #35)/ 밤 (이하 몽타주처럼 빠르게)

봉이   왜 전화 안 받았어. 왜…!!! 너 땜에 울 할머니가 죽었어!!! (바름 멱살 잡아 흔
들며 울부짖는) 찾아내! 니가 찾아내! 울 할머니 죽인 그 새끼 찾아내라고!!

인서트/ 장례식장 (4부 #50)/ 낮
상복 차림의 봉이, 할머니 영정 사진 아래 멍하니 넋 놓고 앉아있다.

인서트/ 할머니 무덤 (4부 #52)/ 노을

봉이   미안해‥ 할머니‥ 잘못 했어‥ 내가 잘못했어. (무덤에 엎드려 흐느껴 우는)

인서트/ 봉이네 집- 방 안 (4부 #54)/ 밤

바름   (놀라) 먹지 마!! 상했잖아. (잡는)
봉이   (뿌리치며, 계속 입에 보쌈 꾸역꾸역 밀어 넣는)
바름   안 돼! 먹지 마!!! (아무리 말려도)
봉이   (고집스레 꾸역꾸역 먹는)

S#23   현재. 바름의 집 마당 + 집 밖/ 낮

끅끅 터져 나오는 울음 참지 못하고 뛰쳐나오는 바름. 대문 옆 벽에 자기 머리 찧으
며 자해하는. 머리에서 주르륵‥ 흐르는 피…. 카메라 그런 바름 한참을 비춘다.

S#24   거리/ 낮

전광판 〈정의의 사도인가! 흉악 범죄자인가!〉〈정부, 전국이 열광하는 '심판맨'에 우려〉 뉴스 한창이고 아이들 "눈에는 눈! 이에는 이!!! 정의의 이름으로 널 심판하겠다!" 흉내 내는. 터벅터벅 걸어가다 그 모습에 경멸스러운 듯한 표정 짓곤 다 내려놓은 듯한 얼굴로 다시 터벅터벅 어디론가 향한다.

S#25   구동성당 (장미상가) 앞/ 낮

탈진된 얼굴로 터벅터벅 걸어오는 바름. (이마에 흐르다 굳은 피 떡진 채) 벽에 락카로 '재개발'이라 써진, 다 허물어져 가는 상가 앞에 선다. 입구에 찢어지고 낡은 채 나풀거리는 구동성당 이전 전단지. 멀리서 포크레인 등으로 집 부수는 소리들 아득하게 들리고…

S#26   구동성당 안/ 낮

끼익 낡은 성당문 열리는 소리와 함께 들어오는 바름. (바닥에 전날 무치가 먹고 간 소주병 굴러다니고) 십자가 예수상 모습, 어느새 십자가에 매달린 무원의 처참한 모습(5부 #90)과 오버랩 되고. 무원 시신 매달린 십자가 뒤로, 벽 전체 차지하는, 피로 쓰여 있는 글씨. '내가 신이야…' 그 모습 고통스럽게 바라보는 바름 위로…

동장소/ 과거. 1년 전 (5부 #76/ #81-1)
TV보고 있는 바름. 화면 속 무치 정면 응시하며 통화 중이다.

무치 (F) 넌 니가 신이라도 된 줄 알지? 너 같은 새끼 본 적 있지… 신이 말한 죄악을 부정하고 오히려 그 반대로 그 죄악을 저지르지 않는 사람들을 니 맘대로 죄인으로 정하고 처단했지, 마치 니가 신이라도 된 듯 착각에 빠져서 말이야…

바름 (보는)

무치	(F) 근데 어쩌냐‥? 넌 신은커녕, 인간도 아냐. 넌 그냥, 끔찍한 괴물일 뿐이야. 결코 구원받을 수 없는‥ 괴물… 버러지만도 못한 참 불쌍한 새끼‥
바름	(불쾌한)
무치	(F/ 차분하게) 자, 네가 원하는 아이 목숨 값 지불했잖아. 약속 지켜.
바름	(입꼬리 씰룩하는)
무치	(사이… F/중얼거리듯) 넌 이제 끝났어. 새까… (하는데)
바름	(담담하고 나지막한 말투) 땡!‥ 틀렸어! (전화 끊고 의자에 묶인 무원 돌아보며) 어떡하죠? 신부님. 동생분이 틀려버렸네? (하며)

의자 발로 차면, 무원 바닥으로 떨어지는. 바름, 무원 뒤에 한쪽 무릎 꿇고 앉아 무원 입 재갈 확 풀고 목에 칼 들이대며 리모컨으로 라이브 버튼 누른다. 노트북 화면에 목에 칼 들이대진 무원 보인다.

CUT TO/ (5부 #82-2/ 82-3/ 82-4/ 6부 #1-1)
무릎 꿇은 무원, 그 뒤에서 무원의 목에 시퍼런 칼을 겨누고 있는 바름!

바름	(핸드폰 입에 댄 채) 분노는 한국이가 아니라 얘지… 분노하지 않은… 죄인…!!!
바름	(씩 웃고 있는)
무치	(F) 혀, 형…!!
바름	답을 못 알아내면 방송 끝나는 정각에 죽인다고 했지… 시간 됐어.
무치	(F) 허‥허…
바름	말이 돼? 헤드헌터가 자기 엄마, 아빠 머릴 잘라 죽였는데‥ 지 몸을 이렇게 만들어 놨는데… 다 용서했잖아. 아주 가관이더라구‥

바름, 무원 목에 칼 겨눈 채 즐기고 있는데 무치 무릎 꿇은.

무치	(F/떨리는) 저, 저를 죽이세요‥ 제발요‥ 제발… 불쌍한 우리 형 살려주시고…
무원	(화면으로 그런 무치 보며 가슴 아픈) 무치야, 형 괜찮아. 형한테 무슨 일이 생겨도 니 잘못이 아니야. 알았지?

바름	(감정 동요 없이 차분한 어조로) 마지막 기회야! 화를 내! 분노하라고! 네 부모를 죽인 헤드헌터에게! 그놈을 사형시키지 않는 세상에!!! 분노를 터뜨리라고!
무치	(F) 제발·· 형·· 형···
무원	무치야·· (눈에서 눈물 뚝) 복수심으로 니 인생을 망치지 마··

바름 텅 빈 눈빛으로 무원 목에 대고 있는 칼에 힘주며 무원의 목 쓰윽 긋는!

현재/ 그 당당했던 바름은 없고… 고통으로 금방이라도 쓰러질 듯한 바름 서 있다.

바름	(십자가 향해 중얼거리는) 차라리 그때 죽게 놔두지·· 그때의 나였으면 이렇게 사지가 갈기갈기 찢기는 고통의 감정 따윈 없을 텐데…. 이게… 당신이 나한테 내리는 천벌이야…? 어…? (다리 힘 풀려 털썩 주저앉는)

십자가의 시선으로 그렇게 한참을 넋 놓고 앉아있는 바름 내려다 보는··

S#27   무진청 증거보관팀 사무실/ 낮

들어오는 무치. 자리에 앉는데·· 뭔가 찜찜한 듯 곰곰 생각하는 위로··

S#28   과거. 치국의 병실 (#16 상황, 무치 시선)/ 낮

치국, 바름 안으면 무치 그런 둘의 모습 흐뭇하게 보는데. 문득 바름 안은 치국의 손이 미세하게 떨리는 것 보이는. 순간 상태가 많이 안 좋은가 싶어 치국 보는데, 치국이 무치와 눈 마주치자 시선 피하며 자신의 떠는 손을 의식하고 급히 한 손으로 다른 (떠는)손 잡는.
/일동, 일어나 나가는데. 무치, 나가며 슬쩍 보면 바름, 치국 바라보다 고개 돌리고 나가자 누워있던 치국, 바름에게 미소 짓다 무치와 눈 마주치고, 순간 무치 시선 피한다.

무치   뭐지? 사고 전에 둘이 무슨 일이 있었나? 싸웠나? 아무리 싸웠어도… 대체 뭐야… 하아‥ (궁금해 미치겠. 안 되겠는지 벌떡 일어나 나가는)

S#29   구동성당 (장미상가) 안/ 낮

어느새 천장에 튀어나온 철근에 줄 걸려있고 제단 딛고 올라서서 목에 줄 거는 바름. 눈 꾹 감고 딛고 있는 제단 발로 툭 차면! 제단 넘어지면서 동시에 바름의 발 허공에 뜬다! 바름 목에 걸린 줄 당겨지며, 얼굴 시뻘게지고‥ 고통스레 까무룩 죽어가는 바름. 순간!!!

무원   (E) 신이… 널…. 구원하길…

그 소리와 동시에 (테잎 거꾸로 감기는 효과로) "신이 널 구원하길‥" 부터 시간 역행하듯, 무원 목 베는/ 무치와 방송으로 통화 주고받는/ 방송 준비하는/ 한국이 촬영하는/ 한국이 납치하는 장면에서 스톱!! 되며!

바름   (순간 번쩍 눈 뜨는/ E) 한국이!!

목 조르고 있는 줄 잡고, 온 힘을 다해 발버둥 치는 바름! 결국 철근에 매단 줄 툭 떨어지며 바닥으로 쿵 떨어지는 바름. 다급히 목에 맨 줄 풀고 뛰쳐나가는.

S#30   구동 거리/ 낮

정신없이 달려가는 바름.

바름   (E) 포크레인으로 밀어버리면 시신이 다 훼손될 거야. 온전한 상태로 엄마 품에 돌려줘야 해‥ 그거라도 해야 돼. 그게 내가 한국이와 아이엄마에게 해 줄 수 있는 유일한 일이야….

뛰어가는 바름 위로… 빠르게 시간 흐르듯 컷컷컷!
/ 놀이동산에서 한국이 납치
/ 바름, 지하실에서 "이제 믿어주겠어? 정확히 방송이 끝나는 시각이야‥"
/ 방송 중 무치와 통화하며, 한편으로는 바쁘게 움직이는 바름의 동선들.
/ 무원 어떻게 잡고, 처리하는지. 괴로워하는 무치 보며 도발하고.
/ 한국이 살해 직전까지! (스피드하게)

S#31   현재. 구동 바름의 집- 지하실/ 낮

정신없이 뛰어 내려오는 바름. 하지만, 어느새 포르말린 통 사라지고 없다.

바름   어‥ 어디 갔어? (둘러보면 벽에 사진들도 운동기구, 해부도 등 다 사라진 채 텅
         비어있다) 뭐야…? 누가 다 치운거야‥ (하는데)
인부   (E) (계단에 서서 고개 내밀며) 어이, 거기서 뭐해요?
바름   (돌아보면)
인부   나와요. 얼른! 여기 지금 철거 들어가요. 빨리 나와요.
바름   여, 여기 있는 것들‥ 치웠어요?
인부   뭘 치워요? 얼른 나오라니까! 여기 지금 밀 거라구요!
바름   여기 있는 물건들 다 어디다 치웠냐구요!
인부   치우긴 누가 치워요‥ (버럭) 나오라고요. 얼른! (가면)
바름   (멍한) 누가 치운 거야…. 대체…

S#32   구동. 바름의 집 대문 앞/ 낮

쫓겨나듯 인부에게 떠밀려 나오는 바름. 바름 나오자마자 포크레인이 바름의 집 부
수며 밀기 시작하는. 멍하니 집 부서지는 모습 보던 바름 생각난 듯 후다닥 뛰어가는!

S#33   폐병원. 대니얼 아지트 안 + 밖/ 낮

문 쾅 열고 들어오는 바름. 놀라 보는 대니얼. (바름 이마에 떡진 피와 목에 벌건 줄자국)

대니얼   (놀라보는) 왜 그래? 얼굴이? 목은 또 왜‥?
바름   (버럭 멱살 잡고) 한국이 시체 어쨌어!!! 내놔. 내놓으라고!
대니얼   (놀라) 무슨 말이야? 한국이라니?
바름   우형철 시체도 당신이 치웠잖아‥ 내놓으라고!! 아이, 엄마한테 돌려줄
        거야!!! 내놔!!!!
대니얼   (진심 모르는 표정으로) 한국이가 누군데? (하다 아! 알겠는) 아‥ 성요한이
        납치했다던 그   아이‥ 그 아일 왜 나한테 찾아?
바름   (의심스러운 눈으로) 정말‥ 박사님이 감춘 게 아니라구요?
대니얼   내가 그 아이가 어딨는지 알고? (하며 바름 이상하게 보는)
바름   (순간 허‥ 혼란스러운)
대니얼   (살피듯 보며) 그 아이 시체가 어딨는데…
바름   (멈칫! 대답 못 하는)
대니얼   (조심스레 묻는) 성요한이 그 아이를 숨겨둔 장소도 기억 속에서 떠오른 거야?
바름   (대답 없이 주춤주춤 뒤로 물러서다 휙 나가는)
대니얼   (심상치 않은 표정으로 보는)

S#34   폐병원 대니얼 아지트 밖/ 낮

바름   (멍한 표정으로 나오며) 대니얼 박사가 치운 게 아니면‥ 대체 누가‥? (소
        름 끼치는) 내 정체를 다 알고 있는 누군가가 있어… 누구지‥ 누가 왜‥?
        (혼란스러운)

창가/ 그런 바름의 혼란스러워하는 모습 내려다보고 있는 대니얼.

S#35   무진병원- 치국의 병실/ 낮

병실 앞 절대 안정/면회금지 붙어있다. 무시하고 들어가는 무치. 커튼 드리워진 컴컴한 병실 안 치국, 악몽 꾸는지 움찔거리며 자고 있다. 문 앞에 서서 그런 치국 물끄러미 보는 무치. 갑자기 "사, 살, 살려줘! 제발 아악!" 벌떡 일어나 앉아 헉헉거리다 문 앞 어둠 속 서 있는 실루엣 (무치) 보고 으악! 경기 하듯 침대 밑으로 떨어져 덜덜 떨며 숨는.

치국	(침대 다리 붙잡은 채) 사, 사, 살려줘.
무치	(놀라 달려가 치국 부축하며) 나야 나. 고무치 형사. 아까 왔었던··
치국	(바들바들 떨며 무치 보고 후 안도하는)
무치	악몽 꿨나 보네. (부축하며 침대에 앉히고 이불 덮어주는)
치국	(허어허어·· 숨 몰아쉬는)
무치	(그런 치국 짠하게 보다) 안심해요. 범인 이미 죽었으니까.
치국	(헉!) 주·· 죽다뇨? (이상한) 누가 죽어요? (확인하듯) 날 찌른 범인이 죽었다구요?
무치	(그런 치국 이상하게 보다) 어머니가 사고 당시에 대해 아무것도 기억 못 한다고 하던데··
치국	네? 아·· 엄마한테 들었·· (우물쭈물하는)
무치	나치국씨 교통사고 난 걸로 알려줬다는데?
치국	네? 아·· (당황하는)
무치	근데 찌른 범인이라면··
치국	기, 기억이 좀 나기 시작했어요.
무치	아·· (살피듯) 기억나요? 무슨 일이 있었는지?
치국	(당황하는 눈빛 역력한) 네. 그 그게·· (다급히) 그, 근데 범인 얼굴은 기억 안 나요. 샤워장에서 누가 절 공격한 것만·· 뒤·· 네. 뒤에서 공격당해서 얼굴을 못 봤어요…
무치	샤워장?
치국	(걱정스러운) 그, 근데 누, 누군데요. 누가 죽었는데요?
무치	(그런 치국 보며 골똘히 생각하는/ E) 범인이 궁금한 게 아니라.,. 죽은 사람이 궁금해··? (부러) 아, 그럼 정순경 통해서 범인 관련 자료 보낼게요.
치국	(정순경이란 말에 순간 당황하는)
무치	(그런 치국 표정 캐치하는)

S#36   치국의 병실 앞 복도/ 낮

무치   (문 닫고 나와 닫힌 병실 보며) 왜 저렇게 정순경한테 반응을 보이지‥? (갸
           웃하는)

S#37   무진구치소 내 샤워장/ 낮

샤워장 둘러보는 무치. 뒤에 김교도 서 있다.

무치   샤워 시설은 지금 다 본 건가요?
김교도   네.
무치   (갸웃하는데)
김교도   참, 폐쇄된 샤워장이 있긴 한데‥ 설마 거긴 아니겠죠?
무치   폐쇄된‥ 어딘데요?

S#38   무진구치소 내 폐쇄된 공동샤워장 (#14 동장소)/ 낮

끼익 문 열면 거미줄 잔뜩 쳐져있고 쥐들도 찍찍거리며 돌아다니고 있다.
무치 두리번거리다, 샤워기도 괜히 틀어보고‥ 수챗구멍 드나드는 쥐 보다, 문득 쥐들
발로 치우고. 구멍 안 자세히 들여다보는데 그 안에 말라있는 연한 핏물! 발견한다.

무치   (고개 들며 김교도에게) 여기 사용 안 한 지 얼마나 됐다 그랬죠?
김교도   한 2년 정도?
무치   (눈빛 반짝이는)

S#39   무진구치소 내 폐쇄된 공동샤워장 앞/ 낮

혈흔 묻은 면봉 넣은 봉투 들고나오는 무치, 강당 쪽 보는 위로…

플래시 컷/ 강당 무대 뒤 대기실 (3부 #24)

바름   들어오자마자 저 구석에 뒀어요. 단원들 다니는데 방해되지 않게요.

무치   매직박스는 대기실에 계속 있었다고 했는데… 여기서 공연장까지 빠른 걸음으로 3분 거리. 여기서 나치국을 공격하고, 공연장 대기실에 있는 매직박스에 넣었다‥? 온몸이 난자된 채 피투성이인 나치국을 업고 공연장까지 가서 넣었다고? 말이 안 되잖아… 뭐지? (갸웃)

S#40   달리는 바름의 차 안 + 심전역 일각/ 해질녘

정신 나간 채 운전하는 바름. 차가 비틀거리며 옆 차선도 넘어가기도 하고… 신호 바뀌는데도 멍 때리면, 가는 옆 차들 빵빵거리고 횡단보도 건너던 사람들 열받아 소리 지르는 모습 밖으로 보인다. 창밖 광경은 보이지 않는 바름. 운전석 옆자리엔 권총 놓여있다.
바름 차, 하필 심전역 앞 지나치는. 순간, 바름 눈에 보이는 한국母. 한국母 여전히 오가는 사람들에게 한국이 찾는 전단지 나눠주고 있다. 미치겠는 바름. 애써 외면하고 지나치고 가면서도 백미러로 한국母 보다, 순간 끼익 브레이크 밟는. 뒤에 차들 빵빵거려도 아랑곳하지 않고 멍하니 전단지 나눠주고 있는 한국母 슬픈 눈으로 보는.

바름   그냥 죽으면… 저렇게 모른 척 내버려두고 가면‥ 평생 한국이만 찾고 계시겠지… 그래. 고백하자. 포기시켜 드리자…

차 갓길에 대고 물티슈 꺼내 미러 보며 이마에 눌러붙은 피 열심히 닦아낸다.
이윽고 손잡이 잡고 문 열려는데 차마‥ 손잡이 잡고 한참을 앉아 있다 이윽고 내린다.

S#41   심전역 앞/ 해질녘

한국母   (전단지 나눠주며 어눌한 한국말로) 혹시 우리 한국이 닮은 애라도 보면 꼭 좀 연락주세요. 부탁드립니다. 부탁드립니다‥ (하는데)

바름	(E) 한국이 어머니··
한국母	(고개 돌려 바름 보는. 반갑게) 아이고, 정순경님. (손 덥썩 잡는) 몸은 다 나 았어요?
바름	(잡힌 손 바르르 떨리는)
한국母	여긴 웬일로···
바름	(입술 꾹 깨물며) 어머니··
한국母	?
바름	한국이·· 그만 찾으세요···
한국母	무슨··
바름	실은·· 사실은··· (차마 입이 떨어지지 않는)
한국母	(불안한 표정 지으며) 왜··?
바름	(결심한) 제가 한국이를 (하아··) 죽···/

순간 한국母, 바름 바라보던 시선 바름 뒤를 향하고, 멍해지는 표정. 손에 들린 전단
지 툭 떨어뜨리는. 바름, 반사적으로 뒤돌아보면 바름 뒤쪽 길 건너 전광판에 자막!
**〈속보 김한국군 사망, 1년 만에 시신으로 발견!〉 〈경기도 한 폐공장에서 약품에
보관된 채 부패되지 않은 시신 발견〉** 순간 쿵! 소리에 바름 돌아보면, 한국母 의식
잃고 쓰러진.

S#42   폐공장 앞/ 밤

바름 정신없이 도착하면, 현장은 이미 취재진들과 인파로 아수라장이다.
폴리스라인 쳐 있고 경찰들 인파들과 기자들 통제하느라 정신없다.

S#43   폐공장 안/ 밤

들어오면, 포르말린 통 있고 그 앞에 앉아 한국시체 살피고 있는 검시관. (*한국시체
안 보이게) 그 옆에 특본팀과 무치도 와 있다. 그때 한국아!!! 내 새끼!!! 뛰어 들어오
는 한국母. 한국에게 달려가려는데 강형사와 이형사 붙들고, 호남 눈짓하면 발버둥

치며 울부짖는 한국母 데리고 나가는‥ 무치, 그 모습 가슴 아프게 보는.

바름	(멍하니 서서) 왜 여기… 누가 여기다…
무치	(열 받은) 누구긴 누구야!!!!! 성요한 개새끼지!!! 이런 데다 감춰두면 어떻게 찾냐고!! 누가 싸이코패스 새끼 아니랄까봐! (미치겠는)
바름	(멍한)
무치	(사체 확인하는 검시관에게 가서) 어, 언제 죽었어요?
검시관	포르말린에 넣어놔서 정확한 시기는 모르겠어. 자세한 건 부검을 해봐야‥
바름	(멍한 표정으로 보는)

순간 무치, 눈에 사체 덮인 천 밖으로 나온 한국의 팔에 채워진 성인용 시계 본다.
무치, 다가가 시계 보면 시간 12시(자정) 갓 넘긴 시간에 초침 멈춰져 있다. 순간!

플래시 컷/ 한국 잠든 영상 위로… (6부 #34)

(E)	이게 고트맨의 최후야. 고무치 형사님. 뭐해? 이대로 한국이 포기할 거야? 사흘 안에 날 찾지 못하면 전 국민이 허파 없는 한국이 시첼 보게 될 거야!!! 정확히 사흘 후 자정까지야!!!

무치	자정…? (허‥ 충격받는 위로)

S#44   과거. 무진청- 특별수사팀 회의실 (6부 #87)/ 낮

십자가에 걸려 있는 무원 배 불룩 나와 있는… 불룩 솟아오른 배 위로 듬성듬성 꿰맨 자국의 부검 사진 등… 으아악 소리 지르며 보드에 붙은 무원 시신 관련 사진 뜯어내는 무치. 으아아악 드러누우며 고통스러움에 발버둥 치는…

과거/ 허름한 술집 (6부 #89)/ 밤
미친 듯이 술 들이붓는 무치. 술집 벽에 걸려있는 티비 화면에서는 뉴스 특보 계속되고‥

앵커	(E) 한국이에게 주어진 시간인 어젯밤 자정을 넘기면서…

마시다 그대로 엎어져 자는 무치.

현재/ 폐공장 안/ 밤

무치	(입술 바들바들 떨며) 아, 아이…상태는요?
검시관	어?
무치	허‥ 허파‥ 아이 허파… 이‥ 있어요‥?
검시관	(괴로운 듯 고개 짓는) 끔찍한 새끼. 어떻게 어린 애를….
무치	하아… (다리에 힘 풀리며 털썩 주저앉는)
바름	(입술 질끈 깨무는. 눈물 후두둑 떨어지는)
무치	(주저앉은 채 정신 나간 사람처럼 중얼거리는) 내가 술 처먹고 자빠져있는 동안… 그러는 동안… 하아! 하아! 저 아이 나 때문에 죽은 거야… 나 때문에… 내가 포기했어‥ 내가…. 으아아악~~!!!!

괴로워하며 자책하는 무치 보며 돌아서는 바름. 카메라 들고 뛰어오던 홍주, 휘청거리며 넋 나간 얼굴로 나가는 바름 묘한 표정으로 보다 고개 돌려 공장 안 보면 주저앉아 자책하며 괴로워하는 무치 본다. 그런 무치 모습 가슴 아프게 보는.

S#45   폐병원. 대니얼 아지트/ 밤

대니얼, 누군가와 통화 중이다.

대니얼	아이가 발견돼? 폐공장에서? (잠시 생각하는 위로)
바름	(E) 한국이 시체 어쨌어!!! 내놔! 내놓으라고! (#33)
대니얼	아무래도 진짜 기억이 다 돌아온 거 같아. 사고 치기 전에 막아야겠어. (전화 끊고 서랍에서 낡은 노트 꺼내 가방에 넣고 다급히 코트 걸치고 나가는)

S#46   바름의 집 앞/ 밤

시동 끄는 바름. 넋 나간 표정으로 앉아있다. 옆 좌석 돌아보면 권총 놓여있다.
집어 들고 차에서 내린다.

S#47   바름의 집 거실/ 밤

바름의 집 뒤지고 있는 누군가, (OZ) 현관 열리는 소리에 후다닥 팬트리에 숨는.
들어오는 바름. 집안 여기저기 누군가 뒤진 흔적 있지만 인지하지 못하고 넋 나간
얼굴로 권총 꺼내 들어 이마에 총구 갖다 댄 채, 눈 질끈 감고 방아쇠 당기려는데! 누
군가 뒤통수 빡!! 그대로 고꾸라지는 바름. 의식 잃은 바름의 잠바, 바지 주머니 뒤
져 십자가와 브로치 찾아내는 사내. 그때, 대문 열리는 소리 들리고. OZ, 주방 뒷문
통해 나가는.

S#48   바름의 방 + 거실/ 밤

의식 돌아오는 바름. 바름, 벌떡 일어나 두리번거리며 (자신의 총)찾는데.
대니얼, 장식장 위 어린 바름 안고 찍은 바름母(희정) 사진액자 보고 있다.

바름	(E) (소리 지르며) 내 총 어딨어! 내 총!
대니얼	(바름 보면)
바름	(방에서 나오며) 내놔 내 총! (소리 지르는) 어딨냐고!!!!
대니얼	(주머니에서 총 꺼내 바름에게 건네주면)
바름	(받자마자 다시 머리에 쏘려는데 찰칵 소리만 들리는) 아씨! 총알 내놔!!! 내놓 으라고!!!!
대니얼	(이성 잃고 난리 치는 바름 그저 차분하게 바라보다) 대체 왜 그러는데? 이유 가 뭐야?
바름	(실성한 사람처럼) 나였어! 나였다고. 나!!! (웃는지 우는지 헷갈리게 허허 허‥) 성요한이 아니라, 나였다고!!! 내가 그 살인마였어. (고통이 역력한)

봉이 할머니도! 신부님도! 치국이도 다 다! 다! 다 나였다고! 내가 죽였
어!!! 내가!!!

대니얼   (정신 나간 사람처럼 말하는 바름 물끄러미 보는)

바름   못 알아듣겠어? 무슨 말인지? 내가 다 죽였다고! 송수호 변순영 조미정
김철수 박종호! 그 불쌍하고 죄 없는 사람들을 내가! 내가 다 죽였다고.
그것도 아주 처참하게·· 난 사람이 아냐!! 괴물이야! 괴물!!!! 그러니까
나 좀 죽게 내버려둬 제발 방해하지 말라고오!!!!!

대니얼   (담담하게) 죽으려고 애쓰지 마. 어차피 넌 얼마 안 남았어.

바름   ?

대니얼   (가방에서 낡은 노트 꺼내 바름 앞에 툭 던지는)

바름   (뭔가 보는) 이게 뭐에요?

대니얼   15년 전쯤 세미나 참석차 잠깐 한국에 들어온 적이 있었어. 동료 연구소
에 머무르고 있었는데 내 앞으로 택배상자가 도착했어. 발신자 불명의…

S#49   과거. 한국 유전자연구소- 연구실 (1부 #75)/ 밤

갸웃하는 대니얼, 박스 뜯어보는데 순간! 상자에서 확 튀어나오는 생쥐1. 으악! 뒤
로 엉덩방아 찧는 대니얼. 순간 생쥐, 덜 닫힌 문틈으로 쪼르르 나가버리는. 당황한
얼굴로 일어나는 대니얼, 상자 안에 남아있는 생쥐2 보는데. 머리에 실 자국 발견하
고 흠칫 놀라는. 설…마?

대니얼   (E) 그때 난 한서준이 뇌 이식에 성공했단 걸 알았지. 놈은 자신의 성공을
나한테 알리고 싶었던 거야.

CUT TO/ 철망 속 머리에 실 나와 있는 생쥐2. 정신없이 뛰어다니는 모습 보는 대니얼.

대니얼   (E) 난 그 쥐가 어떻게 되는지 궁금했어. 그래서 그날부터 관찰일지를 썼지.

S#50   몽타주/ 과거

한국연구소/관찰하는 대니얼. 관찰일지 쓰는, 〈발견 사흘째 12월 28일… 매우 상태 좋음〉

영국연구소/ 철망 안에 실밥 있는 쥐, 사흘째보다 움직임이 둔한. 대니얼 상태 보며 관찰일지 쓰는 〈발견 10일째, 움직임이 둔함〉

/힘겹게 움직이는 쥐. 대니얼, 관찰일지 쓰는 〈발견 20일 째 상태 매우 안 좋음〉

〈CUT TO〉 들어오는 대니얼, 철망 들여다보면 움직임 없는 쥐. 대니얼, 작대기 들어 철망 사이로 쥐 찔러보지만 꿈쩍 않는. 대니얼 관찰일지 쓰는‥ 〈발견 30일 째 사망〉

대니얼 (E) 결국, 한서준은 실패한 거야.

S#51 현재. 바름의 집- 거실/ 밤

대니얼 그러니 너도 죽게 될 거야. 머지않아… 물론 쥐와 인간은 다르니 사망 시기는 다르겠지만‥

바름 허… (잠시 멍해있다 원망의 눈빛으로) 그걸 숨겼어‥? 대체 당신 뭘! 어디까지 숨긴 거야!! (하다 눈빛 서늘해지며) 처음부터 다 알고 있었던 거 아냐? 내가 프레데터였단 것도?!

대니얼 진정해. 자넨 줄 알았으면 내가 같이 손잡자고 했겠어? 난 성요한이라고 확신했어.

바름 왜? 왜 확신했는데?

대니얼 한서준 아내에게도 싸이코패스 태아 유전자 검사를 해줬으니까‥ 검사 결과, 뱃속 아이는 싸이코패스 유전자로 나왔어. 난 유전자를 검사를 해준 후 바로 영국으로 떠났고, 한서준 아내의 소식은 들을 수가 없었어. 그런데 25년이 지난 어느 날, 한 방송국 피디로부터 연락이 왔지.

S#52 과거. 영국 대니얼 연구실/ 대니얼의 회상/ 낮

대니얼 (전화 받는) 네. 대니얼입니다.

홍주	(F) 안녕하세요. 저는 최홍주 피디라고 하는데요. 다름이 아니라 최근에 한국에서 발생하고 있는 연쇄살인사건을 취재 중인데, 싸이코패스 유전자에 대해 좀 여쭤볼 게 있어서요··
대니얼	(E) 순간 그 아이가 생각나더군. 그래서 급히 귀국해 한서준 아이부터 찾아봤지.

S#53 과거. 지은의 집 (무진 인근 소도시)- 마당/ 대니얼의 회상/ 낮 (3부 #5)

살짝 열린 대문 사이로, 다리 절룩이며 걷는 개(11살). 대니얼, 경계하는 개(복실) 앞에 앉아 다리 살피면, 오래전 학대 흔적 보인다.

대니얼	(E) 수소문해서 그녀가 살고 있는 집을 찾아갔는데 그 집에서 오래전 학대당한 흔적이 있는 개를 발견했어. 프레데터의 가장 큰 특징 중 하나가 어린 시절부터 동물을 학대하는 거거든. 그래서 불안했어. 곧바로 그녀의 아들이 일하는 곳을 찾아갔지.

S#54 과거. 무진병원 응급센터 복도 + 안 (3부 #9)/ 대니얼의 회상/ 낮

걸어오는 대니얼. 응급센터 앞에서 안쪽 들여다보면, 비명과 고성으로 난리다. 보면 조폭 무리와 마주 선 의사. 보자마자 요한임을 알아본다.

요한	칼은 저도 꽤 씁니다만. (어느새 메스를 조폭 목에 대고 있는)
조폭	이게 어디서 조폭한테 협박질이야? (순간 목옆에 메스 느끼고 멈칫)
요한	옆구리보단 여기가 빠릅니다. 경동맥이 지나는 자리라 찌르면 피가 분수처럼 솟죠. (꽉 잡은 환자 팔뚝 들어 보이며) 동시에 이 7mm 짜리 바늘을 뽑아버리면 두 개의 분수 쇼를 감상할 수 있겠네요. 꽤 인상적인 장면이 될 것 같은데. (눈이 묘하게 반짝이는)

복도/ 그 모습 유심히 보고 있는 대니얼 위로…

대니얼   (E) 성요한은 영락없는 싸이코패스의 특징을 보였어. 의심의 여지가 없었다고!

S#55   현재. 바름의 집- 거실/ 밤

바름   헛다리짚었네요….

대니얼   (살피듯 보며) 그런데‥ 전부 다 기억난 거야?

바름   (끄덕) 내가 그 피해자들한테 한 짓‥ 다요… 아주 생생하게…

대니얼   그럼 더더욱 이렇게 무책임하게 죽으면 안 되지. 죽은 피해자들을 생각한다면 말이야.

바름   (허) 내가 뭘 할 수 있죠? 자수하려고 했는데 시체가 없어지고‥ 죽는 거밖엔 할 수 있는 게 없는데, 죽지도 못하면‥ 뭘 할 수 있는데‥ (손 내밀며) 얼른 총알이나 내놔요… 얼른요.

대니얼   니가 할 수 있는 일을 해. 너와 같은 유전자. 다른 프레데터들을 처리하라고. 다시는 니가 죽인 피해자들 같은 희생자가 나오지 않도록 말이야! 그게 니가 속죄하는 길이야.

바름   속죄? 내가 속죄 받을 수 있다고 생각해요? 개소리 집어치워요! (나가려는데)

대니얼   죽으러 가는 거야?

바름   …

대니얼   죽는 건 쉽지. 책임 안 져도 되고. 그런데 지금 자네가 죽으면‥ 성요한은?

바름   (돌아보는)

대니얼   자네 때문에 싸이코패스 살인마로 몰리고 죽은 성요한의 결백은 안 밝혀줄 거야? 자네가 이대로 죽으면 진실은 영원히 묻히겠지. 성요한은 희대의 연쇄살인마로 후대에 길이길이 기억되겠지… 자넨 국민 아들로 남는 거고…

바름   (미치겠는) 성요한도 구려요! 성요한도 수상하다구요! 내가 범인인 걸 다 알면서 신고도 안 하고, 날 직접 망치로 때려죽이려고 했다구요. 그 놈도

	싸이코패스 유전자라면서요?
대니얼	프레데터 유전자 검사는 99%의 정확성을 갖고 있지만 1%의 오차가 있어. 나머지 1%는 그냥 천재유전자야. 두 유전자가 너무 흡사해서 식별이 힘들어.
바름	그러니까요! 99%면, 성요한도 싸이코패스라는 거잖아요!!!
대니얼	(고개 젓는) 아니. 나머지 1%야. 성요한은 보통의, 선한 의지를 갖고 있었던 인간이야. 겉으로 보이는 행동과 한서준 아들이라는 선입견만 갖고 프레데터로 내가 착각했던 거고.
바름	(고통 역력한 표정으로 소리치며) 무슨 근거루요? 어떻게 그렇게 확신해요. 어떻게!
대니얼	자네가 증거야.
바름	내가… 증거라구요.?
대니얼	고통스러워하잖아. 지금 자네가 이렇게! 고통스러워하잖아. 성요한이 싸패였다면, 지금 자넨 아무 고통도 느끼지 못할 거야.
바름	(흠칫!)
대니얼	싸이코패스의 뇌는 인간의 뇌에 존재하는 미러 뉴런이 없어서 타인의 고통을 전혀 느끼지 못해. 죄책감, 동정심, 측은지심, 후회 같은 감정 자체가 그 뇌에는 없다고. 치료나 교정으로도 절대 생겨나는 게 아니야. 그런데 지금 자넬 봐. 고통스러워하잖아. 괴로워하잖아
바름	그럼‥ 내가‥
대니얼	이제와 돌이켜보니 기억이 아니었어. 성요한 전두엽이 자넬 잠식하고 있었던 건 기억이 아니라 감정이었던 거야. 그래서 자네한테 없던 보통의 인간들이 갖는 감정이 생겨난 거야.
바름	(허‥) 차라리‥ 차라리 그딴 감정 따위 없었더라면‥ 차라리‥ (끅끅 거리는)
대니얼	(그런 바름 착잡하게 바라보는)

S#56   놀이동산 + 거리/ 낮

곳곳에 김한국 추모의 발길이 끊이지 않고 있다. 한국이가 사라진 벤치에 한국이 생

전 사진과 꽃, 고트맨 인형, 고트맨 빵 등과 사람들이 남긴 메모지 잔뜩 쌓여있고‥

기자   (E) 연쇄살인범 성요한에게 납치당한 후, 1년 만에 발견된 김한국 군의
         추모행렬이 전국 곳곳에서 이어지고 있습니다. 특히 김 군이 사라졌던
         놀이공원엔 특별 분향소가 설치돼‥

S#57   심전역/ 낮

꽃들 가득 놓여있고 잔뜩 붙은 포스트잇엔 한국이 추모 글귀들. 바름, 보고 있는 옆
에서 시민들 지나가며 저마다 '찢어 죽여도 시원찮을 놈' '부관참시라도 해야 되는 거
아냐' '사람의 탈을 쓰고 어떻게 어린 아일‥' 쏟아지는 성요한 욕 고통스럽게 듣는
위로.

요한   (E) 그 아이부터 살려줘.

과거/ 구동 바름의 집 뒷마당 (6부 #107-1)/ 밤

바름   어?
요한   니 발밑에 있는 한국이‥
바름   (지그시 요한 보며) 오호라~ 한국이 구하러 온 거구나?
요한   (보는)
바름   참, 오봉이도?
요한   아이 보내줘. 부탁이야.

바름   거기 한국이가 있는 걸 알고 구하러 온 거였어… 대니얼 박사 말이 맞아…
대니얼 (E) 너 때문에 싸이코패스 살인범으로 몰리고, 그렇게 억울하게 죽기까
         지 한 성요한의 결백은! 성요한의 결백은… 밝혀주지 않을 건가?
바름   그래‥ 아무 죄도 없이 죽은 성요한 결백은 밝혀주고 죽자…
         어쩌면 그게 성요한의 뇌가 내 머리 속에 들어와서 하고 싶었던 일일지도
         몰라…

S#58   또 다른 어딘가, 한국 추모 현장/ 낮

꽃과 고트맨 장난감 등에 둘러 싸여있는 한국 사진. 그 앞에 놓이는 꽃 한 송이‥ 무치다.

무치   (퀭한 눈빛과 거친 안색으로 한국사진 보며) 미안하다. 아저씨가 범인을 너무 늦게 잡아서‥ 다시는 너 같은 희생자가 안 생기게. 이 아저씨가 세상 모든 싸패 놈들 다 때려잡을께! 약속할게. 그렇게라도 용서를 구할게. 한국아‥

S#59   OBN 방송국. 셜록 홍주 사무실/ 낮

TV에 한국 관련 뉴스 끝나고, '강덕수 이재식 김병태 살해! 동일범의 소행으로 추정' 뉴스 나오자, TV 보는 봉이와 강작가. 홍주는 전화로 누군가 섭외중이다.

봉이   아 진짜! 아니라고! 동일범은 무슨!! 어디서 짝퉁 새끼가 나타나서‥
강작가   어떻게 그렇게 확신해? 난 동일범 소행 같고만‥
봉이   (버럭!) 아니라구요!
강작가   (황당한) 너 지금
봉이   /아‥ 죄송합니다. (눈치 보며 자기 자리로 돌아가서 핸드폰 보고 중얼거리는) 오빠 왜 또 이렇게 연락이 안 돼‥? 어디서 뭐 하는 거야 대체‥
강작가   (어이없는 표정으로 봉이 보다, 홍주 돌아보면)
홍주   무진 연쇄살인사건 특집 다큐를 준비하고 있는데‥ 인터뷰를 좀 부탁‥ (뚝 끊기고 수화기 보고 한숨 쉬는)
강작가   (보다가) 또 거절이야?
홍주   (끄덕)
강작가   (속상한) 쉽지 않을 거야‥ 난 최피디가 그걸 왜 할려고 하는지 모르겠다‥
봉이   뭔데요? 뭔데 섭외가 안 돼요?
강작가   있어, 그런 거. (일어나며) 밥이나 먹으러 가자.

S#60   OBN 방송국. 엘리베이터 앞/ 낮

기다리고 있는 홍주와 봉이, 강작가. 엘리베이터 열리는데 안에 타고 있던 사람들 무슨 얘기들 하다 홍주 보자 순간 표정 굳으며 하던 말 멈추는. 봉이 왜 저러지? 보는. 강작가 불편한 듯 홍주 눈치 보는데. 홍주, 아무렇지 않은 표정으로 탄다.

S#61   OBN 방송국 로비/ 낮

엘리베이터에서 내려 나가는 봉이, 홍주, 강작가.

봉이   (나가다 아차!) 저 핸드폰 두고 왔어요. 얼른 가지고 올게요. 먼저 가 계세
          요. (뛰어가는)
강작가   (걱정스레 보는) 겨우 잠잠하나 했는데‥ 하필 애 시체가 나와서…
홍주   …
강작가   너무 신경 쓰지 마.
홍주   (끄덕이고 핸드폰 꺼내 전화하는) 네 이모님. 은총이 잘 있어요?

S#62   홍주네 집/ 낮

전화기 막고 쉿! 하며 뒤돌면, 아줌마들 모여앉아 화투 치고 있다가 입 다무는. 바닥에 깔개도 없이 방치된 듯 눕혀져 있는 은총이.

도우미   그럼 자고 있지‥ 어찌나 이쁘게 자는지‥ 아이 괜찮아‥ 천천히 와. 응.
          (끊고) 늦게 온대.
일동   (신나서 화투 치는)
아줌마1   세상에‥ 그 애기 엄마 안됐어. 애가 1년 만에 죽어서 발견됐으니‥
아줌마2   그 새끼, 어린애를 그렇게 끔찍하게 죽여 놓고… 쟤가 그 살인마 새끼 아
          들이란 말이지?
도우미   (화투 치며 끄덕)

아줌마2	애가 뭔 죄냐만·· 그래도 꼴 뵈기 싫다. (하고 볼 쎄게 꼬집는)
은총	(으아앙 울어대는)
아줌마1	아이고 싸납네. 얘도 커서 장난 아니겠는데. 어디 가겠어, 지 애비 피가?
도우미	(패 쓸어 담으며 발로 우는 은총이 팍팍 차며 *분리촬) 아 좀 쳐 자 좀! (계속 화투 치는)

S#63   OBN 방송국. 1층 엘리베이터 앞/ 낮

엘리베이터 내려오길 기다리고 있는 봉이. 그 옆 방송국 직원들도 기다리고 있다.

직원1	끔찍하지 않냐. 그런 놈인지 몰랐겠지?
직원2	그런 놈인 줄 알았음·· 애까지 낳았겠냐? 자기 새끼여도 끔찍하지 않을까?
봉이	(무슨 말인가··)
직원3	아들이라며? 진짜 성요한 아들 맞아?
봉이	(휙 돌아보며) 누, 누가요? 누가 성요한 애를 낳아요?
직원1	예? (누구야? 하는 표정으로) 아니·· 최홍주··
봉이	누구요? 최홍주요? (허··)
직원1	뭐야. 북한에서 왔나? 찌라시 싹 다 돌았는데·· (엘리베이터 열리면 직원들 타는)
봉이	(멍하니 그 자리에 서 있는)

S#64   OBN 방송국. 셜록 홍주 사무실/ 낮

정신없이 뛰어 들어오는 봉이. 컴퓨터 앞에 앉아 폭풍검색하면 최홍주 찌라시들 좍 뜬다. <성요한 자식도 똑같이 당해봐야 함> <아들이라던데? 찌라시에 O** 최** 피디 살인마 성요한과 연애> <성요한 애 낳은 여자 - O** 최** *B* *홍* **N **주> <성요한 자식 병원에서 본 적 있음. 우리 소아과에 온 적 있음. 아이랑 성요한이랑 판박이> 허·· 충격 받는 봉이.

S#65   홍주네 집/ 밤

피곤한 얼굴로 문 열고 들어오는 홍주. 자지러지는 아이 울음소리 들리는.

홍주   애가 왜 이렇게 울지…? (아이 안고 달래면)
도우미   아니 좀 전까지 잘 자다가 왜 이러나‥ 아휴 애가 누굴 닮았는지 까칠하
네… 피곤해서 원.
홍주   (지갑에서 몇 만 원 꺼내 주머니에 넣어주며) 죄송해요. 잘 부탁드릴게요‥
도우미   그래. 알았어. 갈게. (가방 들고 나가는)

도우미 나가고 문 닫히면 자지러지게 우는 은총. 안 되겠는지 포대에 싸고 들쳐 업
고, 전자레인지에 젖병 돌리며 계속 달래는 홍주. 포대기 속에서 계속 빽빽 우는 은
총. 다급히 우유 온도 맞추고, 입에 물려보지만 밀어내는. 포대기 바닥에 내려놓고
기저귀 열어보고 이마도 짚어보는데 이상 없다. 그러나 계속 자지러지게 우는‥ 홍
주, 다시 포대기 들쳐 업고 거실 돌아다니며 이리저리 흔들어주는데‥

홍주   뚝! 뚝!! 엄마가 노래 불러줄게‥ 곰 세 마리가 한집에 있어. 아빠 곰은
뚱뚱해…

홍주, 노래 부르다 순간 목이 메는… 이윽고 눈시울 붉어지는 홍주의 얼굴 위로. 자
지러지는 은총 울음소리와 동생 현석의 울음소리 뒤섞이며‥

S#66   과거. 두석이네 집 방/ 이하 홍주의 회상/ 밤

으아앙 울고 있는 현수(8살), 현석(5살)

현수   (우유 먹이려 애쓰며) 뚝! 그만 좀 울어. 그만 울고 우유 마시고 자자. 얼른.
현석   (잔 확 쳐내는) 안 먹어! (우유 쏟아지자 더 크게 울음 터뜨리는) 으아아앙! 엄
마아~
현수   아휴‥ (휴지로 엎질러진 우유 닦는) 너 말 안 들으면 헤드헌터 괴물이 왕

하고 잡아 간다~

현석   (더 겁나는) 으아아앙. 무서 무서. 엄마 언제 와‥
현수   (한숨 내쉬는) 무서울 때, 엄마가 불러주는 노래 있지. 같이 불러볼까? 그
       럼 한 개도 안 무서워질 거야. 곰 세 마리가 한집에 있어. 아빠 곰은 뚱뚱
       해‥ 엄마 곰은 날씬해…
현석   (끅끅거리며 따라 부르기 시작하는) 애기 곰은 너무 귀여워‥
현수   (그런 현석 보며 미소 짓는) 으쓱으쓱 재밌다‥ 으쓱으쓱…

그때, 현관문 열리는 소리 들린다.

현석   엄마다!! (후다닥 뛰어나가는)
현수   (현석이 엎지른 우유 마저 닦고, 휴지 들고 나가는)

S#67   과거. 두석이네 집 거실/ 밤

우유 컵과 휴지 든 채 거실로 나오는 현수. 순간 허억! 현수 눈앞에 입 틀어 막힌 채,
덜덜 떨고 있는 현석 보인다. 어둠 속 사내, 실루엣! (한서준이다*)

S#68   과거. 달리는 서준의 차 트렁크 안 + 도로/ 밤

낑낑거리며 손에 묶인 줄 푸는 현수. 줄 느슨해지며 끝내 풀어내는.

현수   (후다닥 현석이 손에 줄도 풀어주며) 차가 코너를 돌면, 속도가 늦춰진댔어.
       그때까지 기다렸다가 누나가 이 문을 열면 뛰어내리는 거다. 알았지?
현석   무, 무서‥ 누나‥
현수   괜찮아. 누나가 손 꼭 잡고 뛸 테니까 누나만 믿어.

기다리는 현수와 현석. 잠시 후, 코너 돌면서 속도 줄자 현수, 지금이야! 트렁크 문
확 열고! 뛰어내리는. 순간 현수 뒹굴지만, 현석이 꼭 안고 뒹구는… 으‥ 신음소리

내는 현수. 돌아보면 저만치 서준의 차 끼익 서자, 벌떡 일어나 현석이 손잡고 뛰기 시작하는. 곧바로 끼익 유턴하며 달려오는 서준의 차!

현수   (죽을힘을 다해 도로 뛰며) 도와주세요‥ 도와주세요‥ 누구 없어요?

하필 도로에는 차 한 대 보이지 않는. 현수, 돌아보면 달려오는 서준 차. 현수, 안 되겠는지 현석 손 끌고 도로 옆 숲으로 뛰어 들어가는.

S#69   과거. 숲속/ 밤

정신없이 수풀 헤치며 도망치고 있는 현수와 현석.

현석   (계속 멈추며) 누나, 다리 아퍼‥ 피 나‥
현수   (현석 손 더 꼭 잡으며) 조금만 참아. 조금만‥
현석   (털썩 주저앉으며) 나 안 갈래. 안 갈 거야‥
현수   가야돼. 빨리.
현석   잉. 안가…
현수   (계속 뒤돌아보며 불안한 바위 밑에 숨긴 채 풀로 현석의 몸 가리고) 여기 가만히 있어. 절대 소리 내지 말고. 알았지? 누나가 가서 경찰 데리고 올게. (가려는데)
현석   (순간 현수 손 확 잡는. 울먹이는) 누나‥ 싫어 같이 가‥

현수, 자신의 손잡은 채 공포에 떠는 현석의 눈빛 보다, 매몰차게 손 확 뿌리치고 뛰어가다 돌아보면, 자신을 보는 현석의 겁먹고 같이 가자는 애절한 눈빛… 그러나 고개 돌리고 뛰다 팍 넘어지는 현수. 기어서 인근 바위 밑에 쭈그린 채 엎드려 보면. 두리번거리며 찾는 실루엣(한서준) 보이고. 현수, 고개 푹 숙이고 귀와 눈 꼭 막은 채 곰 세 마리 웅얼거리는‥

현수   (덜덜 떨며 중얼거리듯) 곰 세 마리가 한집에 있어 엄마 곰 아빠 곰 애기 곰…

그 위로·· 현재 홍주의 노래와 오버랩 되며·· 홍주 앞에 드리우는 (한서준의) 그림자.

S#70　현재. 홍주네 집 (#65 이어)/ 밤

홍주, 슬픈 단조가락처럼 곰 세 마리 부르는데 어느새 눈물범벅인… 그치지 않고 계속 빽빽 울어대는 은총이와 꺽꺽 우는 홍주의 흐느낌이 뒤섞여서·· 한동안…

S#71　두석의 집/ 밤

아기같이 물장난치는 아내 얼굴 씻기는 두석.

두석	킁! 킁! (코 풀어주고) 요새 기분이 좋네. 지지도 안 묻히고. 얼굴도 깨끗해서 씻길 게 없고.
처제	(보고 서서) 그러니까요. 요샌 통 땅 파러 안 다닌다니까요, 우리 언니.
두석	(두석 와이프 얼굴 닦아주며 중얼거리듯) 이제·· 포기했나 보네.
두석처	우리 애기 우리 애기… 땅에 없쪄·· 나 보러 와. 나 보러··
두석	어? 아·· 꿈에서 봤구나. 우리 현수랑 현석이·· (슬픈 눈으로 와이프 보면)
두석처	(개구쟁이처럼 물장난치는)

S#72　홍주네 집/ 밤 -> 새벽

어느새 동트고. 포대기에서 새근새근 잠든 은총. 밤새 한숨도 못 잔 홍주 퀭하니 앉아있다. 조심히 포대기 풀어 아기 침대에 눕히는데, 겨드랑이 안쪽 멍 발견하는. 뭔가 싶은 위로··

플래시 컷/ 집 들어오는 홍주, 열린 방문 사이로 도우미가 컴퓨터 앞에 앉아 통화 중인 모습 보인다. 컴퓨터 모니터에 맘카페 창 떠있고, 도우미 <셜록 홍주 최홍주. 살인마 성요한 애 낳았다!> 글 클릭하면, 미친 ** 뻔뻔한 ** 등등·· 온갖 욕설 댓글들.

도우미 (젖병 문 채 잠든 아이 안고, 눈으로 읽으며 통화중인) 진짜 소름 돋네. 어쩐지
      애가 유난스럽다 했어. 어. 한번 울기 시작하면·· 멈추질 않아. (12부 #34)

홍주, 불안하고. 일어나서 카메라 들고 와 둘러보다, 의자 끌고 거실 책장 사이에 카
메라 설치하고 핸드폰에 화면 연결시킨다.

S#73   바름의 집/ 아침

바름 (온 집 뒤지며) 이상하다·· 분명히 주머니에 넣어둔 것 같은데·· 어디 갔지?
     (계속 집안 여기저기 뒤지다, 문득 엉망인 집안 둘러보는) 설마·· 그것도·· (미치
     겠는) 신부님 목걸이랑 할머니 브로치가 내가 범인이란 걸 밝힐 유일한 증
     거물인데··· 그게 없으면 성요한 누명을 어떻게 벗겨·· (후다닥 뛰어나가는)

S#74   무진청 증거보관팀 사무실 + 증거보관실/ 아침

증거보관실에 들어오는 바름. 성요한 증거박스들 뒤지기 시작하는.

바름 찾아야해. 성요한이 아니라 내가 범인이란 걸 보여줄 증거··· (찾다 문득
     변순영 사진 보는)

플래시 컷/ 요한지하실. 벽 사이에 끼어있는 사진 발견하는 바름! 변순영 사진! (6부 #102)

바름 어떻게 내가 죽인 사람의 사진을 성요한이 가지고 있을 수 있지? 성요한
     은 내가 범인인 걸 알면서·· 왜 날 신고하지 않고 한국일 직접 구하러 왔
     을까? 왜? (이해가 안 가는 표정 짓다)

S#75   과거. 바름의 집- 옥상 위 + 구동 골목 , 요한의 시선/ 밤/ 추가
        (6부 #109-1)

머리가 깨져서 얼굴에 피 칠갑한 채 쓰러져있는 바름‥
복부에 피 흘리며 쓰러져있는 요한, 자신을 바라보며 입술 들썩이는

바름   나한테 무슨 얘길 하려고 했어‥ 무슨 말이었을까‥ (기억 더듬으려 애쓰는)

바름 시선에 입 들썩이는 요한. 요한의 입 좀 더 가까이에 클로즈업 뻥긋거리는‥
(*입모양만) 집중해도 떠오르지 않는데 핸드폰 울리고, 잠시 망설이다 받는.

바름   네. 최피디님‥
홍주   (F) 혹시 봉이씨‥ 어디 아파요?
바름   봉이요? 왜요?
홍주   (F) 출근도 안하고, 전화기도 꺼져있고 좀 걱정돼서‥
바름   ‥
홍주   (F) 혹시 안 바쁘면 좀 가봐 줄래요?
바름   저 지금 바빠서요. (끊어버리는)

인서트/ OBN 방송국. 셜록 홍주 사무실/ 아침

홍주   (전화 끊긴. 뚜뚜뚜‥ 전화기 보다) 우리 녹화 오후지? 나 잠깐 나갔다 올게.
          (나가는)

전화 끊고 심난하게 앉아있는 바름. 안 되겠는지 뛰어나가는.

S#76   봉이네 집 대문 앞/ 아침

홍주   핸드폰도 꺼져있고… 어디 아픈가 해서‥
봉이   (시선 마주치지 않는)
홍주   안색이 너무 안 좋은데‥ (봉이 이마에 손대려는데)
봉이   (확 뿌리치는)
홍주   봉이씨‥?

| 봉이 | (원망스런 눈빛으로) 아니죠? |

바름, 골목 들어오다 문 앞에 서 있는 홍주와 봉이 보고 돌아서는데‥

봉이	우리 할머니 죽인 놈이랑… 아니죠?
바름	(순간 돌아보는)
봉이	(당황하는 홍주 표정 보며) 왜 당황하는데? 맞나봐? 헐~ 그래서 나 방송국에서 일하게 한 거예요? 그럼 뭐 죄책감 좀 덜어질까봐?
홍주	아냐‥ 그런 게… 아니라‥
봉이	나 누군지 당신은 알잖아. 성요한이 우리 할머니 죽인 거 당신은 알잖아! 알면서‥ 어? 알면서 어떻게 그래. 나한테! 그 새끼가 그렇게 좋디? 좋아 죽겠디? 당신도 공범 아냐? 어떻게 몰라. 사람 죽이고 다녔는데… 애까지 낳을 정도 사이면 알 법도 한데? 몰랐다고? 몰랐어? 우리 할머니 죽이고 온 날도 같이 있었냐, 어?
홍주	봉이씨‥ 그게‥
봉이	그 새끼 애. 내가 평생 저주할 거야. (문 쾅 닫고 들어가 버리는)
바름	(보고 멍한 위로)

플래시 백/ 무치 "니 자식도 성요한이랑 똑같은 꼴 당하게 될 거야. 니 새끼가 얼마나 고통 속에서 살아갈지 지켜볼 자신 있어?" (12부 #25)

| 바름 | (그 자리에 가만히 서있는 홍주 보며 너무 미안하고, 죄책감이 드는) |
| | 나 때문에… 성요한 아이까지‥ (눈물 그렁이는) |

S#77   홍주네 집 앞/ 낮

주차하는 바름. 내려서 주소 보고는 안으로 들어간다.

S#78   OBN 방송국. 셜록 홍주 스튜디오/ 낮

홍주 인이어에 '잠깐 끊어갈게요' 소리 들리고. 강작가 원고 가져와 중간 멘트에 관해 서로 얘기한다. 강작가, 그 자리에서 원고 몇 줄 고쳐주는 동안 홍주 한숨 내쉬는··

강작가　　무슨 일 있어? 오늘 왜 그렇게 자꾸 원고를 씹어. 정신이 딴 데 가 있어.
홍주　　　어? 아냐··· (무심코 옆에 둔 핸드폰 들어 보는데)

카메라와 연결된 CCTV 보면 청소기 돌리는 도우미 보인다. 소파에 은총이 누워있 고 흐뭇하게 보던 홍주 순간 헉!!! 화면 속, 은총이 손으로 들어 올려 내동댕이치는 도우미!

강작가　　(어느새 옆에서 보고) 어머·· 미쳤나봐. 이 여자··

순간 정신없이 뛰어나가는 홍주. 당황한 스텝들 최피디님! 최피디님! 부르지만 들리 지 않은

S#79　　홍주네 집 앞 + 안/ 낮

엘리베이터에서 내리는 바름. 초인종 누르려는데, 문 말굽에 걸린 채 열려있다. 조심 스레 들어가면. "좀 자! 이놈새끼야" "누가 살인마 새끼 아니랄까봐" 하곤 깔깔대며 TV 보고 있는 도우미. 뭐지? 싶어 보면, 도우미 앉은 스툴에서 아기 울음소리 들리는.

도우미　　니 새끼도 한번 당해봐야지. 내가 불쌍한 김한국이 생각만 하면·· 뚝 안
　　　　　　그쳐? 그칠 때까지 안 꺼내줄 거야··

하며 TV 소리 더 크게 키우고 코미디 프로 보면서 깔깔거리고 웃는! 순간, 눈빛 서 늘해지는 바름. 신발 그대로 신은 채 뚜벅뚜벅 걸어가 도우미 벽에 쾅 밀치고 스툴 뚜껑 열면 그 안에 포대기에 싸인 채 울고 있는 아이. 아이 꺼내 소파에 올려놓곤 휙 돌아보는 바름.

도우미　　(일어서며) 누, 누구··· 누군데 남의 집에···

바름, 도우미 벽에 밀어붙이며 목 틀어잡는 끄억끄억 거리는 도우미. 순간 울고 있는 아이 보는데 아이랑 눈 딱 마주친다. 순간 바름 자신도 모르게 도우미 누르던 손 황급히 떼며 눈빛에 당혹감 서리는. 도우미 헉헉거리며 후다닥 줄행랑치고. 바름, 자기도 모르게 빽빽 울어대는 아이 물끄러미 바라보는데, 순간 눈에서 눈물 한 방울 뚝 떨어진다.

S#80   홍주네 집 주차장/ 낮

정신없이 주차하는 홍주. 바들바들 떨리는 손으로 시동 끄고 내리는.

S#81   홍주네 집- 거실/ 낮

다급히 들어오는 홍주 눈에 까르르 웃고 있는 아이, 바름 안고 어부바 해주며 놀아주고 있는 모습. 멍하니 보는 홍주. 순간 바름, 아이 안고 놀아주고 있는 요한 모습으로 보이는··

홍주   (눈물 그렁이는데)
바름   (돌아보다, 홍주 발견하고 순간 당황해서) 아·· 그게··
홍주   (다가가 아이 확 뺏어드는)
바름   (당황스러운·· 대충 둘러대는) 그럼 이만… (다급히 나가다) 아이 봐주시는 아주머니가 잠깐 나가신 모양이에요·· (허둥지둥 나가는)

S#82   홍주네 집 앞/ 낮

나오던 바름. 올려다보면, 베란다에서 아이 안은 채 내려다보는 홍주와 눈 마주친다.

바름   (올려다보며, E) 미안해요 최피디님… 미안하다. 아기야·· 나 때문에·· 나 때문에·· (고통스러운)

홍주   (묘한 눈빛으로 내려다보다 들어가는)

S#83   홍주네 집 베란다 + 거실/ 낮

홍주, 아이 눕혀놓고, 카메라에 저장된 화면 돌려보면 아이 학대 장면 촬영돼있고, 이어 바름 도우미 벽에 밀어붙여 목 누르는 모습도 찍혀있다. 그때 전화 오면, 화들 짝 놀라 받는.

강작가   (F) 어떻게 됐어? 그 여자 신고했어?
홍주   아니‥
강작가   (F) 왜? 증거도 있잖아.
홍주   그게… 내가 실수로‥ 버튼을 잘못 눌러서 삭제됐어….
강작가   (F) 뭐? 그래도 신고해야지. (하는데)

전화 끊는 홍주. 바름이 도우미 목 조르는 장면 보다, 동영상 삭제 버튼 누른다.
이윽고 홍주, 잠든 아이 바라보며 슬픈 눈빛으로 중얼거리는‥

홍주   은총아‥ 엄만 우리 은총이 위해 못 할 일이 없어… 널 지킬 거야‥ 절대
                살인마 아이로 살게 하지 않을 거야…

S#84   무진병원- 치국의 병실/ 낮

치국 불안한 듯 누워 간호사 링거 갈아주는 모습 보다. 간호사 나가려하자…

치국   저기 간호사님‥ 죄송한데 핸드폰 좀‥
간호사   아. 그래요. (주머니에서 빼서 주고 자기 일 보는)

치국, 핸드폰 검색하는. 교도관 살인미수, 나치국 등 검색해본다. 〈무진 연쇄살인사 건 범인 성요한 사망〉 〈무진 사건, 성요한 급성 패혈증으로 사망〉 기사 주르륵 뜬

다. 보는 치국.

S#85   혈흔 분석실/ 낮

무치   (들어오며) 혈흔 결과 나왔어요?
분석관   어. 나치국 피가 맞아. 근데 어디서 찾은 거야?
무치   (중얼거리는) 샤워장에서 공격받은 게 맞았어…

S#86   무진시가 한 눈에 내려다보이는 옥상/ 낮

바름이 내려다보는 시선으로 도심 곳곳의 교회 십자가들
바름, 주머니에서 유서 꺼내 바닥에 내려놓고 그 위에 핸드폰 올린다. 펄럭이는 종이에 언뜻 글씨 보이는. 바름, 난간 위에 올라선다. 죄책감과 회환으로 얼룩진 바름 복잡한 눈빛.

바름   (E) 무진 연쇄살인사건의 진범은 성요한이 아닙니다. 저 정바름입니다.

과거/ 바름집- 뒷마당, 바름의 시선/ 밤/ 추가 (6부 #107-1)
화분 사이로 팽팽한 시선으로 마주 보고 서 있는 바름과 요한.

바름   (서늘하게 보며) 내가 엉뚱한 사람을 죽였네? 김준성 그 새끼가 왜 그렇게 끝까지 입을 다무나 했더니‥ 너 때문이었네‥ 널 지켜주려고‥ (피식) 멍청한 새끼였어.
요한   (분노로 바들바들 떠는)
바름   대체 그 사진은 뭐야. 니가 어떻게 그 사진을 가지고 있어?
요한   … 그 아이부터 살려줘.
바름   어?
요한   니 발밑에 있는 한국이‥
바름   (지그시 요한 보며) 오호라~ 한국이 구하러 온 거구나?

요한	아이 보내줘. 부탁이야
바름	어떡하지? 늦었는데?
요한	뭐!
바름	흐응~ 고무치가 졌잖아. 게임에서. 약속한 시간을 넘겼지 뭐야. 지 형 몸에서 나온 돌멩이 땜에 충격 받았나봐. 애고 뭐고 다 팽개치고 술 처먹느라…
요한	(절망스러운)
바름	안타깝지 뭐야? 근데 어떡해. 약속은 약속인걸, 뭐 그래서 약속 시간 지나자마자 아일 심판했지. 시기 질투하지 않는 자, 죄인이다!!!
요한	(어느새 분노의 눈빛으로 변하며) 미친 새끼!!!
바름	그래. 난 그런 분노에 가득 찬 눈을 사랑하지. 넌 나의 백성이 될 자격이 충분해.
요한	(노려보는데)
바름	근데 혼자 온 거야? 짭새들도 안 달고? 아니 왜?
요한	내 손으로 (어금니 꽉 물고) 직접 널 죽이려고!
바름	오호~ 니 친구 죽였다고 화 많이 났쪄?
요한	신고해봐야 소용없을 거니까··
바름	? (무슨 말인가)
요한	내 손으로 죽이지 않으면 얼마나 끔찍한 일이 더 벌어질지 모르니까.
바름	뭐? 뭐래는 거야?
요한	(분노의 눈빛이 안타까움과 측은의 눈빛으로 바뀌며) 내 손에 죽어. 그게 널 위한 최선이야…
바름	(자신을 측은하게 보는 요한의 눈빛에 기분 나쁜) 뭐야 그 눈빛은.
요한	(슬픈) 너나 나나·· 어쩌면 참 불쌍한 인간이야…
바름	(불쾌한) 불쌍해? 내가? 허. 근데 이 새끼가!

바름 달려드는 순간, 요한 품에서 칼 빼들며 달려들어 바름 찌르려는데! 아슬아슬하게 칼 피하며 요한 손에서 칼 뺏는 바름. 그대로 넘어지는 요한, 분한표정으로 바름 보면,

| **바름** | (서늘한 눈빛으로) 다시 말해봐. 불쌍해? 내가? (어이없다는 표정 지으며) 난 신이야. 신이라고! 신인데·· 신이 왜 불쌍해·· |

요한　　　신? (가엾은 표정으로 보며) 넌 그냥 돌연변이 염색체를 가진 싸이코패스야‥

순간 바름 살벌하게 급 표정 변하며 들고 있던 칼 요한 향해 내리쩍는데‥ 요한, 발로 바름 배를 찬다. 뒤로 밀리는 바름 피해 옆에 보이는 계단 뛰어오르는 요한, 밀리며 뒤로 넘어진 바름, 윽 소리 내며 벽에 부딪히고, 뛰어오르는 요한 뒷모습 보는 바름 눈에 초점이 없다.

과거/ 바름집- 옥상, 요한의 시선/ 밤/ 추가 (6부 #107-2)
2층으로 뛰어 올라온 요한, 계단 입구 돌아보며 난간까지 달려간다. 뛰어내리려고 하는데 문득 만들다 만 새장, 공구 박스 옆에 대충 던져져 있는 망치보고 집어 드는. 이어, 숨을 곳 찾다가 작은 창고 같은 공간 보인다. 창고문 일부러 열어두고 다급히 창고 위로 뛰어오르는 요한. 바짝 엎드린 채 숨죽이며 보고 있으면 계단 올라온 바름 보인다.
옥상 아래 내려다보는 바름 그러나 요한 보이지 않자, 문 살짝 열린 창고 발견하고 창고문 향해 조심스럽게 가, 문 벌컥 여는 순간! 창고 위에서 뛰어내리는 요한, 망치 휘두르며 뛰어내린다. 망치가 바름의 머리에 닿자 강한 충격에 휘청거리며 뒤로 물러서는 바름. 요한, 그런 바름에게 "죽어! 죽어! 이 괴물새끼!" 온몸의 힘을 실어 바름 머리 계속 내리치는

바름　　　(E) 성요한은 한국이와 봉이를 저에게서 구하려다 억울하게 희생된 것입니다.

순간 탕!! 총소리 들리고. 복부에서 피 뿜으며 쓰러지는 요한. 의식 가물가물해지며 그 모습 보는 바름 위로‥

바름　　　(E) 그러니 성요한과 그 가족에 대한 비난을 멈춰주세요…

현재/ 고통 가득한 눈빛으로 서 있는 바름 위로‥

바름　　　(E) 희생자와 희생자 유가족에게 사죄할 방법을 모르겠습니다. 저를 절대 용서하지 마세요‥

담담히 발 허공에 내딛으며!

바름   (E/ 절망 속 마지막 읊조림으로) 신이시여‥ 부디‥‥ 저를 절대 용서하지
        마세요.

순간 요란하게 울리는 핸드폰. 무의식적으로 시선 핸드폰 보다, 다시 고개 들어 한
발 허공에 내딛으려는데‥! 띵똥 문자 알림음에 문득 보면 '나야 치국이. 지금 좀
와.' 순간 멈칫!

S#87   무진병원- 치국 주치의 방/ 낮

치국의 수술 기록 보고 있는 무치. 앞뒤 가리지 않고 찍힌 기록들(혹은 사진들) 보다

무치   여긴‥ 찔린 부분 주변에 상처 흔이 많네요.
의사   네. 그 부분만 유독…
무치   (E) 상처 흔이 많다는 건 칼이 들어오는 걸 잡고 버텼다는 건데…
치국   (E) 뒤에서 공격을 당해서 얼굴을 못 봤어요…
무치   (갸웃) 그럴 리가… 나치국 거짓말하고 있어‥?

S#88   무진병원- 치국의 병실/ 낮

바름, 들어오면 치국 어둠 속에(커텐 드리워진) 혼자 앉아있다.

바름   (눈치 살피며) 몸은 좀‥ 어때?
치국   (그런 바름 빤히 보다) 너잖아.
바름   (순간 소름 돋는… 덜덜덜)
치국   나‥ 너무 무서워. 나 엄마랑 행복하게 살고 싶어‥ 그것뿐이야‥ 제발
        자수해. 내가 할 순 없어… 그러니까. 니가 자수해. 너 대신 죽은 성요한
        그 사람. 너무 안됐잖아‥ 나 살자고. 모른 척할 수 없어. 니가 해야 돼‥

니가… 그래야 모두가 살아…

바름   (덜덜…)

S#89   무진병원- 복도 + 화장실/ 낮

복도/ 뛰어나오는 바름. 토할 거 같자 허둥지둥 화장실로 뛰어 들어간다.
화장실 안/ 입 틀어막으며 화장실 문 열다 "죄송합니다" 하곤, 문 닫고 옆 칸으로 가
변기 붙들고 우엑거리는데. 옆 칸 나가는 소리 들리자, 그제야 목 놓아 꺼억꺼억‥
(*16부 연결)

S#90   무진병원- 복도/ 낮

치국 병실 쪽으로 걸어오는 무치. 허둥지둥 가는 바름 보는!

무치   어? 정순경? (허둥지둥 복도 밖으로 사라지는 바름 보며) 왜 저러지? (이상한
             듯 보다 가는)

S#91   무진병원- 치국의 병실 + 복도/ 낮

무치, 치국 병실 문 열고 들어가는데. 미친 듯이 심장 부여잡으며 경기하는 치국.

무치   나치국! 나치국!!! (다급히 뛰어나오며) 선생님! 여기요!!!

의료진들 다급히 뛰어가고. 무치도 뛰어오지만 삐--- 놀라는 무치! 의료진들 다급히
심폐소생 하지만, 심박동 돌아오지 않는‥ 삐---- 무치 멍하니 보다 병실 뛰쳐나가는!

S#92   무진병원- 로비 + 2층/ 낮

급하게 뛰쳐나와 로비 보이는 2층 난간에서 내려다보면! 병원 빠져나가려는 바름 발견하고!

무치   거기 서! 정바름!!!!!

부르는 소리에 놀라 두리번거리다 2층에서 쳐다보는 무치 발견하는 바름. 무치 의심스런 눈으로 바름 보고, 바름 덜덜 떨며 겁에 질린 얼굴로 무치 보는. 두 사람 눈 마주치는 데서!

the END

S#1   프롤로그. 과거. 재훈의 집- 재훈의 방/ 낮

창가에 살랑거리는 커튼 사이로 햇살 쏟아지는 나른한 오후의 몽환적 분위기.
찌릉찌릉~ 자전거 소리에 잠에서 깨는 재훈(11살)의 시선. (엄마 얼굴 보이지 않는)

재훈   (잠 덜 깬 얼굴로) 엄마⋯ 왜 울어‥?

순간 재훈 얼굴 향해 베개 덮치는 손! 놀란 재훈의 눈앞 까매지며(베개 덮어져서) 암
전. 그 위로 끄윽 끄윽 숨넘어가는 재훈의 숨소리 위로 재훈母 목소리 들린다.

재훈母   (E) 이 괴물 죽어! 죽어!!!

끄윽끄윽거리는 재훈의 숨소리 서서히 잦아들다 이윽고 타이틀 뜬다.

마 우 스

암전 속에서 삐 ------------------

S#2　　　현재. 무진병원- 치국 병실 안/ 낮

화면 밝아지면, 치국의 심전계 모니터 그래프 일직선이고. 사망시간 체크하며 사망 선고하는 의료진. 움직임 없는 치국을 멍한 얼굴로 보고 있는 무치 위로.

플래시 컷/ 바름 안은 치국의 덜덜 떨던 손. (15부 #28)
치국의 병실 쪽 복도 화장실에서 나와 허둥지둥 가는 바름. (15부 #90)

S#3　　　무진병원- 로비 + 2층 난간/ 낮 (15부 #92 동일 상황)

급하게 뛰어나오는 무치, 두리번거리다 로비 내려다보이는 2층 난간에 서서 보면!
헐레벌떡 로비 지나쳐 현관문 나서려는 바름 뒷모습 보인다.

무치　　　(소리 지르는) 거기 서! 정바름!!!!!
바름　　　(돌아보다 무치 발견하고 벌벌 겁에 질린 얼굴로 무치 보는)

S#4　　　복도 + 무진병원- 치국 병실/ 낮

바름, 정신없이 뛰어오는데. "치국아!!! 아이고 불쌍한 내 새끼 아이고‥" 치국母 통곡에 멈칫, 충격 받아 멍하니 서는 바름 뒤따라온 무치, 그런 바름 살피듯 유심히 본다.

바름　　　(나오는 의료진 붙들고) 어, 어떻게 된 거예요?
치국주치의　심장마비로 인한 쇼크사로 보입니다.
바름　　　마, 마‥ 말도 안 돼‥ 좀 전까지 멀쩡했어요‥ (바들바들 떨며) 나랑 얘기할 때만 해도 문제 없었다구요! 그럴 리가 없어요. 그럴 리가.!!‥ (천 덮인 치국 시신 돌아보며) 허… 치, 치국아‥ (들어가 치국 흔들며) 일어나‥ 일어나아… 나한테 그랬잖아… 행복하고 싶다고… (감정 주체 안 되는) 어어‥ 엄마랑‥ 허어‥ 해, 행복하고 싶다고. (눈물 후두둑) 치국아아아아!!! 나‥ 나‥ (무릎 꿇듯 앉아 꺽꺽) 어떡해‥ 어떡해‥ 내가‥ 내가‥

너를‥ 너를‥ (꺼억 꺼억 우는)

바름, 순간 무릎 옆(침상 밑), 떨어져 있는 작은 황토 진흙덩이(혹은 가루) 보이고. 순간!

플래시 컷/ 뛰어 들어온 바름. 입 틀어막으며 화장실 문 여는데 변기에 앉아있는 사내(의사가운 입고 볼캡 쓴 OZ1) 손에 주사기 들고 덜덜 떨다 놀라 보는. 바름, 죄송합니다 문 닫는데 순간 황토 진흙 묻은 등산화 보이는! (15부 #89 상황) 바름, 후다닥 옆 칸으로 가서 우웩거리는.

뭔가 이상한! 벌떡 일어나 문 앞에 서 있는 무치 확 밀치며 후다닥 뛰어 나가는.

무치   야! 어디가? 거기 서! 정바름! (쫓아가려는데, 오열하던 치국母 결국 까무러치
         자 부축하는)

S#5   무진병원- 로비 내려다보이는 2층 난간 앞/ 낮

뛰어나와 로비 내려다보면, 사내(OZ1 15부 #89) 의사가운 벗어 구석 쓰레기통에 던지곤 급히 나가는 모습 보인다. 바름, 올라오는 사람들 밀치며 에스컬레이터로 뛰어 내려가는.

S#6   무진병원- 현관 앞/ 낮

바름 뛰어 나오면, 주차장에서 나와 정문 쪽 가는 차 안의 사내!(#5, 사내는 바름 못 본) "거기 서!" 쫓아가지만, 차 병원 밖으로 사라지고 들어오는 오토바이. 배달라이더, 헬멧 벗어 손잡이에 걸고 내리며 시동 안 끈 채 전화해 "도착했어요. 내려오세요." 하곤 안쪽 보는데.

바름   (후다닥 오토바이 올라타며) 좀 빌릴게요! (타고 사내 차 쫓아가는)
라이더   어? 얌마! 거기서! 야!!! (정문 앞까지 뛰어 쫓아가지만 놓치는)

무치   (뛰어나오면, 바름 오토바이 타고 병원 밖으로 사라지자 길길이 뛰는 라이더 보이고. 황당하면서도 의심스런) 저 자식 진짜 뭐야‥?

S#7   도로 + 오즈맨의 차 안/ 낮

배달 오토바이 탄 채, 사내(OZ 문신/ 이하 오즈1) 차 뒤따라가는 바름.

오즈1   (누군가와 통화 중인) 처리했습니다. 네. (끊는데 운전하는 손 달달 떨며 괴로워하는)

S#8   모텔촌 입구 + 모텔촌/ 낮

모텔들 즐비한 거리로 들어가는 오즈1 차 보이고, 뒤따르는 바름 오토바이 역시 모텔촌으로 들어서면, 어느새 오즈1 차 보이지 않는다. 다급해진 바름, 모텔촌 곳곳 돌아다니면 거의 신축 모텔들이고, 중간중간 공사 중인 모텔들 즐비하다. 바름 오토바이 세우고 내려 다닥다닥 붙어있는 모텔들 주차장 가리개들 일일이 들춰보며 오즈1 차 있는지 확인한다.

S#9   호텔 캘리포니아(무인 모텔) 옆 공사장/ 낮

돌아다니던 바름, 순간 멈추는! 한 무인 모텔, 황토집 짓는 공사 중이다. 순간!

플래시 컷/ 화장실 칸 안, 사내(OZ1) 등산화에 묻은 황토 진흙! (#4)

바름   여기야. 여길 밟고 지나서‥ (하며 돌아보면 호텔 캘리포니아 모텔 주차장 보인다)

뚜벅뚜벅 걸어가 주차장 가리개 확 열면 그 안에 오즈1 차 세워져 있다.

S#10 호텔 캘리포니아 로비/ 낮

들어오면. 무인결제기만 덜렁 놓여있다. 엘리베이터 앞 서서 보면, 5층에 멈춰있다.

S#11 5층 복도/ 낮

바름, 배달통 들고 라이더헬멧 쓴 채 각 룸마다 벨 눌러 "배달이요!" 하면.
문 여는 투숙객들 얼굴 확인하며 "호수 잘못 봤네요. 죄송합니다." 하는

S#12 505호/ 낮

괴로운 지 바닥에 앉아 깡소주 마시려고 까는 오즈1. 딩동 벨소리와 쾅쾅! "배달이요!!!"

오즈1　　(일어나 닫힌 화장실 문 보며) 밥 시켰어?

문 열면, 문 앞 헬멧 쓴 바름 배달통 들고 서 있다. 오즈1 얼굴 확인함과 동시에 짬뽕 그릇 확 엎는! 오즈1 얼굴에 국물 쏟아지며 바닥에 깔린 카펫에도 튀고! 바름, 머리에 쓴 헬멧으로 오즈1에 박치기하면 넘어지는 오즈1! 서로 뒹굴며 몸싸움하지만 바름 공격에 속수무책인 오즈1, 바름 확 밀치곤 후다닥 열린 창문 밖으로 도망치는! 바름, 오즈1 발 잡지만 아슬아슬하게 빠져나간다. 바로 헬멧 벗고 뒤쫓는 바름!
잠시후‥ 조용히 화장실 문 열리고 쓱 나오는 누군가(오즈2)의 발!

S#13 일각/ 낮

오즈1 창문 창틀 위태롭게 밟으며 옥외계단으로 점핑해서 내려가는데. 바름, 쫓아 나와 아래 계단으로 점핑해 뛴다. 바름 보고 위로 올라가는 오즈1. 바름도 미친 듯이 뛰어 올라가는.
/옥상 올라간 오즈1, 뒤따라온 바름! 오즈 점핑해서 바로 옆 모텔 옥상으로 뛰면, 바

름도 따라 점핑! 건너 모텔 야외 계단 타고 오르는 오즈1과 뒤쫓는 바름의 추격!

S#14   건너편 모텔 건물 옥상/ 낮

바름, 오즈1 잡을 듯 말 듯 아슬아슬하게 잡으면, 두 사람 거친 몸싸움 벌어진다. 오즈1, 바름에게 속수무책 당하는. 바름 주먹과 발길에 계속 얻어터지던 오즈1, 정신 혼미해지면 바름, 도망치려는 오즈1 확 잡아채며 옥상 난간에 밀고 가는 몸 뒤로 젖혀지며 금방이라도 추락할 듯 아슬아슬한 오즈1, 바름 손으로 목 누르고 일어나지 못하게 누르면.

바름	(살기 어린 눈빛으로) 니가 죽였지? 치국이!
오즈1	(덜덜 떨면)
바름	왜 죽였어! 그 불쌍한 애를 왜! 왜!
오즈1	(이판사판이다) 그 주둥이에서 불쌍하단 말이 어떻게 나와? 이 가증스런‥
바름	(허‥) 어‥ 어떻게‥ (알았어‥)
오즈1	그래. 내가 죽였다. 이 괴물 새끼야! 너 땜에 죄 없는 사람 죽였다고!
바름	(순간 눈 돌아가며) 으으!!! 그 불쌍한 애를 왜!!! (더 세게 누르면)
오즈1	(금방이라도 떨어질 듯 위태위태한데)

순간 퍽! 으윽 쓰러지는 바름! (뒤에서 공사각목으로 뒤통수 빡! 후려친)
오즈2(목 가리는 폴라티, 모자, 대형 마스크/얼굴 안 보이게) 오즈1에게 가라는 눈짓하면, 주춤거리다 달아나고. 오즈2, 움직임 없는 바름 보다 뒤돌아서서 가는데. 움직임(의식) 없는 바름 위로…

치국	(E) 바름아‥ 나 행복하고 싶어‥ 엄마랑…

순간 바름 눈 파르르 뜨며, 비틀거리며 일어나 나가려는 오즈2 덮치는! 이어지는 몸싸움. 죽일 듯 덤비는 공격에 오즈2 휘청하며 얻어터지다, 바닥에 던져둔 각목 집어 바름 후려치는! 휘청이는 바름 계속 후려치는 오즈2. 바름, 맞으면서도 중얼거리는.

바름   왜 그랬어·· 왜 죽였어··· 치국이·· (하며 서서히 눈빛에 감정 사라지며 눈빛
          멀개진)

다시 오즈2에게 달려드는 바름! 정신없이 오즈2 공격하면 오즈2 거의 넋다운 되는.

바름   (그런 오즈2 텅 빈 눈으로 보며 낮게 중얼거리는) 왜 죽였냐고…치국이…

그런 바름 표정에 공포 느낀 오즈2 각목 집어 들고 흥분한 상태로 바름에게 돌진하
자, 바름 확 피하면! 오즈2 순간 중심 잃고 옥상 아래로 추락하는! 정신 든 바름, 잡
으려고 손 내밀지만 아슬아슬 바름 손과 비켜나가며 오즈2 건물 배수관에 탕~ 퉁기
며 건물 사이로 떨어지는데! 하필 공사 자재들 쌓여있는 곳, 솟아나온 철근 위로 쿵!
엎드린 몸에 철근 관통한 채 죽은 오즈2, 놀란 바름 멍하니 내려다보는데 그때 건물
에서 뛰어나오는 오즈1 보인다.

S#15   모텔 건물 아래/ 낮

정신없이 뛰어나온 오즈1. 다급히 도망치며 모텔 사이 지나가다, 건물 사이 공사 자
재들 쌓인 리어카 위 철근에 관통당해 죽어있는 오즈2 보는. 헉!! 후다닥 달아나는
오즈1.

S#16   호텔 캘리포니아 주차장 앞/ 낮

오즈1   (전속력으로 차 몰고 나오며 급히 통화하는) 사고가 있었습니다. 빨리 현장
          수습해 주십시오.

하며, 주차장 빠져나가는데. 순간 차 앞으로 확 튀어나오는 바름. 헉! 반사적으로 핸
들 확 꺾는데, 순간 차에서 대롱거리는 드림캐처가 바름 눈에 보인다. 오즈1, 전속력
으로 액셀 밟으며 도망치는. 바름 전력 질주해 쫓아가지만 결국 놓치고 마는. 헉헉
숨 몰아쉬는 위로

플래시 컷/ 오즈1의 차 앞 유리에 대롱거리는 미니 드림캐쳐!

바름   (헉헉 거리며) 어디서 봤드라‥?

S#17   모텔들 건물 사이 (오즈2 떨어진 장소)/ 낮

건물 사이에 선 바름의 황당한 시선. 자재 실은 리어카, 철근, 오즈2 시체 사라지고 없다.
바닥에 리어카 끌고 간 바퀴 자국 보인다.

바름   (허‥) 또 치웠어‥? 그 짧은 시간에‥? (생각에 빠진) 그럼 그 두 놈 말
               고‥ 더 있단 얘긴데…

플래시 컷 컷!/ 우형철 살해했던 공사현장 보고 멍한 바름. (11부 #5)
/ 텅 빈 구동 바름의 집 지하실 보고 멍한 바름. (15부 #31)

바름   우형철도, 한국이도 다 그놈들이 치운 거야… (생각하는데)

그때 핸드폰 울리는. 보면, 무치한테서 걸려온 전화만 20통이 넘는다. 다급히 받는데‥

무치   (버럭/ F) 어디야? 새꺄!!
바름   (소리는 들리는데 전화 끊기며 들리는) 네? 잘 안 들려요… (하는데 다시 들리는)
무치   (E) 어디냐고?!!
바름   (자기 핸드폰 보며) 왜 자꾸 소리가 끊기지‥? (갸웃하다 뭔가 깨달은 듯한 표
               정 짓는)

S#18   호텔 캘리포니아 앞/ 낮

무치   (차에서 내리며 황당한 얼굴로 둘러보는) 여기‥ 그 강도새끼 쫓아서 왔던 거
               긴데…

바름	(E) 고형사님!
무치	(돌아보면 바름 모텔 안에서 나오는데, 그대로 멱살 잡고 벽에다 밀어붙이는) 너 뭐야! 대체 뭐하는 새끼야!!! 왜 이렇게 수상해!!! 어? 나치국한테 뭔 짓을 했길래!!! /
바름	(멱살 잡힌 채 캑캑거리며) 치, 치국이가 살해당했어요! 그 놈이 자백했다구요!
무치	그 놈‥?

S#19   호텔 캘리포니아 관리실/ 낮

1층 로비 엘리베이터 등 CCTV 확인하는 바름과 무치.

바름	이 놈이에요.!
무치	(모자 쓰고 고개 숙인 모습에) 얼굴이 안 보이는데‥ (하다) 주차장 CCTV는요?
관리인	그게‥ 손님들이 싫어해서… 사생활 노출을 극도로 싫어하는 분들이 오는 데라…
무치	(난감한) 그럼 확인할 방법이‥ 근데 무인 모텔이면 어떻게 이용해요? 안내데스크도 없던데?
관리인	주로 인터넷 예약을 하구요. 1층에 무인 결제기가 있어서 거기서 결제하기도 해요.
무치	그럼 505호 결제기록 좀 보여줘요
관리인	잠시만요. (컴퓨터 보다 갸웃) 505호는 공실인데‥?
바름	에?
관리인	네. 공실인지 꽤 됐는데요.
무치	(컴퓨터 들여다보면 정말 505호는 예약자가 없다. 황당한 표정으로 바름 보면)
바름	(미치겠는) 그 방 맞아요‥ 분명 505호였다구요!

S#20   505호/ 낮

무치 눈에 말끔하게 정리된 빈 방이다.

바름	(설명하는) 여기에 노트북도 있었고, 잠바도 두어 개 걸려 있었어요. 트렁크도 있었구요. 문 열어주자마자 제가 얼굴에 짬뽕국물을 끼얹었는데·· 그것까지 싹 다 치운 거예요!!
무치	(바닥보면 얼룩 한 점 없는 카펫 있다) 짬뽕국물이 카펫에 쏟아졌으면 국물 자국이 있어야 할 거 아냐? 짬뽕얼룩을 어떻게 지워? 못 지워. 그거 (의심의 눈빛으로 보다 나가면)
바름	(미치겠고. 따라 나가는)

S#21   복도/ 낮

바름	(따라 나오며) 진짜예요. 진짜라구요! 그 놈 차 번호를 봤으니까 일단 조회해 봐요. 조회해보자구요. 15이 3787!!
무치	(순간 멈칫. 돌아보며) 15이 3787?
바름	네
무치	(바름 물끄러미 보다, 청소하느라 문 열어놓은 옆방 힐끗 보면 옆방엔 카펫 없는. 중얼거리는) 갈아 끼웠다면? (바름 밀치고 다시 505호로 가는)
바름	?

S#22   505호/ 낮

바닥에 깔린 카펫 확 걷어 보는 무치. 바닥에 스며든 (지우지 못하는) 짬뽕국물 흔적!!

무치	(보며) 바닥은 국물 자국이 스며들어서 안 닦이니까 급히 옆방 껄 가져와서 깐 거?·· (전화하는) 어 낙하산. 차량 조회 좀 해봐. 15이 3787. (끊고) 기댄 마. 분명 대포차일 거야.
바름	이제 제 말 믿는 거죠?
무치	15이 3787. 내 뒤통수 까고 지갑 훔쳐간 좀도둑놈… 그 놈 차 번호야!!!
바름	에?
무치	그 놈 차 쫓아서 여기 온 적 있거든. 그때도 이 모텔에 주차했었는데··

바름	그놈이에요. 그놈이 치국일 죽였다구요!!
무치	(이해가 안 가는) 왜? 그 강도새끼가 나치국을 죽여‥?
바름	(순간 멈칫!) 그건… 저도 잘…

S#23 건물 사이 (오즈2 떨어진 현장)/ 낮

벽 등에 혈흔, 지문 등 확인하는 과수팀. 무치 옆에서 지켜보고 있고, 바름 생각에 빠진.

플래시 컷/ "그 주둥이에서 불쌍하단 말이 어떻게 나와? 이 가증스런‥" "그래. 내가 죽였다. 이 괴물 새끼야. 너 땜에 죄 없는 사람 죽였다고! 죽어! 죽어버려!" (#14)

바름	(E) 놈은 내 정체를 알고 있었어‥ 치국이가 내 정체를 알고 있어서‥ 그래서 치국일 죽인 거야‥ 누군가 내가 저지른 살인을 적극적으로 덮고 있어‥ 누가‥ 대체 왜‥? (온통 의문인)
감식반	(철수하며 바름 보며) 깨끗해. 자네 이러다 양치기 소년 되겠어. (무치에게 가는)

바름, 보면 감식반, 통화 중인 무치에게 다가가자 무치 전화 끊는다. "병원은 데려가 봤어? 두 번이나 이런 건 심각한 뇌수술 부작용 일 수 있어…"

무치	(바름 쪽 돌아보고, 불안해서 안절부절 하는 바름에게 다가와) 방금 혈액 분석팀이랑 통화했는데, 나치국 몸에서 독극물 반응은 안 나왔대.
바름	(실망하며) 분명 주사기를 들고 있었는데‥ 혈액반응에 안 나오는 독극물도 있잖아요! (하다 다급히) 그럼 부검해 봐요. 부검하면 정확히…
무치	살인 증거가 없어서 강제로 할 순 없어. 부검을 하려면 유가족이 신청해야…
바름	제가. 제가 얘기해볼게요… (다급히 전화하는) 어, 동구야‥ 치국이 어머니랑 같이 있어?

S#24 무진병원- 치국母 병실/ 낮

병원장과 치국주치의, 침대에 앉아있는 치국母 앞에 서 있다. 동구도 옆에 서 있다.

병원장   살해요? (하며 무슨 말인가? 하는 표정으로 치국주치의 보면)
치국주치의 (황당한 눈으로 보는)
동구   (끼어들며) 네. 바름이가… 그래서 부검하자고…
병원장   아시겠지만‥ 정바름 순경이 뇌수술 이후에 망상증상을 보이고 있습니
         다. 지난번에도 본인이 누군가를 죽였다고 주장했다가 그게 아닌 게 밝
         혀져서‥
치국母   …
치국주치의 아드님은 상태가 워낙 불안정해서 계속 예의주시하면서 체크하고 있었
         습니다. 아드님같이 오랫동안 의식불명이었다가 깨어난 환자에게 심장
         마비는 흔히 올 수 있는 증상입니다.
병원장   굳이 하시겠다면 말리지 않겠지만…
치국母   …
병원장   (걱정스러운) 아시겠지만, 부검이란 게 온몸을 헤집는 일이라‥ 저라면‥
         제 자식이라면‥ 편히 보내줄 거 같습니다만…
치국母   …

S#25   무진병원- 복도 + 치국母 병실/ 낮

부검동의서 들고 뛰어오는 바름.

바름   (들어와 부검동의서 내밀며) 여기 사인해주시면 돼요,.
치국母   (보다 결심한 듯) 그만 하자, 바름아. 그렇다고 우리 치국이가 살아 돌아오
         는 건 아니잖아.
바름   안 돼요. 어머니. 치국이 누가 죽였다구요. 누가 죽였는지 알아내려면 부
         검부터 해서/
치국母   (버럭) 그만하자고.! 누가 우리 치국이를 죽여? 성요한 그놈 이미 죽었잖
         아. 근데 누가‥
바름   (차마 말하지 못하는)

치국母	나, 우리 치국이 몸에 더는 칼 대고 싶지 않아. 더는… 우리 치국이 이제 그만 보내주자… 편히 갈 수 있게 해주자.
바름	하지만·· 어머니··
동구	(말리는/ 소리 지르지 말고) 그만해! 나와 임마, 얼른·· (끌고 나가는)

바름, 동구한테 끌려 나가며 돌아보는. 치국母 어깨 들썩이며 흐느끼는 모습 보인다.
차마 더는 아무 말 하지 못하고 고개 숙이는.

S#26   무진병원- 현관 앞/ 낮

바름	(주머니에서 자신의 유서 꺼내 보다 결연한 표정으로 쫙쫙 찢는 위로 /E) 지금은 아냐. 지금은 안 죽어! 못 죽어! 치국이 죽인 놈들부터 잡아 죽이고 그 담이야!!!

무치, 주차하고 오다 그런 바름 보고 다가가는. 바름, 무치 보곤 찢은 유서 주머니에 넣는.

무치	(옆에 앉으며) 너무 상심하지 마. 다른 방법 찾아보자.
바름	…
무치	(조심스레 묻는) 근데… 아까 나치국 병실은 왜 간 거야? 면회 시간도 아니었잖아··
바름	오라고 연락이 와서··
무치	나치국이? (끄덕이는 바름 보며) 왜? (바름 살피듯 보며) 무슨 얘기 했는데?
바름	(고개 들어 무치 보다) 엄마랑·· 행복하게 살고 싶다고 했어요…
무치	어?
바름	누구한테 협박당하고 있는 거 같았어요… 엄마를 미끼로…
무치	그래? (잠시 생각하다) 아… 그래서 나한테 거짓말을…
바름	거짓··말이요?
무치	갑자기 뒤에서 공격을 당해서 자길 찌른 놈 얼굴을 못 봤다고 하더라구.
바름	(긴장하는)

무치	그런데 나치국 몸에 난 자상들을 보면 처음엔 앞에서 공격당한 게 맞아. 범인 얼굴을 못 봤다고 진술한 게 이해가 안 갔는데‥ 협박을 당하고 있었다면‥ 그렇게 얘기할 수 있지‥
바름	(차마 눈 마주치지 못하는)
무치	(눈치 못 채고) 그래도 여전히 이해가 안 가는 게 있어.
바름	(보면)
무치	나치국은 야외샤워장에서 공격당했어‥
바름	샤워장이요‥? (긴장한)
무치	응. 거기서 나치국 혈흔도 나왔어. 그런데 나치국은 공연장 매직박스에서 발견됐잖아. 어떻게 공연장까지 나치국을 옮겼을까?
바름	(죄책감에 시선 얼른 내리는)
무치	(점점한) 아무래도 나치국 사건 첨부터 다시 들여다봐야겠어. (일어나 가는)
바름	‥‥
무치	(문득 돌아보는. 바름 어깨 축 늘어뜨리고 고개 떨군 채 앉아있다.)

플래시 컷/ 바름 안은 덜덜 떠는 치국의 손. 치국의 공포 서린 눈빛 (15부 #28)

무치	왜. 그랬을까… 왜‥ (이해가 가지 않는 눈빛으로 가는 바름 보는)

S#27   몽타주/ 밤

역사, 지하철, 버스 등등‥ 치국 사망 소식 전하는 뉴스에 충격 받고, 눈물짓는 시민들.
/뉴스 보고 다급히 뛰어나가는 봉이 모습 위로‥

기자	(E) 연쇄살인범 성요한의 피습을 받았던 교도관 A씨가 끝내 사망했습니다. A씨는 사건 이후 줄곧 혼수상태였다 1년 만에 극적으로 깨어나며 국민들의 응원을 받았으나…

S#28   무진병원- 장례식장 외경 + 내부/ 밤

환하게 웃고 있는 치국 영정 사진. 그 앞에 앉아 꺼억꺼억 목 놓아 서럽게 울고 있는 바름. (상주 완장 찬) 치국母, 탈진 상태로 상주석에 멍하니 앉아있고 그 옆, 동구가 지키고 있다. 봉이, 들어오다 목 놓아 울고 있는 바름 보고 가슴 미어지는…

〈시간경과〉

탈진 상태로 금방이라도 쓰러질 듯한 얼굴로 앉은 바름. 멍한 눈으로 고개 돌리면, 봉이 양팔 걷어붙인 채 음식 나르고 상 치우느라 부산하다. 그 모습 보는 바름 가슴 미어지는데. 들어오는 문상객(조미정부모, 박종호누나, 수호母 등), 치국母 힘겹게 일어나 인사 받고, 조문객들 치국母 손잡고 위로한다.

미정母	아드님 깨났단 소식 듣고 우리 미정이가 살아 돌아온 것처럼 기뻤는데‥ (눈물 그렁이는)
바름	미정? 조미정? (반사적으로 보면 치국母와 인사하는 문상객 무리 중 수호母 보이고)
치국母	(눈물 훔치며) 병원도 자주 와 주시고… 많이 위로해 주셨는데… 보람도 없이‥
종호누나	먼저 간 우리 종호가 잘 맞아줄 거예요… 외롭지 않을 거니까 너무 걱정 마요…
바름	(덜덜 떨며, E) 내가 죽인 사람들 가족이야‥

일어나 주춤주춤 물러서다 다급히 뒤돌아 나가려는데 누군가 확 잡는! 놀라 보면 봉이다.

봉이	(억지로 앉히며) 앉아봐. (옆에 앉아 육개장 그릇 들고 숟가락으로 뜨며) 한술이라도 먹어. 그러다 쓰러지겠어.
바름	(순간 봉이가 가져온 육개장 보는데 새빨간 국물)

플래시 컷/ 변순영의 검은 봉지 속, 흰 쌀밥에 흐르는 피. (2부 #5) 육개장과 오버랩되는!

바름	(으헉! 반사적으로 육개장 그릇 확 쳐내자 바름 팔에 육개장 국물 확 쏟아지는)
봉이	어떡해. 뜨겁겠다. (다급히 물수건 들고 바름 소매-칼 흉터 있는 쪽- 걷어 올리려는 순간!)

흠칫! 반사적으로 봉이 확 밀쳐내는 바름. 이에 봉이 콰당 넘어지고 문상객들 시선 모인다.

바름 (순간 당황하는. 이내 오버해서 버럭) 왜 이렇게 귀찮게 굴어!

봉이 (당황하며) 아니·· 난 오빠가··· 걱정돼서···

바름 (버럭) 니가 여기서 왜 내 걱정을 해?

문상객들 그 광경 보고 당황하는데. 마침 문상하러 들어오던 무치도 그 모습 보는.

바름 (버럭!) 오바 좀 하지 마. 대체 니가 여기 왜 있는데? 니가 뭔데 여기서 상
     제 노릇을 하냐고! 너 치국이랑 알아? 니가 언제부터 치국이랑 친했다고?
     가! 좀 가라고!!!

문상객들 (왜 저래? 쑥덕거리는)

무치 근데 저 자식이. 오바는 지가 하는고만! (바름에게 가려는데)

동구 (먼저 바름 잡고) 얌마. 너 봉이한테 왜 그래. 고맙단 말은 못 할망정···

바름 고맙긴 뭐가 고마워?!!! (동구 확 밀치며 뛰쳐나가는)

동구 근데 저 자식이!!! 야! 정바름! (쫓아나가려다 무치 보고) 오셨어요. (꾸벅 인
     사하는)

무치, 바름 나간 쪽 황당한 듯 보다 돌아보면 봉이 바닥에 쏟아진 육개장 주워 담고 있는. 무치, 속상한. 옆에 앉아 같이 담는데.

치국母 (봉이와 무치 말리며) 놔둬요. 놔둬. 미안하네. 아가씨. 괜히 와서 고생만
      하고··

동구 비켜봐. 오봉이. (걸레 가져와 닦는)

치국母 그만 들어가요. 아가씨 고생하는 거 바름이가 싫어서 그래. 그만 들어가
      요·· 얼른···

봉이 (쭈뼛거리다, 문상객들 시선 자기한테 몰려있자 앞치마 벗) 그럼 가보겠습니다.
     (꾸벅 인사하고 나가는)

무치 (어깨 축 늘어뜨린 채 나가는 봉이 속상한 얼굴로 보고, 따라 나가려는데)

수호母 (E) 왔어? 고형사?

무치   (돌아보는. 피해자 유가족들 알아보고) 어? 다들 오셨네요?

S#29   무진병원- 장례식장 밖/ 밤

구석 벤치에 앉아있는 바름. 소매에 붉게 젖은 육개장 국물.
소매 걷어보는데 시뻘겋게 데인 팔에 선명하고, 길게 그어진 칼자국 흉터! 보는 위로.

플래시 컷/ 과거/ 구동성당/ 바름의 회상 (6부 #2-2)/ 밤
어둠 속 기어가는 봉이를 그 모습 지켜보는 비릿하게 웃는 바름, 휘파람을 불며 봉이
가 기어가는 곳을 따라다니며 여유를 부리다 순간 봉이 앞에 반짝이는. (떨어져 있는
칼) 발견하고 못 잡게 하려고 하지만. 그보다 먼저 봉이가 칼 잡자, 곧바로 봉이 머리
채 확 낚아챈다. 순간 집어든 칼을 막 휘두르는 봉이 미처 피하지 못하고 칼날이 바
름의 왼쪽 팔 스치는.

팔 흉터 보고 있는데 저만치 식장에서 나오는 봉이 보인다. 후다닥 소매 내리고 가
는 봉이 보는 바름. 어깨 축 늘어뜨린 채 힘없이 터벅터벅 걸어가는 봉이. 바름, 그
모습 가슴 아프게 보는 위로‥ **(서늘하게 /E) 죽어 죽어!!!**

바름 보면 소매 피로 물든 팔. 바름 돌아보면 벽에 부딪혀 넘어져 신음하며 일어나
는 봉이에게 달려들어 발길질하는. 봉이 막아내며 봉이 목 벽에 쳐댄다. 축 늘어지
는 봉이, 그제야 봉이 놓고 바닥에 떨어진 자신의 피 묻은 칼 주워드는 바름, 자신의
옷에 피 쓱쓱 닦아낸 후에 쓰러진 채 누워있는 봉이 목 향해 휙 내리꽂는데 순간 봉
이의 손 칼날 확 잡고 필사적으로 막아낸다. 바름, 어쭈! 제법인데… 손에 힘주는 끝
까지 버티고 막아내는 봉이.

바름, 가는 봉이 보는데 미칠 거 같이 괴로운. 일어나 봉이 뒤 멀찌감치 떨어져 따라
가는.

S#30   무진병원- 장례식장/ 밤

피해자 유가족들 옆에 앉아 밥 먹고 있는 무치.

미정母	(다른 피해자 유가족에게) 전화 받았어요?
종호누나	네 받았어요. 싫다고 딱 잘라 거절했어요.
미정母	난 집에까지 찾아왔길래, 소금 한 바가질 확 뿌려줬어. 어이가 없어서. 뭔 수작인지…
수호母	(조심스레 끼어들며) 무슨 전화··요?
미정母	수호 어머님한텐 아직 전화 안 했나 보네? 조만간 연락할 거예요. 최홍주가 인터뷰하자고.
무치	(먹다 말고) 인터뷰요?
미정父	어. 무진연쇄살인사건 1년 후·· 다큐를 만든다고. 그 사건을 재조명한다나 어쩐다나?
무치	재조명? (하는데)
수호母	갑자기 그걸 왜?
종호누나	그니까요. 갑자기 그걸 왜 만들겠어요? 지 애 아빠 면죄부 주려고 만드는 거겠죠.
수호母	(옆에 앉은 무치 돌아보며 나지막이) 소문이 맞아? 성요한 아이·· 있다는 거··?
무치	(말없이 육개장만 우걱우걱 먹는)
수호母	(맞구나 싶은)

S#31   수호母 집 인근 + 집 앞/ 밤

터벅터벅 걸어오는 수호母. 저만치 집 앞 누군가 서성이는 모습 보인다. 누구지? 싶어 보면 홍주다. 벨 누르려다 말고 계속 망설이는 홍주. 결국 그냥 가는. 그 모습 보는 수호母 위로

미정母	(E) 수호 어머님한텐 아직 전화 안 했나 보네? 조만간 연락할 거예요. 최홍주가 인터뷰하자고.

수호母, 가는 홍주 부르려다 말고 착잡한 표정으로 가는 홍주 보는…

S#32　봉이네 집 안 + 밖/ 밤

할머니 액자 들고 툇마루에 걸터 앉아있는 봉이.

봉이　　할머니… 바름 오빠가 많이 힘들어하는데… 내가 뭘 해야 할지 모르겠어··

/대문 밖, 밖에서 그런 봉이 모습 보는 바름 가슴 미어지는…

봉이　　할머니 돌아가셨을 때 오빠가 내 옆에 있어줬잖아. 그때 오빠 아니었으
　　　　면 아마… 나… 견디지 못했을 거야·· 오빠가 있어서·· 이겨냈는데… 나
　　　　도 오빠한테 그런 존재가 되고 싶은데··

그런 봉이 슬프게 보고 있는 바름 위로…

플래시 컷/ 과거/ 격투장 안/ 바름의 시선/ 낮 (3부 #74-1)
메치기, 조르기, 누르기 등 각종 기술 구사하는 봉이에 속수무책으로 당한 척하는 바
름, 내려가는 봉이를 흥미롭게 눈빛으로 보는 위로

바름　　(E) 할망군 늙었으니 오래 못 살 거고, 딱히 친구도 없는 거 같고·· 그렇
　　　　다면 내 정첼 들켜도 처리하기 쉬울 거고·· 그래. 저만한 조건이 없지··
　　　　이 정바름 2세를 낳아줄 여자로··

플래시 컷/ 봉이네 집- 방 안/ 새벽 (4부 #54-1)
바름 들어오면, 잠들어있는 봉이. 바름, 들고 온 약봉지 두고 찜질 팩 봉이 배에 얹으며··

바름　　함부로 아프지 마. 니가 건강해야 나중에 내 2세도 건강하게 태어나잖아.

현재/

바름　　(끅끅거리며) 끔찍해, 내가 너무 끔찍해… 너한테 어떻게 그런 마음을 먹
　　　　어…

고통스러워 담장 벽에 머리 짖찧는. 이마에서 피 흐르는 바름 모습에서 페이드 아웃

S#33   무진병원- 장례식장 앞/ 낮

치국 관 들고 나오는 동구 비롯한 친구들. 맨 앞에서 영정사진 들고 나오는 퀭한 얼굴의 바름. (이마에 반창고) 운구차 향해 가는데. 주차된 승용차에서 사내, 영정사진 들고 내리며 식장 쪽으로 뛰어오는. 바름 문득 그 손에 들린 영정사진 보는데, 영정사진 속 얼굴, 이모부다!

바름   어? 이모부‥? (반사적으로 돌아보는데, 사내 사진 들고 급히 식장 안으로 뛰어 들어가는)

동구   (바로 뒤에서 관 든 채, 멈춰 서서 식장 쪽 보고 있는 바름 향해) 얌마. 뭐해? 얼른 가.

바름   어‥ 어어‥ (앞장서 가는)

S#34   운구차 안/ 낮

창가에 앉아 창밖에 시선 두며 골똘히 생각하는 바름.

바름   (E) 닮은 사람이겠지? 그나저나 이모는 도착하자마자 전화한다면서 왜 감감무소식이지?

핸드폰 꺼내 이모 번호로 전화하는데 "이 번호는 없는 번호이니‥" 안내음 나온다. 어? 주소록 검색해 이모부 찾아서 누르는데‥ 이모부 역시 없는 번호라는 안내음 나온다.

바름   (E) 뭐야? 둘 다 번호를 바꿨어? (갸웃) 설마 무슨 일 있는 건 아니겠지? (찜찜한)

S#35   납골당/ 낮

치국 유골함 앞 치국母와 친구들. 치국母, 시민영웅상 상패 유골함 옆에 놓고 쓰다듬는.
한 명 두 명 떠나가고 (화면처리) 어느새 혼자 남은 바름. 치국 유골함 보는 위로··

치국   (E) 나·· 너무 무서워. 나 엄마랑 행복하게 살고 싶어·· 그것뿐이야·· 제
        발 자수해./나 살자고. 모른 척할 수 없어. 니가 해야 돼·· 그래야 모두가
        살아··· (15부 #88)

바름   약속 못 지켜 미안해. 치국아. 자수 안 할래 지금은··· 너 죽인 놈 내 손으
        로 죽이고 나서··
        그때 할게. 자수. 비겁하게 자살 같은 거 안하고. 자수 할게. (잠시 쓸쓸하
        게 치국이 보다) 그런데 나 곧 죽는대··· 금방 따라갈게··· 가서··· 가서··· 나
        만나면··· (끅끅거리는)

S#36   무진병원- 장례식장 앞/ 낮

택시에서 내리는 바름. 장례식장 로비로 들어가는.

S#37   무진병원- 장례식장 1층 로비/ 낮

올려다보면 안내 전광판에 있는 2호실 고인의 사진. 다시 봐도 이모부와 똑같이 생
겼다.

바름   (전광판 보며) 이름도 다르고, 가족 이름도 다르네·· 그럼 그렇지·· 이모
        부 일리가·· (안도하고 가려다 문득 돌아보며) 근데 어떻게 똑같이 생겼지?
        (영 찜찜한, 망설이다 빈소 쪽 가는)

S#38   2호실 빈소 앞 + 안 (이필승 빈소)/ 낮

이제 막 차려진 장례식장이라 부산한 분위기다. 쓰윽 들어가는 바름, 들어가자마자 보이는 커다란 영정사진 보면 역시 이모부 얼굴이다.

바름   (갸웃) 맞는데‥ 이모부‥? (상주석 돌아보면)

부인인 듯 보이는 상복차림의 여자, 이모 아니다. 그녀 옆, 세상모르고 놀고 있는 여자아이.

바름   (이해가 안 되고 혼란스러운) 뭐지‥? 이게…?

S#39   2호실 빈소 앞/ 낮

바름, 혼란스런 얼굴로 나오는데, 그때 도착하는 커다란 화환.

남   (보며) 어디서 온 거야?
여(처제)   (화환 메시지보고) 형부 회사에서 보냈네.
바름   (그 말에 화환 보면 과학기술정보통신부 재무 3팀이라고 적혀있다) 이모부 회
            사도 아니고‥근데 어쩜 저렇게 똑같이 생겼지? 이모부가 쌍둥이였나?
            (하다 이름 보고는) 아니지. 박민성, 이필승‥ 성도 다르잖아… (갸웃하며
            가는)

S#40   무진 병원- 장례식장 밖/ 낮

나오는 바름. 다시 이모 폰에 전화해보지만 역시 없는 번호라고 기계음 뜬다. 생각하느라 신호등 빨간 불로 바뀐 거 못 보고 횡단보도 건너며 다시 한 번 이모부 전화번호 찾는데. 빵!!! 날카로운 경적에 반사적으로 고개 돌려보면 헤드라이트 번쩍이며 달려오는 차! 순간 보이는 운전석 달랑거리는 차량용 펜던트!(드림캐쳐 아님) 동시에 파박! 떠오르는 이미지.

퀵 플래시/ 골목에서 뛰어나오던 바름 달려오던 차에 부딪히며 쿵 떨어지는! (3부 #99) /눈 감기는 순간 바름 친 후, 정차되어있던 차량에 달랑거리던 미니 드림캐쳐!

바름   그래. 그거였어!!!! 그때 날 친 차라고? (허‥)

S#41   교통정보센터 (분석실)/ 낮

무치, 눈에 쌍심지를 켜고 모텔 골목에서 나온 3787 차량, 이후 찍힌 도로 영상들 계속 이어보며 동선 추적 중이다. 하지만, 보면 어느 순간 도로에서 3787 차량 사라져 버린다.

직원   여기서 끊겼는데요‥ 이 이후로는 안 보이네요.
무치   아씨!!! 어디로 간 거야!!! (분한)

S#42   북부경찰서 교통과/ 낮

구동 사거리 교통사고 당시 기록 찾고 있는 경찰. 그 앞에서 서서 기다리고 있는 바름.

바름   (생각에 빠져/ E) 치국이를 죽인 놈이‥ 1년 전에 날 쳤던 사람? 이게 우연의 일칠까?
경찰   여깄네요.

바름 사건 접수 기록 열람하면 2019년 11월 16일 구동역 앞 도로 교통사고. 피해자 정바름. 가해차량 운전자 현정수 그 옆 연락처 보며 바로 전화하는데‥ "없는 번호이니…"

바름   뭐야. 다들‥ 없는 번호래?… 이 사람 신원조회 좀 해주세요.
경찰   잠시만요. (기록에 적힌 면허증 번호로 조회하는데 다른 사람 면허증!이 뜬다) 어? 이거 다른 사람 면허번호로 나오는데?

바름	에? 그게 무슨 말이에요?
경찰	(당황스런) 이럴 리가 없는데? 그때 신분증 조회하고 다 확인했을 텐데… 어떻게 된 거지?
바름	허… (기막힌)
경찰	(당황한 듯 서류 보다) 이모분이랑 합의하셨네요. 급한 일이면 이모 분한테 물어보시는 게··
바름	이모가 계속 연락이 안 돼서··
경찰	그럼 보험사에 연락해보세요.
바름	보험사요?
경찰	네. 사건 접수되면 무조건 보험회사 부르거든요. 삼정화재. 여기 담당직원 이름 있네요…

S#43   삼정화재 본사/ 낮

직원	(컴퓨터 확인하고는) 그런 직원 없는데요?
바름	네? 아니, 사고 접수 기록엔 그분 이름으로 되어있어요. 저희 이모랑 얘기해서 가해자 측이랑 합의했구요. 보세요. 여기 서류에… 이 보험회사 회사 직원이랑 합의한··
직원	(보고 이상한) 차량번호 한 번 다시 불러주시겠어요?
바름	15이 3787이요, 인사사고로 접수됐을 거예요. 제가 그때 다쳤거든요··
직원	(조회해보고는) 그런 차량으로 사고 접수된 적 없어요.
바름	네? 접수가 안 됐다구요?
직원	네. 없어요.
바름	(황당한) 경찰서에서는 분명히… (하다) 뭐지··? 이건··?

S#44   소아과 외경 + 소아과 대기실/ 낮

은총이 안은 채 앉아있는 홍주. 아이 팔에 든 멍 보며 속상해하는데··

간호사   은총이 들어오세요.

홍주, 얼른 일어나 들어가려다 문득 따가운 시선에 뒤돌아보면. 대기석에 앉아있는
손님들 홍주 보고 쑥덕거리다 얼른 아닌 척 고개 돌린다.

S#45   소아과 진료실/ 낮

의사   (엑스레이 사진 확인하며) 뼈는 이상 없어·· 멍은 금세 빠질 거고·· (조심스
            레) 근데 혹시··?

홍주   어어·· 나도 혹시나 해서 CCTV로 확인했는데 애가 혼자 놀다가 소파에
            서 떨어지려는 걸 뛰어와서 급히 잡느라·· 그래서 든 멍이더라고··

의사   아, 그래? 그럴 수 있지. 그나저나 너 동창회 좀 나와. 애들이 섭섭해하드라.

홍주   요새 좀 정신이 없어서·· 저기·· 혹시·· 아이 봐주실 분·· 소개해줄 만한
            사람 있어?

의사   (머뭇) 아 그게·· 요즘 시터 구하는 게 하늘에 별 따기잖니·· 그쪽에서 또
            엄청 가려서··(눈치 보며) 알아는 볼게··

홍주   (무슨 뜻인지 알겠는) 그래. 고마워. 갈게.

S#46   봉이네 집 인근 점방/ 낮

라면 봉지 카운터에 놓는 봉이 노트북 보느라 계산은 나 몰라라 하고 있는 여주인.

봉이   (보며) 뭐 좋은 거 보나 봐요?
주인   뻔뻔하긴.
봉이   에?
주인   최홍주 고 기집애 말이야.
봉이   언제는 멋지다고 하더니 갑자기 왜요?
주인   멋지긴. 개뿔. 정신 나간 년이지. 어디 남자가 없어서·· 애 봐주는 아줌
            마 구한다고 내가 옛날 살던 동네 맘카페에 올렸어. 한국이 그 짠한 애는

폐가 없이 발견됐다는데‥ 그 와중에 지 새끼는 돌봐줄 사람을 찾는다고 척허니 글을 올려? 댓글이 주렁주렁 달려서 나도 대찬 욕 하나 달아줄라고 하는데 생각이 안 나.

봉이   비켜 봐요. 내 별명이 욕봉이에요 욕봉이. 울 할머니 피를 물려받아서 욕 하나는 내가 찰지게! (주인 옆으로 밀치고 의자에 앉아서 컴퓨터 앞에 앉아 팔 걷어붙이며) 우씨! 내가 진정한 악플이 뭔지 보여주겠어! (올라온 댓글들 보는)

S#47   OBN 방송국. 셜록 홍주 사무실 + 봉이네 집 인근 점방 / 낮

은총이 데리고 놀아주고 있는 강작가와 조연출. 강작가 앞에서 빵긋거리며 잘 놀고 있는 은총이 보던 홍주 시선 컴퓨터로 향하면 모니터 화면 맘카페에 올린 베이비시터 구인 글. 밑에 길게 달린 댓글들. 〈그 빌라 6개월 아이면 최홍주 사는 데임?〉 〈맞아 그 빌라에 최홍주 삼.〉 〈최홍주 맞네. 그 집 베이비시터 있었는데 나갔나 보네〉 〈나래도 나가겠다〉 〈그 시터 우리 친척인데 애가 보통 유난을 떠는 게 아니라고 함. 하루종일 울어서 시끄러 노이로제 걸릴 지경〉 〈반박 글 없는 거 보니 최홍주 맞나봄〉

봉이   (읽어보다) 야게야게. (하며)

손가락 관절 뚜둑 꺾고는 작정하고 댓글 치는! 〈최홍주의 실체를 까발립니다. 피해자 유가족 속이고, 농락하는 아주 잔인하고 못된 식빠라빠빠! 씨알새! 사과씨 수박씨 산딸기씨 씨발라 십팔개! 후레지아 사발면 다리 몽디 뽀샤불 신발 샛길 똥을 바글바글 쌀 x〉 하고 엔터 치려는 순간 올라오는 댓글 〈살인마 자식이니 지 애비 닮아서 살인마 되겠지?〉 〈부전자전, 피는 못 속임〉 〈그 아이 맡아서 키워주면 미래의 살인마 키우는 겁니다.〉
/그 댓글들 보는 홍주. 참담하다, 이어 올라오는 댓글. 〈아이는 인신공격하면 안 되죠. 글 올린이가 최홍주 아니면 어떡할려고〉 〈그럼 아니라고 해명하든가?〉 〈대답 없잖아요.〉 〈찔려서 대답 못하는 거 아님?〉 〈최홍주 아니면 인증하세요. 인증〉

홍주   (하는데 전화 오는 모르는 번호다, 받는) 네.

(E)   최홍주 피디 번호 맞아요?

홍주   네. 그런데요. (하는데 뚝 끊겨버리는)

바로 올라오는 댓글. 〈방금 제가 전화해봤는데 최홍주 맞아요〉 〈맞대. 맞대‥〉
〈뻔뻔하다‥ 한국이는 차가운 시체로 돌아왔는데 그 괴물 자식은 귀한 모양?〉
/댓글 읽고 있는 봉이. 자기가 쓴 글 커서로 지우는

아줌마   왜? 왜 지워?

봉이   (벌떡 일어나며) 쳇! 이런 거 올릴 가치도 없어. 이런 글 올리는 것도 관심이
             라구요. 아줌마도 이런 거 보지 마. 정신건강에 해로워. 계산이나 해줘요.

S#48   OBN 방송국. 셜록 홍주 사무실/ 낮

심란한 홍주. 쪽지함 열어보면 폭탄쪽지들. 열어보면 차마 입에도 담을 수 없는 온
갖 욕들로 가득하다. 아이 욕 담긴 쪽지들 차마 읽지 못하고, 속상한 마음으로 하나
씩 삭제하기 시작하다 문득 마우스 멈추는. 〈면접 보고 싶어서 전화번호 남깁니다.
010-***-****〉

홍주   (반가운. 바로 전화하는) 쪽지 보고 연락드렸어요‥ 지금 면접 가능하세요?

S#49   홍주네 집 외경 + 거실/ 낮

커피 내리는 홍주. 돌아보면, 소파에 긴장한 얼굴로 앉아있는 여성, 지은이다!

홍주   (커피 잔 테이블에 놓으며) 어디서 뵌 거 같은데… 낯이 익어요.

지은   아‥ (당황한 표정 감추며) 제가 좀 흔한 얼굴이라… 그런 얘기 자주 들어요.

홍주   (갸웃) 흔한 얼굴 아니신데‥ (하다) 아이 돌보는 일은 경험이 있으세요?

지은   실은 남의 아일 키워본 적은 없어요.

홍주   아‥ (실망하는)

지은	하지만, 제 아들을 키웠으니까 아이 돌보는 일은 자신 있어요.
홍주	아. 네. (하는데 은총이 깼는지 방안에서 울음소리 들리는) 잠시만요‥ (방에 들어가 우는 은총이 안고 나와 젖병 물리며) 그럼 아드님이랑 사세요?
지은	(은총이 보는 눈에 꿀 떨어지면서) 아뇨‥ (잠시 주저하다) 사고로 먼저‥
홍주	아. 괜한 질문을‥ 죄송해요. (젖병 입에서 뱉어내며 계속 땡깡 부리며 우는 은총이 달래며)
지은	혹시‥ 검은 봉지 같은 거 있으세요?
홍주	네? 아‥ 잠시만요. (아이 지은에게 넘기고, 주방 가서 비닐봉지 가져오면)
지은	(울고 있는 아이 옆에서 비닐봉지 계속 부시럭 거리자 아이 신기하게 울음 뚝 그친다)
홍주	(신기한 듯 보는)
지은	제 아이 키울 때 아이가 울면 늘 이렇게 해줬거든요 그럼 신기하게 울음을 뚝 그치더라구요. 그리고 지금은 배가 고파서 우는 게 아니라, 기저귀 갈아달라고 우는 거예요. (어느새 자기 품에서 곤히 잠든 은총 사랑스런 눈빛으로 보는)
홍주	(지은 눈빛에 든든해지는) 내일부터… 오실 수 있으세요?
지은	그럼요.
홍주	(망설이다) 실은… 지난번 아이 봐주는 분이‥ 저희 아이한테… 아이 몸에 멍이 들었어요‥
지은	(버럭 흥분한) 아니 어떻, 미친. 가만뒀어요? 신고는 했죠? (속상한) 아니‥ (은총 보며 눈물 그렁이는) 이 사랑스런 애를 어떻게…
홍주	(그런 지은 믿음직스럽게 보는데, 전화 온다) 어 강작가. 지금 나갈게. (끊고) 죄송한데… 제가 일하다 와서… 오늘부터 좀… 부탁드려도 될까요?
지은	그럼요. 아이랑 잘 놀고 있을 테니 걱정 말고 일 보고 오세요.
홍주	감사합니다. (가방과 자켓 들며) 그럼 잘 부탁드릴게요‥ (나가고 문 닫히면)
지은	(잠든 은총 애틋한 눈빛으로 보며) 어쩜 눈이 이렇게 똑 닮았니… 코도 똑같고‥ 입매도…

S#50   홍주네 집 주차장/ 낮

홍주, 차에 타려는데 핸드폰 울리는 받으면.

수호母	(F) 저 수호 엄마에요.
홍주	(순간 긴장하는) 아‥ 네‥ 잘 지내셨어요?
수호母	(F) 어제 우리 집에 다녀간 거 봤어요‥
홍주	아‥ 그게‥ 다른 게 아니라‥
수호母	(F) 다른 유가족 분들한테 얘기 들었어요. 방송 준비한다고…
홍주	아. 네… 그게‥
수호母	(F) 할게요.
홍주	네?
수호母	(F) 인터뷰 할게요. 방송으로 꼭 할 말이 있어요‥
홍주	아. (반가운) 알겠습니다. 언제 시간 괜찮으세요? 댁으로 찾아뵐까요?
수정모	(F) 집은 좀… 제가 내일 방송국으로 갈게요…
홍주	아 그러시겠어요? 네. 네 그때 뵐게요. (끊고는 갸웃) 꼭 할 말‥?

차에 타려다 문득 자신의 집 쪽 올려보면 베란다에서 지은, 은총이 손잡고 빠빠이 시키고 있다. 홍주, 은총 보고 미소 지으며 손 흔드는‥

홍주	(이내 슬픈 눈빛으로 중얼거리는) 은총아. 미안해. 엄마의 선택을 이해해줘…

S#51 무진청 증거보관팀 사무실/ 낮

들어오는 무치. 자리에 털썩 앉는. 다시 컴퓨터 모니터 클릭하고 모니터 화면에 CCTV 속 오즈1 노려보고 있는 무치. 화면에 걸리는 누군가의 손 스틸 잡힌 모습 보며‥

무치	누굴까? 무슨 종이 같은 걸 건네주는 거 같은데… 아, 저 새끼 누구지? 하고많은 장소 중에, 군이 무진청에 들어와 뭔가를 받고! (출입구 쪽 CCTV에 찍힌 모자 푹 눌러쓴 오즈1 나가는 모습 보며) 이놈은 들어올 때도, 나갈 때도 혼자였단 말이지. 역시‥ (화면 밖 인물) 그렇다면 이 자식은 내부인이라는 건데… (하는데 딩동 메일 알람 뜬다)

보면, 영산종합상가 야동이가 보낸 메일 <삭제 부분 복원 영상> 파일. 클릭해서 보면 다른 각도 CCTV에 걸린 오즈1의 뒷모습! 그리고 건네주는 사람이 희미하게 찍혀있다.

무치   (화면 확대하다 허‥) 뭐야 이 자식….

이형사다! 복원된 화면 확대하면 이형사가 건네는 종이 보인다. 실눈 뜨고 보다‥

무치   가만. 이거‥ 강덕수 엄마 진술서 아냐‥? (하는데.)

플래시 컷/ 신형사 "이형사 그자식이 팀장님한테 늦게 준 거예요!" (12부 #36)

S#52   무진청 특본팀 사무실/ 낮

무치   (뛰어 들어오면 이형사 자리에 없다. 팀장실에서 나오는 신형사 발견하고) 낙하산!
신형사   고선배! 그렇지 않아도 사무실에 인사드리러 가려고 했는데‥ 덕분에 신혼여행 잘 다녀왔어요. 아주 신상으로다 제주도 돌하르방 선물도/
무치   /그때 이형사한테 강덕수 엄마 진술서 언제 줬다고?
신형사   그거요? 셜록 홍주 출연하러 갈 때요. 강덕수 엄마한테 받자마자 이형사한테 줬다니깐요….
무치   그래? (곰곰 생각하는데)
신형사   (억울한) 글쎄, 까먹었다고 늦게 준 게 말이 돼요? 진짜 어이 상실! 개념분실! 아닙니까? 그 자식이 바로 팀장님한테 보고했으면 선배 바로 풀려났을 거고, 그럼 봉이 씨도 안 다쳤을 텐데‥ 이형사 덕에 딱 하나 잘된 건 강덕수 죽은 거!
무치   (눈빛 반짝여서 신형사 보면)
신형사   아니‥ 그게 제 말은‥ 잘 됐다기보다‥
무치   (팀장실로 들어가는)

S#53 무진청 특본팀 팀장실/ 낮

호남 몇 시? (하다) 기혁이가 너 풀어줬단 보고 받고 난리 치고 있는데 주드라고. 깜빡했다고‥

무치 그러니까 제가 풀려난 담에 그 진술서를 팀장님한테 줬단 말이죠? (눈빛 반짝이는)

S#54 무진청 증거보관팀 사무실/ 낮

복원된 CCTV 화면 보고 있는 강형사와 신형사.

신형사 헐~ 나한테 받은 걸 깜빡 잊고 있었단 놈이 딴 사람한테 이걸 보여줄 리가 없죠.

강형사 (팔짱 낀 채) 것도 외부인한테. 이걸 왜?

무치 (시간 보며) 이걸 그 놈한테 보여준 시간이 8시. 그리고도 계속 혼자서 가지고 있었어. 그리고 형이 날 풀어준 시간이 10시. 그 다음에야 복팀장한테 줬대. 내가 풀려났으니까 더는 진술서를 감출 이유가 없어진 거지.

신형사 나한테 받은 그 진술서를 바로 팀장님한테 드렸음 고선배는 바로 풀려났을 거구요.

무치 진술서 내용을 본 이 놈이, 내가 봉이한테 달려가고 있는 그 시간에 트럭을 몰고 나를 덮치려고 했어. 그 트럭을 피하다 내 차가 굴러 떨어졌고‥

플래시 컷/ 무치, 피 흘리며 차문 열고 내리는데, 뒤통수 갈기는! (11부 #112)

무치 (E) 차에서 나오던 내 뒤통수를 후려갈겼고!

/무치 (눈빛 반짝) 지갑은 뺑끼야. 강도인 척 위장하느라고 가져간 거라고!

강형사 그러니까‥ 니가 봉이양한테 달려갈지 미리 동선을 알고 그 길목에서 기다리고 있었다?

무치 (끄덕)

신형사 왜요?

무치	내가 제 시간에 도착했으면 강덕수는 안 죽었겠지? 놈이 강덕수를 죽인 놈이랑 한패라면… 강덕수를 죽이게 시간을 벌어줬다면…
강형사	에이! 너무 간 거 아냐? (하는데)
신형사	허걱!! (호들갑) 설마 이형사 그 자식이 강덕수 죽인 범인?!!! 왜, 그때도 범인이 내부에 있다고·· 증거보관팀 CCTV까지 싹 다 뒤지고 그랬잖아요.
무치	혹시나 해서 CCTV 다 확인했는데… 강덕수 사망추정시각에 이형사, 무진청 안에 있었어.
강형사	맞아. 나랑 같이 있었어.
신형사	아·· 그럼 이형사를 조저봐요. 그럼 실토하겠죠.
무치	신중해야 해. 괜히 잘못 쑤셔놨다가 놈들이 증거를 싹 없앨지도 몰라. 낙하산, 넌 이형사 계속 예의주시하고 살펴. 그 대포차 3787도 계속 추적하고. 일단, 무조건 비밀유지! 우리끼리! 알지?
신형사	네!
무치	근데·· 그 놈이 강덕수 살인 뿐 아니라 나치국 살인에도 연관이 되어있는 거 같아.
신형사	(놀라) 네?!!
강형사	나치국이 살해됐다고?
무치	(끄덕이는) 증거는 없지만. 정순경이 뭘 본 거 같아… 그 놈이 나치국을 죽인 거 같애··
신형사	(황당한) 왜? 왜 나치국을 죽여요?
무치	협박받은 거 같아…
강형사	협박이라니?
무치	성요한이 나치국을 공격한 장소가 뭔가 이상해··
신형사	뭐가요?
무치	그게… (불안한 눈빛으로) 내가 뭔가·· 실수한 건 아니겠지··?
강형사	뭔 소리야? 무슨 실수?
무치	성요한이 아니면… 나치국을 성요한이 죽이려던 게 아니었으면·····
신형사	선배. 생방송 때 기억 안 나요? 성요한 그 자식이 나치국도 언급했어요. 벌거벗은 임금님이라고! 교만하지 않아서 심판했다고!
무치	(애써 확신하려는) 그치? 그치? (하다) 근데… 그때 생방 때 나랑 통화한 놈이 성요한이 아니면…? 성요한이 무진연쇄살인사건 범인이 아니면··?

강형사	(후…한숨) 성요한이 정순경 머리를 박살냈잖아. 성요한 집에서 죽은 변순영 시체 사진이 나왔다고! 어떻게 아닐 수 있어··? 어?!!! 그런 걸 빼박이라고 하는 거야. 빼! 박!
무치	(애써 확신하려는) 그치? 그치? (하다) 하, 근데…나 왜 이렇게 찜찜하지··? (불안한)
강,신	(그런 무치 걱정스럽게 보는)

S#55   모텔들 건물 사이 (오즈2 떨어진 장소)/ 해질녘

오즈2가 떨어졌던 그 벽 앞에 서 있는 바름.

바름	(곰곰 생각에 빠져있는) 그렇게 빨리 치웠단 건, 전문가 솜씨야… 전문가라…

하다 문득 위 처다보는데 순간!
플래시 백/ 탕! 배수관에 부딪히며 떨어지는 오즈2, 내려다보는 바름. (#14)
맞다! 바름, 다급히 눈으로 층수 세는 듯하더니 후다닥 뛰어가는.

S#56   호텔 캘리포니아 8층 룸 안/ 해질녘

룸 청소하던 도우미 놀라 누구세요? 하는데도 바름 다짜고짜 화장실로 들어가 쪽 창문 쪽으로 힘겹게 몸 바깥으로 내밀어 매달린 채 배수관 살피면, 배관 튀어나온 부분에 살짝 묻어있는 말라붙은 피!! 주머니에서 면봉들 꺼내 말라붙은 피 조심스레 긁는.

S#57   혈흔 분석실/ 밤

바름	(증거봉투에 담긴 핏자국 묻은 면봉 감식 직원에게 넘기며) 빨리 좀 부탁드릴게요.

S#58 무진병원- 장례식장 로비/ 아침

멍한 표정으로 어딘가 보고 있는 바름, 시선에 안내 전광판 속 이필승 사진 보인다.

바름   (허‥ 기막힌) 이 사람이라고?
감식   (E) 전과자 데이터베이스에 돌렸더니 바로 나왔어.
바름   (멍하니 서 있다 후다닥 어딘가로 뛰어가는)

S#59 무진병원- 장례식장 입관실/ 아침

바름, 문 쾅 열고 들어오면! 이필승 몸에 수의 입히며 입관 준비 중인 장례직원들 있다.

직원   (놀라 돌아보며) 아직 준비 안 됐어요. 좀 있다가 부르면 오세요.

바름, 다짜고짜 직원들 확 밀치며 수의 확 벗겨보면 가슴 한가운데 난 구멍!

플래시 컷/ 옥상에서 바름 내려다보면, 철근에 몸 관통당한 채 죽은 오즈2 뒷모습! (#14)

바름   (중얼거리는) 맞아‥ 이 사람.
직원   당신 뭐야? 가족 맞아? (쫓아내려는데)
바름   (순간 이필승의 목 아래 넓게 퍼져있는 붉은 반점! 보는) ‥허 이모부 맞아…

S#60 출입국 관리소/ 낮

직원   박민성씨나 이필승씨 이름으론 출국기록이 안 나오는데요.
바름   (다급히) 그럼 김희진은요. 박훈석이랑… 저희 이모랑 사촌동생이거든요.
직원   김희진, 박훈석‥ (치는) 출국 기록 없는데요.
바름   네?

플래시 컷/ 공항에서 이모, 훈석이 들어가며 손 흔들던 모습. (14부 #101)

바름   비행기를 안 탔어…? 그럼 출국장 앞에서 배웅했던 건 뭐야? (멍한)

S#61   무진동 무진 아파트 외경 + 현관 앞/ 낮

이모집 초인종 계속 누르는 바름. 옆집에서 문 빼꼼 열리고.

옆집   그 집 비었는데. 이사갔어요.
바름   여기 훈석이라고 살지 않았나요? 저 훈석이 사촌형인데… 갑자기 연락이
         안 돼서…
옆집   훈석이 이사 간 거 모르셨구나… 하기야 갑자기 이사를 가드라구요. 야
         반도주하듯이 가길래‥ 뭔 일 있나 했는데‥
바름   야반도주‥? (갸웃) 언제요? 언제 이사 갔는데요?
옆집   그게‥ 훈석이가 없어진 날이 있었거든‥ 애 찾느라 난리도 아니었는데‥
         다음 날 아침에 데려왔드라고‥ 그날 바로 이삿짐 차가 와서 짐 빼든데?
바름   (E) 그 날이면 우리 집에서 자고 간 날인데… (하다) 여기 누구 누구 살았
         습니까?
옆집   훈석이랑 훈석이 엄마랑 둘이요.
바름   아빠…는요?
옆집   훈석이 아빠 없는데? 훈석이 갓난쟁이 때 이혼해서 미국 산다 그러던데‥
바름   아빠가‥ 없다구요?
옆집   네… (바름 이상하게 보며) 사촌형‥ 맞아요?

S#62   무진 아파트 입구 앞/ 낮

바름   (나오다 이모집 올려다보며 곰곰 생각하는) 그래. 이모 집은 원래 우리 동네
         였어‥ 내가 수술한 후에 이모집 근처로 이사한 건데‥ 언제 여기로 이사
         온 걸까…?

S#63 　평안동, 예전 이모집 앞 + 안/ 낮

바름 　　(보고 있는/E) 그래. 이 집이었어. 이제 기억나. 내가 이 집엘 자주 왔었다고…
부동산 　오셨네요. (대문 열어주면)

들어오면 오래 비워둔 집임을 알 수 있는. 마당에 잡초가 무성하다.

바름 　　여기 집주인이
부동산 　외국분이세요.
바름 　　그 전 주인은··
부동산 　이분이 소유주인 게 10년 정도 됐는데…
바름 　　아·· 그럼 전세입자는··
부동산 　가끔 외국인 상대로 에어비엔비 받기는 해요. 근데 누굴 세 주거나 하진
　　　　 않았는데··
바름 　　그럼 한국인 부부가 여기 산 적·· 없단 말이에요?
부동산 　네. 없어요. 그럼 둘러보시고 나오세요. (나가면)
바름 　　(돌아보면) 분명 이 집인데… 이 집 맞아… (보는데)

플래시 백/ 과거/ 평안동 이모집/ 해질녘 (혹은 저녁)
이모 　　(야외테이블에 고기 상추 등 세팅하며) 어때? 이모부랑 같이 발품 팔아서 마
　　　　 련한 집이야··
이모부 　50년도 넘은 주택인데… 리모델링을 우리가 직접 다 했어. 바름이 니 집
　　　　 도 내가 싹 다 고쳐줄게. 이래봬도 이모부 건축설계회사 다니잖아. 믿고
　　　　 맡겨봐

바름, 보면 세팅된 그릇들 3인분. 이모랑 이모부랑 같이 저녁 먹는 바름.

바름 　　그래·· 그때 훈석인 없었어·· 둘만 있었어…늘. 기억 잃기 전 난 훈석이
　　　　 를 본 적이 없어…

플래시 컷/ 이모 "기억 안 나? 훈석이 애기 때 니가 업어 키우다시피 했는데··" (11부 #72)

바름	다‥ 거짓말이었어? 내 주변에 모든 게 다 가짜라고… 다 유령이라고? 마, 말도 안 돼… 그럴 리가 없어‥ 그럴 리가… (뛰어 나가는)

S#64   주민센터/ 낮

직원	김만호 씨 가족관계증명서입니다. (건네면)
바름	(보면 배우자 윤재숙, 자녀란에 김희정만 있다) 엄마는 동생이 없어… (멍하니 보는 위로) (*서류에 '김희정' 잘 보이게)

S#65   과거. 구령. 재훈의 집 앞/ 바름의 회상/ 낮

재훈, 타다만 집 현관 앞에 혼자 쭈그리고 앉아있는데 문 열리는 소리에 고개 들면 이모와 이모부 서 있다.

이모	(울먹이며) 니가‥ 재훈이니?
재훈	(무표정하게 일어나면)
이모	(뛰어와 표정 없이 보는 재훈 확 끌어안으며) 불쌍해서 어떡해‥ 우리 재훈이‥
재훈	(무표정한) 누구세요.
이모	(재훈 끌어안은 채) 재훈아. 니 이모야. 엄마 동생‥ 미국에 살고 있어서 늦게 연락을 받았어… (재훈 어깨 잡고) 걱정마. 이모가 있으니까‥ 이제부턴 이모랑 살자.
재훈	(무표정한 얼굴로/ E) 날 이상하게 보는 사람들의 시선이 귀찮아‥ 다른 사람들이랑 똑같은 얼굴로 살아야겠어‥ 주목받지 않으려면‥ (몸 일으켜 이모 눈 보며, 급 불쌍한 눈빛과 얼굴을 하며 연기 시작하는) 너무 마음이 아파요‥ 이모‥

이모집/ 가방 멘 채 낯선 표정으로 집 둘러보는 바름.

이모부	반갑다 재훈아‥ 이모부야.

재훈	(미소 지으며) 안녕하세요.
이모	재훈아, 이제 이모 호적으로 널 옮길 거야.
재훈	(보통 아이인 척 표정 지으며) 그럼 이름도 바꿔주세요.
이모	뭘로?
재훈	음·· (밝은 표정으로) 바름이요. 바를 정. 정바름.

현재/ 바름, 멍한…

S#66   바름의 집/ 낮

멍한 얼굴로 들어오는 바름. 진열장에 놓여있는 바름 안고 찍은 희정 사진 액자 본다.

플래시 컷/

바름	엄만·· 어디 계세요?
이모	너 어릴 때 빗길 사고로 돌아가셨어··
/이모	넌 어릴 때부터 사고 한번 안 치고 자란 바른 생활 아이였단다. 지금도 그렇고 바름아. 넌 정말 착하고 정의로운 사람이야. (7부 #45)

| 바름 | 어디까지가 진짜고·· 어디까지가 가짜 거야·· |

혼란스러운 바름, 주방으로 가서 냉장고에서 물병 꺼내 냉장고 문 닫다 문득 냉장고 문에 붙어있는 어린 시절 바름 사진(이모가 준) 보는.

| 바름 | 설마·· 이것도 가짜야…? (하며 사진 떼서 보다) |

플래시 컷/ 재훈의 얼굴, 떠오르는 기억 (8부 #2)

| 바름 | 그래 기억 속 아이는 이 아이가 아니었어·· 성요한의 기억인 줄 알았던
모든 기억이 다 내 기억이었잖아·· 그럼 그 아이도… 성요한이 아니고 설
마… 나? |

플래시 컷/ 애니멀 테마파크에서 구렁이 공격하는 생쥐! (8부 #2)
/먹이 구멍 안에 생쥐 넣는 재훈, 전시관에 붙어있는 구렁 애니멀 테마파크 이름! (7부 #94)

후다닥 핸드폰으로 구렁 애니멀 테마파크 검색하는.

S#67   구렁 애니멀 테마파크 앞/ 낮

애니멀 테파마크, 당시의 파충류관에 들어오는 바름. 견학 온 어린아이들 와글와글하다.
(*00년도와 같은 모습은 아님) 그때, 어디선가 들리는 아이들의 비명. 보면, 도망치거나
주저앉아 울음 터뜨리는 아이들! 교사, 테마파크 스텝, 수습하느라 정신없는데. 아
수라장에서 동요 없이 서 있는 재훈! 어깨너머 유리관 속 이리저리 날뛰는 생쥐 한
마리와, 그 생쥐 집어삼키려는 먹구렁이 보는 재훈의 모습 보는 바름! 그 어린 재훈
의 모자에 쓰인 어린이집 이름!

S#68   개나리 어린이집/ 낮

앨범 사진 가지고 오는 어린이집 원장.

원장   그 일이 저희 어린이집 설립했을 해에 있었으니까 2000년도였어요. 여기
          졸업앨범이요.

바름, 앨범 받아 한 장씩 넘기면 표정 없는 한 아이의 얼굴에 시선 멈춘다.
기억 속, 어린 재훈의 얼굴이다. 그 밑에 정재훈이라고 써있다!!

바름   정재훈‥?
원장   아, 그 아이요. 애가 어쩌나 유별났는지… 어디서 쥐를 가져와선 뱀한테
          던져서‥ 난리도 아니었어요. 애 엄마가 사정을 하고 거의 빌 듯이 해서
          졸업은 시켰는데… 소문으론 초등학교 들어가서도 계속 사고를 쳤다고…
바름   사고요?

S#69   봉이네 집/ 낮

지역 신문지 펼쳐 놓고 알바 구인란 보고 있는 봉이.

봉이   가만 필통이… (찾다가) 아아. 짐을 다 사무실에 두고 왔지. 어떡하지…
         택배로 부쳐 달랄 수도 없고·· 그래. 내가 뭐 죄졌냐? 당당하게 갖고 와
         야지. (벌떡 일어나는)

S#70   OBN 방송국 로비/ 낮

들어오는 봉이, 로비 카페 지나쳐 가는데. 송수호 엄마 카페에 앉아있다.

S#71   거리 + 차안/ 낮

홍주   (통화중인) 차가 막혀서 좀 늦을 거 같은데… 로비에 송수호 어머님 와 계
         실 거야. 모시고 좀 올라가 있어.

S#72   OBN 방송국. 셜록 홍주 사무실/ 낮

강작가   (원고 급히 쓰며) 아, 알았어. (전화 끊고) 이럴 때 조연출은 어디 간 거야?
         바빠 죽겠구만… (나가려는데, 마침 봉이 들어오는) 야! 오봉이. 너 뭐냐? 전
         화도 씹고!
봉이   죄송해요. 실은··
강작가   실은 이고 바늘은 이고. 변명은 이따 듣기로 하고 로비카페 가서 손님 좀
         모시고 와.
봉이   아니. 저는 제 짐 가지러 온 거거든/
강작가   /가서 송수호 어머니를 찾아. 무진연쇄살인사건 피해자 유가족이시니까
         특별히 신경 써서 공손히 모셔와. 어?

봉이	무진연쇄·· 왜요? 그분이 여길 왜 와요?
강작가	그 사건 기획 특집 땜에 인터뷰해주신대.
봉이	네? 갑자기 그 사건을 왜요?
강작가	나도 몰라. 하여튼 최피디는 괜히 욕먹을 짓을 사서 해. 암튼 내려가서 모셔와.
봉이	하! 나 하나로 부족해 다른 유가족들도 이용하려고? 이게 진짜 인두겁을 썼나 뻔뻔하긴·· (씩씩거리고 나간다)

S#73 무진청 증거보관팀 사무실/ 낮

CCTV화면 계속 보고 있는 무치. 진술서 받아서 보는 오즈1 보는데 손이 맨손··

무치	아! 그 놈 지문이 남아 있을 수 있겠네. (후다닥 보관실 문 열고 들어가는)

S#74 무진청 증거보관팀 증거보관실/ 낮

무치, 강덕수 박스 정신없이 찾다가 다른 박스들 우당탕 성요한 사건 박스 훅 넘어뜨리는.

무치	에이씨!! 정순경 이 자식 정리 좀 똑바로 해두라니까. (하며)

엎어진 박스에 다시 증거품들 정리해서 넣는데, 그 중 체육관에서 수거해온 송수호 스파링하는 사진 액자(피 묻은) 집어넣다, 문득 송수호 팔뚝 한쪽에 컬러 문양으로 어깨 전체를 덮은 타투들 보는데·· 자세히 들여다보다, 문득 핸드폰 꺼내 전화하는!

무치	고형산데요. 물어볼 게 있어서요. 지금 집으로 가도 돼요?
수호母	(F) 나 집 아니야·· 일이 좀 있어서 나왔어.
무치	어디요?

S#75   OBN 방송국 로비 카페/ 낮

수호母   응. 오비엔 방송국에 인터뷰 좀 하러…

무치   (F) 에? 무슨 인터뷰요? (하다) 알았어요. 지금 그리 갈게요.

수호母   무슨 일로 그러는데‥ 나중에 집에서… (하는데 전화 끊긴)

고개 들면 눈앞에 봉이 씩씩거리며 서 있다.

봉이   최홍주 만나러 오셨어요?

수호母   네. (데리러 온 줄 알고 가방 들고 일어나려는데)

봉이   씨‥ 인터뷰하지 마세요.

수호母   (무슨 말인가 보는)

봉이   이용당하지 마시라구요. 그 여자 음흉한 여자에요. 나쁜 여자라구요. 저 구동할머니 손녀에요. 성요한한테 죽은… (울컥) 근데 그 여자가 나를 완전히 기만하고 속이고/

수호母   (슬프게 보며) 뭔가 오해가 있는 모양인데… 최피디님 나쁜 사람 아니에요.

봉이   아니긴. 개뿔. 몰라서 그러시는 거예요.

수호母   우리 수호 그렇게 되고 여러 번 따라 죽으려고 했었어요. 어느 날은 물에 뛰어들었는데 최피디가 뛰어들어서 날 구해냈어요. 하마터면 본인도 죽을 뻔한 상황이었는데… 병실에서도 밤을 새워 간호까지 해 줬어요‥

봉이   쳇! 알량한 양심의 가책은 있었나보네. (하다) 최홍주. 누군지 알아요? 성요한 애인이었어요! 성요한 애도 낳고 키우고 산다구요!

수호母   알아요. 들었어요. 그땐 왜 그렇게 나한테 지극정성 하나 했는데‥ 성요한이랑 그런 사이여서 그 죄책감 때문에 그런 거구나‥ 이해했어요. 성요한이 나쁜 놈이지, 최피디가 그런 건 아니잖아요. 누구보다 최피디가 힘들었을 거예요‥ 우리가 이해‥

봉이   /아뇨. 그 여자 무서운 여자에요. 자기가 필요하면 이용하는 사람이에요! 상대 안 가리고… 그러니까 이용당하지 말고 인터뷰하지 마세요.

수호母   내가 먼저 전화했어요. 내가 먼저 인터뷰하겠다고 했어요.

봉이   왜요? 왜?

수호母   꼭 할 말이 있어서… 두고두고 찜찜해서‥

봉이	뭐가요?
수호母	성요한·· 범인 아닌 거 같다고···.
봉이	에에? (황당하고 기가 막힌) 뭐라구요?

S#76   OBN 방송국 주차장/ 낮

주차하는 무치. 저 앞에 피해자 유가족들(#28 조미정 부모, 종호누나 등) 화난 얼굴로 걸어가는.

무치	어? 여긴 웬일들이시지? (차에서 내리는)

S#77   OBN 방송국 로비/ 낮

엘리베이터 내려 로비 카페로 뛰어 들어가는 홍주.

홍주	여기 계신 줄 모르고 바로 사무실로 올라갔었어요. 막내 작가 보냈다던 데·· 안 왔어요?
수호母	그게··
홍주	(수호母 옷이랑 가방 들며) 일단 올라가시죠.
수호母	(일어나서 홍주랑 들어가려는데)
종호누나	(E) 최홍주!
홍주	(돌아보면)
미정母	우리가 안 해준다니까, 수호어머니를 꼬셔?
수호母	그게 아니라·· 내가··
미정母	/(안 듣고) 방송하지 말라고 했음 알아들어야 할 거 아니야. 왜 유족 맘을 후벼 파는데···
홍주	일부러 누구 편을 드는 방송이 아니에요. 그냥 사실 그대로··
미정母	사실 그대로? 지나가는 개가 웃겠다. 순진한 수호엄마 이용해서 지 남자 유리하게 할라고. 면죄부 주려고 방송 만드는 거잖아. 니 새끼 살인마 자

식 아니라고 하고 싶어서!!

홍주   (발끈) 말씀 함부로 하지 마세요.

미정母   뻔뻔한 기집애. 어디 붙어먹을 놈이 없어서!!!

홍주   (노려보며) 후회할 말 하지 말라구요!

미정母   뭐가 어쩌고 어째? (확 머리채 잡는)

홍주   아악…

수호母   왜 이래요. (말리려는데 역부족인)

로비로 들어오는 무치. 미정母와 유가족들로부터 홍주 머리 잡힌 채 넘어져 있고 난리다.
주변 사람들 말리지 않고 꼬숩다는 표정으로 구경만 하는.

무치   (뛰어와 미정母 잡으며) 왜 이래요, 왜! (말리지만 흥분한 피해자 유가족들, 무
            치 밀치고)

봉이, 짐 싸들고 나오다 그 모습 보는.
무치, 말리고 잡아떼려 하지만 역부족인데‥ 봉이 그 모습 보고 있는.

무치   저거 안 말리고 뭐 하는 거야. 야 오봉이!

봉이   (무시하고 부러 큰소리로) 저렇게 잡아서 머리털이 뽑히나‥

무치   야! 너 안 말리고 뭐 해.

봉이   내가 안 잡아 뜯는 걸 다행으로 알아!! 이 손으로 순삭 대머리 만들 수 있
            어! 학씨!! (하고선 휙 돌아서 제 갈 길 가는)

무치   어? 저거 저거… 야! 오봉이! (하는데)

점점 심하게 머리채 잡아끌고 흥분한 유가족. 카페 테이블에 있는 음식 접시 홍주에게
집어던지는. 무치, 막다가 안 되겠는지 (보호하려고) 홍주 등 뒤에서 꽉 끌어안는다.

봉이   (가다 돌아보고 그런 무치 보고는) 어이구. 저 호구 바보 똥멍충이! (휙 가는)

S#78   OBN 방송국 로비 밖/ 낮

모지리! 빙닭!! 멜로 찍는다 찍어. 쭝얼거리며 나오는 봉이 문득 표정 찜찜해지는 위로.

수호母   (E) 성요한·· 범인 아닌 거 같다고··

플래시 컷/ (#75 이후 상황)

봉이   에에? (황당한) 뭐라구요?

수호母   처음엔 그 선생이 우리 아이를 죽인 범인이란 말을 듣고 충격에 아무 생
          각도 안 났어요··· 그런데 시간이 지나면 지날수록 점점 더··· 그 선생이
          아니라는 생각이 들었어요··· 그래서 하려구요·· 내가 알고 있는 성요한
          선생에 대해 얘기하려구요·· 그래서 그걸 얘기하려고···

봉이   그게 뭔데요?

수호母   인터뷰할 때 얘기할게요   .

봉이   미쳤어···

수호母   (보는)

봉이   성요한이 범인이 아니라고 믿는다구? 내가 직접 싸웠다구요. 내가 직접··

수호母   얼굴 봤어요? 확실하게? 성요한이었어요?

봉이   그건 아니지만·· 우리 오빨 죽이려 했다구요. 그 집에서 죽은 피해자들
          사진도 나왔잖아요!

수호母   나도 그게 이해가 안 되는데··· 그래서 지금까지 입 다물고 있었는데···
          그래도 내가 본 얘기는 해주려구··

봉이   뭔지 모르지만, 하지 말라구요. 그놈한테 그 어떤 면죄부도 주지 마시라
          구요! 자기 애인한테 면죄부 주려는 거니까. 그 음흉한 장난에 놀아나지
          말라구요!! (확 일어나 가는)

봉이   (찜찜하지만 애써 아닌 척!) 아씨 그 할머니··· 뭐야 진짜 짜증나게···
          최홍주 그 불여시한테 완전 놀아나고 있어 씨!!! (씩씩대며 가는)

S#79   OBN 방송국 회의실/ 낮

홍주 상처에 연고 발라주고 밴드 붙여주는 강작가. 그 뒤에 무치 속상한 얼굴로 서 있다

무치 그니까 뭐하러 그런 걸 해. 나도 최피디가 당최 이해 안 돼. 정말 성요한
면죄부 주려고 그런 거 제작하는 거야?

홍주 …

무치 (섭섭한 얼굴로) 최피디 너. 날 봐서라도 그러는 거 아니다. (휙 나가는)

홍주 (가는 무치 속상한 얼굴로 보는)

강작가 오늘은 들어가 쉬어.

S#80 OBN 방송국 로비 카페/ 낮

수호母 안절부절 기다리고 있는데 무치 나온다.

수호母 (일어나) 많이 다쳤어?

무치 아뇨. 그냥 얼굴 좀 긁힌 정도에요. 가요. 어머니 집에 모셔다 드릴께.

수호母 인터뷰는··

무치 (버럭!) 가시자구요!

수호母 (당황하는)

S#81 무치 차 안/ 낮

말없이 운전하는 무치. 송수호母 그 옆에 앉아있다.

수호母 (화난 듯 입 꾹 다물고 있는 무치 눈치 보며) 근데 무슨 일로 전화한 거야…

무치 (얼굴 풀며) 아드님 옛날 사진들 좀 있나 해서요··

수호母 우리 수호 사진은 왜··

무치 좀 확인할 게 있어서요…

S#82   구령초등학교 앞 + 운동장 (1부 재훈의 초등학교)/ 낮

초등학교 교문 앞에 서있는 바름.

원장   (E) 구령초등학교에 다녔다고 하더라구요.

들어서는 바름. 텅 빈 운동장을 시작으로 학교 천천히 둘러보면 저만치 토끼장 앞에 서 있는 어떤 아이(뒷모습, 바름 환상), 손에 칼 들고 있는데 그 칼에서 피가 뚝뚝 떨어지는‥

S#83   수호母 집- 거실/ 낮

사진첩 들고 나오는 수호母. 무치, 앨범 보면서, 휙 휙 넘기면 10대 수호, 20대 수호 사진들. 그러다 한 사진에서 멈칫! 보면 어깨에 문신! 앨범에서 그 사진 꺼내는데… 사진 아래 또 한 장의 사진이 끼워져있다. (어린아이 사진-카메라 포커스 아웃)

무치   (송수호 사진 꺼내다, 밑에 깔린 사진 보고) 얘는 누구예요? 어?

포커스아웃 된 사진, 점점 선명해지면… 호수(구령호수)에서 사람들 모여 있는 쪽 텅 빈 눈빛으로 바라보고 있는 모습 찍힌(도촬!) 11살 재훈의 옆모습! 그 위로‥

바름   (E) 정재훈….?

S#84   구령초등학교 내 사육장/ 낮 (1부 #79 모습)

토끼 사육장 보고(카메라 등진 채/ 칼 들고) 서 있는 사내아이 뒷모습 보고 있는 바름.

바름   (다시 한 번 부르는) 정재훈…?

사내아이 고개 돌리면, 얼굴에 피 튄 흔적들. 텅 빈 눈빛으로 바름 바라보는 아이, #83 사진 속 아이(재훈)이다! 그렇게 재훈과 바름 아무 말 없이 서로를 한참 동안 바라보는…

S#85   구령. 거리 주택가 골목/ 낮

가방 메고 하교하는 재훈. 뒤따라 찬찬히 걸어가는 바름.
재훈 뒤따르다 문득 주변 둘러보는 바름, 어딘가 낯익은 듯한 풍경이다.
바름 두통이 시작되는지, 이마 짚으며 인상 찌푸리며 계속해서 재훈 따라간다.

S#86   재훈의 집 대문 앞 (1부 #94)/ 낮

가방 멘 재훈, 집 안으로 들어가고 대문 쾅 닫힌다. 그 모습 지켜보는 바름. 그때 찌
릉찌릉 소리와 동시에 바름 칠 뻔한 자전거! 바름, 반사적으로 피하는 순간, 찌릉~
소리와 함께…

플래시 컷/ 창밖에서 들리는 찌릉찌릉 소리에 힘겹게 눈 뜨는 11살 재훈. (#1)
바름, 으윽 두통에 깨질 듯한 머리 부여잡으며 고통스럽게 주저앉는 위로‥

재훈   (아련하게/ E) 엄마‥ 엄마…

바름 머리 잡고 고통스러워하며 보는 시선. 늘어지는 효과의 화면/테잎 늘어지는 소
리로 1부 #94의 풍경 그대로 자전거 탄 아이들 골목 지나다니고 방과 후 초등학생
혹은 중학생들 서로 장난치며 꺄르르 뛰어다니는 평화로운 한낮의 풍경 보이는.

S#87   과거. 재훈의 집- 거실 (1부 #95 상황) + 현재. 불에 그을린 폐가 (교차)/ 낮

허‥ 숨 몰아쉬며 폐허가 된, 불에 여기저기 그을린 거실 둘러보는 바름. 그때 뒤에
서 쿵! 소리에 반사적으로 돌아보면, 1부 #95의 그 거실이다. 2층 계단 입구에 마치

재훈 노려보는 듯한 시선으로 죽어있는 계부와 그 앞에 서 있는 재훈 보인다!
순간 바름, 충격에 휘청이고 허어허어‥ 힘들게 숨 몰아쉬는데 재훈, 계부 가슴에 꽂혀있는 칼 힘주어 빼, 2층 계단으로 올라가는. 자기도 모르게 그쪽으로 다가서는 바름. 계단 위 올라가는 재훈 보는데 계단 위의 핏빛 족적‥ 그리고 죽어있는 계부 내려다보면 마치 바름을 보고 있는 듯하다. 부인하고 싶은 듯 고개 절레절레 흔들며 뒷걸음질 치는 바름. 뒷걸음질 치다, 문턱 밟고 안쪽으로 쾅 넘어지는데‥!!

S#88   과거. 재훈의 집- 재훈의 방(#1 장소) + 현재 불에 그을린 폐가 (교차)/ 낮

재훈의 방 안이다. 바름, 보면 타다만 커텐(#1 커텐) 바람에 살랑이고‥ 시선 내리면 커텐 바로 아래 주저앉은 자세로 머리에서 피 흘린 채 죽어있는 재훈母. (얼굴, 몸에 멍 보인다)

바름   어, 엄마‥ (꺼억꺼억 숨 쉬기 힘든) 나, 나였어!!! 나! 내가 우리 가족도 다
          죽였어.

으으… 으아아악!!!! 고통스러워 바닥을 구르며 절규하는 바름의 모습‥ 카메라 한참 비추다 서서히 페이드아웃 된다.
/찌릉찌릉~ 자전거 소리에 힘겹게 눈 뜨는 바름. (#1 상황이지만 재훈 아닌 바름이다)

바름   엄마‥ 왜 울어?

순간 바름 얼굴 향해 베개 덮치는 손! 순간 놀란 바름의 눈앞 까매지고 (베개 덮어져서) 암전. 그 위로‥ 끄윽끄윽 숨넘어가는 바름의 힘겨운 숨소리 위로 재훈母 목소리 들린다.

재훈母   (E) 이 괴물 죽어! 죽어!!!

끄윽! 숨넘어가는 바름! 그때, 순간 환해지며(베개 바름 얼굴 위에서 치워지는) 바름 눈

에 들어오는 광경! 누군가 엄마 잡아끌어 벽에 내동댕이치는! 엄마 곧바로 덤비자 주먹으로 엄마 얼굴 퍽 치면, 엄마 벽에 쾅 부딪히는. 바름 쪽 휙 돌아보는 사내. 다름 아닌 송수호(30대)다!

바름   (헉!) 송수호!

무치, 재훈과 송수호 사진 보고 있는 화면 밀고 들어오며 분할!!!

the END

제 17 부

S#1 　　과거. 석진동 복싱 체육관 앞/ 밤

불 꺼진 체육관 간판. 텅 빈 눈빛으로 바라보고 서 있는, 바름이다!
바름, 핸드폰 보면 문자에 체육관명과 주소, 송수호 이름 찍혀있다.

S#2 　　과거. 체육관 내부/ 밤

끼익 문 열리고, 대걸레로 바닥 밀고 있는 추리닝 차림의 송수호(40대) 모습 보인다.

송수호	영업 끝났습니다. (하며 문 쪽 돌아보면)
바름	(어느새 들어와 체육관 내부 쪽 둘러보며) 권투선수였구나… 어쩐지‥ (뚜벅뚜벅 걸어가더니 링 안으로 점평하는)
수호	(그 모습 황당하게 보다) 아니, 누구시길래…
바름	(링 위에 서서 수호 내려다보는 메마른 눈빛. 차분한 말투로) 왜 죽였어‥ 내 가족…
수호	(순간 흠칫!)
바름	(서늘하게 보며) 이제야 기억나나 보네? 이거 불공평한걸? 난 한시도 그 얼굴 잊은 적 없는데‥ 그 날 이후‥ 너만 찾아다녔는데… 니 찾는 데 도움

될까해서 경찰까지 됐잖아.

수호   (입술 파르르 떠는)

바름   (피식) 니 얼굴. 니 주먹. 그거 말곤 아는 게 없어서⋯ 찾느라 애먹었잖아.
          (오라는 손짓하며) 어디, 그 실력 여전한 지 한 번 볼까?

수호, 그런 바름 보다 결심한 듯 링 위로 올라선다. 결연한 눈빛의 수호와 텅 빈 눈빛
의 바름, 서로 마주 보다 수호 먼저 달려들며 주먹 날리면! 바름, 수호 주먹 가볍게
제치며 급소 공격한다! 퍽 뒤로 몸 꺾이는 수호. 절망스러운 표정 스치는. 수호, 바
로 바름 공격하지만 속수무책일 뿐. 바름 주먹, 수호 급소, 명치, 정확히 타격한다.
고통스러운 신음 내는 수호. 처절하게 바름에게 터지고 또 터진다. 이윽고 수호, 만
신창이 된 채 바닥에 고꾸라진다.

바름   (표정 없이 내려다보며) 에이, 솜 주먹이네⋯ 권투선수 출신이라 기대했는데⋯

〈CUT TO〉링 위/ 고개 푹 떨군 채 의자 뒤로 손 묶여있는 송수호.
링 아래/ 여유롭게 체육관 내부 휘 둘러보는 바름. 수정과 수호 함께 찍은 사진액자
도 보인다. 빨간 글러브 만지작거리다 책장 앞에서 꽂혀있는 책들 구경하는데. 성경
책 발견하고 휘릭 넘겨보는. (*성경에 끼어있는 성모사랑의 집 후원영수증 무심히 넘기는)
성경책 넘겨보던 바름 문득 시선 멈추고 읽는 듯하다, 다시 링 위 송수호 앞에 선다.

바름   살 수 있는 마지막 기회야. 대답해. 왜 죽였어⋯내 가족?

송수호   (힘겹게 고개 들어 바름 보다 간절한 시선으로. 힘겹게) 주⋯ 죽여줘. 제발⋯
          어⋯ 어서⋯

바름   (수호 무릎에 성경 펼쳐 놓고 귀에 대고 속삭이듯) 읽어봐. 그럼 소원대로 해
          줄게.

송수호   (흐릿하게 보이는 글씨. 힘겹게 읽기 시작하는) 끄억⋯ 사람이 이웃에게⋯ 상
          해를 입혔으면 그가 행한 대로 상대에게 행할 것이니⋯ 허⋯ 허⋯ 뼈를
          부러뜨렸으면 상대의 뼈도⋯ 부, 부러뜨려⋯ 상처에는 상처로, 눈에는 눈
          으로. 이에는 이⋯ (침에 섞인 핏물 뚝 떨어지는)

바름   (지켜보다) 그렇지? 그렇게 해줘야겠지? 상처에는 상처로, 눈에는 눈으로.
          이에는 이로⋯

송수호 무릎에서 성경책 걷어내는 바름, 뒤쪽 창문 열려는데, 고장난 듯 움직이지 않자 뜯어버리고 돌아와, 의자 창문 밖 십자가 보이는 위치로 끌어 맞추고, 송수호의 중지 꽉 꺾는! 송수호의 머리 위로 휘발유를 콸콸 붓는다. 축 늘어진 고개 아래 뚝뚝 흐르는 휘발유. 수호 턱 쳐들고 피투성이로 엉망인 얼굴에 주먹 한 방 쎄게 날린다! 바름 얼굴 위로 확 튀는 피!

바름　　　(얼굴에 피 튄 채. 텅 빈 눈빛으로) 이건 니 손에 맞아 죽은 내 엄마 몫!!!

다시 툭 떨어지는 송수호 고개. 뒤로 묶인 송수호 중지 꺾고, 라이터 켜서 휙 던지며··

바름　　　이건 타 죽은 내 동생 몫!

확! 불타오르는 송수호, 괴로움에 몸부림친다. 방점 찍듯, 칼 송수호 가슴에 푹! 꽂으며.

바름　　　이건 내 계부! (순간 눈빛에 어린 시절 계부에 대한 증오 비추며) 그 개새끼 몫!

활활 불타고 있는 송수호. 움직임 없이 지켜보는 텅 빈 바름의 눈동자.
그 텅 빈 눈동자 속에 일렁이는 불꽃에서 서서히 페이드 아웃되고 타이틀 뜬다.

마 우 스

S#3　　　과거. 재훈의 집- 재훈의 방 (1층) + 거실/ 오후

화면 밝아지며 의식 돌아오는 재훈 (목 주변 벌건/흙투성이 옷) 밖에서 들리는 큰소리에 일어나 방문 틈으로 보면, 욕실에서 재민 욕조(빨간통)에 넣고 씻기는 희정 뒷모습 보인다.

계부　　　(희정 뒤에 서서. 버럭!!!) 애를! 지 동생을 땅에다 묻었대잖아!
희정　　　(말없이 재민 씻기기만 하는)

계부	내가 그 새끼 내 금붕어, 초코 죽일 때부터 알아봤어. 그 놈 결국 사람 죽일 거야.
희정	(눈치 보는 재민이 씻기며) 애 듣잖아요. 그만 좀 해요.
재훈	(문틈으로 보고 있는데, 순간 돌아보는 계부와 눈 딱 마주치는)
계부	(재훈 보자 더 빡 열 받는) 저, 저 눈깔 좀 봐. 커서 뭐가 될라고.
재훈	(순간 표정 서늘해지면)
계부	아흐 저! 확씨! (가서 재훈 방문 확 열고는 서 있는 재훈 따귀 확 때리려는데)
희정	(E) 여보!!!
계부	(이씨! 때리려던 손 멈추고, 확 나가버리는)
희정	(다 씻긴 재민 타월로 닦으며) 재훈이 너도 이리 나와. 씻어야지.
재훈	(흙투성이 옷차림으로 쭈뼛거리며 방에서 나오는)

S#4   과거. 재훈의 집- 거실/ 밤 -> 아침

화장실에서 오줌 누고 나오는 잠옷차림의 재훈. 자기 방으로 가려다 창 밖 마당, 어둠 속 멍하니 앉아있는 엄마 발견하는. 재훈 그런 엄마 보다 방으로 들어가고 문 닫힌다.

〈시간경과〉 아침/ 방문 열고 졸린 눈 부비며 나오는 재훈. 거실 밖 엄마, 어젯밤 앉아있던 자리에 그대로 꼼짝 않고 앉아있다. 재훈 창가로 가서 창문 열면, 그제야 돌아보는 희정.

희정	(창문 열고 서서 자신을 보고 있는 재훈 물끄러미 바라보다) 배고프지? (일어나는)

S#5   과거. 재훈의 집- 주방/ 오전

식탁에 카레밥 올려진다. 숟가락 드는 재훈. 희정, 말없이 컵에 물 따라 재훈 앞에 놓는다.

재훈	(숟가락 들며 희정 눈치 보는) 재민이랑 재희는요?

희정	아빠가 놀이동산 데리고 갔어.
재훈	(말없이 밥 먹으려다 희정 보며) 오해하지 마세요. 나 재민이 죽이려고 한 거 아니에요. 자꾸 고자질하니까 혼내려고 그런 거예요. 그냥 혼만 내주려고 했던 건데·· 진짜예요. 엄마.
희정	그래. 먹기나 해. 얼른.

재훈, 밥 먹는다. 희정, 그런 재훈 보는 눈에 눈물 그렁이는.
카메라 시선, 싱크대 위 카레 냄비 옆에 뜯어져 있는 수면제 - 졸피뎀 포장지

S#6   과거. 재훈의 집- 재훈의 방/ 낮 (15부 프롤로그 상황)

창가에 살랑거리는 커튼 사이로 햇살 쏟아지는 나른한 오후의 몽환적 분위기. 찌릉 찌릉~ 소리에 재훈, 잠에서 깨면 침대 맡, 재훈 내려다보며 눈물 흘리고 있는 엄마 (희정) 보인다.

재훈	(잠 덜 깬 얼굴로) 엄마… 왜 울어··?

갑작스레 깬 재훈에 놀란 희정, 손에 든 베개로 재훈 얼굴 덮치는! 놀란 재훈 버둥거리지만 숨 쉬어지지 않는. 끄윽 숨넘어가는 재훈의 숨소리 위로 희정 목소리 들린다.

희정	(E) 이 괴물 죽어! 죽어!!

끄윽거리는 재훈. 숨소리 서서히 잦아드는데·· 갑자기 환해지며(베개 재훈 얼굴에서 치워진) 재훈 눈에 들어오는 광경! 누군가 희정 잡아끌어 벽에 내동댕이치는! 희정 곧바로 덤비자 당황한 사내, 주먹으로 희정 치면, 벽에 쾅 부딪히는. 반사적으로 휙 돌아보는 사내·· 송수호다(30대)! 순간 사내와 눈 마주치며 스르륵 기절한 재훈.

〈시간경과〉 방 밖에서 들리는 우당탕 소리에 눈뜬 재훈. 커텐 밑 벽에, 주저앉은 자세로 머리에 피 흘린 채 고개 떨구고 움직임 없는(죽은 듯 보이는) 희정. (*얼굴과 몸에 멍 있음)

재훈	(놀라 벌떡 일어나) 엄마! (희정 몸 흔드는) 엄마‥ 엄마‥
희정	(숨 끅끅 넘어가며 힘겹게 고개 드는) 재훈아‥ 엄마가 미안해‥ 믿어주지 못해서‥
재훈	어, 엄마…
희정	엄마도 어쩔 수 없었어… 넌 특별한 유전자를 갖고 태어났어…
재훈	(막연한 두려움이 확인된 듯. 뭔가 억울한) 왜‥ 왜 나만…?
희정	아‥ 아냐. 또 있어‥ 너 같은 아이가 한 명 더 있어. 불쌍한‥ (들릴락 말락 입 달싹이는) 내 새끼들‥ (눈 까무룩 감기려는데)
재훈	(희정 몸 흔들며) 엄마. 정신 차려. 엄마!
희정	(죽을 힘을 다해 눈 뜨며) 우리 아들, 착한 아들 맞지? (재훈 힘겹게 끌어안는) 착하고 바르게 살아야 한다. 내 새끼‥ (재훈 안은 채 스르르 눈 감기는)

S#7 과거. 재훈의 집- 거실/ 낮 (1부 #95 + #95-1)

뛰어나오는 재훈. 2층 계단에 죽어있는 계부 보자, 순간 눈빛 텅 비어지는데 2층에서 쿵! 문 닫히는 소리! 재훈, 계부 가슴에 꽂혀있는 칼 힘주어 빼 들고 계단 올라간다. /칼 든 재훈, 계단 올라오면, 숨어있던 송수호 손에 입 틀어 막히고 버둥거리다 의식 잃는.

S#8 과거. 창고 (어딘가)/ 낮

눈 뜨는 재훈. 여기가 어딘가 두리번거리다 후다닥 뛰어나가는.

S#9 과거. 재훈의 집 앞 + 안/ 낮

뛰어오면 집 앞 주민들 웅성거리며 서 있다. 재훈 보자 쑥덕거리는.
재훈, 사람들 틈 뚫고 앞으로 나가면, 소방차와 구급차, 경찰차들 와 있고 집 2층은 시커멓게 탔고, 1층은 타다 만. 열린 대문 안 보면, 마당에 놓여있는 흰 천 덮인 세 구의 사체. 경찰들 확인하느라 여는데‥ 멍든 얼굴로 죽어있는 희정, 가슴에 피 홍건한 채 죽은 계부. (사체 그을린) 마지막 흰 천 쪽 돌아보는 재훈. 순간 덮인 천 바람에 펄럭이며 시체 드러나는데‥ 새까맣게 탄 어린아이(재민) 소사체다. 그 모습 무표정하게 보는 재훈.

형사   (그런 재훈 표정 이상한 듯 보며) 너‥ 이 집 아들이니?

S#10   과거. 구령 경찰서 사무실/ 낮

표정 없는 얼굴로 앉아있는 재훈. 담당형사들, 재훈 보며 수군거리는 소리 들리는. "가족이 죽었는데 울지도 않아" "애한테 그런 거 하면‥" "해보자구‥ 아무래도 이상해. 쟤"

S#11   과거. 거짓말 탐지기 수사실/ 밤 (2부 #1)

카메라 시선, 길게 늘어뜨린 선 따라가면 패치 부착되어있는 재훈의 머리.

검사관   (현장사진들 보여주며 부드럽지만 단호하게) 니가‥ 그랬니?
재훈   (표정 없는) 아뇨.
검사관   (모니터 속, 뇌파 그래프 보면 진폭 변화 없는. 다시 질문하는) 그날… 뭐 본 거 없어?
재훈   (표정 변화 없는) 네. 못 봤어요. 아무것도…

그래프‥ 역시나 진폭 변화 없이 안정적으로 일정한 간격 유지하며 움직인다.

S#12   과거. 경찰서 정문 앞/ 밤 (2부 #2)

나오는 재훈. 호주머니에 손 넣은 채, 터벅터벅 걸어가다 문득 멈춰 시선 올려다보

는데, 멀리 빨간 불빛의 십자가 보인다. 십자가 불빛 바라보는 재훈의 알 수 없는 눈
빛 위로‥

재훈　　　(E) 내 가족을 건드려?!!! 지옥 끝까지라도 쫓아가 내 가족한테 한 짓 그
　　　　　대로 해줄 거야!

S#13　　현재. 재훈의 집- 재훈의 방/ 낮

바름　　　(극심한 두통으로 머리 쥔 채 거친 숨/ 다 기억난) 복수살인이 맞았어. 복수한
　　　　　거야. 내가‥

S#14　　수호母 집/ 낮

무치, 호숫가 재훈과 OZ 알파벳만 팔뚝에 새겨져 있는 송수호(20대) 사진 보고 있는
무치.

무치　　　(재훈 사진 내려놓고 핸드폰 꺼내며) 어머니. 이 사진 좀 찍어갈게요.
수호母　　(불안한 표정으로) 왜? 무슨 일인데 그래?
무치　　　(OZ 타투 있는 송수호 촬영하며) 좀 알아볼 게 있어서… 나중에 말씀드릴게
　　　　　요. (앨범 휘릭 넘겨보며 팔에 문신 없는 사진-다른 문신들로 OZ 덮은-사진들도
　　　　　찍는다. OZ만 새겨진 사진 하단에 년도와 날짜 확인하며) 이때 아드님 뭐 했
　　　　　어요? 권투 계속 했나?
수호母　　아니. 지 누나 그리되고 얼마 안 돼 관뒀어. (년도 날짜 확인하며) 그때면
　　　　　회사 다닐 때야.
무치　　　회사요? 무슨 회사 다녔는데요?
수호母　　무슨 경호업체였는데… 그때 애가 많이 힘들어서 그‥ 피해자 가족을 위
　　　　　한 국가지원 상담센턴가? 거기에 상담 치료를 받으러 다녔는데 거기서
　　　　　소개해줬다나 봐. 한 10년 다녔지? 착실하게 잘 다니더니‥ 어느 날 애가
　　　　　밤에 들어와서 밤새 통곡을 하드라고…

무치	(보는) 통곡이요?
수호母	(끄덕이며) 어쩌나 서럽게 소리 내 울던지·· (한숨 쉬는 위로)

S#15   과거. 송수호집 거실/ 수호母의 회상/ 밤

걱정스런 얼굴로 문 앞에 서 있는 수호母, 닫힌 문 안에서 꺼억꺼억 통곡하는 소리 들리는.

수호母	(문 두드리며) 수호야 수호야. 문 좀 열어봐. 대체 무슨 일이야·· 어?
/수호母	(E) 무슨 일인지… 지 누나 그리 보낸 후로 그렇게 소리 내서 우는 건 첨 봤어.

S#16   과거. 송수호집 앞/ 수호母의 회상/ 다음날 아침 + 현재. 송수호 엄마 집/ 낮

걱정스럽게 수호 방 창 쪽 보면서 수호 차 청소하는 수호母. 운전석 바닥에 떨어져 있는 영수증 발견하는. 집어 들어 보는데 구령 톨게이트 영수증이다.

수호母	(E) 다음날 애 차 청소를 하는데·· 차에서 구령 톨게이트 영수증이 나오드라고··
/수호母	거기 출장 가서 뭔 일이 있었나 싶어·· 바로 일 그만두고 친구 복싱장 일을 돕드라고.
무치	구령? (곰곰 생각하다) 무슨 일이었는진·· 얘기 안 하구요?
수호母	슬쩍 물어본 적이 있었는데 절대 안 해·· 참. 그 며칠 있다 형사가 한 번 찾아왔는데. 수호한테 몇 가지 물어보는 거 같더니 그냥 가더라고·· 그 이후론 별일 없었고··
무치	형사··? (갸웃하며 꺼낸 수호 사진 다시 앨범에 넣는데)
수호母	(조심스럽게) 혹시… 알아낸 거야?
무치	뭘요··? (수호母 돌아보면)

수호母	우리 수호‥ 그렇게 한 이유 말야. 복수살인이랬잖아. 고형사가 방송에 다 대고.
무치	아. 그게 아직‥ 아무리 연결고리를 찾아봐도 성요한이랑 접점이 없어서…
수호母	아‥ 난 또 혹시나 했지‥ (눈치 보며 무슨 말인가 하려다 말고 한숨 내쉬며) 대체 우리 수호가 뭘 그리 잘못했길래… 뭔 원한이 그리 깊이 사무쳤길래‥ 그리 잔인하게… (눈물 그렁)
무치	(사진 마저 넣으며) 제가 꼭 이유 찾아낼게요. 어머니. (앨범 닫으려다, 꺼내 났던 재훈 사진 보이고. 그 사진도 넣으려다 문득) 어? 여기… 구령호수네? (하며 사진 다시 보면)

사진 속/ 사람들 모여 있는 호수 쪽 바라보고 있는 재훈의 서늘한 눈빛의 옆모습.

S#17   재훈의 집- 재훈의 방/ 낮

#16 사진 속 재훈의 모습에서 생각에 빠져있는 바름의 옆모습으로 바뀌고…

바름	결국 대답을 못 들었어. 왜 내 가족을 죽였는지… 강도? 아냐. 강도면 나도 죽였겠지… 날 집 밖에 꺼내두고 불을 질렀어. (도저히 궁금증이 풀리지 않는) 나는 왜?‥ 왜 나만…?‥

S#18   홍주네 집 거실 + 서재/ 낮

포대기 둘러 은총이 업고 청소기 돌리는 지은. 청소기 밀며 서재 들어가면, 책상 위 자료들로 어질러져 있다. 보면, 죄다 <성요한 연쇄살인사건> 관련 자료. 심난해지는 지은. 피해자들 생전 (일반)사진들 보자 가슴 아픈. 보기 힘들어 한쪽으로 치우는데, 송수호 사진 본다.

플래시 컷/ 지은, 고통스럽게 TV보다 화면에 송수호(40대)사진 보고 낯익은 듯 갸웃. (5부 #3)

지은   이 사람‥ 분명 낯이 익은데‥ 어디서 봤더라…? (송수호 사진 더 넘겨보는데)

20살 송수호와 수정 남매 사진 보이고. 20대의 송수호 얼굴 자세히 보다가 지은 눈
커지는!

플래시 컷/ (13부 #3)

지은   (송수호 원망스런 눈으로 보며 소리치는) 왜 살렸냐고!! 왜! 같이 죽게 두지
            왜!!! 왜에에!!

지은   (허!) 어쩐지‥ 낯이 익다 했어‥ (사진 속 해맑게 웃는 20대 송수호 슬픈 눈
            빛으로 보며) 그때 날 구해주지 말지… (눈물 그렁이며) 그럼 태어나지 않았
            을 텐데… 그럼 당신도 내 아들한테 그렇게 처참하게 살해되지 않았을 텐
            데… 근데 왜 날 살리고 바로 사라졌을까?

인서트/

바름   (지은 목소리 오버랩 되며) 송수호는 왜 나만 살렸을까‥?

S#19   무진청 증거보관팀 사무실/ 낮

다급히 앉아 성요한 자료 훑다 시선 멈추는. 구령에서 초등학교 다니다 무진으로 이사

무치   성요한이 구령에서 초등학교를 다녔어? (가져온 재훈 사진 보며) 혹시 얘가
            성요한? (눈빛 반짝) 그래! 그럼 성요한과 송수호 관계가 풀리는 거야‥!!!
            (사진 챙겨 후다닥 뛰어나가는)

S#20   재훈의 집 앞/ 낮

바름, 멍한 얼굴로 집에서 나오는데 (E) 뉘쇼? 고개 돌리면 바름 훑어보듯 살피는 주민.

바름	(당황) 아… 경찰입니다. 좀 알아볼 게 있어서…
주민	경찰이 고 집에 뭔 볼 일이 있어? (하다 반색) 맞지? 국민아들 정순경이? (덥석 손잡는) 아이고. 뉴스서 봤어‥ 그 썩을 놈의 시끼 땜에 고생 많았어‥ (하다) 아‥ 성요한 땜에 왔구만.
바름	(놀라) 네? 성요한이요?
주민	난 첨에 그 놈이 재훈인 줄 알고… 그날 밤에 뉴스 보고 기절초풍할 뻔했다니까.
바름	무슨…?
주민	아니, 성요한 그 놈이 그 날 요 집을 한참 보고 가더라니까‥
바름	(놀란) 성요한이 여길 왔다가요? 그, 그 날이라면…?
주민	어따. 총 맞은 날… 낮에‥ 누군가 요래 보니까 얼핏 재훈이 나이드라고. 그래서 혹시나 해서… 너 재훈이냐? 했더니 아니라고. 사람 잘못 봤담서 허둥지둥 가드라니까.
바름	(허‥) 그래요?
주민	이잉. 참 가다 말고. 이 집 쌍둥이 딸래미 물어보던데‥
바름	(E) 재희를‥?
주민	막내 딸래미가 없어졌거든. 시체 세 구만 나왔으니까. (목소리 낮추며) 다들 그 집 큰아들이 죽었을 거라고 쑥덕거렸지. 지 동생도 그 놈이 죽여서 어따 숨겨놨을 거라고‥ 재훈이 개가 많이 이상했거든‥ 어디 가 뭔 짓을 하고 사나‥ 사람 구실은 하고 사는 지‥ (바름 손잡고 어깨 툭툭 치며) 우리 국민아들 정순경처럼 잘 컸어야 할 텐데….
바름	(불편한. 잡힌 손 빼고 /E) 왜 여길 찾아왔지? 재흰 어떻게 알고…? (도통 이해 안 가는)

S#21   구령초등학교 외경 + 과학실/ 낮

요한 담임 교사. 재훈 사진 보고 있다. 무치 그 앞에 긴장한 얼굴로 앉아있다.

교사	걘 3반 재훈이에요. 요한이 아니고.
무치	에? 재훈이요?
교사	에. 정재훈이라고. 구령 일가족 살인사건 못 들어봤어요? 그 집 큰 아들.
무치	구령… 일가족 살인 사건‥? (위로)
수호母	(E) 밤새 통곡을 하드라고…/ 며칠 있다 형사가 한 번 찾아왔는데. (#14/ #16)
무치	(눈빛 반짝) 이 아인 어떻게 됐죠?
교사	친척이 데려갔다고 들은 거 같은 데‥ (사진 돌려주며) 경찰서 가서 물어 봐요. 거기가 빨라.
무치	감사합니다. (사진 넣고 가려다 문득 철망 속 찍찍이는 실험용 생쥐 힐끗 보고 가는)

S#22   구령경찰서 - 강력팀/ 낮

팀장	(컴퓨터 앞에 앉아 등기부 등본 떼어보며) 그 집 명의는 아직 부모로 되어있네. 아. 그래서 그 집이 처분이 안 되고 아직까지 그렇게 흉물스럽게 남아있 는 거구만‥
바름	혹시‥ 없어졌다는 그 집 쌍둥이 아이는요?
팀장	아. 딸아이? 못 찾았어요.
바름	아‥ (걱정스런 표정 짓다) 그럼 큰 아들 데려간 이모라는 분은…
무치	(들어오며) 수고하십니다. 구령 일가족 살인사건에 대해서 좀 알아볼 게 있어서… (하다 바름 발견하고 놀라는) 어? 정순경?
바름	(부르는 소리에 돌아보다 무치 발견하고 헉! 당황하는)
무치	(다가와) 여긴 웬일이야? 하루종일 전화 안 받아서 어디 갔나 했더니‥
바름	(어정쩡하게 일어나) 여긴 무슨 일로?
무치	아! (하다, 바름 옆 팀장 보며) 무진청 고무치 경삽니다. 혹시 구령 일가족 사건 담당 형사분 아직 여기 근무하나요?
팀장	내가… 담당 형사였는데…
무치	아, 그래요? 잘됐네. (재훈 사진 꺼내 팀장 책상에 올려두며) 이 아이 말이에요?
바름	(자신의 어린 시절 모습에 놀라 동공 흔들리는) !!!

팀장	(사진 보고) 어? 그 집 큰 아들이네.
바름	(사진 자세히 보며/E) 초코를 물에 빠뜨려 죽인 그 날인데….
무치	(다시 팀장 앞에 수호 사진 올려두며) 그럼 사건 용의자 중에 이 사람도 있었나요?
바름	(수호 사진 보고는 흠칫! 무치 보는)
팀장	아, 이 친구. 용의 선상에 잠깐 올라서 내가 무진까지 찾아갔던 기억이 나…
무치	(눈빛 반짝) 그래서요? 어떻게 됐습니까?
팀장	그때 알리바이가 있어서 바로‥ 잠시만. 파일을 봐야 알 거 같은데‥ (용의자들 명단 찾는)
바름	(보며/ E) 없어‥ 내가 경찰 되자마자 그 사건 용의자들은 다 찾아가 봤는데‥ 없었어…
팀장	/어? 없네? 이상하다? (갸웃) 왜 이 친구가 누락됐지? 내가 분명히 조사기록 작성했는데…
바름	(E) (허…) 누락된 거였어‥?
팀장	이상하다. 누가 이런 실수를 했지? (하며 기록 살피다 용의자 명단 중에 큰아들 정재훈 이름 보고) 큰 아들은 있는데? 이렇게‥ 조사기록까지 다…
무치	(놀라) 이 꼬맹이도 용의자였다구요? 얘는 그 집 아들이라면서요?
팀장	그게… 가족이 그 지경이 됐는데도 슬픈 기색 하나 없고… 표정이 없더라구 애가. 오죽 의심스러웠음 비공식적으로 애한테 거짓말 탐지 검사까지 슬쩍 해봤다니까…
무치	그래서요?
팀장	별 문제 없드라구. 아무리 11살짜리가 자기 가족을 죽였겠어? 하도 답답해서 해본 거지‥
무치	얜 지금 어딨는지 혹시‥?
팀장	그때 이모가 데려갔는데…
무치	이모? 그 이모란 사람 연락처 좀 알 수 있나요?
팀장	(사건 자료 보며) 있긴 한데‥ 10년도 지난 연락처라…
무치	(전화해보지만 없는 번호 안내 멘트만 나온다. 이모 주민번호 보고) 신원조회 좀 해주세요.
팀장	(신원 조회하는) 어? 왜 안 뜨지?… 이상하다. 그때 신원 확인 다 했었는데‥
바름	…

무치	(갸웃) 그래요? (수상쩍은) 그럼 재훈이라는 애 신원조회 좀·· 주민번호 있을 거 아니에요.
바름	(헉!! 들켰구나 싶은)
팀장	잠시만·· (정재훈 주민등록번호로 신원 조회하는)
바름	(어찌할 바 모르며/E) 내가 정재훈인 게 바로 나올 텐데·· 어떡하지··? (안절부절못하며 자신도 모르게 뒤로 주춤주춤 물러서는데)
팀장	주민번호가 말소됐는데··?
바름	(놀라 눈 동그래지는/E) 말소? (후다닥 기록 확인하면 말소된 주민번호로 뜨는)
무치	말소요? (갸웃하며) 말소면·· 죽었거나, 해외로 갔거나·· 그런 건데?
바름	(말소된 정재훈 주민번호 보며/E) 내 주민등록번호랑 달라··· 이모 호적으로 입양했다고 했는데·· 입양시킨 게 아니라 말소를 시켰어··? 그럼 지금 내 주민번호는 뭐야··? (혼란스러운)

S#23 구령경찰서 현관 앞/ 낮

나와 자판기에서 음료수 빼는 무치. 뒤따라 멍하니 생각에 빠진 채 나오는 바름.

무치	(멍하니 가는 바름 이상한 눈으로 보며) 여긴 왜 왔어?
바름	(순간 표정 굳는. 이내 표정 바꾸고 무치 돌아보며 차분히 연기) 치국이 죽인 놈 찾다 혹시 성요한한테 공범이 있나 해서 사건자료를 다시 훑어봤거든요. 근데 성요한이 구령에서 살았던 기록이 있길래·· 혹시나 하는 마음에·· (얼버무리며 무치 손에 들린 사진 보며) 근데 그 애 사진은 어디서 난 거예요?
무치	송수호 앨범에서. 팔에 OZ 타투가 보이길래 확인하러 송수호집엘 갔다가·· (사진 내밀면)
바름	(놀라 무치가 내민 사진 보면 팔뚝에 새겨진 OZ! 허·· 혼란스러운 /E) 송수호도 한패라구? 뭐야. 그럼 그 놈들이 어릴 때부터 날 지켜보고 있었던 거야? 왜···? 대체 왜··?
무치	(재훈 사진 보며 곰곰) 송수호가 아무래도 이 아이네 가족 살인 사건과 관련이 있는 거 같아. 송수호 어머니 말에 의하면, 송수호가 구령에 다녀오고 나서 밤새도록 통곡을 했었대. 근데 그쯤 이 아이네 가족들이 죽은 것

같아. 그래서 용의자로 조사까지 받은 거겠지. (하다) 이 아이 주민번호가 말소됐다면‥ (바름 쳐다보며) 얜 죽은 걸까?

바름   (시선 회피하며) 그, 글쎄요…

무치   어쨌든 말야. 송수호가 몸담았던 이것들. 강덕수, 이재식, 김병태 죽인 놈 이랑 한패 같아.

바름   (황당한) 네?

무치   내가 봉이 구하러 가는 걸‥ 작정하고 막은 거 같단 말이지. 이놈들이 강 덕수 살해범을 도운 거 같아. 그놈이 강덕수를 죽일 수 있게.

바름   (흠칫!)

무치   뭘까? (곰곰 생각하는) 아무튼 요 며칠 잠잠한데‥ 조만간 또 터질 거야. 그런 새끼는 사람 안 죽이고 못 견디는 놈이라… (생각할수록 열 받는) 싸 패 주제에 어디서 영웅 행세야… (다시 바름 보며) 두고 봐. 내가 세상에 그 놈 민낯을 낱낱이 까발려 줄 테니까….

바름   (시선 회피) 그만 올라가죠. 곧 차 막힐 시간인데‥ 올라가서 봬요. (자기 차로 가서 타는)

무치   (그런 바름 찜찜하게 보는)

S#24   도로 + 바름의 차 안/ 낮

운전하고 가는 바름. 곰곰 생각에 빠져있는 위로‥

플래시 컷/ 희정 넌 특별한 유전자를 갖고 태어났어‥/ 너 같은 아이가 한 명 더 있어. (#6)

바름   엄마가 그걸 어떻게 알았을까? (생각하다) 특별한 유전자… (중얼거리다! 뭔가 알아차린 듯)

서늘해지는 바름, 엑셀 밟으며 속도 올리는데 문득 뒤차가 자신의 차와 간격 유지하 는 걸 눈치 채고 3차선에 빠졌다가 1차선으로 확 끼어든 뒤 곧바로 좌회전해버리는! 뒤차 급히 1차선으로 들어와 좌회전 하려는데 순간 신호 바뀐다! 결국 중간에 끼익 서는.

바름   (그 모습 힐끗 보다 그대로 가며) 대체 언제부터 날 미행했던 거야··

S#25   무진청 증거보관팀 사무실/ 낮

들어오는 무치. 자리에 앉아 재훈과 송수호 사진 꺼내 책상 위에 놓고 곰곰 생각하는··

무치   송수호가 이 아이 가족을 살해했다면·· 송수호한테 원한을 가질 수 있
지. 그런데 얘는 성요한이 아니고·· 송수호한테 복수살인을 한 사람은
성요한·· 하·· 대체 뭐지? (갸웃하다) 나치국을 죽이려고 했던 건·· 성요
한인데·· 나치국이 누군가한테 협박을 받았다?·· 그리고 나치국을 죽인
건 OZ 타투를 한 놈! (머리 막 쥐어뜯으며) 미치겠네·· (하다) 참! (벌떡 일
어나가는)

S#26   무진청 특본팀 사무실/ 낮

증거박스에 든 물건 하나씩 살피는 신형사. (증거물 중 봉이할매 쥐고 있던 거의 다 탄 사
진도 있다)

강형사   그거 성요한 사건 증거박스 아냐? 그건 왜 갑자기?
신형사   고선배가 성요한이 진범이 아닐까봐 불안해하는 걸 보고만 있을 순 없잖
아요! 증거물 하나하나 다시 확인해서 성요한이 진범 맞다는 확신, 갖게
해줄 거예요, 내가.
강형사   (그런 신형사 기특하게 보며) 무치 그 놈이 알아야 할 텐데·· 지 생각하는
사람, 이렇게 많다는 걸··· 그걸 알면 지 인생 함부로 안 내던질 텐데··
신형사   그러게요. (하는데 들어오는 무치 보고 후다닥 증거품들 박스에 쓸어 담고 책상
아래 두는)
무치   어떻게 됐어?
신형사   에? 아. 강덕수 엄마 진술서 지문이요? 그게 제 3자의 지문이 나오긴 했는
데 선명하지가 않아서 식별 불가능하대요.

무치   그래? 아흐!! (짜증난다는 듯 머리 긁다 두리번거리며) 이형사는 어디 갔어?

S#27   폐병원. 대니얼 아지트/ 낮

제니퍼와 찍은 사진(서준 부분 잘라낸) 사진 보고 있는 대니얼.

대니얼   (사진 속 제니퍼 보고 심란한 표정으로) 내가 잘하고 있는 걸까? 제니퍼··?

문 쾅 열리자 사진 다급히 소파 사이에 끼워 넣고 보면 바름 메마른 눈빛으로 서 있다.

대니얼   (긴장하며 일어나는) 무슨 일이야? 전화도 없이?
바름   (성큼성큼 걸어와 대니얼 멱살 잡으며 배신감에 이 악물고) 날 속였어···

S#28   무진청 특본팀/ 낮

신형사   (들어와 자리에 앉으며) 아 열받네···
강형사   (보며) 왜?
신형사   아니. 보안실에서 접때 우리가 본 그 CCTV 영상 훼손시킨 거 아니냐고
           의심하잖아요!
이형사   (순간 흠칫!)
강형사   뭔 소리야. 훼손이라니?
신형사   고선배가 그 영상을 보더니 중간이 잘린 거 같다고 확인하겠다고 가져갔
           대요··
이형사   (슬쩍 일어나 나가는)

S#29   폐병원. 대니얼 아지트/ 낮

대니얼   (멱살 잡힌 채 얼굴 시뻘개져서) 무슨 소리야. 갑자기?

바름	엄마가 죽기 전에 얘기했어. 난 특별한 유전자라고. 그걸 엄마가 어떻게 알아? 나 같은 아이가 한 명 더 있다고도 했어! 그걸 엄마가 어떻게 아냐고? 당신 내 유전자도 검사했지? 다 알고 있었지? 내가 괴물인 것도. 그래놓고 나한테 접근한 이유가 뭐야?!!!
대니얼	(컥컥거리며) 그게 너라고? 니가 민규 아들이라고? 박민규 김희정 아들?
바름	그래. 우리 엄마가 김희정이야. 내 친부는 박민규고!
대니얼	하‥ 난, 자네 엄마가 당연히 낙태했을 거라 생각했어‥
바름	(미간 찌푸리며) 낙태‥?

S#30   무진청 증거보관팀 사무실/ 낮

조심히 들어오는 이형사. 사무실 비어있자, 무치 책상 컴퓨터, 서랍 등 다급히 뒤지는데.
(E) 이거 찾냐? 소리에 흠칫! 돌아보는 이형사, USB 들고 서 있는 무치. 이형사 보는
위로‥

S#31   무치의 회상/ 과거. 무진청 특본팀/ #26 이후 상황/ 낮

무치	(짜증난다는 듯 머리 긁다) 이형사는 어디갔어?
신형사	담배 피러요.
무치	(곰곰 생각하다) 낙하산. 그 자식 오면 로비 CCTV 영상 짤린 거 내가 알았다고 슬쩍 흘려.
강형사	(놀라) 영상을 짤랐어? 누가? 민수가?
무치	(끄덕) 어. 그 새끼. 어떻게 나오는지, 내 눈으로 직접 확인해봐야겠어.

S#32   현재. 무진청 증거보관팀 사무실/ 낮 (#30 이어)

무치	이거 찾냐고오! (당황하는 이형사 보며) 니 낯짝 찍힌 영상 복원됐을까 봐?
이형사	(딱 잡아떼는) 무, 무슨 소리세요?

무치   그럼 내 책상은 왜 뒤져! 이 새꺄! (확 멱살 틀어잡은 채 끌고 나가는)

S#33   무진청 화장실 칸 안/ 낮

끌고 들어오는 무치, 화장실 안 변기에 던지듯 앉힌 후, 탁 밀어붙이고 강제로 옷 벗기는.

이형사   (버럭!) 뭐하는 거예요? (뿌리치는데)
무치   (와이셔츠 벗겨 내자 드러나는 이형사 어깨에 붙어있는 의료용 반창고에 시선 멈추는)
이형사   (당황하는)
무치   (반창고 확 떼면 최근에 레이저로 타투 지운 흔적 보이는) 하! 급했네. 왜 똥줄 타디? 니들 뭐야? 뭐하는 새끼들이야? 니들 뭐 사패 집단이야? 어? 정체가 뭐냐고!!
이형사   아, 진짜 뭔 말이에요. 여친 이니셜 새겼다가 며칠 전에 헤어져서 지운 거라구요.
무치   하! 그러셨어? 그럼 CCTV 잘라낸 건? 그 자식한테 강덕수 엄마 진술서 보여준 건!!!
이형사   아니, 제가 누구한테 뭘 보여줬다는 겁니까?
무치   니가 짤라낸 영상 다 복구됐거덩!!!! (다시 멱살 끌며) 따라와. 보여줄 테니. (끌고 가려는데)
이형사   아! 그때 말하시나? 그 진술서 로비에서 떨어뜨렸어요. 그걸 누가 집어준 적은 있습니다만… 그리고 전 영상 같은 거 잘라낸 적 없습니다.
무치   오~ 그렇게 나오신다? 그래. 어디 한번 해 보자. (이형사 옷 이형사 얼굴에 확 던지고) 입어 새꺄! (가려다 돌아보고) 경찰 월급만으론 먹고살기 힘들디? 하기사 이런 거 사 입을려면 경찰 공무원 월급으론 똥구멍이 찢어지지~? 돈 많이 주디? 그 새끼가?
이형사   (해보란 듯이) 아씨·· 정말 뭐래는 거야.
무치   (노려보며) 이 박쥐같은 새끼! (경멸에 찬 눈으로 보다 휙 돌아서 가면)
이형사   (가는 무치 결연한 눈빛으로 보며 혼잣말하는) 돈이요? 난! 사명감으로 하는 일입니다.

S#34　무진청. 화장실 밖/ 낮

나오는 무치, 얼른 숨어서 보면. 안에서 이형사 누군가와 심각하게 통화하는 모습 보인다. 자세히 들으려 귀 쫑긋 세우는데 '잠시만요' 하며 무치 이상히 보곤 화장실 들어가는 직원. 이형사, 직원 들어오자 전화 황급히 끊고 나오는. 숨는 무치.

S#35　바름의 집 거실/ 밤

들어오는 바름, 진열장 앞으로 가 자신을 안은 엄마(희정) 액자 보는 위로.

S#36　과거. 폐병원 대니얼 아지트 (#29에 이어)/ 바름의 회상/ 낮

대니얼　자네 부친은 내 연구팀 연구원이었어. 연구에 도움을 주고자 자네 모친을 설득해 태아 유전자 검사를 해주었네. 그런데 싸이코패스 유전자로 나왔던 거지.

바름　허…

대니얼　후에 안 일이지만 자네 아버진 결과를 사실대로 말하지 않은 모양이야‥ 내가 잠시 한국에 들어왔을 때 자네 엄마가 찾아왔어. 예감이 이상하다며‥ 사실대로 말해줄 수밖에 없었어‥

바름　‥

대니얼　난 낙태를 권했고… 그러겠다고 했어‥ 그래서 난… 아일 낳은 줄은 까마득히 몰랐어.

현재/ 바름의 집 거실/ 밤

바름　(사진 속 희정 원망의 눈빛으로 보며) 왜 낳았어‥ 엄마… 날 낳지 말았어야지…

S#37　무진청 특본팀 사무실/ 밤

이형사, 아무 일도 없었던 것처럼 들어와 자리에 앉고 커피 타던 신형사 슬쩍 보는.

신형사	(커피 홀짝이며 와서) 근데 너 그 잠바 어디 꺼냐? 신상 같은데? (하며 등 택 까보는)
이형사	(짜증스럽게) 아 좀 비켜!
신형사	에이. 좀 봐 어디 꺼야? (하다 손에 들린 커피 이형사 잠바 등에 쏟는)
이형사	아 뜨거 뜨거~~
신형사	아이고 미안 미안. 벗어 벗어. (이형사 잠바 벗기느라 부산하고)
강형사	(달려와 이형사 붙들고) 괜찮아? 신상! 넌 애가 왜 그래? 안 데었어? 괜찮 아? 이형사? (이형사를 신형사 반대쪽으로 돌려세워 등 까보고) 어휴 빨개졌 네·· (후 불어 주는 척)
신형사	(이형사 등 돌린 사이 벗겨낸 잠바에서 핸드폰 꺼내 최신 발신번호 확인하고 후 다닥 넣는)
이형사	괜찮다구요!! (휙 돌아보면 신형사 미안한 표정으로 잠바 들고 서 있다)
신형사	이거 구씨 신상이네. 커피는 물 잘 안 빠질 텐데·· 나한테 싸게 팔래?
이형사	아! 됐어! (확 뺏어 잠바 들고 나가는)
강형사	봤어?
신형사	(끄덕)

S#38 무진청 증거보관팀 증거보관실/ 밤

무치, 강형사 창가에 앉아있으면 신형사 온다.

신형사	대포폰이고 기지국이 과기부 건물로 잡혀요.
무치	과학기술부? (갸웃)
신형사	네. 바로 이형사 수사 들어가야 하는 거 아니에요?
강형사	뭘로? 타투 지웠다고? 아님 형사가 대포폰 썼다고?
신형사	아니 그게… CCTV 영상을 지웠잖아요.
무치	이형사가 지웠다는 증거는 없어. 그리고 그 영상만으로 그 놈이랑 한패 란 결정적 증거도 못 되고. 확실한 증거 없이 잘못 건드렸다가 역으로 당

할 수 있어. 어설프게 수사 들어갔다가 놈들이 증거도 다 없애고 잠수 타 버릴 수 있다고.

신형사   그럴 거면서 뭐하러 이형사를 건드려 놔요. 괜히 고선배만 위험해지는 거 아니에요?

무치   대신 확신은 섰어. 일단 지켜보자고. 낙하산! 너는 이형사가 누구랑 통화 하는지, 누구랑 만나는지 잘 감시해. 알았지? (하다) 참, 그 3787 대포차는 계속 찾고 있는 거지?

신형사   찾곤 있는데 대포찬 본인이 사고 내기 전엔·· 근데 정순경은 어딨길래 코 빼기도 안 비쳐요?

무치   아·· (잠시 머뭇하다) 당분간은 우리끼리 움직이자고.

강형사   왜?

무치   내가 좀 찜찜한 게 있어서 그래··

S#39   바름의 집 거실/ 밤

생각에 빠진 채 앉아있는 바름 위로

플래시 컷/

바름   싸이코패슨 자기 밖에 모른다면서요? 송수호한테 복수한 건, 내가 우리 가족에 대한 애정이 있었던 거잖아요.

대니얼   (고개 젓는) 가족에 대한 애정이 아냐. 감히 내 걸 건드렸단, 내 영역을 침 범했단 응징이야.

하아 절망하는 바름. 마른 세수 하고 일어나 방으로 들어가는.

〈CUT TO〉 방안 보드판 앞에서 보면, 보드판에 각 인물들 이름 쓰여 있고 인물들 앞에 물음표 쳐있다. 바름 보드펜 집어 이름 옆에 OZ! OZ! OZ! 채운다. 송수호 - 엄마, 계부, 재민 살해. 어깨 타투 확인. OZ!/ OZ1 - 교통사고 가해자. 치국이 살해. 손목 확인 OZ!/ 이모부 - 가짜. 폭력전과. 치골 부위 확인 OZ!! 그리고 이모 쓰여 있는 앞에서 잠시 고민하는 바름.

플래시컷/ "엄마는 여동생이 없어…"(16부 #64)/ "주민번호가 말소됐는데‥?" (#22)

이모 이름 옆에 OZ! 쓴다. 그리고 성요한 이름 앞에서 잠시 생각하는 위로…
몽타주 편집 (스피드하게)/ 골목 끝 집- 마지막 빈집/ 밤 (3부 #97-1)
봉이할매에게 사진 뺏어, 할매 주머니 속 라이터 꺼내 불붙이려다 사진 찬찬히 보는.

바름   (혼란스러운/E) 뭐지? 대체 누가… 내가 죽인… 시체를 찍은 거야…??

라이터 불붙이고. 바름, 손에서 타들어 가는 조미정 사진 본다. 순간 바스락 소리에
흠칫!!! 소리 나는 쪽에 핸드폰 불빛 비추면, 동시에 후다닥 도망치는 사내(요한)

과거/ 골목 + 일각. 다른 골목들/ 밤 (3부 #98-1)
쫓고 쫓기는 바름과 요한. 손 뻗는 바름, 요한의 잠바(준성의 잠바) 확 잡는 동시에
잠바에서 팔 빼버리며 도망치는 요한 바름, 손에 남겨진 잠바 휙 내던지고 뛰는!

바름   (E) 그날 내 살인을 목격하고 도망친 목격자!

과거/ 구동역 인근/ 낮 (4부 #41)
서서 보고 있는 바름 위로‥

바름   (E) 어떻게든 찾아내 처리하기로 맘 먹었어…

무치   (E) 정순경?
바름   (돌아보면 무치다)

바름   (E) 하필 고형사님을 만나는 바람에 목격자를 찾아내는데 실패했는데…

과거/ 구동- 무치 차 앞/ 밤 (4부 #48)

무치   (차 문 열며) 타. 병원에 데려다 줄게‥

바름, 한숨 푹 쉬며 차에 타려는데, 운전석에 있는 무치 잠바 보고 멈칫하는!

바름   (E) 고형사님 잠바를 본 순간 그때 그 잠바가 생각났어.

과거/ 구동마을 골목/ 독립씬 (추가씬) (4부 #49-2)
살피면 전봇대 뒤, 비에 젖어 축축한 잠바 있다. 잠바 집어 주머니 뒤지는데, 아무것
도 나오지 않고. 낭패인 표정이다 문득 잠바 안쪽 세탁소 딱지 보면 신나라 세탁. 신
나라 301호

과거/ 오피스텔 상가 내 신나라 세탁소 앞 + 신나라 빌라 301호 준성 빌라/ 밤
신나라 세탁소 건너편에서 보고 서 있는 바름. 고개 들어보면 신나라 오피스텔 건물이다.
/문 따고 들어오는 바름.

준성의 빌라 거실 + 화장실/ 밤/ 추가 (4부 #68-1)
집안 여기저기 두리번거리며 들어오는 바름. 칼 꺼내 들고 소파에 앉아 무심코 소파
테이블에 놓인 수첩 보는데, 수첩 사이 껴있는 사진 눈에 들어온다. 문득 꺼내면 바
름이 죽인 또 한 명(변순영)의 시체 사진. 놀라는 바름. 그때 현관 열리는 소리에, 들
고 있던 사진 가지고 화장실에 급히 숨으면, 거실 지나 방으로 급히 들어가는 준성.
사진 다시 보는 바름.

바름   뭐지. 저 새끼‥!!

현재/ 생각난 듯 팬트리 열어 다급히 짐 뒤지는 바름. 어딨지‥ 찾다가 박스 안에서
발견하는 노트북! 바름 들고 열어보면 해골 스티커 붙어있다!

바름   맞아‥ 내가 김준성 노트북을 가지고 왔어‥ (하다 박스 안 수첩 보이는)

노트북 두고, 수첩 들어 보면 그 안에 변순영 사진! 그리고 맨 뒷장에 피해자들 사진들.

바름   (사진 자세히 보며) 난 살아있을 때 찍었는데 이 사진들은 모두 죽은 후에
            찍은 거야‥ 내가 시체를 유기한 뒤에 촬영한 거라구… (계속 사진 보다,

다시 변순영 시체 사진 보며)

플래시 컷/ 바름, 성요한 집 지하실 틈에서 발견하는 변순영 시체 사진 (6부 #102)

바름   성요한 집에서 나온 사진이랑 같아‥ 성요한과 김준성이 내 살인을 지켜
              보고, 내가 살해한 시체를 찍었다? 경찰에 신고도 하지 않고‥? 역시 맞
              아. 그놈들이랑 한패야!

성요한 이름 옆에 OZ 쓰는데… 퍼뜩!

퀵 플래시/ 바름의 집 옥상/ 망치 들고 바름 내리치는 요한! (6부 #109)

바름   (멈칫) 날 죽이려고 했어‥ 오즈면 왜 날 죽이려고 해? 다른 오즈들과 다
              르잖아‥

플래시 컷/ 자신을 향해 베개 누르고 죽이려던 희정을 잡아당겨 주먹으로 때리는 수호 (#6)

바름   송수호도 나를 살리려고 엄말 죽인 거야… 그런데 왜 성요한은 날 죽이려
              했지‥?

플래시 컷/ 요한 그 아이부터 살려줘…/ 니 발밑에 있는 한국이‥ (6부 #107-1)

바름   분명 한국일 구하려 했어. 오즈라면 오히려 한국이 시체를 처리해주고
              내 살인을 덮으려 했을 텐데… (고민하는데)

플래시 컷/ 과거. 바름의 집- 옥상 위 + 구동 골목, 요한의 시선/ 밤/ 추가 (6부 #109-1)
머리 깨진 채, 얼굴에 피 칠갑하고 쓰러진 바름. 보면, 역시 총 맞고 쓰러진 요한, 자
신을 바라보는 눈빛! 바름의 시선으로 입 들썩이는 요한.

바름   하아… 대체 무슨 말을 한 거야…? (기억 더듬으려 애쓰는)

바름 시선으로 입 들썩이는 요한. 요한의 입 좀 더 가까이에 클로즈업 뻥긋거리는‥‥ 우‥우‥

바름   우‥ 우‥ 우이‥ 우리? (하아! 모르겠는) 확인해봐야겠어!

S#40   과기부 건물 앞/ 낮

올려다보고 있는 무치. 생각에 잠겨있는.

무치   대체 이 건물 안에… 누구랑 통화한 걸까… 성요한의 친구, 김준성이 과
        기부 직원이었던 것과 상관있는 걸까? (하다) 혹시 김준성도… 그 놈들이
        랑 한팬가?

S#41   국과수 부검실/ 낮

검시관   (일하며) 없었어.
바름   없었다구요? 확실한가요?
검시관   하는 일이 시신 샅샅이 살피는 거야. 그거 기억 못 할까? 내가? 없었어.
바름   (갸웃하며) 혹시 다른 시신이랑 착각하신 건‥
검시관   어떻게 착각을 해? 이 생활 30년짼데 그렇게까지 잔인하게 고문한 시체
        는 첨이었는데.
바름   … (가슴 아픈. 입술 질끈 깨물며) 성요한은요? 부검했나요?
검시관   아니. 그 어머니가 원치 않았어‥

S#42   국과수 로비/ 낮

바름   (생각에 빠진 채 나가는) 김준성은 아닌가‥? 그럼 성요한은…? (나가면)

바름과 엇갈려 무치 들어온다.

S#43   국과수 부검실/ 낮

무치   (놀란 얼굴로) 정순경이요?
부검의   어. 자네랑 똑같은 걸 물어봤어. 김준성 몸에 혹시 알파벳 타투 같은 게
           있었냐고.
무치   (역시 뭔가 이상한) 이 자식·· 혼자 대체 뭘 알아보고 다니는 거야?

S#44   무진병원 외경 + 응급실 복도/ 낮

응급의   그런 거 볼 시간이 어딨어요. 복부에 총상을 입고 실려왔는데, 딴 데 볼
           겨를이 없었죠.
바름   그럼 혹시 성요한 몸을 봤을만한, 뭐 같이 사우나를 했다거나·· 그런 친
           한 동료는 없나요?
응급의   그런 친구 없어요, 워낙 성격도 차갑고, 누구한테든 벽을 치는 성격이
           라·· (들어가면)
바름   하아·· 그럼 어디서 확인···. (하다 아! 생각난 듯 가는)

S#45   무진병원 병원장실/ 낮

병원장   수술 영상? 없는데··?
바름   없다구요? 세계 최초로 뇌 이식을 했는데 기록으로 촬영을 안 했을 리 없
           잖아요.
병원장   한서준이 철저하게 비밀유지를 요구했어. 그게 수술 허락 조건 중 하나
           였고. 촬영은커녕, 자기 외에 아무도 수술실에 못 들어오게 했다고.
바름   혼자? 어시도 없이요? 그게 가능해요?
병원장   그러게. 대단한 인간인 건 확실해··· 혼자만 알고 아무에게도 알려주지

않겠다는 거지… 사형수가 죽어 싸 짊어지고 갈 것도 아니면서… 그런 의술은 공율 해야지·· 안타까워·· 그리고 설사 수술 장면이 촬영됐다 치더라도 뇌 수술이야. 몸 다른 부위가 촬영되진 않네…

바름   하·· 알겠습니다. (나가려다 돌아보며) 약이 거의 떨어져 가는데··

병원장   처방해둘 테니 약국에서 받아가게. 두통은 좀 가라앉던가?

바름   (끄덕) 나아지는 거 같아요… (인사하고 나가는)

병원장 문 닫히면 잠긴 서랍 열어 USB 꺼내 컴퓨터에 꽂으면 화면 뜬다. 바름 누워 있고 한서준 등장하는 뒷모습 보인다! 흐뭇하게 보고 있는 병원장의 표정 위로.

S#46 과거. 수술실/ 병원장의 회상/ 밤

수술준비 끝낸 의료진들. 일사불란하게 나가면 문 잠그는 병원장. 주머니에서 소형 카메라 꺼내 바름과 요한의 수술대 조명 안에 몰래 설치하는.

S#47 현재. 무진병원 병원장실/ 낮

화면 클로즈업하면, 경이로움 가득한 얼굴로 바름에 요한 뇌 이식하는 수술 장면 보며.

병원장   미친 새낀 미친 새끼야. 이걸 해내다니·· (황홀하게 보다) 아깝다. 사람만 안 죽였어도 지금쯤 세계적인… (하다) 하기야·· 사람을 죽였으니 뇌 이식을 성공시킨 건가? 아이러니하군…

S#48 실종아동센터/ 낮

바름   2005년도에 실종됐구요. 지금 나이는 22살이에요. 실종 당시 이름은 정재희. 서번트 증후군를 알고 있던 아이였어요. 한번 들은 건 다 기억하는 아이에요··

| 직원 | (조회하며) 2005년도에 그런 특징을 가진 아이가 접수된 적은 없는데… 장애인 보호기관 쪽에 한 번 알아봐드릴게요. |
| 바름 | 감사합니다. (간절하게) 제 동생, 꼭 좀 찾아주세요. 부탁드립니다. (90도로 인사하는) |

S#49   바름의 집 앞/ 밤

바름 터벅터벅 걸어오는데, 저만치 봉이가 집 앞에 쭈그리고 앉아 기다리고 있다.

| 바름 | (그런 봉이 보며 눈물 그렁/E) 다·· 기억나 버렸어·· 그때··· 봉이야··· 그때·· 그때 내가··· |

S#50   과거. 다리 아래 일각/ 바름의 회상/ 새벽 (12부 프롤로그 상황)

게임하며 가는 재훈(바름). "살··려··" 신음소리에 게임기 누르던 손 멈추고 돌아보다, 고개 살짝 밑으로 꺾으면·· 살짝 들춰진 포대 속, 죽어가는 아이와 눈 마주치는. 간절한 아이 눈빛을 그저 멀건 눈으로 바라보다, 다시 손가락 바쁘게 게임기 누르며 가던 길 가는.

S#51   현재. 바름의 집 앞/ 밤

바름	(쭈그리고 앉아있는 봉이 슬픈 얼굴로 보며/E) 어떡하니·· 나는··· 나 어떡해·· 봉이야···
봉이	(바름 발견하고 벌떡 일어나 작정한 듯 바름 앞에 가서) 오빠!
바름	(봉이 시선 피하고) 피곤해. (들어가려는데)
봉이	(확 잡으며) 대체 나한테 왜 그래?
바름	(심호흡하고, 작정한!) 너 진짜 눈치 없구나. 왜 그러겠냐? 남자들 다 똑같아.
봉이	뭐?

바름	니가 좋으면. 좋아 죽겠으면 이러겠냐고. 나 너 싫어졌어. 너 이러는 거 부담스러워. 니가 질려. 너 완전 질리는 스타일이거든. 알아들었지? 그러니까·· 그만하자. 가 그만!
봉이	(입술 질끈 깨물며) 거짓말··
바름	그렇게 믿고 싶겠지. 근데 정말 니가 싫어졌어. (대문 열고 들어가려는데)
봉이	(E) 강덕수 땜에 그래?
바름	(헉! 놀라 공포스러운 눈빛으로 천천히 봉이 돌아보는) 뭐?
봉이	(씩씩거리며) 나 다 알아. 오빠가 강덕수 죽인 거 안다구. 그래서 나 피하는 거잖아.
바름	(허… 병쩐)
봉이	지난번에도 나 밀어냈었잖아. 근데 안됐잖아. 나 좋아하잖아. 그래서 나한테 맘 연거잖아!
바름	너··
봉이	(사정하는) 그러지 마. 오빠. 난 상관없어. 날 위해서 그런 거잖아. 그 새끼 죽어 마땅한 놈이잖아. 오빠가 안 죽였으면 유나가 죽었을 거야. 그러니까 죄책감 갖지 말라고·· 오빠··
바름	(하… 이내 작심한 듯) 그래. 맞아. 내가! 죽였어. 강덕수.
봉이	하아··
바름	(숨 거칠어지며) 너 땜에! 니가 위험할 거 같아서! 그래서 죽였어. 순간 미쳤었나봐. 너 때문에 이게 뭐야! 내가 지금 얼마나 후회하는지 알아?!!!! 냅둘걸!!! 내가 어쩌다 살인자가 된 건데? 다 너 때문이야. 오봉이 너 때문이라고! 너 땜에 내 인생 엉망이 됐어!!! 그날 이후 단 하루도 편히 잠을 잘 수가 없어… 밤마다 악몽을 꿔. 괴로워 미치겠어!
봉이	(눈물 흘리는) 오, 오빠…
바름	너만 보면 자꾸 그때가 생각나. 너만 보면·· 끔찍해. 끔찍해 죽겠다구! 너만 보면 강덕수 그 자식 시체가 자꾸 겹쳐보여서 미칠 거 같다고!!!! 그래서 너 보기가 너무 힘들어! 그래! 나 노력해 봤는데 안 돼. 안 된다구!!! 안 되겠어!!!! 그러니까 내 눈앞에서 꺼져줘. 제발!!
봉이	(울먹) 오빠아·· (다가가 바름 잡으려 하면)
바름	(확 뿌리치며) 오봉이. 너 한 번만 더 찾아오면 나 강덕수 죽인 거 자수하고 깜빵 들어갈 거야! 나 평생 교도소에서 썩는 꼴! 보고 싶지 않음 다신

내 눈 앞에 나타나지 마. 알아들어?!!! 니가 내 눈앞에서 사라져야·· 내가·· 잊고 살 수 있어··· (눈물 그렁이며) 제발·· 그렇게 해줘··· 제발 나 좀 살려주라 봉이야··· 제발··· 제발··

봉이   오빠아···

바름   (문 쾅 닫고 들어가면)

봉이   (울음 터트리는) 으아앙!!! 오빠 오빠 (눈물 콧물 범벅) 어떡해·· 우리 오빠·· 불쌍해 어떡해···

S#52   바름의 집 현관 안/ 밤

들어오는 바름, 무너지듯 주저앉아 무릎 사이에 고개 처박은 채 끅끅거리는.

S#53   무진청 증거보관팀 증거보관실/ 밤

보드판에 관련 사진들과 자료들 잔뜩 붙어 있고 그 한가운데 재훈 사진 붙어있다.

무치   (보드판 앞에 서서 생각 중인) 강덕수, 이재식, 김병태를 살해한 놈을 OZ라는 문신을 한 조직이 비호하고 있다·· 그 조직은 성요한에게 피습됐다 1년 만에 깨어난 나치국을 협박했다 결국 살해··? 근데 송수호도 OZ 조직원이었어. 탈퇴했지만·· 송수호가 이 아이(재훈 사진) 가족을 살해했을 가능성이 있고, 그러면 이 아이가 송수호한테 복수살인을 할 수 있는데·· 하지만 이 아이는 성요한이 아니고 주민등록번호도 말소된 상태·· 만약! 성요한이 아니라 이 아이가 송수호를 죽인 범인이라면···? 그래서 성요한이 범인이 아니라, 이 아이라는 걸 알고 있는 나치국을 협박하고, 살해한 거라면··· 그럼 성요한은 왜 봉이 할머니 사건 목격자인 정순경을 죽이려고 했을까? 성요한 집에서 나온 피해자 사진도·· 도저히 설명이 안 되잖아··· (문득) 가만·· 최피디가 뭔 냄새를 맡았나? 왜 갑자기 무진 연쇄살인 사건을 방송한단 거지. 범인도 밝혀진 지난 사건을··· 그래! 뭔가가 있어.
(핸드폰 들어 홍주에게 전화하는)

S#54   홍주네 집 + 무진청 증거보관팀 증거보관실 (교차)/ 밤

홍주   어? (당황하는)
무치   뜬금없이 왜 그 사건을 방송하나 했는데 말야·· 뭐·· 있지?
홍주   있긴 뭐가 있어. 그냥 강덕수 이재식, 김병태 죽인 범인이 송수호 살인사
        건 때와 비슷한 범행 시그니처를 남긴다고 해서… 사건을 첨부터 들여다
        보려고.
무치   (감오는/E) 분명 뭐 있네./ 알았어. 나중에 얘기해. (끊으려다) 근데 봉이랑
        은 뭔 일 있어?
홍주   어?
무치   낮에 로비에서 말야·· 봉이가 그럴 애가 아닌데·· 좀 이상해서··
홍주   아·· 그게… (머뭇거리다) 나랑 성요한 관계 알았어. 아이도·· 내가 자길
        속였다고 생각해.
무치   뭐? (후··) 알았어. 끊어 (끊고 봉이에게 전화하면 전원 꺼져있다. 걱정스런)

S#55   봉이네 집 앞 + 바름의 집/ 밤

차 세우면, 봉이 집 불 꺼져있다. 띵동 띵동 무치 초인종 눌러보는데 역시 인기척 없다.

무치   애가 지금이 몇 신데·· (하다) 정순경이랑 있나? (전화하는) 어 정순경. 봉
        이랑 있어?
바름   (F) (목소리 잠긴) 아뇨.
무치   그래? 어디 갔는진 알아? 애가 이 시간에 집에 없어서.
바름   (F) 몰라요. 어딨는지.
무치   봉이가 최피디랑 성요한 관계 알았대. 맘이 많이 안 좋을 거야… 찾아봐
        얼른. 임마.
바름   (F) 바빠요… 저. (뚝 끊는)
무치   허. 근데 이 자식이. (다시 전화하려다) 싸웠나? 암만 싸워도 그렇지. 이 자
        식 못쓰겠네.
바름   (안절부절) 어딜 간 거야·· 이 한밤중에·· 갈 데도 없는 애가·· (안 되겠는

지 뛰어나가는)

S#56   바름의 집/ 밤

전화 끊고 안절부절못하다 결국 뛰어나가는 바름.

S#57   몽타주/ 밤

/방송국 사무실/ 들어오는 무치. 그러나 텅 빈.
/바름도 봉이네 집 인근 키스했던 장소(14부 #100) 뛰어가 보는. 그러나 빈 벤치만 덩그러니 있다. 후 한숨 내쉬며 벤치에 앉아있던 바름, 문득 뭔가 생각난 듯 후다닥 뛰어가는!

S#58   봉이 할머니 무덤 인근 + 무덤/ 밤

다급히 뛰어오는데, 소리 지르는 봉이 목소리 들리는 **(E) 정바름‥ 이 똥멍충이 데꼬 라고!!!** 바름, 멈추고 보면 할머니 무덤 앞에서 소주 마시며 소리치며 주정하는 봉이 소리 들린다.

봉이   (혀 꼬부라진) 할무니 할무니. 오빠 맘 좀 돌려줘요. 그 바보가 나 땜에‥ 나 땜에‥ 너무 괴로운가봐‥ 괴롭겠지… 개미 새끼 한 마리 못 죽이는 그런 인간인데 울 오빠‥ 나 땜에‥ 나 땜에… 오빠가…
바름   (멀찍이서 봉이 보며 무치에게 전화하는) 봉이 어딨는지 알 거 같아요. 할머니한테 가 있을 거예요. 주소 문자로 찍어드릴게요.
무치   (F) 어딨는지 알겠으면 니가 가. 이 자식아.
바름   (끊어버리고 무치에게 문자 보내고 고래고래 소리 지르는 봉이 슬픈 눈으로 지켜보는)

〈시간경과〉 바름, 할머니 무덤 앞에서 꾸벅꾸벅 졸고 있는 봉이 계속 지켜보고 있는데…

무치	(E) 야! 오봉이!
바름	(돌아보면)
무치	(걸어오며 혼자 앉아있는 봉이 보며) 이 자식 진짜 안 왔네. 아냐. 상종 못 할 놈이네··

바름, 무치 봉이에게 가서 봉이 앞에 앉는 거 보고서야 뒤돌아선다. 쓸쓸히…

무치	(고개 떨구고 몸 흔들거리는 봉이 보며) 인마. 정순경하고 싸웠냐?
봉이	(고개 휙 쳐들며) 안 싸웠거든요!!!. 개!차였어요!!!
무치	차여? 정순경이 차? (잠시 생각, 부러 오버하며) 주제도 모르는 새끼. 아주 복을 찼네 찼어
봉이	그르니까! 그 붕닭 지 손해지 뭐. 어디 가서 나같이 쌈 잘하는 여친 만나나 보자. 내가 완전 보호해줄 수 있는데·· 정바름이 그 비실이 쌈도 열라 못하구요 (하다) 어? 잘하나? 모르겠어·· 그 자식. (갑자기) 으아아앙 오빠~~~ 오빠!!!! 바름 오빠아~~~~ 오빠··· 우리 불쌍한 오빠·· 어뜩해요. 아저씨이~~!!!
무치	뚝! 넌 정바름이 어디가 그렇게 좋냐? 나처럼 박력이 있길 해. 나처럼 더 티섹시미가 있어? 어? 사내새끼가 곱상하게 생겨갖고. 하튼 넌 보는 눈이 없냐. 잘됐어. 이번 참에 눈깔 갈자.
봉이	쳇! (혀 완전 꼬부라진) 더티 섹시 좋아하시네. 그냥 더티지! 더티! 사돈 남 말 하고 자빠~지셨네. 그러는 아(저)씬. 최홍주가 어디가 그렇게 좋았는데? 기집애가 이쁘장하게만 생겨가지고··· 음흉한 년. 재수 없어 씨. 아저씨부터 그 개눈깔 갈아 끼우시져!!!
무치	누가 그래? 내가 최홍주 좋아했다고?
봉이	하. 내가 모를 줄 알고? 최홍주 고백 거절했담서요!
무치	어? 어. 그래에~ 나 그런 놈이야! 고백을 늘상 받는다. 고백받는 게 내 생활이야. 생활!
봉이	(삐쭉) 한서준 땜에 거절한 거잖아. 한서준 목 딸라고 빵 들어가면! 한서준 죽이면, 아씨 미래가 없으니까!!! 그러면!! 그 개불여시 불행해질 거 뻔하니까! 어서 신파질이야. 눈물 없인 못 들어주겠네 씨·· 더티 고무치. 아주 상모지리 났어요. 났어. 난 놈이네 난 놈~

무치	말 난 김에 너. 아까 심했어. 최피디가 그 꼴을 당하고 있는데. 어떻게 그냥 가냐? 아무리/
봉이	/씨! 울 할머니가 왜 여기 왜 이 찬 바닥에 누워있는데! 다 성요한 그 새끼 때문이잖아!!
무치	알아 알아. 근데 성요한이 밉지. 왜 최홍주한테까지 그래. 무슨 연좌제도 아니고··
봉이	하. (악에 받쳐) 성요한이랑 공범일 수도 있잖아! 어떻게 몰라? 모를 수가 있냐고! 한 이불을 썼는데! 뱃속에 애가 있었는데 어떻게 성요한이 살인범인 줄 몰랐을 수가 있냐고!
무치	그만해. 그거 아냐… 정말 까마득히 몰랐어. 내가 알아. 내가.
봉이	하! 대변인 나셨네 나셨어. 아씨도 그러는 거 아냐. 정신 차려! 아씨 생각하면 그 불여시가 그러면 안 된다고. 성요한이 누구 아들인 줄 알면 아씨한테 그러면 안 된다고오~ 그래서 내가 성요한 애새끼 평생 저주할 거라고 악담을 그냥 다다다다 퍼뵀지.
무치	뭐? 너 아무리 그래도 애한테 그게/
봉이	하! 돌았구만. 처 돌았어. 지금 그 기집애 편을 들어? 그래! 공범 아니다 칩시다. 처! 그래도 눈치는 챘을 거라고. 신고는 했어야지. 그럼 울 할머니도·· (북받치는 꺽꺽 발음 막 새며) 아씨, 어? 신부님도 살아있을 거 아냐! 나쁜 년. 날 감쪽같이 속여. 난 것도 모르고··
무치	나쁜 맘으로 너한테 접근한 거 아냐… 너 일 그만뒀다며? 그러지 마. 너 겨우 꿈 생겼다고 좋아했잖아.
봉이	하! 그깟 꿈 필요 없어!! 나 그딴 거 필요 없다고!! 난 오빠만 있으면 돼. 오빠·· 오빠가 내 꿈이라고·· 어떡해 우리 오빠 불쌍해서 어떡해·· (엉엉 우는)
무치	개가 뭐가 불쌍하다고. 우리 중에 젤 안 불쌍해 임마. (한숨 쉬고 취해서 우는 봉이 보는)

S#59   오즈1의 차안/ 새벽

달랑거리는 미니 드림캐쳐 슬프게 보고 있는 퀭한 얼굴의 오즈1.

딸	(E, 고등학생 정도의 목소리) 아빠 이거 내가 만들었다. 차에 꼭 달고 다녀? 알았지?
오즈1	딸… 다신 너 같은 억울한 희생자가 안 생기게 하고 싶었는데·· 내가 결국··

플래시 컷/ 치국이 링거에 주사 넣는. 순간 치국 으윽 발작 일으키는!

괴로운 오즈1, 핸드폰 꺼내 누군가의 번호 찾는데·· 고무치 형사라고 저장되어있다.

S#60   봉이네 집 앞 + 안/ 새벽

택시에서 휘청이며 내리는 봉이. 무치 후다닥 부축하는.

봉이	놔! 나 안 취했어.
무치	(한숨 내쉬고는) 들어가. 암 생각하지 말고 푹 자. 알았지? 원래 사랑쌈은 칼로 물 베기야.
봉이	아씨 귀꾸멍이 똥꾸멍인가. 싸운 거 아니라니까. 개차였다니까 씨! (휘청이며 들어가려는데)
무치	최피디 말이야.
봉이	(돌아보는)
무치	실은 나도 성요한 아이가 있는 거 알았을 때 너랑 똑같이 해댔어.
봉이	(취해서 눈 꿈뻑이며 보는)
무치	꼭 그 싸이코 새끼 애를 낳아야 했냐고. 그 아이 커서 성요한이랑 똑같은 꼴 당하게 될 거라고·· 니 새끼가 얼마나 고통 속에서 살아갈지 지켜보라고··
봉이	(꿈뻑 꿈뻑)
무치	근데… 그 말 한 게 너무 후회되더라… 아무리 화가 나고 배신감이 들어도 애는 건드리지 말자, 우리·· 애가 무슨 잘못이니…
봉이	그런 애비한테서 나온 게 죄야. 죄. 업! 보! (휘청이며 들어가고 문 쾅 닫히는)
무치	(닫힌 대문 보고 한숨 내쉬는 데 핸드폰 울리는 받으려는데 끊기는) 뭐야? 새벽부터? (무심히 핸드폰 주머니에 넣고 가는)

S#61 오즈1의 차안/ 새벽

차 바닥에 떨어진 핸드폰 줍는 장갑낀 손. 차에 달린 블랙박스 확 떼는!

S#62 봉이네 집/ 아침

우웩거리는 소리 화장실 물 내리는 소리와 함께 나오는 머리 부스스한 봉이.

봉이   아흐 머리야‥ 대체 얼마나 처먹은 거야… (테이블에 놓인 핸드폰 보면 바름
       에게 몇십 통 전화한) 미쳤어, 미쳐‥ (하다 바름에게 문자 치는)

〈오빠가 나 봐도 괜찮아질 때까지 기다릴게. 언제까지나. 〉 문자 전송하려는데…
플래시 컷/ 한 번만 더 찾아오면 나 강덕수 죽인 거 자수하고 깜빵 들어갈 거야!
(#51)

봉이   (전송 취소하고, 핸드폰 테이블에 놓고 일어나 물병 꺼내 벌컥벌컥 마시다) 어제
       내가 아저씨한테 뭐라고 진상을 부렸지? 실수한 건 없겠지? (하다)
봉이   (E) 내가 성요한 애새끼 평생 저주할 거라고 악담을 그냥 다다다다 퍼뤘지.
무치   (E) 뭐? 너 아무리 그래도 애한테 그게/ (#58)
봉이   그래‥ 애한테까지 악담한 건 심했어‥ 에이, 오봉이 후지다. (물 벌컥벌
       컥 마시는)

S#63 폐병원. 대니얼 아지트 + 바름의 집 거실/ 아침

대니얼, 실험 중인데 벨소리에 두리번거리다, 소파 밑에서 바름 대포폰 꺼내 들고 받
으면.

바름   어? 거깄었네요. 주신 폰이 없어져서…
대니얼   정신 좀 차려. 이거 잊어버리면 큰일 나.
바름   (소리 또 끊기는) 오늘은 제가 좀 일이 있어서요.

S#64   바름의 집 인근, 오즈4의 차 안/ 아침

오즈4   (복제폰으로 듣고 있는, 바름 "내일 찾으러 갈게요." 하면, 끊고 어딘가 전화하는)
       정바름이 그동안 대포폰을 사용했던 모양입니다.

오즈3   (F) 대포폰? 신호 잡힌 곳 찾아. 누구랑 접촉하는지 확인해.

오즈4   네. (대문 열고 나오는 바름 보며) 지금 출근합니다.

S#65   거리 + 무진청 앞/ 아침

운전하는 바름. 멀찍이서 바름 차 따라가는 오즈4차.
바름 차, 무진청 안으로 들어가는 거 확인하고 전화하는.

오즈4   무진청으로 출근했습니다. (차에 부착된 노트북 확인하며) 위치도 확인됐습
       니다.

S#66   폐병원 앞/ 낮

차에서 내리는 오즈들(오즈4는 없어야) 보면 2층 창가에 있던 그림자 휙 숨는 듯.

오즈3   (보고, 돌아보며) 잡아! (뛰어 들어가는)

S#67   폐병원. 3층 약제실/ 낮

들이닥치는 오즈들(오즈3 포함 4-5명) 거미줄 잔뜩 낀 선반 넘어져 있기도 하고 약제
통들 즐비하다. 그때, 천장에서 휙 내려오며 발차기하는. 바름이다! 놀라 당황하는
오즈들.

바름   쥐덫에 들어온 걸 환영한다. 이 쥐새끼들아!! (오즈들 공격하는 위로)

S#68 몽타주, 바름의 회상 빠르게 (16부 #17, 17부 #29 #36 #63 상황) + 현재. 폐병원/ 낮

무치   (버럭/ F) 어디야? 새꺄!!

바름   (소리는 들리는데 전화 끊기며 들리는) 네? 잘 안 들려요… (하는데 다시 들리는)

무치   (F) 어디냐고?!!

바름   (문득 핸드폰 찬찬히 보며 /E) 하. 내 전화기가 복제됐어··

/대니얼   난, 자네 엄마가 당연히 낙태했을 거라 생각했어··

바름   (미간 찌푸리며) 낙태··?

/대니얼   난 낙태를 권했고… 그러겠다고 했어·· 그래서 난… 아일 낳은 줄은 까마득히 몰랐어.

바름   (그런 대니얼 보는 위로)

플래시 컷/ 바름, 눈 뜨고 보니 거실 장식장 앞에 서있던 대니얼. (15부 #48)

바름   (대니얼 보며/E) 엄마가 날 낳은 걸 이미 알고 있었어·· 당신은 내 유전자를 검사했고, OZ는 내가 싸패 유전자라는 걸 알고 어릴 때부터 날 따라다닌 거라면! 당신이 그 놈들이랑 한패였단 거지. 그럼 지금 죽은 듯 숨어지내는 이유가 오즈? 무슨 이유인지·· 그들과 틀어져서? (결심하는) 확인해봐야겠어. 오즈가 당신을 찾는다면 기꺼이 미끼로 사용하지. (소파 밑 자신의 대포폰 쓱 밀어 넣는)

바름의 집 거실 외경 + 방안/ 아침 (#63 상황)

거울 보며 잠바 걸치는 바름. 서늘한 표정으로 거울 보며 중얼거린다.

바름   쥐새끼를 잡는 방법! 구미가 당기는 먹잇감을 덫에 놓는다. 그러면 기어 나오게 되어있지! (자신의 핸드폰 꺼내 들어 대니얼에게 전화하는) 어? 거깄었네요. 주신 폰이 없어져서… (소리 또 끊기는) 오늘은 제가 좀 일이 있어서요.

거리/ 바름 (운전하며 뒤에 따라오는 승용차 힐끔 보며) 오케이 미끼를 물었어! (#65)

무진청/ 주차장에 차 세우고 바로 옆 주차해놓은 트럭 타고/ 오즈 차 옆 유유히 지나가는 (#65)

폐병원/ 트럭에 대니얼의 실험기구 등 짐 싣는 바름. 대니얼 불안한 표정으로 보고 있는.

현재 폐병원/ 달려드는 OZ들. 바름 다 때려눕힌 후, 한 놈 옷 잡아끌면 어깨에 OZ 문신!

바름   (바로 머리에 총 들이대며) 말해. 니들 정체가 뭐야? 뭐하는 것들이야.
오즈5   ··
바름   니들 나 알지. 내가 어떤 괴물인지도 잘 알 거 아냐? 말 안 하면 당장 이놈 머리통을 벌집처럼 쑤셔서 뇌를 꺼내 잘근잘근 씹어 먹을 거야. 따끈따끈한 뇌 맛은 어떨지 기대되는걸?
오즈들   (경악하는)
오즈5   (으으으··) 제. 제발···
바름   자 하나! 둘! 세·· (금방이라도 방아쇠 당길 듯 한데 띵동! 바름 핸드폰에 사진 전송된다.)

확인하면. 백화점에서 아기 선물 고르고 있는 봉이 스틸컷들. 이어 도착하는 동영상 파일. 누르면 택시 안에 앉아있는 봉이 모습 찍힌 블박 화면. 곧이어 도착한 문자. **<이대로 오봉이가 끌려가 시체로 발견될지, 무사히 목적지에 내려줄지 니가 선택해!>** 으!!! 분한 바름. 오즈5 목 두른 팔뚝 풀면, 순간 퍽!!! 바름 뒤통수치는 오즈3. 바름 푹 쓰러지는.

S#69   바름의 집- 다락방/ 낮

대니얼   (불안한 얼굴로 짐 풀며) 별일 없겠지···? (문득! 급히 짐 뒤지며) 어디 갔지? (하다)

플래시 컷/ 제니퍼 사진 보다 급히 소파에 끼우는 대니얼 (#27)

대니얼   아! 거기다 뒀어… (낭패인. 다급히 뛰어나가는)

S#70   바름의 집- 거실/ 낮

대니얼   (2층에서 뛰어 내려오다 현관문 열고 들어오는 바름 보고 급히) 어떻게 됐어?
바름   놓쳤어요.
대니얼   사진을 두고 온 거 같아. 거기…
바름   사진이요? 무슨 사진이길래··
대니얼   내 동생… 제니퍼·· (불안한 표정 역력한) 그게 발견되면… (하다 멈칫!)
바름   /제가 찾아올게요. 걱정 말고 계세요. (뒤돌아 나가며/E) 확실해. 그 놈들
          한테 쫓기고 있어! 놈들은 박사 가족까지 다 알고 있는 거야!

S#71   폐쇄된 굴다리 밑/ 낮

트럭 뒷문 열면 각종 유전자 실험 관련 도구들과 대니얼 짐들. 짐 가방 꺼내 사진 찾
는데 대포폰 툭 떨어진다. 집어 들며 누구 거지? 싶어 보면 한 번호로만 발신, 혹은 수
신된 내역 보인다. 바름, 자신의 대포폰 꺼내 보면 같은 번호! 대니얼 박사 번호다.

바름   누구 거지? (보는데 음성사서함에 1개의 메시지 들어있다. 듣는데)
준성   (F) 요한아. 나 준성이.
바름   (허!) 성요한 폰이야? 대니얼이랑 성요한이 수시로 통화를 했어?
준성   (F) 니가 알아봐달라고 했던 일 말이야. 나 완전 쫄려… 아무래도 잘못 뚫
          은 거 같아·· 오즈라는 조직인데… 암튼 보고 얘기하자.
바름   뭐야? 그럼·· 성요한 김준성 둘 다 OZ가 아니란 말인데··? (급히 짐 더 막
          뒤지면, 트렁크 깊숙이에서 뭔가 발견하는. 헉 놀라는 바름! 낯익은 다이어리다)
          어? 이게 왜·· 여기?

바름, 넘겨보면 송수호, 변순영, 조미정 등 살인방법과 시체 모습 등 자세히 그려져 있다. 하나하나씩 보면, 피해자들 죽인 그림 그대로(더 폴 참고) 그려져 있고 그 옆에 깨알같이 빼곡히 적어둔 사전 계획과 실행 후 당시의 기분상태 등이 자세히 기술되어있다.

바름   (곰곰 생각하다 문득!) 그럼 그때 그 소리가···. (생각하는 위로)

6부 #98-1. 바름의 집, 거실/ 밤 (독립씬)

바름   (업고 있던 봉이 소파에 조심스레 앉히며) 여기 잠시만 앉아있어. (방으로 들어가는)

6부 #98-2. 바름의 집, 방안/ 밤 (독립씬)
들어와 옷장에서 이불 빼는 바름. 이불 털다 문득 천장 쪽 시선 두는데 살짝 떠 있는 것 보인다. 헉!!! 놀라 침대 위로 올라가 뚜껑 밀고 손으로 더듬으면 자신의 다이어리 없다. 불안한 눈빛의 바름 '누구지···? 누가···?'

6부 #99. 바름의 집 방안/ 밤
바름   (이불 깔아주고 봉이 조심스레 부축하며 눕히고는) 내가 덮던 이불인데 오늘만 덮고 자.
            내일 깨끗이 빨아놓을게··
봉이   (그런 바름이 좋은) 참, 어벙이 먹이 줘야 하는데··
바름   내가 주고 올게. 아니다 데려오지 뭐·· 간 김에 니 옷도 좀 챙겨오고··

바름   (E) 그날, 내 다이어리가 없어진 걸 알았어···

현재/ 일기장 몇 장 넘기면, 토끼 배 가른 그림 그려있고 그 옆에 깨알 같은 소감 써있다.

재훈   (E) 살이 쪄서 궁금했다. 새끼를 가진 건지. 진짜 살이 찐 건지··· 그깟 토끼 배 좀 갈랐다고 다들 유난이다. 짜증난다. 팔이 가렵다.

바름   (몇 장 더 넘기다 멈추는)

재훈   (E) 전교 1등을 놓쳤다··

S#72   과거. 몽타주 + 현재. 폐쇄된 굴다리 밑/ 낮

학교/ 복도 지나가다 문득 돌아보면 1반 교실 창 너머로 교탁 앞에서 상 받는 소년X.

재훈   (E) 그 착한 척하는 재수 없는 전학생 때문이다.

플래시 컷/ 재훈의 다친 상처에 병풀 붙이고 치료해주는 소년X
/ 서로 마주보고 서는 재훈과 소년X. (11부 #1)

재훈   (E) 이상하다. 그 아이. 모두 나를 피하는데·· 그 아이는 다르다. 그래서
          더 재수 없다.
          / 그런데 나·· 그 아이가 되고 싶다·· 그 아이처럼 되고 싶어….

현재/ 바름, 일기장 몇 장 앞으로 넘기면…

과거/ 거리 일각/ 낮
걸어가다 저만치 걸어가는 소년X 발견하고 재수 없어·· 하고 가다 문득 돌아보는데.
저만치 떨어져 소년 X 미행하는 사내 보인다. 그 사내 뒷모습 보는 어린 재훈.

재훈   (E) 재수 없는 전학생. 전교 1등 하면 뭐해. 누가 지 따라다니는 줄도 모
          르는 멍청한! (가는)

현재/

바름   (그 부분 읽다, 퍼뜩!) 맞아. 누가 그 아일 따라다녔어·· 미행… 감시··? 설
          마… 그 아이…

S#73   홍주네 집 입구/ 낮

아기 선물 들고 오는 봉이. 홍주네 동 앞에 서서 올려다보며‥

봉이   그래. 애한테 그런 악담 퍼부은 건 실수였다고 사과하자. 딱 그거만 사과
         하자. 오봉이 (입구로 들어가려고 하는데 옆 경비실에서 왁자지껄 소리 들리면
         돌아보는.)

주민   (한껏 꾸민 강아지 품에 안고) 아니 여기 주민도 아니면서 왜 개를 여기다
         묶어놔서‥

지은   (어쩔 줄 몰라하며) 죄송해요. 집에 혼자 두고 오기가 그래서… 저희 복실
         이가 원래 순한데‥

주민   참내. 빨리 데리고 나가요. 우리 베이비가 경기 일으켰잖아요. 댁의 절룩
         이 개 땜에!

봉이   (못 참고) 아니, 절룩이 개가 뭡니까? 이런 개만도 못한!

주민   뭐요?

봉이   입에만 똥이 들었는 줄 알았는데 귓구녕에도 똥이 찼나 보네‥ (하다 지은
         보는) 어? 여기서 뵙네요. 아니, 그 다음날 바로 인터뷰 요청 드리러 갔는
         데 이사를 가서서‥

지은   아… 사정이 좀 있어서‥

주민   (봉이 땜에 씩씩대다 경비에게) 하 참! 당장 데리고 나가라 그러세요. 별‥
         (아흐 하고 가는)

봉이   아흐, 저 한주먹거리도 안 되는! (하다 지은 보며 복실이 쓰다듬는) 잘 지냈
         어? 복실이랬죠?

경비   얼른 데리고 가세요. 저 분 입주민 부대표라 저 찍히면 곤란해요‥

지은   죄송해요. 금방 애 엄마 오니까 30분만요. 네? 30분만 여기 좀…

경비   아, 안된다니까요.

봉이   제가 산책시키고 있을게요. 일 마치고 연락 주세요. 복실아! 언니랑 데이
         트하자. (목줄 잡는)

지은   아휴. 고마워요. 작가님. 그럼 부탁 좀‥ 할게요. 애기 엄마 금방 들어온
         다고 연락 왔으니까‥

봉이   걱정 마세요. (다급히 은총이 안고 들어가는 지은 보다) 이거 305호 오면 좀

전해주세요. 애기 장난감이에요.

S#74   산책로 + 비탈길 아래/ 낮

복실이 산책시키고 있는 봉이. 그때, 전동 킥보드 탄 사내 봉이 옆 휙 지나가면, 봉이 급하게 피하려다 발 헛디뎌 옆 비탈길 아래로 굴러 떨어지는.

봉이   아흐… 엉덩이야·· (하며 일어나려는데)
킥보드남   (놀래서 뛰어와 비탈길 아래 내려다보며) 괜찮으세요? (하며 급히 내려오는데)

아앙 사납게 봉이 앞에 턱 버티고 앉아 접근 못 하게 다리 하나 들고 앉아 자세 취하는 복실. 봉이 그런 복실 모습 보는데 순간!!!

플래시 컷/ 공사포대 사이 보이는 봉이 시선, 다리 하나 든 채 버티고 앉아있는 강아지!

봉이   (기시감 드는) 설·· 마…?

S#75   공원/ 낮

벤치에 수호母 앉아 있고 홍주 그 앞에서 카메라 세팅한다.

홍주   시작할게요. 그냥 편하게 얘기해주시면 돼요.
수호母   (끄덕)
홍주   (카메라 켜면 불 들어온다) 무진 사건이 벌써 1년도 지났는데·· 요새 어떻게 지내세요?
수호母   저는 잘 지내고 있어요…
홍주   (손목 그은 자국 안타까운 얼굴로 보는데)
수호母   (시선 느끼고 자신의 손목 상처 만지작거리다) 실은 여러 번 자살기도를 했어요… 숨을 쉴 수가 없었어요… 전생에 내가 무슨 죄를 저질렀길래·· 두 아이를 모두 그렇게… 다 내 업보 같고‥ 나 땜에 우리 애들이 그런 일을 당했나 싶고…

홍주 (입술 잘근 깨물고 고통스러운)

수호母 그런데‥ 이제 괜찮아요. 저 이제 씩씩하게 살고 있어요. 밥도 잘 먹고.

홍주 (보면)

수호母 다 그 분 때문이에요.

홍주 그 분…이요‥?

수호母 (카메라 보며) 저에게 살 의지를 준 고마운 분…

S#76 홍주네 집 경비실 앞/ 해질녘

복실이와 봉이 오면, 지은 기다리고 서 있다가 반갑게.

지은 복실아. 언니랑 산책 잘했어? 고마워요‥

봉이 덕분에 저도 산책도 하고 좋았는걸요. 그럼 안녕히 가세요 (가려는데)

지은 (잡으며) 우리 집 가서 저녁 먹고 가요.

봉이 (손사래 치며) 아, 아니에요.

지은 바로 요 앞이에요. 어차피 집에 가면 나 혼자 먹는데‥ 괜찮으면 같이 먹어요‥

S#77 지은의 집 거실/ 저녁

지은 저녁 준비 중이고, 봉이 거실에서 복실이랑 놀고 있다 TV장에 얼굴 크게 나온 중학생 소년, 가까이서 어린 복실이랑 해맑게 웃으며 놀고 있는 사진 액자 보는. (그 액자 뒤에 고딩시절 액자 있지만 풀샷. 얼굴 자세히 안 보이고 앞 액자에 가려져 봉이 못 보는 설정)

플래시 컷/ 다리 위, 비 홀딱 맞은 채 줄에 묶여있던 강아지. (11부 #52)

봉이 (중학생 소년과 놀고 있는 어린 강아지 사진/E) 맞는 거 같은데‥ 그 강아지‥

지은	(사진 보고 있는 봉이 보며 당황한) 밥 다 됐어요. 얼른 와요.
봉이	네. (일어나 식탁에 앉는)
지은	(된장찌개 냄비 들고 와 테이블 위에 올려놓고) 혼자라 찬이 별로 없네요‥
봉이	우와‥ 누가 차려주는 집밥 오랜만이에요. (맛있게 먹다 조심스레 묻는) 지난번에 아드님이 복실이 다리 밑에서 주워왔다고 했잖아요. 혹시 거기가‥?
지은	아‥ 안신동 다리요‥ 오래 전에 잠깐 안신동에 살았었거든요‥
봉이	(허‥) 그때가‥ 혹시‥ (조심스레) 동네에 무슨 사고 있었던 때‥ 아닌가요‥?
지은	(머뭇) 어, 맞아요‥ 강덕수 사건‥ 근데 그걸 어떻게‥
봉이	(이상한 거실 티비장 쪽 돌아보며) 저 아이가 그 아드님? 근데 아드님은 지금‥
지은	아‥ (당황하며) 그게‥ 먼저 갔어요‥ 사고로‥
봉이	아‥

S#78   지은의 집 앞 + 거실/ 저녁

봉이 인사하고 가면 지은 후다닥 들어와 사진액자들(중학교 때/ 고등학교 때 모두) 치우는.

S#79   무진청 현관 앞/ 저녁

무치	(나오며) 무슨 일인데?
봉이	그때요‥ 그날‥ 아저씨가 나 발견해서 병원까지 업고 뛴 거 아니었어요?
무치	내가 업고 병원까지 뛴 건 맞는데‥ 내가 발견한 게 아니고‥ 신고가 들어왔어.

S#80   과거. 안신동 파출소/ 무치의 회상/ 새벽

무치	(전화 받는) 네. 안신동 파출소‥
중딩요한	(F/다급한) 여기 안신동 다리 밑에‥ 빨리 빨리 좀 와주세요. 빨리요!

S#81　과거. 다리 인근/ 무치의 회상/ 새벽

뛰어오던 무치. 저만치서 중학생 요한, 와이셔츠 차림으로, 등에 아이 업은 채 뛰어오는 것 보는.(*교복 자킷으로 아이 덮어준, 명찰 없음, 재훈의 중학교 교복과 다름) 뛰어가 받아 업는 무치.

S#82　과거. 병원/ 무치의 회상/ 새벽

어린 봉이 업고 뛰어온 무치. 뒤따라 뛰어오는 중학생 요한.
/무치, 응급실에 봉이 내려놓고 나오면 어느새 요한 없다. 두리번거리는데, 간호사 나와 무치에게 중학교 교복 넘겨준다. 받는 무치, 확인하면 명찰 없다.

S#83　현재. 무진청 현관 앞/ 저녁

무치	니 할머니랑 그 교복 들고 그 학교까지 찾아갔었어. 근데 아무도 자기라고 나서지 않더라고‥ 결국 못 찾았지. 뭐 근데 갑자기 그건 왜…?
봉이	그 학생‥ 엄마 만났어요. 아주 우연히‥
무치	(눈 동그래지며) 그래? 이야. 인연이다…
봉이	죽었…대요. 그 학생.
무치	죽어? 아‥ 어쩌다… (하는데 무치 핸드폰 울리는 받는)
신형사	(F) 선배. 찾았어요. 그 대포차 15이 3787!!
무치	그래? 뭐? 알았어. (끊고) 먼저 좀 갈게. (후다닥 뛰어가는)
봉이	(멍한 표정으로 서 있는)

S#84　대포차 발견 현장/ 저녁

차 안, 미니 드림캐쳐 달랑거리고, 운전석 뒤로 젖혀진 채 오즈맨(오즈1) 사망한 상태다. 충격 받은 듯 멍하니 서 있는 이형사, 죽은 오즈1 보다 차 앞에 대롱거리는 드림캐쳐 슬픈 눈으로 보는데‥ 끼익 서는 무치 차 보고 얼른 가는. 차에서 내려 오즈1 보는 무치. 신분증 보이고. 오즈 상태와 그 옆, 번개탄 보는데‥

경찰 신분증과 핸드폰을 소지하지 않아서 지문 채취했습니다.

무치 신원 파악되면 연락 줘. (앞 유리창 쪽 살피면 블박 있었던 흔적 미세하게 남아 있는) 통째로 블랙박스를 떼갔어…? 자살이 아니야. 자살 당한 거야… (하다 문득 핸드폰 꺼내 새벽에 전화 왔던 번호로 콜백 해보지만, 전원이 꺼져… 끄고 신형사에게 전화하는) 어 낙하산. 내가 번호 하나 보낼 테니까, 확인해 주고 기지국도. 오케. (번호 보내고)

차 안 샅샅이 살피다 가려는데, 문득 차 쪽 돌아보면 차 유리 앞에 달랑거리는 드림캐쳐.

무치 자기 차도 아니고… 대포차에 저런 사적인 물건을 걸어놔…? (뭔가 이상한)

다시 가 드림캐쳐 살피다 만져보면 뭔가 만져지는. 뜯어서 실 풀어 해체하면, 그 안에 초소형 블루투스 메모리 칩이 나온다.

무치 저장장치가 두 개라‥ 똑똑한 친구네. 만약을 대비해 보험을 들어놨다 이거지? (눈빛 반짝)

S#85 지은의 집 거실/ 오전

지은 (놀란 얼굴로) 작가님이… 그 아이라구요?

봉이 네. 경찰서 가서 확인하고 오는 길이에요. 아주머니 아드님이 죽어가는 절 발견하고 신고하고 업고 뛰었대요. 아드님이 절 살려준‥ 생명의 은인이에요.

지은 (놀란 울컥) 우리 아이가‥ 그랬군요… 나한테 전혀 얘길 안 해서… 상상도 못했어요.

봉이 (꾸벅) 감사합니다. 진즉 인사드렸어야 했는데‥ 직접 고마웠단 말 전하고 싶은데‥

지은   (눈물 그렁이는) 그랬군요‥ 우리 아이가… 그런 아인데‥ 그렇게 착한 아
           인데‥ (눈물 훔치는)

봉이, 그런 지은 보다 문득 TV장 어느새 복실이와 찍은 요한 사진 액자 등 치워지고
없는. 어? 하는 표정으로 쓱 둘러보지만 어디에도 사진은 없다.

S#86   지은의 집 현관 앞/ 오전

봉이   (나오며 갸웃하는) 그새 사진을‥ 왜 치웠지‥? (뭔가 찜찜한)

플래시 컷/ 후다닥 사진 액자 내리던 지은. (13부 #48)

봉이   그때도 치웠어‥ 왜 자꾸 아들 사진을 치우지…? (갸웃하다 생각난)

플래시 컷/ 담벼락에 페인트칠하며 눈물짓던 지은. (13부 #47)

봉이   무슨 일이길래‥ 무슨 사연이 있는 거 같은데… 하 궁금해 죽겠네…

S#87   지은의 옛날 집/ 낮

버스에서 내리는 봉이. 두리번거리며 오는.

봉이   집이 이 근처였는데… (하다 저만치 지은의 옛집 발견하고) 아, 저 집이다.

봉이, 집 앞으로 걸어오면, 여전히 담벼락 앞 지저분한. 담벼락 앞에 서서 가만 보는
봉이. 담벼락 낙서 지운 흔적 있고, 페인트 덧칠한 부분은 빗물 등에 씻겨 군데군데
지워져 있다.

봉이   (어렴풋이 보이는 낙서 보는) 살인마…?

쩜쩜한, 살인마라는 글씨 옆 희미해진 덧칠 페인트, 손수건에 물 적셔서 슬쩍 닦아보는데, 닦이는. 물러서 보는 봉이, 순간 헉!!! 벽에 선명하게 드러난 글씨·· **살인마 성요한의 집!**

S#88   홍주네 집 + 모니터 화면/ 낮

책상에 앉아서 모니터 화면 보는. 모니터 속 수호의 인터뷰 내용 나오고··

수호母   이제 괜찮아요. 저 이제 씩씩하게 살고 있어요. 밥도 잘 먹고. 다 그 분 때문이에요.

홍주(E)   그 분···이요··?

수호母   (카메라 보며) 저에게 살 의지를 준 고마운 분··· 성요한 선생입니다.

S#89   지은의 옛날 집 담벼락 앞/ 낮

멍한 표정으로 살인마 성요한의 집! 낙서 보고 있는 봉이.

봉이   성요한이 내 생명의 은인이라고···? 날 구해준 생명의 은인이, 다친 개를 데려다 키우는 사람이··· 우리 할머닐··· 그렇게 만든 살인마라고··? (이해가 안 되는) 싸이코 패스라더니 연기를 한 거야? (애써 이해하려는) 그래 착한 적 연기할 수 있지·· 뭐·· (하며 생각에 잠기는)

S#90   과거. 거리 일각/ 봉이의 회상/ 새벽

중학생 요한 등에 업힌 채 의식 잃어가는 봉이. (교복 덮인) 목소리 아득하게 들려온다.

요한   (헉헉대는 숨소리와 함께/ E) 죽지 마. 제발·· 정신 차려. 죽으면 안 돼·· 가족을 생각하고 버텨. 니가 죽으면 슬퍼할 니 가족을 생각해··

봉이   (까무룩 의식 잃어가며) 할무니… 할무니‥

S#91   지은의 옛날 집 담벼락 앞/ 낮

봉이   (고개 젓는) 그건 연기가 아니었어‥ 진심이야! 진짜였다고. 어떻게 싸이
         코패스가 그래? 말이 안 되잖아‥
플래시 컷/ 시간이 지나면 지날수록 점점 더‥ 그 선생이 아니라는 생각이 들었어
요‥ (16부 #78)

봉이   마, 말도 안 돼‥ 명백한 증거가 있는데‥ 우리 오빨 죽일려고 했는데‥
         망치로 내려쳤잖아. (하다 문득) 아니면‥ 성요한이 범인이 아니면… 그
         럼 울 할머니 살해한 놈은… 누군데…?

S#92   구령초등학교 교문 앞/ 낮

바름, 구령초등학교 앞에 서 있다.

S#93   무진청 증거보관팀 사무실/ 낮

무치   (통화하며 들어오는) 대포폰? 기지국이 용자동으로 뜬단 말이지… (끊고)
         맞네. 나한테 전화하려다 죽임을 당한 거야… (컴퓨터에 칩 꽂으면, 화면 열
         리는, 잠시 보는데) 어? (황당한)

화면 속/ 집에서 뛰쳐나오는 바름의 모습(강덕수 죽인 날, 죽이러 나가는 모습) 보인다.

S#94   구령초등학교 교무실/ 낮

교감	여 ???네요. (생활기록부 주면)
바름	(받아 넘기다 시선 멈추는. 아이 사진 붙어있는데, 소년X다. 4학년 1반 성요한 써 있다) 그때 그·· 내 손을 치료해준 아이가 성요한이었어…
교감	그놈 그거, 어렸을 때는 공부도 잘하고 그러더니… 어쩌다가·· 참 사람 속 모를 일이에요··

바름, 말없이 생활기록부 요한 담임 평가란에 아이큐 164·· 뛰어난 지능. 착하고 친화력. 리더십도 뛰어남. 그 옆에 약간의 강박을 보임. 이라고 쓰여 있다.

바름	강박··? 이게 뭐죠?
교감	(보다) 글쎄… 웬만하면 이런 말 안 쓸 텐데… 공부 잘하는 애들한텐 좋은 말만 쓰는데··
바름	혹시·· 이때 성요한 담임선생님은·· 아직 이 학교에 계시나요··?

S#95 무진청 증거보관팀 사무실/ 낮

블랙박스 화면 계속해서 보는 무치. 내내 바름의 이동 동선들만 찍혀있다.

무치	뭐지? 계속 정순경만 따라다녔어··? (계속 보다) 어? 여긴 봉이 동네 다리 근천데·· (보는데)

블랙박스에 보이는 검은 가방 들고 걸어가는 우비 입은 사내. 바름이다!

무치	뭐야…? 이게·· (놀래 보다 서서히 충격 받은 눈빛이 되는!)

S#96 구령초등학교 과학실/ 낮

바름, 노크하고 들어가면, 텅 빈 과학실 한쪽에 흰 쥐들이 철망에 있다. 뭔가 싶어 보는데.

교사	(E) 누구··
바름	(돌아보며) 아, 안녕하세요? 성요한 담임이셨다고…
교사	(성요한이란 단어에 정색하며) 바빠요. 과학반 애들 경진대회 준비하느라 바쁘다구요.
바름	(신분증 내밀며) 한 가지만 물을게요. 이 생활기록부에 이건 뭔가요? 강박 이라뇨··?
교사	(보고는) 아·· 이건 요한이가 누가 자꾸 자길 따라다니는 거 같다고… 계속 그런 얘기를 했어요. 그래서 상담 치료도 받고 했는데··
바름	(E) 성요한도 나처럼 어릴 때부터 누가 따라다닌 거야…. 나랑 같은 신세 였어.
교사	애들 올 시간이에요. 그만 가보세요.
바름	아. 네. 감사합니다. (나가려다 문득 철망 속 찍찍거리는 쥐 보며) 근데 저 쥐 들은 뭐예요?
교사	아, 과학부 애들 경진대회 출전할 때 쓰일 실험쥔데… (그 뒤로는 웡웡거리 는··) 단백질과 탄수화물을 나눠 먹여서…
바름	(실험쥔데·· 뒤로는 웡웡웡 소리 들리는) 네? 뭐라구요? (하며 교사 보는 위로)

플래시 컷/

요한	(슬픈 눈빛으로 바름 보며 힘겹게 입 들썩이는) 우, 우리는… (6부 #109-1)

S#97   무진청 증거보관팀 사무실/ 낮 (다 좀 떨어진 데서 촬영된)

화면 컷!컷!컷!/ 강하류/ 가방에서 우비 빼 들고 강 하류 쪽으로 걸어가는 바름.
무진구치소 앞/ 바름 차에서 내리는.
김병태 집 근처/ 두리번거리며 집에서 백팩 메고 나오는 바름!

무치	이 자식이 왜… 강덕수, 이재식, 김병태 사건 현장에 다…??? 허·· 정바 름…!!!!! 이 새끼였어?!!!

S#98   구령초등학교 과학실/ 낮

바름   (귀에 교사의 말이 웅웅 울리고) 뭐‥라구요? (하며 교사 보는 위로)

플래시 컷/

요한   (슬픈 눈빛으로 바름 보며 힘겹게 입 들썩이는) 우, 우리는… (6부 #109-1)

교사   (입 모양 위로 요한 목소리 얹혀지는) 실험쥐‥

요한   (E) 실험쥐야….

바름   실험쥐…? (멍한) 우리가 실험쥐라고??

the END

S#1 프롤로그 (구동 골목 끝집 4부 #2 + 요한의 집 지하실 + 황금들판 11부 #1)/ 밤

스르륵 주저앉는 봉이할매 배에 꽂혀있는 쇠꼬챙이. 봉이할매, 몸 이미 피로 홍건하다. 고꾸라지듯 쓰러지는 봉이할매.

요한   (E) 가끔은 예기치 않던 사냥을 나설 때가 있다. 이 운 없는 늙은이는 보
            지 말았어야 할 것을 보아 버렸고… 피치 않게, 나의 사냥감이 되었다.

배에 꼬챙이 꽂힌 채 죽어있는 할머니 모습(실사) 그대로 다이어리 속 디테일하게 묘
사된 그림으로 디졸브되고,(*더 폴 일기장 참고) 그 옆 깨알같이 빼곡이 살인 소감 등
적혀있다.

요한   (읽는) 자고로 사냥감은 숨골이 끊어지기 전까지 그악스럽게 반항을 해줘
            야 한다. 하지만, 이 사냥감은 반항할 힘조차 없어 보인다. 하여, 이번 사
            냥은 시시하고, 영 재미가 없다…

허… 충격에 멍한 요한. 차마 다 읽지 못하고 일기장 덮으려다 문득 앞쪽 어느 페이
지에 그려진 그림 보고 멈칫. 다시 그 페이지 펼쳐보면 들판에 서서 한 아이의 다친

손을 치료해주는 다른 아이가 있는 풍경이다. (11부 프롤로그 상황)

요한   (그림 아래 써 놓은 재훈의 글씨 읽는) 왜 나는 이런 아이로 태어나지 못했을까…

어느새 일기장 속 그림, 11부 #1 실사가 되어 서 있는 재훈과 어린 요한. (소년X)

어린요한   (재훈 상처 난 손 잘 묶어주고) 됐다. (재훈 보며 미소 짓는)

재훈, 요한의 눈부신 미소 바라보는 위로.

재훈   (E) 나… 이 아이처럼 되고 싶어… 이 아이가… 되고 싶어…

낡은 일기장 덮는 요한. 표지 하단에 정재훈 이름 위로 줄 그어져있고 정바름 쓰어있다.

마 우 스

탕!!! 총소리와 함께 화면 밝아지면…

S#2   과거. 구동 바름의 집 옥상 (6부 #109-1)/ 바름의 시선/ 밤

얼굴 피 범벅된 채 끄억거리며 눈 까무룩 감기는 바름 시선에, 복부에 피 꿀럭이며
죽어가는 요한이 슬픈 눈빛으로 자신을 바라보며 힘겹게 입 들썩이는.

요한   우, 우리는… 실험쥐야…

S#3   현재. 구령초등학교 과학실/ 낮 (17부 #98 이어)

바름   실험쥐…? (멍한) 우리가 실험쥐라고??

S#4   지은의 옛날 집 담벼락 앞/ 낮 (17부 #87 이어)

살인마 성요한의 집! 드러난 낙서 보고 서 있는 봉이, 곰곰 생각하는.

봉이   성요한이 범인이 아니면… 그럼 울 할머니 살해한 놈은… 누군데…? 에
          이 말도 안 돼…

부정하지만 찜찜한. 안 되겠는지 핸드폰 꺼내 무치에게 전화하는데 받지 않는.

S#5   바름의 집 거실/ 낮

대니얼   (불안한 듯 서성거리며 누군가와 통화 중인) 제니퍼 사진을 두고 왔어. 정바
          름이 찾으러 간다고 했는데 놈들이 먼저 찾기라도 하면… (하다)

문득! 진열장에 바름 안은 희정 사진 액자 들어 자세히 보는. 뭔가 이상한 듯 갸웃
하다 제자리에 놓으려는데, 액자 바닥에 떨어지고 깨지며 사진 분리된다. 당황해서
"잠시만…" 핸드폰 바닥에 놓고 사진 줍다 놀라는 대니얼!(*사진은 안 보여주고) 문 열
리는 소리에 보면!

대니얼   (바름 들어오는 것 보고, 당황해 일어나며) 사진은? 찾았어?
바름   (그런 대니얼 빤히 보며) 왜요? 그 사진, 누가 보면 안 되는 사람이라도 있나
          <u>보죠?</u>
대니얼   어? (당황하는)
바름   (소파에 앉으며) 어느 날 발신불명의 문자 한 통을 받았어요.
대니얼   문자?
바름   (그런 대니얼 쏘아 보는 위로) 엄마! 재민이! 계부!

S#6   과거. 구동파출소 외경 + 구동파출소 내부/ 이하 바름의 회상/ 밤

불 꺼진 컴컴한 파출소 안. 바름 혼자 남아 컴퓨터 앞에서 경찰 자료 검색 중이다.

바름   (E) 내 가족이 당한 그대로 갚아줄 거라 결심하고 그 날 이후 그 놈만 찾
          아다녔어요.

전과자들 사진들(명단) 한 명 한 명 꼼꼼히 살펴보는 차가운 눈빛의 바름.

바름   (E) 놈을 찾는데 가장 유리한 직업이 뭘까 고민하다, 경찰이 됐죠.

바름   (넘기고 또 넘기고 다 보고나서) 전과자는 아닌가? 주먹이 예사롭지 않았는
          데… (막막한데)

딩동 문자 소리에 핸드폰 들어 보면, 문자에 송수호 이름과 주소 적혀있다. (17부 #1
문자)

S#7   과거. 체육관 내부/ 밤 (17부 #2)

끼익 문 열리면, 시선에 대걸레로 바닥 밀고 있는 추리닝 차림의 송수호 모습 보인다.
돌아보는 송수호 보는 바름, 찾았다! 싶은. 눈빛 반짝이는.

바름   (E) 한 눈에 알아보겠더라구요.

휘발유 뒤집어 쓴 채 묶여있는 송수호. 라이터 확 던지고 칼 꽂는 바름 위로…

바름   (E) 그 날 이후, 애써 억눌러왔던 내 살인본능이 터져버렸죠.

현재/

바름	이식 수술 후, 성요한의 전두엽 덕에 잠잠했던 살인본능이 다시 터지는 계기가 있었어요. 내 살인을 그대로 모방한 사건현장!!

플래시 컷 컷! /김진아 소사체. 손가락 꺾여 있고, 에 빨간 락카로 그린 십자가. (10부 #49)
/미미 시체에 걸린 펜던트! 열린 펜던트 안에 무치 가족사진. 허억!! 놀라는. (10부 #54)
/바닥에 누운 바름의 시선에, 가운에 덜렁덜렁 채워져 있는 봉이할매 브로치! (10부 #54)

현재/

바름	우형철이 꾸민 게 아니라, 우형철이 현장을 떠난 후, 누군가 그곳에 가짜 브로치와 목걸이 그리고 제가 범인에게서 맡았다고 진술했었던 민트 향까지 세팅해놓은 거죠.

플래시 컷/ 우형철의 목 조르는 바름. 눈앞에 축 늘어진 형철. (10부 #101)

바름	(E)결국, 난 우형철을 죽였고, 또 다시 살인본능이 깨어났어요.
/바름	(대니얼 날카롭게 보며) 누굴까요?
대니얼	…
바름	대체 누가 나한테 송수호 주소를 보냈을까요? 누가 우형철의 살해 현장을 꾸며놨을까요?
대니얼	(시선 외면하며) 글쎄…
바름	트리거!!!
대니얼	(흠칫!)
바름	내 살인 본능에 방아쇠를 당긴 거예요. 죽이도록 먹잇감을 던져준 거죠! (사이) 그렇게 해서 그들이 얻는 게 뭘까요?
대니얼	…
바름	(서늘하게 보며) 그들은 첨부터 내가 프레데터 유전자를 갖고 태어난 걸 알고 있었던 거야.
대니얼	(흠칫!)
바름	성요한이 죽기 전 나한테 했던 말이 기억났어! (다가가) 우리는… 실험쥐였대…

대니얼	(긴장한 얼굴로 침 꿀꺽 삼키는)
바름	그들이 첨부터 나랑 성요한이 싸이코패스 유전자라는 걸 알고 있었다면… 당신도 이 실험과 아주 밀접하게 연관되어 있어!
대니얼	모, 모르는 일이야.
바름	모른다고? (뒤춤에서 일기장과 요한 대포폰 꺼낸다) 그럼 내 일기장이! 당신과 수십 차례 통화한 성요한 대포폰이! 왜 당신 트렁크에 들어있는 지 설명해봐.
대니얼	(아차! 싶은)
바름	(대니얼 목 콱 잡으며) 첨부터 다 알고 있었지? 성요한이 아니라, 나라는 걸!
대니얼	(얼굴 시뻘게진 채 끅끅대며) 그래. 다 알고 있었어.
바름	(허!)

S#8   무진청 증거보관팀 사무실/ 낮

모니터 화면 속/ 트렁크에서 가방 메고 트렁크 닫고 스패너 든 채 (다리 쪽)으로 가는 바름. 충격 받은 얼굴로 멍하니 앉아있는 무치 위로…

플래시 컷/ 유나네 집 안/ 낮 (12부 #72)
신형사	걱정할 필요 하나 없어. 경찰 아저씨들이 지켜줄 거니까…
유나	경찰 아저씨요? (고개 절레절레)

무치	그래… 경찰이라고 하니까 입을 꾹 다물었어!

벌떡 일어나 나가려다 블박 메모리카드 확 뽑아 주머니에 넣고 나간다.

S#9   유나의 새집 앞/ 낮

무치, 대문 앞에서 기웃거리고 있는데 마침 책가방 메고 집에 오는 유나. 무치 보고 멈칫!

무치	유나야. 아저씨 기억나?
유나	(달갑지 않은 표정으로 끄덕)
무치	(핸드폰에서 바름 사진 보여주며) 그때 나랑 같이 온 경찰 아저씨 기억나지?
유나	(순간 눈동자 흔들리는)
무치	(유나 반응 캐치하는) 그때 이 아저씨가 있어서 말 못한 거지? 이 아저씨… 야? (눈치 보면)
유나	(야무지게) 아니에요! 이 아저씨 아니라구요! (문 쾅 닫고 들어가는)
무치	(닫힌 문 보는 위로 확신하는) 못 봤다더니… 이젠 아니라고? 정바름을 감춰 주는 거야… (분노와 배신감으로 표정 일그러지는) 정바름 이 새끼!!!

S#10   바름의 집 거실/ 낮

바름	(독기서린 눈빛으로 대니얼 보고 있는)
대니얼	(앉아 차분히) 최피디가 인터뷰 요청을 해왔어. 한국에서 싸이코패스 범죄로 추정되는 연쇄살인이 발생했다고. 그 두 태아 중 한 명이 아닐까… 불안한 맘에 급히 한국에 들어왔지.

S#11   과거. 구령경찰서/ 대니얼의 회상/ 밤 (비하인드 추가 3부 #1)

사진 속 세 구의 시신 있는 사진 보는 대니얼 위로…

형사	(E) 비공식적으로 애한테 거짓말 탐지 검사까지 해봤거든요. 근데 이상 없드라구요.

다음 사진 넘겨보면 두 구는 성인의 시신. (불에 타다만 희정과 계부)
한 구는 형체 알아볼 수 없는 재민 시신 그 위로…

대니얼	(E) 난 그때 니가 니 가족을 죽였다고 생각했어. 그래서 니가 프레데터라고 확신했지. 혹시 몰라 또 다른 아이도 수소문했는데…

S#12   과거. 무진병원 응급센터 복도 + 안/ 요한의 시선/ 낮 (3부 #10-1)

처치 끝나고 나오는 요한, 홍주에게 잠바 덮어주는 무치 모습 보는 순간, 요한의 눈빛에 질투심이 서린다. 대니얼 그런 요한의 질투심 가득한 눈빛 놓치지 않고 본다.

대니얼   (E) 그 아이 눈빛엔 질투가 가득했어.

현재/

대니얼   싸이코패스는 절대 느낄 수 없는 감정의 눈빛! 그때 알았어. 성요한은 아니라는 걸!
바름   (보는)
대니얼   어떻게든 니 살인을 막아야 했어. 넌 폭주하고 있었으니까. 고민 끝에 성요한에게 연락했어. 그때 난 믿을 수 있는, 누군가의 도움이 간절히 필요했으니까.

과거/ 놀이동산 대관람차 안/ 밤 (대관람차 추가 대본)
관람차 안에 앉아있는 대니얼. 갑자기 관람차 움직이자 내리려는데 들어와 대니얼 찌르는 사내! 속수무책으로 당하는 대니얼. 관람차 한 바퀴 돌아 지상으로 내려오자, 뛰어 들어오는 요한! 대니얼 찌르고 있는 사내 허리 잡고 몸싸움 벌인다. 사내, 대니얼 찌르던 칼 바닥에 놓치고 요한 제압하며, 요한 몸 위에 올라타 목 조르는. 그때, 피 흘리며 죽어가던 대니얼, 바닥에 떨어진 칼 집어 힘겹게 일어나 요한 몸에 올라타 목 조르는 사내 목에 꽂는다! 순간 사내 목에서 뿜어나는 피, 요한 얼굴위로 팍!!! 튀며 요한 얼굴 피칠갑 되는… 자신 덮치며 쓰러지는 사내 후다닥 옆으로 밀치고 보면, 대니얼 죽어가고 있다.

요한   바, 박사님!!!! (다급히 핸드폰 꺼내 119에 전화하려는데)
대니얼   (막는) 안 돼. 병원은…. (끅끅대며) 날 죽일 거야… 자네도…
요한   네? 누, 누가…?
대니얼   일단 저 사람부터 처리해야 돼. 지금 시체가 발견되면 안 돼…
요한   (돌아보며 죽어있는 사내의 시체 보고) 누, 누구길래…? 박사님을… (돌아보면 죽어가는 사내. 손목에 드러난 복숭아뼈에 오즈 타투 보이는!)

대니얼   (오즈 보고 있는 요한 잡으며) 지금부터 내 얘기 잘 들어….

현재/

대니얼   그때 성요한에게 모든 이야기를 다 해줬어. 그래서 성요한이 날 돕기로
         한 거야.

플래시 컷/ 요한의 집 지하실. 침대 위에 대니얼 눕혀 치료하는 요한.

대니얼   (E) 성요한 집 지하실에서 치료받다, 그 폐병원으로 옮겨진 거고…

/바름   날 감쪽같이 속이고 이용했어…
대니얼   미안해… 찾아가서 난 말렸어. 널 그렇게까지 실험할 줄은…

S#13   과거. 누군가의 차 안 (대니얼 얼굴만 컷컷컷!!!)/ 낮

대니얼   그런데 왜 그냥 두는 거야? 살인의 낌새가 보이면 바로 터트리기로 했잖아.
         그리고 법안을 재상정한다고 했잖아. 왜 약속이 틀려? /한 명도 아니고,
         지금 몇 명이 죽어 나가고 있어. 그걸 지켜보고 있었다고? /미쳤어. 당장
         멈춰! 당장! 지금 그 아이는 폭주하고 있다고. 내가 가만 있을 거 같아?
         (휙 일어나 가는)

현재/

바름   (분노 가득한 눈빛으로 대니얼 목 꽉 잡으며) 누구야? 누구냐고!!! 말해!!!! 말
        하라구!!!!

딩동! 초인종에 돌아보면 인터폰에 홍주 보인다. 무슨 일이지? 싶다, 이내 무시하고
대니얼 향해, "말하라구! 말해!" 하는데 계속 초인종 울리는! 바름, 신경 거슬리는지

다시 돌아보는.

S#14   바름의 집 대문 앞/ 낮

문 열리고. 바름 나오면 홍주 서 있다.

바름   (애써 표정 감추며) 웬일로…
홍주   부탁할 게 있는데… 전화로 하면 거절할 거 같아서…
바름   집에 손님이 계셔서요… 나중에요. (들어가려는데)
홍주   (잡는) 잠깐이면 돼. 인터뷰 좀 해줘. 정순경.
바름   (돌아보며) 무슨… 인터뷰요?

인서트/ 손(뒤로 묶인) 발 묶인 대니얼. 힘겹게 진열장까지 가서 깨진 액자 유리 힘겹게 집는.

바름   (의아한) 무진연쇄살인사건이요?
홍주   응. 피해 당사자 중 생존자는 정순경 뿐이라… 꼭 인터뷰 담고 싶어… 당시 상황을 기억해서.
바름   (쓸쓸한) 곧, 다 얘기할 겁니다. 지금은 아니에요. (문 쾅 닫고 들어가는)

S#15   바름의 집 거실 + 대니얼 기거 다락방/ 낮

들어오면, 진열장 앞 잘려진 끈과 (끈 잘라낸)피 묻은 유리조각! 아씨! 바름, 다급히 2층으로 뛰어 올라가면 2층 창문 열려 있다.

S#16   골목 + 큰길/ 낮

정신없이 뛰어나오며 두리번거리는 바름, 큰길까지 나오지만 대니얼 보이지 않는다.

바름	으아악!!! (분해서 어쩔 줄 몰라 하는데 전화 오는 신형사다. 받으면)
신형사	(F) 왜 이렇게 전화를 안 받아?

S#17 홍주의 차 안/ 낮

홍주	(운전하며, 백미러로 통화하며 뒤돌아 가는 바름 보며) 갔어요. (하면)

순간 뒷좌석에서 쓱 일어나는! 대니얼이다. (손에 핸드폰 들고 있는)

홍주	핸드폰을 켜두셔서 다행이었죠. 일단 저희 집으로 가시죠. 지낼 덴 좀 알아볼게요.
대니얼	(초조한) 그보다 사진 가져와야 해. 제니퍼 사진.
홍주	제가 나중에 찾아올 테니까 일단…
대니얼	당장 찾아야 돼. 그 사진이 놈들 손에 들어가면 내가 살아있다는 걸 알게 될 거야…
홍주	알겠어요. 거기부터 들르죠. (핸들 꺾는데)
대니얼	그리고… 최피디가 꼭 알아야 할 사실이 있어.
홍주	(백미러로 심각한 표정의 대니얼 보며) 뭔데요?

S#18 무진청 인근 + 정문 앞/ 낮

버스에서 내리는 봉이. 걸어가며 무치에게 다시 전화하는데 여전히 받지 않는.

봉이	왜 계속 전화를 받아? 아저씬? 바쁜가? (무진청 안으로 들어가려는데)

현관 안으로 달려 들어가는 바름 뒷모습 발견하는. 그 모습 보는 봉이의 슬픈 눈빛.

S#19 무진청 로비/ 낮

씩씩거리며 들어가고 있는 무치. 바름, 들어가는 무치 발견하고!

바름   고형사님!
무치   (뒤돌아보면)
바름   (다급히 무치에게 달려가며) 그 놈 차 찾았다면서요? (하는데)

펙!!! 바름 얼굴에 날아오는 무치의 주먹. 쿵! 나가떨어지는 바름.
놀라 보면, 곧바로 무치, 넘어진 바름 몸 위에 올라타며 멱살 틀어쥔다.

무치   (배신감과 분노로 일그러진) 너 이 새끼!!!!! 너어!!!
바름   (놀란 눈으로) 왜, 왜 이러세요. 왜… (하는데)
무치   왜 이래? 이 가증스런 새끼! 그동안 그 순진한 얼굴로… 너 싸패지?
바름   (순간 흠칫! 이내 표정 바꾸며) 무슨 말인지. 왜 이러시는데요…?
무치   (바름 얼굴에 주먹질하기 시작하는) 왜 이러는진 니가 잘 알 거 아냐, 새꺄! 넌 빼박이야! (뛰어와 말리는 직원들 뿌리치며) 놔! 이거! 놔! (바름 계속 구타하는)

민원인들 핸드폰 꺼내 사진 찍으면 일부 직원 못 찍게 가리고, 일부는 두 사람 떼어내려 안간힘 쓰지만, 눈 돌아간 무치 쉽게 떼어 내지 못하는데…
로비 들어오던 봉이. 누군가에게 무차별적으로 얻어맞는 바름 발견하고. 헉!!!

봉이   저, 저!!! 어떤 새끼가!! 야!!!!! (소리 지르며 달려가, 바름 때리는 무치 등에 올라타서 엎어치며 기술 건 뒤, 다리로 무치 목 끼고 힘껏 조르는)
바름   (놀라 보는) 보, 봉이야…
무치   놔! 놔!
봉이   니가 뭔데 우리 오빨 때려!!! 이 깡패새… (하다) 어? 아저씨? (순간 조르던 다리 힘 풀리고)
무치   (확 밀치며) 비켜! (다시 넘어져 있는 바름 멱살 잡고 주먹 쳐들며) 거짓말 할 생각 마. 이 새꺄! 이 가증스런 새끼!! 니가 사람 죽/ (하다, 뭔 일인가 싶어 멍하니 앉아있는 봉이 의식하고 멈칫… 말 못하고) 따라와, 새꺄. (하고 바름 목덜미 잡고 질질 끌고 가는데)

봉이	(무치 확 잡으며) 왜 그러는 거예요!!! 울 오빠가 뭘 잘못했길래!! 대체 왜 이래요!!!
무치	놔!!! 오봉이! 놓으라고!!!
봉이	(무치 잡으며) 설마 나 땜에 그래요? 오빠가 나 찼다고?
무치	(미치겠는) 그런 거 아냐. 놔!! 놓으라고!!! (확 밀치고 바름 질질 끌고 가면)
봉이	하지 말라고!!!!

달려들어 무치 잡고 안 놓는 봉이. 와중에 무치도 바름 놓지 않으며 세 사람 뒤엉켜 난리인. 경찰들 달려와 세 사람 뜯어말리는데. 순간 봉이 손, 무치에게서 떨어지자, 경찰들 봉이 붙드는! 그 틈에 무치, 옆 휴게실로 바름 끌고 들어가 문 잠가버리는. 경찰들과 실랑이하느라 못 본 봉이. 문 잠기자 문 열어! 문!!! 문 두드리고 경찰들도 고 무치! 문 열어!

S#20   무진청 휴게실/ 낮

문 열어! 고무치! 쾅쾅거리며 소리 지르는 봉이 목소리. 열쇠 가져오라고 소리치는 형사들 목소리 들리고… 넘어져 있는 바름 앞에 무치 씩씩거리며 서 있다.

바름	(불안한) 왜 그러시는 거예요… 이유를 알아야/
무치	(총 꺼내 바름 머리에 콱 박으며) 니가 다 죽였잖아!!! 강덕수! 이재식! 김병태!
바름	(흠칫… 이내 하아… 담담하게 눈 감는)
무치	(바름 반응에 철렁!) 왜 아니라고 안 해? 맞아? 니가 다 죽인 거?

문 쾅 열리며 들어온 호남, 강, 신, 이형사, 봉이! 바름 머리에 총구 들이댄 광경 보고 경악하는! 놀라 주춤하는 순간! 봉이 몸 날려 무치 총 뺏으려는데. 놔! 봉이 뿌리치려는 그때 총 든 무치 손 꽉 물어뜯는 봉이. 악!! 총 놓치자 형사들 뛰어와 무치와 바름 분리시키려는데.

무치	(발악하며) 놔! 저 새끼 내 손으로 죽여 버릴 거야!

무치 강하게 저항하면, 봉이 그 와중에 미쳤어 이 인간!! 하며 무치 머리채 잡고 난리 나고, 그런 무치와 봉이 제압하느라 형사들 난리통이다. 죽자 사자 바름 죽인다고 달려드는 무치. 봉이, 자신을 무치에게서 떼어 내려는 경찰들 발로 차고 밀치는 와중에, 무치 막으려다 봉이에 맞아 넘어지며 테이블에 부딪혀 이마 찢어지는 호남! 발악하는 무치 붙들던 강, 신, 이형사! 정신없는 와중에 이형사, 무치 주머니에서 메모리카드 슬쩍 빼내는.

신형사　　(넘어져 이마 찢어진 호남 쪽으로 와서 일으키며) 괜찮으세요?

호남　　　(바름 지키느라 형사들에게 발길질하며 흥분한 봉이 보고 안 되겠는지) 체포해. 얼른.

형사1　　 (수갑 꺼내 발광하는 봉이한테 강제로 채우려하자)

봉이　　　놔! 놔! 이거 놓으라고!!! (하며)

채우려던 연 수갑 확 뿌리치는데 순간 열린 수갑 끝이 봉이 팔에 찌익 긁히며 악!! 길게 그어진 상처 사이로 피 쫙 올라오는.

바름　　　(놀라보는) 봉이야. (반사적으로 봉이 손에 수갑 채우는 형사1에게 덤비려하면)

무치　　　(먼저 형사1 멱살 잡고) 이 새끼가 너 뭐야!!! (하는데)

호남　　　(찢어진 이마 피 닦으며) 이거 안보여? 경찰 폭행. 현행범이야. 데꼬가.

봉이　　　놔! 놓으라고! (형사들에게 끌려 나가는)

무치　　　(봉이 끌려 나가는 거 확인하고서야 호남에게) 이 새끼가 죽였다고. 이 새끼 짓이야. 순진한 얼굴을 해가지고 날 속여? 이 소름 끼치는 새꺄!

호남/강형사　　(황당한 얼굴로 무슨 말인가? 보고 서 있으면)

무치　　　여기 다 있어!! 여기 증거 다 있다고!!!! (하며)

주머니에서 메모리카드 꺼내려는데 없다! 어? 당황한 무치. 떨어졌나 싶어 바닥 찾아보다, 문득 고개 들어 주변 둘러보면 이형사 보이지 않는다. 미친 듯이 뛰어나가는.

S#21　　무진청 복도/ 낮

무치　　　(뛰어나와 서서 보고 있는 직원들에게) 이민수 어디 갔어? 이민수!

S#22   무진청 화장실/ 낮

뛰어 들어오는 무치. 문 쾅쾅 열다, 잠긴 문 앞에서 쾅쾅 두드리며 "문 열어! 문 열어 새끼야!!!" 그때 변기 물 내려가는 소리와 동시에 이 형사 문 열고 나오는.

무치   (밀치고 들어가 보면 이미 물 쪼르륵 올라오는 다급히 이형사 옷 뒤지는)
이형사   (어이없는 표정으로) 아 또 왜요?
신형사   (뛰어 들어와 놀란 눈으로 그 모습 보는데)
무치   (메모리카드 나오지 않자 멱살 확 잡아채며) 너 이새끼, 일로 나와. (질질 끌고
          나가는)
신형사   서, 선배 진정 좀 해요… 제발! (말리며 따라 나가는)

S#23   무진청 의무실/ 낮

바름   (상처 치료 받으며 생각에 빠진/ E) 어떻게 안 거지? 빼박 증거가 뭐지? 지금
          은 아닌데. 치국이 죽인 그놈 찾을 때까진 시간을 벌어야해… 일단은 잡
          아떼야 돼! (결심하는데)

"아! 이거 놔요!!!" "고선배 진정 좀 하고." 밖에서 시끌시끌한 소리 들리자 바름 긴장
하고, 이형사 멱살 잡은 채 끌고 들어오는 무치. 바름에게 때려 박듯 이형사 확 내동
댕이치는. 이형사와 동시에 넘어지는 바름! (*이때 바름 주머니에서 약통 빠져 구석으로
굴러가는) 바름 일어나며, 뭐지? 싶은 얼굴로 넘어진 이형사 보는데.

무치   (씩씩대며) 아주 둘이 환상의 복식조야. 어? 죽이 척척 맞아.
바름   (무슨 말인가? 무치 보면)
무치   한 놈은 사람 죽이고 다니고, 다른 한 놈은 뒤처리 해주고 다니고? 어?
바름   (E) 뒤처리…? (이형사 휙 돌아보는!)
무치   (그런 바름 보는)
이형사   (버럭!) 아 증말! 내가 무슨 뒤처리를 해줬다 그래요?
무치   자살 당한 3787 차량 블랙박스에 있던 그 영상! 니가 쌔벼서 똥통에 흘려

보냈잖아. 새꺄!!!

바름   (헉!) 무, 무슨 영상… (하는데)

이형사   (놀라 중얼거리는) 자살 당한…?

무치   아오!!! 이 시끼들이… (양손으로 바름과 이형사 멱살 틀어잡고) 쌍으로 시침을 뚝 떼?

이형사   /아 진짜 저번부터 왜 자꾸 이래요!!! 봤어요? 어? 내가 뭐 없애는 거 봤냐고오!!!

바름   (멍한 얼굴로 이형사 돌아보는)

무치   (그런 바름 표정 캐치하고 뭔가 이상한/ E) 어? 모르는 눈치야…

이형사   (바락바락 들이대며) 말해보라구요! 내가 뭐 없애는 거 그 두 눈으로 봤냐고!!!

무치   (이형사 돌아보며) 그럼! 화장실에서 뭐 했는데!

이형사   (똑바로 무치 노려보며) 똥 누고 물 내렸습니다! 뭐 잘못 됐습니까?!!!

바름   (다시 이형사 멍한 표정으로 돌아보는/ E) 이 사람도 그놈들이랑 한패야? (하는데)

무치   뭐 이 새꺄! (멱살 잡고 주먹 날리려고 손 쳐드는데)

두석   (E/ 버럭!) 그 손 놔! 당장!

무치   (돌아보면 문 앞 두석과 뒷목 잡고 있는 호남 있다) 아니, 이 새끼들이!/

두석   (버럭!) 당장 놓으라고! 내 말 안 들려?

무치   에이씨… (이형사 잡은 멱살 확 놓는)

두석   (서 있는 강형사와 신형사 보며) 쟤들 조사실로 데려가. 당장!!! (가는)

S#24   무진청 조사실 1.2.3 (화면 분할)/ 낮

무치 분한 듯 씩씩거리며 서 있고/ 바름, 생각에 빠진 채 앉아 있고
/ 이형사, 안절부절못하며 누군가와 통화 중이다.

S#25   유치장 앞/ 낮

유치장에 갇혀있는 봉이. 쇠창살 붙들고 고래고래 소리치는.

봉이	경찰이 깡패냐!! 민중의 지팡이면 솔선수범을 보여야지. 내가 고무치 고소할거야. 씨! 지가 뭔데 울 오빠를!!! 이씨. 그 이쁜 얼굴을 묵사발을 만들어놔~~!!!!
신형사	(소독약 들고 와 내려놓고) 진정하고.
봉이	(확 뿌리치며) 놔요! 가재는 개자식편이라더니.
신형사	(잡아당기며) 놔두면 흉져요. (수갑에 긁혀 쫙 그어진 팔 흉터에 소독약 발라주면)
봉이	아흐… (쓰러하는데)
신형사	(약 발라주며 혼잣말로 중얼) 대체 뭔 소리야… 정순경이 누굴 죽였단 거야….
봉이	(순간 흠칫)
신형사	(갸우뚱) 왜 말도 안 되는 소릴 하지…? 술 마셨나? 술 냄새 안 났는데…?
봉이	(눈빛 흔들리는/ E) 어…어떻게 알았지…? 어… 어떡해… 오빠…

S#26   무진청 조사실 1.2.3 (빠르게 교차편집)/ 낮

두석	(앉아, 씩씩거리며 어찌할 바 모르는 무치 보며) 진정하고 얘기해봐. 무슨 말이야. 그게 다?
무치	아. 정바름 그 새끼가!
/바름	(담담하게) 무슨 말을 하는지 모르겠습니다.
/무치	그 블랙박스영상을 내가 챙겼는데! 이민수 그 자식이 내가 난리 치는 사이에 빼돌렸다고! 변기에 넣고 물 내렸다니까!!! 정화조 뒤지라구요! 당장!!!
/이형사	아놔, 미치겠네. 아니 화장실 가서 똥 누고 나오는데 다짜고짜 제 멱살을 잡고.
/무치	내 눈으로 똑똑히 봤다고! 정바름이! 강덕수 사건현장에서!/
/바름	강덕수 살해된 날이라면, 키우던 고양이가 새끼를 낳아서 사촌동생이랑 집에 있었습니다.
/무치	그 자식 그날 강덕수 엄마 진술서 일부러 늦게 준 거라구요. 팀장님한테!!
/이형사	깜빡하고 늦게 드린 거 뿐이라구요. 돌겠네, 증말.
/무치	그 새끼. 타투! 몸에 문신 있었는데 지웠다고!!!
/강형사	(이형사 어깨 까보면 지운 흔적 보이는)

이형사	여자친구 이니셜 새겼다가 헤어져서 지웠다고 분명히 얘기했어요!
강형사	어디야? 그 타투집?

S#27 타투샵/ 낮

주인	네. 가끔 헤나만 하고 갔었는데… 한 번은 타투를 새겨달라드라구요.
신형사	(눈빛 반짝) 어떤 타투였죠?
주인	무슨 알파벳이었는데… 오… 오… 뭐더라…
신형사	오? (눈 동그래져서) 오제트?
주인	잠시만요. 저희는 타투 새기면 기념으로 다 찍어놓거든요. 사진 좀 찾아 볼게요.
신형사	(기다리면)
주인	여깄네요. (사진 주면 OJ 타투 새겨져있는)
신형사	아… 알겠습니다. 수고하세요. (나가면)

커튼 확 젖혀지고, 와이프 목에 칼 겨누고 있는 사내 팔목 복숭아뼈 부근에 OZ 새겨진.

S#28 무진청 복도/ 낮

강형사	알았어. (전화 끊고) 여친이랑 새긴 거고, 알파벳도 오제트가 아니라 오제 이래요.
호남	그럼 그렇지. 하여튼 저 자식…
두석	(찜찜한 표정 짓는데 전화 오는) 어, 처제. 뭐? 알았어. (전화 끊고) 나 좀 가봐 야겠어…
호남	또 형수님 없어졌어요? (급히 뛰어가는 두석 보며) 아휴… 한두 번도 아니 고… (들어가는)

S#29 무진청 조사실 1/ 낮

무치	아니라구요? (갸웃하다) 그새 그 타투샵 주인 매수했나보죠!!!
호남	강형사가 그 자리에서 바로 주소 알아서 신형사 보냈어. 매수할 시간이 어딨어. 암튼 일단 들어가.
무치	들어가긴 어딜 들어가요!
호남	임마, 너 정순경 팬 거 SNS에 올라와서 난리 났어. 하필 패도 민간인, 기자들 다 보는 로비에서. 어이그! 정순경이 누구냐 국민아들이야. 그 불쌍한 애 팼다고 너 완전 국민 역적됐어. 나 이건은 카바 못 친다.
무치	역적이든 말든 상관없어요. 국민아들? 지랄한다. 아주 전국민들 개충격 받겠네.
호남	상관있어. 임마. 너 방금 청장님명으로 직위해제 당했어. 당장 업무배제 시키래.
무치	아흐 씨!!! (의자 쾅 차고 나가는)
호남	(불안한) 어디가!
무치	똥 푸러 갑니다. 직접 찾을 거라고. 그 메모리카드! (씩씩거리고 가는)

S#30　무진청 조사실 2/ 낮

바름	(안절부절 하며) 이민수도 오즈였던 거야? (생각하는 위로)
무치	(E) 자살 당한 3787 차량 블랙박스에 있던 그 영상! (#23)
바름	대체 어디까지 찍힌 거야… 그놈들 잡을 때까진 안 되는데… (하는데 문 열리는, 돌아보면)
호남	(들어와) 자네도 집에 가서 쉬고 있어.
바름	(다급히) 이형사님은요?
호남	걔도 집에 보냈어.
바름	(후다닥 뛰어나가는)

S#31　무진청 증거보관팀 사무실/ 낮

들어오는 바름. 두석 컴퓨터 모니터 아래 붙어 있는 두석 ID/PW 확인하고 바로 킥스 프로그램에 접속해, 이민수 인사기록 카드 열람한다. 포스트잇에 이형사 주소 적고 뛰어나가는.

S#32   무진청 특본팀 사무실/ 낮

들어오는 호남. 유치장 쪽 보면 봉이 심각한 얼굴로 생각에 빠진 채 앉아있다.

호남   풀어줘. (팀장실로 들어가는)
강형사   (열쇠 들고 가 문 열어주며) 어떤 이유든 경찰 폭행은 안 돼요. 알았죠?
봉이   (다급히 나오며 걱정스런 얼굴로) 오빠… 정순경은요?

S#33   홍주의 차 안 + 폐병원 인근/ 낮

수풀 우거진 안쪽 길에 차 세우는 홍주. 충격 받은 얼굴로 앉아있는.

대니얼   (그런 홍주 보며 한숨 내쉬고) 다녀올게. (내리려는데)
홍주   (정신 든 듯) 아니, 제가/
대니얼   /걱정 마. 만에 하나 잡히더라도 한 명은 남아있어야지. 그럼 최피디 자네
         야. 자네가 마무리를 져야 할 거 아냐? (내려서 주변 둘러보며 조심히 가는)
홍주   (가는 대니얼 멍하니 보며 참았던 눈물 후두둑) 어, 어떡해… 요한이… 불쌍해서…

S#34   폐병원 대니얼 아지트/ 낮

살피며 들어오는 대니얼, 다급히 낡은 소파 사이에 손 넣어보는데 사진 없다.

오즈3   (E) 살아계셨네요? 대니얼 박사님.
대니얼   (놀라 돌아보는)

S#35   마트 통제실/ 낮

두석 뛰어 들어오면 CCTV 확인하고 있는 두석처제.

두석   (헉헉 거리며) 어떻게 된 거야. 처제…
처제   잠깐 정육 코너 다녀온 사이에… (손에 옷 들린 채) 옷도 벗어두고 갔어요…

두석 보면 이름과 연락처 적혀있는 명찰 채워진 가디건. 급히 cctv 모니터 보면 전자 코
너 쪽에 혼자 앉아 있다가 TV 앞으로 가는 두석처, TV에 달라붙어 있는 모습 보이는.

보안   (E) 밖으로 나갔네요.
두석   (보안이 보고 있던 옆 모니터 화면 보면 밖으로 나가는 두석처 모습 보인다)

S#36   폐병원 인근, 홍주의 차 안/ 낮

시계 보는 홍주. 핸드폰(대포폰) 꺼내 대니얼에게 전화 거는데 뒷좌석에서
대니얼 폰 울리는. 안 되겠는지 차에서 내리는.

S#37   폐병원 앞/ 낮

홍주, 주변 살피며 조심스레 접근하다 후다닥 수풀 뒤로 몸 숨기고 보면, 폐병원 현
관에서 나오는 대니얼과 오즈들. 미치겠는 홍주. 오즈차에 타던 대니얼, 순간 수풀
속 숨어서 보고 있는 홍주와 눈 마주치지만 얼른 시선 돌리고. 대니얼 오즈들 차에
태워지고 출발해 가는.

홍주   (가는 오즈 차 보며 결연한) 디데이가 얼마 안 남았어요. 조금만 버텨주세
         요. 박사님…

S#38   이형사 집 앞/ 낮

끼익 도착하는 바름의 차. 주소 확인하고 초인종 누르지만, 안에 반응 없고 불 꺼져 있는. 창문 깨고 들어가 보면 들어온 흔적 없이 잘 정돈 된 이형사의 살림살이.

S#39   무진청 로비/ 낮

씩씩대며 걸어 들어오는 무치. (옷에 오물 좀 묻어있고) 주변 사람 다들 아흐~ 코 막으며 무치 보는데, 아랑곳 않고 씩씩대고 걸어가는 무치.

S#40   무진청 특본팀 사무실/ 낮

무치   (들어와) 정바름 이 새끼 어디 갔어요?

호남   (코 막으며) 아씨. 너 진짜… 똥 푸고 온 거야? 어? (보다) 그래서 찾았어?

무치   없어.

호남   아이고. 얌마. 가서 얼른 샤워부터 하고 와.

무치   정바름 어딨냐고!!

호남   집에 보냈어.

무치   아씨! 왜 보내! 토끼면! 증거인멸하면! 책임질 거야? 이민수는?

호남   (후, 뒷목 잡으며) 방금 메일로 휴가 신청서 보내왔드라!!!

무치   휴가? 아씨! 봐 토꼈잖아? (휙 뒤돌아가는)

호남   (가는 뒤통수에 대고) 가만 안두겠대!!! 너 고소한댄다. 민수가. 임마.!!!

S#41   이형사의 집 안/ 밤

바름   (이형사 책상 서랍 등 정신없이 뒤지며) 뭐라도 놈들의 단서를 찾아야 하는데… (하며)

책상 위 책들도 막 뒤지는데 문득 책에 끼워져 있는 낡은 사진 한 장! 강 배경의 캠핑 중인 이형사 고딩 때 사진이다. (날짜 2012년) 무심히 책 덮으려다 문득! 사진 다시 들여다보는데, 이형사와 함께 캠핑 테이블 의자에 앉은 OZ1과 그 옆 팔짱 낀 여고생!) 그때 우당탕탕 문 열고 들어오는 발자국 소리! 놀라서 후다닥 책 덮고 제자리에 두면, 들어온 무치와 눈 딱 마주치는!

무치	니가 이 집에 왜 있어? 아~ 둘이 여기서 접선하기로 했냐? 어! 마침 잘 만났다. (허리춤에서 망치 꺼내는) 똑바로 대답해라. 안 그러면 나 오늘 니 대가리 박살내고 빵에 들어간다. 알지? 내 소원!
바름	(망치 꽉 쥐고 있는 무치 담담히 보는)
무치	증거보관실에 있던 봉이 할머니 칼도 니 짓이지? CCTV에 팀장님이랑 너랑 나, 셋만 찍힌 게 놈이 CCTV를 피해간 게 아니라 니가 범인이라! 당연히 우리만 찍혔던 거야. 등잔 밑이 어둡다더니. 그리고 봉이가 준 살인의뢰비! 그 속 내용 아는 거 신형사랑 너뿐이었어. 사연 아는 니가 가져간 거야. 니가 죽일 거니까. 니꺼라고 생각하고! 그지? 이제야 퍼즐이 딱딱 맞아떨어져.
바름	…
무치	대답해. 새꺄!
무치	(담담하게) 맞아요. 제가 죽였어요.
무치	(순간 쿵! 심장 떨어지는) 뭐?
바름	봉이가 위험해서. 봉일 죽일 거 같아서… 그래서 죽였어요. 강덕수.
무치	허… (차마 아니길 바랬는데…)
바름	할머니 칼도 제가 가져가서 자르고 갔다 놓은 거예요.
무치	(허… 어쩔 줄 몰라 하다 문득!) 보, 봉이도 알아?
바름	그래서 헤어진 거예요. 봉인 괜찮다는데 제가 도저히 안 되겠어서… 봉이만 보면 괴로워서…
무치	(허…)
바름	근데… (떠보듯 조심스레) 이재식, 김병태는… 형사님이 뭘 보고 그러시는지 모르겠지만…
무치	(황당) 뭐? 그럼 이재식 출소하는 날. 그 교도소 앞엘 왜 갔어?
바름	(E) 교도소 앞에서 내가 찍혔구나…/ (다시 담담히) 전화가 왔어요. 최피

디님한테.

무치 　최홍주?

바름 　(끄덕) 동구한테 이재식 출소 시간 좀 물어봐달라고. 이재식이 수성 사건 진범인거 같다고. 확인하겠다고 해서 알려주긴 했는데… 만에 하나 정말 그 말이 사실이면 이재식 위험한 놈이잖아요. 그래서 걱정돼서 가본 거예요. 믿어주세요, 고형사님. (속이는 것이 괴로운)

무치 　(의심스럽게 보며) 그럼 김병태는? 그 집엔 왜 갔어?

바름 　(E) 그 집에 들어가거나 나온 게 찍혔어…/ (다시 차분히) 급식실에서 그 치매 할머니를 만났는데 김병태가 아이한테 뭘 부었다고 해서… 치매 노인이라 헛소리겠지 했지만 찜찜해서 몰래 김병태 집에 들어가 봤어요. 잘못인 거 아는데… 근데 별 게 없어서 그냥 나왔고요…

무치 　(이걸 믿어야 하나 말아야 하나…)

바름 　강덕수 죽인 벌… 받을 거예요. 받으려고 했어요. 근데… 치국이 그 놈 잡을 때까지만 시간을 주세요. 제 손으로 잡고 싶어요. 네?

무치 　(의심스런 눈으로) 그럼 그건 어떻게 설명할 거야. 그날 내가 봉이한테 달려갔을 때 나를 못 가게 막은 그 트럭 오즈! 니 뒤를 쫓아다니던 그 놈!

바름 　(진심으로) 모르겠어요. 그래서 미칠 것 같아요. 그 놈들이 누군지…

무치 　(그런 바름 보며/ E) 뭐지? 거짓말하는 거야? 아님 정말 이 자식 흉내 내는 짭새끼가 따로 있는 거야? (곰곰 생각하는 위로)

플래시 컷/

무치 　한 놈은 사람 죽이고 다니고, 다른 한 놈은 뒤처리 해주고 다니고?

바름 　(E) 뒤처리…? (헉! 놀라 이형사 휙 돌아보는!) (#23)

무치 　(여전히 바름 보며/ E) 그래… 이형사에 대해선 정말 모르는 표정이었어.

바름 　(간절하게) 부탁드려요. 치국이 죽인 놈… 잡고 자수할 거예요. 그때까지만… 시간을 주세요…

무치 　(가만히 바름 보다, 나가는)

바름 　(가는 무치 보며 슬픈/ E) 제가 너무 뻔뻔하고 가증스러운 거 아는데… 조금만 기다려주세요. 그 놈들 잡고… 천벌 받을게요.

S#42 이형사 집 앞/ 밤

차에 올라타는 무치, 긴가민가한 얼굴로 앉아있다가 시동 걸며.

무치 안 되겠어. 확인해봐야겠어!

출발하면, 담 뒤에서 쓱 나타나는 이형사. 자기 집 들어가려는데 바름 나오자 숨는.

S#43 OBN 방송국 앞 + 일각/ 밤

셜록 홍주 차에 짐 싣는 조연출 등 보이고. 인근 화단에 걸터앉아있는 무치와 홍주.

홍주 정순경? (사이) 어. 전화했었어 출소시간 알아보려고. 동구씨가 거기 교
도관이라 알아봐 달랬어. (떠보듯) 근데 왜?
무치 아니… (떠보듯) 정순경한테 또 무슨 말 했어?
홍주 어… (생각하다) 이재식이 수성연쇄살인사건 진범이 아닐까 생각한다고.
이재식 DNA가 강덕수 살해 도구에서 나온 게 의심쩍다고… 혹시 다음
타겟이 그 놈이 아닐까한다고…
무치 아… (맞구나 싶은) 그런 생각이 들었음 나한테 말해야지. 왜 정순경한테/
무치 /말했으면… 또 죽일려고 했을 거 아냐. 이재식.
무치 …
홍주 가야겠다. 지방에 촬영이 있어서… (가려다 돌아보고) 참, 봉이씨 은총이
선물 사왔드라.
무치 그래? 미안해하고 있어… 애한테 심한 말 했다고… 욱해서 그런 거래.
홍주 (씁쓸히 보는) 이해해… 봉이씨도 고형사도… (돌아서 가는)
무치 (뒷모습 바라보며) 정바름 진술이랑 일치해… 하아. (한숨) 정말 짭퉁이 따
로 있나?

S#44 거리 일각/ 밤

현수엄마! 현수엄마! 부르며 정신없이 돌아다니는 두석. 전광판에 대선 2일 전 뉴스 보이고. 거리에 신성민 선거운동 한창이다. 두석, 그 옆 지나치는데 캠프원에 섞여 서 신나게 춤추는 두석처. 두석처, 열심히 춤추다 바로 뒤 전자제품 대리점의 대형 TV 속 홍주 보는. 선거유세 끝내고 가려는 신성민(주변 캠프운동원들 있고) 보고 확 달려들어 잡는 두석처.

두석처   우리 애기. 우리 애기한테 델따줘.

선거캠프1   (놀라 강제로 확 밀치며) 비켜요! (쿵 넘어지는)

신성민   (캠프원에게) 뭐하는 짓이에요? (얼른 두석처 살피며) 괜찮으세요? (일으키면)

두석처   (사정하듯) 우리 애기한테 데따줘.

신성민   (친절하게) 아이가 어딨는데요?

두석처   (신성민 끌고 가 대리점 안 화면 가리키며) 우리 애기. 우리 애기한테 데따줘…

신성민   (TV 속 홍주 보며) 저 피디 어머니세요?

두석처   (신나서 크게 끄덕이는)

신성민   (캠프원 돌아보며) 언론인 명단에 최홍주 피디 연락처도 있죠?

선거캠프1   네.

신성민   얼른 연락하고 댁까지 모셔다드리세요. (하다) 어머니. 여기 이 분이 따님 한테 전화 드리고 모셔다드릴 거예요. (캠프원 향해) 잘 모셔다드려요.

선거캠프1   네. 가세요, 어머니. (신난 두석처 데리고 가는)

S#45   선거차량 앞/ 밤

선거캠프1   (언론인 명단 중 최홍주 피디 연락처 보며 전화하는데 안 받는) 안 받는데?

선거캠프2   그럼 경찰서에 모셔다드리죠.

선거캠프1   그래. 그럼. (하다, 캠프2에게 귓속말로) 잠깐만… 최홍주 피디 주소 알아낼 수 있지?

선거캠프2   왜요?

선거캠프1   우리가 집에 모셔다 드리자. 촬영도 해서 SNS에 올리고, 누구 엄만지 몰랐던 것처럼 해서… SNS에 미담 한 번 돌면 알지? 지지율 엄청 올라가는 거.

S#46   봉이네 집 앞 + 안/ 밤

터벅터벅 걸어오는 무치. 대문 너머로 보면, 심난한 얼굴로 평상에 앉아있는 봉이 보인다. 그런 봉이 보는 위로…

무치   (E) 보, 봉이도 알아? (#41)
바름   (E) 그래서 헤어진 거예요. 봉인 괜찮다는데 제가 도저히 안 되겠어서 봉 이만 보면 괴로워서.

봉이, 후 한숨 쉬고 일어나려다 대문 너머 서있는 무치와 눈 마주치고. 순간 긴장하는.

S#47   홍주네 집 앞/ 밤

내리는 선거캠프1, 두석처 조심스럽게 내려주는데. 캠프2, 핸드폰으로 영상 촬영하는.

선거캠프1 자연스럽게. 어? 연출티 안 나게. (하며 핸드폰 문자에 찍힌 주소 확인하며) 여긴데…
경비   (다가와) 어딜 찾아오셨어요?

현관 앞/ 은총이 데리고 유모차 끌고 나오는 지은.

경비   (발견하고 지은에게 달려와) 아, 저기 최피디님 어머니 모셔왔다는데요.
지은   어머니요? (갸웃) 고아라고 했던 거 같은데… (유모차 끌고 다가와 두석처 살 피듯 보다) 잠깐만요. (두석처 등진 채 홍주에 전화하는데, 받지 않는다. 문득 핸드폰으로 자기 촬영 중인 캠프2 보고 당황해서) 지금 뭐하시는 거예요?
선거캠프2 아니, 그냥… 개인 SNS용이에요. 신경 쓰지 마시고…
지은   지우세요. 당장! (뺏으려는)
선거캠프2 (안 뺏기려고 하다) 아니, 이 아주머니 되게 빡빡하게 구시네. 뭐 빚쟁이에요? 어디 얼굴 나오면 안 되냐구요. 모자이크 해드릴게요, 그럼. (하는데도)
지은   (강제로 캠프2에게서 핸드폰 뺏으려 하다, 둘이 실랑이하는)

두석처	(지은이 데리고 온 유모차 속 아이 보고) 어… 우리 애기다. 우리 애기 여깄었네…
지은	(결국 자기랑 은총이 찍힌 얼굴 삭제하고 주며) 최피디 전화 안 받으니까, 연락될 때까지 제가… (하고 돌아보는데 두석처 없다) 어디 가셨어요?
선거캠프1,2	(돌아보며) 어? 어디 갔지?
지은	(무심히 유모차 보는데 은총 사라지고 없다) 어? 은총이 어디 갔어? 으, 은총이… 아까 그 여자… 잡아요. 얼른! (후다닥 뛰어가는)
경비	(핸드폰 꺼내들며 안절부절) 어디다가 신고해야 하지? (하는데)
선거캠프1	(놀라 확 잡는) 저 죄송한데… 저희가 찾을 테니까 일단 경찰에 신고하는 건 좀만 미뤄주세요. 상태 보셨잖아요. 멀리 못 갔을 거예요… 저희가 찾을 테니까… 조금만…
경비	아니 그래도!
선거캠프1	문제 터짐 저희 후보님 클나요… 대선 며칠 안 남았잖아요. 저희가 책임지고 찾을게요.

S#48   봉이네 집 마당/ 밤

말없이 앉아있는 무치와 봉이.

무치	(이윽고 입 떼는) 너 정순경한텐 왜 차인 거야.
봉이	(순간 긴장하다 얼버무리듯) 뭐… 그냥… (쭝얼) 제대로 사귀어보기나 했나…
무치	(그런 봉이 보는)
봉이	(눈 마주치자 당황하며) 시, 싫어졌대요! 내가! 완전 싫증나는 타입이래요. 됐어요?
무치	(말없이 끄덕이는) 그래…
봉이	(눈치 살피며) 아깐 죄송했어요… 근데 아까… 오빠 왜 때린 거예요?
무치	(짠한 눈으로 봉이 보다) 내가 오해를 했어. 정순경한테 사과했고… 받아들였어.
봉이	아… 그래요…?. (안도의 한숨 내쉬는데)
무치	오봉이!
봉이	(놀라 보면)

무치	(갑자기 봉이 어깨 확 잡고) 너 할머니 생각해서라도 무조건 행복해야 된다. 어? 니가 불행하고, 마음 아파하면 할머니가 많이 슬퍼하실 거야. 알지? 마음 단단히 먹고…
봉이	(왜 이러지? 싶은)
무치	(벌떡 일어나 가려다 문득 돌아보며) 참, 아까 무진청엔 왜 왔어? 전화도 여러 번 했던데?
봉이	(아차!) 저 구해줬다던 그 중학생이요… 그 교복 주인 찾았어요…
무치	그래?
봉이	(끄덕) 근데… 성요한이에요.
무치	뭐?
봉이	내가 직접 확인했어요. 성요한 맞아요. (무치 올려다보며) 이상하지 않아요?
무치	허… (혼란스러운. 그러나 애써) 임마. 그런 놈들 연기 끝내줘. 사람들 앞에서 지가 얼마나 착한 사람인지 보여주려고 일부러 쇼하는 거야. 그 새끼 착한 척 연기했네. 연기했어.
봉이	(단호한) 아니에요. 연기. 그때… 그 등에 업혀있었을 때… 전 의식이 없었어요.

플래시 컷/ 중학생 요한의 등에 업힌 채 의식 없이 축 처져있는 봉이. (교복 덮인 채)

봉이	그런데 아주 잠깐 의식이 돌아와 들었어요. 아주 애타게 말하는 소리를…

봉이	(요한의 등에서 힘겹게 눈 뜨는데)
요한	(E) 정신 차려. 죽으면 안 돼… 니가 죽으면 슬퍼할 가족을 생각해… 엄마… 아빠…
봉이	(까무룩 의식 잃어가며 입 달싹이는) 할무니… 할무니… (11부 #55 이전/17부 #81 이전상황)

봉이	의식 없는 저한테 그렇게까지 연기할 이유 없잖아요… 그건 진심이었어요. 진짜였다구요. 어떻게 싸이코패스가 그래요? 설명이 돼요?
무치	(불안한)
봉이	만약 성요한이 범인이 아니면요… 아니면…

무치	(보면)
봉이	우리 할머니… 신부님… 그렇게 만든 놈 따로 있단 거잖아요.
무치	(버럭!) 말도 안 되는 소리 마! 성요한 맞아! 그놈이 우리 형 죽인 거야!
	(대문 쾅 닫고 가는)
봉이	(하아… 한숨 내쉬는)

S#49　무진청 특본팀 사무실/ 밤

몰래 들어오는 바름. 아무도 없자 후다닥 이형사 책상 뒤지는데 역시나 말끔히 정리된.

바름	(문득, 이형사 집에서 본 사진 떠올리며) 치국이 죽인 놈이랑 이형사… 대체 무슨 사이지.

순간, 인기척에 후다닥 책상 밑으로 숨는데 옆자리 신형사 책상 아래 무진 연쇄살인 사건 증거 박스 보인다.

호남	벌써 다 퇴근한 거야? 팀장은 머리털 다 빠지게 생겼는데 이것들 아주 한가져. 아… 그나저나 고무치 이새끼 말을 믿어야 돼. 말아야 돼…

호남, 불 끄고 나가면, 핸드폰 불 켜고 신형사 책상 밑에 있는 박스 보는 바름.

바름	무진 연쇄살인사건…? 이걸 왜… 신형사님이…?

박스 열어보면. 바로 보이는 송수호 사건 증거품들. 훑어보다 그 중 성경책 펼쳐보면, 성모 사랑의 집 후원 영수증 껴있는 것 본다. 문득 영수증 꺼내 보는데…

바름	성모 사랑의 집이면…? 민지 사건 목격자 만나러 갔던 곳인데…
	(하며 보는데 후원 영수증에 지정후원 미카엘라 이름 써 있는) 미카엘라…?

플래시 컷/ 무치 "송수호가 구령에 다녀오고 나서 밤새도록 통곡을 했었대. 근데 그쯤

이 아이네 가족들이 죽은 것 같아. 그래서 용의자로 조사까지 받은 거겠지." (17부 #23)

바름   송수호가 정기 후원을…? (하다! 문득)

플래시 컷/ 바름 보자, 수녀 뒤에 숨고는 빼꼼 바름 내다보던 미카엘라. (14부 #74)
미카엘라   아니다. 아니다… 오빠 아니다… 오빠 안 온다. 약속 안 지킨다.
바름   설마… (허… 멍해지는)

S#50   홍주네 동네 거리 일각/ 밤

두석처   (은총 품에 안고 신나서 걸어가며) 우리 애기 집에 가자. 집에 가자.

그때, 지나가는 순찰차. 두석처 보고 차 세우는.

S#51   지구대 (파출소) 안 + 앞/ 밤

경찰   (실종신고 명단 확인하며) 네, 경찰인데요. 실종 신고하셨죠?

인서트/ 두석, 동영상으로 얼굴 확인하고 "맞아요. 제 아내. 거, 거기가 어디에요!"

경찰   서로 길이 엇갈릴 수 있으니까 저희가 댁까지 모셔다드릴게요. 댁에서
            기다리세요.

경찰, 두석처 차에 태워 출발하면, 뛰어오는 지은. 두리번거리며 어쩔 줄 몰라 하는…

S#52   무치의 차 안/ 밤

운전하는 무치 위로…

봉이   (E) 만약 성요한이 범인이 아니면… 우리 할머니… 신부님 죽인 놈 따로
         있다는 거잖아요.

무치, 도저히 안 되겠는지 핸들 확 꺾는!

S#53   두석의 집 앞/ 밤

안절부절 기다리고 있는 두석. 경찰차 오자 한달음에 달려가면, 경찰차에서 내리는
두석처.

두석   (경찰에게) 감사합니다. 감사합니다. (경찰차 가면, 그제야 두석 아내가 안고
         있는 아이 보고 놀라는) 누구야? 이 애긴? 어? 어디서 데려왔어?
두석처   우리 애기… 우리 애기다… 우리 애기.
두석   (다급히 핸드폰 꺼내 전화 온 경찰 번호로 전화하는) 저기, 제 아내가 어디서
         발견됐나요?

S#54   거리 일각/ 밤

두석의 차, 홍주네 집 인근 거리에 선다.

두석   이 애 누구 애냐니까… 얼른 말해. 애 엄마가 기다리잖아. 큰일 나.
두석처   우리 애기야… 우리 애기…
두석   안 되겠어. 파출소에 데려다 주자. (두석처 안고 있는 아이 뺏으려 하자)
두석처   (안 뺏기려) 싫어. 우리 애기다… 우리 애기…

두석처, 후다닥 도망가는! 두석, 놀라 아내 쫓아가는데! 두석처, 빨간불에 도로 가로
질러 뛰어간다. 그때 빠앙!!! 달려오는 차 헤드라이트 눈부신 듯, 아이 끌어안고 등
돌리는 두석처.

두석   여보!!! 여보!!! (놀라 소리치며 달려가는데)

달려오는 짚차에 쾅! 부딪혀 쿵 떨어지는 두석처. 품 안에 꼬옥 아이 안은 채⋯

S#55   거리 일각/ 밤

지은 미친 듯이 쏘다니며 은총아 은총아 부르며 찾는데⋯ 저쪽에 사람들 모여 있고 무슨 일인가 가보면, 짚차 서 있고 구급차 급히 떠난다. 보면, 도로 한가운데 피 흥건 하다.

지은   사고 났어요⋯?
행인   네. 아휴⋯ 크게 다친 거 같던데⋯
지은   (돌아서다 문득 다시 돌아보면, 핏물 가운데 떨어져 있는 은총이 쪽쪽이!)
           허억!!!! (미친 듯이 달려가 수습중인 경찰 붙들고) 애, 애기⋯ 애기⋯

S#56   무진청 특본팀 사무실 + 증거보관팀 사무실/ 밤

무치   (신형사 책상 밑에 있는 박스 보며) 여 었네. 이 자식은 이걸 언제 가져간
           거야?

박스 들고 증거보관팀 들어오는 무치, 테이블 위에 박스 안 내용물 탈탈 털어 펼쳐놓 는다.

무치   (손에 장갑 끼며) 좋아! 성요한이 범인이라는 이 차고 넘치는 증거!!!
           반박의 여지가 없도록! 처음부터 하나하나 증명해볼 거야!!

눈 부릅뜨고 집요하게 증거물들 하나씩 꺼내 다시 살펴보는! (O.L)
계속 보다, 증거물 봉투에 〈성요한 집에서 수거한 신문스크랩 뭉치〉 써진 것 발견 하는. 봉투 열어 꼼꼼히 보다, 나치국 관련 기사들 보는데. 신문 한켠 작은 박스 기사

에 〈무진구치소 에이즈 수용자 수용. 뒤늦게 밝혀져. 수용자 전원 혈액 채취 실시〉 기사 눈에 띄는!

무치   (읽는) 무진구치소에 에이즈 환자가 있다는 걸 뒤늦게 알고 수용자 전원 혈액을 채취했다?

문득, 다른 자료들 헤치며 뭔가 찾다 증거 봉투 속에 들어 있는 타다만 서류봉투 보는!

플래시 컷/ 무치, 재 들추며 살피다 타다만 봉투의 마크 (아주)일부 보이는. (7부 #13)

무치, 봉투에 타다만 마크와 에이즈 혈액 검사 기사 번갈아 보다, 잠바 들고 나가는.

S#57   영산전자상가 안 상점/ 밤

무치   (타다 만 봉투 든 봉지 휙 책상에 던지며) 여기 짤린 마크 보이지? 이거 뭔지 좀 찾아내.
야동이   (미세하게 남은 조각 들여다보며) 너무 조금 남아서 찾아지려나? 암튼 돌려 보긴 할 텐데 시간 좀 걸릴 거예요…

S#58   무진병원 응급실 앞/ 밤

안절부절 기다리고 있는 두석. 의사 나오면.

두석   어, 어떻게 됐어요?
의사   아이는 다행히 아무 이상 없습니다. 좀 놀란 거 빼고는… 타박상도 없고 천만다행입니다.
두석   우리, 우리 현수엄마는요?
의사   아일 보호하느라 더 많이 다치신 거 같아요. 아무래도 마음의 준빌 하시는 게… (가는)

두석   (털썩 주저앉는, 이어 꺼억꺼억 흐느끼는)

S#59   무진병원 현관 앞/ 밤

택시 대기 중이고, 쌔근쌔근 잠든 은총을 처제에게 안기는 두석.

두석   어디서 데려왔는지 알아볼 테니까 오늘 밤만 좀 데리고 있어줘.

처제, 끄덕이고 택시 타고 가는. 두석, 한숨 내쉬고 안으로 들어가는데.
곧이어 도착하는 택시. 정신없이 내리는 지은, 다급히 병원 안으로 들어가는.

S#60   무진병원 응급실 앞 복도/ 밤

두석   (응급실에서 터벅터벅 나오는데)
지은   (간호사 붙들고) 우리 아기… 우리 애기 어딨어요…
두석   아… (하고 다가가다 지은 보고 헉! 놀라는)
지은   (순간 두석과 눈 딱 마주치는)
두석   설마… 성요한 애였어?
지은   (그 말에 다짜고짜 두석 붙들고) 어딨어요… 우리 애기…
두석   (확 뿌리치며) 결국 한서준 그놈이 우리 가족을 다… 우리 현수, 현석이도
           모자라 애들 엄마까지… (허허 숨 몰아쉬다 휙 돌아서 가려는데)
지은   (벌떡 일어나 달려가 두석 붙들고) 우리 애 괜찮죠? 네? 우리 은총이 괜찮은
           거죠?…
두석   (분노 가득한) 현수 엄마가 죽는대. 니 손주 새끼 보호하다가… 우리 애 엄
           마가 죽는 대잖아!!
지은   (허…)
두석   (독기 서린) 가서 당신 남편한테 전해! 지 핏줄 살리고 싶음 우리 현수 어
           디다 버렸는지 당장 말하라 그래!! 안 그럼 지 손주 죽는다고 전해! 내 손
           으로 죽여 버릴 거라고!!

지은	(무릎 꿇고 싹싹 빌며) 제발 아이만큼은… 아이가 무슨 죄에요…
두석	내 새끼들은!! 내 새끼들은 무슨 죈데. 무슨 죄였는데… (눈물 흘리며) 현수엄마 눈 감기 전에 우리 현수… 유골이라도 찾아주고 싶어… 그러니까 한서준한테 가서 전해. 니 손주 내가 데리고 있다고. 우리 현수랑 바꾸자고! (휙 돌아서서 가는)
지은	(무릎 꿇은 자세로 꺼억꺼억 우는)

S#61 무진병원 현관 앞/ 밤

넋 나간 얼굴로 나오는 지은. 핸드폰 울린다. 보면 홍주다. 지은 애써 감정 추스르며 받는.

지은	응. 애기엄마…
홍주	(F) 전화 여러 번 하셨던데… 무슨 일 있어요?
지은	어? 아냐… 별일 없어요…
홍주	(F) 은총이는요? 자요?
지은	어… 자요… 네… (전화 끊는 손이 바들바들 떨리고 눈에서 눈물 주르륵 흐르는)

S#62 홍주 차 안 + 누군가의 집 앞/ 밤

홍주, 전화 끊고 갸웃하는데. 차 들어오는 것 보고, 차에서 내리는 사내 확인하고 내리는.

홍주	윤동식 검사님!
사내	(돌아보면)
홍주	우형철 구속 영장 기각하셨던 검사님 맞죠?
사내	(순간 홍주가 든 카메라 보고 당황하는) 뭡니까?

S#63 영산전자상가 안 상점/ 밤 -> 새벽

타다만 마크 조각 그림, 프로그램에서 계속 돌아가고 있고.

엎드려 자고 있는 야동이. 눈 부릅! 뜨고 보고 있는 무치도 어느새 스르륵 눈 감기는.

야동이	(E) 형사님. 일어나 봐요. 얼른!
무치	(화들짝 놀라 눈 뜨면 어느새 날 밝았다. 하품 늘어지게 하다) 어?! (모니터 화면에 타다만 마크와 화면 속 마크 100% 일치 떠 있다) 이거…?

S#64   성모 사랑의 집 안 복도 (창문 유리로 안이 들여다보이는 작업 방 앞)/ 아침

창문 너머로 미카엘라 보고 있는 바름. 공예품 만들고 있는 미카엘라 보고 있는 위로…

수녀	(E) 송수호씨가 10년 넘게 저희 성모 사랑의 집을 후원해 주셨고. 미카엘라를 지정해 개인 후원도 해주고 있었습니다.
바름	찾아오기도 했었나요?
수녀	네. 가끔 찾아와 멀찍이서 미카엘라를 보고 가곤 했어요.
바름	(시선은 여전히 미카엘라 향한 채) 별다른 얘긴 안 하던가요?
수녀	제가 한 번 물어본 적은 있었어요. 미카엘라랑 아는 사이냐고… 대답은 없었는데…

바름 옆으로 고개 돌리면, 저만치서 역시 창 통해 미카엘라 보고 있는 송수호(환상) 보인다.

수녀	(E) 그 눈빛이 잊혀지지 않아요. 지금도…

역시 송수호도 돌아보면, 바름과 눈 마주치는데…

수녀	(E) 고통과 회한이 가득 찬 그런 눈빛이었어요… 미카엘라를 바라보던 눈빛이…
무치	(E) 구령에 다녀오고 나서 밤새도록 통곡을 했었대. 그쯤 이 아이 가족들이 죽은 것 같아.

S#65   과거. 구령 재훈의 집 - 재훈의 방 안/ 낮 (17부 #6)

재훈 죽이려는 희정 말리다, 송수호 주먹에 맞아 스르르 주저앉는 희정. 놀라 보는
송수호!

S#66   과거. 재훈의 집- 거실/ 송수호의 시선/ 낮 (1부 #95-2)

돌아보는 송수호와 눈 딱 마주치는 계부. 송수호, 다급히 뛰어나오자 송수호에게 칼
휘두르는 계부! 송수호, 계부에게서 칼 뺏으려 서로 뒤엉켜 몸싸움한다. 그러다 계
부, 송수호 몸에 올라타 칼 꽂으려는데! 순간 두 사람 뒤집히며 계부 가슴에 칼 꽂히
는. '으윽' 쓰러지는 계부. 황망하게 보는 송수호. 그때 2층에서 인기척 들리자, 놀란
눈으로 위쪽보다 다급히 계단 뛰어 올라가는 송수호.

S#67   과거. 재훈의 집 인근/ 송수호의 시선/ 낮

의식 잃은 재훈, 수호의 차 뒷좌석에 눕혀있다.
차 앞에 서서 안절부절못하며 누군가에게 전화하는 송수호 모습.

송수호   (바들바들 통화중인) 일이 좀 생겼습니다. 아이 엄마가 아일 죽이려고 해서
         말리는 과정에 재훈이 부모를… 네. 재훈이는 무사합니다. 어떡하죠? 네.
         네. 알겠습니다. (전화 끊고 차 앞에 쭈그리고 앉아 끄윽끄윽 우는)

S#68   과거. 재훈의 집 안 1층 + 2층/ 송수호의 시선/ 낮

석유통 들고 들어오는 송수호. 1층 거실 여기저기에 석유 뿌리고 들고 2층 올라간다.
2층 여기저기에 석유 뿌리고 불붙이는데, 카메라 시선, 구석 팬트리 문틈 비추면 문
틈 사이 잠든 재민 모습 보인다. (송수호는 팬트리에 아이가 있는 걸 알지 못한다) 이어
팬트리 쪽으로 점점 번져오는 연기. (유독가스)

현재/

송수호   (바름 마주 보며) 아이가 있는 줄 몰랐어… 집에 아이가 있는 줄은… (눈물 뚝 흘리는)

바름   (그런 수호 먹먹하게 보는)

송수호   왜 죽였냐고… 니 가족을….? 니 엄마가 널 죽이려고 해서… 니가 죽으면 내가 꿈꾸는 세상을 이룰 수 없어… 다시는 내 누나 같은 희생자가 생기지 않는 세상…

바름, 가슴 아프게 보는데 어느새 수호 없다.

S#69   건물 앞 (유전자검사소) / 아침

무치, 마크 전체 프린트 된 종이 내리면… 건물에 붙어있는 마크와 일치한다.

무치   (이해할 수 없는 표정으로) 성요한이… 여길 왜…?

S#70   성모 사랑의 집 안 복도 / 아침

수녀, 안으로 들어가 미카엘라(이하 재희)에게 뭔가 말하면, 재희 고개 돌려 문 밖에서 보고 있는 바름 보는. 수녀, 재희 데리고 나온다. 수녀 자리 비켜주면.

바름   (재희 보며 다정하게) 재희야… 오빠야. 나 재훈이…

재희   재훈이 오빠… 재훈이 오빠…

바름   (끄덕) 응. 어떻게 된 거야…

재희   재민이. 재민이… (하다) 안 돼. 안 돼. 가면 안 돼. 보지 마. 보지 마.

바름   어?

재희   재희야. 보지마. 보면 안 돼!

1부 #95-3. 재훈의 집- 거실, 재민, 재희의 시선/ 과거/ 낮

아래층으로 내려가려는 재희 붙들고 두리번거리다 후다닥 팬트리 안에 숨고 문 닫는. 팬트리 안, 재민에게 입 막힌 채 숨어있는 재희. 나무 살 틈으로 재민과 재희(재민 손에 입 틀어 막힌) 수호 얼굴 본다. 팬트리 열려는 수호. 눈 질끈 감는 재민. 그때, 계단 올라오는 인기척 들리자 수호, 뒤돌더니 다급히 계단 쪽으로 가서 기둥 뒤에 숨는. 그 모습 보는 재민과 재희. 그때 (계부 가슴에서 뽑은) 칼 든 채 올라오는 재훈.

재희, 팬트리 나무 살 틈새로 재훈 보고 반가워 소리 내려 하는데, 재민 후다닥 재희 입 틀어막는. 순간 숨어있던 송수호, 올라온 재훈 입 손으로 틀어막고 다른 손으로 재훈 손에 든 칼 뺏는. 버둥거리는 재훈, 송수호의 악력에 이내 의식 잃는. 그 모습 지켜보는 재민과 재희, 공포스럽다. 송수호, 재훈 등에 입고 아래층으로 내려가면. 재민, 후다닥 재희 데리고 나와 세탁실 배수관 앞에서 재희 내려보낸다. 재희, 겁도 없이 관 타고 잘 내려간다. 재희 내려간 걸 확인하는 재민, 재희 밑에서 내려오라고 하는데… 재민, 망설이고 내려오지 못하는 모습 보고 기다리던 재희, 재민 보이지 않자 혼자 골목길 따라 뛰어가는…

/ 길 한가운데서 차 빵빵거리는데… 혼자 서 있는 재희.

S#71 현재. 성모 사랑의 집 안 복도/ 아침

바름   (눈물 그렁이는) 그랬구나… 그래서 재민이가… 재민이가… 그렇게… (후두둑 눈물 떨어지는)

재희   (그런 바름 물끄러미 보다, 눈물 닦아주며) 두렵고… 외롭고… 울고 싶은데… 위로 받고 싶은데… 아무도 없어… 내 옆엔… 무서워. 무서워. 재희야.

바름   어? 무슨 말이야? 누가 그런 말을 했어?

S#72 건물 앞 (유전자검사소) + 무치 차 안/ 아침

무치, 멍한 표정으로 건물에서 나와 자신의 차에 타고는.

무치   (멍한) 대체 뭐야… (하다 시동 걸고 전속력으로 달리는)

S#73   성모 사랑의 집 안 복도 + 면담실 안/ 현재와 과거 교차/ 아침

다과 들고 걸어가며 얘기하는 수녀님과 들으며 따라가는 바름.

수녀   후원자님 안타까운 소식 있고 얼마 후였던 거 같아요. 그 사람이 찾아온 게…

바름   (생각에 잠겨있는)

수녀   두 번 찾아왔었는데… 두 번째 오던 날은 많이 힘들고 지쳐 보였어요. 건
      드리면 울음이라도 터질 듯한… 그런 얼굴이었어요.

바름   …

수녀   그 날은 미카엘라와 단둘이만 얘기하고 싶다고 부탁해서 제가 그 방으로
      안내 해드렸죠. 미카엘라를 그저 아픈 아이로만 알고 있던 거 같아요. 말
      하나하나, 행동 하나하나 전부 다 기억하는 특별한 아이란 걸 몰랐던 것
      같습니다. 그래서 미카엘라가 아무것도 못 알아들을 거라 생각하고 마음
      속 얘기를 다 토해낸 듯싶었어요.

인서트/ 과거/ 복도/ 수녀, 면담실 앞 지나가다 살짝 열린 문 슬쩍 보고 가는. (*면담
실 안, 앉아서 인형 만들고 있는 재희만 보여주고 맞은편은 아직 보여주지 말 것)

수녀   이 방입니다. (바름에게 다과 쟁반 주며) 15년 만에 찾은 동생이라니 할 얘
      기가 많으시겠네요. 담소 나누시죠. (가면)

바름   (문 여는)

면담실 안/ 바름 시선에, 요한과 재희 마주 앉아있다. (환상처럼) 재희를 바라보는 요
한의 눈에 슬픔 서려있다… 그 둘의 모습 보는 바름 시선 너머로…

요한   재희야…

재희   (인형 만들다가, 멀뚱하게 보면)

요한   두렵고… 외롭고… 울고 싶은데… 위로 받고 싶은데… 아무도 없어… 내
      옆엔…

재희   (보는)

요한   (끅끅 흐느끼는) 무서워. 무서워. 재희야…

재희   (그런 요한 보며) 울지마… 울지 마…

바름	(부드러운 말투로) 울었다고…? 성요한이? 니 앞에서?
재희	(요한과 만난 날과 다른 옷 입고 바름이 가져온 다과 먹느라 집중하고 있는)
바름	그리고? 또… 또 무슨 말을 했어…?
재희	(과자 쩝쩝 먹으며) 재훈이… 재훈이……
바름	(흠칫) 내 얘길 했어?

몽타주 (플래시 컷 컷 컷)
복도/ 단정한 모범생 스타일의 소년X, 상담실에서 나와 가는 재훈 보는데. 가던 재훈, 힐끗 돌아보면. 소년X, 재훈과 눈 딱 마주치자 움찔한다. (1부 #81)

요한	(E) 모두들 그 아일 무서워하고 피했어.

과거/ 무진병원- 응급실/ 낮/ 과거 (2부 #36)

동구	의사란 새끼가 말하는 꼬라지 하고는. 야 이 새꺄!
바름	(당황해 동구 말리는) 도, 동구야… 마, 말로 해…
동구	비켜봐! (확 뿌리치면, 바름 바닥에 나동그라지는)
요한	(넘어진 바름 무표정하게 보다 순간!!)

요한	(E) 찰나에 스쳤던 그 눈빛에서 15년 전 그 아이의 눈빛이 보였어….

S#74 과거. 무진병원- 수술실/ 요한의 시선/ 낮/ 추가 (2부 #39-1)

수술대 위에 치국의 난자된 몸 살펴보는 요한, 치국의 손가락 맨 윗마디에 난 방어흔 보는.

요한	(E) 급습당한 건데… 흉기가 들어오면 반사적으로 손으로 막을 텐데… 손가락에 방어 흔적이 있다는 건 손바닥이 미처 올라오기도 전에 공격한 거야… 손바닥이 올라오기도 전이라면… 아주 가까이에 있던 사람이란 건데…

과거/ 무진병원- 치국의 병실/ 요한의 시선/ 낮/ 추가 (2부 #41-1)

멀리서 모여 심각하게 얘기 중인 바름 모습, 피 범벅인 바름 셔츠 요한 눈에 확 들어온다. 수술실 치국의 상처가 떠오르고. 바름을 보는 요한의 눈이 조금씩 가늘어지는데…

요한   (E) 아주 가까이에 있는 사람… 역시… 그 아인가…?

과거/ 무진병원 복도/ 요한의 시선/ 낮 (3부 #20 이후 상황)

대니얼   (F) 최근 일어난 살인사건들에 대해 긴히 할 말이 있습니다.
요한   (표정 굳는) 그게 저랑 무슨 상관이죠?
대니얼   (F) 그 사건의 범인을 알고 있습니다. 아주 위험한 놈입니다.

현재 (환상) /

요한   (슬프게 보는) 난 그 아이가 맞는지 확인하고 싶었어.
바름   (자기 앞에 앉아있는 요한 역시 슬프게 보는)

S#75   거리 + 무치의 차 안/ 아침

무치   (달리는 위로) 최홍주한테 안겨서 울고 있었던 게 연기가 아니었다면… 진심이었으면…

플래시 컷/ 홍주의 집 오피스텔 정원, 홍주 품에 안겨 떨고 있는 요한 보는 무치! (3부 #54)

S#76   무진구치소 접견 신청실 앞/ 아침

나뭇잎 사이로 쏟아지는 햇빛 바라보는 슬픈 눈빛 위로 햇살 바라보는 지은

어린요한   (E) 무슨 생각해? 엄마.

S#77　　과거. 요한의 집 마당/ 15년 전/ 낮

나뭇잎 사이로 쏟아지는 햇살 보며 상념에 젖어있는 슬픈 눈빛의 지은 돌아보면…

어린요한	엄만 늘 저 햇살을 보면 늘 눈이 슬퍼보여. 엄마가 그러니까 나도 저 햇살만 보면 슬퍼…
지은	(그런 요한 꼭 안아주며) 아냐… 엄마 슬픈 거 아냐. 우리 요한이가 엄마 옆에 있는데 엄마가 왜 슬퍼. (하면서 요한 꼭 끌어 앉는 데. 눈에는 눈물 그렁이는)
김교도	(E) 4440 접견 오신 분!

S#78　　현재. 무진구치소 접견 신청실/ 아침

김교도	면회 거부했습니다.
지은	(들어가려는 김교도 붙들고) 저기… 꼭 좀 만나야 할 일이 있어서 그래요… 한 번만… 한 번만 더… 부탁드려요…
김교도	(난감한) 본인이 거절하면 어쩔 수 없어요…
지은	제발… 제발… 꼭 좀… (잠시 망설이다) 요한이 아이에 관한 얘기라고 좀 전해주세요.

S#79　　성모 사랑의 집 안 면담실/ 아침

요한	대니얼 박사의 말이 난 믿어지지가 않았어…
바름	(보면)
재희	그래서 그 회사에 다니고 있는 준성이에게…
요한	(OL) 재무 3팀에 대해 알아봐 달라고 부탁했어…

플래시 컷/

준성	거긴 왜?
요한	확인할 게 있어서… 진짠지… 꼭 좀 확인하고 싶어서…
준성	재무 3팀? (갸웃하며) 3팀이 있었나? (조직도 뒤져보다 재무 2팀 다음, 무명의 팀이 하나 더 있는) 여긴가? 내가 한 번 뚫어볼게. 내 해킹실력 알지?
바름	아… 김준성… (고통스러운) 그럼 그 음성메시지가…

플래시 컷/ 요한의 대포폰 음성메시지 듣는 바름. (17부 #71)

준성	(F) 요한아. 나 준성이./ 니가 알아봐달라고 했던 일 말이야. 나 완전 쫄려… 아무래도 잘못 뚫은 거 같아… 오즈라는 조직인데… 암튼 보고 얘기하자.

S#80   과거. 요한의 집 거실/ 낮

충격적인 얼굴로 보고 있는 요한. 피해자들의 시체 사진들(나중에 요한 집에서 나온)과 정바름, 성요한 관련 보고 자료들. 그 옆 준성 덜덜 떨며 있고.

요한	(허…) 대니얼 박사 말이 다 맞았어…

과거/ 요한의 집- 지하실 안/ 씬추가/ 낮 (3부 #74-2)
사진 붙이는 요한(검정 후드 차림), 준성(티셔츠 차림). 한쪽 침상 위에 링거 꽂힌 채 의식 없는 대니얼 보인다. 요한, 사진 다 붙인 후에 사진들 보는.

준성	(의식 없는 대니얼 보며) 그러지 말고 그냥 신고하자. 어?
요한	소용없어… (대니얼 보며) 박사님 의식이 돌아올 때까지 기다리자.
준성	무서워… 요한아… 내가 해킹해서 자료 빼돌린 거 알게 되면…
요한	일단 넌 해외에 나가 있어.
준성	너는?
요한	박사님 치료해야지. 깨나면, 박사님이랑 같이 움직일 거야. 걱정 마. 조만간 깨날 거야…

하는데 딩동 초인종 울리고, 누구지? 놀라 후다닥 벽 한켠에 설치된 인터폰 보면, 화면 속 얼굴 들이대고 있는 봉이할머니.

과거/ 요한 차 안/ 씬 추가/ 낮 (3부 #88-1)

요한   (미치겠는 얼굴로 버스 뒤따르는) 신고하면 할머니까지 위험해질 텐데…

과거/ 요한 차 앞/ 씬 추가/ 저녁 (3부 #92-1)

요한   (자신의 차에서 내리며) 여기서 내린 거 같은데…? (두리번거리다) 여기… 구동인데… 정바름 동네? 큰일 났다. 파출소에 신고하면… 정바름이 알면 안 되는데… (다급히 차에 타는)

과거/ 몽타주 (3부 #97-3 ~ #99-1)

두리번거리며 할머니 찾는 요한. 막힌 담벼락 보이자, 돌아서려는데 담벼락 너머로 소리 들리는, 순간 뭔가 이상하고. 힘겹게 담 넘어오면 골목길 드러난다. 넘어온 담벼락 바로 앞집 (골목 맨 안쪽 집) 에서 소리 들리자, 조심스레 소리 죽이며 대문 안으로 들어가는 요한. 창고 돌아서려다 멈칫! 후다닥 몸 숨기고 보면, 라이터로 사진 태우는 바름의 옆모습 그리고 그 앞바닥에 난자된 채 피 흘리며 죽어가는 움직임 없는 봉이할머니 보인다. 순간 흡! 자신의 입 틀어막으며 반사적으로 뒷걸음치는데, 바닥에 버려져 있는 쓰레기 밟는! 순간 부시럭 소리에 바름, 자신 쪽 돌아보며 확 핸드폰 불빛 비추고. 이와 동시에 후다닥 튀는. 바름, 요한 잡으며 요한 입고 있는 잠바 잡자 요한 벗어버리고 도망치는!

S#81   현재. 성모 사랑의 집 면담실 (과거와 교차)/ 오전

요한   내가 그날 준성이 잠바를 입고 가지만 않았어도…

재희   (가족 인형 만드느라 정신없는/ 요한 눈에는 재희가 전혀 못 알아듣는 것으로 보이는)

요한   (그래서 더 마음 편하게) 준성이는 내 유일한 친구였어. 초등학교 때부터… 내가 헤드헌터 아들이라고 손가락질 당해도 늘 내 옆에 있던 내 편이었어… 그런데 나 때문에…

영안실/ 처참한 준성 시신 보인다. 요한, 고통스러운 듯 숨 몰아쉬는. (6부 #17)

요한   (E) 내손으로 죽어버릴 거야!!! 정바름!!!

플래시 컷/ 바름 집 건너편 옥상에서, 사진기로 바름의 집 구석구석 사진 찍는 요한.

바름   (멍한 표정으로) 그래서 그 집에서 내 사진들이…

플래시 컷/ 요한 집 지하실, 바름의 사진과 자신의 집 구조 사진들 발견하는! (6부 #102)

S#82   요한의 집 안 지하실/ 낮

폐허가 된 요한의 집 지하실 내려와 보는 무치 보면… 환상처럼 바름과 봉이의 사진들, 바름의 집 구조 사진 붙이는 요한 보이고
무치   (곰곰) 그럼 왜 여기에 정바름 사진을 붙여놨을까…

지하실 내, 닫힌 또 하나의 문 보다 돌아서 나가면… 열린 공간에 환상처럼, 침대 생기고 그 위에 의식 없는 대니얼 있다. 링거 꽂은 (의료장비)

S#83   요한의 집 앞/ 낮

생각에 잠긴 채 나오는 무치. 차에 타고 출발하려다 문득 요한의 집 2층 올려다보는 위로…

플래시 컷/
홍주   수색영장? (하며 요한 눈치 보며) 용의자가 누군데?
요한   (눈빛 살짝 흔들리는)

요한, 거실 창으로 급히 가는 홍주 모습 서늘하게 보는. 홍주, 대문 열다 돌아보면 요

한과 눈 마주치고 흠칫. 홍주 나가자 획 돌아선 요한, 서둘러 지하실로 내려가고…
(6부 #73)
/지하실에 트렁크 가져와 짐 대충 싸서…. 대니얼 부축해서 나가는.

무치 차 출발하면, (환상처럼) 이윽고 차고 문 열리고 요한, 뒷좌석에 커다란 캐리어
뒷좌석에 싣는. (6부 #74)

S#84　　거리 일각 (6부 #78 과 동장소)/ 낮 + 성모 사랑의 집 면담실/ 낮

차 세우는 무치. 건너편 보면. 다시 환상처럼 보이는 경찰과 요한의 모습.

무치　　　　(트렁크 여는 요한의 환상 보며 생각하는) 차 안에 있던 사람이 한국이가 아
　　　　　　니었다면…

플래시 컷/ 요한 차 트렁크 열리고, 루미놀 뿌리면 드러나는 혈흔 자국! (7부 #12)

무치　　　　그럼 그 차에서 발견된 혈흔 자국은 누구 거였을까…? (출발하면)

플래시 컷 컷! /트렁크 틈 사이로 보이는 대니얼의 눈빛! (6부 #81-1)
/폐병원 앞 요한 트렁크 꺼내고 그 밑 열림 장치 열면 의식 잃은 대니얼 있는… (6부 #83-1)
/폐병원 내부, 침상에 대니얼 눕히고 링거 꽂는.

무치　　　　(운전하며/ 도무지 안 풀리는) 누구였을까? (옆 좌석에 놓인 유전자 검사 봉투
　　　　　　로 시선 가는)

플래시 컷/ 폐병원 뒷마당, 유전자검사 서류와 캐리어 속 옷 등 짐들 태우는 요한. (6부 #88)

유전자검사지 보고 있던 무치, 시동 걸고 차 출발하는…

요한　　　　(꺽꺽 우는)

재희	(그런 요한 보며) 울지마… 오빠…
요한	(고개 들며) 재희야… 이 세상에… 너랑…
재희	(O.L) 너랑 나 둘 뿐이야…
바름	어? (무슨 말인지…)

S#85 성모 사랑의 집 면담실 복도/ 낮

충격에 멍한 표정으로 나오는 바름. 벽 짚으며 겨우 발걸음 떼며 가는.

S#86 봉이네 집 화장실/ 낮

씻으려고 물 틀어넣고 멍하니 생각에 빠져있는 봉이.

봉이   아무래도 성요한이 아닌 거 같은데… 하아… 확인할 방법이 없네…

후 한숨 내쉬다, 팔에 붙어있는 밴드 살짝 떨어져 덜렁거리자 확 떼버리고는 어푸어 푸 세수하는데 상처에 물 닿자 아 쓰려… 하며 팔 보면 길게 그어진 수갑 긁힌 자국 보는 순간!!

플래시 컷/ 칼 마구 휘두르는 봉이, 칼날이 프레데터의 왼쪽 팔 스친다. (6부 #2)

봉이   맞아! 팔에 칼자국이 있었는지만 확인하면 되잖아! (후다닥 뛰어나가는)

S#87 바름의 집 거실/ 낮

들어오는 바름. 진열장 밑에 떨어진 사진 꺼내 보다(*바름 시선만) 품에 안고 끅끅 우는.

S#88   무진청 특본팀 사무실/ 낮

신형사   (성요한 관련 기록 보며) 복부 총상 말고는 다른 건 없는데?!

봉이   왼쪽 팔에 흉터가 있을 거예요. 칼자국 같은 거 한 요정도 길게 그어진…

신형사   왼쪽 팔? (보다) 없는데요?

봉이   없다구요? 화, 확실해요?

신형사   어. 없어요.

봉이   그럼 왜 성요한을 범인이라고 확신한 거예요?!! 제가 분명히 얘기했잖아요!!

신형사   뭔 소리에요? 칼자국이라뇨…? (훑어보다) 봉이씨 진술내용에 그런 거 없
는데…

봉이   없다구요?… 분명히 얘기했는데…? (생각하는 위로)

플래시 컷/ 무진병원 응급실 (6부 #22)

바름   좀 자. (봉이 눕히며) 입원실로 옮겨야 하니까 가서 세면도구랑 좀 챙겨올게.

봉이   (감은 눈 갑자기 번쩍 뜨며) 참! 내가 칼로 그놈 팔을 그은 거 같아.

바름   진짜? 뭐야. 그은 거야? 그은 거 같아?

봉이   그게 그놈한테 머리채를 잡혔을 때 들고 있던 칼을 휘둘렀는데 뭔가가 살
짝 스쳤어… 근데 그놈이 작게 신음 소리를 냈던 거 같아…

바름   어디? 어디를 스쳤는데?

봉이   잘… (혼자 시뮬레이션 해보더니) 아마 왼쪽 팔 쪽이었던 거 같아…

바름   그래? 알았어. 얼른 자… 강형사님께 얘기할게…

봉이   (갸웃하며) 얘기하는 걸 잊어버렸나…?

신형사   에? 누구한테요? 아니 누가 보고를 안 한 거예요? 확실해요? 그때 범인 팔
정말 그었어요?/

봉이   그게. (하다) 아, 제가 착각한 것도 같고. 확인해보고 말씀드릴게요. (급히
나가는)

S#89   무진청 특본팀 복도/ 낮

봉이	(생각에 빠진 채 나오며) 깜빡했나봐. 그 중요한 걸… 보고 안 하면 어떡해… 오빠는… (핸드폰 꺼내 급히 바름에게 전화하는. 그러나 전원 꺼진)

S#90 무진구치소 폐쇄된 공동 샤워장 앞/ 해질녘

샤워장 앞에 선 무치. 샤워장에서 대강당 쪽 보는 시선 위로…

바름	(E) 공연장 앞까지 같이 낑낑대고 들고 왔어요. 거기서 이런저런 얘기를 나누고 인사하고 헤어졌죠… 치국이 가는 모습 보고, 박스 밀어서 안으로 들어왔죠. (3부 #23 상황)
무치	어떻게 여기서 공연장에 있는 매직박스까지 옮길 수 있었을까… 그것도 의식을 잃은 채 축 늘어져있는 성인 남자를… (곰곰 생각하는데)

S#91 바름의 집 대문 앞/ 해질녘

봉이 보면 집에 불 켜있다. 벨 누르려다, 대문 닫히지 않은 상태 보고 문 열고 들어가는.

S#92 무진구치소 접견 신청실/ 해질녘

시계 보면 면회 신청 마감 시간이다. 지은, 절망적인 얼굴로 일어나 터벅터벅 걸어가는데… "저기요" 소리에 돌아보는 위로…

김교도	(E) 4440. 면회하겠답니다.

S#93 바름의 집 거실/ 해질녘

봉이 들어오면 소파에서 몸 옆으로 쓰러뜨린 채 잠들어있는 바름 (손에 희정 사진 쥔 채)

봉이   (다가가 바름 조심스레 깨우는) 오빠… 물어볼 게 있는데…

그러나 곤히 잠든 바름, 미동도 않고. 봉이, 다시 바름 깨우려다 가만히 내려다본다.
지쳐 보이는 바름, 어느새 얼굴도 헬쑥해졌다.

봉이   (속상한/ E) 얼굴이 이게 뭐야…. 이 잘생긴 얼굴이… 또 왜 이렇게 야위었어…

바라보다, 방에서 이불 가지고 나와 조심히 손에 들린 사진 빼서 테이블에 올려두고,
이불 덮어주려는데. 문득!!! 이윽고 조심스레 바름의 소매 쓰윽 걷어 보는…

S#94   무진구치소 접견실/ 해질녘

초조한 얼굴로 앉아있는 지은. 무릎 위에 꽉 잡은 손이 바들바들 떨린다.
이윽고 드르륵! 문 열리는 소리에 고개 드는!!!

S#95   바름의 집 거실/ 해질녘

쓰윽 걷어지는 바름의 소매 아래로 드러나는 팔에 길게 난 선명한 칼자국 흉터!
흡!!! 봉이 반사적으로 자신의 입 틀어막는.

S#96   무진구치소 폐쇄된 공동 샤워장 안/ 해질녘

샤워장 한가운데 서서 계속 골똘히 생각에 빠져 있던 무치. 문득!!!

무치   그 박스가 여깄었다면… 여기서부터 넣어서 끌고 갔다면…?

생각하는 위로 바름 진술들 서로 오버랩 되면서 웅웅거리며 들리는!

무치   정바름 진술뿐이잖아… 정바름이 거짓말을 했으면… (그래놓고도 도저히
이해가 안가는) … 정바름이 거짓말을 왜 해? (하다 퍼뜩!) 정바름이 한 짓이
면?!!!

S#97   바름의 집 거실/ 해질녘

바름 팔에 칼에 그어진 칼자국 흉터! 순간 봉이, 입 틀어막은 채 소리 안 나게 뒤돌아
나가려는 순간! 확!!! 잡히는 손목. 반사적으로 휙 돌아보는 봉이의 공포 가득한 눈
빛! 봉이 손목 꽉 붙잡은 채, 올려보고 있는 바름의 무심한 듯 텅 비어있는 눈빛과 마
주치며!

the END

제19부

S#1 　　프롤로그 – 과거. 산부인과 병실 안 (모자동실 시간)/ 저녁

멍한 얼굴로 창 밖 보고 있는 지은 뒤로 자지러지게 우는 갓난아이(신생아) 울음소리.
지은, 천천히 돌아보면, 침대 위에 눕혀진 채 자지러지게 울고 있는 갓난아이 보인다.

지은　　　　저 아이가… 한서준처럼 된다면…. (아이 바라보는 지은의 눈빛 위로)

플래시 컷! 컷!!/ 아씨! 하는 한서준 표정 (1부 #59)/ 나 한서준 2세가 필요했어‥ (1부 #62)

지은 뭔가에 홀린 사람 마냥 침대로 눕혀진 아이 포대기째 안아 들더니 창가로 가서
확 내던지려는데 "안 돼요!" 달려들어 아이 뺏는 누군가! 놔! 놔! 실랑이 벌이다 아이
뺏기는. 지은, 보면 아이 안아 든 간호사. 놀라 우는 아이 진정시키며 고개 드는데 희
정이다.

지은　　　　(시선 희정의 배 쪽으로 가면, 희정 배 제법 나와 있는) 결국 낳기로 했군요…
희정　　　　(1부 #73의 그 확신이 사라진 표정으로 마음고생 심한 얼굴로 퀭한 눈빛으로) 무
　　　　　　서워요…
지은　　　　?
희정　　　　괴물을 봤어요…. (목소리 떨리는) 내 아이가 그 아이 같은 괴물이 되면 어

떡하죠‥

서로를 바라보는 지은과 희정의 눈빛에 슬픔과 두려움, 연민 등 복잡한 감정이 담겨있다. 그렇게 마주 보고 선 지은과, 아이(지은아이) 안고 있는 희정 위로 타이틀 뜬다

마우스

S#2   과거. 구령(求靈) 병원- 산부인과 복도/ 낮 (10부 #1 상황)

간호복 희정(27주) 걸어가는데, "왜 이래요. 놔요!" 소리에 병실 쪽 보면, 확 뿌리치는 형철母. 쿵! 엉덩방아 찧는 지은 알아보고 놀라는 희정. 뛰어온 의료진들 희정 지나쳐 병실 뛰어들어가 아이(형철) 데리고 나오는. 다시 병실 안 보면, 형철母, 만삭 지은 앞에 무릎 꿇고

형철母　나, 낳지 마세요! 절대‥ (애절하게 고개 젓는) 낳으면 안 돼요. 안 돼…

놀라 보는 희정. 지은, 허둥지둥 나오자 간호사들 쪽으로 비켜서는데 수군거리는 소리 "같이 죽으려고 약을 먹었대." "우울증 인가봐." "애가 뭔 죄야. 죽을려면 혼자 죽지‥"

〈점핑〉 희정, 조심스레 병실 안 들여다보는데 창가에 서서 (형철母)확 밀어버리는 아이(형철). 순간 흡!!! 자신의 입 틀어막고 그대로 문 뒤로 숨는 희정. 허허…. 충격에 휩싸이는데. 병실에서 나오는 형철, 문 뒤에서 시선 피하며 주춤거리고 서 있는 희정 보고, 힐끗 불룩 나온 배(27주) 보는데 눈빛이 예사롭지 않은. 희정, 시선 느끼고 반사적으로 배 감싸 쥔다. 형철 복도 밖으로 사라지자, 병실 안으로 뛰어 들어가 창밖(5층 높이 정도) 내려다보면 피 흥건하게 죽어가는 형철母. 그 앞, 양수 터진 채 산통 느끼며 주저앉아있는 지은.(주변에 몰려든 사람들) 그 광경 보고 충격에 휩싸인 희정 위로…

희정　(E) 괴물을 봤어요…. 내 아이가 그 아이 같은 괴물이 되면 어떡하죠‥

S#3   현재. 무진구치소- 접견실/ 해질녘 (18부 #94)

문 드르륵! 열리는 소리에 지은 고개 들면, 한서준이다!

서준   (비아냥거리듯) 이게 누구신가?

지은   (벌떡 일어나 다급히) 그 애 어딨어. 어딨냐고!!!

서준   (느긋하게 자리에 앉으며) 누구?

지은   그 형사가 당신 손주 데리고 있어. 자기 딸 안 내놓으면 죽이겠대. 어딨
        어? 내놔 얼른!!!

서준   손주? 내가 손주가 어딨어? 우리 축복이 죽였다며? 낳자마자 니 손으로
        직접!

지은   미안해 잘못했어‥제발‥ 제발 우리 요한이 아일 죽인 대잖아. 당신 손
        주부터 살리자. 어?

서준   (여유롭게) 맘대로 하라고 해‥ 죽이든지… 말든지…

지은   (싹싹 비는) 그러지 말고 그 애 어디다 뒀는지 말해줘. 제발…당신 핏줄이잖아.

서준   핏줄이라… (씩 웃으며) 나랑 상관없는 애잖아.

지은   뭐? (놀라 보는)

인서트/ 유전자검사소 앞 + 사무실 (18부 #69)/ 해질녘
18부 #63 마크 전체 프린터 된 종이 내리면, 마크 보이는 유전자검사소 앞에 서 있는 무치.

무치   (E) 친자확인이요?

서류 받아 보면 -검사된 유전자에서 불일치가 나타나 친자관계가 성립하지 않습니다. -

S#4   과거. 무진구치소- 소장실 (9부 #54)/ 서준의 회상/ 낮

최영신   (무릎 꿇은) 전 국민이 소망하고 있습니다. 살려주십시오. 정바름군.

서준   (어이없다는 듯 돌아서는)

S#5   과거. 무진구치소 안 운동장/ 서준의 회상/ 낮

서준   (손 만지작거리며) 손이 또 슬슬 굳어가네… (하는데 저만치 쪼르르 달려가는 쥐 보는)

S#6   과거. 무진구치소 폐쇄된 공동 샤워장 안/ 서준의 회상/ 낮

쥐 공동샤워장으로 들어오자, 쫓아 들어오는 서준. 오랫동안 사용하지 않은 흔적 역력하다. 쥐 쪼르르 수채구멍으로 들어가 버리자 손 쑥 넣어 쥐 꺼내려는데 뭔가 잡히는. 뭐지? 싶어 잡아당기면 하수구 사이 낀 이어폰과 피 묻은 MP3! 꺼내 귀에 꽂아보면 바흐 〈골든 베르크 변주곡 아리아〉 다! 흠칫하다 이내 서늘해지는 서준의 눈빛.

서준   (E) 내가 즐겨듣던 우리 축복이 태교 음악이라… 확인해봐야겠는 걸…

S#7   과거. 무진구치소 폐쇄된 공동 샤워장 밖/ 서준의 회상/ 낮

서준   (여유롭게 걸어 나와 교도관에게) 소장한테 전해. 맘이 바뀌었다고.

S#8   과거. 몽타주, 무진병원 곳곳/ 서준의 회상/ 늦은 밤

병원지하/ 007작전으로 승용차에서 내리는 서준(모자 눌러쓰고 점퍼 입힌)과 사복 입은 교도관.
병원장실/ 들어오는 병원장과 서준, 교도관. (사복 입은)

병원장   (교도관 보며) 잠시만 있게. (문 열고 안쪽 손잡이 잠김 누르고 나가고 닫는)

둘러보던 서준. 책장에 감사패 집어 내리치면, 쓰러지는 교도관. 교도관 주머니에서 열쇠 꺼내 수갑 풀고, 서랍 열어 메스 꺼내들고 나가려다, 옷걸이에 걸려있는 가운 보는.

병원복도/ 가운 입고 의료용 마스크 쓴 채 의사마냥 자연스레 돌아다니며 병실 찾는 서준.

S#9   과거. 무진병원- 요한 집중 치료실 앞/ 늦은 밤

지키고 있는 경찰들 유유히 지나 들어오는 서준. 중환자 상태의 요한 침대 앞에 앉아, 요한 손 꼭 잡고 있는 지은 뒷모습 보인다. 서준 메스 꺼내 들고 서서히 다가가는데··

지은   미안하다 요한아··· 니 배신감이 얼마나 클지·· 널 그 괴물 자식으로 자라 게 해서···

서준   (순간 흠칫! 멈춰서는)

지은   그때 그런 결정만 하지 않았어도··· 너희 가족··· 너 모두 행복하게 잘 살 았을 텐데···

서준   (그런 지은 서늘하게 바라보며, 메스 쥔 손 꼭 잡는/ E) 감히 날 속여? 니깟 년 이 감히!

S#10   과거. 무진병원- 요한 집중 치료실 밖/ 늦은 밤

나오는 서준. 비릿하게 미소 짓는 위로··

지은   (E) (끅끅) 그 놈을 내 손으로 죽였어야 했는데··· 정바름. 그 괴물도 새끼 라고··· 내가 미친년이야 내가··널·· 이렇게 만들었어 요한아···

/서준   (기분 좋은) 역시··· 정바름이었어. 그렇다면 살려내야지. 이 한서준 2세 를···

S#11   과거. 수술실/ 서준의 회상/ 늦은 밤 (9부 #1)

마취 상태로 누워있는 바름 보고 있는 서준. 그 옆 침상으로 가서 드릴 집는 서준 손. 보면, *산소호흡기 단 채 누워있는 요한. 그 옆, *심박모니터 보이는데 살아있다! 그 위로··

선 과거/ 수술실 안/ 늦은 밤
수술복 입고 들어오는 서준. 병원장 서 있다.

병원장	여기. (냉동박스 보관 뇌 건네며) 지난번에 얘기한 뇌 센터에서 확보한 연구용 뇌야.
서준	이걸로 안 돼. 살아있는 뇌가 필요해.
병원장	살아있는 뇌? 뭔 소리야? 그땐 그런 말 없었잖아. 그리고 살아있는 뇌를 어디서 구해.
서준	있잖아. 성요한 뇌.
병원장	뭐? 성요한 바이탈이 정상으로 돌아왔어. 지금 회복 중이라고··
서준	세상 사람들 중 성요한이 살아나길 기대하는 사람 몇이나 될까?
병원장	(황당한) 그, 그렇지만 자네 아들 아닌가? 그런데 어떻게··
서준	한 번은 좋은 일 해야 하지 않겠어? 우리 요한이 이렇게라도 속죄 받고 싶을 거야··
병원장	하지만··
서준	(장갑 벗으며) 그럼 이 수술은 포기하는 걸로 하지··· 그 착하고 죄 없는 경찰 청년은 죽게 될 거야. (나가려는데)
병원장	(다급히) 자, 잠깐만··
서준	(피식 미소 지으며 돌아보는)

과거/ 수술실/ 서준의 회상/ 늦은 밤 (9부 #1)
일부 밀어진 상태의 요한 머리 메스로 가르고 전두엽 적출하는 서준.
잠시 후 요한의 심박모니터기 사망. 삐-------------------

S#12   현재. 무진구치소- 접견실/ 해질녘

지은   (충격에 빠진) 사, 살아있는 아이 뇌를‥ 꺼냈다고? 우, 우리 요한이를…

서준   몰랐나? 끔찍한 모성인 척 하더니 것도 눈치 못 챘어?

지은   (허!)

플래시 컷/ 죽은 요한의 시체 부자연스러운 머리 가르마(*가발) (7부 #31)

지은   가발‥ (순간) 으악!! (울부짖으며) 이 살인마‥ 살려내 내 아들 살려내!.
       내 아들‥ 아아아악!!!!

서준   (그 모습 재밌다는 듯 보며) 왜 이래? 살려냈잖아 니 아들. 정바름!!!

지은   (아크릴 벽 미친듯이 치며) 아아아아아아아악~~~

서준   (즐기듯 보며) 니 년이 나한테 한 짓에 대한 답례야. 성지은! 성요한은 니
       년이 죽인 거야. (뛰어 들어온 교도관들에게 끌려 나가며 절규하는 지은 보며
       크크크크크 웃는)

S#13   무진구치소- 의료과 진료실/ 오후

무치   나치국 사고 있기 전 이 구치소에 에이즈 환자가 들어온 걸 몰랐다가 감
       염 사실이 알려지자 검사한다고 수용자 전원 피 뽑은 적 있죠!

의사   네. 아. 네‥ 그런데 그건 왜…?

무치   성요한이 여기 온 날, 그 피 여 었죠?

의사   아… 잠시만요. (기록 찾아보는) 나교도 사고날이‥ 아, 네. 그 다음 날 검
       사센터로 옮겼네요.

무치   한서준 피! 문제없었어요?

의사   한서준이요? 아뇨. (하다) 아!!! (후다닥 찾아보더니) 검사기관에서 오염된
       피들은 검사 불가능 통보가 왔었는데 명단에 한서준도 있었어요.

무치   검사 불가능이라면?

의사   이물질이 들어가서 오염됐거나, 아니면 피의 양이 적거나…

무치   (확신하는) 성요한 여기 왔을 때 자리 비운 적 있죠?

의사   네? 아. 네‥ 그랬던 거 같은데…

무치   (E) 한서준 피를 가지러 온 거였어!

S#14   무진구치소- 복도/ 오후

무치   (나오며, 다시 서류봉투에서 검사지 꺼내면 '친자 관계가 성립하지 않습니다') 성
       요한이 한서준 아들이 아니라니·· (서류봉투 속에서 또 다른 서류 꺼내보며)
       그럼 이건 뭐지?

플래시 컷/ 직원 "머리카락을 가져와서 혈연 관계가 일치하는지 봐달라고 하더라구
요··"

서류에 -동일모계 혈연관계가 성립합니다- 라고 쓰여 있다.

S#15   바름의 집- 거실/ 낮

들어오는 바름, 진열장 밑에 떨어진 희정 품에 안긴 자신 사진 보다가·· 아이 옷에서
손가락 떼면, 배냇저고리에 BLESS 자수(1부 #19)! 있다. 꺽꺽 울기 시작하는 바름
위로…

S#16   과거. 성모 사랑의 집 (바름 재희, 요한 재희 교차, 18부 #84 이
           후)/ 낮

재희   울지마. 오빠.
바름   ?
재희   재희야·· 이 세상에·· 너랑 나 둘뿐이야··
바름   어? (무슨 말인지. 이상한) 그게… 무슨 말이야?
재희   넌 세상에 남은 내 유일한…

요한   (O.L) 내 유일한 가족이야. 재희야…
재희   (인형 만들다 멀뚱 요한 보는)
요한   (끄덕) 이제 세상엔 우리 둘 뿐이야… 재희야·· 오빠가 지금 할 일이 있

어… 그 일 끝내고‥ 다 끝내고‥ (눈물 그렁) 우리 재희 데리러 올게. 재희랑 오빠랑 둘이 행복하게 살자‥ 어?

재희   (따라하며) 오빠랑 둘이 행복하게 살자. (손가락 내미는)

요한   (그런 재희 보며 손가락 거는데 눈물 계속 흐르는)

재희   울지 마. 오빠. 울지 마…오빠

바름   (충격 받은 얼굴로 멍한)

S#17   과거. 성모 사랑의 집 면담실 복도/ 낮 (18부 #85 상황)

충격에 휩싸인 얼굴로 나오는 바름. 벽에 손 짚고 터벅터벅 가는데.

바름   (넋 나간 듯 중얼거리며) 나였어‥ 내가 한서준 아들이었어…

플래시 컷! 컷!/ 바름, "내 머리에 성요한! 그 살인마 뇌를 집어넣은 거야? 어?!" (9부 #8)
서준, "하지만 난 자네 본성이, 결코 요한이에게 잠식당하지 않길 바라네‥" (10부 #9)

바름   한서준은 알고 있었어. 내가 아들이란 걸‥ 그래서 날 살리려고 성요한을…

으아아아악!!!! 멈춰 서서 온몸 잡아 뜯으며 절규하는… 놀라 뛰어오는 수녀님과 직원들. 방에서 빼꼼 내다보고 절규하는 바름 보고는 겁먹고 아아악 같이 발작 일으키는 재희.

S#18   현재. 바름의 집 거실/ 낮 -> 해질녘 (18부 #87, 93, 95, 97이어 상황)

껙껙 우는 바름을 지켜보는 듯한 카메라 시선…에서

〈시간경과〉 어느새 어둠이 깔린 거실, 눈물 얼룩진 얼굴로 소파에 쓰러진 채 잠든 바름(손에 사진 쥔 채) 보고 있던 봉이, 방에서 이불 가지고 나와 조심히 바름 손에 들린 사진 빼서 테이블에 올려두고, 바름 위에 이불 덮어주려다 문득!!! 조심스레 바름의 소매 쓰윽 걷어 보는. 걷히는 바름의 소매 밑으로 드러나는, 팔에 난 긴 칼자국 흉터! 흡!!! 봉이 반사적으로 자신의 입 틀어막는. 봉이, 입 틀어막은 채 소리 안 나게 뒤돌아 나가려는 순간! 확!!! 잡히는 손목! 반사적으로 돌아보는 봉이의 공포 가득한 눈빛! 봉이 손목 꽉 붙잡은 채, 올려보고 있는 바름의 무심한 듯 텅 비어있는 눈빛과 마주친다. 손 덜덜 떠는 봉이를 순간 확 끌어안는 바름! 흡 놀라는 봉이. 애써 진정하려고 하지만. 바름, 온몸으로 봉이 떠는 걸 느낀다.

바름	(E) 봤구나… (눈 꾹 감고 더 꽉 끌어안으며/ E) 불쌍해서 어떡해·· 봉이··· (다시 눈 뜨며 눈빛은 슬픈. 애써 다정하게) 왜 이렇게 떨어?
봉이	(흠칫! 바름 확 밀치며) 찰 때는 언제고!!! 사람 헷갈리게 끌어안고 지랄이야!
바름	(그런 봉이 슬프게 보는/ 연기하고 있다는 걸 잘 알고 있는) 왜 왔어?
봉이	아, 아저씨가! 오빠가 강덕수 죽인 거 눈치챈 거 같아서! 그거 말해주러 왔어!
바름	(담담히) 알아. 내가 말했어.
봉이	뭐? 마, 말했다고? (당황하는) 그, 그래? 그럼 괜히 왔네? 그 말 해주러 왔는데. 갈게! 그럼!

씩씩하게 나가는 봉이. 그런 봉이 가슴 아프게 바라보는 바름, 끅끅 무너지는.

S#19   바름의 집 대문 앞 + 무친구치소 현관 앞 (교차편집)/ 저녁

씩씩한 척 나오는 봉이. 대문 나오자마자 다리 풀리며 털썩 주저앉는.
/넋 나간 얼굴로 걸어 나오는 지은. 다리 풀려서 털썩 주저앉는.

눈에 눈물 차오르는 봉이 얼굴 위로··
플래시 컷/ 구급차에 실리기 전, 할머니의 눈 감은 모습! (4부 #14)

/눈에 눈물 차 오르는 지은 얼굴 위로··

플래시 컷/ 요한 시신 앞에서 오열하는 지은. (7부 #31)

정신없이 주위 두리번거리며 큰 돌멩이 하나 집어 다시 들어가려는 봉이. 차마 멈추는!!!

봉이   아냐. 아냐… 아닐 거야. 그럴 리가 없잖아… 팔에 흉터 있는 사람이 뭐‥ 한둘이야? (꽉 쥔 돌멩이 휙 던져버리고 도망치듯 어둠 속으로 뛰어 가버리는)

S#20   거리/ 밤

넋 나간 얼굴로 휘청이며 걸어가는 지은 위로.

희정   (E) 괴물을 봤어요… 내 아이가 괴물이 되면 어떡하죠‥

S#21   과거. 산부인과 병실 (#1에 이어)/ 지은의 회상/ 저녁

지은과 희정, 침대에 걸터앉은 채 창밖 보고 있다.

희정   지 엄마를 창밖으로 떠미는 걸 봤어요. 보고도 아무 말 못했어요. 신고도 못했어요‥ 너무 무서워서‥ 나한테… (배 만지며) 내 아이한테 무슨 짓이라 도 할까 봐…
지은   …
희정   그 날 이후, 잠을 잘 수가 없어요. 불안해서 미칠 거 같아요… 내 아이가 그 아이처럼 괴물이 될까봐‥ (심하게 불안해하는) 그럼… 어떻게 되는 거죠?
지은   (결연한) 그런 비극이 일어나기 전에… 우리 손으로 끝내야 돼요‥
희정   ?
지은   그게 엄마가 자식을 위해 해 줄 수 있는 유일한 일일 거예요‥ 아일 위해 서도… 아이에게 희생당할 사람들을 위해서도… 모두를 위해서…
희정   그게 무슨…?
지은   어릴 때부터 다르대요. 시작은 동물 학대부터래요. 그러다 동물을 죽이고 시시해지면 사람으로 옮겨간대요.

희정   (끔찍한)

지은   엄마는 모를 수 없대요. 알 수밖에 없대요. 지켜보다가 만약 아이가 살인
       마가 될 거라 판단되면. 우리 손으로 끝내요.

희정   네? 자식을 내 손으로 죽이라구요?

지은   (고개 젓는) 안 될 거예요. 자기 자식을 죽인다는 건…

희정   그럼…?

S#22   과거. 대형몰 외경 + 여성휴게실/ 지은의 회상/ 낮

(*여성휴게실은 오즈 사내들이 들어오지 못합니다/ 아기들 포대기에 싸서 모습 안 보이게)
BLESS 적힌 배냇저고리 입은 3개월 정도의 축복이(바름) 안고 앉아있는 지은과
태어난 지 얼마 안 된 신생아 포대기 안고 휴게실 의자에 앉아있는 희정.

지은   잘 지켜보다가, 괴물이라고 판단되면… 죽여줘요.

희정   (슬픈 눈으로 자신의 품에 안은 신생아 요한 보는)

지은   (E) 내 눈으로 똑똑히 봤어. 머리 잘린 자기 엄마를 보던 그 아이 모습을‥
       /마음 독하게 먹어요. 우리‥ (E/ 그런 아이가 더는 생기지 않게…)
       누군가의 엄마가, 아빠가, 형이 자식이‥ 희생되지 않게‥ 우리가 막아야
       해요‥ 그게 아일 위해서 최선의 선택이에요‥ 우리가 해줘야 해요‥

희정   (끄덕이고, 자신의 아이 한참 바라보다, 지은과 서로 아이 바꾸는)
       아이들이 크면, 그때 아이들에게 용서를 빌기로 해요.

지은   네. 그러길 빌어야죠. 그 전엔, 혹시나 길에서 마주쳐도 아는 척하지 말기
       로 해요…

희정   (끄덕) 우리 요한이 귀하게 잘 키워주세요‥ (신생아 요한 눈물 흘리며 보는)

지은   잘 키울게요. 우리 재훈이도 잘 부탁드려요‥ (말 잇지 못하고 희정 품에 안
       긴 재훈 보고/E) 아가‥ 부디 보통의 사람으로 자라다오‥ 제발…

현재/ 지은, 주저앉은 채 가슴 뜯으며 꺼억꺼억 우는. "요한아‥ 요한아…"

S#23   **무진구치소 폐쇄된 공동샤워장 인근 + 앞/ 해질녘 (18부 #90, 96 연결)**

무치   (생각에 빠진 채 걸어오는) 그러니까 그날 성요한은 한서준 피를 구하러 왔던 거야·· 나치국을 죽이러 온 게 아니었어·· 성요한이 아니면··· 누가··

샤워장 앞에 서는 무치. 샤워장에서 대강당 쪽 보는 시선 위로··

바름   (E) 공연장 앞까지 같이 낑낑대고 들고 왔어요. 거기서 이런저런 얘기를 나누고 인사하고 헤어졌죠… 치국이 가는 모습 보고, 박스 밀어서 안으로 들어왔죠. (3부 #23 상황)

무치   어떻게 여기서 공연장에 있는 매직박스까지 옮길 수 있었을까… 그것도 의식을 잃은 채 축 늘어져있는 성인 남자를… (곰곰 생각하다 문득!) 그 박스가 여깄었다면… 여기서부터 넣어서 끌고 갔다면…? (생각하는 위로··)

바름 진술들 서로 오버랩 되면서 웅웅거리며 들리는!

무치   정바름 진술뿐이잖아… 정바름이 거짓말을 했으면… (그래놓고도 도저히 이해가 안가는)… 정바름이 거짓말을 왜 해? (하다)

플래시 컷 컷!/ 바들바들 떨며 눈 질끈 감고 중얼거리듯·· "내, 내가 치국이를··" (15부 #16) 바름 안고 바들바들 떠는 치국의 모습. (15부 #28)

바름   (무릎 꿇듯 앉아 껙껙) 어떡해·· 어떡해·· 내가·· 내가·· 너를·· 너를·· (16부 #4)

무치   (퍼뜩!) 정바름이 한 짓이면··?!!! (다급히 뛰어가는)

S#24   **홍주네 집 지상 주차장 앞/ 밤**

설록 홍주 취재차에서 짐가방 들고 내리는 홍주. "수고하셨습니다" 인사하고 문 닫으면, 차 출발하고. 홍주 현관 안으로 막 들어가려는데 경비 달려와.

경비	아이고. 애는 찾았어요?
홍주	네? 그게 무슨‥?

S#25   홍주 동네 지구대/ 밤

홍주	(정신없이 뛰어 들어오며) 애기, 애기 실종 신고 들어온 거 없어요? 네?
경찰	실종신고요? 없는데‥ (문득) 아까 어떤 아주머니가 애기 안고 가다 사고 난 건 있는데‥
홍주	네? (불안한) 호, 혹시 현장 CCTV 좀 볼 수 있을까요?

〈점핑〉 안절부절 CCTV 보는 홍주! 화면에 아이 안고 길 가로지르는 두석처. 품에 안고 있는 아이 보이지 않는데. 그때, 달려오는 차 보고 아이 꽉 안고 등 돌린채 그대로 치이는!

홍주	자, 잠깐 여기 얼굴 좀 확대해주세요. (화면 클로즈업 하면 흡!!! 입 틀어막는)

S#26   무진병원- 중환자실 앞/ 밤

초조하게 기다리는 두석. 문득 고개 돌리면 복도 끝에서 지은 터벅터벅 걸어온다.

S#27   무진병원- 병원 옥상/ 밤

두석	(허!) 왜? 안 내놓는대? 대체 왜? (이해가 안 되는) 지 핏줄 죽어도 상관없대?
지은	(간절하게) 제발‥ 제발 우리 애기 좀…
두석	(빡!) 죽은 자식 좀 돌려달라는데‥ 유골이라도 거두게 해달라는데 그것도

못 줘? 왜? 내가 못 죽일 거 같아?!!! 그래서 그러는 거래!!!? 좋아. 똑같이 당해보라 그래! (확 가려는데)

지은　안 돼요. 제발·· 제발·· (발 잡고 매달리는, 끌려가면서도 놓지 않는) 살려주세요. 우리 아기·· 그 아이 한서준 핏줄 아니에요··

두석　(기가 막힌) 나더러 지금 그걸 믿으라고? 놔! (확 뿌리치고 가는)

지은　(다시 벌떡 일어나 허둥지둥 쫓아가는)

S#28　무진병원- 중환자실 복도/ 밤

홍주　(헐레벌떡 뛰어오다 마침 나오는 의사 붙들고) 환자, 환자 상태는요?

의사　많이 안 좋습니다. 아이를 보호하느라, 더 크게 다치셨습니다.

홍주　(하아 하늘이 무너지는 와중에도) 아, 아이는요?

의사　걱정 안 하셔도 됩니다. 다친 데 전혀 없습니다.

S#29　인근 강가/ 밤

끼익 차 서면, 포대기에 싸인 은총 안고 내리는 두석. 포대기 풀 바닥에 내려놓고, 그 앞에 무릎 꿇고 앉아 분노 어린 눈으로 아이 목 가까이에 손 가는.

두석　(분노 가득 찬 얼굴로 씩씩대며) 너도 당해봐. 한서준. 너도!!! (말과 달리 손은 덜덜 떠는)

S#30　무진병원- 중환자실 안/ 밤

의식 없는 두석처. 그 앞에 망연자실 서 있는 홍주.

홍주　미안해·· 미안해··· 엄마··· (두석처 앞에 엎드려 꺽꺽 우는)

우는 홍주 머리 쓰다듬는 손. 벌떡 일어나면 두석처 힘겹게 눈 뜬 채 홍주 보는.

홍주	어… 엄마 정신 들어? (눈물 후두둑) 잘못했어. 내가 잘못했어. 엄마 (끅끅 거리면)
두석처	(힘겹게 손 올려 홍주 볼에 흐르는 눈물 닦아주는)
홍주	내가 현석이 혼자 두고 도망갔어… 너무 무서워서… 현석이 나 땜에‥ 나 땜에‥ 죽은 거야‥그리고 또… 또… (차마 더는 말 하지 못 하고) 엄마, 아빠 볼 자신이 없었어‥

두석처, 눈에 눈물 또르륵. 고개 가로 저으며 꺽꺽 우는 홍주 눈물 말없이 닦아주는‥

S#31 무진병원- 중환자실 복도/ 밤

눈물 닦으며 나오는 홍주 핸드폰 울리는 받으면, 발신자 이모님이다. 다급히 받는!

인서트/ 파출소 안의 경찰들 부산히 움직이고 있고. 덜덜 떨며 통화중인 지은.

지은	미안해요. 은총엄마… 아이를‥ 아이를‥ 데려갔어요‥ 죽이겠다고‥
홍주	누, 누가요? (헉!) 네? (후다닥 끊고) 안 돼‥ 안 돼. 아빠‥! (정신없이 뛰어 가는)

S#32 무진병원 로비 + 현관/ 밤

홍주 정신없이 뛰어나오는데 막 택시에서 은총 안고 내리는 두석. 두 사람 눈 마주 치는. 그대로 얼어붙은 채 서서 은총이 보는 홍주.

두석	(그런 홍주 반응 보고 눈치 채고 다가와) 아이‥ 엄만가요?
홍주	(끄덕이면)

두석   (포대기 홍주에게 안기며) 미안합니다. 아내가 많이 아파요. 그래서 데리고
        온 모양입니다. 죄송합니다. (90도로 인사하는) 처벌을 원하시면, 제가 받
        겠습니다. (터벅터벅 가면)
홍주   (아무 말 못 하고 은총이 품에 안은 채 눈물 흘리며 두석 뒷모습 가슴 아프게 보는)

S#33   건물 앞 (과기부) + 로비/ (다음날) 아침

출근하는 직원들. 건물 앞에 서있는 바름.

바름   (E) 재무 3팀을 뚫었다고 했어. 김준성이!

플래시 컷/ 이필승(가짜 이모부) 빈소에 배달되는 화환. 과기부 재무 3팀 쓰여 있는.
(16부 #39)

바름, 건물 안으로 들어가고.
과기부 로비/

관리자   재무 3팀이요? 재무팀은 2팀 밖에 없는데 무슨 소리세요?
바름   네?

S#34   카페/ 낮

들어오는 신형사. 휘핑 가득한 아이스커피 쪽쪽 빨아먹다 여기!!! 손드는 무치.

신형사   (와서 앉으며) 뭐에요? 안 어울리게 이런 데서 보자 그러고.
무치   그럼 어뜩하냐. 청장님 눈에 띄면 가만 안 둔다고. 무진청 전방 100미터
        접근금지래는데…
신형사   당연하죠. 아니, 애를 왜 그 지경으로 패서… (하다) 근데 아니죠? 정바름
        이 설마… 말이 안 되잖아요. 내가 아무리 심리학적인 관점으로 생각해봐

도. 그건…

무치 그게…. (하다) 아니다. 됐다.

신형사 에? 뭔데요? 왜 말을 하다 말아요.

무치 시끄럽고! 가져왔어?

신형사 (입 뚱해서) 여기요. (강덕수 현장에서 찍은 족적 사진 주는) 근데 증거사진 밖으로 빼돌리는 거 불법이란 말이에요. 울 아빠 낼모레 대선인데‥ 하기야‥ 뭐 트긴 했지만‥

무치 (사진 보며, 핸드폰 꺼내 변순영 현장 족적과 비교하면 사이즈 동일 /E) 사이즈가… 같아.

S#35 무진병원 외경 + 중환자실 안/ 낮

두석 (물수건으로 두석처 얼굴 조심스레 닦아주며) 그래도 천만다행이야 하늘이 도왔어. 다시는 그런 짓 하면 안 돼‥ 애 엄마 얼굴이 초주검이 되어있더라.

두석처 우리 애기 봤쪄 우리 애기‥

두석 (그런 두석처 보고 심난한)

S#36 무진병원 휴게실/ 낮

호남 (음료수 뽑아 건네며) 정말 살아있는 거 아닐까? 현수?

두석 (음료수 한 모금 마시며) 살아있으면 집엘 왜 안 와… 다 기억하고 있을 나인데‥

호남 하기야… 그렇긴 하지… 그나저나 한서준 그 새끼는 정말! 아흐… 왜 현수만 안 내놓는 거야. 선배한테 무슨 억하심정이 있다고… 개쌍늠의 시끼 아흐…

두석 (후‥ 한숨 내쉬다 생각난) 참, 어떻게 됐어?

호남 아‥ 뭐 무치 진술밖에 없고. 정순경이랑, 이형사랑 다 뭔 소리냐고 펄펄 뛰고…

두석 (갸웃) 그렇긴 한데‥ 그렇다고 무치 그 놈이 헛소리할 놈이 아닌데‥ (하

다) 그때 말야. 증거보관실 CCTV에 우리 팀만 찍혔잖아…

호남   그렇긴 한데… 에이, 아무리 정순경이··

두석   (정색하며) 아무리? 누굴 믿어? 한서준 그 놈·· 생각해 봐. 그때 니가 뭐랬
        는지 기억 나? 잘 나가는 스타 닥터가 설마 사람 죽였겠냐고 했어··

호남   (쩝 할 말 없는)

S#37   무진청 특본팀 팀장실/ 낮

호남 들어와 앉아 두석 말 떠올리며 찜찜한데··

두석   (E) 아무리? 누굴 믿어? 한서준 그 놈·· 생각해 봐. 그때 니가 뭐랬는지
        기억 나?

후 한숨 내쉬고 컴퓨터 켜는데, 메일 알림창 떠있고. 클릭하면 이민수 사직서다.
갸웃하는 호남. 이형사에게 전화하는데 전원 꺼져있다.

호남   (강형사에게 전화하는) 니들 지금 어디야? 당장 들어와!

⟨CUT TO⟩

강형사   사표요? 것도 메일로요? 이런 싸가지없는 시끼. 끝까지!

호남   박선배 말이 맞아. 무치 행동도 그렇고 이형사가 갑자기 사직서를 보낸
        것도 그렇고… 정바름에 대해서 좀 알아봐야 할 것 같아.

신형사   정바름이요?

호남   니들 조용히 강덕수 이재식 김병태 사건 발생 시각 전후로 정바름 행적
        초 단위로 끊어서 체크해 봐. 알았지?

신형사   (찜찜한)

S#38   호숫가/ 낮

벤치에 나란히 앉아 호수 보고 있는 홍주와 지은.

지은   너무 보고 싶어서‥ 우리 요한이 아이가 너무 보고 싶어서… 미안해요…
홍주   (원망의 눈으로 지은 보며) 아시죠? 아드님이 어떤 고통 속에서 살았는지‥?
지은   …
홍주   한서준 자식이라는 이유로 왕따, 괴롭힘‥ 학폭까지… 자살기도까지 했
        던 거 잘 아시죠? (가증스럽게 보는 위로)

S#39   과거. 차 안/ 홍주의 회상/ 낮 (18부 #17에서 이어지는)

대니얼   그리고… 최피디가 꼭 알아야 할 사실이 있어.
홍주   (백미러로 심각한 표정의 대니얼 보며) 뭔데요?
대니얼   한서준 아들, 정바름이야‥ 성요한이 아니라‥
홍주   (순간 끼익 브레이크 밟는)
대니얼   우리 어머니가 만들어주신 배냇저고리를‥ 정바름이 입고 있었어‥
홍주   그게 어떻게‥
대니얼   아무래도 엄마들이…

현재/

홍주   당신은 요한이가 고통스러워하는 모습을 지켜보기만 했어. 입 꼭 다물고.
지은   (놀라보는)
홍주   난 당신처럼 안 해. 내 아이! 억울하게 살인마 자식으로 살게 안 돼! 자랑
        스런 아빠 자식으로, 구김 없는 해맑은 아이로 자라게 할 거야! 다 돌려놓
        을 거야! 내 손으로! (일어나 가면)
지은   (꺼억꺼억 우는)

S#40   무진구치소 서준의 방/ 낮

가부좌 자세로 앉아있는 서준 위로 (E) 4440 면회!

S#41   무진구치소 접견실/ 낮

한서준 자신 앞에 앉아있는 홍주 보는 위로··
플래시 컷/ 손에 수갑 찬 채 여유롭게 앉아있던 서준, 그 앞에서 덜덜 떠는 홍주. (9부 #59)

서준   (피식 웃으며) 그때 그러고 가서 섭섭했는데 이렇게 다시 보니 반갑네…
홍주   (노려보는)
서준   참! 어떻게 됐어? 니 새끼? 죽었어? 니 아빠가?
홍주   우리 아빠 너 같은 괴물이랑은 달라.
서준   (어깨 으쓱) 실망인데… 너랑 많이 다른가 보네. 니 아빠··
홍주   (노려보는)
서준   하기야, 굳이 따지자면 내 쪽이지. 넌!
홍주   (입술 질끈 깨무는 위로)

S#42   과거. 한서준 아지트/ 이하 홍주의 회상/ 밤

각목으로 침대 밑에 있는 바닥에 떨어진 메스 끌어와 힘겹게 집는 수정.
메스로 쇠창 힘겹게 자르기 시작하는. 그 뒤에서 안절부절 서 있는 현수.
〈CUT TO〉 창살 끊기자, 사이로 손 넣어 밖에 채워진 걸쇠 푸는 수정.

S#43   과거. 인근 숲가 + 숲 속 + 언덕 아래/ 밤

정신없이 현수 손잡고 뛰어오는 수정. 숲가(길) 보이자 살았다 안도하며 뛰어나오는데.
숲가에 서준의 차 서는!(퇴근하고 아지트로 오는 길), 서준 차 발견하고 놀라 멈춰선 수
정 현수. 차에서 내리는 서준과 눈 딱 마주친! 순간 헉! 후다닥 다시 숲 안쪽으로 도
망치는 현수와 수정. 그 뒤 쫓아가는 한서준!

숲속/ 뒤돌아보며 정신없이 뛰던 수정, 순간 현수 손 놓치며 아악! 소리와 함께 수정 가파른 수풀 언덕 아래로 굴러떨어지는. 언니!!! 소리치는 현수.

언덕아래/ 언덕 아래로 뛰어오는 현수, 누워있는 수정 발견하고 뛰어오는.

현수   언니‥ 언니 괜찮아요? (일으키려 하는데)

수정   아‥ (일어나려 하지만 이미 허리를 크게 다친, 이내 절망스런) 현수야‥ 언니가 허리를 많이 다친 거 같아. 일어날 수가 없어. 혼자 가. 얼른. 얼른 도망쳐‥

현수   싫어‥ 언니 두고 못 가요. 일어나요. 얼른‥ (잡아끌면)

수정   (으윽 고통스런 다시 누운 채 하늘 바라보는데 밤하늘에 별이 쏟아지는 눈물 그렁이며) 별이 이렇게 예뻤구나… 현수야‥ 부탁 하나만 하자.

현수   ?

현재/ 어느새 현수 얼굴 고통에 일그러진 홍주 얼굴로 바뀌고.

서준   (그런 홍주 즐기듯 보며) 용케 빠져나왔어? 거기 갇혀 굶어 죽은 줄 알았는데 말야…

홍주   (서준 노려보는 위로)

S#44   과거. 서준의 아지트 (아지트 안에 현수 갇힌 방 + 아지트)/ 홍주의 회상/ 밤

탈진 상태로 웅크린 채 있는 현수. (수정 사망 후) 힘겹게 기어가 바닥에 떨어져 있는 빵 봉지에 부스러기라도 있을까봐 핥다 문득! 잠긴 철망 앞으로 가서 억지로 옆쪽 보면 철망 밖에 놓여있는 쇼핑봉투! 현수, 철망 사이로 억지로 손 빼서 봉투 잡으려고 안간힘 쓰다 결국 잡는데 성공하고, 철망 쪽으로 끌고 와 쇼핑봉투 속 글러브 안에 든 메스 꺼내는 위로‥

수정   (E) 만에 하나 다시 잡혀 올 수도 있으니까, 이거 여기다 넣어 두고 가자.

메스 꺼내서 철망 긁기 시작하는 현수. 철망 툭 끊기면 손 넣어 문 따고 나가서 수술 침대 끌어 벽에 붙이고 글러브 든 봉투 들고 올라가, 쪽창 열어 그 틈으로 빠져나가는.

S#45　과거. 몽타주 (짧게)/ 홍주의 회상/ 밤 -> 아침

숲속/ 어두운 숲속. 혹시라도 한서준 쫓아올까 봐 정신없이 앞만 보고 죽어라 뛰는 현수.
읍내/ 쓰러질 듯 휘청거리며 걸어오던 현수 눈에 가게 보이고.
점방/ 점방에 들어오면 주인 안 보이고 허겁지겁 빵 봉지 뜯어 먹는 옷, 머리 등 엉망인 상태의 현수. 점방 안 낡은 TV에 헤드헌터 체포 뉴스들(1부 #52) 보고 멍한‥

현재/

홍주	(독하게 서준 보고 있는)
서준	(그런 홍주 보며) 그때 넌 날 죽였어야 했어!

플래시 컷/ 접견실 안, 숨 몰아쉬다 후다닥 뛰쳐나가는 홍주. 그때 바닥에 떨어지는 펜! 한서준 보면 날카롭게 갈려있는 펜촉. 씨익 웃는. (9부 #59)

서준	그랬음 고무치도 안 돌았을 거고, 지금쯤 니 새끼‥ 애비 없는 자식은 안됐을 텐데 말야…
홍주	(눈빛 서늘해지며) 널 찾아온 이유, 안 궁금해?
서준	(으쓱)
홍주	이 말 해주러 온 거야.
서준	(호기심 어린 눈으로 보면)
홍주	한서준! 널 죽일 거야. 가장 최악의 방법으로! (일어나 뒤돌아 나가려는데)
서준	(E/ 비아냥거리듯) 어떻게?
홍주	(돌아보는. 독기 서린 눈으로) 기대하고 있어. 상상 이상이 될 테니까! (휙 나가는)
서준	(피식 중얼거리는) 상상 이상이라…

S#46　바름의 집 거실 + 서재/ 밤

힘없이 들어오는 바름. 자포자기상태로 멍하니 소파에 앉아 후 한숨 내쉬다 한쪽 구석에 던져져있는 자신의 일기장과 요한 핸드폰 보는, 요한 핸드폰 집어 음성 다시 들어보는데… **(E) 니가 알아봐달라고 했던 일 말이야. 나 완전 쫄려… 아무래도 잘못 뚫은 거 같아·· 오즈라는 조직인데. 암튼 보고 얘기하자** (17부 #71)

플래시 컷/ 준성 집 둘러보면, 거실 가득 해커 전공 서적과 해킹방어대회 우승 트로피!(해골모양) (4부 #68-1이전 상황)

후다닥 팬트리에 넣어둔 준성 노트북 가져와 이것저것 찾아보는데. 바탕화면에 있는 이북 서재 클릭해본다. 온통 해킹 관련 서적 표지들. 나가려다 문득 해킹 서적과 전혀 어울리지 않는 동화 오즈의 마법사 표지!(*참고그림) 도로시 옆에 있는 강아지 보는 순간!! 이북에서 나와(오즈의 마법사 책 클릭 않음!) 포털에서 뭔가 검색하고 클릭하는 바름의 얼굴만.

S#47　무치네 집/ 밤

벽 가득 무진 사건과 강덕수, 이재식, 김병태 사건 관련 자료들 덕지덕지 붙어있고 그 한가운데 변순영 족적 사진과 강덕수 족적 사진 나란히 붙어있다.

무치　　　(사이즈가 같은 두 족적 보다 부인하는) 아냐·· 어떻게 정바름일 수가 있어. 세상에 발 사이즈 같은 인간이 어디 한 둘이야. 아냐… 그럴 리가 없어.

S#48　봉이네 집/ 새벽

밤새 잠 한숨 자지 못한 얼굴로 생각에 잠긴 채 앉아있는 봉이. 뭔가 결심한.

봉이　　　그래… 오빠가 아니란 증거 찾으면 될 거 아냐! 내가 찾을 거야! (벌떡 일

어나다 문득! 할머니 액자 사진 보는. 그 위로)

S#49   과거. 바름의 병실 앞 복도 (*성요한 사망 이후)/ 봉이의 회상/ 밤

봉이   (수술 후 의식 없는 바름 슬프게 보며) 성요한이 왜 울 할머니 죽인 거래요?
        대체 왜?
무치   아무래도 그 사진 때문인 것 같아. 할머니가 마지막 순간까지 꼭 쥐고 계
        셨던··
봉이   사진이요?
무치   응. 성요한 집에서 사진을 가지고 나오셨어. 확인해보니 조미정 시체 사
        진이더라구··

현재/ 다급히 무치에게 전화하는 봉이. 하지만 신호만 가고 받지 않자 뛰어나가는.

S#50   무진청 앞/ 아침

버스에서 내려 무진청으로 들어가려는데 봉이씨! 부르는 소리에 돌아보면, 신형사
차다.

신형사   (운전석 창문 내린 채) 아침부터 웬일이에요?

S#51   무진청 증거보관팀 사무실 (증거보관실 아님)/ 아침

신형사 들어와 두리번거리는데 아무도 없다. 보면 무치 책상에 무진사건 증거 박스
있다.

신형사   여깄었네. 고선배가 가져갔었구나·· (문 쪽 보며) 들어와요. 봉이씨.

〈점핑〉 무치 책상 위 무진 사건 박스 열어주는 신형사. 봉이, 박스 안에 든 할머니 증거품들(피 묻은 가디건/ 꼬챙이 등) 보는 순간 눈에서 닭똥 같은 눈물이 뚝뚝 떨어진다.

신형사	(당황하며) 뭐⋯ 뭐 보고 싶다고 했죠?
봉이	할머니가 돌아가실 때 손에 쥐고 있었던 사진이요.
신형사	아, 그거 (찾아서 타다만 사진 조각 든 봉투 건네주며) 안 그래도 고형사님이 계속 보던데⋯
봉이	(사진보는데 거의 다 타서 잘 안 보이는)
신형사	(E) 이거 쥐고 있느라 손에 화상까지 입으셨드라구요.
봉이	화상이요⋯ (다시 천천히 들여다보다 뭔가 본 듯) !!!!!!
신형사	(그런 봉이 표정 보고) 왜요?
봉이	아. 아니에요. (사진 박스 안에 올려두며) 다른 것도 좀 보여줄 수 있나요? 다른 증거품⋯ 박스에 저희 할머니 브로치가 있는지⋯
신형사	브로치요? 잠시만요. (하며 증거품 목록 보는데)
봉이	(그 틈에 사진 든 증거봉투 다시 집어 슬쩍 주머니에 숨기는)

S#52   봉이네 집 마당/ 아침

창고 안에서 온갖 잡동사니들 헤집어 놓으며 뭔가 찾는 봉이. 큰 트렁크 꺼내 안에 든 옷들 막 헤치면 나오는 봉이 고등학교 교복. 다급히 살피면, 소매에 단추 하나 떨어져있는. 후다닥 사진 꺼내 보면, 봉이 눈에 보이는 희미하게 보이는 금빛 단추 조각! 봉이 교복 소매에 붙어있는 나머지 단추와 같다. 손 달달 떨리는 봉이 위로⋯

플래시 컷/ 바름 셔츠 소매 단추 떨어져 있는 걸 발견하고, 걸려 있는 봉이 교복 단추 슬쩍 뜯어내 바름 소매에 다는 봉이할매! (2부 #45)

봉이	이거 때문이었어⋯ 할머니가 이 단추를 봐서⋯ 지 정체가 들통 나서⋯ 정바름 이 개새끼!!!!!!!

S#53   바름의 집 앞/ 아침

차에 타는 바름. 출발하면 뒤이어 출발하는 미행차량.
바름 차와 엇갈려 골목으로 들어오는 택시. 봉이 타고 있다. (봉이, 바름 차 못 본)

S#54   바름의 집 거실/ 아침

미친 듯이 칼 들고 뛰어 들어오는 봉이 악에 바친!!!

봉이   정바름 나와!!!!!!!! 이 살인마 새꺄!!!!!!!! 나와! 이 새꺄 너 내 손으로 죽
           일 거야!!!

그러나 집안 조용하다. 봉이 핸드폰 꺼내 바름에게 전화하는데, 전원 꺼져있다.

S#55   바름의 집 앞/ 아침

뛰어나오는 봉이. 대문 쾅! 닫으며 밖으로 나오는데. 반동으로 닫히지 않고 다시 열
리는 문.

S#56   선착장/ 아침

배에 올라타는 바름의 차. 몇 차 건너서 올라타는 미행차량.
출발하는 배. 선착장에서 배 바라보는 시선. 당황하는 오즈 뛰어나와 두리번거리다
선착장 쪽 보면/ 그 모습 바라보고 있는 시선, 바름이다. 핸드폰 전원 끄고, 유유히
뒤돌아가는…

S#57   제주 공항 앞/ 낮

공항에서 나오는 바름. 바로 택시 탄다.

S#58 바다가 보이는 식당 앞/ 낮

마당에 들어서는 바름. 그릇에 담긴 우유 먹고 있는 새끼고양이 토토 보인다.
쓸쓸하게 바라보는 바름 위로‥

S#59 과거. 바름의 집 거실/ 밤 (#46에 이어)

준성 노트북 속 〈오즈의 마법사〉 표지, 도로시 옆에 있는 강아지 보는 위로‥

바름   (E) 고양이 이름은 지었어?
훈석   (E) 응. 토토. 오즈의 마법사에 나오는 강아지 이름이야.

인서트 컷/ 공항 출국장 (14부 #101)

바름   토토? 우와 이름 좋은데? 고양이 키우다 모르는 거 있으면 냥냥이네라는
        카페 들어가서 물어봐. 형도 거기서 정보 많이 얻었거든.
훈석   냥냥이네? 알았어.

바름, 냥냥이네 카페 로그인하고 올라온 게시글 일일이 쭉 살펴보다, 검색창에 토토
쳐보면 바로 뜨는 〈토토맘입니다. 애기고양이 잘 키우는 법 알려주세요〉
/작성자가 쓴 이전 게시글들 클릭하면, 다른 사진도 나오는데. 제주도 바다 배경의
마당에서 토토 안고 찍은 훈석 사진! 뒤로 마당 입구에 돌하르방 세워져 있는!

플래시 컷/ (11부 #77)
훈석   (F) 엄마, 할무니 집에 갔쩌. 아프다고 막 울면쩌 갔는데 핸드폰 두고 갔쩌.
바름   할머니‥?
훈석   (F)응. 제주할무니. 훈석이 귤 엄청 맛있는데 여기 까졌어. (후후 부는 시늉)

바름	하! (찾았다 싶은 얼굴로 다시 사진 보며) 귤이 아니라 굴이었어‥

S#60 훈석이네 굴밥집 식당 안/ 낮

드르륵 문 열리는 소리 들리고. 엄마! 부르는 훈석의 목소리에

이모	(테이블 훔치며 그릇 치우는) 왔어. 훈석이? (돌아보다 쨍그랑 그릇 떨어뜨리는!!!!) 문 앞에 서 있는 바름. 훈석 손 꽉 잡고 서 있다.
훈석	(신난) 형아 왔어. 엄마⋯
이모	(바들바들 떠는)
바름	(훈석에게 다정하게) 훈석아. 형아가 엄마랑 할 얘기가 좀 있거든. 형아랑은 이따 놀자.
훈석	히잉. 지금 놀아~
이모	(떨리는 목소리로) 후, 훈석이 승호형네 가서 놀고 있어. 얼른!!!
훈석	알았쪄. 형아 가면 안 돼. 이따 나랑 같이 놀아야 돼~ (가려다) 형아 자고 가. 어?

바름 미소 지으며 끄덕이면, 훈석 신나서 나가고 긴장한 얼굴로 서 있는 이모. 바름 뚜벅뚜벅 다가가면 주춤주춤 뒤로 물러서는 이모. 바름 확 다가오자, 이모 칼 잡아 들고. 바름, 순간 칼 쥔 이모 손 비틀어 칼 떨어뜨리고, 이모 목 꽉 잡는!!! 이모 바라보는 눈빛 서늘하다.

바름	(서늘하게) 뭐야!!! 당신! 누구야. 누구냐고!!!

그런 바름 눈빛에 이모, 공포 어린 눈으로 바름 보는데. 드르륵 문 열리며!

훈석	(E) 승호형아 집에 없어!!!
바름	(황급히 이모 잡고 있는 손 놓는)
훈석	?

S#61   바닷가/ 해질녘

훈석이 토토랑 놀다 이상한 듯 돌아보면. 바름, 이모 앉아서 사이좋은 척! 훈석 향해 손 흔드는. 훈석 그제야 안심하고 토토랑 신나게 논다.

바름	(시선은 놀고 있던 훈석 향한 채 묻는) 당신 정체가 뭐야? 대체?
이모	난 국대 유도선수 출신으로 거기에 특채 입사했어. 입사 후, 개인 면담을 통해, 회사 내 오즈라는 사조직이 있다는 걸 알게 됐고, 내가 지원했어. 내 첫 임무가 바로 재훈이 널 맡는 일이었고‥ 결국 마지막 임무가 됐지만…
바름	(이모 돌아보는)
이모	(슬픈 눈빛으로 훈석 쪽 보며 상념에 잠기는 위로)

S#62   과거. 사무실/ 낮

이모 책상에 서류 턱 던져지고, 보면 파일명 정재훈이다. 파일 펼쳐보면, 재훈에 관한 모든 자료 들어있다. 희정과 희정 가족사진, 가족관계, 재훈 어린 시절부터 11살 재훈까지 성장 사진들과 기록들. 사진 중 강아지 초코, 호수에 던지는 재훈 사진도 있다.

이모	(E) 내 전임이 송수호였대. 그런데 너를 지키려다 실수로 니 가족을 죽인 후, 죄책감으로 고통스러워하다 일을 그만두자, 내가 급히 투입됐어.

S#63   과거. 구령 재훈의 집 앞/ 낮 (16부 #65)

살짝 열린 대문 안으로 현관 앞 쪼그리고 앉아있는 재훈 보는 이모. 심호흡하고 들어가는.

이모	(재훈 끌어안고) 재훈아. 니 이모야. 엄마 동생‥ 미국에 살고 있어서 늦게 연락을 받았어… 걱정 마. 이모가 있으니까… 이제부턴 이모랑 살자. (표

정 위로‥)

이모	(E) 그렇게 너의 행동 하나하나를 관찰하고, 보고하는 게 내 업무였어.
/바름	당신 호적으로 옮기는 척하면서 주민번호도 바꿨구요.
이모	(끄덕이는 위로)

플래시 컷/ 몽타주
집 인근/ 강아지(복실) 다리 부러뜨리고, 쓰레기통에 휙 던지는 중딩 재훈 모습 숨어서 지켜보는 이모. 재훈 고개 휙 돌리면 이모 얼른 담 뒤로 몸 숨기고.

〈CUT TO〉
담 뒤에서 다시 고개 내미는 이모. 죽인 고양이 이빨 뽑고 있는 고딩 바름이다.
거실/ 안녕히 주무세요. 사람 좋은 얼굴로 인사하고 방에 들어가는 고딩 바름.
그 모습 보다 방에 들어가는 이모. / 방문 잠그고 가방 들고 외부로 통하는 뒷문 열고 퇴근.

| 이모 | 무서워서 널 일찍 독립시켰고 그러다 결혼해 훈석일 갖게 됐어. 그런데 길에서 훈석이랑 니가 마주칠 거라곤‥ 상상도 못 했던 일이었지. |

플래시 컷/ 거리에서 땡깡부리는 훈석. 이모! 부르는 소리에 돌아보다 놀라는. (11부 #72)

| 이모 | 친정어머니가 위독해서 다녀오느라, 훈석이가 너희 집엘 갔다는 걸 뒤늦게 알고는‥ 니가 무슨 짓을 할까 너무 무서워서 훈석일 데리러 가려고 했는데…. |

플래시 컷/ 11부 #79 쪽지 보고 바로 뛰어나가려는데 문 앞에서 막는 OZ들! (오즈3/이모부)

이모	(정신없는) 우리 애가 지금 정바름 집에 가 있대요. 그 놈이 무슨 짓을 할지 모른다구요!!
오즈3	안 돼. 지금 갔다간 일 다 망쳐.
이모	미쳤어? 그 괴물이 우리 애 죽이면 어떡하라고? (나가려는데 잡히는) 놔! 이거 놔! 놔!!!

플래시 컷/ 아침에 바름의 집 앞에서 떨리는 손으로 딩동 초인종 누르는 이모·· (12부 #7)

/훈석 (쏟아지는 잠 이겨내며 억지로 눈 뜨며) 엄마!

이모 (버럭! 엉덩이 때리며) 너 엄마한테 얘기도 안 하고 여긴음 어떡해. 밤새 얼마나 찾아다녔는지 알아? 어? (12부 #15)

S#64   현재. 바닷가/ 해질녘

이모 그날로 난 일을 그만뒀고 미국 지사로 발령 나는 걸로 마무리됐어··

바름 허·· (자조하듯) 난 완전 트루먼이었네··

이모 (슬프게 보는)

바름 내가 성요한을 쫓았을 때 일부러 사고를 낸 것도, 내가 성요한을 만나면 안 돼서죠?

이모 (끄덕) 대니얼 박사가 성요한과 통화했다는 걸 뒤늦게 알고… 만에 하나 성요한이 너한테 모든 걸 다 얘기하면 계획이 수포로 돌아간다고 생각했어·· 그래서…

바름 것도 모르고 난 성요한을…

이모 니가 죽이러 가지 않았어도… 그 형사가 쏘지 않았어도… 어차피 성요한은 그들 손에 죽었을 거야·· 그날 그들이 성요한을 죽이러 갔다가, 한발 늦게 도착했다고 보고 하는 걸 들었어. 성요한이 총을 맞아서 황급히 자리를 피했다는 보고도…

바름 허… 어떻게 그런 일을 벌일 수가 있죠?

이모 그는 확고한 신념에 차 있어. 나도 한땐 그의 신념이 옳다고 생각했으니까·· 그 신념을 따르지 않고서는 절대 할 수 없는 짓이지. 이렇게까지 할 줄은…

바름 신념?

S#65   무치네 집/ 해질녘

여전히 눈 시뻘게진 채 사진 자료 가득 붙어있는 벽 보고 있는 무치.
문득 무진 지도를 가져와 붙이고, 지도에서 사건 현장 찾아 7대 죄악 피해자 사진들

붙이기 시작한다. 각 동네들 줄을 그어 구동과 연결시키는. (구동에서 가까운 곳부터 7
대 범죄 최초 살인자부터 시작하여 마지막 피해자가 제일 먼 순으로)

무치   (첫 번째 피해자 사진 짚으며) 범죄 초기엔 자신의 집에서 상대적으로 가까
운 곳에서 피해자를 고르지. (두 번째, 세 번째 계속) 그러다 집에서 점점 더
멀리 가려는 특성이 생기고, (마지막 피해자) 심지어 매우 먼 거리의 위치
로 이동해서도 범행을 할 수 있다는 자신감이 커지는 거야·· (하다 문득)
수술 후 기억을 잃었었어··· 만약·· 그래서 본인이 연쇄살인마였단 걸 몰
랐다면··· 하지만, 그때의 본능이 남아있었다면··?

플래시 컷/ (10부 #26)
무치   암튼 많이 변했어. 계속 놀래켜.
바름   뭐가요?
무치   머리 다치기 전엔 좀·· 이쪽 일은 적성이 아닌 거 같았거든. 근데 지금은
뭐랄까. 마치 살인마의 심연을 들여다보는 것 같다고나 할까?

무치   (안절부절하며) 그럴 리가 없어··· 그럴 리가·· 정말 성요한이 범인이 아니면···

플래시 컷 컷!!!/ 탕!!!! 총 맞는 요한 (6부 #109)/ 피 흘리며 죽어가는 요한. (7부 #3)

무치   (불안한) 내가 엉뚱한 사람을 쏴 죽인 거잖아·· 아냐. 그럴 리가. 그래 성
요한이 범인이 아니면 왜 정바름을 죽이러 가냐고. 자기 살인을 목격한
목격자니까 죽이러 간 거잖아··· (하다 문득!) 그게 아니면··· 성요한이 아
니라 정바름이 범인이라면 성요한은·· 왜 정바름 집엘 갔을까··· (곰곰 생
각하다 퍼뜩!!!!)

플래시 컷/ 죽어가는 요한 무치 향해 입 들썩이는··· 화·· 미··· (7부 #3)

무치   그때 뭘 얘기하려고 했어 (계속 미간 찌푸리며 기억 찾아내려고 쥐어짜다)
화··· 미···? 화·· 미·· 지? (순간!)

플래시 컷/ (6부 #109에 이어) 뒷마당으로 뛰어 들어오는 무치. 덜렁 놓여있던 화분 보이는. 곧바로 2층 계단(요한과 바름 싸우던)으로 뛰어 올라가는⋯

무치, 잠바 들고 후다닥 뛰어나가는.

S#66   무진청 특본팀 사무실/ 해질녘

신형사   (다슬과 통화 중) 딸이래? 아직? 아, 딸이었음 좋겠다. (하다 호남 보고 후다 닥 전화 끊는)

호남   (팀장실 앞에 서서 못마땅한 얼굴로 보다) 알아봤어? 사건 당일 정바름 행적?

신형사   네. 알리바이 다 확인했는데, 강덕수 때는 사촌동생이랑 집에 있었고 나 머지 사건들은 확인이⋯ 집에 있었던 거 같긴 한데⋯

호남   한데? 한데가 어딨어? 가서 정바름 동네에 있는 CCTV 이 잡듯이 싹 다 확인해 봐!

신형사   네. (수첩 들고 나가는)

S#67   바름의 집 근처/ 저녁

신형사 동네 CCTV 위치 체크하며 수첩에 적는.
/바름의 집 근처까지 오는 신형사. 보면 대문 안으로 현관 앞 설치된 CCTV 발견하는.

신형사   어? 집에 CCTV 달았네? 저거만 확인하면 되겠는데. (덜 닫힌 열린 문 보자, 살짝 고민되는) 안 돼 안 돼 불법이야⋯ 대선이 낼모렌데⋯ (가다 다시 돌아 보는) 뭐 어차피 1등한테 표차가 쩹도 안 되던데. 뭐 그래 그냥 이건 확인 차원에서. 살짝 확인만⋯ (대문 열고 들어가는)

S#68   바름의 집 거실/ 저녁

신형사   (들어와 둘러보며) CCTV 영상을 어디다 연결해놨으려나? (하다 테이블 위
         에 놓인 노트북 발견하고 여는데. 안에 붙어 있는 해골 스티커! 갸웃) 어서 봤는
         데… (곰곰 생각하다) 아!!!

후다닥 핸드폰에서 준성 사망 사건 현장 사진 확인하면 진열장 위 해골 모양의 트로
피! 확대해 노트북 해골 그림과 비교해보면 동일하다. 후다닥 노트북 안 뒤져 사진
파일 클릭하면 사진 파일에 준성이 사진들 몇 장 나온다. 그 중 학창시절 요한과 찍
은 사진도 있다.

신형사   김준성 노트북이 왜 정순경 집에…?? (다시 핸드폰 속 준성 현장사진들 확인
         하며) 사건 현장엔 분명 노트북이 없었는데·· 근데 왜·· 여기·· (생각하다
         준성노트북 챙겨 다급히 나가는)

S#69   무진청 특본팀 사무실/ 저녁

들어오는 신형사. 팀장실에 호남 보이지 않고, 자리에 강형사도 없는.

신형사   (다른 형사에게) 팀장님이랑 강선배 어디 갔어요?
형사1   지방에 급히 가셨는데·· 그 강덕수 사건 최초 목격자 아들이 교통사고로
         사망했는데 좀 이상한 거 같다고··
신형사   그래요? (핸드폰 보면 강선배 부재중 전화 2통 떠있고. 강형사와 호남에게 전화
         해보지만 둘 다 받지 않자) 뭐지? (하다 다시 노트북 보고 무치에게 전화하는)

역시나 받지 않자, 노트북 펼쳐 이것저것 확인하는데 이북 서재 보이고 클릭하면, 해
킹 관련 서적 빼곡하다. 문득 맨 밑 끝에 〈오즈의 마법사〉 표지 발견하는!

신형사   웬 동화··? (표지 무심히 클릭하는)

인서트/ 동시에 어딘가의 컴퓨터에서 접속 알람음 빨갛게 뜨는.

클릭과 동시에 첫 페이지 화면 뜨면, 동화의 평범한 첫 페이지다. 신형사 바로 이북 끄고 나와서 이것저것 더 살펴보다가, 별거 없자 디지털 포렌식팀에 전화하는.

신형사	특본팀 신형산데요. 노트북 포렌식 좀 맡기려고 하는데…
디지털팀	(F) 일이 좀 밀려서 좀 기다려야 할 것 같은데 끝나는 대로 전화할게요.
신형사	네. 알겠습니다. (끊고 불안한. 다시 무치에게 전화하는데 받지 않는)

S#70   구동. 바름의 집 앞/ 밤

황당한 얼굴로 보고 서 있는 무치. 이미 흔적도 없고 부서진 잔재들만 잔뜩 쌓여있는데. 주머니에서 계속 핸드폰 울리자 받으려는데!

인부	(E) 누구에요, 거기?
무치	(돌아보고, 신분증 보여주며) 여기 부술 때 혹시 뭐 이상한 거 나온 거 없죠?
인부	아뇨.
무치	(안심하는 돌아서 가려는데)
인부	(E) 그 사람도 물어보던데?
무치	(돌아보며) 에? 누가요? 뭘요?
인부	여기서 뭐 안 봤냐고. 이 집 주인 같던데…
무치	주인? (후다닥 뉴스 기사 속 출근길 바름 사진 보여주며) 혹시 이 사람인가요?
인부	(보다) 에에. 맞아요. 아 맞네. 아. 이 사람 국민아들. 어쩐지‥ 어디서 봤다했네‥
무치	(다급히) 와서 뭘 하든가요?
인부	그냥 약간 넋 나간 사람처럼 가만 서 있던데… 지하실에서‥
무치	(순간 번뜩!) 지하실이요? 이 집에 지하실이 있었어요?
인부	네. 뒷마당에요. 위로 뚜껑 열리는 지하실이던데… (가면)

무치, 이해 안 가는 표정으로 두리번거리다 후다닥 뒷마당 화분 있던 위치쯤에 가서 핸드폰 플래시 켜고 쌓여있는 잔재들 하나하나 집어던지며 살펴보다 멈칫! 뭔가 집어 드는 작은 플라스틱 조각이다. 한참 들여다보다, 급히 핸드폰 사진 속 고트맨 가

면 찾아 비교해 보는.

S#71   제주 이모네 거실/ 밤

바름 무릎에 누워 잠들어 있는 훈석. 그런 훈석 머리 쓰다듬고 있는 바름.
이모, 파일과 메모리카드 바름에게 주고, 훈석 안아든다. 뭔가 싶어 보는 바름.

이모   나도 보험이 필요하잖아. 우리 훈석일 위해서 챙겨놨어⋯ (훈석 안고 방으
           로 가는)

investigation 파일 펼쳐본다. 연도별 정바름과 성요한 사찰기록이 정리되어있다,

바름   (1995년도 송수호가 작성한 investigation 파일 읽는) 성지은이 강도에게 습격
           당하자, 태아를 구하려다 성지은에게 얼굴 오픈! (플래시/ 13부 프롤로그)

보고서 하단, 조치: 김희정 관찰담당자와 서로 교체. 송수호는 김희정 쪽 담당.

바름   (2012년도 보고서 읽는) 범죄 전문가집단 회의 결과, 정바름(정재훈) 100% 프
           레데터 확실 결론. 성요한, 병원에서 자살기도. 싸이코패스가 아닌 걸로
           잠정결론. 성요한은 매일 관찰 중지 결정! 예외로 뒤늦게 발현될 여지를
           배제할 수 없음.
           카메라. 도청, 복제폰 유지. 정기적으로 추적관찰 요망!
           /정바름(정재훈) 프레데터 확실하나 본인 스스로 살인본능을 강력하게 통제
           중! 트리거 필요 요망! 트리거는 정바름의 가족을 살해한 송수호로 결정!

바름   그래서 성요한이⋯

재희   (E) 너무 무서워‥ 재희야⋯ 아무도 믿을 수가 없어‥
요한   (E/O.L) 아무도 믿을 수가 없어⋯

S#72　몽타주

공중전화부스/

요한　112죠? 여기 사람이 칼에 찔려 쓰러져있는데‥ 그 유전학 박사 대니얼이란 분 같아요.

도착하는 차량. 내리는 검은 양복의 오즈들. 두리번거리는 숨어서 보는 요한.

요한　(E) 도착한 사람들은 경찰이 아니었어… 대니얼이 말한 그 사람들이었어…

타 지역 다른 공중전화부스/

요한　기자님이죠? 대니얼 박사님 실종 사건 제보를 하려구요… 오데오거리 별다방에서 봬요.

다방 앞 도착하는 차량 차에서 내리는 검은 양복의 오즈들 들어가는/ 숨어서 보는 요한.

현재/

바름　(중얼거리듯) 그래서 그날 혼자 날 찾아온 거였어‥

바름, 허… 기막히고‥ 슬프고‥ 분하고… 속상한‥ 복잡한 심경이 담긴 눈빛.
메모리카드 핸드폰에 연결하면 화면 뜨는.(*화면 보여주지 않고) 허‥ 기막힌 바름의 얼굴만.

S#73　무진청 특본팀 사무실/ 밤

신형사　(하품하며 시계 보면 밤 10시다. 포렌식팀에 다시 전화하는, 버럭) 아 언제까지 기다려요?

포렌식　(F) 미안. 아무래도 오늘은 안 되겠어. 생각보다 일이 늦게 끝나네. 내일 가져와.

신형사   아니 급한 거라구‥ (뚝 끊기자) 아씨!!! 뭐 울 아빠 낙선한다고 무시하는 거야, 뭐야. 씨.

서랍에 노트북 넣고 열쇠로 잠그려는데 다급히 뛰어 들어오는 이형사.

신형사   (본능적으로 노트북 다시 꺼내 들고) 웬일이야? 사표 냈다며?
이형사   어? 어‥ 짐 가지러 왔어. (본인 책상 서랍 열고 박스에 짐 넣는 척)
신형사   이 밤중에? 굳이? (수상한 듯 보다) 그럼 수고해. (노트북 들고 나가는)
이형사   (찾는 척 하다가 신형사 나가면) 아‥ (미치겠는)

S#74   무진청 주차장/ 밤

신형사, 자신의 차 향해 걸어가며 무치에게 전화하는데 받지 않자 음성 남기는.

신형사   선배. 왜 전화를 안 받아. 연락 좀 줘요. 중요한 일이란 말이에요. (끊는데, 바로 전화 오는) 어, 선배? 어. 다슬아. 진짜? 진짜 딸이래? 우와!!! (신난) 알았어. 지금 슝~ 갈게! (전화 끊고 신나서 차문 열고 뒷좌석에 뒀던 가방에 노트북 집어넣는데)
이형사   (E) 신형사!!!!
신형사   (돌아보면)
이형사   (어느새 다가와) 나랑 술 한 잔 해. 나 그만 뒀는데 작별주는 한 잔 해야지.
신형사   (좀 수상한) 따로 송별회 하겠지. 그때 하자.
이형사   (사정하듯) 아, 그러지 말고‥
신형사   안 돼. 와이프 기다려. (차에 타려다가 생각난, 신나서 돌아보며) 우리 애기, 딸이래. 내가 진짜 딸 갖고 싶었거든‥ 나 닮으면 완전 귀엽겠지. 부티 나고‥ 패피로 만들어야지.
이형사   (그런 신형사 보며 간절한 눈빛으로) 그러니까‥ 내가 축하주 한잔 살게.
신형사   (역시 수상한) 고맙긴 한데… 담에 먹자. 미안. (타려는데)
이형사   (확 잡는!) 제발…

신형사   (보며 뭔가 이상한. 정색하며) 왜 이래? 너답지 않게. 싫대잖아. (뿌리치고 차
         에 타는)

이내 출발하는 신형사 차. 이형사, 가는 신형사 차 보다 속상한 듯 보다 전화하는.

이형사   지금 가지고 출발했습니다. (불안한 듯 보는)

무진청 정문 나가는 신상 차와 스치며 들어오는 무치의 차. 무심히 어긋나는.

S#75   신형사 차 안 + 세로수길 길가/ 밤

흥얼거리며 운전하다, 상점들 즐비한 길가에 따뜻한 조명 밝힌 아기용품 매장 보이
자, 갓길에 주차하고 가게 앞에 서면 진열된 아기용품들. 앉아있는 오가닉 인형에
신겨놓은 분홍색 여아 신생아 신발. 신형사, 홀린 듯 바라보는.

S#76   무진청 과학수사팀 (검사실)/ 밤

무치   (들어와 바름의 구동집에서 가져온 플라스틱 조각 담긴 봉투 내밀며) 이거 좀
         확인해줘.

S#77   검사실 앞 복도/ 밤

나오는 무치 생각난 듯 주머니에서 핸드폰 꺼내는데 신형사로부터 전화 엄청 와 있는.

무치   무슨 일이지? (전화하는)

S#78   신형사 집 근처 공용주차장 + 앞 으슥한 언덕길/ 밤

가방과 쇼핑봉투(인형, 애기신발 담긴) 들고 차에서 내리는 신형사. 쇼핑봉투 안 들여다보며 신나 걸어가는데 벨소리 울리고 전화 받으려는데, 맞은편에서 오던 행인과 툭 부딪히는. 이에 쇼핑봉투 떨어뜨리고, 봉투에서 애기 신발 한짝 **빠져나온다**. 신형사, 신발 집어 드는데 손에 들린 가방 확 낚아채는 누군가! 신형사, 반사적으로 가방 잡고 놓지 않는.
"너 뭐야?" 안 뺏기려 버티는 순간, 무릎 탁 꺾이는 신형사! 이미 칼에 찔려 쓰러지는 와중에 가방 끝까지 **뺏기지 않으려는**. 계속해서 쑤시는 칼. 결국 손에 힘 풀리며 가방 뺏기고 눈 감는‥ 가방 열어 노트북 꺼내고 가방 툭 던지는 장갑 손! 신상 몸에서 흐르는 피가 애기신발 흥건하게 적시고. 신형사 핸드폰 계속 울리며(발신자 닮고 싶은 고선배) 페이드 아웃.

S#79   김포공항 외경 + 도착장 홀/ 아침

출구 열리고 나오는 바름. 핸드폰 전원 막 켜는데 TV 앞에 웅성웅성 모여 있는 사람들. 바름, 무슨 일인가 보면 화면에 속보자막 〈속보! 신성민 후보 아들 신모경장, 칼에 찔려 사망!〉 충격에 휘청이는…!!! 이어지는 속보 자막 〈범인, 영웅의 탈을 쓴 살인마!?〉

기자   (F) 피해자 신모경장의 피습 현장에 강덕수. 이재식. 김병태의 것으로 추
         정되는 물건들이 남겨져 있어 경찰은 국과수에 DNA를 의뢰한 것으로…

S#80   신형사 집 인근, #78의 사건 현장/ 아침

폴리스라인 쳐있고, 취재진들과 구경인파들 막느라 정신없는 경찰들.
호남, 강형사 충격에 멍한데. 그때 뛰어오는 무치. 폴리스라인 안으로 들어와 천에 덮인 신형사 보고 으아악!!! 발광하는. 말리는 강형사 뿌리치고 시멘트벽에 분노의 주먹질 하며!

무치   어떤 새끼야! 어떤 새끼가!!!!

인서트/ 봉이네 집/ TV 속보 보는 봉이 허억!!! 놀라며.

봉이   강덕수 물건? 정바름 이 개자식!!!! (다급히 무치에게 전화하는)

놀란 호남과 강형사, 무치 자해 말리느라 정신없는데. 주머니에서는 계속 핸드폰 울리는.

강형사   (붙잡고) 제발 그만해. 나도 팀장님도 전화 못 받았어. 하필 지방에 가 있느라…
무치   (문득 멈추며) 상이 몸에서 강덕수 물건도 발견됐다고 했지?
강형사   (끄덕) 강덕수 라이터, 이재식 장식단추, 김병태 피어싱.
무치   (허허‥) 정바름. 이 개새끼!!! (뛰어 가려는데)
강형사   포렌식 팀에서 연락 왔는데‥
무치   (돌아보면)
강형사   상이가 노트북을 맡기겠다고 했대. 근데 없어. 현장에도, 신형사 차 안에도.
무치   (눈 번뜩이는) CCTV!!! (뛰어가는)

S#81   봉이네 집/ 아침

봉이   (무치에게 계속 전화하는데 받지 않자 끊는데, 바로 전화오는) 아저씨!
바름   (E/ 태연하게) 나야. 바름이.
봉이   (순간 멈칫!)
바름   (아무렇지도 않게) 어디 좀 다녀오느라 전화 못 받았어. 여러 번 전화했드라. 무슨 일인데…
봉이   (바들바들 떨리는 목소리로) 어, 어디야‥ 지금.
바름   집으로 가고 있어. 무슨 일/
봉이   (전화 확 끊고 다급히 칼 집어 들고 품에 품으며) 넌 내 손에 죽어! (뛰어나가는)

S#82   무진청 특본팀 팀장실/ 아침

특본팀복도/ CCTV 속 노트북 들고 나가는 신형사 보인다!
주차장/ 자신의 차 앞에서 가방에 노트북 넣는 모습 보인다!/이형사 다가오는 모습
과 대화하는 모습. 이후 차 타고 출발하는 신형사.

무치   (흥분한) 저, 저 노트북 때문이야. 저 노트북 땜에 살해한 거야. 저거 어디
                서 가져온 거야!!!

호남   (괴로운) 그게·· 내가 어제 상이한테 정순경 집 근처 CCTV 확인하라고…

무치   (벌떡) 정바름 이 새끼! 어딨어!!! (나가려는데)

강형사   (E) 아냐, 정순경은.

무치   뭐?

강형사   확인했는데·· 정바름 어제 사건발생 시간에 제주도에 있었어. 아침에 왔더라.

무치   확실해?

강형사   어. 비행기 탑승 기록. 공항 CCTV에 다 찍혔어.

의무실   (약품 통 들고 들어오는)

호남   어, 왔어요? (무치 보며) 내가 불렀어. 니가 안 갈까봐. (손잡고) 제발 손부
                터 치료하자. 어?

무치   (호남 손 뿌리치며) 놔! 지금 손이 문제야?!!!

의무실   (피 범벅된 주먹 보며 한숨. 주머니에서 약통 꺼내며) 이런 거 먹으니까 자꾸
                감정이 통제가 안 되는 거야. 대체 이런 걸 왜 먹어?

무치   네? (영어로 쓰인 약통 보며) 이게 뭔데요?

S#83   바름의 집 거실/ 아침

봉이   (뛰어 들어오면 집안 조용한. 씩씩거리며) 어딨어. 정바름! 정바름!!!

방문들 쾅쾅 열어보는 데 뒤에서 봉이 입 틀어막는 손수건! 버둥거리다 의식 잃고 마는.

S#84   무진청 특본팀 팀장실/ 아침

의무실	그때 의무실 바닥에 떨어져 있길래 주워놓은 건데… 고형사 꺼 아냐?
무치	이건…

플래시 컷/ 야외테이블 앞 불안한 표정의 바름, 약통 꺼내 약 삼키는 (10부 #26)

무치	이거 두통약 아니에요? 진통제‥ 같은 거?
의무실	약통에는 진통제라고 써 있긴 한데. 내용물은 전혀 다른 거던데…
	세로토닌 분비를 억제 시켜주는 약이야 그거.
무치	세로‥토닌‥?
의무실	어. 공격적인 성향을 억제하는 뇌 분비물이 세로토닌인데 세로토닌이 분비가 안 되면
	감정조절이 안 돼서 공격적인 성향을 드러내거든.
무치	(갸웃/ E) 정바름이 이런 걸… 왜 먹지‥?

S#85   어딘가 (창고)/ 낮

정신 들면, 창고 같은 곳이 갇혀있다. 발딱 일어나는 문 쾅쾅! 두드리며

봉이	문 열어!!! 문 열라구!!!!!

S#86   무진병원- 병원장실/ 낮

업무 보던 병원장. 시끄러운 소리에 고개 들면 문 쾅 열고 들어오는 무치!
당황하며 쫓아 들어오는 간호사. 병원장, 괜찮다고 눈짓하면 간호사 나가고.

무치	(신분증 보이고, 약통 내보이며) 이 약 말입니다. 처방해준 분이?
병원장	(약통 보고는) 아. 내가 정바름 환자한테 처방해준 약인데. 자꾸 두통을 호소해서…
무치	그래요? 이상하다. 이 약 먹으면 감정조절이 안 돼서 사람이 자꾸 공격적

으로 변한다던데?

병원장   네? 그럴 리가요. 저희는 제대로 처방해드렸는데. 환자 본인이 직접 바꾼
         게 아닌지…

무치   그렇죠? 아무리 두통을 호소하는 환자한테 이런 이상한 약을 줬겠어요‥
         그럼‥ (나가면)

병원장   (문 닫히자마자 다급히 전화기 들어 누군가에게 전화하는) 지금 경찰이‥ (하
         는데 순간!)

무치   (문 벌컥 열며) 참. 깜빡 한 게 있는데! (하다 병원장 통화중인 모습 보고) 통화
         중시네요.

병원장   아, 끊었습니다. (전화기 내려놓는)

무치   이런 약이 처방전 없이 구입이 가능한가요?/

병원장   /(말 자르며) 응급환자 콜 전화여서…. 나중에 얘기하죠‥ (급히 나가면)

병원장 나가는 모습 물끄러미 보다가, 수화기 들어 재다이얼 누르면 상대편에서 전
화 받는. 무치, 아무 말 안 하고 가만 있자, 잠시 침묵 이어지고 상대편에서 먼저 전
화 끊는. 바로 전화기에 뜬 상대편 핸드폰 번호 적는 무치.

S#87   무진병원- 복도/ 낮

병원장   (급히 가는 데 핸드폰 울리는) 네. (허…) 아니요. 전화 안 했는데요? (끊고 급
         히 뛰어가는)

S#88   무진병원 내 약국/ 낮

병원장   (헉헉거리며) 혹시 경찰 왔다갔어?

숨어서 그 모습 지켜보고 있는 무치 얼굴 위로‥

플래시 컷/ 과거. 무진병원 내 약국/ 낮 (#86 앞 상황)

무치	(약통 내밀며) 혹시 이거 누가 처방해 준 거예요? 정바름 환자로 처방됐는데.
직원	이건 처방받아 조제한 게 아니라 원장님이 직접 가지고 오셨어요 저흰 건네주기만 했구요.

무치	(전화하는) 전화번호 하나 보낼 테니까. 기지국 조회 좀 해줘.

S#89 무진병원 밖/ 낮

강형사	(F) 대포폰인데·· 기지국이 세 군데에 뜨는데?
무치	(걸어 나오며) 불러봐.

S#90 정로 + 청와대 인근/ 해질녘

폭우 쏟아지고 우산 쓰고 걸어 다니면서 기지국 확인하는 무치.
/기지국 주소 보며 오다 맨 마지막 기지국. 문득 고개 드는데 저만치 청와대 보인다. 그때 청와대로 통하는 언덕길에서 쭉 내려오는 검은 관용차 한 대. 무치 중앙에 서 있다가, 차 내려오자 옆으로 슬쩍 비켜주며 전화하는데. 관용차 무치 옆 지나치는.

무치	형. 이 번호 계속 위치 추적 좀 해줘 봐.

S#91 관용차 안/ 해질녘

선팅된 관용차 안, 창밖 통화하며 청와대 쪽 보고 있는 무치 보는 시선! 최영신이다.

S#92 최영신 별장 외경 + 최영신 별장 안/ 밤

들어오는 영신. 스위치 켜려는데 어둠 속 1인용 안락의자에 누군가 앉아있다.

흠칫 놀라는 의자에서 일어나서 고개 돌리는, 바름이다.

최영신   (당황한) 어, 어떻게·· 여길…
바름   얼마 전에 대니얼 박사가 나한테 살인의뢰를 한 적이 있었거든.

플래시 컷/ (14부 #43)
바름   (대니얼이 준 쪽지 보면 주소만 적혀있다, 고개 들어 대니얼 보면)
대니얼   다음 사냥감. (바름 슬프게 보며) 최상의 프레데터라고 생각하면 돼.

바름   그 주소를 기억하고 있었어.
최영신   (끄덕) 역시 기억력이 좋아. 프레데터와 천재 유전자를 다 가졌다더니!

홈바로 가서 양주 따르고 얼음 넣는 영신, 돌아보고 바름 향해 먹겠냐는 눈짓 하지만
바름 대꾸 않자, 혼자 홀짝이며 마신다.

바름   (그런 영신 보며) 여길 오기 전에 당신에 대해 공부를 좀 했어. 대한민국 대
          통령이 6차례 바뀌는 동안 단 한 번의 구설수도 없이 비서실장의 자리를
          굳건히 지키며, 지난 30년간의 대한민국 정치사를 관통하는 인물. 그래
          서 붙여진 별명이 '영신대원군'!
최영신   (양주 홀짝이며 듣는)
바름   정치 명문의 가풍을 잇길 바라는 아버지의 반대에도 유전공학을 연구하
          는 과학자가 되었고 영국에서 대니얼과 같은 연구소에서 일했더군. 그런
          데 돌연 귀국해 정치에 뛰어들어 한국의 메르켈이라고 불리고!
최영신   (여유롭게) 서론이 길군요. 찾아온 용건은?
바름   (침착한 영신 보며) 나랑 성요한이 당신, 실험쥐였어?
최영신   참, 고맙단 얘기부터 해야겠네요. 살인마로 잘 자라줘서 고마워요 정바
          름군. 아쉽게도 성요한군은 날 실망시켰지만…
바름   (이 앙무는)
최영신   그때 〈싸이코패스 유전자 태아 강제 낙태 법안〉만 통과됐어도. 아니 어
          쩌면 그 법안이 기각된 게 전화위복이라고 생각했어요. 어차피 소위에서
          통과됐어도 본회의에서 기각됐을 테니까요. 확실히 통과시키려면 장기

	플랜이 필요하다 생각했죠.
바름	장기플랜? 그래서 대니얼한테…
최영신	사이코패스 유전자를 가진 태아 산모 명단을 넘겨달라고 했어요. 마침 여동생이 한서준에게 살해당한 걸 안 대니얼은 쇼크 상태라 설득은 그리 어렵진 않더군요.

1부 #71-1. 유전자연구소 현관 앞 + 차 안/ 낮/ 추가

차 안에 있던 영신, 차문 열리면 대니얼 서류 넘겨주고

1부 #71-2. 달리는 차 안/ 낮/ 추가

대니얼이 건넨 서류 꺼내 보면, 산모 성지은. 김희정 태아 자료. (유전자 염기서열포함 등)

| 바름 | 그래서·· 우리가 정말 살인마가 되면, 폐기됐던 그 법안을 통과시킬 장기 플랜을 세운 거라고? 국가기관인 국정원 내 당신 사조직을 만들어서? |
| 최영신 | 맞아요. 명단 속에 있던 산모들 뱃속 태아 때부터 관찰했죠. 잘 태어날 수 있도록… |

플래시 컷/ 송수호 "꼭 낳아. 그 아이…" (13부 #3)

| 최영신 | (E) 두 아이가 태어난 후로는 각자 요원들을 붙여 행동 하나하나를 관찰하고. |

플래시 컷/ 재훈, 요한 미행하고 관찰하는 요원들. (17부 #72)

최영신 /바름	(E) 관찰대상을 보고하고, 전문가집단들이 그 행동 하나하나를 분석했어요. 그래서 송수호를 시켜서 날 죽이려는 엄마를·· 내 가족을 죽였어?
최영신	실수였어요. 그 일로 송수호가 많이 괴로워했어요. 하지만 어쩔 수 없었죠. 당신이 죽으면 실험에 문제가 생기니까.
바름	어떻게 피해자 가족을 이용해? 그러고도 당신이 사람이야?!!!
최영신	(당당히) 그저 깨우쳐준 거죠. 같은 세상을 꿈꾸도록·· 다시는 피해자가 없는. 피해자 유가족도 없는 범죄 없는 세상.

바름	그래서 한서준한테 무릎까지 꿇은 거였어? 당신의 그 알량한 유토피아를 세워야 하는데‥ 내가 죽으면 차질이 생길까봐?
최영신	맞아요. 그 버러지 같은 놈한테 무릎을 꿇었어요. 그런 괴물이 없는 세상을 만들기 위해 치욕스러웠지만 이 악물고 참았죠.
바름	내가 싸패 범죄자들을 죽이고 다녔을 땐, 왜 보고만 있었어.
최영신	물론 처음엔 당황했죠. 이게 아닌데‥ 그런데 국민들이 당신을 영웅 취급하는 걸 보고 생각이 바뀌었어요. 정의의 사도인 것처럼 영웅 취급을 하던 국민들이, 당신의 실체를 알았을 때 그 분노는 더 극에 달할 거고‥ 그럼 법안통과는 훨씬 쉬워질 테니까.
바름	불쌍한 희생자 가족들을 이용하고‥ 당신의 계획에 방해가 되는 사람들을 죽이고… (고개 절레절레) 진짜 괴물은 당신이야. 최영신! 나보다 더 끔찍한‥
최영신	(확신과 신념으로 꽉 찬) 나의 본질은 과학자, 유전학자입니다. 내가 정치를 하는 이유는 과학을 이용해 좋은 세상을 만들려는 겁니다. 과학만이 세상의 범죄를 해결할 수 있어요! 정치 권력을 이용해 살인이 없는, 궁극적으로는 전쟁이 없는 유토피아를 만드는 게 내 꿈입니다. 반드시 법제화시켜 잠재적 살인마가 태어나기 전에 제거하는 것, 살인과 내란, 전쟁이 없는 평화로운 유토피아를 실현하는 게 내 최종 목표입니다. 내가 꿈꾸는 세상에는 당신 같은 사이코패스 범죄자 따윈 존재하면 안 되는 거죠. 싹부터 없앨 겁니다.
바름	(분노 폭발한 으으아악!) 죽어! 죽어! (영신 덮치며 목 누르면)
최영신	(됐다! 싶은 얼굴로) 그래. 죽여. 너한테 처참하게 살해당해야만 비로소 내가 꿈꾸는 세상이 올 거니까! 사이코패스 유전자는 사회가 진화할수록 생겨나는 우성 유전자야. 그럼 우성인자인 사이코패스 유전자가 차츰 상대적 열성 유전자인 보통의 인간들을 전멸시킬 시대가 도래할 거야. 그런 무시무시한 세계가 오기 전에, 사이코패스 유전자를 완전히 전멸시켜야 해! 죽여 죽여!
바름	(으아아아악!!! 죽일 듯이 목 누르는)

S#93   최영신 별장 앞/ 밤

강형사가 보낸 위치 추적 기록 보고 도착하는 무치의 차.
우산 펴들고 두리번거리지만 최영신의 집(별장) 밖 주변엔 아무것도 없는··

무치   (갸웃) 누구 집이지? (열려있는 대문 안으로 조심히 들어가는)

S#94   최영신 별장 안 거실/ 밤

무치   (들어와서 두리번거리며) 살림집은 아닌 거 같은 데·· 누구 별장인가? (바
              닥에 깨져있는 와인잔 쏟아진 와인 만지면 차가운) 조금 전까지 누가 있었는
              데··

두리번거리다 벽에 붙어있는 사진 속 양복입고 찍은 남녀 단체사진들 보이고. 한 사
진 하단에 1997년 날짜! 사진 속, 송수호, 바름이모, 이모부 있고 가운데에 최영신
있다. 또 다른 사진은 2019년 날짜, 여긴 송수호는 없고 바름이모, 이모부, 죽은 오즈
1과 이형사도 보인다. 역시 그 가운데 최영신 있다. 헉!!! 그 뒤로 오즈의 나라. 범죄
없는 유토피아라고 써있다. 무치 다급히 서랍 뒤지는데, 그 안에서 발견되는 준성이
노트북!

플래시 컷/ CCTV 모니터 속, 신형사가 들고 나가던 노트북. (#82)

무치   그럼 여기가 신형사 죽인 놈의···? (미친 듯이 뒤지는데 서랍에서 봉이할머니
              브로치와 신부 목걸이 나온다. 덜덜 떨리는 손으로 목걸이 열면 가족사진 있다.)
              허··· 허···.

충격에 휩싸이는데 어디선가 무슨 소리 나는. 소리 찾아서 후다닥 문 열면 재갈 물
린 채 손 발 뒤로 묶여있는 최영신이다!!!! 헉! 놀라는 무치.

S#95   거리 + 차 안/ 밤

폭우 속 운전해서 가는 바름. 회상하는 위로··

과거/ 최영신 별장 안/ 밤

바름   (차마 죽이지 못하고 결국 목 조르던 손 풀고 마는)

최영신   (당황하는 눈빛으로) 죽여. 얼른 죽이라고!!!

바름   당신은 날 살리기 위해 한서준에게 무릎을 꿇었지만 그 수술로 나 같은
         괴물에겐 없는 감정이란 게 생겨버렸어. 이제 당신의 실험쥐는 더는 누
         굴 죽일 수 없어.

최영신   (바름 손 붙잡아 자기 목에 대고) 안돼. 날 죽여 죽이라고!!! 그래야 모두가
         안전하고 평화로운 세상을 이룰 수 있어!!!

바름   (그런 영신 연민의 눈빛으로 보며) 불쌍해. 당신이…

그 위로 사이렌 소리 요란하게 들리고.

S#96   최영신 별장 앞/ 밤

폭우 속 경찰차들 와 있고. 최영신 수갑 채워 나오는 호남. 조심스럽고. 최영신은 여
전히 고고하다. 이어 담요 두른 대니얼 박사 데리고 나오는 경찰들 차에 태운다.

무치   (그 모습 보다) 정바름 이 새낀 어디로 사라진 거야. (전화하려는데 음성 메
         시지 발견하는)

봉이   (F) 아저씨. 나 할머니 죽인 놈 죽이러 갈 거야. 신부님 복수도 대신 해줄게.

무치   !!! (다급히 봉이한테 전화하는데. 전원 꺼진) 아이씨, 오봉이!!!!! (달려 나가는)

S#97   어딘가 (폐가) 창고/ 밤 (#85 동장소)

봉이가 갇혀 있었던 창고문 열리고! 봉이 벌떡 일어나 보면 바름 이모다.

봉이   어? 이모님이 왜… 정바름 어딨어요!!! 어딨어!!!

이모   (흥분한 봉이 잡으며) 진정해요. 아가씨 안전을 위해서 그런 거예요. 바름이가‥

봉이   안전?

이모	(꺼진 봉이 핸드폰 주는) 다 알게 될 거예요. 얼른 가요·· 얼른···
봉이	(핸드폰 들고 멍하니 보다 후다닥 뛰어가는)
이모	(돌아보면)

바름, 벽 뒤에서 나와 뛰어가는 봉이 모습 슬프게 보는 위로··

플래시 컷/ 백화점 봉이 동영상 사진 보여주는 오즈들. (17부 #68)
플래시 컷/ 칼 들고 뛰어들어오는 봉이. 바름 숨어있다 입 틀어막고, 봉이 쓰러지는. (#83)
플래시 컷/ 창고 안. 봉이 의식 잃은 채 누워있고, 그 앞에 서서 보고 있는 바름과 이모.

바름	놈들이 봉이를 인질로 삼을 거 같아서 (의식 없는 봉이 가슴 아프게 보며) 제가 일 마칠 때까지는 절대 못 나가게 해야 돼요.

S#98   폐가 앞/ 밤

바름	뒷일을 부탁해요. 그럼·· (차에 타 출발하려는)
이모	바름아··
바름	(보면)
이모	(안타까운 눈으로 바름 보며) 넌 정말·· 예전의 그 아이가 아냐·· 최영신을 죽이지 않고 참는 것만 봐도···
바름	(쓸쓸한 눈빛으로 이모 보며) 그렇다고 달라지는 건 아무것도 없어요··· (차 타고 출발하는)
이모	(떠나는 바름 차 보며 눈물짓고 돌아서다 흠칫!)

S#99   폐가 인근/ 들판/ 밤

억수같이 쏟아지는 비. 와이퍼 바쁘게 움직이고 슬픈 눈빛으로 운전하며 가는 바름. 순간, 뭔가 나타나고 끽 브레이크 밟는 바름. 놀라 보면 누군가 저 앞에서 비 철철 맞고 두 팔 벌린 채 막아서고 있다. 바름 찬찬히 보면 봉이!!!!다.

S#100 봉이네 집 마당/ 밤

무치   오봉이! (문 쾅 열고 뛰어 들어오면)

평상 위에 봉이 교복만 덩그러니 놓여있다. 무치 미치겠는 봉이에게 전화하지만 받지 않는.

무치   (문득) 설마 정바름한테…? (후다닥 뛰어나가는)

S#101 바름의 집 거실 + 마당/ 밤

현관문 쾅쾅 두드리다, 현관문 따고 들어오는 무치. 그러나 아무도 없다.

무치   (급히 전화하는) 형. 오봉이 핸드폰 위치 추적 좀 해줘 빨리! (하다 문득 거실 밖 마당 보면)

폭우로 마당 꽃밭 등 어느 곳은 침수돼있고 어느 곳은 패인. 패인 곳 흙 위에 살짝 올라온 나무. 저게 뭐지‥? 싶은 얼굴로 마당에 나가보면, 물에 둥둥 떠다니는 나무 십자가 집어 들고 갸웃하다 패인 곳으로 가 드러난 나무 근처 파보면, 나무 상자(고양이관) 드러난다. 상자 꺼내 뜯어보다 헉!!! 놀라는 무치. (부패 심한 어미고양이 사체다)

무치   뭐야? 고양이‥ 정바름… 이 새끼…. (하는데 전화 오는, 다급히 받는데)
감식   (E/ 다급히) 그 플라스틱 조각. 고트맨 가면 조각 맞아. 그 조각에서 김한국 DNA가 나왔어.
무치   (멍한 얼굴로 전화 끊는) 정바름이 맞었어‥!!!!! 하아하아… (정신이 혼미한)… 우리 형을 죽인 게 그 새끼… (허허…)

플래시 컷 컷!/ 무치, 바름과 즐거웠던 한때!
/무치 차에 부딪힐 뻔한 바름! "정순경?" 바름, 무치 알아보고 반가워하는! (7부 #73)
/바름의 집, "정순경한테 우리 형 같은 존재가 돼 주고 싶어‥" (14부 #107) 등등…

무치   (마당에 무릎 꿇은 채 절규하는) 으아아아아아아아아!!!!!!!!!!!!!

S#102   일각 들판/ 밤

쏟아지는 폭우, 봉이, 바름 거리 둔 채 마주 보고 서 있다. 봉이 쇠꼬챙이 꽉 들고 서 있다.

바름   봉이야…

봉이   이 가증스러운 새끼·· 재밌디? 재밌어 죽겠디? 그동안 내가 얼마나 우스
          워 보였을까·· 암껏도 모르고·· 울 할머니 죽인 새끼한테·· 난… 하! (쇠
          꼬챙이 잡은 봉이 손, 덜덜 떨리지만 애써 감추려는) 보면서 재밌었어?! 어!?!!

바름   ·· (쇠꼬챙이 잡은 봉이 손 떨리는 것 보는. 그런 봉이가 너무 가여워 미칠 거 같은)

봉이   (E) 보고 있지? 할머니·· 제발·· 나한테 힘을… 용기를 줘.!!!.

바름, 차마 아무런 말 하지 못 하고·· 봉이, 심기일전하듯 쇠꼬챙이 고쳐 잡는!

봉이   눈에는 눈, 이에는 이!!!! 니가 좋아하는 그거!
          니가 울 할머니한테 한 짓 그대로. 너! 내 손에 죽어!!

죽어!!!!!!! 소리치며 바름 향해 달려가는 봉이! 미친 듯이 쇠꼬챙이로 바름을 향해 공격하지만, 바름 그런 봉이 공격 피하고 막아낸다. 계속해서 미친 듯이 공격하는 봉이가 가여워 미칠 것 같은 바름 눈에 눈물 뚝뚝 떨어지며 계속 공격 막아내며··

바름   (E) 안 돼. 봉이야·· 널 살인자로 만들 수 없어··

다시 그악스럽게 공격하는 봉이. 바름, 봉이가 자신을 죽이지 못하게 하기 위한 방어만 할 뿐, 절대 봉이 공격하지 않는. 방어만 하는 바름 마음 알아챈 봉이! 눈 부릅 뜨고 더 빠르게 공격하려 하지만, 그럴수록 더 빨라져가는 바름. 쏟아지는 폭우와 질척이는 땅 때문에 계속 미끄러지는 봉이. 포기 않고 벌떡 일어나 계속해서 바름 향해 달려든다. 울면서 죽일 듯 덤비는 봉이. 울면서 봉이 공격 막아내는 바름, 그렇

게 두 사람의 처연한 싸움… 계속되는 대치에 봉이, 점점 힘 빠지기 시작하고. 역시 빗물눈물 뒤범벅인 채 계속 방어하는 바름. 봉이 온 힘을 다해 쇠꼬챙이 휘두르다 순간 넘어지는. 바름 가만히 보고 서 있는.

봉이	(눈물과 빗물 범벅인 채로 악만 남은) 나도 죽여봐!!! 나한테도 해보라고!!! 우리 할머니한테 한 것처럼!! 해보라고!!!!!
바름	(눈물 빗물 범벅인 채로 서서) 봉이야‥ 제발‥ 제발…자수할게. 자수하게 해줘‥
봉이	(주저앉은 채 꺼억꺼억 울며) 울 할머니가 너한테 어떻게 했는데‥ 너한테 어떻게 했는데‥ 니가 어떻게 그래‥ 니가 어‥어…어‥ (꺼억꺼억 우는)
바름	(역시 꺽꺽 울며) 미안해. 봉이야‥ 너무 미안해… 미안해‥ 잘못했어‥ 잘못했어‥
봉이	우리 할머니가‥ 우리 할머니가…

플래시 컷/ 처참하게 죽어있는 할머니 시신. (4부 #14)

봉이	(다시 벌떡 일어나 바름 덮치며) 죽어~! 이 개새끼야!!!!

일순 덮치는 봉이 피하지 못하고 뒤로 쾅 넘어지는 바름. (*이때 바름 총 바닥에 떨어지는) 동시에 바름 목에 들어오는 쇠꼬챙이! 봉이, 넘어진 바름 위에 올라탄 채, 봉이의 독기서린 눈빛과 서글픈 바름의 눈빛 부딪히고‥ 결국 바름 더는 어쩌지 못하고, 포기한 듯 눈 감는다. 감은 눈 사이로 눈물 또르르… 봉이, 독기서린 눈으로 꼬챙이 바름 목에 꽂으려는 순간!

바름	(하… 이내 작심한 듯) 그래. 맞아. 내가! 죽였어. 강덕수. /너 땜에! 니가 위험할 거 같아서! 그래서 죽였어. (17부 #51)

또록 흐르는 바름의 눈물 보고. 차마 찌르지 못 하고, 손 바들바들 떠는… 후… 심호흡 하고, 다시 한 번 꼬챙이 쳐드는 봉이! 여전히 바들바들 떨리는 손!

플래시 컷/ 바름 내가 좀 아파‥ 좀 많이 아파.
/ 그런데‥ 어쩌면 나을 수 있을 거 같아… 오늘 그런 희망을 봤어. (14부 #100)

결국 봉이, 차마 찌르지 못 하고 일어선다.

바름, 천천히 눈 뜨면·· 바름 앞에 독기서린 눈으로 서 있는 봉이와 눈 마주친다.

핏발 선 눈의 봉이, 그런 봉이를 슬프게 보는 바름··

봉이   (눈물로 얼룩진 분노 가득한 눈빛으로) 너 같은 건, 이렇게 죽는 것도 과분해…
         자수해! 자수해서, 평생을 괴로워하면서! 죄책감이 너 스스로를 갉아먹
         을 때까지!!! 죽는 게 나을 정도로 고통스러워하면서!!!! 지옥 속에서! 평
         생 죗값 치르면서 살아!

땡그랑·· 꼬챙이 내던지는 봉이. 등 돌려 빗속으로 사라지는. 바름, 무릎 꿇고 주저
앉은 채 꺽꺽 울며 봉이 보는데, 봉이 시야에서 사라지는 순간! 철컥! 차가운 총구 머
리에 박히는.

무치   (배신감과 분노 뒤섞여 떨리는 목소리로) 너였어? 니가 우리 형 죽인 놈이었어?
바름   (하아··) 형사님. 부탁드릴게요. 제발 날 체포해 주세요·· 제가 할게요.
         형사님이 하려는 그 일. 제가 가서 할게요, 제가 마무리하게 해주세요.
무치   하! 어디서 개수작이야!
바름   제발 형사님 인생을 망치지 마세요·· 제가 할게요 제가… 제발요 제발…
무치   조*까지마!!!! 새꺄!

일초의 망설임도 없이 방아쇠 당기는!

탕!!!!!!!! 소리와 동시에 팟! 블랙아웃. 그 위로 자막 뜬다. (예고 없는)

- the END -

제 20 부

S#1   프롤로그 (대니얼 연구실 + 연구소 인근 하수구)/ 낮 + 밤

어느새 움직임 둔화된. 온순해진 생쥐.

대니얼　　(E) 관찰 13일째. 움직임이 현저히 둔화함. 온순한 상태

O.L되며 힘겹게 움직이는 쥐.

대니얼　　(E) 관찰 20일째 상태 매우 안 좋음.

O.L되며 움직임 없는 쥐. 작대기로 철망 사이로 쥐 찔러보지만 움직임 전혀 없는 (사망)

대니얼　　(E) 관찰 30일째 사망…

그 위로 우르르 쾅쾅! 천둥소리 들리며‥
인근 하수구/ 천둥·번개 치는 어두운 밤. 사망한 실험쥐 들어 있는 철망 툭 내던져지면서 (철망 툭 문 열리는) 철망 위로 세차게 빗물 떨어지며 F.O…

마우스

S#2 들판 (부감으로)/ 낮 (어느새 비 개고 쨍한 아침, 19부 #102 이후)

부감으로 하늘거리는 푸르른 풀밭 속에 의식 없이 누워있는, 무치다!
힘겹게 눈 뜨는 무치. 으윽! (맞은)머리 만지며 일어나, 여기가 어디지? 하다 퍼뜩! 둘러보면 적막만 흐르고. 휘잉휘잉 바람에 서걱거리는 풀잎 부딪히는 소리만…

S#3 무치의 차 안 + 시내/ 낮

독기 서린 눈으로 미친 듯이 액셀 밟고 달리던 무치. 시내 접어들면, 8차선 대로 위 대형 전광판 보인다. 순간 끼익 차 세우고, 내려 전광판 보는데! 〈속보! 정바름 순경 자수 "나는 연쇄살인마다"〉 멍한 얼굴의 무치. 도로 한복판에 선 무치 뒤로 빵빵!!!
경적 울려대는데, 으아아아!!!!!!! (분해)발악하는 무치! 전광판 속, 무진청 도착한 경찰차에서 수갑 찬 채 내리는 바름 보인다.

S#4 무진청 현관 앞/ 낮

전광판 속 바름의 모습, 실사로 바뀌면, 취재 나온 기자들, 피해자유가족들, 시민들로 뒤엉켜 인산인해를 이룬다. 현관 앞에서 대기하다, 바름 인계받는 강형사와 형사1.
호남 멍한 표정이고, 헐레벌떡 뛰어온 두석, 멍한. 인파 속 홍주, 인파에 막혀 못 들어가는 바름 보는데. 이리저리 치이던 바름, 홍주와 눈 마주치고. 그렇게 서로 보는 시선 위로‥

(E)   탕!!!

S#5 과거. 일각 들판 (19부 #102에 이어)/ 밤

퍽! 둔탁한 소리에, 바름 감고 있던 눈 뜨면 손에 총(발사돼서 연기 피어나는, 바름의 총) 쥔 채 쓰러진 무치! 바름, 놀라 돌아보면 카메라(묵직하고 큰) 쳐든 채 숨 몰아쉬는, 홍주다!

홍주   (카메라 든 손 내리며, 바름 노려보며) 약속 지켜. 정바름! 고무치한테 했던
             약속.

S#6   현재. 무진청 현관 앞/ 낮

다시 홍주 시선으로 바름과 홍주 서로 마주 보는. 이윽고, 돌아서 가는 홍주. 그 위로….

S#7   과거. 산부인과 수술실/ 이하 홍주의 회상/ 낮 (7부 #50 이후)
            (*#7~#13까지 빠르게 편집)

팔에 수액 주사 단 채 수술대 위에 누운 홍주. 의사, 수술대 앞에 서면.
홍주, 질끈 감은 눈에서 눈물 한 방울 뚝 떨어지는데‥

퀵 플래시/ 요한, 홍주 안은 채 혼잣말처럼 중얼거리듯 "무서워‥ 무서워요…" (3부 #54)
요한 (시선 창 밖 보며) "슬퍼‥ 저 잎들 사이로 쏟아지는 햇살이‥" (12부 #33)

플래시 컷/ 대니얼 (E) 싸이코패스는 그 어떤 감정도 느낄 수 없어요. (2부 인터뷰 중)

홍주   (순간 눈 번쩍 뜨며) 잠깐만요! (링거 줄 확 잡아 빼는!)

S#8   과거. 요한의 집 안 + 지하실/ 낮

폴리스라인(접금근지 테이프) 붙어있는 지하실 들어오는 홍주.

| 홍주 | 범인이 아니면‥ 어떻게 변순영 시체 사진이 여기서‥ (하다 지하실 내 또 하나의 공간 보며) 이 안에 숨겨둔 한국일 폐병원으로 옮겼다고‥? (아무래도 뭔가 이상한) |

S#9   과거. 요한 집 앞 + 홍주 차 안/ 밤

차 안 홍주, 핸드폰으로 무진 사건 검색하면, 〈무진산 근처 폐병원에 한국이 숨겨둔 정황 발견〉 기사 확인하고 급히 차 출발시키는.

S#10   과거. 무진산 내, 폐병원 안 곳곳/ 밤

칠흑같이 깜깜한 내부. 홍주, 핸드폰 플래시 의지하며 병원 안 이 잡듯이 샅샅이 확인하는 빠른 몽타주. 지하 보일러실 내부까지 샅샅이 찾아보지만, 아무것도 없다.

홍주	(실망하는) 그래‥ 뭐가 있었으면 경찰이 진즉 찾았겠지‥ (돌아서 나가는데)
대니얼	(E) (힘겹게 다 죽어가는 목소리로) 최홍주 피디‥?
홍주	(반사적으로 소리 나는 쪽 플래시로 비추면, 헉! 놀라) 대니얼 박사님?

보일러 기구들 뒤, 이불 뒤집어쓴 채 쓰러질 듯한 대니얼, 병색이 완연하다.
배 부위엔 지저분한 상태의 붕대 칭칭 감긴.

S#11   과거. 대니얼 아지트, 폐병원 안/ 밤 (7부 #14에서 무치 일행이 다녀간)

보일러 실 뒤 작은 공간,(은밀한 곳- 손전등으로 불 컨) 여기저기 빈 통조림캔 등 있고.

| 홍주 | (충격에 휩싸인) 정바름이라구요‥? |
| 대니얼 | (초췌한, 힘겹게 입 들썩이며) 성요한이 아니었음‥ 난 이미 죽은 목숨이었어요. |

홍주   (바들바들) 정바름을 살리겠다고… 난‥ 최영신한테 그 수술 테잎을‥
          허… (입 틀어막는)

S#12   과거. 강가 (요한이 뿌려진)/ 낮

요한 뿌려진 강가에 넋 놓은 채 앉아있는 홍주 위로.

플래시 컷/

요한   내일 저녁에 시간 어때요?/ 내일 얘기할게요‥ 다‥ (6부 #73)

홍주   (후두둑 눈물 떨어지는) 내가… 죽인 거야‥ 내가 널…

홍주, 일어나 신발 벗고 눈 감고 강에 뛰어내리려는 순간, 우욱! 헛구역질 올라오는.
주저앉아 헛구역질하다, 배 보다, 조심스레 배 쓰다듬다, 독기 서린 눈으로 뭔가 결
심하는.

S#13   과거. 폐병원, 지하 보일러실 뒤 은밀한 공간/ 낮

봉투 가득 먹을거리 사 들고 머리 숙인 채 힘겹게 들어오는 홍주. 대니얼 보면.

홍주   (둘러보며) 그런데 어떻게 경찰이 발견을 못 한 거죠?
대니얼   여기서 바로 하수구로 통하는 통로가 있어요. 경찰이 들이닥쳤을 때 거
          기 숨어있었어요.
홍주   (끄덕, 봉투에서 거즈랑 약품 등 꺼내며) 회복되실 때까지 제가 간호할게요.
대니얼   /고마워요. 최피디‥ 어떻게든 내가 성요한 결백 꼭 밝힐게요.
홍주   (독기 서린) 아뇨. 그걸론 안 돼요.
대니얼   (보면)
홍주   기억을 잃었어요, 정바름. 자기가 착한 인간인 줄 알아요. 본성이 깨나기
          전에 그놈 이용해서 죽어 마땅한 범죄자들 다 없애버려요. 그리고 최영

신이 정바름 정체를 세상에 까발릴 그날! 우리가 한발 먼저 터뜨려요. 정바름 정체! 최영신이 자행한 끔찍한 만행까지 동시에!

대니얼　(놀라 보는)

홍주　(독기 품은) 저… 한서준이 살해한 피해자들 유인책이었어요.

대니얼　(놀라는)

홍주　한서준이 어떤 괴물인지 똑똑히 다 지켜봤어요. 그런 인간은 절대 바뀌지 않아요. 정바름 이용해서 자기랑 같은 종류의 인간들 다 처리해요. 우리! 박사님 동생 같은… 요한이 같은‥ (울컥) 불행한 피해자가 생기지 않도록이요…

대니얼　(잠시 고민하다 결심하는) 그러려면 검사 장비가 필요해요.

S#14　현재. 무진청 정문 앞/ 낮

쓸쓸한 표정으로 무진청 밖으로 나가는 홍주.
/바름 향해 날아오는 계란 돌 등… 유가족들(한국母 포함) 달려들어 바름 옷 잡다 옷 찢어지고. 형사들 막으면 주저앉아 통곡하는 한국母. 옷 찢어진 채 그 모습 고통스럽게 보는 바름. 형사들, 인파 헤치며 힘겹게 안으로 가려는데, 기자들 막으며 계속 질문하는. "정말 무진연쇄살인사건 피해자들 다 죽였습니까?" 등등‥

바름　(고개 숙인 채 서서) 네. 다 제가… 한 짓입니다. 제가 다… (하다 문득 시선 멈추는)

한 여자아이 독기 서린 눈으로 씩씩거리며 서 있다. 바름 눈 마주치는데.
플래시 컷/ 변순영과 딸 함께 찍은 사진 (5부 #7)

아이, 손에 쥔 작은 돌멩이 바름 향해 던지면, 바름 이마에 툭! 이마에서 주르륵 피 흐르는.

S#15　지은의 집 거실/ 낮

그 모습 뉴스 화면에 중계되고 있고, 보고 있는 지은 눈에서 눈물 뚝 떨어진다.

S#16   무진청 특본팀 앞 + 안/ 낮

정신 나가 뛰어오는 무치. 기자들과 형사들 실랑이 중이고, 특본팀 유리문 너머로
보면, 강형사 앞 조사받는 바름 보고 눈 뒤집히는 무치. 비켜 비켜! 기자들 뚫고 특본
팀 안으로 들어가려는데 대비하고 있던 덩치 큰 형사 둘, "놔! 이거 놔!!! 저 새끼! 내
가 죽여야 돼. 내가!!!" 들어가려는 무치와 막는 형사들 난장판이고 이에 신 난 듯 셔
터 눌러대는 기자들.
/강형사 앞, 조사받던 바름, 소란에 뒤돌아보면 발악하며 들어오려는 무치 제지당하
고 있는 모습에 눈물 후두둑 떨어지는. 강형사, 특본팀 형사들 모두 가슴 아프게 무
치 보는.

무치   (뿌리치며) 놔! 저 새끼 내가 죽일 거야! 우리 형이 저 새끼한테 어떻게 당
         했는데!!
강형사   (바름 원망스럽게 보다, 일어나 문 앞으로 가) 무치야‥ 무치야‥ 제발 진정
         좀 해, 진정 좀.
무치   내가 지금 진정하게 생겼어? 놔! 놓으라고 새끼들아!!!!
강형사   (발악하며 날뛰는 무치 걱정스럽게 보며, 안 되겠는지 붙잡고 있는 형사들에게
         눈짓하면)

형사들 무치 양쪽 팔 잡고, 필사적으로 끌고 가는. 발악하며 질질 끌려가는 무치 보
며 강형사 한숨 내쉬다, 복도 한쪽에 서 있는 지은 발견하는. 누구지? 보는.

S#17   무진청 조사실 (대니얼 조사실)/ 낮

호남   (답답한 표정으로) 왜 결박된 상태로 그 집에 있었는지, 말씀을 해주셔야…
대니얼   …
호남   1년 전 그날, 놀이동산에서는 무슨 일이 있었던 겁니까?

대니얼	…
호남	(답답한) 아, 뭐라도 말씀을 하셔야… 변호사 불러드려요?
강형사	(들어와 호남에게 낮은 목소리로) 성요한 어머니가 정바름을 꼭 좀 만나게 해 달라고…
호남	(화들짝 놀라) 뭐? 안 돼! 클 나. 정바름 죽일려고 들 거야/
대니얼	/아무 일 없을 겁니다. 만나게 해주세요.
호남.강	(보면)
대니얼	자기 아들, 죽이기야 하겠습니까?
호남.강	에?

S#18   무진청 취조실/ 낮

지은과 수갑 찬 바름 마주 보고 앉아있다. 말없이 서로 바라보는.
바름 보는 지은의 슬픈 얼굴 위로‥

어린요한	(E) 엄마 우리 학교에 이상한 아이가 있어요. 토끼 배를 갈랐어요

S#19   과거. 재훈의 집 인근/ 지은의 시선/ 낮 (1부 #90-1)

쭈뼛거리며 손에 든 주소지를 확인하는 지은/ 마침 재민 데리고 나오는 재훈 보고

지은	(E) 혹시나 싶어서 너희 집을 찾아가봤어… /… 한눈에 알아볼 수 있겠더구나‥

흠칫 후다닥 몸 숨기고 재훈 살피는. 가슴 아픈 표정으로 지켜보는데… 재민 손 꼭 잡은 재훈, 어디론가 급히 가는 모습에 왠지 모를 서늘함 느끼는 지은. 조심스럽게 재훈 뒤 밟는…

재훈의 집 뒷동산/ 낮/ 추가 (1부 #91-1)

재민 손잡고 올라가는 재훈 불안하게 보는 지은. 재훈, 인기척 느꼈는지 힐끔 돌아보면, 지은, 바짝 엎드려 몸 숨긴다. 천천히 따라가다, 몸 숨기다 반복하는데‥ 숨어있다 순간 재훈 놓치고. 더 불안해지는 지은, 다급히 재훈 찾지만 쉽게 보이지 않는다. 그때 위에서 들리는 재민 비명 섞인 울음에 가슴 쿵 내려앉고. 소리 나는 쪽 향해 정신없이 뛰어가는 지은, 멀리서 삽으로 흙 떠서 구덩이에 뿌리는 재훈 모습에 망설임 없이 달려가 재훈 팔 잡아챈다. 재훈 확 밀치고 구덩이 보면 흙 뒤집어쓰고 겁먹은 채 주저앉아 우는 재민 꺼내놓는.

지은   집으로 가 빨리!
재민   (겁에 질려 정신없이) 으아아앙~ 엄마~~!!!! (집 쪽으로 막 뛰어가는)

지은, 보면, 돌에 허리 찧은 채 누워있는 재훈. 절망스럽게 재훈 보다, 재훈 몸 위로 올라타 힘껏 목 조르는 지은. 끄윽거리는 재훈 얼굴 위로 지은 눈물 떨어지고‥ 재훈 눈 감기는.

지은   (분노로 가득 찬, 목 조르며) 죽어! 죽어! 이 괴물! 너 같은 건 죽는 게 나!!
               널 낳는 게 아니었어. 널 낳지 말았어야 했어!

의식 잃은 재훈 몸에서 쓰러지듯 내려와 주저앉는 지은. 축 늘어진 재훈을 후회와 회한이 혼재된 눈빛으로 보며 꺼억꺼억 우는.

S#20   현재. 무진청 취조실/ 낮

바름   (허… 중얼거리듯) 그게… 꿈이 아니었어‥ (하다 어느새 원망 가득한 눈빛으로 바뀌며) 그때 죽였어야지. 그때 왜 안 죽였어! (소리 지르는) 왜!!!
지은   그게… 너희들을 바꾼 이유였어… (슬픈 눈빛 위로)

S#21   과거. 공원/ 지은의 회상/ 낮

희정	(충격 받은) 우리 재민이를요?… 재민인 암 말 안 하던데요‥
지은	무서워서 말‥ 못 했을 거예요‥ 제가 직접 봤어요. 지 동생을 땅에 묻으려는 걸…
희정	허‥ (충격에 휘청이는)
지은	(그런 희정 아프게 보며) 약속… 잊지 않았죠?
희정	(보면)
지은	재훈이‥ 저대로 두면 또 무슨 짓을 할지 몰라요‥ 동생을 결국 죽일 거예요‥
희정	아니에요. 그럴 리가 없어요. 우리 재훈이‥
지은	(입술 잘근 깨물며) 희정씨한테 말 안 한 게 있어요.
희정	(보면)
지은	재훈이‥ 한서준 아들이에요. 헤드헌터 한서준.
희정	(헉! 입 틀어막는) 다, 당신 어떻게‥ 날 감쪽같이‥
지은	속여서 미안해요. 전 직접 목격했어요. 한서준이 한 짓을‥ 많은 사람이 죽어나갈 거예요‥
희정	(바들바들 떠는)
지은	부탁입니다. 재훈일 위해서… 제발…
희정	(하아 하아 숨 몰아쉬며 지은한테 붙잡힌 손 애써 빼내고) 우리 애는요? 우리 요한이는요?
지은	착하게 잘 자라고 있어요. 천성이 너무 착한 아입니다.
희정	우리 애 돌려줘요 얼른요.
지은	그럴게요. 돌려 드릴게요‥ (일어나 가는)

희정, 한편으로는 안도가 되고 또 한편으로는 착잡한, 힘겹게 일어나 가면.
지은, 가는 희정 슬픈 눈으로 보는. 희정, 가다 지은 돌아보면.

지은	(눈물 그렁이며) 아프지 않게… 제발‥ 덜 아프게‥ 끝내주세요…

S#22   현재. 무진청 취조실/ 낮

바름	(원망 어린) 그럼 그때 내 가족, 내가 다 죽였다고 생각했겠네‥ 근데 왜

가만있었어?

지은   (눈물 닦으며) 그래. 내 손으로 끝내려고 너를 찾아갔어. 그런데 이미 이모
란 사람이 널 데려갔다더라. 백방으로 찾아다녔는데 찾을 수가 없었어.
주민번호가 말소됐다는 걸 뒤늦게 알고‥ 차라리 죽어서‥ 그래서 말소
된 거면 좋겠다 생각했어.

바름   하아… (눈물 후두둑)

지은   애써 너란 존재를 잊고 살았는데…

S#23   과거. 달리는 지은의 차/ 지은의 회상/ 밤 (4부 #29)

무진 연쇄사건 관련 뉴스 라디오에서 흘러나오는, 차 세우고 꺽꺽 우는 지은 위로.

지은   (E) ‥너란 걸 직감했어.

S#24   과거. 무진병원/ 지은의 회상/ 낮 (6부 #22)

요한이 찾아 복도 서성이던 지은. 요한이 보다 간 병실 앞으로 가 보면, 병실 안, 봉이
따뜻하게 대하는 바름! 그런 바름 바라보는 봉이의 사랑에 빠진 듯한 얼굴 보는 위로…

지은   (E) 너 왜 나랑 결혼했어? 왜!!! (1부 #62)

서준   (E) 뭐‥ 일종의 종족 번식이랄까…?/ 내 새끼가 필요했어. 나, 한서준 2
세가‥

지은   (E) 한서준과 날 보는 거 같았어. 내가 한서준의 정체를 모르고 사랑에 빠
진 것처럼‥

/뛰어나와 헛구역질하던 지은. "괜찮으세요?" 소리에 보면, 서 있는 바름. 흠칫! (6부 #23)

현재/

바름	그랬어… 내가 그 착한 아이한테 그런 맘을… (너무 고통스럽고) 그런데 가만있었어?
지은	나보다 한발 앞서서 요한이가 널 찾아갔어‥ 요한이가‥ 요한일 강에다 두고, 끝을 내려고 니 병실에 찾아갔었어… 널 신고해봐야 증거도 없고 아무도 성요한 엄마 말을 안 믿어줄 테니까.

S#25   과거. 바름의 병실/ 지은의 회상/ 낮 (7부 #39 이전 상황)

병실 들어오는 지은. (바름 새 죽이고 잠든 후) 잠든 바름 보다, 그 옆에 보호자석에 개켜진 이불 위 베개 들어 바름 얼굴 막 누르려고 하는 찰나! 밖에서 소리 나자 급히 화장실로 숨는.

봉이	(E) 어? 어병이‥ 어디 갔어?
지은	(몰래 나가려는데)
바름	(E) 여기가 어디죠‥?
지은	(흠칫 돌아보는 위로/ 봉이, 오빠! 오빠!!! 소리 이어, 바름E 누구세요?)

S#26   과거. 무진병원 현관 앞/ 지은의 회상/ 낮 (7부 #44 상황)

인파들 속에 퇴원하는 바름 저만치 떨어져 지켜보고 있는 지은 위로‥

기자	(F) 세 차례의 수술을 거친 정바름 순경이 퇴원했습니다. 무진병원 측에 따르면 정 씨는 현재 정상적으로 회복된 상태지만, 일시적인 쇼크로 부분 기억 상실 증상을 보이는 것으로…

S#27   과거. 평안동. 바름의 집 (이사 후)/ 낮 + 현재. 무진청 취조실/ 낮

지은, 몰래 와서(이때 쓱 사라지는 사내-oz1) 열린 대문 사이로 살짝 들여다보면,

지은   (E) 이후에 수소문해서 너 이사 간 집도 찾아가봤는데….

머리에 붕대 두른 채 마당에 앉아있는 바름. 길고양이 들어오면 사랑스럽게 쓰다듬고 먹이 주는‥ 그 모습 대문 밖에서 몰래 지켜보는 지은.

지은   (E) 넌 정말‥ 착한 사람이 된 것 같았어. 그 후로도 계속 널 지켜보면서 난 한 가닥 희망을 가졌어… 어쩌면 니가 달라질 수 있겠다는… 그래서‥ 그래서… (눈물 흘리는)
바름   (원망의 눈빛으로) 나한텐 한서준이나 당신이나 똑같아.
지은   (비수 꽂히는)
강형사   (문 열고 들어와) 조사받으러 갈 시간이야. (바름 일으키면)
바름   (나가다, 멍하게 앉아있는 지은 돌아보며 원망 섞인 복잡한 눈빛으로) 난‥ 정말 재민이 죽이려고 했던 거 아냐. (강조) 우리 가족도… 내가 안 죽였어. (나가면)
지은   (참았던 감정 폭발하듯 꺼억꺼억 우는)

S#28   무진청 로비/ 낮

넋 나간 얼굴로 터벅터벅 걸어 나오는 지은. 그때, 형사들에 잡혀 발악하는 무치 보이고.

무치   (고통스러워하며) 나도 잡아가라고! 나도! 내가 성요한 죽였다고!!! 내가!!! 그 새끼 구한다고 내가! 내가!!! 죄 없는 사람을 쏴 죽였다고!!! 내가‥!!!

으아아악!!! 괴로워하며 바닥에 미친 듯이 머리 찧는 무치. 머리 깨지며 피 홍건해지고, 달려들어 제압하는 경찰들. "119불러!! 119불러!!!"

S#29   무진병원 응급실/ 낮

무치 머리에 붕대 감아주는 의사. 멍하니 침대에 걸터앉아있는 무치.

의사, 마무리하고 가면 무치 시선에 응급실 문 앞, 서서 자신 보고 있는 지은 발견한다.

플래시 컷/

지은   (떨리는) 우리 불쌍한 요한이, 그 불쌍한 아이‥ 니가 쐈냐고!! (7부 #8)

무치   (순간 어쩔 줄 몰라 하며 시선 피하면)
지은   (무치 아프게 보다 와 서서) 요한이 고형사가 죽인 게 아냐. 그러니 죄책감
        갖지 마요‥
무치   (차마 눈 맞추지 못한 채, 무슨 말인지‥)
지은   한서준이 죽인 거예요… 고형사가 아니라…
무치   ?

인서트/ 특본팀 조사실/ 낮

호남,강   (벙찐)
바름   (담담하게) 거기 한서준의 아지트가 있습니다. 가서 확인해보세요.

무진병원 응급실/ 어느새 지은 없고, 혼자 멍하니 앉아있는 무치.

무치   (허‥) 그래서… 그래서 변한 거였어…? 정바름이…? (후다닥 뛰어가는)

S#30   창고 (서준의 실험실)/ 낮 (9부 #24 동장소)

쾅! 문 열리고 들어서는 강형사 (경찰들)등‥ 둘러보다 뇌 들어있는 관, 두개골에 경
악하는‥

S#31   무진구치소 접견실/ 낮

안절부절 서 있는 무치. 문 열리고 서준 들어서자마자 흥분한 표정으로.

무치	사실이야? 그 여자 말이?
서준	(여유롭게 앉으며) 누구? 성지은?
무치	정바름이 당신 아들이야? 그래서 살아있는 성요한 뇌를 정바름한테 이식했어?
서준	(피식 웃는) 맞아. 다.
무치	허… (충격에 휩싸인) 그게 어떻게 가능해? 사형수가 어떻게··
서준	이 나라에서 최영신이 못할 일이 없지 않나? 내 앞에서 무릎까지 꿇더라고. 전 국민이 간절히 기원한다고. 국민아들 살려달라고! 큭큭··
무치	(허·· 나가려다 보며) 그 여자가 왜… 정바름 살리려고 니 앞에서 무릎을 꿇었다고 생각해…?
서준	?
무치	천재라더니 나만큼이나 멍청하네. 니놈도, 니놈 새끼도 그 여자한테 철저히 이용당한 거야. 이제 니놈 새끼, 그 여자한테 아주 비참하게 폐기처분될 거야! (확 나가는)
서준	(순간 불안해지는, 생각하다 이내 부르르!) 최영신!!! 이 년! 감히 내 아들, 건드리기만 해!!!

S#32 요한 뿌려진 강가/ 낮

슬픈 시선으로 강 바라보는 지은 위로·· 휘잉휘잉 바람 부는 위로.

S#33 과거. 지은의 집 (6부 #94-1 이전 상황)/ 지은의 회상/ 밤

요한	나, 엄마 아들 아니잖아. (소리 지르며) 한서준 아들 아니잖아!!!!
지은	뭐?
요한	(원망의 눈빛으로) 언제부터 알았냐고?

S#34 과거. 재훈의 집 인근/ 요한의 진술/ 낮 (1부 #90-1, 91-1 상황)

요한 가방 메고 집에 가다, 문득 재민 손잡고 가는 재훈 뒤따라가는 지은 보는. 어?
/동산 올라오며 두리번거리는 요한. 엄마! 엄마! 두리번거리는데 죽어! 죽어! 소리
에 가보면. 지은, 재훈 목 조르고 있는 모습 보는. 헉 놀라는 어린 요한.

요한   (E) 애써 아니라고 믿었어. 살인마 아들이라는 이유로 폭력에 시달렸어
            도 꿋꿋이…

S#35   과거. 지은의 집 안방/ 낮

성인 요한, 지은 집 옷장 여는 위로 지은(E) **요한아. 딴 거 말고 베이지색 코트로 가
져다줘.** 베이지색 코트 꺼내다 문득 안쪽 구석 상자 발견하고 뭔가 싶어 보면 상자에
BLESS 배냇저고리 입은 아이(바름) 안은 사진. 돌아보면, 화장대 위에 놓인 아기(요
한) 사진과 다른.

요한   (E) 그때 당신이 다른 아이를 안고 있는 사진을 봤어. 그래서 당신과 살인
            마 한서준꺼까지‥친자 확인 검사를 했어.

S#36   과거. 지은의 집/ 밤 (6부 #94-1)

액자에 지은과 함께 찍은 요한의 사진. 그 앞에 서서 보고 있는 요한. 테이블에 앉아
가위로 꽃가지 다듬어 유리 화병에 꽂고 있는 지은, 불안한 표정으로 요한 뒷모습 바
라보는.

요한   (등 돌린 채) 알고 계셨죠?
지은   (순간 쿵! 떨리는 목소리로) 뭘….?
요한   (지은 돌아보는. 서늘한 눈빛으로 지은 보며) 아들이 살인마라는 거….

순간 들고 있던 가위 떨어뜨리며, 옆에 있던 화병 건드리는데. 화병, 바닥으로 떨어
지고 쨍그랑… 소리와 함께 산산조각 나는‥

요한	(억눌렀던 분노 폭발하는) 어떻게 이럴 수가 있어! 어떻게!
지은	요, 요한아… (무릎 꿇는) 어, 엄마가 잘못했어. 엄마가…
요한	당신도 똑같아!! 당신 남편 한서준, 당신 아들 정바름이랑 똑같다고!! 용서 못 해!! 용서 안 해!! 절대!!! 내 가족 죽인 당신 아들. 내 하나밖에 없는 친구 준성이 처참하게 죽인 당신 아들 정바름! 그 모든 걸 다 알고도 방조한 당신!!!
지은	(끅끅 오열하고 있는)
요한	(그런 지은 분노의 눈으로 노려보며) 두고 봐. 나 지금 당신 아들 죽이러 갈 거야! 내 손으로 죽여 버릴 테니까 지켜봐!!! (휙 나가려는데)
지은	(후다닥 요한 잡으며) 안 돼. 요한아. 그놈은 괴물이야. 괴물. 니가 죽어, 니가 죽는다고!!!
요한	비켜! 비키라구!!!! (휙 밀치면)

쿵 떨어지는 지은. 순간 바닥에 떨어진 꽃가위 집어 자신 목 찌르려는 순간, 놀란 요한 뛰어와 잡는데 살짝 찔려서 피나는 지은! 가위로 계속 자신 목 찌르려 한다. 지은 몸에 올라타 가위 뺏으려는 요한, 결국 지은 손에서 억지로 가위 뺏어드는‥ 그때 현관문 열리며 "사장님 영수증 가져왔…" 보면 직원 놀란 얼굴로 서 있는. 요한, 손에 들린 피 묻은 가위 집어 던지고 현관 앞에 굳은 채 서 있는 직원 밀치고 뛰쳐나가는.

S#37   현재. 요한 뿌려진 강가/ 낮

| 지은 | 차마 말할 용기가 없었어‥ 니가 날 미워하고 원망할까 봐… 불쌍한 우리 아들… 요한아. 넌 내가 끔찍하겠지만… 그래도 엄만 니 옆에 있고 싶어… |

이윽고 풍덩! 이윽고 강물 고요해지는. 그 위로 휘잉휘잉 바람 소리 들리는.

S#38   무진청 특본팀 팀장실 + 유치장 안/ 낮

두석   (유치장 안에 얼굴 파묻고 있는 바름 보며) 그나저나 대니얼 박사는 아직도
       묵비권이야?

호남   (끄덕) 아니 자기도 피해자 아니냐고‥ 왜 입을 다무는 건지. 속을 모르겠
       네. 대니얼 박사까지 저러고 있는데. 구속영장이 나올까요‥?

두석   청와대가 움직이고 있어 구속 쉽지 않을 거야. 하필 대선 직전이라 필사
       적으로 막을 텐데‥

호남   이 상태에서 영장 청구해봐야 검찰은 기다렸다는 듯이 바로 기각시켜버
       릴 거고‥

두석   일단 최대한 버티고 있어. 어떻게든 박사 입에서 결정타가 나오게 설득
       해야지‥ (하는데)

호남   (TV쪽 보다 리모컨 들어 볼륨 높이며) 최영신 변호사 인터뷰하네요.

뉴스 화면/ 무진청 앞 기자들에 둘러싸여 인터뷰하는 최영신 변호사 보이고.

변호사   노트북과 피해자 물건들이 왜 거기 있는지 저희 의뢰인은 알지 못합니
       다. 정바름이 일부러 갖다 놓았을 겁니다. 야당이 네거티브 선거를 위해
       정바름을 이용한 걸로 추정됩니다.

호남   저렇게 나올 줄 알았어. (하는데)

화면 속/ 그때 기자들한테 띵동~ 다다다다 문자 도착하고! 기자들, 문자 확인하면
"대박!"

호남   뭐지? (하며 화면 속 기자들 보는데 딩동 문자음! 확인하며) 헐! 선배 잘하면
       판 바뀌겠다!

호남, 두석에게 핸드폰 보여주면 바름과 이모 찍은 사진과 "나는 한때 국정원 사조직
오즈였다" 모든 증거물 가지고 기자회견. 2시, OBN 방송국 앞. 그 위로‥

기자   (F) 속봅니다. 본인을 국정원 사조직 오즈의 팀원이라고 밝힌 A씨가 기
       자회견을 자청하고…

/최영신 비서실장이 지난 26년간 자행해온 충격적인 진실을 밝히겠다고
나선 A씨는…

구석 유치장 안에 웅크리고 앉은 채, 창살 너머로 뉴스 보는 퀭한 얼굴의 바름 위로··

과거/ 폐가 앞 (19부 #98 앞 상황)

바름   차마, 최영신을 죽일 수 없었어요… 제가 자수해도 최영신이 빠져나가면
              어떡하죠?
이모   걱정 마. (손에 든 봉투 보며) 이 증거물론 천하의 최영신도 절대 못 빠져나가.
              훈석이·· 아빠가 데리러 오기로 했어. 훈석이 비행기 태우고 바로 기자
              회견 할 거야.

S#39   OBN 방송국 앞/ 낮

시계 오후 2시 정각 가리키고. 기자회견 단상 준비되어 있다. 기자들 바글바글 모여
취재 전쟁 한창인데. 시민들, 피해자 유가족까지 주변 일대가 인산인해를 이룬다.

S#40   무진청 특본팀 사무실/ 낮

유치장 창살 사이로 생중계 뉴스 보는 바름. 그러나 좀처럼 기자회견이 시작되지 않고,
화면 속, 기자들 웅성거리며 뭐야, 30분이나 지났는데 왜 안 와?!!

바름   (뭔가 이상함을 느끼고, 초조해지는) 뭔가 잘못됐어. 이모가 위험해··

인서트/ 조사실2의 최영신, 여유만만한 표정이고.

뛰어 들어오는 무치. 형사들 놀라 후다닥 무치에게 달려들지만, 휙 피하며 순식간에
유치장으로 달려오자 앉아있던 바름, 일어나 창살 쪽 무치에게 오면, 무치 창살 사이

로 손 넣어 바름 목 확 틀어쥔다!

무치	아부지란 새끼 우리 엄마, 아빨 죽이고! 아들 새끼 내 형을 죽여? 이 개새 끼야!!!! (죽일 듯 눈알 뒤집으며) 죽어! 죽어!! (호남, 강형사 등 뛰어와 무치 떼내려 하지만 악착같이 바름 잡은 손 안 놓고 버티며, 바름 목 조르는) 죽어 새 꺄 죽어~!!!!
바름	(얼굴 시뻘게진 채 껙껙거리며) 훈석이·· 이모 사, 살려··
무치	(눈에 눈물 가득한 바름 보며) 이 가증스런 새끼. 니가 누굴 살려달래. 연기 하지 마!!!!
바름	서, 성요한, 누명 풀어주려면···. 이, 이모···
무치	성요한? (하는데)

그때, TV에 최영신 변호사 기자들 인터뷰하는 장면 오디오로 들리는.

변호사	(F) 뇌 이식 수술이니, 실험쥐니. 공상과학소설 쓰십니까? 저희 의뢰인도 어이없어하십니다. 성요한, 정바름 모두 싸이코패스 살인마일 뿐입니다. 그게 팩틉니다!

무치	(뉴스에서 흘러나오는 오디오 소리에 순간 손에 힘 풀리는)
형사들	(그 틈에 후다닥 무치 끌어내는데)
바름	(눈물 후두둑 떨어지며 무치 보며 소리치는) 이모가 모든 걸 밝힐 증거물을 가지고 있어요. 훈석이랑 이모가 위험해요··· 제발··· 우리 훈석이·· 이모 좀 찾아주세요···

S#41　공항 보안실/ 낮

모니터/ 출국장, 훈석이 데리고, 기다리고 있는 이모 누군가 다가와 이모 옆에 딱 붙더니 훈석이와 이모 데려간다. (칼로 위협하는 것처럼)
/확대해서 얼굴 보면, 모자 사이로 드러난·· 이형사다! 모니터 보고 있는 무치와 강 형사.

무치   (허!) 핸드폰 위치 추적부터 해줘. 난 이 새끼 집에 가볼게. (뛰어가는)

S#42   이형사 집/ 낮

들어오는 무치. 이미 살림살이 하나 없이 텅 빈 미치겠는데. 그때, 전화 오는.

강형사   (F) 핸드폰 전원이 꺼져있어. 위치추적이 안 돼‥

S#43   무진청 복도/ 낮

심난한 얼굴로 터벅터벅 걸어오는 무치. 그때, 최영신 조사실로 들어가는 변호사 보이고. 순간 열린 문 사이로 살짝 보면 변호사들, 최영신에게 뭔가 다급하게 얘기하고, 문 닫힌다.

S#44   무진청 특본팀 사무실/ 낮

호남   (한숨 내쉬며) 진즉 저쪽에서 손 썼겠지.
무치   (곰곰 생각하며) 근데‥ 좀 이상해.
호남   뭐가?
무치   최영신 쪽에 뭔가 문제가 생긴 거 같아‥ 분위기가 심각하더라고.

인서트/

최영신   이민수가 사라지다뇨? 그게 무슨 말입니까? 분명 데려오고 있다고
               전화를 받았다고 하지 않았습니까?
변호사   네. 그러다 갑자기 연락이 끊겼다고‥
최영신   (심각한) 찾아요. 당장!

무치   암튼 제가 더 찾아볼게요.

호남	어디서?
무치	그렇다고 여기 가만 앉아있을 수 없잖아요! 나 성요한 누명 벗겨줘야 된 다고! 애가 납치됐다잖아, 지금!! (휙 나가는 듯‥)

S#45   OBN 방송국 앞/ 낮

결국 기자들 철수하고, 기자회견단상 치워지고 있다. 그 모습 보고 있는 홍주 위로‥

과거/ 폐가 앞/ 밤 (19부 #98 이후 상황)

이모	(흠칫, 놀라 보며) 여긴 어떻게 알고?
홍주	부탁드려요. 성요한, 그 억울한 사람이 연쇄살인마로 희생됐잖아요. 무진연쇄살인사건의 진실을 밝힐 수 있도록 도와주세요. 제발요‥
이모	그렇지 않아도 바름이랑 약속했어요. 제가 증거물 갖고 기자회견을 할 거예요. 바름인 지금 자수하러 갔어요.
홍주	(다급히) 알겠어요. (차에 타는)

과거/ 일각, 들판 인근/ 밤 (19부 #102 상황)
차 타고 가는 홍주, 저만치 들판에 폭우 속 무릎 꿇고 있는 바름 머리에 총 겨누고 있는 무치 보고 놀라 끼익 차 세우고 급히 옆 좌석에 큰 카메라 집어 들고 내리는!

현재/ 홍주 뭔가 결심한 얼굴로 돌아서 가는.

S#46   봉이네 집 앞 + 방 안/ 낮

퀭한 얼굴로 서 있는 봉이. 문 앞에 홍주 서 있다.

홍주	부탁할 게 있어. 셜록 홍주, 내일 아이템 급히 바꿀 거야. 봉이씨가 도와줘‥
봉이	거기 작가님 계시잖아요. 무슨 막내 시작하자마자 그만둔 나한테‥

홍주	철저하게 보안이 필요해. 지금 내가 이걸 믿고 맡길 사람은 봉이씨 뿐이야.
봉이	(다 귀찮은) 믿을 사람 없으면 혼자 하면 되겠네. (들어가려는데)
홍주	(팔 붙잡고) 내가 할 수 없는 일이야.
봉이	(이상한 듯 보는) 네?
홍주	그래서 부탁하는 거야. (가방에서 외장하드 꺼내 봉이한테 건네며) 이거 그동안 취재한 원본 다야. 보고 판단해줘.

방 안/ 외장하드 들고 들어오는 봉이. 뭐지? 싶어 컴퓨터에 꽂아 플레이한다.

〈시간경과〉 충격 받은 얼굴로 화면 보고 있는 봉이. 눈물 뚝뚝 흘리는.

S#47   홍주 차 안/ 낮

심난한 얼굴로 기다리고 있는 홍주. 똑똑 두드리는 소리에 고개 돌려 창문 내리면··

봉이	할게요. 하고 싶어요. 아니 해야겠어요!
홍주	봐서 알겠지만 결정적인 증거는 없어·· 최영신은 이 나라를 쥐고 흔드는 실세야. 미꾸라지처럼 빠져나갈 거야. 그래도 구속 영장 떨어지게 해보자. 증거인멸 못하게 시간을 벌어야 해.
봉이	(결연한. 끄덕)

S#48   몽타주/ 밤 - 낮 - 밤

봉이 집/ 봉이와 홍주 둘이 앉아서 구성하다

홍주	그럼 나는 들어가서 이대로 편집할게.
봉이	네. (원본 동영상 닫다) 이건 뭐지? (하며 클릭하다 순간 당황하는) 어, 이건…
홍주	(나가려다 말고) 뭔데? (하고 보다, 놀라는 표정)

유치장/ 바름, 초조하게 앉아있고

조사실2/ 최영신, 여유만만하게 앉아있고

누군가의 집 앞/ 무치, 누군가와 얘기 중이고‥

차 안/ 무치, 전속력으로 운전해서 어딘가 가는.

봉이 집/ 봉이, 화면 보며 고민하다, 대본 쓰는. 무치에게 전화하지만 받지 않는.

S#49 무진청 곳곳 + 셜록 홍주 스튜디오 교차/ 밤

강형사 (시계 보며, 초조한) 영장청구 시간 거의 다 됐어요!

호남 (미치겠는) 무치는? 아직 이민수 못 찾았어?

강형사 (끄덕) 네 연락 없어요…

/바름 (초조한 얼굴로) 훈석아‥ 이모‥ 제발‥ 제발‥ 무사해줘요 제발‥ (괴로워 미칠 것 같은 위로)

기자 (F) 최영신 비서실장이 긴급체포되면서, 경찰이 최 씨를 구속하기 위한 48시간 총력전에 돌입했습니다. 헌정 사상 초유의 사태가 벌어진 현재, 최 씨의 구속 여부가 초미의 관심사로‥

S#50 달리는 무치의 차 안/ 밤 (빠르게 편집)

무치 전속력으로 운전하는.

S#51 강가/ 밤

캠핑의자에 앉아 강 바라보고 있는 이형사. 도착하는 차 소리에 돌아보면, 오즈3이다!

인서트/

| 변호사 | (통화하는) 그래? 알았어. (전화 끊고 최영신에게) 이민수 찾았답니다. |
| 최영신 | (안심하는) |

S#52 봉이네 집/ 밤

프린터기에서 지잉! 출력되는 대본. 마지막장 나오자마자 낚아채서 잽싸게 달려나가는 봉이.

| 봉이 | (홍주에게 전화하며) 지금 출발해요! (나오는데 누군가 봉이 앞에 그림자 드리우는) |

S#53 무진청 특본팀 사무실/ 밤

바름, 유치장 구석에 쭈그린 채 앉아있는데 문 열리면 고개 들어 본다. 강형사다.

강형사	프로파일러 면담 시간이야. 가자구.
바름	(일어나 수갑 차며 다급히) 우리 이모는요? 훈석이는요?
강형사	(고개 젓는) 무치가 연락이 없어‥
바름	(절망하며 수갑 찬 채 강형사 따라나서는)

S#54 무진청 영상 진술실+ 스튜디오 교차/ 밤

창 너머 바름 진술 중인 모습 보고 있는 청장 및 고위간부들. 안에서는 바름과 프로파일러 면담하는 모습 소형카메라에 녹화되고 있다. 바름에게 인사하고, 자기 소개하는 표창원 프로파일러. 기본 질문과 답변

S#55 OBN. 셜록 홍주 스튜디오/ 밤

셜록 홍주 스튜디오, 긴장한 듯 서 있는 홍주. 광고 끝나면, 온에어에 불 들어오고!

홍주   셜록 홍주, 최홍주입니다.

인서트/ 부조 안, 봉이 긴장한 얼굴로 모니터 속 홍주 보며 서 있다.

홍주   (화면 앞으로 걸어가 프롬프터 속 봉이 대본 내용 보며) 내가 무진연쇄살인사
         건의 진범이다! 나는 연쇄살인마다! 정바름의 자수로 전국이 충격에 휩
         싸였습니다.

S#56   무진청 영상 진술실 + 스튜디오 교차/ 밤

바름, 표창원 프로파일러의 질문에 답변 중이다.

바름   (E) 저는 우리 가족을 살해한 송수호를 찾아다녔고, 그를 죽이면서 살인
         본능이 폭발해 무고한 사람들을 …

그때, 진술 보던 청장 핸드폰 울리자 받으며 급히 나가는.

/홍주   정바름의 살인보다 더 충격적인 사실은 이 모든 사실을 알면서도 은폐하고,
         심지어 그가 살인을 저지르도록 유도한 배후가 있었다는 진술이었습니다.

바름   대니얼 박산 저와 성요한이 싸이코패스 유전자를 가지고 태어났다고 했
         습니다. 최영신은 우리가 자라서 진짜 싸이코패스 살인마가 되는지, 지
         켜보고 관찰했습니다.

S#57   무진청 곳곳 + 셜록 홍주 스튜디오 교차/ 밤

조사실2/ 최영신 데려가려는 변호사, 경호원들과 그걸 막으려는 호남과 강형사.

호남	아직 48시간 안 됐잖아요!
변호사	그럼 영장 청구를 하세요! 증거 하나 없고, 저 미친놈 진술밖에 없어서 영장청구 못 하는 거 아닙니까? 청구 안 할 거면 잡아놓질 마시라구요! 나랏일 하는 바쁘신 분이에요.
호남	왜들 이리 급하실까‥ 아직 5분 남았는데. (강형사에게 귓속말로) 무치한테 연락 없어?
변호사	(피식 웃는)

/홍주	최영신은 국가기관인 국정원을 이용해 두 아이와 그 가족까지 불법 사찰했습니다. 그게 가능한 것은 그녀는 검찰, 경찰 윗선까지! 움직일 수 있는 막강한 권력을 가지고 있기 때문입니다

조사실/

청장	(씩씩거리며) 니들 뭐해!? 빨리 안 비켜!!!!!!!
호남	잠깐만요. 아직 1분 남았어요.
청장	(버럭!) 이씨 복호남! 빨리 비켜!!!!
호남	아, 알았어요 알았어. 청구하면 되잖아요. (강형사 보며) 청구해!

강형사 하는 수 없이 노트북 앞에 앉아 구속영장청구서 띄우고 시계 보더니 48시간째 됨과 동시에 엔터 치는. 동시에 기다렸다는 듯이 전화벨 울린다. 호남 받으면

검사	(F) 기각입니다.
호남	(전화 꽉 끊고) 니미럴. 메일 열어볼 시간도 없었겠다. 제대로 검토도 안 하고! 새끼들!
최영신	(일어나 옷매무새 만지며 정중하게 호남과 형사들 향해) 수고 많으셨습니다.

일제히 비키면, 비서들과 변호사 호위 받으며 유유히 고고하게 걸어 나가는 최영신.

/홍주	현재 살인마 정바름의 진술과 대통령 비서실장, 최영신 측의 진술이 상반된 입장입니다. 그런데 저는! 매듭살인사건 진범 우형철의 구속영장이

발급 직전, 갑작스럽게 기각됐다는 사실을 알게 됐습니다. 그 이유를 물어봤습니다.

화면/ VCR 재생되면, 몰래 찍은 듯 한 카메라 각도. (18부 #62 사내, 얼굴 없이 상체만 보이는) /차에서 내려 집으로 들어가려는 검사 집요하게 쫓아가는 거친 화면.

검사   (미치겠는) 아, 모른다구요!

홍주   그때 우형철 구속영장이 기각되면서 두 명의 희생자가 더 발생한 거 아시죠? 후회 안 하십니까? 본인 때문에 2명의 여성이 더 희생됐는데‥

검사   (빡!) 나 때문이라뇨? 난들 그러고 싶었겠어요? 청장님 지시였습니다. 위에서 지시가 내려왔다고요. 저도 항의하다 좌천돼서 여기서 뺑이치는 거구요!

/경찰 관계자 인터뷰(*얼굴 모자이크 된 그러나 누가 봐도 호남이다.)

사내   (사투리) 윗선에서 지시가 내려왔었는데‥ 뭐 전국민 집단 트라우마니 뭐니 말이 거창하긴 했지만, 사실 많~이 이상했죠. 저희야 뭐 윗선에서 그러라고 하니까, 공개 안 한 거고.

청장   (화면 속 모자이크남 보다, 호남 쩍 노려보는)

호남   (손사래 치며) 저 아닌데요? 하나도 안 닮았는데?

강형사   (귓속말로) 그러기엔 너무 똑같아요.

S#58   무진청 현관 앞 + 폐병원 + 셜록 홍주 스튜디오 교차/ 밤

최영신 비호하며 데려가는 변호사 등. 기자들 휴대폰으로 셜록 홍주 보며 질문들 쏟아낸다. "구속영장 기각, 지시했습니까" 비키세요. 비켜요! 길 트며 최영신 보호하며 가는 변호사.

/홍주   예정되어 있던 우형철 구속 영장의 기각. 그리고… 우형철의 살인 현장

을, 모방 범죄로 꾸며놓기까지 한 조직적인 움직임! 이유가 뭘까요?

변호사　(기자들 헤치며 답하는) 말도 안 되는 주장입니다. 비약이 심하네요. 우형 철 구속 영장을 기각했다고 칩시다. 그게 어떻게 정바름을 살인하도록 한다는 것입니까? 조종이라도 한단 겁니까?

화면/ VCR 재생되면, 대니얼 원샷으로 등장한다!

대니얼　1995년, 대한민국이 헤드헌터 연쇄살인사건으로 떠들썩하던 당시·· 싸 이코패스 유전자 감별법을 통해 태아 낙태를 합법화시키는 법안 상정 논 의가 이루어졌었습니다.

폐병원/

대니얼　(홍주 카메라 보며 인터뷰하는 모습으로 바뀌며) 법안 통과가 무산되자 최영 신은 저에게 싸이코패스 유전자를 가진 태아 명단을 달라고 요구했습니 다. (사이) 전 그 제안을 받아들였죠.

과거/ 몽타주 (1부 #71-1, #71-2)

유전자연구소 앞/ 계단 내려와 검은 세단 안, 최영신에게 서류 넘기는 대니얼.
차안/ 최영신, 서류 확인하면 산모 성지은. 김희정 자료(유전자 관련 염기서열 포함 등) 있다. 한 장 더 넘기면, 우형철 검사 서류! (*인서트컷 추가)

대니얼　(E) 정바름 성요한. 그리고! 이미 싸패유전자를 갖고 태어난 아이, 우형 철의 자료까지·· 최영신에게 찾아가 멈추라고 했습니다. 하지만 그녀 는··

플래시 컷/ 차 안/ 낮 (18부 #13 동일씬)
최영신　많은 수가 정바름에게 희생될수록 그에 비례해 국민들의 분노가 높아질 거야!

대니얼　미쳤어. 당장 멈춰! 당장! 지금 그 아이는 폭주하고 있다고!

최영신　조금만 더‥ 대선이 얼마 안 남았어. 그때까지만 기다려줘. 확실히 그 법
　　　　안 통과시킬 거야.

현재/ 무진청 현관 앞/

최영신　(차에 타려다 쏟아지는 질문에 대답하려는 변호사 제지하며 직접!) 그런 서류
　　　　받은 적 없습니다. 대니얼 박사의 일방적인 주장일 뿐입니다.

셜록 홍주 스튜디오/

홍주　　(화면에 대니얼 인터뷰 스틸 잡혀있고) 과연 대니얼 박사의 일방적인 주장일
　　　　까요? 정바름과 대니얼 박사가 모두 거짓을 말하고 있는 걸까요?

이모　　(E) 사실입니다. 전부!

스튜디오 화면, 이모가 보낸 문자 화면으로 바뀌고! "나는 한때 국정원 사조직 오즈
였다." 홍주 돌아보면, 스튜디오에 이모 등장하는.

인서트/ 방송 보고, 최영신 놀라는!/ 호남과 경찰들, TV에 집중하고! /
유치장 속 바름, 뉴스보며 안도하는. "성공했네…"

스튜디오 뒤편에 서서 보고 있는 무치 얼굴 위로…

S#59　과거. 무진청 특본팀 사무실/ 낮 (#44에 이어)

호남　　(한숨 내쉬며) 진즉 저쪽에서 손 썼겠지.

무치　　근데 좀 이상해. 최영신 쪽에 뭔 문제가 생겼는지 심각하더라고. 암튼 내
　　　　가 더 찾아볼게.

호남　　어디서?

무치　　그렇다고 여기 가만 앉아있을 수 없잖아요! 나 성요한 누명 벗겨줘야 된

다고! 애가 납치됐다잖아, 지금!! (휙 나가려는데)

/바름   (E) 사진 한 장이 있었어요.

무치   (유치장 안 바름 쪽 돌아보면)

바름   이형사 집에 갔을 때요… 강가에서 캠핑하고 있던 사진이요. 그런데 텐트에 달린 드림캐쳐가·· 그때 그 대포차에 있던 드림캐쳐랑 같았어요··

무치   뭐? 3787 차주, 윤대진?

바름   네. (기억해내는) 그 사람이랑, 그 옆에 팔짱 낀 여고생·· 딸인 거 같았어요 그리고 이형사… 학생 때 사진이었어요. 고등학생 때였던 거 같아요… 2012년도니까.

무치   기억해봐. 거기가 어딘지··

바름   강가였어요·· 이형사가 최영신에게 이모를 데려가지 않았다면, 뭔가 사연이 있을 거예요. 그 사람에 대해서 좀 알아봐 주세요. 분명 거기에 힌트가 있어요.

무치   (다급히 뛰어나가는)

S#60   과거. 윤대진(3787)의 집 동네/ 낮 (#48 몽타주 상황)

아저씨   유정이가 7년 전에 스토킹을 당하다, 택배기사로 위장한 놈한테 살해됐어…

무치   그럼 혹시 이 친구도 아세요? (이형사 사진 보여주면)

아저씨   민수·· 고등학교 때 민수랑 유정이가 단짝이었지…

무치   아… 혹시 윤대진씨 딸이 어디에·· 혹시 강에··?

아저씨   어·· 민수가 유정이 아빠를 딸 옆에다 뿌렸다고… (와이프 보며) 거기·· 어디랬지?

S#61   과거. 강가/ 밤

무치 끼익 차 세우고 내려다보면, 강 앞 인디언 텐트 쳐 있고. 이형사, 강 보며 앉아 있다!

무치	(뛰어내려와) 이민수! 너 이 새끼. 어딨어. 아이랑 아이 엄마!
이형사	(눈물 그렁이는)
무치	어딨어. 너 설마‥
훈석	(텐트 안에서 뛰어나와) 어? 저 아저씨 누구야!?
무치	(황당한 듯 보면)
이모	(텐트 안에서 나오는) 뭐라고 하지 마세요. 저희 방송국에 데려다 준댔어요‥
무치	(이게 어떻게 된 상황인가 싶어 이형사 보면)
이형사	(눈물 글썽) 죄송해요… 친구가‥ 살해당해서‥ (울먹) 친구 아빠를 모시고 국가가 지원해주는 피해자 상담센터를 다녔는데‥ 거기서 그 사람들을 만 났어요‥ 유정이 같은 피해자가 나오지 않는 세상을 만들자고 해서‥ 어 느 날 유정이 아빠가 너무 괴로워하길래‥ 전 몰랐거든요. 나치국을 죽인 걸‥ 그것 때문에 자살했다고 생각했는데‥ 신형사 죽음을 보고 확신했어 요. 자살당한 거구나… 그리고 신형사까지 죽일 줄은… (끅끅 우는)
무치	(속상한 듯 보다) 가자, 훈석아. (차에 태우는데)
이형사	(보며) 저는 여기 남아서 놈들이 찾아올 때까지 시간을 벌게요.

S#62 과거. 봉이네 집 앞/ 밤 (#52에 이어)

대본 들고 급히 뛰어나오는 봉이 앞에‥ 무치 서 있다.

무치	오늘 방송한다고? 비밀이라며. (핸드폰에 봉이가 보낸 문자 보여주는)
봉이	제가 아저씬 믿잖아요.
무치	나도 너 믿잖아. 그래서 이리 데려왔어. 짭새 새끼들을 믿을 수가 있어야 지. (고개 돌리면)
봉이	(무슨 말인가 보는데, 무치 차 안에 훈석이랑 이모 앉아 있다)

S#63 현재. 셜록 홍주 스튜디오/ 밤

이모	2005년에 입사한 뒤, 제 첫 근무지는 국정원 내, 최영신의 사조직! OZ였

습니다.

보고 있던 무치, 돌아서 스튜디오 나가는.

S#64   무진청 특본팀 사무실 + 셜록 홍주 스튜디오 + 무진청 주차장 교차/ 밤

강형사   (셜록 홍주 보며) 해냈네요. 무치가!

호남   (유치장 안, 바름 돌아보며 씁쓸하게) 고무치. 정바름의 마지막 공조였네‥

인서트/   OBN 방송국 주차장/ 무치 차 타고 출발하는.

/이모   당시 정바름의 일가족이 송수호에 의해 살해된 후, 저는 그의 이모 역할로 투입됐습니다. 이후 정바름의 일거수일투족을 보고하는 것이 임무였습니다.

인서트/

변호사   (당황하며) 그, 그게‥

최영신   (변호사 제지하며 직접 나서는) 알지 못하는 사람입니다.

/홍주   이 증언을 뒷받침할 증거. 갖고 계십니까?

이모   …

인서트/

최영신   (당당하게) 맹세코 그런 사실 없습니다.

/이모   (증거물 담긴 봉투 들어 보이며) 이 안에 모든 증거물이 있습니다. (홍주에 USB 건네면)

조연출 후다닥 USB 가져가고, 곧이어 스튜디오 화면에 뜨는! 정재훈 관찰 보고서 옆, 최영신의 싸인!/ OZ 회의에 찍힌 최영신의 사진들./ 바름의 범행 직후, 스크랩했던 시체 사진들!

인서트/

최영신   (기자가 건넨 핸드폰 보며) 처음 보는 것들입니다. 모두 조작입니다.

비서들, 기자들 밀치며 차에 최영신 태우는데! 그때 핸드폰에서 흘러나오는 최영신 목소리!

(E)   아직까지도 아무런 움직임이 없습니까? 송수호 주소, 정바름에게 전송하세요.

최영신   (흠칫! 놀라는)

S#65   과거. 오즈 회의실/ 화면 속 동영상 실사/ 밤

이모, 회의하는 척하면서 노트북 카메라 최영신 쪽으로 돌리면, 노트북 화면에 담긴 최영신 모습 방송에 그대로 송출되고 있다.

오즈3   네? 송수호 주소는··
최영신   미끼를 한 번 던져봅시다.
/최영신   지금까지 정바름이 몇 명을 죽였죠?
오즈3   포도밭 살인사건까지, 다섯 명입니다.
최영신   아직 부족합니다. 대선 때까지 기다리죠.

인서트/ 허·· 당황스런 최영신. 기자들 카메라 플래시 터지고, 경호원 다급히 차에 태우는!

S#66   몽타주 (거리 반응)/ 밤

놀라 충격받는 시민들. 미친!!! 싸이코패스는 저 년이네!!!!

S#67   무진청 특본팀 사무실 + 무진청 현관 앞 + 셜록 홍주 스튜디오/ 밤

호남   야!!!!! 최영신 다시 잡아와!!!!!!!

형사들 후다닥 뛰어나가면.
무진청 정문 앞/ 최영신 탄 차, 막 빠져나가려는데 끼익! 막아서는 차! 차에서 내리
는 무치!!!! 핸드폰으로 셜록 홍주 생방 보여주며!

무치   어떠냐? 증거가 차고 넘치네? (차에서 급히 뽀로로 수갑 꺼내 채우며) 이거
       내가 신형사 애기 선물 산 거야. 아이가 (울컥) 딸인지 모르고… 당신은
       묵비권을 행사할 수 있으며…

셜록 홍주 스튜디오/

홍주   이걸 알고도 보고만 있었습니까?
이모   경찰, 검찰 언론사 각종 공공기관에 최영신의 손길이 뻗쳐있지 않은 데가
       없어요. 그래서 성요한도 직접 정바름을 찾아갔을 겁니다.
홍주   …
이모   그리고‥ 저한텐 아이가 있어요‥ (애써 울음 참는)
홍주   그럼 성요한은 정말 무고한 사람일까요? 아니면 정바름과 같은 극악무도
       한 살인마일까요?

송수호 엄마 인터뷰 (17부 #75, 88)/ 자막 무진사건 피해자 송수호 어머니

수호母   그런데‥ 이제 괜찮아요. 저 이제 씩씩하게 살고 있어요. 밥도 잘 먹고.
홍주   (보면)
수호母   다 그 분 때문이에요. (카메라 보는) 저에게 살 의지를 준 고마운 분… 성
       요한 선생입니다.

S#68   과거. 무진병원 응급실/ 낮 (2부 #36)

요한   (붕대 감긴 손목 잡고) 아니면 동맥을 끊어버리세요. 동맥을 끊으려면 아예 팔을 잘라버리시면 됩니다. 그래야 확실히 죽습니다.

수호母   (E) 그땐 너무 놀랐어요. 무슨 이런 의사가 있나‥

S#69   과거. 무진병원 수호母 병실 + 셜록 홍주 스튜디오/ 밤

잠들어있던 수호母 설핏 눈 뜨면, 요한이 수호母 상처 조심스레 드레싱 해주고 있는.

수호母   (E) 나중에 알았어요. 일부러 날 강하게 만들려고 모진 말을 한 걸…

요한 고개 들면 얼른 눈 감는 수호母, 자는 척하면.

요한   (수호母 손 조심히 잡고 작은 목소리로) 버티셔야 해요. 그 놈이 무릎 꿇고 용서를 빌 때까지 버티고 살아계셔야 해요. 용서하란 얘기가 아니에요. 용서 비는 걸, 꼭 살아서 보셔야죠.

이어지는 화면, 봉이(자막 김빛나(가명) 당시 강덕수 사건 피해아동) 대니얼 인터뷰/

봉이   (뒷모습으로) 죽어가는 저를 업고 경찰에 데려다 준 사람‥ 죽을 뻔했던 그 순간까지 사랑하는 사람을 생각하며 힘내라고 말해준‥ 그 중학생 오빠가 성요한이었어요.

/대니얼   최영신에 의해 죽을 뻔했던 절 살려내고 치료한 사람이 바로 성요한 선생이었습니다. 그는… 정바름을 막기 위해 최선을 다했던, 선한 사람입니다. 제가 의식을 찾지 못하는 사이, 한국이의 생존시간이 다가와서 결국 혼자 한국이를 찾으러 갔다가 그만…

홍주　　　이 방송을 준비하다, 우연히 전원이 켜져 녹화가 된 동영상 하나를 발견
　　　　했습니다. 1년 전, 사고가 있었던 그 날, 사고 몇 시간 전에 촬영된 영상입
　　　　니다.

인서트/ 봉이　(짠한 표정으로 엔지니어 향해) 플레이해주세요.

화면/ 동영상 재생되면(시간은 지은에게 가기 전-6부 #49-1 이전- *지은한테 갔다가 바름
이 죽이러) 요한, 방에서 나와 나가려다 문득 식탁 본다. 정성껏 차려진 밥상 식탁 위
쪽지, 펼쳐보면‥

과거/ 요한의 집/ 오후 (어느새 화면 실사로 바뀌고 쪽지 보는 요한)
쪽지 보면 "오늘 얘기한다는 거. 무슨 얘긴지 기대할게. 혹시 프러포즈? 저녁 차려놓
고 가. 맛있게 먹고 이따 봐. 일 끝나는 대로 올게." 식탁에 앉아 홍주가 차려준 밥 먹
기 시작하는

화면/ 밥 먹던 요한 목이 메는지, 이내 끅끅 우는‥ 그런 요한 모습 한동안 비추는‥

S#70　　몽타주

화면 보는 모두가 숙연해지고… 눈물 흘리는 시민들.
/바름, 그 모습 보고 눈시울 뜨거워지는
/무치 가슴 미어지는.

S#71　　셜록 홍주 스튜디오/ 밤

홍주　　　대니얼 박사는 이런 말을 했습니다. 싸이코패스는 결코 혼자 있을 때 연
　　　　기하지 않는다.

프롬프터 보면 〈클로징 대본은 없습니다. 하고 싶은 말 하시면 됩니다!〉 라고 써

있다.

인서트/   봉이, 홍주 슬프게 보는. 모니터 속 홍주, 마치 봉이 보는 듯 정면 보며 끄
덕이고

홍주   그리고 저 또한 이 사건에 깊이 개입돼있습니다.
제가 대니얼 박사에게 정바름을 이용하자고 했습니다.

인서트/   바름 놀라 보는 위로
홍주   (F) 대니얼 박사에게 모든 사실을 다 듣고도 정바름을 신고하지 않고 그
를 이용해, 강덕수 등 싸패 범죄자를 죽이는데 이용했습니다.

홍주   이 방송이 끝나는 대로 모든 죗값을 받을 것이며, 성실하게 경찰 조사에
임할 것입니다.

S#72   OBN 방송국 앞/ 밤

홍주와 봉이 나오면 터지는 카메라 플래시. 어느새 몰려든 취재진들, 질문 쏟아내는데‥

홍주   (작정한 듯) 저는‥ 살인잡니다‥ (일제히 기자들 집중하는) 26년 전, 사람을
죽였습니다.

말이 떨어짐과 동시에 홍주 얼굴 위로 파파파팍 쏟아지는 플래시들!!

S#73   과거. 구령산 숲 속 + 언덕 아래/ 밤 (19부 #43에 이어)

수정   (으윽 고통스러운 다시 누운 채 하늘 바라보는데 밤하늘에 별이 쏟아지는 눈물
그렁이며) 별이 이렇게 예뻤구나… 현수야… 부탁 하나만 하자… 너무
미안한데‥ 너한테 시킬 짓이 아닌데‥ 나 좀 죽여줘… 나‥ 저 사람한

	테 뇌 적출되기 싫어.
현수	으아아앙. 언니‥ 왜 이래요 언니~!!!
수정	부탁해. 봤잖아‥ 이제 저 괴물이, 뇌 여유분 다 쓴 거. 다음 차례가 나야‥ 살아있는 채로 내 머리를‥ (끅끅 울기 시작하는) 현수야 나 무서워‥ 나 그렇게 죽기 싫어‥제발 부탁해‥ 현수야. 내가 너무 이기적이라 미안한 데. 현수야‥ 나 좀 제발‥
현수	싫어 싫어 싫단 말이야.
수정	부탁해. 현수야‥ 금방 쫓아올 거야‥ 얼른‥

인서트/ 언덕 위에서 현수와 수정 내려다보는 한서준, 씨익 웃는!
순간 현수, 한서준과 눈 마주치는. 결심한 듯 눈물 닦고, 수정 몸에 올라가 앉는 현수.

수정	미안하다‥ 미안해… 너한테 너무 미안해‥

하며 자신의 목을 조르는 현수를 꼬옥 안아주는 수정. (멀리서 카메라, 잘 안 보이게)
수정, 움직임 없고. 그때, 흡! 한서준 손에 입 틀어 막히며 버둥거리며 끌려가는 현수.

현재/ OBN 방송국 앞/

홍주	평생 죄책감을 안고 살았습니다. 수정언니 어머니께 진심으로 사죄드립 니다. (고개 숙이는)

인서트/ 송수호집/ 수호母, 화면 보며 끅끅 눈물 흘리는‥

그때 들리는 사이렌 소리. 방송국 앞에 경찰차 서고, 차에서 내려 홍주 체포하려는
강형사.

두석	내가 하게 해줘.
강형사	(수갑 주면)
두석	(수갑 들고 홍주 보며 눈물 흘리는) 왜 이렇게 늦게 왔어…
홍주	(눈물 후두둑) 죄송해요 아빠… 현석이. 수정언니… 나 혼자만 행복할 순

없었어요‥

두석 눈물 흘리며, 홍주 손에 수갑 채운다. 눈물 그렁이며 부녀 모습 보는 봉이.

S#74   몽타주/ 낮 - 밤

공항/ 훈석 (아빠 손잡고 들어가며) 아빠 엄마는? 같이 안가?
무진청/ 이모, 이형사, 오즈들, 무진구치소장 등등‥ 체포되어 들어오는 모습.
무진병원/ 병원장과 박민준 체포되고, 병원장 사무실 뒤지며 물건들 박스에 담는 형사들. 잠긴 서랍에서 나오는 USB(한서준 뇌 수술 풀영상) 이게 뭐지? 갸웃하고 박스에 넣는 위로.

기자   (F) 오즈의 전모가 밝혀졌습니다. 최영신 비서실장은 국정원 산하에 자신의 사조직을 두고 범죄 없는 세상을 이루겠다는 일념으로 민간인을 사찰은 물론, 살인까지 사주한 것으로‥

S#75   신성민 캠프 선거사무소/ 늦은 밤

TV 화면 속 신성민 당선 확정!!! 보고 우와와!!!! 환성 터트리는 신성민과 캠프사람들 위로‥

기자   (F) 제 20대 대통령 선거 결과, 신성민 후보가 당선됐습니다!
신성민   (목에 꽃다발 건 채) 저를 선택해주신 국민여러분들께 감사드립니다. 먼저 간 상이가 가장 좋아할 거 같네요. (눈물 그렁) 저는 26년 전에 저로 인해 폐기됐던 〈태아 유전자 검사 및 싸이코패스 유전자 낙태 의무화 법안〉을 국민 투표에 부쳐 결정할 것입니다.

S#76   몽타주

법원/ 호송차서 내리는 포승줄. 죄수복 차림의 바름. 피켓시위 하는 시민들 달려들어 바름 잡아끌고, 경찰들 놓치고 끌려다니며 휘청거리는 바름!

기자　　　(F) 희대의 연쇄살인마 정바름의 첫 재판이 시작됐습니다.

페이드 아웃되고… 페이드 인 되면…

투표소/ 싸이코 패스 유전자 낙태 법안 찬반 투표하는 국민들.

앵커　　　(F) 전국민적 관심이었던 싸이코패스 유전자 낙태 의무 법안을 위한 국민
　　　　　투표가 끝났습니다‥

뉴스 화면-개표상황 중계/ 자막: 압도적인 법안 통과!

기자　　　(F) 개표 결과, 압도적인 차이로 싸이코패스 유전자를 가진 태아 낙태 법
　　　　　안이 통과되었습니다. 이로써 대한민국의 모든 임산부들의 태아 유전자
　　　　　검사가 의무화되었습니다. 한편 정부는…

공항/ 새벽 출국장에 들어가는 대니얼

기자　　　(F) 구속영장이 기각된 대니얼박사가 급히 영국으로 출국했다는 사실이
　　　　　뒤늦게 알려졌습니다. 싸이코패스 유전자 감별 기술을 한국정부에 제공
　　　　　하겠다는 조건으로 영장을 기각시켰다는 추측이 난무하지만, 청와대는
　　　　　근거 없는 소문이라며…

유전자검사소/ 다슬이 검사소로 들어가는 모습 앞다투어 취재 경쟁하는.

기자　　　(F) 태아 유전자 검사가 시행되었습니다. 대통령의 며느리인 김씨가 첫
　　　　　지원자로 나서며‥

검사소 복도/ 앉아있는 임산부들. 우형철 아내도 기다리는데 주변 임산부들 쑥덕거리는

/ 우형철 와이프 아냐? 당연히 애도 싸패 유전자겠지‥

거리/ 검사 거부하고 도망치는 임산부 경찰 붙들고 강제로 차에 태우는.

기자   (F) 법 시행 첫날, 시민단체들의 반대 속에 전국 임산부들의 싸이코패스
          유전자 검사가 시행됐습니다. 유전자 검사를 받지 않으려 하는 임산부들
          과 경찰의 싸움도 포착이 되었으며…

검사소 앞/ 시민단체 임산부 태아 유전자 검사 반대 시위하는.
형철집/ 폰 쥐고 안절부절못하는 형철아내, 문자 오면 〈 귀하의 아이는 정상유전자
로‥ 〉안도하는

S#77   청와대 외경 + 집무실/ 밤

심각한 얼굴로 창밖 보며 서있는 신성민. 똑똑 노크소리와 들어오는 비서.

비서   (조심스레) 최영신이 독대를 요청했습니다.
신성민   독대?
비서   (주저하며) 그게…

S#78   법원 앞 + 재판정 안/ 낮

피켓 시위하는 사람들 위로 "살인마 정바름을 사형시켜라" 등등‥
/죄수복 입고 재판정 들어서는 바름 위로…

앵커   (F) 검찰이 사형을 구형한 연쇄살인범 정바름의 1심 선고 공판이 오늘 3
          시에 열립니다…

S#79   안주여자교도소장실/ 낮

신성민과 독대중인 최영신.

최영신   제가 말씀드리지 않았습니까? 아드님이 범죄 없는 세상에서 살 권리를
        빼앗으셨다구요/

신성민   (분노의 눈빛으로 보는)

최영신   들었습니다. 하나뿐인 손주분이 싸이코패스 유전자로 나왔다고‥

신성민   (입술 질끈)

최영신   결과지는 바로 폐기시켰다구요? 국민에게 솔선수범해야 할 대통령이 그
        래서야 되겠습니까?

신성민   …

최영신   어떡하시겠습니까? 죽은 아들의, 하나뿐인 귀한 손주‥ 없애시겠습니까?
        때가 되면 절 사면해 주시겠습니까?

신성민   사면?

최영신   (당당한 표정으로) 제가 아직 못다 이룬 꿈이 있어서요. 결정하시죠.

S#80   몽타주

재판정/ 파리하게 서 있는 바름 위로

재판장   피고 정바름. 사형을 선고한다! (재판봉 탕탕탕! 치는 위로)

기자   (F) 연쇄살인범 정바름이 1심에서 사형을 선고받았습니다…

무치의 집/ 바름의 사형선고 뉴스 보는 무치. 곰곰 생각하는 위로

무치   (E) 왜 다른 범죄는 다 자백하면서도 김병태는 자기가 죽였다고 안 하는
        걸까?

구치소/ 고통과 죄책감으로 가득 찬, 고통스런 눈빛으로 앉아 있는 바름.

기자   (F) 살인마 정바름이 항소를 포기했습니다. 이로써 정바름의 사형이 확정되었습니다.

어느새 파리해진 바름, 눈빛 달라진. 다시 감정 없는 텅 빈 눈빛이 되며 서서히 F.O··

S#81   무진구치소 앞/ 낮

화면 밝아지면, 자막 6개월 후. 잔뜩 긴장한 교도관들 부산하게 움직인다.
이윽고 호송차 들어와 서면, 문 열리고 죄수복(사형수)으로 내리는 수갑 찬 바름. 난리 난 구치소 수용수들! 교도관들 잔뜩 긴장. 텅 빈 눈빛이 된 바름. 동구, 씩씩거리며 바름 노려본다.

S#82   무진구치소 운동장/ 낮

철망 밖으로 교도관들 호위받으며 걸어가는 바름 보이고. 수용자들 자기들끼리 수군거리며 구경거리처럼 바름 보면. 벤치에 앉아있던 서준, 바름 보는데 문득 바름 운동장 쪽 돌아본다. 바름과 한서준 눈 마주치는데… 바름의 눈빛 어느새 텅 비어 있는!

서준   (반가운 눈빛으로 미소 지으며 중얼거리는) 그렇지. 돌아왔네. 그 눈빛.

S#83   무진구치소 바름의 독방/ 낮

수철(김병태 사건 용의자), 바름의 독방에 배식하는데, 배식구 사이로 수철 팔 확 잡는 바름!!

바름   내가 죽이려고 맘먹은 사람 중에 니가 유일하게 살아있는 놈이야.
수철   (헉! 바들바들 떠는)

| 바름 | 내가 니 친구 김병태를 어떻게 죽였는지 알지? 눈에는 눈! 이에는 이! (서늘하게) 기대해. (하고 잡은 팔 놓으면) |
| 수철 | (후다닥 도망치는) |

S#84   무진구치소 일각/ 낮

동구(교도관복) 복도 걸어가는데, 수철 허둥지둥 뛰어온다. 동구 무슨 일인가 보는.

S#85   바름의 독방 앞/ 낮

동구 씩씩거리며 바름 방 앞에 와서.

동구	너 김수철 협박했어? 죽인다고!?
바름	어. 죽일 거야. 쥐새끼 같은 놈… 쪼르르 너한테 달려가서 꼰질렀어?
동구	허! 니가 사람이야… 어떻게…
바름	너 여기 왜 지원했어? 설마 내가 그리웠어? 보고 싶었어?
동구	(분노로 부들부들) 그래. 너한테 꼭 물어볼 게 있어서 지원했다 새꺄!
바름	(보는)
동구	어떻게 그럴 수 있어? 아무리 니 유전자가 싸이코패스 유전자라 해도… 딴 사람도 아니고 어떻게 치국이를! 봉이 할머니를!… 신부님을!!!… 어, 어떻게 그럴 수 있어?
바름	(피식) 사자가 그깟 쥐새끼 몇 마리 잡아먹었다고…
동구	뭐?
바름	(약 올리듯) 넌 왜 살려뒀는지 궁금하지? 넌 죽일 가치조차 없어서야‥ 새꺄‥
동구	(분노로 바들바들 떨다 열쇠 확 꺼내 문 열고 들어가는) 이 새끼야! (주먹 팍 날리면)
바름	(넘어지면)

인서트/ 통제실/ CCTV 확인하고 교도관들 벌떡 일어나 뛰어나가는!

교도관들 뛰어오면, 어느새 동구 위에 올라탄 바름. 동구 목 조르는데! 교도관들 뛰어와 동구 데리고 나간다. 바름, 나가는 동구에게 손칼하며 윙크하는.

S#86   무진구치소 운동장/ 낮
왕처럼 군림하는 자세로 다리 꼬고 포스 있게 앉아있는 바름. 서늘한 눈빛으로 수철 바라보다 수철과 눈 마주치자 씨익 웃으며 손들어 목 긋는 시늉하는! 수철, 바들바들 떠는.

S#87   무진구치소 복도/ 낮

교도관들 인솔 하에, 수갑 찬 채 줄 서서 운동장으로 가는 수용수들.
수용수 중 누군가 바름 손에 뭔가 쓱 쥐여주면(지포라이터) 바름 소매 속에 쓱 집어넣는.

S#88   무진구치소 운동장/ 낮

벤치에 앉은 바름, 주머니 속으로 손 넣은 채 뭔가 만지작거리며 계속 수철만 보다가, 툭툭 털며 일어나는. 가져온 생수병(*1.5L, 특수 장치해놓고 마개 부근엔 휘발유, 생수통 나머지엔 식용유 넣은) 들고 슬슬 걸어가며 마시는 척하다 아주 살짝 바닥에 붓는다. 그때, 수철 뒤에서 수철 확 붙든 채 머리 위로 콸콸 생수병 부어버리는! 놀라는 교도관들. 그 중 한 교도관이 바름이 바닥에 흘린 액체 만져보고 냄새 맡다가 소리치는! (E) **휘발유야!** 동시에 바름에게 달려가는 교도관들. 바름 주머니에서 지포라이터 빼 켜들고 수철 확 잡는.

바름	따라오지 마. 확 불붙여버릴 테니까! (끌고 가는)
교도관들	(조심조심 계속 따라가고)
김교도	제발·· 어? 진정하고···
바름	할 수 없지. (수철 확 밀쳐버리면)

반대쪽으로 도망가는 수철. 교도관들 바름 잡으려는 순간. 그때! 휙~ 불 켜진 라이터 뒤로 던지는! 수철 향해 날아가는 라이터, 교도관과 수용수들 미친 듯이 수철 향해 달려들고!!! 라이터, 수철 머리에 정확히 떨어지는! 교도관들 헉!!!! 불붙지 않은 수철 덜덜 떨고 있는

김교도   (달려가 수철 몸에 끼얹어진 기름 확인하고) 식용유잖아?

두리번거리면, 인근에 생수통 입구 크기의 작은 병 떨어져있다. (휘발유 담았던) 순간 아차! 싶어 돌아보면 어느새 사라진 바름! "정바름 어디 갔어! 찾아! 얼른!!!"

S#89   무진구치소- 한서준 독방/ 낮

서준   (책 읽다, 문득 창밖으로 시선 돌리며) 날씨 좋네. 이런 날, 꽃구경을 못 가 아쉬워·· (하는데)

찰칵!!! 문 열리는 소리 들리고 돌아보면 바름 들어와 있다.

바름   (메마른 눈빛으로) 만나고 싶었어요. 아버지.
서준   (반가운. 자리에서 일어나며) 그래 이 눈빛이지. 처음 너를 봤을 때의 눈빛! 처음부터 니 눈을 보고 알아봤지… 나와 같은 종의 우월한 유전자란 걸…

플래시 컷/ 철망을 사이에 두고 바름을 보는 서준. 바름의 눈빛 보는 (2부 #19-1)

서준   니가 내 아들이라는 걸 알았을 때 너무 기뻤다. 니가 자랑스러웠어. 잊지 마. 우리는 인간보다 우월한 유전자야. 다시는 변하지 말아야 한다. 그 눈빛!

서준, 바름 안아주려고 팔 벌리면. 바름 천천히 서준에게 안기는….

서준   걱정 마. 우린 여기서 나가게 될 거야. (그 위로)

바름   (읊조리듯) 그게… 최선이겠지.
서준   (자신만만) 그럼! 내가 다 계획을 세워뒀어. (하는데)

서준 목에 칼! 푹!! 으윽!! 목 잡고 충격받은 눈빛으로 바름 바라보며 쓰러지는 서준. 피 솟구치는 목 부여잡으며 바름 바라보는 서준의 표정, 완벽했던 내 작품이 결국 망가졌구나 하는 분노와 실망감 역력한. 그런 서준 계속 찌르는 바름 얼굴에 피 튀는! 고통으로 일그러지며 펑펑 눈물 흘리는 바름.

바름   이게 모두를 위한 최선이야. (계속 찌르며)
       (E/ 절규하며) 이러는 내가… 너무 끔찍하고… 고통스러워.

S#90   무진구치소- 한서준 독방 밖 복도/ 낮

눈 꿈 감고 입술 바들바들 떨며, 문 앞 지키고 서 있는 동구 위로…

S#91   과거. 바름의 독방 앞/ 낮 (#84 상황)

바름   (약 올리듯) 넌 왜 살려났는지 궁금하지? 넌 죽일 가치조차 없어서야‥ 새꺄‥
동구   (분노로 바들바들 떨다 열쇠 확 꺼내 문 열고 들어가는) 이 새끼야! (주먹 팍 날리면)

넘어진 바름 위로 올라가 치려는데 바로 엎어치기 당하는 동구. 제압하고 올라타는 바름.

바름   (덜덜 떠는 동구에게 간절한 눈빛으로) 때가 되면, 한서준 방 좀 열어줘. 부탁이야
동구   (놀라 보면)
바름   (간절한) 하게 해줘. 제발‥ (교도관들 뛰어오는 소리 들리자) 미안하다‥ (동구 목 조르는 척!)

S#92   현재. 무진구치소 서준의 독방 앞 + 무진구치소 곳곳/ 낮

푹푹 칼 찌르는 소리 들리고… 동구, 눈 꾹 감고 벌벌 떨고 있는 모습 위로…

플래시 컷/ (#87 이어) 교도관, 수용수들 수철에게 달려가면 얼른 벽 뒤로 사라지는 바름! 벽 뒤에서 기다리던 동구, 바름 데리고 뛰는. 복도 철문 잠그고 한서준 독방 앞으로 뛰어와, 동구 열쇠 꺼내 문 열면.

바름   고마워‥ 동구야.
동구   내가 지금 뭘 짓을 하는 건지 모르겠다.

바름 그런 동구 슬프게 보다 들어가면, 동구 바로 문 잠그고 그 앞에서 지키는.

복도 끝 철문 앞/ 문 열어! 외치는 교도관들.
보안실/ 스위치 누르면 복도문 자동으로 열리고.
복도/ 뛰어오는 교도관들. 동구 끌어내려 하지만 끝까지 서준 방 앞에서 버티고 막는 동구.

S#93   무진구치소- 한서준 독방 안/ 낮

온몸이 피투성이인 채, 피 묻은 손 바들바들 떨며 끅끅 우는 바름. (한서준은 보여주지 않습니다) 교도관들 문 열고. 충격받는 얼굴!

기자   (F) 속봅니다! 헤드헌터 한서준의 목이 잘렸습니다‥

S#94   몽타주

무치의 집/ TV 뉴스 보며 충격받은 무치 얼굴 위로
플래시 컷/ 무치 "니가 내 눈앞에서 그랬듯! 나도 니 새끼 보는 앞에서 해줘야 되지

않겠어?" (2부 #10)

구치소/ 죄수복 입고 구석에 앉아있는 홍주 위로
플래시 컷/

홍주   (한서준에게) 한서준! 널 죽일 거야. 가장 최악의 방법으로! (19부 #45)

/홍주   (바름에게) 그 약속 지켜. 정바름! 고무치한테 했던 약속. (#5)

바름   (끄덕이는)

거리/ 핸드폰에 교도관 목격담 찌라시들 보는 시민들. 살아있는 채로 뇌를 꺼내고 목을 잘랐대·· 성요한, 고무치 복수 다 해줬네·· 지 아빠 아냐? 갖가지 반응들과 함께 F.O 된다.

S#95   무진구치소- 바름의 독방/ 밤

머리 부여잡고 고통스러워하는 바름. 마치 쥐가 뇌를 갉아먹는 듯한 통증이다. 으으으윽! 바닥을 뒹굴며 고통스러워하다가, 고통에 못이겨 벽에 자신의 이마 짓찧으면 피 주르륵 흐르고.
교도관들(김교도/ 동구는 있으면 안 됩니다.) 문 열고 들어와 제압하는 위로··

바름   (간절하게) 죽여주세요·· 나 좀 죽여주세요·· 제발….

〈시간 경과〉 통증 가라앉은. 지친 듯 멍하니 앉아있는 바름. 엄청 야위고 초췌해진 모습인.

S#96   무치의 집 안/ 밤

무치, 폐인처럼 잠만 자는데. 핸드폰 울리는 귀찮은 듯 확인하는.

S#97   포장마차/ 밤

두석   (한잔 따라주며) 현수 면회하고 왔어.

무치   (말없이 받아 마시는)

두석   정바름이 곧 죽는대.

무치   에?

두석   (한잔 더) 그래서 구치소 가서 확인했는데… 상태가 많이 안 좋대. 뇌수술
        후유증이래. 교도관 말론 보기 힘들 정도래. 고통이 엄청난가 봐. 쥐가
        자기 뇌를 갉아먹는 것 같다고 했대.

무치   그 정도론 안 돼요. 그 새끼 그렇게 곱게 죽으면 안 되는 거라구요! (벌컥
        마시는)

두석   (그런 무치 보며) 너도 정바름한테 할 말… 있잖아. 죽기 전에 한 번은··

무치   /(버럭) 싫어요. 내가 그 새낄 왜 만나. (술병 집어 들고 따라서 술 마시는)

두석   (그런 무치 짠하게 보는)

S#98   수호母 집 거실/ 밤

수호母   (취한 무치 소파에 힘겹게 앉히며) 무슨 술을 이렇게 많이 마셨어. 좀 끊어.
        이러다 죽어!

무치   (혀 꼬부라진 채) 어머니. 내가 진짜 이해가 안 돼서… 궁금해서 왔는데…
        어떻게 가능해? 어떻게 그 부자를 용서해? 어? 용서했다며? 어머니 미쳤
        어? 어?

수호母   (후·· 앉으며) 고형산 생각하기도 싫겠지만. 그날 말이야··

무치   (보면)

수호母   그날 신부님이 고형사에게 마지막으로 했던 말… 고형사가 망가지는
        거… 복수심 때문에 인생 망치는 거 보고 싶지 않다고 했던 말·· 그 눈
        빛… 그걸 보고 난 깨달았어… 고형사를 살리고 싶었구나… 신부님이 살
        고 싶었구나·· 그들을 용서하려고 하는 건·· (고개 젓는) 그들을 위해서
        가 아니야… 내가 살고 싶어서야. 그렇지 않으면 내가 정말 죽을 거 같
        아서·· 그때 신부님 말씀 들으면서 그동안의 고통이·· 고단함이 느껴졌

어… 그리고 내 고통과 고단함도··

무치   (입술 꽉 깨무는)

수호母   그때 나도 마음을 놨어. 용서하자… 내가 사는 걸 아이들이 바랄 거다·· 잘 살아내는 걸 보여줘야 아이들도 기뻐하겠구나… 그리고 며칠을 자고 또 잤어·· 그리고 일어났더니 살고 싶은 마음이 생겼어·· 그리고 나서야 비로소 우리 수정이 수호를 마주 볼 수 있었어··

무치   개소리마요. 씨 난·· 용서 못 해!

수호母   그럼. 그것 또한 이해해… 남겨진 우리는 각자의 방식으로·· 살아내야 하는 거니까… 중요한 건, 우리는 살아내야 한다는 거야… 난 고형사가… 조금이라도 그 고통에서 벗어나서 고형사의 일상을 찾길 바래… 형님도 그걸 원하셨잖아…

무치   (후두둑 눈물 떨어지는)

수호母   (그런 무치 안아주며 어깨 토닥이는)

무치   (수호母 품에서 꺼억꺼억 통곡하는)

S#99   무진구치소 접견실/ 낮

금방이라도 쓰러질 듯 비쩍 마른 바름 들어오면 무치 앉아있다.

무치   (비아냥) 넌 운도 좋다?

바름   …

무치   저절로 디진다며? 니미럴! 나한테 모가지가 댕강 잘려서 디져야 하는데…

바름   …

무치   구경하러 왔다. 꼴이 어떤가 좀 보려고.

바름   …

무치   니가 니 애비 목 땄다고 내가 용서해줄 거 같아? 행여나 헛꿈 꾸지 마··

바름   (슬픈 눈으로 무치 보며) 죄송합니다.

무치   (그런 바름 빤히 보는 위로)

플래시 백/ 무진구치소 접견실 (2부 #10)

서준	사람을 죽이려면 눈이 비어있어야 해. 니 눈은 꽉 차 있어. 분노, 고통, 후회, 연민,,, 사랑··
무치	(E) 눈이 가득 찼다는 게 무슨 말인지 이제 알겠다··· 니 새끼도 아프고 괴롭구나.
바름	염치없지만 부탁이 있어요··· 제 앞으로 남은 재산·· 피해가 가족들을 위해서 써 주세요···
무치	하. 그런다고 니 죄가 눈꼽 만큼이라도 씻겨질 거 같아???
바름	그리고··· 마지막 부탁이··· 봉이가·· 보고 싶어요.
무치	뻔뻔한 새끼. 너 같음 오겠냐?

S#100   봉이네 집 마당/ 낮

무치와 봉이 서로 아무 말 없이 앉아있다. 한참을 그렇게 앉아있는 위로···

봉이	(E) 죽는다며?

S#101   무진구치소 접견실/ 낮

바름, 슬픈 시선으로 보는 위로 봉이 앉아있다.

봉이	니 죽는다고 해서 구경하러 왔어.
바름	(봉이 슬프게 바라보는)
봉이	(눈빛은 슬픈. 입은 독하게) 니가 이렇게 편하게 죽으면 불공평한데·· 너 같은 새긴 배에 꼬챙이가 박힌 채, 산 채로 불에 탄 채, 허파가 꺼내진 채··· 배에 돌멩이를 채운 채··· 그렇게··
바름	(그런 봉이 슬프게 보는)
봉이	할 말이 뭔데? 뭔 말할라고 부르고 지랄이야?
바름	미안하단 말··· 하고 싶어서···

봉이   (입술 꽉 깨물고) 나 너 용서 안 해!!!! 죽을 때까지 저주할 거야! 그 말! 하
      려고 온 거야… (벌떡 일어나 나가려는데)

바름   … 다음 생엔…

봉이   (멈춰서, 돌아보면)

바름   보통의 인간으로 태어날게‥ 그때는… 그때는‥

봉이 눈물 고이지만 꾹 참고, 입술 바들바들 확 나가는.

텅 빈 접견실. 혼자 우두커니 앉아있던 바름. 눈물이 주룩 흐르는. (여운 있게)

S#102   무진구치소- 바름의 독방/ 밤

벽에 기댄 채 힘겹게 앉아있는, 병색 완연한 바름. 그런 바름 얼굴에 창가에서 쏟아
져 들어오는 햇살 비춘다. 그 위로… 성가곡 흐르고.

S#103   무진구치소 성당/ 낮

열리는 문 사이로 김교도, 수갑 풀어주고 초췌한 얼굴의 바름, 성당 안으로 들어오면
조용히 문 닫힌다. 저벅저벅 걸어오는 바름. 정면에 십자가에 걸린 예수상 보이는데‥

재훈   (NA) 난 괴물로 태어났대요.

바름 고개 돌리면 예수상 앞, 성당 의자에 앉아 기도하는 재훈 보인다.

재훈   (손 모아 간절히 기도 중인) 제발 괴물이 되지 않게 해주세요. 제발…

바름, 기도하는 있는 재훈 옆에 앉는다.

바름   하느님은 니 기도를 들어주셨어.

재훈   (기도하다 고개 들어 바름 돌아보는)

바름   (그런 재훈 아프게 보며) 넌 더 이상 괴물이 아니야…

바름, 재훈 꼭 안아주며 눈물 한 방울 뚝 흘리는‥ 재훈의 눈에서도 눈물 한 방울 떨어진다. 그 모습 부감으로 보이며 성가곡 울려 퍼지며 F.O‥ 3년 후 자막 뜨고.

앵커   (E) 속봅니다. 신성민 대통령이 국민의 반대 속에 최영신 전 비서실장의 사면을 오늘 단행했습니다. 청와대는 사회대통합 차원에서…

S#104   안주 여자교도소 앞/ 낮

문 열리면서 나오는 최영신. 기다리고 있는 비서, 사면 반대! 시위대 헤치며 영신 치에 태운다. 출발하는 차. 시위대들 우르르 쫓아가고, 인파들 싹 빠져나가면 남아있는‥ 홍주! 홍주, 후 한숨 내쉬고 가려는데 "엄마~" 소리에 휙 돌아보는. 홍주 눈에, 두석과 두석처 손잡고 있는 어린 은총이 보인다. 그 옆, 수호母도 서 있다. 홍주 눈물 그렁이는.

S#105   차 안/ 낮

차 뒷좌석에 깊숙이 몸 누인 채 눈 감고 있는 최영신. 라디오에서 흘러나오는 뉴스 들리고‥

기자   (F) 최영신 전 비서실장의 사면으로 국민들의 분노가 극에 달하며 대통령의 지지율이….

라디오 소리 뚝 끊기자 눈 뜨는 최영신 차 멈춰서 있고! 창밖 보면 한적하고 외진 어딘가. 순간 차 문 툭 잠기는 소리. 영신 놀라 보면, 운전수 콘솔박스에서 칼 꺼내 든다.

S#106   청와대 내 관저 복도 + 방안/ 아침

비서	처리했습니다. (가면)
신성민	(복도 창가에 생각에 잠긴 채 서 있는 위로)
신성민처	(E) 당신‥?
신성민	(돌아보면)
신성민처	(놀란) 그 여자 사면한 이유가 이거였수? 감옥에 있으면 못 하니까? 우리 상이 죽인 복수!

신성민, 말없이 방안으로 들어와 레고 장난감 가지고 놀고 있는 손녀 번쩍 들어 안는.

신성민	신비야. 할애비랑 밖에 마당에 나가서 놀까? (손녀 안고 나가는)

카메라 시선 손녀가 놀던 자리 레고 조각들 비추다 책상 아래로 가면 오가닉 인형(신상이 샀던) 목이 댕강 잘려져 있고, 가슴팍 찢어진 채 솜들 튀어나와 있다.

S#107   봉이네 집 (이사 간)/ 아침

침대에 널브러져 자고 있는 봉이 위로 (F) 계란이~ 왔어요~ 계란이‥~!!!

봉이	아흐, 시끄러!! (귀 막고 이불 뒤집어쓰는데)
무치	(확성기로/ F) 오봉이!! 안 인나냐? 해가 똥구녁에 걸렸어~~~~!!!!!

S#108   도로, 트럭 안/ 아침/ 비 오는 중

무치	임마, 내가 너 등록금 대느라 대체 계란을 몇 판을 파는 줄!!!
봉이	/다 갚을 거거든요!?!? 그러니까 대학 안 간다니! 방송하랴. 학교 다니랴… 참, 나 이번에 신설된 시사프로에서 메인작가 콜 받았어요. 두고 봐요. 나 정의롭고 공정한 세상을 만드는/
무치	/가만 보자… 니 학비가… 거기에 이자가…. 얼만지… 그 메인인지 뭔지 되면 작가료 오르지?

봉이	아흐·· 고리대부업을 하세요. 그냥! (하다 옆에 검은 봉지 보면 두부다) 뭐야, 이건?
무치	어? 어어 (뺏어 다시 두며) 된장찌개 끓여 먹을라고 산 거야···
봉이	아저씨 콩 싫어하잖아. 당근만큼이나. (다 안다는) 가만, 지금쯤이면 출소했겠는데?
무치	(당황하며) 누가?
봉이	누굴 바보로 아나? 가 얘기해요. 진심을·· 미안한 건 미안하다고 하고 관심 있는 거 앞으로 관심 가져도 되냐고 물어도 보고·· 사내가 말이야··· (쭝얼거리는데)
무치	(부러 확성기 들고) /계란이~ 왔어요~~~
봉이	아오!! 증말. 누가 요새 확성기로 해. 그냥 기계를 틀어~
무치	요즘 것들은 참 낭만이 없어. 레트로 몰라 레트로. 나 어릴 땐 말야.
봉이	/이따 최피디님네 가족 저녁 초대했어요. 동구오빠네 가족이랑 다 오기로 했으니까. 오시든가.
무치	안 가··· (쓸쓸하게 중얼거리는) 내가 무슨 짓을 했는데···

S#109   성모 사랑의 집 - 주방/ 낮/ 비

무치	(계란 산더미처럼 주방에 쌓아놓는)
수녀	아휴. 뭘 자꾸 이렇게···
무치	후원이라고 생각하세요! 계란 후원도 후원입니다? (돌아보며) 재희는요?
수녀	외출한다고 신나있어요.

S#110   봉이 동네 다리 앞/ 낮/ 비

봉이	(우산 쓴 채 장바구니 들고 가며 중얼거리는) 잡채랑 돼지고기·· 갈비도 좀 사고···

하다 문득 다리 앞에 선다. 우르르 쾅쾅 비 쏟아지는데·· 봉이, 다리 한 발 내밀고 아

무렵지도 않게, 씩씩하게 건너는. 그런 봉이 뒷모습 위로 (E) 맞다. 애들 좋아하는‥ 닭강정…

S#111 봉이네 집 마당 + 집 안 곳곳/ 낮

마당의 나무에 빗물 맺혀있고. 어느새 쨍하니 날 밝은. 홍주, 두석, 두석처 등 마당에 모여 시끌벅적 식사 준비한다. 그때, 봉이야! 들어오는 동구. 동구 아기 안고 있고, 슬기도 함께다.

봉이   우와 동찬아~~ 점점 동구오빠 붕어빵이네. 붕어빵.

주방/ 홍주랑 수호母 사이좋게 음식 준비하는데.

은총   (색종이 들고 와서) 엄마. 이거 만들어줘.
홍주   어. 봉이씨 가위 어딨어요?
봉이   책상 첫 번째 서랍에요. 어? 시간 됐다.

거실/ 컴퓨터에 앉아 너튜브 방송 보면 고남이 명탐정 코난 차림으로 방송 중. 은총 이랑 재희 데리고 신나서 보는. 홍주, 책상 서랍 열다 책상 밑 유리에 끼워둔 피 묻은 천원 지폐 본다. 홍주 지폐 보다, 명탐정 고남 이튜브 방송 신나서 보는 봉이 돌아 보는.

봉이   (방송 끝나자마자 전화하는) 오우~ 명탐정 코남!
고남   (영상 통화로) 작가누나~ 오늘 제 조수 왓슨이랑 같이, 필통 도난 사건 범
        인 찾아줬다.
봉이   이야~ 꽃님이는 어쩌고 유나랑 너무 친한 거 아님? 유나야~~ 잘 지내지?
유나   네. 언니. 엄마가 안부 전해달래요~
봉이   응. 담 주에 놀러 갈게. 안녕~~
홍주   (전화 끊는 봉이 보고) 고남이 많이 건강해졌네‥
봉이   성대 재건 수술에 성공했어요‥ 대단한 녀석이에요. 수술을 몇 차례나

했는데 잘 견뎌냈어요.

홍주　　(끄덕) 다행이다··

봉이　　고남이··· 무의식중에 들었대요. 김병태가 죽었단 뉴스를요··· (씁쓸한 미
　　　　소 짓는)

홍주　　(그런 봉이 가슴 아프게 보는)

S#112　봉이네 대문 앞/ 낮

무치　　(재희에게) 들어가 봐. 봉이 있어.

재희　　봉이봉이~봉이좋아. (후다닥 들어가며 소리치는) 봉이봉이~

무치　　(들어가는 새희 보고 쓸쓸히 돌아서는데)

은총　　(E) 아찌 누구예요?

무치　　(돌아보고 은총이랑 눈 맞춤 하며) 니가 은총이구나. (머리 쓰다듬으며) 아빨
　　　　많이 닮았네.

은총　　아빠 찐구예요?

무치　　(슬프게 보며) 아니. 아빠한테 아주 많이 미안한 사람···

S#113　무치 트럭 안/ 낮

무치, 차 타고 잠시 앉아있다 시동 거는데 창문 똑똑 두드리는. 돌아보면 홍주다.

S#114　일각/ 낮 - 해질 무렵

무치와 홍주 화단 턱(정도) 나란히 걸터앉아있다. 잠시 말이 없다가 이윽고 동시에
입 떼는 무치.홍주 (동시에) 미안해.

홍주　　(잠시 침묵 이윽고) 고형사 잘못 아냐. 내가 그 테잎을 넘겨서·· 내가 믿어
　　　　주지 않아서··· 내가···

무치	(잠시 침묵 이윽고 입 떼는) 우린 모두 성요한에게 죄인이야… 씻을 수 없는 죄를 졌어‥
홍주	(끄덕) 평생 속죄하며 살 거야…
무치	(끄덕) 나도…
홍주	난 고형사가 이제 좀 행복했음 좋겠어‥
무치	(보는) 당신도… 성요한도 그걸 바랄 거야‥
홍주	(끄덕) 노력할 거야‥ 우리 은총일 위해서라도…
무치	(그런 홍주 슬프게 보다, 벌떡 일어나며) 갈게.
홍주	(그런 무치 쓸쓸히 보는)

S#115 트럭 안 + 거리/ 해질무렵

무치, 백미러로 서 있는 홍주 쓸쓸히 보며 가는데, 전화 오는 복팀장이다. 받으면

호남	(F/ 다짜고짜) 너 언제 복직할 건데?
강형사	(F/ 옆에서) 임마. 업무과다야. 빨리 컴백해!
무치	안 한다고 했잖아. 드디어 적성 찾았다고. 난 계란장사가 딱이야. 아~주 적성이야. 이러다 계란 팔아서 건물 짓겠어. 팀장님 은퇴하면 뭐, 내가 상가 하나 정도는/
호남	(F) 시끄랍고! 사건이 터졌는데 입양아학대사망사건 있지? 그 양모가 췌장이 끊어진 채 /
무치	/(안 듣고, 확성기 들고) 계란이 왔어요. 계란이~~
호남	(F) 얌마 귀청 떨어지겠다!!!

S#116 봉이네 집 마당/ 해질 무렵

봉이	밥 먹자 은총아. 재희 언니!

문 열고 마당으로 나오는데, 쭈그리고 앉은 은총 앞에서 모이 쪼고 있는 새 보인다

봉이	어? 새네?
은총	(봉이 돌아보며) 쩌기서 날아왔어.
봉이	(쓸쓸한 표정으로 보는) 이쁘네. 누나가 새 이름 지어줄까?
은총	응!
봉이	어벙이 어때?
은총	어벙이? 좋아. 귀여워 어벙아··· 어벙아
재희	어벙이 좋아·· 어벙이 귀여워··
봉이	(그 모습 쓸쓸히 보는 위로)

무치	(NA) 결코 구원받을 수 없는 괴물이 있었다.
	신은 그 괴물에게 '감정'을 갖게 해주었다.

디졸브되며, 도로 달리는 무치의 차 위로··

무치	(확성기 소리/ F) 싱싱한 계란이 왔어요!!!
무치	(NA) 그리하여 그는···

바름	(그런 재훈 아프게 보며) 넌 더 이상 괴물이 아니야··· (#102 상황)

바름, 재훈 꼭 안아주며 눈물 한 방울 뚝 흘리는·· 재훈의 눈에서도 눈물 한 방울 떨어진다. 이윽고 재훈 어깨에 기대듯·· 바름의 고개 툭 떨어진다. 카메라 점점 멀어지면··· 재훈 없고, 혼자 고개 떨군 채, 죽은 바름 모습 부감으로 보이며 성가곡 울려 퍼지는 위로···

무치	(NA) 처절한 고통과 괴로움 속에서 참회하며 죽어갔다.

S#117　과거. 무진구치소 내 무연고자 분묘/ 낮

한쪽 구석에 쓸쓸하고 초라한 바름 묘지 앞에 서 있는 무치. 묘지에 십자가 꽂아주는 위로 무치   (NA) 신은… 그에게 천벌을 내린 것일까‥?

           아니면… 그를… 구원한 것일까…?

현재/ 달리는 무치 차, 석양을 향해 달리는‥ 서서히 화면 페이드 아웃된다.

S#118   에필로그 - 무진구치소 내 무연고자 분묘/ 밤 - 아침

화면 밝아지면 어두운 음지. 한쪽 구석탱이 쓸쓸하고 초라한 십자가 꽂혀 있는 바름 묘지. 화면 디졸브 되며, 어느새 바름 묘지 위로 따스한 햇살 비추고 어느새 주변에 는 알록달록 예쁜 꽃들 피어있다. 그 위로 자막 지금까지 〈마우스〉를 시청해 주셔 서 감사합니다.

쿠키영상 - 어딘가 은밀한 수술실
수술 중인 의사 뒷모습. 한서준 수술영상(17부 #47) 옆에 켜두고 보면서 뇌 이식 진행 되는데 이식 받는 누군가의 얼굴!! (특별출연)

자막: 두 번째 쿠키영상은 **에서 공개됩니다.

그동안 현장에서 고생하신 모든 분들, 진심으로 고맙습니다.

두 번째 쿠키영상 (**용)
폐병원. 대니얼 아지트/ 밤 (자막: 정바름 사망 6개월 전)

대니얼   (곰곰‥) 한서준은 자신이 결국 실패했단 걸 몰랐을까? (갸웃) 그럴 리가 없   을 텐데‥ 뻔히 죽을지 알면서도 자기 아들에게 뇌 이식 수술을 해줬다고?

뭔가 찜찜한 표정의 대니얼 위로 우르르 쾅쾅! 천둥소리 들리고‥

하수구/ (20부 프롤로그에 이어)
천둥·번개 치는 어두운 밤. 사망한 실험쥐 들어 있는 철망 휙 바닥에 내던져지면서 철망 문 툭 열리는. 철망 위로 세차게 빗물 떨어지며 페이드 아웃된다.
다시 화면 밝아지면, 어느새 철망 안의 쥐 보이지 않는. 카메라 시선 옆으로 서서히
이동하면‥ 저만치 내리쬐는 햇살 아래 쥐(#1) 찍찍거리며 살아있다.

- the END -

S#1　　프롤로그 (대니얼 연구실 + 연구소 인근 하수구)/ 낮 + 밤

어느새 움직임 둔화된. 온순해진 생쥐.

대니얼　　(E) 관찰 13일째. 움직임이 현저히 둔화함. 온순한 상태

O.L되며 힘겹게 움직이는 쥐.

대니얼　　(E) 관찰 20일째 상태 매우 안 좋음.

O.L되며 움직임 없는 쥐. 작대기로 철망 사이로 쥐 찔러보지만 움직임 전혀 없는 (사망)

대니얼　　(E) 관찰 30일째 사망⋯

그 위로 우르르 쾅쾅! 천둥소리 들리며··

인근 하수구/ 천둥·번개 치는 어두운 밤. 사망한 실험쥐 들어 있는 철망 툭 내던져지면서 (철망 툭 문 열리는) 철망 위로 세차게 빗물 떨어지며 F.O⋯

마우스

S#2   들판 (부감으로)/ 낮 (어느새 비 개고 쨍한 아침, 19부 #102 이후)

부감으로 하늘거리는 푸르른 풀밭 속에 의식 없이 누워있는, 무치다!
힘겹게 눈 뜨는 무치. 으윽! (맞은)머리 만지며 일어나, 여기가 어디지? 하다 퍼뜩! 둘
러보면 적막만 흐르고, 휘잉휘잉 바람에 서걱거리는 풀잎 부딪히는 소리만…

S#3   무치의 차 안 + 시내/ 낮

독기 서린 눈으로 미친 듯이 액셀 밟고 달리던 무치. 시내 접어들면, 8차선 대로 위
대형 전광판 보인다. 순간 끼익 차 세우고, 내려 전광판 보는데! 〈속보! 정바름 순경
자수 "나는 연쇄살인마다"〉 멍한 얼굴의 무치. 도로 한복판에 선 무치 뒤로 빵빵!!!
경적 울려대는데, 으아아아!!!!!!! (분해)발악하는 무치! 전광판 속, 무진청 도착한 경
찰차에서 수갑 찬 채 내리는 바름 보인다.

S#4   무진청 현관 앞/ 낮

전광판 속 바름의 모습, 실사로 바뀌면, 취재 나온 기자들, 피해자유가족들, 시민들로
뒤엉켜 인산인해를 이룬다. 현관 앞에서 대기하다, 바름 인계받는 강형사와 형사1.
호남 멍한 표정이고, 헐레벌떡 뛰어온 두석, 멍한. 인파 속 홍주, 인파에 막혀 못 들
어가는 바름 보는데. 이리저리 치이던 바름, 홍주와 눈 마주치고, 그렇게 서로 보는
시선 위로‥

(E)   탕!!!

S#5   과거. 일각 들판 (19부 #102에 이어)/ 밤

픽! 둔탁한 소리에, 바름 감고 있던 눈 뜨면 손에 총(발사돼서 연기 피어나는, 바름의 총) 쥔 채 쓰러진 무치! 바름, 놀라 돌아보면 카메라(묵직하고 큰) 쳐든 채 숨 몰아쉬는, 홍주다!

홍주   (카메라 든 손 내리며, 바름 노려보며) 약속 지켜. 정바름! 고무치한테 했던 약속.

S#6   현재. 무진청 현관 앞/ 낮

다시 홍주 시선으로 바름과 홍주 서로 마주 보는. 이윽고, 돌아서 가는 홍주. 그 위로….

S#7   과거. 산부인과 수술실/ 이하 홍주의 회상/ 낮 (7부 #50 이후)
         (*#7~#13까지 빠르게 편집)

팔에 수액 주사 단 채 수술대 위에 누운 홍주. 의사, 수술대 앞에 서면.
홍주, 질끈 감은 눈에서 눈물 한 방울 뚝 떨어지는데‥

퀵플래 시/ 요한, 홍주 안은 채 혼잣말처럼 중얼거리듯 "무서워‥ 무서워요…" (3부 #54)
요한 (시선 창 밖 보며) "슬퍼‥ 저 잎들 사이로 쏟아지는 햇살이‥" (12부 #33)
플래시 컷/ 대니얼 (E) 싸이코패스는 그 어떤 감정도 느낄 수 없어요. (2부 인터뷰 중)

홍주   (순간 눈 번쩍 뜨며) 잠깐만요! (링거 줄 확 잡아 빼는!)

S#8   과거. 요한의 집 안 + 지하실/ 낮

폴리스라인(접금근지 테이프) 붙어있는 지하실 들어오는 홍주.

홍주   범인이 아니면‥ 어떻게 변순영 시체 사진이 여기서‥ (하다 지하실 내 또

하나의 공간 보며) 이 안에 숨겨둔 한국일 폐병원으로 옮겼다고…? (아무래
도 뭔가 이상한)

S#9   과거. 요한 집 앞 + 홍주 차 안/ 밤

차 안 홍주, 핸드폰으로 무진 사건 검색하면, <무진산 근처 폐병원에 한국이 숨겨둔
정황 발견> 기사 확인하고 급히 차 출발시키는.

S#10   과거. 무진산 내, 폐병원 안 곳곳/ 밤

칠흑같이 깜깜한 내부. 홍주, 핸드폰 플래시 의지하며 병원 안 이 잡듯이 샅샅이 확
인하는 빠른 몽타주. 지하 보일러실 내부까지 샅샅이 찾아보지만, 아무것도 없다.

홍주   (실망하는) 그래·· 뭐가 있었으면 경찰이 진즉 찾았겠지·· (돌아서 나가는데)
대니얼   (E) (힘겹게 다 죽어가는 목소리로) 최홍주 피디··?
홍주   (반사적으로 소리 나는 쪽 플래시로 비추면, 헉! 놀라) 대니얼 박사님 ?

보일러 기구들 뒤, 이불 뒤집어쓴 채 쓰러질 듯한 대니얼, 병색이 완연하다.
배 부위엔 지저분한 상태의 붕대 칭칭 감긴.

S#11   과거. 대니얼 아지트, 폐병원 안/ 밤 (7부 #14에서 무치 일행이
          다녀간)

보일러 실 뒤 작은 공간,(은밀한 곳- 손전등으로 불 컨) 여기저기 빈 통조림캔 등 있고.

홍주   (충격에 휩싸인) 정바름이라구요··?
대니얼   (초췌한, 힘겹게 입 들썩이며) 성요한이 아니었음·· 난 이미 죽은 목숨이었
          어요.

홍주	(바들바들) 정바름을 살리겠다고… 난‥ 최영신한테 그 수술 테잎을‥ 허… (입 틀어막는)

S#12 과거. 강가 (요한이 뿌려진) / 낮

요한 뿌려진 강가에 넋 놓은 채 앉아있는 홍주 위로.

플래시 컷/

요한	내일 저녁에 시간 어때요?/ 내일 얘기할게요‥ 다‥ (6부 #73)

홍주	(후두둑 눈물 떨어지는) 내가… 죽인 거야‥ 내가 널…

홍주, 일어나 신발 벗고 눈 감고 강에 뛰어내리려는 순간, 우욱! 헛구역질 올라오는. 주저앉아 헛구역질하다, 배 보다, 조심스레 배 쓰다듬다, 독기 서린 눈으로 뭔가 결심하는.

S#13 과거. 폐병원, 지하 보일러실 뒤 은밀한 공간/ 낮

봉투 가득 먹을거리 사 들고 머리 숙인 채 힘겹게 들어오는 홍주. 대니얼 보면.

홍주	(둘러보며) 그런데 어떻게 경찰이 발견을 못 한 거죠?
대니얼	여기서 바로 하수구로 통하는 통로가 있어요. 경찰이 들이닥쳤을 때 거기 숨어있었어요.
홍주	(끄덕, 봉투에서 거즈랑 약품 등 꺼내며) 회복되실 때까지 제가 간호할게요.
대니얼	/고마워요. 최피디‥ 어떻게든 내가 성요한 결백 꼭 밝힐게요.
홍주	(독기 서린) 아뇨. 그걸론 안 돼요.
대니얼	(보면)
홍주	기억을 잃었어요, 정바름. 자기가 착한 인간인 줄 알아요. 본성이 깨나기 전에 그놈 이용해서 죽어 마땅한 범죄자들 다 없애버려요. 그리고 최영

신이 정바름 정체를 세상에 까발릴 그날! 우리가 한발 먼저 터뜨려요. 정바름 정체! 최영신이 자행한 끔찍한 만행까지 동시에!

대니얼   (놀라 보는)

홍주   (독기 품은) 저… 한서준이 살해한 피해자들 유인책이었어요.

대니얼   (놀라는)

홍주   한서준이 어떤 괴물인지 똑똑히 다 지켜봤어요. 그런 인간은 절대 바뀌지 않아요. 정바름 이용해서 자기랑 같은 종류의 인간들 다 처리해요. 우리! 박사님 동생 같은… 요한이 같은‥ (울컥) 불행한 피해자가 생기지 않도록이요…

대니얼   (잠시 고민하다 결심하는) 그러려면 검사 장비가 필요해요.

S#14   현재. 무진청 정문 앞/ 낮

쓸쓸한 표정으로 무진청 밖으로 나가는 홍주.
/바름 향해 날아오는 계란 돌 등… 유가족들(한국母 포함) 달려들어 바름 옷 잡다 옷 찢어지고. 형사들 막으면 주저앉아 통곡하는 한국母. 옷 너덜너덜해진 채 그 모습 고통스럽게 보는 바름. 형사들, 인파 헤치며 힘겹게 안으로 가려는데, 기자들 막으며 계속 질문하는. "정말 무진연쇄살인사건 피해자들 다 죽였습니까?" 등등‥

바름   (고개 숙인 채 서서) 네. 다 제가… 한 짓입니다. 제가 다… (하다 문득 시선 멈추는)

한 여자아이 독기 서린 눈으로 씩씩거리며 서 있다. 바름 눈 마주치는데.

플래시 컷/ 변순영과 딸 함께 찍은 사진 (5부 #7)

아이, 손에 쥔 작은 돌멩이 바름 향해 던지면, 바름 이마에 툭! 이마에서 주르륵 피 흐르는.

S#15   지은의 집 거실/ 낮

그 모습 뉴스 화면에 중계되고 있고, 보고 있는 지은 눈에서 눈물 뚝 떨어진다.

S#16   무진청 특본팀 앞 + 안/ 낮

정신 나가 뛰어오는 무치. 기자들과 형사들 실랑이 중이고, 특본팀 유리문 너머로 보면, 강형사 앞 조사받는 바름 보고 눈 뒤집히는 무치. 비켜 비켜! 기자들 뚫고 특본팀 안으로 들어가려는데 대비하고 있던 덩치 큰 형사 둘, "놔! 이거 놔!!! 저 새끼! 내가 죽여야 돼. 내가!!!" 들어가려는 무치와 막는 형사들 난장판이고 이에 신 난 듯 셔터 눌러대는 기자들.
/강형사 앞, 조사받던 바름, 소란에 뒤돌아보면 발악하며 들어오려는 무치 제지당하고 있는 모습에 눈물 후두둑 떨어지는. 강형사, 특본팀 형사들 모두 가슴 아프게 무치 보는.

무치	(뿌리치며) 놔! 저 새끼 내가 죽일 거야! 우리 형이 저 새끼한테 어떻게 당했는데!!
강형사	(바름 원망스럽게 보다, 일어나 문 앞으로 가) 무치야·· 무치야·· 제발 진정 좀 해, 진정 좀.
무치	내가 지금 진정하게 생겼어? 놔! 놓으라고 새끼들아!!!!
강형사	(발악하며 날뛰는 무치 걱정스럽게 보며, 안 되겠는지 붙잡고 있는 형사들에게 눈짓하면)

형사들 무치 양쪽 팔 잡고, 필사적으로 끌고 가는. 발악하며 질질 끌려가는 무치 보며 강형사 한숨 내쉬다, 복도 한쪽에 서 있는 지은 발견하는. 누구지? 보는.

S#17   무진청 조사실 (대니얼 조사실)/ 낮

호남	(답답한 표정으로) 왜 결박된 상태로 그 집에 있었는지, 말씀을 해주셔야…

대니얼	…
호남	1년 전 그날, 놀이동산에서는 무슨 일이 있었던 겁니까?
대니얼	…
호남	(답답한) 아, 뭐라도 말씀을 하셔야… 변호사 불러드려요?
강형사	(들어와 호남에게 낮은 목소리로) 성요한 어머니가 정바름을 꼭 좀 만나게 해 달라고…
호남	(화들짝 놀라) 뭐? 안 돼! 큰 나. 정바름 죽일려고 들 거야/
대니얼	/아무 일 없을 겁니다. 만나게 해주세요.
호남.강	(보면)
대니얼	자기 아들, 죽이기야 하겠습니까?
호남.강	에?

S#18 무진청 취조실/ 낮

지은과 수갑 찬 바름 마주 보고 앉아있다. 말없이 서로 바라보는.
바름 보는 지은의 슬픈 얼굴 위로‥

어린요한	(E) 엄마 우리 학교에 이상한 아이가 있어요. 토끼 배를 갈랐어요

S#19 과거. 재훈의 집 인근/ 지은의 시선/ 낮 (1부 #90-1)

쭈뼛거리며 손에 든 주소지를 확인하는 지은/ 마침 재민 데리고 나오는 재훈 보고

지은	(E) 혹시나 싶어서 너희 집을 찾아가봤어… /… 한눈에 알아볼 수 있겠더구나‥

흠칫 후다닥 몸 숨기고 재훈 살피는. 가슴 아픈 표정으로 지켜보는데… 재민 손 꼭 잡은 재훈, 어디론가 급히 가는 모습에 왠지 모를 서늘함 느끼는 지은. 조심스럽게 재훈 뒤 밟는…

재훈의 집 뒷동산/ 낮/ 추가 (1부 #91-1)

재민 손잡고 올라가는 재훈 불안하게 보는 지은. 재훈, 인기척 느꼈는지 힐끔 돌아
보면, 지은, 바짝 엎드려 몸 숨긴다. 천천히 따라가다, 몸 숨기다 반복하는데‥ 숨어
있다 순간 재훈 놓치고. 더 불안해지는 지은, 다급히 재훈 찾지만 쉽게 보이지 않는
다. 그때 위에서 들리는 재민 비명 섞인 울음에 가슴 쿵 내려앉고. 소리 나는 쪽 향해
정신없이 뛰어가는 지은, 멀리서 삽으로 흙 떠서 구덩이에 뿌리는 재훈 모습에 망설
임 없이 달려가 재훈 팔 잡아챈다. 재훈 확 밀치고 구덩이 보면 흙 뒤집어쓰고 겁먹
은 채 주저앉아 우는 재민 꺼내놓는.

지은   집으로 가 빨리!
재민   (겁에 질려 정신없이) 으아아앙~ 엄마~~!!!! (집 쪽으로 막 뛰어가는)

지은, 보면, 돌에 허리 찧은 채 누워있는 재훈. 절망스럽게 재훈 보다, 재훈 몸 위로
올라타 힘껏 목 조르는 지은. 끄윽거리는 재훈 얼굴 위로 지은 눈물 떨어지고‥ 재
훈 눈 감기는.

지은   (분노로 가득 찬, 목 조르며) 죽어! 죽어! 이 괴물! 너 같은 건 죽는 게 나!!
              널 낳는 게 아니었어. 널 낳지 말았어야 했어!

의식 잃은 재훈 몸에서 쓰러지듯 내려와 주저앉는 지은. 축 늘어진 재훈을 후회와
회한이 혼재된 눈빛으로 보며 꺼억꺼억 우는.

S#20   현재. 무진청 취조실/ 낮

바름   (허… 중얼거리듯) 그게… 꿈이 아니었어‥ (하다 어느새 원망 가득한 눈빛으
              로 바뀌며) 그때 죽였어야지. 그때 왜 안 죽였어! (소리 지르는) 왜!!!!
지은   그게… 너희들을 바꾼 이유였어… (슬픈 눈빛 위로)

S#21   과거. 공원/ 지은의 회상/ 낮

희정	(충격 받은) 우리 재민이를요?… 재민인 암 말 안 하던데요‥
지은	무서워서 말‥ 못 했을 거예요‥ 제가 직접 봤어요. 지 동생을 땅에 묻으려는 걸…
희정	허‥ (충격에 휘청이는)
지은	(그런 희정 아프게 보며) 약속… 잊지 않았죠?
희정	(보면)
지은	재훈이‥ 저대로 두면 또 무슨 짓을 할지 몰라요‥ 동생을 결국 죽일 거예요‥
희정	아니에요. 그럴 리가 없어요. 우리 재훈이‥
지은	(입술 잘근 깨물며) 희정씨한테 말 안 한 게 있어요.
희정	(보면)
지은	재훈이‥ 한서준 아들이에요. 헤드헌터 한서준.
희정	(헉! 입 틀어막는) 다, 당신 어떻게‥ 날 감쪽같이‥
지은	속여서 미안해요. 전 직접 목격했어요. 한서준이 한 짓을‥ 많은 사람이 죽어나갈 거예요‥
희정	(바들바들 떠는)
지은	부탁입니다. 재훈일 위해서… 제발…
희정	(하하 하아 숨 몰아쉬며 지은한테 붙잡힌 손 애써 빼내고) 우리 애는요? 우리 요한이는요?
지은	착하게 잘 자라고 있어요. 천성이 너무 착한 아입니다.
희정	우리 애 돌려줘요 얼른요.
지은	그럴게요. 돌려 드릴게요‥ (일어나 가는)

희정, 한편으로는 안도가 되고 또 한편으로는 착잡한, 힘겹게 일어나 가면.
지은, 가는 희정 슬픈 눈으로 보는. 희정, 가다 지은 돌아보면.

| 지은 | (눈물 그렁이며) 아프지 않게… 제발‥ 덜 아프게‥ 끝내주세요… |

S#22   현재. 무진청 취조실/ 낮

바름	(원망 어린) 그럼 그때 내 가족, 내가 다 죽였다고 생각했겠네‥ 근데 왜 가만있었어?
지은	(눈물 닦으며) 그래. 내 손으로 끝내려고 너를 찾아갔어. 그런데 이미 이모란 사람이 널 데려갔다더라. 백방으로 찾아다녔는데 찾을 수가 없었어. 주민번호가 말소됐다는 걸 뒤늦게 알고‥ 차라리 죽어서‥ 그래서 말소된 거면 좋겠다 생각했어.
바름	하아… (눈물 후두둑)
지은	애써 너란 존재를 잊고 살았는데…

S#23   과거. 달리는 지은의 차/ 지은의 회상/ 밤 (4부 #29)

무진 연쇄사건 관련 뉴스 라디오에서 흘러나오는, 차 세우고 꺽꺽 우는 지은 위로.

지은	(E) ‥너란 걸 직감했어.

S#24   과거. 무진병원/ 지은의 회상/ 낮 (6부 #22)

요한이 찾아 복도 서성이던 지은. 요한이 보다 간 병실 앞으로 가 보면, 병실 안, 봉이 따뜻하게 대하는 바름! 그런 바름 바라보는 봉이의 사랑에 빠진 듯한 얼굴 보는 위로…

지은	(E) 너 왜 나랑 결혼했어? 왜!!! (1부 #62)
서준	(E) 뭐‥ 일종의 종족 번식이랄까‥?/ 내 새끼가 필요했어. 나, 한서준 2세가‥
지은	(E) 한서준과 날 보는 거 같았어. 내가 한서준의 정체를 모르고 사랑에 빠진 것처럼‥

/뛰어나와 헛구역질하던 지은. "괜찮으세요?" 소리에 보면, 서 있는 바름. 흠칫! (6부 #23)

현재/

바름   그랬어… 내가 그 착한 아이한테 그런 맘을… (너무 고통스럽고) 그런데 가
                    만 있었어?

지은   나보다 한발 앞서서 요한이가 널 찾아갔어‥ 요한이가‥ 요한일 강에다
                    두고, 끝을 내려고 니 병실에 찾아갔었어… 널 신고해봐야 증거도 없고
                    아무도 성요한 엄마 말을 안 믿어줄 테니까.

S#25   과거. 바름의 병실/ 지은의 회상/ 낮 (7부 #39 이전 상황)

병실 들어오는 지은. (바름 새 죽이고 잠든 후) 잠든 바름 보다, 그 옆에 보호자석에 개
켜진 이불 위 베개 들어 바름 얼굴 막 누르려고 하는 찰나! 밖에서 소리 나자 급히 화
장실로 숨는.

봉이   (E) 어? 어벙이‥ 어디 갔어?

지은   (몰래 나가려는데)

바름   (E) 여기가 어디죠‥?

지은   (흠칫 돌아보는 위로/ 봉이, 오빠! 오빠!!! 소리 이어, 바름E 누구세요?)

S#26   과거. 무진병원 현관 앞/ 지은의 회상/ 낮 (7부 #44 상황)

인파들 속에 퇴원하는 바름 저만치 떨어져 지켜보고 있는 지은 위로‥

기자   (F) 세 차례의 수술을 거친 정바름 순경이 퇴원했습니다. 무진병원 측에
                    따르면 정 씨는 현재 정상적으로 회복된 상태지만, 일시적인 쇼크로 부분
                    기억 상실 증상을 보이는 것으로…

S#27   과거. 평안동. 바름의 집 (이사 후)/ 낮 + 현재. 무진청 취조실/ 낮

지은, 몰래 와서(이때 쓱 사라지는 사내-oz1) 열린 대문 사이로 살짝 들여다보면,

지은   (E) 이후에 수소문해서 너 이사 간 집도 찾아가봤는데….

머리에 붕대 두른 채 마당에 앉아있는 바름. 길고양이 들어오면 사랑스럽게 쓰다듬고 먹이 주는‥ 그 모습 대문 밖에서 몰래 지켜보는 지은.

지은   (E) 넌 정말‥ 착한 사람이 된 것 같았어. 그 후로도 계속 널 지켜보면서 난 한 가닥 희망을 가졌어… 어쩌면 니가 달라질 수 있겠다는… 그래서‥ 그래서… (눈물 흘리는)
바름   (원망의 눈빛으로) 나한텐 한서준이나 당신이나 똑같아.
지은   (비수 꽂히는)
강형사   (문 열고 들어와) 조사받으러 갈 시간이야. (바름 일으키면)
바름   (나가다, 멍하게 앉아있는 지은 돌아보며 원망 섞인 복잡한 눈빛으로) 난‥ 정말 재민이 죽이려고 했던 거 아냐. (강조) 우리 가족도… 내가 안 죽였어. (나가면)
지은   (참았던 감정 폭발하듯 꺼억꺼억 우는)

S#28   무진청 복도/ D

수갑 찬 채 걸어가는 바름의 슬픈 눈빛 위로…

인서트/ 과거/ 재훈의 집/ 재훈을 발로 차며 정신 나간 사람처럼 패는 계부와 그런 계부를 말리며 재훈의 몸 감싸는 엄마의 모습. (1부 #89)
마당/ 아빠한테 얻어터진 후 엉망진창인 얼굴로 현관 앞에 쭈그리고 앉아있는 재훈. 희정 나와 상처엔 소독약이랑 연고 발라주며.

희정   내 아들‥ 엄마는 믿어… 우리 재훈이가 착한 아이라는 걸…착하게 자랄 거라는 걸… (무표정한 재훈 꼭 끌어안는) 무표정한 재훈의 얼굴이 눈에서 눈물 후둑 떨어지는 바름 얼굴로 O.L 되는‥

S#29   무진청 로비/ 낮

넋 나간 얼굴로 터벅터벅 걸어 나오는 지은. 그때, 형사들에 잡혀 발악하는 무치 보이고.

무치   (고통스러워하며) 나도 잡아가라고! 나도! 내가 성요한 죽였다고!!! 내가!!! 그 새끼 구한다고 내가! 내가!!! 죄 없는 사람을 쏴 죽였다고!!! 내가‥!!!

으아아악!!! 괴로워하며 바닥에 미친 듯이 머리 찧는 무치. 머리 깨지며 피 흥건해지고, 달려들어 제압하는 경찰들. "119불러!! 119불러!!!"

S#30   무진병원 응급실/ 낮

무치 머리에 붕대 감아주는 의사. 멍하니 침대에 걸터앉아있는 무치.
의사, 마무리하고 가면 무치 시선에 응급실 문 앞, 서서 자신 보고 있는 지은 발견한다.

플래시 컷/
지은   (떨리는) 우리 불쌍한 요한이, 그 불쌍한 아이‥ 니가 쐈냐고!! (7부 #8)

무치   (순간 어쩔 줄 몰라 하며 시선 피하면)
지은   (무치 아프게 보다 와 서서) 요한이 고형사가 죽인 게 아냐. 그러니 죄책감 갖지 마요‥
무치   (차마 눈 맞추지 못한 채, 무슨 말인지‥)
지은   한서준이 죽인 거예요… 고형사가 아니라…
무치   ?

인서트/ 특본팀 조사실/ 낮

호남,강   (벙쩐)

바름   (담담하게) 거기 한서준의 아지트가 있습니다. 가서 확인해보세요.

무진병원 응급실/ 어느새 지은 없고, 혼자 멍하니 앉아있는 무치.

무치   (허‥) 그래서… 그래서 변한 거였어…? 정바름이…? (후다닥 뛰어가는)

S#31   창고 (서준의 실험실)/ 낮 (9부 #24 동장소)

쾅! 문 열리고 들어서는 강형사 (경찰들)등‥ 둘러보다 뇌 들어있는 관, 두개골에 경악하는‥

S#32   무진구치소 접견실/ 낮

안절부절 서 있는 무치. 문 열리고 서준 들어서자마자 흥분한 표정으로.

무치   사실이야? 그 여자 말이?
서준   (여유롭게 앉으며) 누구? 성지은?
무치   정바름이 당신 아들이야? 그래서 살아있는 성요한 뇌를 정바름한테 이식했어?
서준   (피식 웃는) 맞아. 다.
무치   허… (충격에 휩싸인) 그게 어떻게 가능해? 사형수가 어떻게‥
서준   이 나라에서 최영신이 못할 일이 없지 않나? 내 앞에서 무릎까지 꿇더라고. 전 국민이 간절히 기원한다고. 국민아들 살려달라고! 큭큭‥
무치   (허‥ 나가려다 보며) 그 여자가 왜… 정바름 살리려고 니 앞에서 무릎을 꿇었다고 생각해…?
서준   ?
무치   천재라더니 나만큼이나 멍청하네. 니놈도, 니놈 새끼도 그 여자한테 철저히 이용당한 거야.
         이제 니놈 새끼, 그 여자한테 아주 비참하게 폐기처분될 거야! (확 나가는)

서준   (순간 불안해지는, 생각하다 이내 부르르!) 최영신!!! 이 년! 감히 내 아들, 건드리기만 해!!!

S#33   조사실/ D

대니얼   (곰곰‥) 한서준은 자신이 결국 실패했단 걸 몰랐을까? (갸웃) 그럴리가 없을 텐데‥ 뻔히 죽을지 알면서도 자기 아들에게 뇌 이식 수술을 해줬다고?

S#34   요한 뿌려진 강가/ 낮

슬픈 시선으로 강 바라보는 지은 위로‥ 휘잉휘잉 바람 부는 위로.

S#35   과거. 지은의 집 (6부 #94-1 이전 상황)/ 지은의 회상/ 밤

요한   나, 엄마 아들 아니잖아. (소리 지르며) 한서준 아들 아니잖아!!!!
지은   뭐?
요한   (원망의 눈빛으로) 언제부터 알았냐고?

S#36   과거. 재훈의 집 인근/ 요한의 진술/ 낮 (1부 #90-1, 91-1 상황)

요한 가방 메고 집에 가다, 문득 재민 손잡고 가는 재훈 뒤따라가는 지은 보는. 어?
/동산 올라오며 두리번거리는 요한. 엄마! 엄마! 두리번거리는데 죽어! 죽어! 소리에 가보면.
지은, 재훈 목 조르고 있는 모습 보는. 헉 놀라는 어린 요한.

요한   (E) 애써 아니라고 믿었어. 살인마 아들이라는 이유로 폭력에 시달렸어도 꿋꿋이…

S#37   과거. 지은의 집 안방/ 낮

성인 요한, 지은 집 옷장 여는 위로 지은(E) **요한아. 딴 거 말고 베이지색 코트로 가져다줘.** 베이지색 코트 꺼내다 문득 안쪽 구석 상자 발견하고 뭔가 싶어 보면 상자에 BLESS 배냇저고리 입은 아이(바름) 안은 사진. 돌아보면, 화장대 위에 놓인 아기(요한) 사진과 다른.

요한   (E) 그때 당신이 다른 아이를 안고 있는 사진을 봤어. 그래서 당신과 살인마 한서준꺼까지‥친자 확인 검사를 했어.

S#38   과거. 지은의 집/ 밤 (6부 #94-1)

액자에 지은과 함께 찍은 요한의 사진. 그 앞에 서서 보고 있는 요한. 테이블에 앉아 가위로 꽃가지 다듬어 유리 화병에 꽂고 있는 지은, 불안한 표정으로 요한 뒷모습 바라보는.

요한   (등 돌린 채) 알고 계셨죠?

지은   (순간 쿵! 떨리는 목소리로) 뭘….?

요한   (지은 돌아보는. 서늘한 눈빛으로 지은 보며) 아들이 살인마라는 거….

순간 들고 있던 가위 떨어뜨리며, 옆에 있던 화병 건드리는데. 화병, 바닥으로 떨어지고 쨍그랑… 소리와 함께 산산조각 나는‥

요한   (억눌렀던 분노 폭발하는) 어떻게 이럴 수가 있어! 어떻게!

지은   요, 요한아… (무릎 꿇는) 어, 엄마가 잘못했어. 엄마가…

요한   당신도 똑같아!! 당신 남편 한서준, 당신 아들 정바름이랑 똑같다고!! 용서 못 해!! 용서 안 해!! 절대!!!! 내 가족 죽인 당신 아들. 내 하나밖에 없는 친구 준성이 처참하게 죽인 당신 아들 정바름! 그 모든 걸 다 알고도 방조한 당신!!!

지은   (끅끅 오열하고 있는)

요한   (그런 지은 분노의 눈으로 노려보며) 두고 봐. 나 지금 당신 아들 죽이러 갈 거야! 내 손으로 죽여 버릴 테니까 지켜봐!!! (휙 나가려는데)

지은   (후다닥 요한 잡으며) 안 돼. 요한아. 그놈은 괴물이야. 괴물. 니가 죽어, 니가 죽는다고!!!

요한   비켜! 비키라구!!!! (휙 밀치면)

쿵 떨어지는 지은. 순간 바닥에 떨어진 꽃가위 집어 자신 목 찌르려는 순간, 놀란 요한 뛰어와 잡는데 살짝 찔려서 피나는 지은! 가위로 계속 자신 목 찌르려 한다. 지은 몸에 올라타 가위 뺏으려는 요한, 결국 지은 손에서 억지로 가위 뺏어드는‥ 그때 현관문 열리며 "사장님 영수증 가져왔…" 보면 직원 놀란 얼굴로 서 있는. 요한, 손에 들린 피 묻은 가위 집어 던지고 현관 앞에 굳은 채 서 있는 직원 밀치고 뛰쳐나가는.

S#39   현재. 요한 뿌려진 강가/ 낮

지은   차마 말할 용기가 없었어‥ 니가 날 미워하고 원망할까 봐…
        불쌍한 우리 아들… 요한아. 넌 내가 끔찍하겠지만… 그래도 엄만 니 옆에 있고 싶어…

이윽고 풍덩! 이윽고 강물 고요해지는. 그 위로 휘잉휘잉 바람 소리 들리는.

S#40   무진청 특본팀 팀장실 + 유치장 안/ 낮

두석   (유치장 안에 얼굴 파묻고 있는 바름 보며) 그나저나 대니얼 박사는 아직도 묵비권이야?

호남   (끄덕) 아니 자기도 피해자 아니냐고‥ 왜 입을 다무는 건지. 속을 모르겠네. 대니얼 박사까지 저러고 있는데. 구속영장이 나올까요‥?

두석	청와대가 움직이고 있어 구속 쉽지 않을 거야. 하필 대선 직전이라 필사적으로 막을 텐데··
호남	이 상태에서 영장 청구해봐야 검찰은 기다렸다는 듯이 바로 기각시켜버릴 거고··
두석	일단 최대한 버티고 있어. 어떻게든 박사 입에서 결정타가 나오게 설득해야지·· (하는데)
호남	(티비 쪽 보다 리모콘 들어 볼륨 높이며) 최영신 변호사 인터뷰하네요.

뉴스 화면/ 무진청 앞 기자들에 둘러싸여 인터뷰하는 최영신 변호사 보이고.

변호사	노트북과 피해자 물건들이 왜 거기 있는지 저희 의뢰인은 알지 못합니다. 정바름이 일부러 갖다 놓았을 겁니다. 야당이 네거티브 선거를 위해 정바름을 이용한 걸로 추정됩니다.

호남	저렇게 나올 줄 알았어. (하는데)

화면 속/ 그때 기자들한테 딩동~ 다다다다 문자 도착하고! 기자들, 문자 확인하면 "대박!"

호남	뭐지? (하며 화면 속 기자들 보는데 띵동 문자음! 확인하며) 헐! 선배 잘하면 판 바뀌겠다!

호남, 두석에게 핸드폰 보여주면 바름과 이모 찍은 사진과 "나는 한때 국정원 사조직 오즈였다" 모든 증거물 가지고 기자회견. 2시, OBN 방송국 앞. 그 위로··

기자	(F) 속봅니다. 본인을 국정원 사조직 오즈의 팀원이라고 밝힌 A씨가 기자회견을 자청하고··· /최영신 비서실장이 지난 26년간 자행해온 충격적인 진실을 밝히겠다고 나선 A씨는···

구석 유치장 안에 웅크리고 앉은 채, 창살 너머로 뉴스 보는 퀭한 얼굴의 바름 위로··

과거/ 폐가 앞 (19부 #98 앞 상황)

바름   차마, 최영신을 죽일 수 없었어요··· 제가 자수해도 최영신이 빠져나가면
         어떡하죠?

이모   걱정 마. (손에 든 봉투 보며) 이 증거물론 천하의 최영신도 절대 못 빠져나가.
         훈석이·· 아빠가 데리러 오기로 했어. 훈석이 비행기 태우고 바로 기자
         회견 할 거야.

S#41   OBN 방송국 앞/ 낮

시계 오후 2시 정각 가리키고. 기자회견 단상 준비되어 있다. 기자들 바글바글 모여
취재 전쟁 한창인네. 시민들, 피해자 유가족까지 주변 일대가 인산인해를 이룬다.

S#42   무진청 특본팀 사무실/ 낮

유치장 창살 사이로 생중계 뉴스 보는 바름. 그러나 좀처럼 기자회견이 시작되지 않고.
화면 속, 기자들 웅성거리며 뭐야, 30분이나 지났는데 왜 안 와?!!

바름   (뭔가 이상함을 느끼고, 초조해지는) 뭔가 잘못됐어. 이모가 위험해··

인서트/ 조사실2의 최영신, 여유만만한 표정이고.

뛰어 들어오는 무치. 형사들 놀라 후다닥 무치에게 달려들지만, 휙 피하며 순식간에
유치장으로 달려오자 앉아있던 바름, 일어나 창살 쪽 무치에게 오면, 무치 창살 사이
로 손 넣어 바름 목 확 틀어쥔다!

무치   아부지란 새낀 우리 엄마, 아빨 죽이고! 아들 새낀 내 형을 죽여? 이 개새
         끼야!!!! (죽일 듯 눈알 뒤집으며) 죽어! 죽어!! (호남, 강형사 등 뛰어와 무치
         떼어 내려 하지만 악착같이 바름 잡은 손 안 놓고 버티며, 바름 목 조르는) 죽어
         새꺄 죽어~!!!!

바름	(얼굴 시뻘게진 채 꺽꺽거리며) 훈석이‥ 이모 사, 살려‥
무치	(눈에 눈물 가득한 바름 보며) 이 가증스런 새끼. 니가 누굴 살려 달래. 연기 하지 마!!!!
바름	서, 성요한, 누명 풀어주려면…. 이, 이모…
무치	성요한? (하는데)

그때, TV에 최영신 변호사 기자들 인터뷰하는 장면 오디오로 들리는.

변호사	(F) 뇌 이식 수술이니, 실험쥐니. 공상과학소설 쓰십니까? 저희 의뢰인도 어이없어하십니다. 성요한, 정바름 모두 싸이코패스 살인마일 뿐입니다. 그게 팩틉니다!

무치	(뉴스에서 흘러나오는 오디오 소리에 순간 손에 힘 풀리는)
형사들	(그 틈에 후다닥 무치 끌어내는데)
바름	(눈물 후두둑 떨어지며 무치 보며 소리치는) 이모가 모든 걸 밝힐 증거물을 가지고 있어요. 훈석이랑 이모가 위험해요… 제발… 우리 훈석이‥ 이모 좀 찾아주세요…

S#43   공항 보안실/ 낮

모니터/ 출국장, 훈석이 데리고, 기다리고 있는 이모 누군가 다가와 이모 옆에 딱 붙더니 훈석이와 이모 데려간다. (칼로 위협하는 것처럼)
/확대해서 얼굴 보면, 모자 사이로 드러난‥ 이형사다! 모니터 보고 있는 무치와 강형사.

무치	(허!) 핸드폰 위치 추적부터 해줘. 난 이 새끼 집에 가볼게. (뛰어가는)

S#44   이형사 집/ 낮

들어오는 무치. 이미 살림살이 하나 없이 텅 빈 미치겠는데. 그때, 전화 오는.

강형사   (F) 핸드폰 전원이 꺼져있어. 위치추적이 안 돼··

S#45   무진청 복도/ 낮

심난한 얼굴로 터벅터벅 걸어오는 무치. 그때, 최영신 조사실로 들어가는 변호사 보이고. 순간 열린 문 사이로 살짝 보면 변호사들, 최영신에게 뭔가 다급하게 얘기하고, 문 닫힌다.

S#46   무진청 특본팀 사무실/ 낮

호남   (한숨 내쉬며) 진즉 저쪽에서 손 썼겠지.
무치   (곰곰 생각하며) 근데·· 좀 이상해.
호남   뭐가?
무치   최영신 쪽에 뭔가 문제가 생긴 거 같아·· 분위기가 심각하더라고.

인서트/

최영신   이민수가 사라지다뇨? 그게 무슨 말입니까? 분명 데려오고 있다고 전화를 받았다고 하지 않았습니까?
변호사   네. 그러다 갑자기 연락이 끊겼다고··
최영신   (심각한) 찾아요. 당장!

무치   암튼 제가 더 찾아볼게요.
호남   어디서?
무치   그렇다고 여기 가만 앉아있을 수 없잖아요! 나 성요한 누명 벗겨줘야 된다고! 애가 납치됐잖아, 지금!! (획 나가는 듯··)

S#47   OBN 방송국 앞/ 낮

결국 기자들 철수하고, 기자회견단상 치워지고 있다. 그 모습 보고 있는 홍주 위로‥

과거/ 폐가 앞/ 밤 (19부 #98 이후 상황)

이모	(흠칫, 놀라 보며) 여긴 어떻게 알고?
홍주	부탁드려요. 성요한, 그 억울한 사람이 연쇄살인마로 희생됐잖아요. 무진연쇄살인사건의 진실을 밝힐 수 있도록 도와주세요. 제발요‥
이모	그렇지 않아도 바름이랑 약속했어요. 제가 증거물 갖고 기자회견을 할 거예요. 바름인 지금 자수하러 갔어요.
홍주	(다급히) 알겠어요. (차에 타는)

과거/ 일각, 들판 인근/ 밤 (19부 #102 상황)
차 타고 가는 홍주, 저만치 들판에 폭우 속 무릎 꿇고 있는 바름 머리에 총 겨누고 있는 무치 보고 놀라 끼익 차 세우고 급히 옆 좌석에 큰 카메라 집어 들고 내리는!

현재/ 홍주 뭔가 결심한 얼굴로 돌아서서 가는.

S#48   봉이네 집 앞 + 방 안/ 낮

퀭한 얼굴로 서 있는 봉이. 문 앞에 홍주 서 있다.

홍주	부탁할 게 있어. 셜록 홍주, 내일 아이템 급히 바꿀 거야. 봉이씨가 도와줘‥
봉이	거기 작가님 계시잖아요. 무슨 막내 시작하자마자 그만둔 나한테‥
홍주	철저하게 보안이 필요해. 지금 내가 이걸 믿고 맡길 사람은 봉이씨 뿐이야.
봉이	(다 귀찮은) 믿을 사람 없으면 혼자 하면 되겠네. (들어가려는데)
홍주	(팔 붙잡고) 내가 할 수 없는 일이야.
봉이	(이상한 듯 보는) 네?
홍주	그래서 부탁하는 거야. (가방에서 외장하드 꺼내 봉이한테 건네며) 이거 그동

안 취재한 원본 다야. 보고 판단해줘.

방 안/ 외장하드 들고 들어오는 봉이. 뭐지? 싶어 컴퓨터에 꽂아 플레이한다.

〈**시간경과**〉 충격 받은 얼굴로 화면 보고 있는 봉이. 눈물 뚝뚝 흘리는.

S#49   홍주 차 안/ 낮

심난한 얼굴로 기다리고 있는 홍주. 똑똑 두드리는 소리에 고개 돌려 창문 내리면‥

봉이   힐게요. 하고 싶어요. 아니 해야겠어요!
홍주   봐서 알겠지만 결정적인 증거는 없어‥ 최영신은 이 나라를 쥐고 흔드는
       실세야. 미꾸라지처럼 빠져나갈 거야. 그래도 구속 영장 떨어지게 해보
       자. 증거인멸 못하게 시간을 벌어야 해.
봉이   (결연한. 끄덕)

S#50   몽타주/ 밤 - 낮 - 밤

봉이 집/ 봉이와 홍주 둘이 앉아서 구성하다

홍주   그럼 나는 들어가서 이대로 편집할게.
봉이   네. (원본 동영상 닫다) 이건 뭐지? (하며 클릭하다 순간 당황하는) 어, 이건…
홍주   (나가려다 말고) 뭔데? (하고 보다, 놀라는 표정)

유치장/ 바름, 초조하게 앉아있고
조사실2/ 최영신, 여유만만하게 앉아있고
누군가의 집 앞/ 무치, 누군가와 얘기 중이고‥
차 안/ 무치, 전속력으로 운전해서 어딘가 가는.
봉이 집/ 봉이, 화면 보며 고민하다, 대본 쓰는. 무치에게 전화하지만 받지 않는.

S#51 무진청 곳곳 + 셜록 홍주 스튜디오 교차/ 밤

강형사 (시계 보며, 초조한) 영장청구 시간 거의 다 됐어요!

호남 (미치겠는) 무치는? 아직 이민수 못 찾았어?

강형사 (끄덕) 네 연락 없어요….

/바름 (초조한 얼굴로) 훈석아‥ 이모‥ 제발‥ 제발‥ 무사해줘요 제발‥ (괴로워 미칠 것 같은 위로)

기자 (F) 최영신 비서실장이 긴급체포되면서, 경찰이 최 씨를 구속하기 위한 48시간 총력전에 돌입했습니다. 헌정 사상 초유의 사태가 벌어진 현재, 최 씨의 구속 여부가 초미의 관심사로‥

S#52 달리는 무치의 차 안/ 밤 (빠르게 편집)

무치 전속력으로 운전하는.

S#53 강 위 + 강 아래/ 밤

캠핑의자에 앉아 강 보고 있는 이형사. 도착하는 차 소리에 돌아보면, 오즈다!

인서트/

변호사 (통화하는) 그래? 알았어. (전화 끊고 최영신에게) 이민수 찾았답니다.

최영신 (안심하는)

S#54 봉이네 집/ 밤

프린터기에서 지잉! 출력되는 대본. 마지막장 나오자마자 낚아채서 잽싸게 달려 나가는 봉이.

봉이   (홍주에게 전화하며) 지금 출발해요! (나오는데 누군가 봉이 앞에 그림자 드리우는)

S#55   무진청 특본팀 사무실/ 밤

바름, 유치장 구석에 쭈그린 채 앉아있는데 문 열리면 고개 들어 본다. 강형사다.

강형사   프로파일러 면담 시간이야. 가자구.
바름   (일어나 수갑 차며 다급히) 우리 이모는요? 훈석이는요?
강형사   (고개 젓는) 무치가 연락이 없어··
바름   (절망하며 수갑 찬 채 강형사 따라나서는)

S#56   OBN. 셜록 홍주 스튜디오/ 밤

셜록 홍주 스튜디오, 긴장한 듯 서 있는 홍주. 광고 끝나면, 온에어에 불 들어오고!

홍주   셜록 홍주, 최홍주입니다.

인서트/ 부조 안, 봉이 긴장한 얼굴로 모니터 속 홍주 보며 서 있다.

홍주   (화면 앞으로 걸어가 프롬프터 속 봉이 대본 내용 보며) 내가 무진연쇄살인사건의 진범이다! 나는 연쇄살인마다! 정바름의 자수로 전국이 충격에 휩싸였습니다.

S#57   무진청 영상 진술실 + 스튜디오 교차/ 밤

창 너머 바름 진술 중인 모습 보고 있는 청장 및 고위간부들. 안에서는 바름과 프로파일러 면담하는 모습 소형카메라에 녹화되고 있다.

바름   (E) 저는 우리 가족을 살해한 송수호를 찾아다녔고, 그를 죽이면서 살인
          본능이 폭발해 무고한 사람들을 …

그때, 진술 보던 청장 핸드폰 울리자 받으며 급히 나가는.

/홍주   정바름의 살인보다 더 충격적인 사실은 이 모든 사실을 알면서도 은폐하
          고, 심지어 그가 살인을 저지르도록 유도한 배후가 있었다는 진술이었습
          니다.

바름   대니얼 박산 저와 성요한이 싸이코패스 유전자를 가지고 태어났다고 했
          습니다. 최영신은 우리가 자라서 진짜 싸이코패스 살인마가 되는지, 지
          켜보고 관찰했습니다.

S#58   무진청 곳곳 + 셜록 홍주 스튜디오 교차/ 밤

조사실2/ 최영신 데려가려는 변호사, 경호원들과 그걸 막으려는 호남과 강형사.

호남   아직 48시간 안 됐잖아요!
변호사   그럼 영장 청구를 하세요! 증거 하나 없고, 저 미친놈 진술밖에 없어서 영
          장청구 못 하는 거 아닙니까? 청구 안 할 거면 잡아놓질 마시라구요! 나
          랏일 하는 바쁘신 분이에요.
호남   왜들 이리 급하실까‥ 아직 5분 남았는데. (강형사에게 귓속말로) 무치한
          테 연락 없어?
변호사   (피식 웃는)

/홍주   최영신은 국가기관인 국정원을 이용해 두 아이와 그 가족까지 불법 사찰
          했습니다. 그게 가능한 것은 그녀는 검찰, 경찰 윗선까지! 움직일 수 있는

막강한 권력을 가지고 있기 때문입니다

조사실/

청장   (씩씩거리며) 니들 뭐해!? 빨리 안 비켜!!!!!!!
호남   잠깐만요. 아직 1분 남았어요.
청장   (버럭!) 이씨 복호남! 빨리 비켜!!!!
호남   아, 알았어요 알았어. 청구하면 되잖아요. (강형사 보며) 청구해!

강형사 하는 수 없이 노트북 앞에 앉아 구속영장청구서 띄우고 시계 보더니 48시간째 됨과 동시에 엔터 치는. 동시에 기다렸다는 듯이 전화벨 울린다. 호남 받으면

검사   (F) 기각입니다.
호남   (전화 꽉 끊고) 니미럴. 메일 열어볼 시간도 없었겠다. 제대로 검토도 안 하고! 새끼들!
최영신   (일어나 옷매무새 만지며 정중하게 호남과 형사들 향해) 수고 많으셨습니다.

일제히 비키면, 비서들과 변호사 호위 받으며 유유히 고고하게 걸어 나가는 최영신.

/홍주   현재 살인마 정바름의 진술과 대통령 비서실장, 최영신 측의 진술이 상반된 입장입니다. 그런데 저는! 매듭살인사건 진범 우형철의 구속영장이 발급 직전, 갑작스럽게 기각됐다는 사실을 알게 됐습니다. 그 이유를 물어봤습니다.

화면/ VCR 재생되면, 몰래 찍은 듯한 카메라 각도. (18부 #62 사내, 얼굴 없이 상체만 보이는)
/차에서 내려 집으로 들어가려는 검사 집요하게 쫓아가는 거친 화면.

검사   (미치겠는) 아, 모른다구요!
홍주   그때 우형철 구속영장이 기각되면서 두 명의 희생자가 더 발생한 거 아시죠? 후회 안 하십니까? 본인 때문에 2명의 여성이 더 희생됐는데‥

검사   (빡!) 나 때문이라뇨? 난들 그러고 싶었겠어요? 청장님 지시였습니다. 위에서 지시가 내려왔다고요. 저도 항의하다 좌천돼서 여기서 **뺑이치는 거**구요!

/경찰 관계자 인터뷰(*얼굴 모자이크 된 그러나 누가 봐도 호남이다.)

사내   (사투리) 윗선에서 지시가 내려왔었는데·· 뭐 전국민 집단 트라우마니 뭐니 말이 거창하긴 했지만, 사실 많~이 이상했죠. 저희야 뭐 윗선에서 그러라고 하니까, 공개 안 한 거고.

청장   (화면 속 모자이크남 보다, 호남 찍 노려보는)

호남   (손사래 치며) 저 아닌데요? 하나도 안 닮았는데?

강형사   (귓속말로) 그러기엔 너무 똑같아요.

S#59   무진청 현관 앞 + 폐병원 + 셜록 홍주 스튜디오 교차/ 밤

최영신 비호하며 데려가는 변호사 등. 기자들 휴대폰으로 셜록 홍주 보며 질문들 쏟아낸다. "구속영장 기각, 지시했습니까" 비키세요. 비켜요! 길 트며 최영신 보호하며 가는 변호사.

/홍주   예정되어 있던 우형철 구속 영장의 기각. 그리고… 우형철의 살인 현장을, 모방 범죄로 꾸며놓기까지 한 조직적인 움직임! 이유가 뭘까요?

변호사   (기자들 헤치며 답하는) 말도 안 되는 주장입니다. 비약이 심하네요. 우형철 구속 영장을 기각했다고 칩시다. 그게 어떻게 정바름을 살인하도록 한다는 것입니까? 조종이라도 한단 겁니까?

화면/ VCR 재생되면, 대니얼 원샷으로 등장한다!

대니얼   1995년, 대한민국이 헤드헌터 연쇄살인사건으로 떠들썩하던 당시·· 싸이코패스 유전자 감별법을 통해 태아 낙태를 합법화시키는 법안 상정 논

의가 이루어졌었습니다.

폐병원/

대니얼   (홍주 카메라 보며 인터뷰하는 모습으로 바뀌며) 법안 통과가 무산되자 최영
         신은 저에게 싸이코패스 유전자를 가진 태아 명단을 달라고 요구했습니
         다. (사이) 전 그 제안을 받아들였죠.

과거/ 몽타주 (1부 #71-1, #71-2)
유전자연구소 앞/ 계단 내려와 검은 세단 안, 최영신에게 서류 넘기는 대니얼.
차안/ 최영신, 서류 확인하면 산모 성지은. 김희정 자료(유전자 관련 염기서열 포함 듯)
있다. 한 장 더 넘기면, 우형철 검사 서류! (*인서트컷 추가)

대니얼   (E) 정바름 성요한. 그리고! 이미 싸패유전자를 갖고 태어난 아이, 우형철
         의 자료까지‥ 최영신에게 찾아가 멈추라고 했습니다. 하지만 그녀는‥

플래시 컷/ 차 안/ 낮 (18부 #13 동일씬)
최영신   많은 수가 정바름에게 희생될수록 그에 비례해 국민들의 분노가 높아질
          거야!
대니얼   미쳤어. 당장 멈춰! 당장! 지금 그 아이는 폭주하고 있다고!
최영신   조금만 더‥ 대선이 얼마 안 남았어. 그때까지만 기다려줘. 확실히 그 법
          안 통과시킬 거야.

현재/ 무진청 현관 앞

최영신   (차에 타려다 쏟아지는 질문에 대답하려는 변호사 제지하며 직접!) 그런 서류
         받은 적 없습니다. 대니얼 박사의 일방적인 주장일 뿐입니다.

셜록 홍주 스튜디오/

홍주   (화면에 대니얼 인터뷰 스틸 잡혀있고) 과연 대니얼 박사의 일방적인 주장일

까요? 정바름과 대니얼 박사가 모두 거짓을 말하고 있는 걸까요?

이모   (E) 사실입니다. 전부!

스튜디오 화면, 이모가 보낸 문자 화면으로 바뀌고! "나는 한때 국정원 사조직 오즈였다." 홍주 돌아보면, 스튜디오에 이모 등장하는.

인서트/ 방송 보고, 최영신 놀라는!/ 호남과 경찰들, TV에 집중하고! /
유치장 속 바름, 뉴스 보며 안도하는. "성공했네…"

스튜디오 뒤편에 서서 보고 있는 무치 얼굴 위로…

S#60   과거. 무진청 특본팀 사무실/ 낮 (#44에 이어)

호남   (한숨 내쉬며) 진즉 저쪽에서 손 썼겠지.

무치   근데 좀 이상해. 최영신 쪽에 뭔 문제가 생겼는지 심각하더라고. 암튼 내가 더 찾아볼게.

호남   어디서?

무치   그렇다고 여기 가만 앉아있을 수 없잖아요! 나 성요한 누명 벗겨줘야 된다고! 애가 납치됐다잖아, 지금!! (휙 나가려는데)

/바름   (E) 사진 한 장이 있었어요.

무치   (유치장 안 바름 쪽 돌아보면)

바름   이형사 집에 갔을 때요… 강가에서 캠핑하고 있던 사진이요. 그런데 텐트에 달린 드림캐쳐가‥ 그때 그 대포차에 있던 드림캐처랑 같았어요‥

무치   뭐? 3787 차주, 윤대진?

바름   네. (기억해내는) 그 사람이랑, 그 옆에 팔짱 낀 여고생‥ 딸인 거 같았어요 그리고 이형사… 학생 때 사진이었어요. 고등학생 때였던 거 같아요… 2012년도니까.

무치   기억해봐. 거기가 어딘지‥

바름   강가였어요‥ 이형사가 최영신에게 이모를 데려가지 않았다면, 뭔가 사연이 있을 거예요. 그 사람에 대해서 좀 알아봐 주세요. 분명 거기에 힌트가 있어요.

무치   (다급히 뛰어나가는)

S#61   과거. 윤대진(3787)의 집 동네/ 낮 (#48 몽타주 상황)

아저씨   유정이가 7년 전에 스토킹을 당하다, 택배기사로 위장한 놈한테 살해됐어…

무치   그럼 혹시 이 친구도 아세요? (이형사 사진 보여주면)

아저씨   민수‥ 고등학교 때 민수랑 유정이가 단짝이었지…

무치   아… 혹시 윤대진씨 딸이 어디에‥ 혹시 강에‥?

아저씨   어‥ 민수가 유정이 아빠를 딸 옆에다 뿌렸다고… (와이프 보며) 거기‥ 어디랬지?

S#62   과거. 강가/ 밤

무치 끼익 차 세우고 내려다보면, 강 앞 인디언 텐트 쳐 있고. 이형사, 강 보며 앉아 있다!

무치   (뛰어내려와) 이민수! 너 이새끼. 어딨어. 아이랑 아이 엄마!

이형사   (눈물 그렁이는)

무치   어딨어. 너 설마‥

훈석   (텐트 안에서 뛰어나와) 어? 저 아저씨 누구야!?

무치   (황당한 듯 보면)

이모   (텐트 안에서 나오는) 뭐라고 하지 마세요. 저희 방송국에 데려다 준댔어요‥

무치   (이게 어떻게 된 상황인가 싶어 이형사 보면)

이형사   (눈물 글썽) 죄송해요… 친구가‥ 살해당해서‥ (울먹) 친구 아빠를 모시고 국가가 지원해주는 피해자 상담센터를 다녔는데‥ 거기서 그 사람들을 만났어요‥ 유정이 같은 피해자가 나오지 않는 세상을 만들자고 해서‥ 어느 날 유정이 아빠가 너무 괴로워하길래‥ 전 몰랐거든요. 나치국을 죽인걸‥ 그것 때문에 자살했다고 생각했는데‥ 신형사 죽음을 보고 확신

	했어요. 자살당한 거구나… 그리고 신형사까지 죽일 줄은… (끅끅 우는)
무치	(속상한 듯 보다) 가자, 훈석아. (차에 태우는데)
이형사	(보며) 저는 여기 남아서 놈들이 찾아올 때까지 시간을 벌게요.

S#63   과거. 봉이네 집 앞/ 밤 (#52에 이어)

대본 들고 급히 뛰어나오는 봉이 앞에‥ 무치 서 있다.

무치	오늘 방송한다고? 비밀이라며. (핸드폰에 봉이가 보낸 문자 보여주는)
봉이	제가 아저씬 믿잖아요.
무치	나도 너 믿잖아. 그래서 이리 데려왔어. 짭새 새끼들을 믿을 수가 있어야지. (고개 돌리면)
봉이	(무슨 말인가 보는데, 무치 차 안에 훈석이랑 이모 앉아 있다)

S#64   현재. 셜록 홍주 스튜디오/ 밤

이모	2005년에 입사한 뒤, 제 첫 근무지는 국정원 내, 최영신의 사조직! OZ였습니다.

보고 있던 무치, 돌아서 스튜디오 나가는.

S#65   무진청 특본팀 사무실 + 셜록 홍주 스튜디오 + 무진청 주차장 교차/ 밤

강형사	(셜록 홍주 보며) 해냈네요. 무치가!
호남	(유치장 안, 바름 돌아보며 씁쓸하게) 고무치. 정바름의 마지막 공조였네‥

인서트/   OBN 방송국 주차장/ 무치 차 타고 출발하는.

| /이모 | 당시 정바름의 일가족이 송수호에 의해 살해된 후, 저는 그의 이모 역할로 투입됐습니다. 이후 정바름의 일거수일투족을 보고하는 것이 임무였습니다. |

인서트/

| 변호사 | (당황하며) 그, 그게·· |
| 최영신 | (변호사 제지하며 직접 나서는) 알지 못하는 사람입니다. |

| /홍주 | 이 증언을 뒷받침할 증거. 갖고 계십니까? |
| 이모 | ··· |

인시드/

| 최영신 | (당당하게) 맹세코 그런 사실 없습니다. |

| /이모 | (증거물 담긴 봉투 들어 보이며) 이 안에 모든 증거물이 있습니다. (홍주에 USB 건네면) |

조연출 후다닥 USB 가져가고, 곧이어 스튜디오 화면에 뜨는! 정재훈 관찰 보고서 옆, 최영신의 싸인!/ OZ 회의에 찍힌 최영신의 사진들./ 바름의 범행 직후, 스크랩 했던 시체 사진들!

인서트/

| 최영신 | (기자가 건넨 핸드폰 보며) 처음 보는 것들입니다. 모두 조작입니다. |

비서들, 기자들 밀치며 차에 최영신 태우는데! 그때 핸드폰에서 흘러나오는 최영신 목소리!

| (E) | ·· 아직까지도 아무런 움직임이 없습니까? 송수호 주소, 정바름에게 전송하세요. |

| 최영신 | (흠칫! 놀라는) |

S#66   과거. 오즈 회의실/ 화면 속 동영상 실사/ 밤

이모, 회의하는 척하면서 노트북 카메라 최영신 쪽으로 돌리면, 노트북 화면에 담긴 최영신 모습 방송에 그대로 송출되고 있다.

오즈3   네? 송수호 주소는··

최영신   미끼를 한 번 던져봅시다.

/최영신   지금까지 정바름이 몇 명을 죽였죠?

오즈3   포도밭 살인사건까지, 다섯 명입니다.

최영신   아직 부족합니다. 대선 때까지 기다리죠.

인서트/ 허·· 당황스런 최영신. 기자들 카메라 플래시 터지고, 경호원 다급히 차에 태우는!

S#67   몽타주 (거리 반응)/ 밤

놀라 충격받는 시민들. 미친!!! 싸이코패스는 저 년이네!!!!

S#68   무진청 특본팀 사무실 + 무진청 현관 앞 + 셜록 홍주 스튜디오/ 밤

호남   야!!!!! 최영신 다시 잡아와!!!!!!!

형사들 후다닥 뛰어나가면.
무진청 정문 앞/ 최영신 탄 차, 막 빠져나가려는데 끼익! 막아서는 차! 차에서 내리는 무치!!!! 핸드폰으로 셜록 홍주 생방 보여주며!

무치   어떠냐? 증거가 차고 넘치네? (차에서 급히 뽀로로 수갑 꺼내 채우며) 이거 내가 신형사 애기 선물 산 거야. 아이가 (울컥) 딸인지 모르고… 당신은 묵비권을 행사할 수 있으며…

셜록 홍주 스튜디오/

홍주   이걸 알고도 보고만 있었습니까?

이모   경찰, 검찰 언론사 각종 공공기관에 최영신의 손길이 뻗쳐있지 않은 데가 없어요. 그래서 성요한도 직접 정바름을 찾아갔을 겁니다.

홍주   …

이모   그리고‥ 저한텐 아이가 있어요‥ (애써 울음 참는)

홍주   그럼 성요한은 정말 무고한 사람일까요? 아니면 정바름과 같은 극악무도한 살인마일까요?

/송수호 엄마 인터뷰 (17부 #75, 88)/ 자막 무진사건 피해자 송수호 어머니

수호母   그런데‥ 이제 괜찮아요. 저 이제 씩씩하게 살고 있어요. 밥도 잘 먹고.

홍주   (보면)

수호母   다 그 분 때문이에요. (카메라 보는) 저에게 살 의지를 준 고마운 분… 성요한 선생입니다.

S#69   과거. 무진병원 응급실/ 낮 (2부 #36)

요한   (붕대 감긴 손목 잡고) 아니면 동맥을 끊어버리세요. 동맥을 끊으려면 아예 팔을 잘라버리시면 됩니다. 그래야 확실히 죽습니다.

수호母   (E) 그땐 너무 놀랐어요. 무슨 이런 의사가 있나‥

S#70   과거. 무진병원 수호母 병실 + 셜록 홍주 스튜디오/ 밤

잠들어있던 수호母 설핏 눈 뜨면, 요한이 수호母 상처 조심스레 드레싱 해주고 있는.

수호母   (E) 나중에 알았어요. 일부러 날 강하게 만들려고 모진 말을 한 걸…

요한 고개 들면 얼른 눈 감는 수호母, 자는 척하면.

요한　　　(수호母 손 조심히 잡고 작은 목소리로) 버티셔야 해요. 그 놈이 무릎 꿇고 용
　　　　　서를 빌 때까지 버티고 살아계셔야 해요. 용서하란 얘기가 아니에요. 용
　　　　　서 비는 걸, 꼭 살아서 보셔야죠.

이어지는 화면, 봉이(자막 김빛나(가명) 당시 강덕수 사건 피해아동) 대니얼 인터뷰/

봉이　　　(뒷모습으로) 죽어가는 저를 업고 경찰에 데려다 준 사람·· 죽을 뻔했던
　　　　　그 순간까지 사랑하는 사람을 생각하며 힘내라고 말해준·· 그 중학생 오
　　　　　빠가 성요한이었어요.

/대니얼　 최영신에 의해 죽을 뻔했던 절 살려내고 치료한 사람이 바로 성요한 선생
　　　　　이었습니다. 그는… 정바름을 막기 위해 최선을 다했던, 선한 사람입니
　　　　　다. 제가 의식을 찾지 못하는 사이, 한국이의 생존시간이 다가와서 결국
　　　　　혼자 한국이를 찾으러 갔다가 그만…

홍주　　　이 방송을 준비하다, 우연히 전원이 켜져 녹화가 된 동영상 하나를 발견
　　　　　했습니다. 1년 전, 사고가 있었던 그 날, 사고 몇 시간 전에 촬영된 영상입
　　　　　니다.

인서트/

봉이　　　(짠한 표정으로 엔지니어 향해) 플레이해주세요.

화면/ 동영상 재생되면(시간은 지은에게 가기 전-6부 #49-1 이전- *지은한테 갔다가 바름
이 죽이러) 요한, 방에서 나와 나가려다 문득 식탁 본다. 정성껏 차려진 밥상 식탁 위
쪽지, 펼쳐보면··
과거/ 요한의 집/ 오후 (어느새 화면 실사로 바뀌고 쪽지 보는 요한)
쪽지 보면 "오늘 얘기한다는 거. 무슨 얘긴지 기대할게. 혹시 프러포즈? 저녁 차려놓
고 가. 맛있게 먹고 이따 봐. 일 끝나는 대로 올게." 식탁에 앉아 홍주가 차려준 밥 먹
기 시작하는

화면/ 밥 먹던 요한 목이 메는지, 이내 꺽꺽 우는‥ 그런 요한 모습 한동안 비추는‥

S#71   몽타주

화면 보는 모두가 숙연해지고… 눈물 흘리는 시민들.
/바름, 그 모습 보고 눈시울 뜨거워지는
/무치 가슴 미어지는.

S#72   셜록 홍주 스튜디오/ 밤

홍주   대니얼 박사는 이런 말을 했습니다. 싸이코패스는 결코 혼자 있을 때 연
        기하지 않는다.

프롬프터 보면 〈클로징 대본은 없습니다. 하고 싶은 말 하시면 됩니다!〉 라고 써
있다.

인서트/   봉이, 홍주 슬프게 보는. 모니터 속 홍주, 마치 봉이 보는 듯 정면 보며 끄
덕이고

홍주   그리고 저 또한 이 사건에 깊이 개입돼있습니다.
        제가 대니얼 박사에게 정바름을 이용하자고 했습니다.

인서트/   바름 놀라 보는 위로
홍주   (F) 대니얼 박사에게 모든 사실을 다 듣고도 정바름을 신고하지 않고 그
        를 이용해, 강덕수 등 싸패 범죄자를 죽이는데 이용했습니다.

홍주   이 방송이 끝나는 대로 모든 죗값을 받을 것이며, 성실하게 경찰 조사에
        임할 것입니다.

S#73   OBN 방송국 앞/ 밤

홍주와 봉이 나오면 터지는 카메라 플래시. 어느새 몰려든 취재진들, 질문 쏟아내는데··

홍주   (작정한 듯) 저는·· 살인잡니다·· (일제히 기자들 집중하는) 26년 전, 사람을
         죽였습니다.

말이 떨어짐과 동시에 홍주 얼굴 위로 파파파팍 쏟아지는 플래시들!!

S#74   과거. 구령산 숲 속 + 언덕 아래/ 밤 (19부 #43에 이어)

수정   (으윽 고통스러운 다시 누운 채 하늘 바라보는데 밤하늘에 별이 쏟아지는 눈물
         그렁이며) 별이 이렇게 예뻤구나… 현수야·· 부탁 하나만 하자·· 너무
         미안한데·· 너한테 시킬 짓이 아닌데·· 나 좀 죽여줘·· 나·· 저 사람한
         테 뇌 적출되기 싫어.
현수   으아아앙. 언니·· 왜 이래요 언니~!!!
수정   부탁해. 봤잖아·· 이제 저 괴물이, 뇌 여유분 다 쓴 거. 다음 차례가 나야··
         살아있는 채로 내 머리를·· (끅끅 울기 시작하는) 현수야 나 무서워·· 나
         그렇게 죽기 싫어·· 제발 부탁해·· 현수야. 내가 너무 이기적이라 미안
         한데. 현수야·· 나 좀 제발··
현수   싫어 싫어 싫단 말이야.
수정   부탁해. 현수야·· 금방 쫓아올 거야·· 얼른…

인서트/ 언덕 위에서 현수와 수정 내려다보는 한서준, 씨익 웃는! 순간 현수, 한서준
과 눈 마주치는. 결심한 듯 눈물 닦고, 수정 몸에 올라가 앉는 현수.

수정   미안하다·· 미안해… 너한테 너무 미안해··

하며 자신의 목을 조르는 현수를 꼬옥 안아주는 수정. (멀리서 카메라, 잘 안 보이게)
수정, 움직임 없고. 그때, 흡! 한서준 손에 입 틀어 막히며 버둥거리며 끌려가는 현수.

현재/ OBN 방송국 앞/

홍주   평생 죄책감을 안고 살았습니다. 수정언니 어머니께 진심으로 사죄드립
                니다. (고개 숙이는)

인서트/ 송수호집/ 수호母, 화면 보며 끅끅 눈물 흘리는‥

그때 들리는 사이렌 소리. 방송국 앞에 경찰차 서고, 차에서 내려 홍주 체포하려는
강형사.

두석   내가 하게 해줘.
강형사   (수갑 주면)
두석   (수갑 들고 홍주 보며 눈물 흘리는) 왜 이렇게 늦게 왔어…
홍주   (눈물 후두둑) 죄송해요 아빠… 현석이. 수정언니… 나 혼자만 행복할 순
                없었어요‥

두석 눈물 흘리며, 홍주 손에 수갑 채운다. 눈물 그렁이며 부녀 모습 보는 봉이.

S#75   몽타주/ 낮 - 밤

공항/ 훈석 (아빠 손잡고 들어가며) 아빠 엄마는? 같이 안가?
무진청/ 이모, 이형사, 오즈들, 무진구치소장 등등‥ 체포되어 들어오는 모습.
무진병원/ 병원장과 박민준 체포되고, 병원장 사무실 뒤지며 물건들 박스에 담는 형
사들. 잠긴 서랍에서 나오는 USB(한서준 뇌 수술 풀영상) 이게 뭐지? 갸웃하고 박스에
넣는 위로.

기자   (F) 오즈의 전모가 밝혀졌습니다. 최영신 비서실장은 국정원 산하에 자
                신의 사조직을 두고 범죄 없는 세상을 이루겠다는 일념으로 민간인을 사
                찰은 물론, 살인까지 사주한 것으로‥

S#76   신성민 캠프 선거사무소/ 늦은 밤

TV 화면 속 신성민 당선 확정!!! 보고 우와와!!!! 환성 터트리는 신성민과 캠프사람
들 위로··

기자   (F) 제 20대 대통령 선거 결과, 신성민 후보가 당선됐습니다!

신성민   (목에 꽃다발 건 채) 저를 선택해주신 국민여러분들께 감사드립니다. 먼저
         간 상이가 가장 좋아할 거 같네요. (눈물 그렁) 저는 26년 전에 저로 인해
         폐기됐던 〈태아 유전자 검사 및 싸이코패스 유전자 낙태 의무화 법안〉
         을 국민 투표에 부쳐 결정할 것입니다.

S#77   몽타주

공항/ 새벽 출국장에 들어가는 대니얼 위로

기자(E)   영장이 기각된 대니얼은 출국금지조치가 내려지기 전에 영국으로 출국
         했습니다. 법안이 통과되면, 싸이코패스 유전자감별기술을 한국정부에
         제공하겠다는 해준다는 조건으로 정부와 딜을 했다는 소문이… 청와대
         는 근거 없는…

법원/ 호송차서 내리는 포승줄. 죄수복 차림의 바름. 피켓시위 하는 시민들 달려들
어 바름 잡아끌고, 경찰들 놓치고 끌려다니며 휘청거리는 바름!

기자   (F) 희대의 연쇄살인마 정바름의 첫 재판이 시작됐습니다.

페이드 아웃되고… 페이드 인 되면…

투표소/ 싸이코 패스 유전자 낙태 법안 찬반 투표하는 국민들.

앵커   (F) 전 국민적 관심이었던 싸이코패스 유전자 낙태 의무 법안을 위한 국
         민투표가 끝났습니다··

뉴스 화면-개표상황 중계/ 자막: 압도적인 법안 통과!

기자　　　(F) 개표 결과, 압도적인 차이로 싸이코패스 유전자를 가진 태아 낙태 법
　　　　　안이 통과되었습니다. 이로써 대한민국의 모든 임산부들의 태아 유전자
　　　　　검사가 의무화되었습니다. 한편 정부는…

유전자검사소/ 다슬이 검사소로 들어가는 모습 앞다투어 취재 경쟁하는.

기자　　　(F) 태아 유전자 검사가 시행되었습니다. 대통령의 며느리인 김씨가 첫
　　　　　지원자로 나서며‥

검사소 복도/ 앉아있는 임산부들. 우형철 아내도 기다리는데 주변 임산부들 쑥덕거
리는/ 우형철 와이프아냐? 당연히 애도 싸패 유전자겠지‥
거리/ 검사 거부하고 도망치는 임산부 경찰 붙들고 강제로 차에 태우는.

기자　　　(F) 법 시행 첫날, 시민단체들의 반대 속에 전국 임산부들의 싸이코패스
　　　　　유전자 검사가 시행됐습니다. 유전자 검사를 받지 않으려 하는 임산부들
　　　　　과 경찰의 싸움도 포착이 되었으며…

검사소 앞/ 시민단체 임산부 태아 유전자 검사 반대 시위하는.
형철집/ 폰 쥐고 안절부절못하는 형철아내, 문자 오면 〈귀하의 아이는 정상유전자
로‥〉 안도하는

S#78　　청와대 외경 + 집무실/ 밤

심각한 얼굴로 창밖 보며 서있는 신성민. 똑똑 노크소리와 들어오는 비서.

비서　　　(조심스레) 최영신이 독대를 요청했습니다.
신성민　　독대?
비서　　　(주저하며) 그게…

S#79   법원 앞 + 재판정 안/ 낮

피켓 시위하는 사람들 위로 "살인마 정바름을 사형시켜라" 등등··
/죄수복 입고 재판정 들어서는 바름 위로…

앵커   (F) 검찰이 사형을 구형한 연쇄살인범 정바름의 1심 선고 공판이 오늘 3
시에 열립니다…

S#80   안주여자교도소장실/ 낮

신성민과 독대중인 최영신.

최영신   제가 말씀드리지 않았습니까? 아드님이 범죄 없는 세상에서 살 권리를
빼앗으셨다구요/

신성민   (분노의 눈빛으로 보는)

최영신   들었습니다. 하나뿐인 손주분이 싸이코패스 유전자로 나왔다고··

신성민   (입술 질끈)

최영신   결과지는 바로 폐기시켰다구요? 국민에게 솔선수범해야 할 대통령이 그
래서야 되겠습니까?

신성민   …

최영신   어떡하시겠습니까? 죽은 아들의, 하나뿐인 귀한 손주·· 없애시겠습니까?
때가 되면 절 사면해 주시겠습니까?

신성민   사면?

최영신   (당당한 표정으로) 제가 아직 못다 이룬 꿈이 있어서요. 결정하시죠.

S#81   몽타주

재판정/ 파리하게 서 있는 바름 위로

재판장   피고 정바름. 사형을 선고한다! (재판봉 탕탕탕! 치는 위로)

기자   (F) 연쇄살인범 정바름이 1심에서 사형을 선고받았습니다…

무치의 집/ 바름의 사형선고 뉴스 보는 무치. 곰곰 생각하는 위로

무치   (E) 왜 다른 범죄는 다 자백하면서도 김병태는 자기가 죽였다고 안 하는
            걸까?

구치소/ 고통과 죄책감으로 가득 찬, 고통스런 눈빛으로 앉아 있는 바름.

기자   (F) 살인마 정바름이 항소를 포기했습니다. 이로써 정바름의 사형이 확
            정되었습니다.

어느새 파리해진 바름, 눈빛 달라진. 다시 감정 없는 텅 빈 눈빛이 되며 서서히
F.O…

S#82   무진구치소 앞/ 낮

화면 밝아지면, 자막 6개월 후. 잔뜩 긴장한 교도관들 부산하게 움직인다.
이윽고 호송차 들어와 서면, 문 열리고 죄수복(사형수)으로 내리는 수갑 찬 바름. 난
리 난 구치소 수용수들! 교도관들 잔뜩 긴장. 텅 빈 눈빛이 된 바름. 동구, 씩씩거리
며 바름 노려본다.

S#83   무진구치소 운동장/ 낮

철망 밖으로 교도관들 호위 받으며 걸어가는 바름 보이고. 수용자들 자기들끼리 수군
거리며 구경거리처럼 바름 보면. 벤치에 앉아있던 서준, 바름 보는데 문득 바름 운동
장 쪽 돌아본다. 바름과 한서준 눈 마주치는데… 바름의 눈빛 어느새 텅 비어있는!

서준	(반가운 눈빛으로 미소 지으며 중얼거리는) 그렇지. 돌아왔네. 그 눈빛.

S#84 무진구치소 바름의 독방/ 낮

수철(김병태 사건 용의자), 바름의 독방에 배식하는데, 배식구 사이로 수철 팔 확 잡는 바름!!

바름	내가 죽이려고 맘먹은 사람 중에 니가 유일하게 살아있는 놈이야.
수철	(헉! 바들바들 떠는)
바름	내가 니 친구 김병태를 어떻게 죽였는지 알지? 눈에는 눈! 이에는 이! (서늘하게) 기대해. (하고 잡은 팔 놓으면)
수철	(후다닥 도망치는)

S#85 무진구치소 일각/ 낮

동구(교도관복) 복도 걸어가는데, 수철 허둥지둥 뛰어온다. 동구 무슨 일인가 보는.

S#86 바름의 독방 앞/ 낮

동구 씩씩거리며 바름 방 앞에 와서.

동구	너 김수철 협박했어? 죽인다고!?
바름	어. 죽일 거야. 쥐새끼 같은 놈⋯ 쪼르르 너한테 달려가서 꼰질렀어?
동구	허! 니가 사람이야⋯ 어떻게⋯
바름	너 여기 왜 지원했어? 설마 내가 그리웠어? 보고 싶었어?
동구	(분노로 부들부들) 그래. 너한테 꼭 물어볼 게 있어서 지원했다 새꺄!
바름	(보는)
동구	어떻게 그럴 수 있어? 아무리 니 유전자가 싸이코패스 유전자라 해도⋯

딴 사람도 아니고 어떻게 치국이를! 봉이 할머니를!··· 신부님을!!!··· 어, 어떻게 그럴 수 있어?

바름   (피식) 사자가 그깟 쥐새끼 몇 마리 잡아먹었다고···

동구   뭐?

바름   (약 올리듯) 넌 왜 살려놨는지 궁금하지? 넌 죽일 가치조차 없어서야·· 새꺄··

동구   (분노로 바들바들 떨다 열쇠 확 꺼내 문 열고 들어가는) 이 새끼야! (주먹 파 날리면)

바름   (넘어지면)

인서트/ 통제실/ CCTV 확인하고 교도관들 벌떡 일어나 뛰어나가는!

교도관들 뛰어오면, 어느새 동구 위에 올라탄 바름. 동구 목 조르는데! 교도관들 뛰어와 동구 데리고 나간다. 바름, 나가는 동구에게 손칼하며 윙크하는.

S#87   무진구치소 운동장/ 낮

왕처럼 군림하는 자세로 다리 꼬고 포스 있게 앉아있는 바름. 서늘한 눈빛으로 수철 바라보다 수철과 눈 마주치자 씨익 웃으며 손 들어 목 긋는 시늉하는! 수철, 바들바들 떠는.

S#88   무진구치소 복도/ 낮

교도관들 인솔 하에, 수갑 찬 채 줄 서서 운동장으로 가는 수용수들.
수용수 중 누군가 바름 손에 뭔가 쓱 쥐여주면(지포라이터) 바름 소매 속에 쓱 집어넣는.

S#89   무진구치소 운동장/ 낮

벤치에 앉은 바름, 주머니 속으로 손 넣은 채 뭔가 만지작거리며 계속 수철만 보다가, 툭툭 털며 일어나는. 가져온 생수병(*1.5L, 특수 장치해놓고 마개 부근엔 휘발유, 생수통 나머지엔 식용유 넣은) 들고 슬슬 걸어가며 마시는 척하다 아주 살짝 바닥에 붓는다. 그때, 수철 뒤에서 수철 확 붙든 채 머리 위로 콸콸 생수병 부어버리는! 놀라는 교도관들. 그 중 한 교도관이 바름이 바닥에 흘린 액체 만져보고 냄새 맡다가 소리치는! **(E) 휘발유야!** 동시에 바름에게 달려가는 교도관들. 바름 주머니에서 지포라이터 빼 켜들고 수철 확 잡는.

바름	따라오지 마. 확 불붙여버릴 테니까! (끌고 가는)
교도관들	(조심조심 계속 따라가고)
김교도	제발·· 어? 진정하고···
바름	할 수 없지. (수철 확 밀쳐버리면)

반대쪽으로 도망가는 수철. 교도관들 바름 잡으려는 순간. 그때! 휙~ 불 켜진 라이터 뒤로 던지는! 수철 향해 날아가는 라이터, 교도관과 수용수들 미친 듯이 수철 향해 달려들고!!! 라이터, 수철 머리에 정확히 떨어지는! 교도관들 헉!!!! 불붙지 않은 수철 덜덜 떨고 있는

김교도	(달려가 수철 몸에 끼얹어진 기름 확인하고) 식용유잖아?

두리번거리면, 인근에 생수통 입구 크기의 작은 병 떨어져있다. (휘발유 담았던) 순간 아차! 싶어 돌아보면 어느새 사라진 바름! "정바름 어디 갔어! 찾아! 얼른!!!"

S#90   무진구치소- 한서준 독방/ 낮

서준	(책 읽다, 문득 창밖으로 시선 돌리며) 날씨 좋네. 이런 날, 꽃구경을 못 가 아쉬워·· (하는데)

찰칵!!! 문 열리는 소리 들리고 돌아보면 바름 들어와 있다.

바름	(메마른 눈빛으로) 만나고 싶었어요. 아버지.
서준	(반가운. 자리에서 일어나며) 그래 이 눈빛이지. 처음 너를 봤을 때의 눈빛!

처음부터 니 눈을 보고 알아봤지… 나와 같은 종의 우월한 유전자란 걸…

플래시 컷/ 철망을 사이에 두고 바름을 보는 서준. 바름의 눈빛 보는 (2부 #19-1)

서준   니가 내 아들이라는 걸 알았을 때 너무 기뻤다. 니가 자랑스러웠어. 잊지
마. 우리는 인간보다 우월한 유전자야. 다시는 변하지 말아야 한다. 그
눈빛!

서준, 바름 안아주려고 팔 벌리면. 바름 천천히 서준에게 안기는….

서준   걱정 마. 우린 여기서 나가게 될 거야. (그 위로)
바름   (읊조리듯) 그게… 최선이겠지.
서준   (자신만만) 그럼! 내가 다 계획을 세워뒀어. (하는데)

서준 목에 칼! 푹!! 으윽!! 목 잡고 충격받은 눈빛으로 바름 바라보며 쓰러지는 서준.
계속 찌르는 바름 얼굴에 피 튀는! 고통으로 일그러지며 펑펑 눈물 흘리는 바름.

바름   이게 모두를 위한 최선이야. (계속 찌르며)
                (E/ 절규하며) 이러는 내가… 너무 끔찍하고… 고통스러워.

S#91   무진구치소- 한서준 독방 밖 복도/ 낮
눈 꾹 감고 입술 바들바들 떨며, 문 앞 지키고 서 있는 동구 위로…

S#92   과거. 바름의 독방 앞/ 낮 (#84 상황)

바름   (약 올리듯) 넌 왜 살려놨는지 궁금하지? 넌 죽일 가치조차 없어서야·· 새꺄··
동구   (분노로 바들바들 떨다 열쇠 확 꺼내 문 열고 들어가는) 이 새끼야! (주먹 팍 날리면)

넘어진 바름 위로 올라가 치려는데 바로 엎어치기 당하는 동구. 제압하고 올라타는

바름.

바름   (덜덜 떠는 동구에게 간절한 눈빛으로) 때가 되면, 한서준 방 좀 열어줘. 부탁이야

동구   (놀라 보면)

바름   (간절) 하게 해줘. 제발‥ (교도관들 뛰어오는 소리 들리자) 미안하다‥ (동구 목 조르는 척!)

S#93   현재. 무진구치소 서준의 독방 앞 + 무진구치소 곳곳/ 낮

푹푹 칼 찌르는 소리 들리고… 동구, 눈 꾹 감고 벌벌 떨고 있는 모습 위로…

플래시 컷/ (#87 이어) 교도관, 수용수들 수철에게 달려가면 얼른 벽 뒤로 사라지는 바름! 벽 뒤에서 기다리던 동구, 바름 데리고 뛰는. 복도 철문 잠그고 한서준 독방 앞으로 뛰어와, 동구 열쇠 꺼내 문 열면.

바름   고마워‥ 동구야.

동구   내가 지금 뭔 짓을 하는 건지 모르겠다.

바름 그런 동구 슬프게 보다 들어가면, 동구 바로 문 잠그고 그 앞에서 지키는.

복도 끝 철문 앞/ 문 열어! 외치는 교도관들.

보안실/ 스위치 누르면 복도문 자동으로 열리고.

복도/ 뛰어오는 교도관들. 동구 끌어내려 하지만 끝까지 서준 방 앞에서 버티고 막는 동구.

S#94   무진구치소- 한서준 독방 안/ 낮

온몸이 피투성이인 채, 피 묻은 손 바들바들 떨며 끅끅 우는 바름. (한서준은 보여주지

않습니다) 교도관들 문 열고. 충격받는 얼굴!

기자   (F) 속봅니다! 헤드헌터 한서준의 목이 잘렸습니다‥

S#95   몽타주

무치의 집/ TV 뉴스 보며 충격받은 무치 얼굴 위로
플래시 컷/ 무치 "니가 내 눈앞에서 그랬듯! 나도 니 새끼 보는 앞에서 해줘야 되지 않겠어?" (2부 #10)

구치소/ 죄수복 입고 구석에 앉아있는 홍주 위로
플래시컷/
홍주   (한서준에게) 한서준! 널 죽일 거야. 가장 최악의 방법으로! (19부 #45)
/홍주   (바름에게) 그 약속 지켜. 정바름! 고무치한테 했던 약속. (#5)
바름   (끄덕이는)

거리/ 핸드폰에 교도관 목격담 찌라시들 보는 시민들. 살아있는 채로 뇌를 꺼내고 목을 잘랐대‥ 성요한, 고무치 복수 다 해줬네‥ 지 아빠 아냐? 갖가지 반응들과 함께 F.O 된다.

S#96   무진구치소- 바름의 독방/ 밤

멍하니 앉아있는 바름. 엄청 야위고 초췌해진 모습인.

S#97   무치의 집 안/ 밤

무치, 폐인처럼 잠만 자는데. 핸드폰 울리는 귀찮은 듯 확인하는.

S#98   포장마차/ 밤

두석   (한잔 따라주며) 현수 면회하고 왔어.

무치   (말없이 받아 마시는)

두석   정바름이 곧 죽는대.

무치   에?

두석   (한잔 더) 그래서 구치소 가서 확인했는데… 상태가 많이 안 좋대. 뇌수술 후유증이래.

무치   그 새끼 그렇게 곱게 죽으면 안 되는 건데. (벌컥 마시는)

두석   (그런 무치 보며) 너도 정바름한테 할 말… 있잖아. 죽기 전에 한 번은‥

무치   /(버럭) 싫어요. 내가 그 새낄 왜 만나. (술병 집어 들고 따라서 술 마시는)

두석   (그런 무치 짠하게 보는)

S#99   수호母 집 거실/ 밤

수호母   (취한 무치 소파에 힘겹게 앉히며) 무슨 술을 이렇게 많이 마셨어. 좀 끊어. 이러다 죽어!

무치   (혀 꼬부라진 채) 어머니. 내가 진짜 이해가 안 돼서… 궁금해서 왔는데… 어떻게 가능해? 어떻게 그 부자를 용서해? 어? 용서했다며? 어머니 미쳤어? 어?

수호母   (후‥ 앉으며) 고형산 생각하기도 싫겠지만. 그날 말이야‥

무치   (보면)

수호母   그날 신부님이 고형사에게 마지막으로 했던 말… 고형사가 망가지는 거… 복수심 때문에 인생 망치는 거 보고 싶지 않다고 했던 말‥ 그 눈빛… 그걸 보고 난 깨달았어… 고형사를 살리고 싶었구나… 신부님이 살고 싶었구나‥ 그들을 용서하려고 하는 건‥ (고개 젓는) 그들을 위해서가 아니야… 내가 살고 싶어서야. 그렇지 않으면 내가 정말 죽을 거 같아서‥ 그때 신부님 말씀 들으면서 그동안의 고통이‥ 고단함이 느껴졌어… 그리고 내 고통과 고단함도‥

무치   (입술 꽉 깨무는)

수호母	그때 나도 마음을 놨어. 용서하자… 내가 사는 걸 아이들이 바랄 거다·· 잘 살아내는 걸 보여줘야 아이들도 기뻐하겠구나… 그리고 며칠을 자고 또 잤어·· 그러고 일어났더니 살고 싶은 마음이 생겼어·· 그리고 나서야 비로소 우리 수정이 수호를 마주 볼 수 있었어··
무치	개소리마요. 씨 난·· 용서 못 해!
수호母	그럼. 그것 또한 이해해… 남겨진 우리는 각자의 방식으로·· 살아내야 하는 거니까… 중요한 건, 우리는 살아내야 한다는 거야… 난 고형사가… 조금이라도 그 고통에서 벗어나서 고형사의 일상을 찾길 바래… 형님도 그걸 원하셨잖아…
무치	(후두둑 눈물 떨어지는)
수호母	(그런 무치 안아주며 어깨 토닥이는)
무치	(수호母 품에서 꺼억꺼억 통곡하는)

S#100   무진구치소 접견실/ 낮

금방이라도 쓰러질 듯 비쩍 마른 바름 들어오면 무치 앉아있다.

무치	(비아냥) 넌 운도 좋다?
바름	…
무치	저절로 디진다며? 니미럴! 나한테 모가지가 댕강 잘려서 디져야 하는데…
바름	…
무치	구경하러 왔다. 꼴이 어떤가 좀 보려고.
바름	…
무치	니가 니 애비 목 땄다고 내가 용서해줄 거 같아? 행여나 헛꿈 꾸지 마··
바름	(슬픈 눈으로 무치 보며) 죄송합니다.
무치	(그런 바름 빤히 보는 위로)

플래시 백/ 무진구치소 접견실 (2부 #10)

서준	사람을 죽이려면 눈이 비어있어야 해. 니 눈은 꽉 차 있어. 분노, 고통, 후회, 연민,,, 사랑··

무치	(E) 눈이 가득 찼다는 게 무슨 말인지 이제 알겠다… 니 새끼도 아프고 괴롭구나.
바름	염치없지만 부탁이 있어요… 제 앞으로 남은 재산·· 피해가 가족들을 위해서 써 주세요…
무치	하. 그런다고 니 죄가 눈꼽 만큼이라도 씻겨질 거 같아???
바름	그리고… 마지막 부탁이… 봉이가·· 보고 싶어요.
무치	뻔뻔한 새끼. 너 같음 오겠냐?

S#101   봉이네 집 마당/ 낮

무치와 봉이 서로 아무 말 없이 앉아있다. 한참을 그렇게 앉아있는 위로…

봉이	(E) 죽는다며?

S#102   무진구치소 접견실/ 낮

바름, 슬픈 시선으로 보는 위로 봉이 앉아있다.

봉이	니 죽는다고 해서 구경하러 왔어.
바름	(봉이 슬프게 바라보는)
봉이	(눈빛은 슬픈. 입은 독하게) 니가 이렇게 편하게 죽으면 불공평한데·· 너 같은 새끼 배에 꼬챙이가 박힌 채, 산 채로 불에 탄 채, 허파가 꺼내진 채… 배에 돌멩이를 채운 채… 그렇게··
바름	(그런 봉이 슬프게 보는)
봉이	할 말이 뭔데? 뭔 말하라고 부르고 지랄이야?
바름	미안하단 말… 하고 싶어서…
봉이	(입술 꽉 깨물고) 나 너 용서 안 해!!!! 죽을 때까지 저주할 거야! 그 말! 하려고 온 거야… (벌떡 일어나 나가려는데)
바름	… 다음 생엔…

봉이   (멈춰서, 돌아보면)

바름   보통의 인간으로 태어날게·· 그때는… 그때는··

봉이 눈물 고이지만 꾹 참고, 입술 바들바들 확 나가는.
텅 빈 접견실. 혼자 우두커니 앉아있던 바름. 눈물이 주룩 흐르는. (여운 있게)

S#103   무진구치소- 바름의 독방/ 밤

벽에 기댄 채 힘겹게 앉아있는, 병색 완연한 바름. 그런 바름 얼굴에 창가에서 쏟아
져 들어오는 햇살 비춘다. 그 위로… 성가곡 흐르고.

S#104   무진구치소 성당/ 낮

열리는 문 사이로 김교도, 수갑 풀어주고 초췌한 얼굴의 바름, 성당 안으로 들어오면
조용히 문 닫는다. 저벅저벅 걸어오는 바름. 정면에 십자가에 걸린 예수상 보이는데··

재훈   (NA) 난 괴물로 태어났대요.

바름 고개 돌리면 예수상 앞, 성당 의자에 앉아 기도하는 재훈 보인다.

재훈   (손 모아 간절히 기도 중인) 제발 괴물이 되지 않게 해주세요. 제발…

바름, 기도하는 있는 재훈 옆에 앉는다.

바름   하느님은 니 기도를 들어주셨어.

재훈   (기도하다 고개 들어 바름 돌아보는)

바름   (그런 재훈 아프게 보며) 넌 더 이상 괴물이 아니야…

바름, 재훈 꼭 안아주며 눈물 한 방울 뚝 흘리는·· 재훈의 눈에서도 눈물 한 방울 떨
어진다. 이윽고 재훈 어깨에 기대듯·· 바름의 고개 툭 떨어진다. 카메라 점점 멀어

지면… (재훈 없고) 혼자 고개 떨군 채, 죽은 바름 모습 부감으로 보이며 성가곡 울려 퍼지며 F.O‥

S#105   봉이네 집 앞/ 아침

힘없이 쓰레기봉투 들고 나오는 봉이. 문 앞에 무치 서 있다.
순간 쿵! 봉이 가슴 내려앉으며 쓰레기봉투 바닥에 툭 떨어지는 위로…

기자   (F) 연쇄살인마 정바름이 무진구치소에서 사망했습니다. 뇌수술 부작용
            으로 인한‥

S#106   무진 구치소/ 낮

무치 교도관 앞에서 실랑이 중이다.

김교도   아 글쎄. 안된다구요. 시신은 가족들에게만 인계만 가능해요.
무치   그런 게 어딨어? 친구도 가능하다그러던데! 다 알아보고 왔다고
교도관   글쎄 안됩니다. 가족이나 친인척 외에는 인계 불가능하다는 방침이 내려
            왔습니다.
교도관과 실랑이하는 무치 뒤로 지나가는 차. 차안 시선. 대니얼이다. 그리고
대니얼 차 트렁크에 카메라 시선

S#107   무진구치소 교도소 내 무연고자 분묘

쓸쓸하고 초라한 바름의 묘지 페이드아웃…. 3년 후 자막 뜨고.

S#108   비행기 안/ 낮

잠시 후 이 비행기는 인천국제공항… 안내방송 나오고

앉아있는 대니얼 사진 보고 있다. 아이 안고 있는 병색 완연한 여자 (대니얼 친여동생).

홀트　　　(E) 찾으시던 여동생 소식을 알았습니다.

S#109　　인천공항 입국장/ 낮

입국 인파 들 사이로 작은 캐리어 끌고 나오는 대니얼 위로

홀트　　　(E) 아이 낳고 얼마 안되서 지병으로 사망하셨답니다. 현재는 딸 아이 혼자‥

대니얼　　(E) 지금 어딨습니다. 제 동생 아인….?

공항 밖으로 나가려는 데 공항 로비 티비앞 웅성거리는 인파들 대니얼 보면 뉴스 속보!

앵커　　　(E) 속보입니다. 신성민 대통령이 국민의 반대 속에 최영신 전 비서실장
　　　　　　을 포함, 30명에 대한 특별 사면을 오늘 단행했습니다. 청와대는 사회대
　　　　　　통합 차원에서…

S#110　　안주여자교도소 앞/ 낮

문 열리면서 나오는 최영신. 기다리고 있는 비서, 사면 반대! 시위대 헤치며 영신 차
에 태운다. 출발하는 차. 시위대들 우르르 쫓아가고, 인파들 싹 빠져나가면 남아있
는‥ 홍주! 혼자 남은, 홍주다. 홍주, 후 한숨 내쉬고 가려는데 엄마~ 휙 돌아보는 홍
주 눈에 두석과 두석처 손 잡고 있는 어린 은총이 보인다.

두석처　　(홍주 보고 방긋 미소 지으며) 우리 애기‥ 우리 애기‥

두석　　　(은총 홍주 보더니 두석 다리에 매달린 채 낯가림 하는)

두석　　　은총아 엄마한테 가 봐! 얼른!

와다다 달려가 홍주 품에 팍 안기는 은총. 홍주 은총 꼭 끌어 앉고 있다, 고개 들어 보면 두석부부 뒤에 서 있는 수호母!

홍주	(일어나면)
수호母	(미소 지으며) 고생했어‥
홍주	(수호母 보는 눈에서 눈물 흐르는)

S#111   차 안/ 낮

차 뒷좌석에 깊숙이 몸 누인 채 눈 감고 있는 최영신. 라디오에서 흘러나오는 뉴스 들리고‥

기자	(F) 최영신 전 비서실장의 사면으로 국민들의 분노가 극에 달하며 대통령의 지지율이….

라디오 소리 뚝 끊기자 눈 뜨는 최영신 차 멈춰서 있고! 창밖 보면 한적하고 외진 어딘가. 순간 차 문 툭 잠기는 소리. 영신 놀라 보면, 운전수 콘솔박스에서 칼 꺼내 든다.

S#112   청와대 내 관저 복도 + 방안/ 아침

비서	처리했습니다. (가면)
신성민	(복도 창가에 생각에 잠긴 채 서 있는 위로)
신성민처	(E) 당신‥?
신성민	(돌아보면)
신성민처	(놀란) 그 여자 사면한 이유가 이거였수? 감옥에 있으면 못 하니까? 우리 상이 죽인 복수!

신성민, 말없이 방안으로 들어와 레고 장난감 가지고 놀고 있는 손녀 번쩍 들어 안는.

신성민   신비야. 할애비랑 밖에 마당에 나가서 놀까? (손녀 안고 나가는)

카메라 시선 손녀가 놀던 자리 레고 조각들 비추다 책상 아래로 가면 오가닉 인형(신상이 샀던) 목이 댕강 잘려져 있고, 가슴팍 찢어진 채 솜들 튀어나와 있는.

S#113   봉이네 집 (이사 간)/ 아침

침대에 널브러져 자고 있는 봉이 위로 (F) 계란이~ 왔어요~ 계란이··~!!!

봉이   아흐, 시끄러!! (귀 막고 이불 뒤집어쓰는데)
무치   (확성기로/ F) 오봉이!! 안 인나냐? 해가 똥구녕에 걸렸어~~~~~!!!!!

S#114   도로, 트럭 안/ 아침/ 비 오는 중

무치   임마, 내가 너 등록금 대느라 대체 계란을 몇 판을 파는 줄!!!
봉이   /다 갚을 거거든요!?!? 그러니까 대학 안 간다니까! 방송하랴. 학교 다니랴… 참, 나 이번에 신설된 시사프로에서 메인작가 콜 받았어요. 두고 봐요. 나 정의롭고 공정한 세상을 만드는/
무치   /가만 보자… 니 학비가… 거기에 이자가…. 얼만지… 그 메인인지 뭔지 되면 작가료 오르지?
봉이   아흐·· 고리대부업을 하세요. 그냥! (하다 옆에 검은 봉지 보면 두부다) 뭐야, 이건?
무치   어? 어어 (뺏어 다시 두며) 된장찌개 끓여 먹으라고 산거야…
봉이   아저씨 콩 싫어하잖아. 당근만큼이나. (다 안다는) 가만, 지금쯤이면 출소했겠는데?
무치   (당황하며) 누가?
봉이   누굴 바보로 아나? 가 얘기해요. 진심을·· 미안한 건 미안하다고 하고 관심 있는 거 앞으로 관심 가져도 되냐고 물어도 보고·· 사내가 말이야… (쭝얼거리는데)

무치	(부러 확성기 들고) /계란이~ 왔어요~~~
봉이	아오!! 증말. 누가 요새 확성기로 해. 그냥 기계를 틀어~
무치	요즘 것들은 참 낭만이 없어. 레트로 몰라 레트로. 나 어릴 땐 말야.
봉이	/이따 최피디님네 가족 저녁 초대했어요. 동구오빠네 가족이랑 다 오기로 했으니까. 오시든가.
무치	안 가… (쓸쓸하게 중얼거리는) 내가 무슨 짓을 했는데…

S#115   성모 사랑의 집 - 주방/ 낮/ 비

무치	(계란 산더미처럼 주방에 쌓아놓는)
수녀	아휴. 뭘 자꾸 이렇게…
무치	후원이라고 생각하세요! 계란 후원도 후원입니다? (돌아보며) 재희는요?

S#116   성모 사랑의 집 앞/ 낮

슬픈 눈빛의 무치 재희 목에 머플러 단단히 둘러주는

무치	(애써 밝게 오바하며) 아호 이렇게 입으니까 우리 재희 눈이 너무 부시다.
재희	(좋아라) 봉이봉이봉이봉이안와?
무치	오늘 봉이언니 집 가는 거야. 봉이 집에 맛있는 거 엄청 먹자아~ 가자!

S#117   치국 납골당/ 낮

치국 사진 앞에 서 있는 동구와 그 옆 동구 빼박 아이 안고 있는 슬기.

| 동구 | 나 시나리오 당선됐다? 짜잔 (상패 보여주며/ 제목 실험쥐) 이거 자랑할라고 왔어 임마. 너 나보고 감독병 걸렸다고 했지. 두고 봐·· 멋지게 해낼 테니까·· (금세 눈물 그렁이며) 어머니는 건강하게 잘 계셔… 걱정 마. 내가 아 |

들노릇 잘 할게

| 슬기 | (그런 동구 가슴 아프게 보는 데) |
| 동구 | (핸드폰 울리는 받는) 어 봉이야. 오늘이야? 알았어, 갈게 |

S#118   봉이 동네 다리 앞/ 낮/ 비

봉이   (우산 쓴 채 장바구니 들고 가며 중얼거리는) 잡채랑 돼지고기·· 갈비도 좀
사고…

하다 문득 다리 앞에 선다. 우르르 쾅쾅 비 쏟아지는데·· 봉이, 다리 한 발 내밀고 아
무렇지도 않게, 씩씩하게 건너는. 그런 봉이 뒷모습 위로 (E) 맞다. 애들 좋아하는··
닭강정…

S#119   봉이네 집 마당 + 집 안 곳곳/ 낮

마당의 나무에 빗물 맺혀있고. 어느새 쨍하니 날 밝은. 홍주, 두석, 두석처 등 마당에
모여 시끌벅적 식사 준비한다. 그때, 봉이야! 들어오는 동구. 동구 아기 안고 있고,
슬기도 함께다.

봉이   우와 동찬아~~ 점점 동구오빠 붕어빵이네. 붕어빵.

주방/ 홍주랑 수호母 사이좋게 음식 준비하는데.

은총	(색종이 들고와서) 엄마. 이거 만들어줘.
홍주	어. 봉이씨 가위 어딨어요?
봉이	책상 첫 번째 서랍에요. 어? 시간 됐다.

거실/ 컴퓨터에 앉아 이튜브 방송 보면 고남이 명탐정 코난 차림으로 방송 중. 은총이
랑 재희 데리고 신나서 보는. 홍주, 책상 서랍 열다 책상 밑 유리에 끼워둔 피 묻은 천
원 지폐 본다. 홍주 지폐 보다, 명탐정 고남 이튜브 방송 신나서 보는 봉이 돌아보는.

봉이	(방송 끝나자마자 전화하는) 오우~ 명탐정 코난!
고남	(영상 통화로) 작가누나~ 오늘 제 조수 왓슨이랑 같이, 필통 도난 사건 범인 찾아줬다.
봉이	야 너 꽃님이는 어쩌고 유나랑 너무 친한 거 아님? 유나야~~ 잘 지내지?
유나	네. 언니. 엄마가 안부 전해달래요~
봉이	응. 담주에 놀러 갈게. 안뇽~~
홍주	(전화 끊는 봉이 보고) 고남이 많이 건강해졌네··
봉이	성대 재건 수술에 성공했어요·· 대단한 녀석이에요. 수술을 몇 차례나 했는데 잘 견뎌냈어요.
홍주	(끄덕) 다행이다··
봉이	고남이… 무의식중에 들었대요. 김병태가 죽었단 뉴스를요… (씁쓸한 미소 짓는)
홍주	(그런 봉이 가슴 아프게 보는)

S#120   봉이네 대문 앞/ 낮

무치	(재희에게) 들어가 봐. 봉이 있어.
재희	봉이봉이~봉이좋아. (후다닥 들어가며 소리치는) 봉이봉이~
무치	(들어가는 재희 보고 쓸쓸히 돌아서는데)
은총	(E) 아찌 누구예요?
무치	(돌아보고 은총이랑 눈 맞춤 하며) 니가 은총이구나. (머리 쓰다듬으며) 아빨 많이 닮았네.
은총	아빠 찐구예요?
무치	(슬프게 보며) 아니. 아빠한테 아주 많이 미안한 사람…

S#121   무치 트럭 안/ 낮

무치, 차 타고 잠시 앉아있다 시동 거는데 창문 똑똑 두드리는. 돌아보면 홍주다.

S#122 봉이네 집/ 낮

재희, 은총이 마당에서 흙놀이 하며 놀고 있는데 새 한 마리 날아와 앉는다.

은총   우와. 이쁘다.
재희   (따라하는) 우와. 이쁘다.

은총, 조심스레 손 벌리면 새 은총이 손으로 올라오는 은총 머리 쓰다듬으려 하자 새
쪼르르 담장 밖으로 날아가 버리는

은총   어? 어디가 (새 쫓아서 대문 밖으로 뛰어나가면)
재희   어? 어디가 (쪼르르 따라 나가는)

S#123 일각/ 낮 - 낮

무치와 홍주 화단 턱(정도) 나란히 걸터앉아있다. 잠시 말이 없다가 이윽고 동시에
입 떼는 무치. 홍주 (동시에) 미안해.

홍주   (잠시 침묵 이윽고) 고형사 잘못 아냐. 내가 그 테잎을 넘겨서‥ 내가 믿어
          주지 않아서… 내가…
무치   (잠시 침묵 이윽고 입 떼는) 우린 모두 성요한에게 죄인이야… 씻을 수 없는
          죄를 지었어‥
홍주   (끄덕) 평생 속죄하며 살 거야…
무치   (끄덕) 나도…
홍주   난 고형사가 이제 좀 행복했음 좋겠어‥
무치   (보는) 당신도… 성요한도 그걸 바랄 거야‥
홍주   (끄덕) 노력할 거야‥ 우리 은총일 위해서라도…
무치   (그런 홍주 슬프게 보다, 벌떡 일어나며) 갈게.
홍주   (일어나며) 저녁 먹고 가. 고형사 좋아하는 잡채 해놨어. 당근 빼고…
무치   (씁쓸한 미소 짓고는 트럭 쪽 가리키며) 저거 안 보여? 오늘 다 팔아야 해. 자

고로 달걀은 싱싱함이 생명이라… 참 (점퍼에서 명함 주며) 달걀 필요하면 언제든 콜해!. 특별히 최 피디한텐 내가 30% 도매가로 준다. 간다~ 참 박 팀장님한테도 안부 전하고 (씩씩하게 차에 타고 출발하는)

홍주　　(그런 무치 쓸쓸히 보는)

S#124　트럭 안 + 거리 / 낮

무치, 백미러로 서 있는 홍주 쓸쓸히 보며 가는데, 전화 오는 복팀장이다. 받으면

호남　　(F/ 다짜고짜) 너 언제 복직할 건데?

강형사　(F/ 옆에서) 임마. 업무과다야. 빨리 컴백해!

무치　　안 한다고 했잖아. 드디어 적성 찾았다고. 난 계란장사가 딱이야. 아~주 적성이야. 이러다 계란 팔아서 건물 짓겠어. 팀장님 은퇴하면 뭐, 내가 상가 하나 정도는/

호남　　/시끄럽고! 사건이 하나 발생했는데… 그 입양한 아이 때려죽인 양모 있지? 과실치사로
　　　　판결난‥ 그 양모가 췌장이 끊어진 채 시체로 발견됐다. 뭐냐. 또 이건?

무치　　뭐? (갸웃) 이건 또 뭐야? 알았어. 갈게 지금 (부아왕~ 엑셀 쎄게 밟고 달려가는)

S#125　봉이네 집 마당 / 낮

봉이　　(문 열고 거실로 나오며) 밥 먹자 은총아. 재희언니

마당 한쪽에 은총이랑 재희 쭈그리고 앉아있는 봉이 뭐하나 내려가 다가가 보면 은총이 손에서 모이 쪼고 있는 새(어벙이랑은 다른 종류) 보인다.

봉이　　어? 새네?

은총　　(봉이 돌아보며) 이쁘지. 우리 어벙이.

봉이　　(순간 소름!!!) 뭐? 어벙이‥? 누, 누가…

은총	어떤 아저찌가…
봉이	(순간 후다닥 뛰쳐나가는)

S#126   봉이네 집 앞/ 낮

뛰어나오는 봉이. 집 쪽으로 걸어오는 재희 지나쳐 정신없이 뛰어가는데

재희	(혼잣말) 재희야 안녕 재희야 안녕··

S#127   길가/ 낮

헉헉거리며 뛰어오는 봉이. 두리번거리지만 아무도 없고 바람만 휘잉휘잉 분다.
그런 봉이 지켜보는 누군가의 (카메라) 시선. 멍하니 서 있는 봉이 순간 봉이 뒤에 드
리우는 그림자 봉이 확 돌아보면, 대니얼이다.

봉이	(순간 실망의 눈빛 스치며) 박사님이에요? 새 이름 지어준 게
대니얼	…
봉이	아…(애써 실망감 감추고) 여긴 웬일로.
대니얼	아, 그게 (머뭇) 누굴 좀 보러 왔어요. 잘살고 있는지. 궁금해서··
봉이	보셨어요?
대니얼	(끄덕) 행복하게 잘살고 있더군요.
봉이	아…다행이네요·· 그럼·· (목례하고 씁쓸한 얼굴로 돌아서 가는)
대니얼	(힘없이 가는 봉이 뒷모습 보다 돌아서 가는)

S#128   대니얼의 차안 + 노을 지는 길/ 해 질 녘

운전 중인 대니얼

대니얼   봤으니까 됐지? 서둘러야겠다. 비행기 시간 얼마 안 남았어 (돌아보면)

야윈 얼굴의 바름, 슬픈 눈빛으로 앞 보고 앉아있다.
/멀어지는 차. 지는 해 (석양)을 향해 달리며 (L.S)서서히 페이드 아웃된다

S#129   에필로그 (20부 프롤로그에 이어)

#1 그 하수구 죽은 쥐 들어있던 철망 위로 세차게 빗물 떨어지면서 페이드 아웃된다
다시 화면 밝아지면 어느새 비 개인 아침. 철망 안 쥐 보이지 않는. 카메라 시선 옆으
로 서서히 이동하면·· 햇살 비추고 햇살 아래 쥐 찍찍거리며 있다. 그 위로 자막 지
금까지 〈마우스〉를 시청해 주셔서 감사합니다. 화면 끝나면.

S#130   쿠키영상 - 어딘가 은밀한 수술실

수술 중인 의사 뒷모습. 한서준 수술영상(17부 #47) 옆에 켜두고 보면서 뇌이식 진행
되는데 이식 받는 누군가의 얼굴!! (특별출연)

- the END -

4부   #101 바름의 집 지하실

끼이익 문 열리고 들어오는 누군가. 목발에서 올라가면 바름이다. 바름의 표정 없는 눈빛!

5부   #18-1 바름의 집 지하실/ (독립씬)

눈앞에 고트맨 가면 쓴 아이-한국이 이복 동생- 앉아있다.

바름   (아이 찍는 카메라 뒤에서) 그렇게 날 못 믿다니 섭섭하네. 어때? 이제 믿어 주겠어? 정확히 방송이 끝나는 시각이야. 그때까지 이 아이가 죽는 이유를 말하지 못한다면 평생 잊지 못할 쇼를 보게 될 거야.

마 우 스

타이틀 글씨 스멀스멀 사라지고 그 위로… 발생!

〈 더 프 레 데 터 〉 PART-1

5부   #82-1 바름의 집 지하실/ (독립씬)

카메라 세팅하는 바름. 의자에 앉아 TV 켜면 다큐멘터리 '사형' 한다. 바름. 시청하는 모습 카메라 화면에 담긴다.

5부   #50-2 바름의 집 지하실/ 밤 (독립씬)

다큐멘터리 '용서' 화면 보고 있다, 끄고 나서 usb 뽑아든다.

바름   (USB 보며) 시간을 벌어야겠지? 쇼의 클라이막스를 위해? <u>흐흐흐</u>

핀셋으로 얼핏 육안으로는 보이지 않을 정도로, 미세하게 꺾어놓는다.

4부   #82-83 몽타주

/한국 찾기 생방송 찬성 vs 반대 의견 나누는 TV 속 패널들.
/실시간 찬반 댓글 의견들.
/TBN 방송국 앞/ 몰려든 시민들. 찬반 피켓 들고 시위 중이다. 〈TBN 시청거부 운동〉 〈살인마와 타협하는 시사 국장 물러가라!〉 차 타고 나가며 그 모습 보는 홍주. 착잡한 표정이다.
/무진청 앞/ 몰려든 시민. 서로 찬반 피켓 들고 시위 중이다. 〈살인마의 똥개. 경찰인가? 견찰인가?〉 〈답을 찾아라! 한국이를 살려주세요!〉 〈살인마의 사유방송이면 어떠랴? 한국이를 살려내라〉 등등‥

4부   #83-1 무진병원/ (독립씬) 추가씬

휴게실에 앉아 뉴스 보고 있는 바름.

바름   (중얼거리는) 어허~ 저러다 방송 못 하는 거 아냐? 에이, 그럼 재미없는
         데‥ 안 되겠다. 내가 직접 나서야겠어. (핸드폰 꺼내 전화하는) 한국군 어
         머니 되시죠?

4부   #90 무진청- 특별수사팀 회의실/ 과거/ 밤

무치, 아무 말 않고 일어나 보드에 붙어있는 자료들 떼어서 박스에 넣고 홍주, 그런
무치 안타깝게 보는데 그때 문 똑똑 두드리는 소리 들린다. 무치와 홍주, 돌아보면
목발 짚은 바름과 동구 들어선다.

무치   (놀라 보는) 웬일이야? (하는데 바름 뒤에서 한국母 나온다) 어? (당황하는)
한국母   선생님. 해 주세요. 방송. 제발‥ 우리 애기 살려 주세요… 저 뭐든 다 할
         게요. 제발요 형사님. 제발 포기하지 말아주세요….
무치   (짠한 듯 보다 바름, 동구 보며 질책하듯) 니들이 모셔왔어?
바름   저도 마찬가지예요. 형사님. 제발 포기하지 말아 주세요. 우리 치국이‥
         봉이 할머니‥ 그렇게 만든 놈 어떻게든 잡아야 하잖아요…
무치   (외면하고 박스에 짐 넣는) 모시고 가.
한국母   (갑자기 무치 앞에 무릎 꿇고, 바짓가랑이 잡으며) 선생님. 제발 부탁해요. 제
         발… 우리 애기‥ 우리 애기 좀 살려주세요…. (오열하면)
홍주   (한숨 내쉬며) 하자. 어? 우리 국장은 내가 어떻게든 구워 삶아볼게.
한국母   (머리 조아리며) 감사합니다. 감사합니다.
동구   (한국母 일으키며) 가세요. 그만. 모셔다드릴게요. (데리고 나가는)
바름   고형사님… (간절하게 무치 보면)
무치   후‥ (한숨 내쉬고는) 일단, 여긴 철수해야 하고‥ 어디서 준비하지?
바름   (다행이다 싶은)
홍주   우리 집 앞은 기자들이 진을 치고 있어서‥ 고형사 집도 마찬가지지?
바름   그럼 저희 집에서 하실래요?

4부   #91 바름의 집- 거실/ 낮

무치, 보드에 이름들 쫙 써 놓고 자료 붙이고 있다. 홍주, 커피 타서 들고 오다가 문득 장식장 위에서 시민 영웅상 상패와 치국과 바름의 수상 사진 발견하는.

홍주   (상패 보다) 어? (반가운 표정으로 바름, 돌아보며) 나 기억 안 나요?

무치   (보드에 자료 붙이다 돌아보는)

바름   ?

홍주   그때 인터뷰했었는데‥

무치   뭔데?

홍주   나 수습 때, 첫 인터뷰가 시민 영웅상 받은 고등학생이었거든‥ 그때‥ 인터뷰한 학생이 정순경이네‥그때 어찌나 인터뷰 안 하려고 날 애먹였는지… 자긴 한 거 없다고 다 친구 공이라고… 인터뷰 내내 그 얘기만 했지‥

바름   아, 그거 저 아니고… 치국이에요.

홍주   (놀라) 어? 그 친구가 나치국 교도관이라구요?

바름   저도 방송 봤는데 치국이가 다 제 공으로 돌렸더라구요… 걔가 원래 좀 그래요, 필요 이상으로 겸손하달까‥. 참, 그때 저희가 구해준 그 친구… 얼마 전에 우연히 봤는데….

무치   응? 어디서?

홍주   (당황한 얼른 말 돌리며) 벌써 이틀이나 까먹었어. 방송 하루밖에 안 남았어. 서두르자고!!!

바름 앞에 앉아 자료 찾는 홍주, 머리를 쓸어 올려 묶는 모습을 빤히 보는 바름.
홍주는 그런 바름 시선 느끼지 못하고…

바름   (E/ 홍주 보며) 생각보다 흥미진진해지겠어? 마침 치국일 인터뷰했던 피디라니‥ (입꼬리 올라가는)

(E) 딩동딩동! 초인종 소리.

4부 #92-1 바름의 집- 대문 앞/ 바름의 시선/ 낮

대문 열면 무원이다.

바름	(반가운) 신부님! (반갑게 손잡는)
무원	잘 지냈어?
바름	신부님 이 동네 떠나시고 나니까 너무 적적해요. 참 그 동네 성당은 어때요? 건물도 좋죠?
무원	그래도 이 구동이 그립지. 다음 주에 성당 짐 옮길 건데, 그때 좀 도와줘.
바름	그럼요. 근데 그건 뭐예요?
무원	잡채랑… 음식 몇 가지 좀 했어‥ 같이들 나눠 먹어‥
바름	(찬합 열어보다 놀라보며) 무슨 잡채를 이렇게나 많이‥
무원	우리 무치가 어릴 때부터 워낙 잡채를 좋아하거든. 두고두고 먹으라고‥ 당근은 뺐어. 무치가 당근을 싫어하거든‥
바름	네.
무원	무치한텐 내가 만들었다고 말하지 말고… 알면 안 먹을 거야‥
바름	(끄덕)
무원	우리 무치 잘 좀 챙겨줘. 정순경‥
바름	그럼요 걱정 마세요.
무원	갈게 그럼. (가는데)
바름	(물끄러미 보다 부르는) 신부님.
무원	웅? (돌아보면)
바름	정말 안 미우세요? 한서준? 화 안 나요? (눈빛 점점 텅 비어가는) 신부님 부모님도 죽이고‥ 신부님까지 이렇게 만든 살인만데‥ 분노를 느끼지 않나요?
무원	(그런 바름 눈빛 눈치 채지 못하고) 왜? 우리 무치가 뭐래?
바름	아뇨. 정말 (웃는)궁금해서요. 저한텐 솔직히 말씀하실 수 있잖아요‥ 어떻게 용서한다는 말을 할 수 있으세요? 신부님도 사람인데‥ 어떻게‥ 어떻게 용서를 해요‥
무원	(미소 짓는) 주님께 매일 기도 드려. 한서준 그 자가 구원받을 수 있게 도와달라고.

	갈게. (돌아서 가는)
바름	(절룩거리며 가는 뒷모습 바라보는 눈빛 어느새 텅 비어버린) 마지막 기회 준 거야. 고무원!

4부   #95 + 5부 #20 바름의 집- 거실/ 새벽+밤

자료와 사진 등 잔뜩 붙어있는 보드 앞에 서서 뚫어져라 노려보고 있는 무치. 떡진 머리에 수염도 거뭇거뭇 자라있다. 거실 밖, 동 터온다. 무치 뒤, 소파 테이블에는 라면 피자 박스 등등… 쓰레기들 잔뜩 어지럽혀져 있고, 바름, 동구, 홍주 소파. 거실 등에 엎드려 자고 있거나… 새우잠 자고 있다. 무치, 계속 보드 보다 문득 돌아보면 홍주 구석에서 새우잠 자는… 무치. 이불 들고나와 홍주 덮어주고, 물끄러미 보다 문득 그 옆, 플립시계에 시선 가는데, 금요일 새벽 6시 가리킨다. 미치는 무치. 다시 보드 앞으로 가 고민하는.

〈시간 경과〉 플립시계 금요일 밤 8시 가리킨다. 보드 앞에 서 있는 무치 거실 밖으로는 어느새 밖은 어두컴컴하다.

홍주	(통화 중인) 네 알겠습니다. 국장님. (전화 끊고) 고 형사.
무치	(눈 빨갛게 충혈돼서 돌아보면)
홍주	8시야·· 방송 두 시간 전이라고… (후··) 다… 끝났어…
무치	(절망적인) 으아악!!! (분해서 어쩔 줄 모르고 보드 막 때려 부수는)
바름	(그런 무치의 흥분한 모습 재밌다는 듯 지켜보는)
홍주,동구	(안타까운 마음으로 보는)/
바름	해요. 방송… 짝퉁을 만들면 어떨까요? 그놈 열 받게.
무치	짝퉁?
바름	가짜 한국이요··

5부   #90-1 구동 성당 예배당 안/ (독립씬) (5부 #1 이전 상황)

들어오는 바름. 예배당 의자에 무원 앉아 핸드폰으로 방송 보고 있다가

바름	안녕하세요 신부님. (90도로 아주 깍듯이 인사하는)
무원	(돌아보고 반갑게) 어 정순경. 무슨 일인데 여기서 보재? 무슨 일 있어?
바름	(건조하게) 네, 그게 누굴 어딜 좀 보낼까 말까 고민이 돼서 상담 좀 드리려구요.
무원	누가 어디 가?
바름	(무원 옆에 앉아 의미심장한 표정 지으며) 갈 지‥ 안 갈 지‥ 아직은 모르겠어요.
무원	어? (못 알아들은)
바름	(십자가 올려다보며) 마지막으로 물을게요.
무원	마지막? (무슨 말인가) 뭘?
바름	(돌아보는) 정말, 한서준한테 화 안 나세요?
무원	(보면)
바름	분하지 않냐구요? 신부님을 이렇게 만들었는데‥ 고형사님 저렇게 사는 것도 다 그 한서준 때문인데…
무원	(슬프게 십자가로 시선 돌리며) 난 이미 한서준을 용서했어…
바름	(그런 무원 서늘하게 보다, 무원 손에 들려있는 핸드폰 화면에 시선 두며) 대체 정답이 뭘까요? 뭐길래…?
무원	그러게‥ 시간이 얼마 안 남았는데… 문젤 못 맞추면 아일 죽일 텐데‥
바름	(눈빛이 텅 비어가며 중얼거리는) 아일 죽인다고는 안했는데‥
무원	(무슨 말인가) 어? (보는데)
바름	죽인다고만 했지…
무원	(바름 눈빛 이상한)
바름	아이라고는 안했거든요.
무원	(순간 소름!!! 돋는)
바름	(씩 웃으며) 맞아 너야.

꽉! 순식간에 무원이 목 확 틀어잡는 바름의 손힘에 버둥거리는 무원.

5부   #90-2 장미상가 앞 (독립씬)

나오는 바람. 상가 입구 문에 〈구동성당 폐쇄-재개발로 인해 구동성당 폐쇄합니다〉 붙어있다.

블랙. 자막 - 셜록 홍주 On Air

4부   #99 스튜디오 〈셜록 홍주〉 메인 세트)/ 밤 (추가촬영)

홍주   (무치 보며) 단도직입적으로 묻겠습니다. 고무치 형사님!
무치   (보면)
홍주   답 찾아내셨습니까? 한국이… 살릴 수 있는 겁니까?

인서트/ 시민들. 긴장해서 보는.

무치   (잠시 뜸 들이는 듯‥)
홍주   다시 묻겠습니다. 답… 찾으셨습니까?
무치   찾았습니다!!!

인서트/ 거리- 반대피켓 들고 있던 시위대도 어? 하고, 시민들 안도하며 기뻐한다.

홍주   그렇다면 과연 범인이 왜! 하필! 그 피해자들을 선택한 건가요?
무치   답을 말하기 전에 확인할 게 있습니다. (정면으로 카메라 보며) 보고 있지?

인서트/ 불 꺼진 거실에서 TV 보고 있는 요한.

무치   니가 왜 그 피해자들을 선택했는지 대답하라고 했지? 듣고 싶음 그 전에
        니가 정말 너인지부터! 한국이가 살아있는지부터 증명해! 그래야 게임
        이 공정하잖아? (핸드폰 보여주며) 내 번호 알지? 그러면 나도 네가 도대체
        왜! 그 사람들을 죽였는지, 정확히 말해 줄 테니까.

4부   #99-1 바름의 집/ 밤/ (독립씬/ 추가씬)

바름   (TV 속 무치 보며) 시키는 대로 잘하네? (소리 내어 크크크크 웃는)

5부   #3~8 셜록 홍주 스튜디오

방송 계속 되고

5부   #9 몽타주/ 밤 (추가촬영)

혀 끌끌 차는 사람들. '박종호 개처럼 일만 하다 개죽음.' 살인마 새끼 불쌍한 인간들만 죽임 등등·· 바쁘게 자판 치는 손들, 쏟아지는 라이브 톡들! 계속 오버랩 되는데… 그 때, '개미군의 흙수저 탈출기' 블로그 링크 올리는 누군가의 (사내의) 손…

5부   #9-1 거리 (독립씬)

걸으며 핸드폰으로 실시간 댓글 반응 즐기는 바름으로 O.L.'개미군의 흙수저 탈출기' 블로그 링크 복사해서 댓글 창에 올린다.

5부   #10-1 구동 공원 (독립씬)

한적한 공원으로 폰 (방송화면) 보며 걸어 들어오는 바름. 산책로 인적 없자, 집고 있던 목발 빼고 성큼성큼 걷는다. 인근 벤치에 자리 잡고 앉는다. 벤치에 방송 보던 폰 내려놓고, 주머니에서 다른 폰(대포폰) 꺼내 전화하는.

오작가   (F) 네. 셜록 홍주입니다.

바름   수고하십니다. 범인에 관련된 중요한 제보가 있어서요.

오작가	(F) 네, 말씀하세요.
바름	아니, 최홍주 피디한테 직접 얘기하고 싶은데요.
오작가	(F) 일단 저희한테 말씀해 주시면 확인하고··
바름	(OL) 그럼 됐어요. 별로 안 급하신가 봐요? 진짜 중요한 정보였는데. 어쩔 수 없죠.
오작가	(F) 아, 잠시만요. 진짜죠…? 연결할게요.
바름	이거 전국에 나가는 건데, 음성변조는 당연히 해주는 거죠? 범인이 제 목소리 알아듣기라도 하면·· 큰일이잖아요.

5부   #10 메인 세트

실시간 라이브 톡 계속 확인 중인 홍주의 인이어에 들리는 소리.

오작가	(E) 중요한 제보가 들어왔어 최피디한테 직접 하겠다는데… 연결해? 근데 목소리 음성변조 요청! 범인이 자기 목소리 알까 무섭다고.
홍주	(OK 사인하는)

5부   #12 셜롱홍주 스튜디오

홍주	계속해서 제보 전화가 들어오고 있는데요. 연결해보도록 하겠습니다.

5부   #12-1 구동 공원 독립씬 (#12와 실시간)

바름 텅 빈 눈으로 벤치 옆 나무에 앉아있는 잠자리 본다. 순간 휙 낚아채는 바름. 바름, 손에 쥔 잠지리 텅 빈 눈으로 보더니 날개부터 다리 하나하나 떼어내기 시작하는. 마지막 남은 몸통과 머리. 머리 떼려는 순간 벤치에 내려놓은 폰(대포폰)에서 홍주 목소리 들린다.

홍주   (F) 네. 사건에 관한 중요한 제보가 있으시다구요?

바름   (잠자리 휙 던지고 핸드폰 들고 공손하게) 사건 말고. 고무치 형사님한테 물어볼 게 있어서요. (다른 폰으로는 방송화면 보며 통화하는데 무치 화면에 잡히자, 껄렁하게) 단도직입적으로 물을게요. 고무치 형사님! 본인이 지금 그 자리에 설 자격이 있다고 생각하세요? 형사님 도박장 들락거리고, 범죄자들한테 뒷돈 받는단 소문 있던데‥

핸드폰 속 방송 화면/ 무치 굳은 표정이 1S으로 뜨고.

바름   맞나요?

화면/ 카메라 밖으로 시선 주던 무치, 다시 카메라 보며

무치   (F) 어디서 무슨 말을 들었는지 모르지만 근거 없는/

바름   /뭐 그렇다 치고. 그럼 헤드헌터 사건 유가족이란 소문은요? (하고 기다리는데 한참 말이 없자, 짜증 섞인) 아, 왜 대답을 안 해. 물어보잖아요. 내 말이 맞냐니까?

화면/ 당황한 무치 애써 침착하게

무치   (F) 그게 이 사건이랑 무슨 상관입니까?

바름, 심드렁한 표정으로 통화 이어가고.

바름   아, 소문이 맞나보네‥ (답이 없자, 기다리곤 비아냥거리듯) 헤드헌터가 형사님 눈앞에서 엄마 목을 잘랐다면서요. 충격이 크셨겠다.

화면/ 주먹 꽉 쥐고 화 참는 무치.

바름   (그 모습에 더 자극하고 싶은) 참 얼마 전에 옥상에서 투신했다는 그 자매 망치로 때려죽인 살인범이요. 진짜 뛰어내린 거 맞아요? 혹시 형사님이

민 거 아니에요?

화면/ 입술 잘근 깨무는 무치

무치 (F/참으며) 아닙니다!

바름 (그런 무치 보는 게 재밌는) 흐흐흐 농담이에요 농담. 당연히 아니시겠지. 설마 형사가 사람을 죽이겠어요? 그래도‥ 마음속으론 수십 번 수백 번 밀고 싶으셨죠?

화면/ 화를 참으며 대꾸 하지 않는 무치

바름 (더 도발하고 싶은 충동 느끼는) 대답을 못 하시네… 침묵은 뭐다? 긍정이다? 그죠? 이 방송도 그놈 찾아서 죽이는 게 목적이죠? 사실, 아이야 죽든 말든 안중에도 없잖아요. 그죠? (대꾸 않고 참는 무치 보며 픽 웃는) 어쭈 잘 참는데? 흐흐흐 제가요 왜 이런 전활드렸냐면요, 걱정돼서 그래요, 걱정. 살인범만 보면 감정조절도 안 되는 분이 남의 귀한 아들 구하겠다고 이런 방송을 한다는 게‥

화면/ 더 참지 못하고 폭발하는 무치

무치 (F) 걱정? 니 걱정이나 해. 미친 새꺄!!! 이런 개 쌍눔의!!!

바름 (멈칫) 어? 지금 욕하신 거예요? 와‥ 시청자의 충심어린 직언에도 이렇게 흥분하시는데, 범인 앞에선 어쩔지‥누구보다 침착하고 냉정해야 할 분이 (하는데)

뚜뚜뚜 전화 끊어진 소리 들린다. 피식 웃는 바름. 화면 속 무치, 분해 씩씩거리는 표정으로 서 있는 모습 보이고.

바름 (화면 만족스럽게 보며) 몸풀긴 이 정도면 됐고, 슬슬 본격적인 게임을 시작해볼까? (일어나서 가는)

5부 #14 셜롱 홍주 스튜디오/

인서트/ 방송국 로비 앞 도착하는 퀵서비스. 오토바이 세워두고, 안으로 들어간다.

5부 #15 스튜디오 (메인 세트 + 서브 세트)/ 밤

홍주 (듣다) 잠깐 끊어갈게요. 현장 연결 좀‥ (하는데)
무치 (E) 맞습니다.
홍주 (놀라 무치 보면)
무치 (잠시 숨 고른 후 카메라 정면 보며) 저는 25년 전 헤드헌터라 불리던 희대의 연쇄살인마에게 부모님을 잃었습니다.

인서트/ 시민들 긴장해서 보는(봉이, 수정母, 치국母 등)/ 잠든 아내 옆, TV 보던 두석도 슬픈 눈빛으로 보는

무치 기회만 된다면 제 부모님 죽인 그놈, 제 손으로 직접 죽이고 싶습니다. 솔직한 심정입니다. (사이) 당연합니다. 제가 단지 개인적 복수심에 헤드헌터 같은 범죄자를 잡아 죽이고 싶어 이 방송을 한다고 생각하실 수 있습니다.
홍주 (가슴 아프게 보는)
무치 하지만 믿어 주십시오. 제가 이 방송을 하는 목적은 오직! 한국일 살리기 위함입니다. 현재로선 이 방송만이 한국일 살릴 유일한 방법이라 생각합니다. 방송, 계속할 수 있도록 도와주십시오. 잘못했습니다. 감정에 휘둘리지 않겠습니다. 약속드리겠습니다.

인서트/ 무치 깊숙이 고개 숙인다. 그 모습 보고 있는 시민들도 숙연해지는…

현재/ 그때 스튜디오 문 빼꼼 열리고, 들어오는 퀵서비스1 (헬멧 쓰고 있다)

세트 (무대 위)/

홍주   (인이어로 듣고) 방금 범인이 보낸 것으로 추정되는 물건이 스튜디오에 도
          착했다고 합니다. 가져다주시겠습니까?

스튜디오 LED 화면: 의자 뒤로 손 묶인 채 앉아있는 고트맨 가면 쓴 아이.

5부   #16-1 택시 안/ 밤

택시 안, 뒷자리에 앉아 핸드폰으로 아이 영상 보고 있는 바름. 입꼬리 씰룩 올라간다.

5부   #17-1 OBN 방송국 복도/ 밤

헬멧 쓴 퀵복장의 동구 걸어가며

동구   아, 떨려… 제발 우리 작전이 먹혀야할 텐데… (하는데)

맞은편, 핸드폰 보며 걸어오는 퀵맨1, 동구 옆 스쳐간다. 동구 무심코 돌아보면, 퀵
맨1 다급하게 가는 모습 보인다.

5부   #18-2 택시 안/ 밤

핸폰 화면으로 실시간으로 방송 보고 있는 바름. 여유롭게 다른 핸드폰 (진짜 본인
핸드폰) 꺼내 무치번호 찾아 누르는. 받으면 일부러 다급히!

5부   #23-1 택시 안/ 밤

바름   (다급한 척 연기하며) 그, 그거, 제가 보낸 거랑 달라요!
무치   (F) 뭐? 그게 무슨 소리야?!

바름	그거 내가 보낸 영상 아니라구요! 달라요.
무치	(F) 뭔가 이상하다 했어. 퀵 서비스! 그 새끼야!!!
바름	(열 내는 무치가 재밌어 죽겠는. 비죽이며 여유로운)

5부　#25 방송국 앞 + 택시 안/ 밤 (추가촬영)

바름 탄 택시 도착하면, 퀵1 오토바이 나온다. 바름, 목발 짚고 내리며 오토바이 막으려는데, 아슬아슬하게 바름 칠 듯 지나치는, 반사적으로 오토바이 잡고 늘어지며 넘어지는 바름. 통증 느끼지만 퀵1과 몸싸움. 퀵1, 바름 발목 밟자 비명, 고통스러워하는. 퀵1 일어나 오토바이 타면 일어나 달려드는 바름, 출발하는 오토바이에 질질 끌려가는데, 뛰어나온 무치, 화단 발판 삼아 점핑! 몸 날려 퀵1 덮치는데, 넘어지며 몸싸움 끝에 퀵1 팔 꺾고 수갑 채워, 헬멧 확 벗기는 무치.

5부　#25-1 방송국 앞/ 밤/ 추가

수갑 찬 채 헬멧 벗겨진 퀵맨1, 겁먹고 "저, 아무것도 몰라요‥ 그냥 퀵이어요‥" 주저리주저리 얘기하는데. 그 모습 즐기는 듯 보는 바름.

무치	대포폰이네. 근데 당신, 그 물건은 어떻게 받았어? 어?
퀵1	그게‥ 심전역 보관함에 뒀다고‥.
무치	심전역?
퀵1	네 (눈치 살피며) 그럼 전‥ 이만 가도 되죠? (쭈뼛거리며 가려는데)
바름	(뒷덜미 확 잡으며) 확인하고 보내드릴게요. (무치에게) 가서, CCTV 확인하고 올게요. 고형사님은 얼른 들어가세요. 방송하셔야죠.
무치	(바름 깁스한 다리 상태 걱정스레 보며) 괜찮겠어?
바름	괜찮아요‥ 이 정도로 안 죽어요. (해죽)
무치	(동구에) 너도 같이 가. (바름에게) 확인하면 바로 연락 줘. (뛰어 들어가는)

5부   #25-2 방송국 앞/ 밤/ 추가

퀵맨1이랑 뒤돌아 가려는 바름.

무치	(동구 보며) 너도 같이 가.
바름	(순간 인상 찌푸리다, 무치가 자신 돌아보자 얼른 인상 펴는)
무치	확인하면 바로 연락 줘. (뛰어 들어가는)

5부   #29-1 심전역 지하철 역사 CCTV실/ 밤/ 추가

바름 동구와 함께 CCTV 모니터 보는데 누군가 보관함 쪽으로 걸어오는 모습 보이자 일부러 오버해서.

바름	잠시만요! (스톱된 화면 들여다보는 척하다) 어? (놀란 척!)

5부   #31-1 심전역 지하철 역사 CCTV실/ 과거/ 밤

바름	(헉! 놀란 척) 한국이야! (다급한 척 무치에게 전화하는)
동구	살아있어… (가슴 쓸어내리며) 다행이다.
바름	고형사님. CCTV에 한국이가 찍혔어요.!!!
무치	(F) 뭐?
바름	CCTV에 한국이가 찍혔는데, 보관함에 뭔가를 넣었어요!
무치	(F) 당장 CCTV 영상 보내줘!
바름	네. (전화 끊고 급히 적어주며) 그 영상 이 메일주소로 좀 보내주세요
직원	네. (보내는) 보냈습니다.
바름	(무치에게 통화하는) 보냈어요. 얼른 확인해보세요. (끊고는 방송 보느라 정신없는 동구 보며) 동구야. 나 화장실 좀 (나가는)

5부   #31-2 역무원실 밖 (독립씬)

역무원실에서 나와 조용히 역사 안 공사중 관계자외 출입 칸막이 뒤로 들어가는

5부   #30-1 역무원실 앞 + 역사 공사중 칸막이 안/ 밤/ (독립씬)

주머니에서 대포폰 꺼내 화면 보면

화면/

홍주   여러분의 적극적인 제보를 통해 그동안 수사당국이 찾아내지 못한 노숙
       자 김씨의 신원을 알아냈습니다. 아주 사소한 것이라도 범인을 찾는 결
       정적인 단서가 될 수 있으니 아래 자막으로 나가는 전화나 라이브 톡 등
       으로….

바름, 라이브 톡에 좀 전에 한국이 봤음. 어떤 남자와 같이 있었음. 전화주세요. 010-
3737-258… 쳐서 올리면, 〈한국이 목격 제보 떴어요!〉위로 올라가버린 라이브 톡
사라지지 않도록 계속 복붙 (복사+붙여넣기) 올라온다. 계속 올라오는 자신이 올린
제보글 보고 있는 바름.

5부   #30 셜록 홍주 스튜디오 /

홍주   아, 지금 한국이를 봤다는 제보가 들어왔습니다. 바로 연결해보겠습니다.
무치   (놀라 보는)
홍주   (적힌 번호로 다급히 전화하면 바로 받는) 여보세요 한국이를 보셨다구요?
바름   (비아냥거리듯) 참 대한민국 네티즌들 대단들 해서 (하는데 주머니에서 핸드
       폰 진동 울린다. 여유롭게 폰 꺼내 받으면)
홍주   (F) 여보세요 한국이를 보셨다구요?
바름   (음성 변조 앱 틀고) 아씨 겨우 연결됐네. 왜 맘대로 제보자 전활 끊고 지랄

이야. 매너 없이! 왜 연결 안 시켜주는 건데? 멀쩡한 시민을 술 취한 사람 취급하질 않나. 정신병자 취급하질 않나…

홍주   (F/황당한. 열 받은) 이보세요!!!

바름   고무치 형사님, 이제 흥분 좀 가라앉으셨나?

홍주   (F)방송 중에 장난 전화하면 처벌받을 수 있다는 거 알고 계신가요?

바름   장난전화 아닌데? 궁금한 거 있어서 전화해도 처벌받나?‥ 그거 가짜죠? 방금 그 꼬맹이 영상이요. 암만 봐도 그거 가짜 같던데…

무치   (F/짜증스러운) 가짜라뇨? 범인이 보낸 영상 맞습니다.

바름   못 믿겠는데‥ 그렇잖아요. 범인이 보낸 거면 왜 굳이 가면까지 씌워가면서 애 얼굴을 가려요? 그 애가 한국이가 아니니까 가린 거 아닌가? (목발 다시 짚고, 칸막이 밖으로 나가는)

5부   #32-1 심전역 앞/ (독립씬)

역사 밖으로 나오는 바름과 동구

바름   넌 얼른 들어가 봐.

동구   너는?

바름   한국이가 여길 왔다 갔잖아. 한국이를 목격한 사람이 있을지 몰라. 난 여기서 한국이 본 사람이 있는 지 좀 찾아볼려고

동구   그럼 나도/

바름   /둘 다 여기 있으면 고형사님 쪽에 무슨 일 생김 도와줄 사람이 필요하잖아. 넌 거기 가 있는게 나.

동구   그래도‥

바름   (짜증스런, 애써 표정 관리하며) 너 범죄 시나리오 쓰는 덴 여기보다 그 쪽에 가 있는게 더 유리하지 않겠어?

동구   어‥ 그렇지. 생생한 현장감. 짜식!! 내 생각해주는 건 너 밖에 없다. 근데 정말 혼자 괜찮겠어? 다리도 불편한데‥

바름   걱정 말고 가. 얼른 (동구 뛰어가는 뒷모습 보며 중얼거리는) 귀찮은 새끼 겨우 떼냈네‥ (대포폰 꺼내 들어 전화하는) sbc 팩트체크팀이죠? 다름이 아

니구요. 제가 TV를 보는데요. 김한국 어린이 영상이요. 한국이 아니에요. 아니 한달 전쯤인가? 〈어린이에게 희망을〉인가 봤는데 그때 그 아이 귀밑 목 부분에 1센티 정도의 작은 화상 자국이 있었거든요 근데 아까 범인이 보낸 영상에는 화상 자국이 없던데요. 한번 확인해보세요. (씨익 입꼬리 올리는)

5부   #38-1 심전역 인근/ 밤

행인들 붙들고 한국사진 보여주며 본 적 있냐고 절실하게 묻는 바름.
행인들 모르겠다며 지나가고

바름   (시계 보며 중얼거리는) 슬슬 올 때가 됐는데··

다시 CCTV 쪽 슬쩍 확인하고 자연스레 더 CCTV 잘 비추는 쪽으로 가서
행인들 붙들고 한국 사진 보여주는 척 하는데

역무원   (E) 어이 경찰 총각! 좀 와봐야겠어요.
바름   왔나보네. (이미 알고 있는 표정 지으며 돌아보고 놀란 척! 목발 짚고 절룩이며 가며) 왜요?
역무원   어떻게 좀 해줘. 지들 맘대로 CCTV 영상 훔쳐 가더니만·· 이제 보관함까지 뜯으려고 하고·· 깡패야? 뭐야?
바름   (일부러 모른 척) 누가요?

5부   #45-1/ 45 심전역 지하철 역사 보관함 앞/ 밤/ 추가

달려오는 바름. 보관함 뜯으려는 기자와 막으려는 역무원들 몸싸움 중이다. "이거 취재방해야! 취재방해!" "공공기물 파손 행위입니다." 즐기듯 보다, 이내 표정 바꾸며

바름   꼼짝 마··

기자	(돌아보면)
바름	‥세요. (신분증 내보이며) 그 안에 든 건 수사증거물입니다. 증거물을 함부로 가져가는 건 증거인멸, 공무집행방해, 절도죄에 해당됩니다. 떨어지세요! 협조해주지 않으면 현행범으로 체포하겠습니다!
기자	아씨… (철수하는. 전화하며 가는)

5부   #49 스튜디오 (메인 세트+서브 세트)/ 밤

LED판(혹은 모니터)에 광고 나가고 있다.

홍주	어떻게 된 거지? 범인이 가짜영상을 우리한테 보냈다고? 그게 말이 돼?
무치	(심각한) 확인해봐야 하겠지만, 맞는 거 같아.
홍주	왜? 왜? 그런 짓을 해?
무치	어쩌면 첨부터 이런 상황을 노린 걸지도‥ 이 방송을 끝까지 하지 못하게‥
홍주	자기가 요구한 방송이잖아, 대체 왜?
무치	방송이 목적이 아니었는지도 몰라. 어쩌면 방송을 더 드라마틱하게 만들어서 사람들에게 자신의 존재감을 더 과시하려는? 그게 아니면…
홍주	아니면 뭐?
무치	(불안한) 이 모든 게 그 놈이 짜 놓은 판이라면…? (그때 핸드폰 진동 울리는. 정순경이다. 받는) 어 정순경. 뭐? USB? 당장 확인해!

5부   # 49-1 심전역 지하철 역사 - 보관함 앞/ 밤

역무원 입회하에 14번 보관함 속 봉투 꺼내는 바름. 장갑 낀 손으로 조심스레 봉투 속 물건 꺼내면, 고트맨 아이 담긴 동영상과 같은 USB다.

바름	(무치에게 전화하는)
무치	(F) 어 정순경
바름	기자들이 13번 옆 보관함을 뜯으려는 걸 제가 막았는데 그 보관함 안에도

USB가 있어요.

무치   (F) 뭐? USB?

바름   네

무치   (F) 당장 확인해.

바름   알겠습니다. (씩 웃는)

5부   #50-1 심전역- 역무원실/ 밤

바름   (낭패인 척 무치와 통화하며) 파일이 손상됐나 봐요. 아무것도 안 나와요.

5부   #50 셜록 홍주 스튜디오/

무치   (F) 무진청으로 갖고 가. 빨리! 택시 타면 5분 거리야.

바름   알겠습니다. (다급히 USB 빼 들고 절룩이며 뛰어나가는)

5부   #51 스튜디오 (메인 세트+ 서브 세트)/ 밤

무치   (통화 중) 지금 인편에 영상 하나 더 갈 거야. 복원 좀 부탁해 최대한 빨리!

홍주   (보고 있는데. 인이어로 들리는)

국장   (F) 방송 마무리해! 사장님 지시야!

홍주   무슨 소리예요? 아직 방송 시간 15분‥/

국장   (F) 니들 조작 방송했다고 난리야! 사장님 노발대발이라고! 잔말 말고 광고 끝나면 클로징 멘트해! MC 클로징 딸 카메라 한 대 빼곤 다 철수해!!

카메라 팀 철수하자, 홍주 인이어 빼고 철수하는 팀들 당황스러운 표정으로 보는.

5부   #52 부조/ 밤

뛰어 들어오는 홍주, 다급히 부조문 잠가 버리는. 그 모습 보고 놀란 엔지니어

홍주   제가 디렉팅합니다. 진행은 고형사 혼자 할 거니까/
엔지니어   (갑갑한) 최피디 그냥 들어가서 클로징 해. 이런다고 방송 못 해.
홍주   (사정하는) 거의 다 왔어요·· 조금만 부탁드려요.

5부   #57-1 무진청- 영상분석팀 (디지털 증거분석팀)/ 밤

핸드폰으로 라이브 톡들 보고 있는 바름. 고개 들어 속상한 얼굴로 TV 속 무치 보는
표정이다.

바름   (화면 속 무치 보며 /E) 게임이 너무 싱겁잖아. 고무치 분발 좀 하라구 좀
         팽팽해야 게임이 재미지지… 흠… 좋아. 고무치. 힌트 하나 쏘지.

쓱 돌아보면 바름 옆 영상분석팀 직원들 분주하게 있고, 바름, 다시 컴퓨터 화면 속
자신이 보낸 고트맨 가면 쓴 아이 영상 보는 척 하다 일부러 큰소리로 "어?"

5부   #59 무진청- 영상분석팀/ 밤

바름   (다급히) 여, 여기 좀 확대해주세요! (가면 아크릴로 된 눈 부위 가리키면)
직원   (바름 요구대로 고트맨 가면 눈 부위 아크릴 부분 확대하면)

5부   #63 무진청- 영상분석팀/ 밤

확대된 고트맨 가면 눈 아크릴 부분에 비친 반대편 벽 가득 붙어있는 범행 사진들과
관련 자료들(신문 기사 등)과 두 장의 그림 희미하게 보이는데··

바름   (무치에게 전화) 고형사님. 아이가 쓴 가면 눈에 뭐가 비쳐요. (자세히 보며)

벽인데요, 무슨 사진들이랑 신문기사 그런 것들 같은데 잘 안 보이고‥ 그림도 있는데‥ 만환가? 아! 만화가 아니고 지금 확대한 영상 보내드릴 게요.

5부   #63-1 무진청- 영상분석팀 (디지털증거분석팀)/ 과거/ 밤

바름   (영상 보내는 거 보며) 보냈어요. 확인해보세요 (하고는/ E) 자, 이제 맞춰봐 고무치! (끊고) 전 방송국에 들어가 봐야 할 거 같아요. 복원되면 연락주 세요 (나가는)

5부   #64 스튜디오 (서브 세트)/ 과거/ 밤

LED 화면에 광고 나가고 있다. 무치, 바름이 보내준 영상 노트북에 뜬 확대화면으 로 보는데 흐릿하다 서서히 그림 드러나면 개미와 베짱이와 빨간 모자 동화다! 후다 닥 보드판 앞으로 가 서는 무치, 사건 현장 사진들 막 찾다가 변순영 시신 사진에서 변순영 머리에 씌워진 빨간 모자 눈에 들어본다!

컷컷!/ 옷 벗겨진 채 발견된 치국!/ 도끼가 남겨져있던 김성규 현장!/ 포도밭 현장의 조미정!

5부   #62 스튜디오 (서브 세트)/ 밤

화면 밝아지면 무치, 비닐 속 부패된 물체 카메라 바로 앞에 내보인다.

무치   (클로즈업된 물체) 이게 뭐 같아 보이십니까? 네. 부패가 심해서 확실친 않 지만, 곤충으로 보입니다. 곤충학자 이필성 박사님을 연결했습니다.

LED 화면에 곤충학자 페이스 톡. 페이스 화면 뜨는

무치	혹시… (잠시 쉬고) 베짱인가요?
학자	아⋯ 가시가 보이네요⋯ 맞습니다. 앞가슴 등판의 뒷 가장자리에 보이는 담갈색 테두리 선을 보니 검은테 베짱이네요.
무치	네. 이것은 베짱입니다. 피해자 박종호씨의 목에서 나온 것입니다. 여러분, 베짱이 하면 뭐가 떠오르십니까? 네. 개미와 베짱이라는 동화가 생각나시죠? 이 5명의 죽음은 모두! (정면 보며) 동화와 관련되어 있습니다.

5부   #61-1 구동 일각 (독립씬)

택시 서고, 핸드폰에서 시선 떼지 않고 택시에서 내리는 바름. 옆 골목길로 들어가더니 골목 입구 고물상 뒤에 방치된 폐가구 (냉장고) 문 열면 트렁크와 백팩 들어있다. 백팩 열면, 촬영장비와 검정잠바와 야구모자, 대포폰 그리고 늑대와 염소 캐릭터 그려져 있는 동화책 (늑대와 아기 염소 일곱 마리) 들어있다. 대포폰과 잠바, 모자 꺼내고, 하고 있던 깁스 빼고 목발도 분리해서 냉장고 안에 넣어 두는.

5부   #65-1 골목 밖

검은색 잠바차림. 검은색 야구모자 깊이 눌러쓴 바름. 백팩 메고, 트렁크 끌고 있다. 다시 골목 밖으로 나가며 폰 화면 속 방송 계속 보는 바름

화면/

무치	(E) 그 뿐만이 아닙니다. 범인은⋯

5부   #65-2 골목 밖 (독립씬)

폰 방송화면 보며 나오는 바름. 백팩에 있던 대포폰 주머니에서 꺼내 무치에게 전화한다.

5부   #65-3 거리

바름   (무치 전화 받으면) 빙고! 고무치 형사에게 경의를…

5부   #65-4 거리/ 밤/ (독립씬)

바름   (걸어가며) 생각보다 영리한데? 그걸 찾아내다니… 고무치 형사.
무치   (F) 전화 잘했어. 혼자 떠들려니 재미가 없었는데‥
바름   많이 답답했는데, 이제야 답에 가까워지는 거 같아 반가워. 칭찬이라도
          해줘야 할 거 같아서. 난 또 형사님이 아무것도 모르면서 쇼 하나 했지…

5부   #67-1 거리/ 밤/ (독립씬)

바름   (통화 중인)
무치   (F) 한국이 무사한지부터 말해.
바름   아주 잘 있어. 자, 이제부터 네가 찾아낸 답을 들어볼까?
무치   (F) 네가 코스프레한 그 동화의 결말들에서 기막힌 사실을 알아냈어. 모
          든 동화에는 가르침이 있더군. 개미와 베짱이는 일하지 않고 놀고먹은
          베짱이의 게으름을, 금도끼 은도끼는 산신령을 속이고 모든 도끼를 가지
          려 했던 나무꾼의 욕심을, 여우와 포도밭은 여우의 식탐을 경고했지….
바름   오호~ 빨간 모자는?
무치   (F) 늑대의 더러운 욕정, 성욕에 대한 경고!
바름   그럼, 벌거벗은 임금님은?
무치   (F) 권력에 취해, 자신이 벌거벗은 줄도 몰랐던 어리석은 임금의 교만을
          비웃었지
바름   재밌네, 그래서 결론은?
무치   (F) 빨간 모잔 성욕! 베짱이는 나태! 도끼는 탐욕! 벌거벗은 임금님은 교
          만! 여우와 포도밭은 식탐! 을 경고하는 동화야!! 성욕, 나태, 탐욕, 교만,
          식탐! 단테의 신곡에 나오는 7대 죄악이잖아, 이 새끼야!!!

바름	(일어나 공원 밖으로 걸어 나오는) 오~ 그럴듯한데… 그런데 내가 죽인 인간들이 그런 죄를 저질렀나? 아니잖아? 근데 왜 내가 그들을 죽였지?
무치	(F) 네가 왜 그랬냐면 넌!!! (사이-시간 끌기) 알지? 우리 부모님 헤드헌터한테 살해당한 거? 그래서 내가 싸이코패스에 대해 공부 좀 했는데 말야 그 새끼들은 일 처리가 치밀해. 근데 넌 아니더라. 여기저기 질질 흘리고 다니더만?!
바름	(듣는 데 복잡한 거리다)
무치	(F) 니가 어따 흘렸는지 맞춰 봐‥ 힌트를 주자면 한 보름쯤 전의 일이야‥.
바름	(걸으며 담담하고 차분하게) 고무치 형사님~ 지금 이 번호 위치 추적하느라 시간 끄는 거야? (대답 없자) 아님 정답을 못 찾아서 횡설수설하나? 약속 시간 얼마 안 남았어‥ 애 살리고 싶음 서둘러~ (다른 폰, 화면 보는)

핸드폰 화면에 다급한 무치, 야 이 새끼야 내 말 아직 안 끝났어! 하는데 바로 옆에서 택시 잡는 사내(#80) 가방에 방금 통화했던 대포폰 쓱 넣고 가던 길 가는… 사내 아무것도 모른 채 택시 타고 가. 쓱 뒤돌아 멀어지는 택시 보는 바름. 서둘러 빠르게 걷는

5부   #70-3 장미상가 앞 (독립씬)

야구모자 깊이 눌러쓴 채 빠르게 걸어오던 바름, 고개 들면 장미상가다. 출입문에 〈구동성당 폐쇄 - 재개발로 인해 구동성당 폐쇄합니다. 〉. 씨익 미소 짓고, 계단 내려가는.

5부   #70-4 구동 성당 예배당 (독립씬)

촬영장비 세팅하고, 바름 옆에 비품창고 문 열면 그 안에 무원 의자 뒤로 손 발 묶여 있고 재갈 물린 채 들어있다. 끌어내고 세팅된 장비 잘 보이는 곳에 두고.

바름	(무원에게 미소 지으며) 자 쇼를 시작해볼까요? (흔들리는 무원의 눈동자 보

며) 아아. 긴장하지 마시고‥ 신부님 동생분 똑똑한 친구니까 분명히 정답 맞출 거예요. 설마 신부님 죽게 내버려두겠어요? 안 그래요?

무원   (눈 꼭 감는)

바름 그 모습 재밌다는 듯 보며 대포폰 꺼내 무치에게 전화하는.

5부   #70 스튜디오 (현재)

무치   니가 왜 그들을 죽였냐고? 무슨 이유인지 모르겠지만 넌 신에게 아주 감정이 많은 놈이지. 신을 증오해서 사람 죽여 놓고, 십자가 향해 손가락 꺾어놓은 놈이잖아. 너! 신의 청개구리가 되기로 작정했지? 그래서 넌 신이 정한 7대 죄악을 행하지 않는 자들을 죄인으로 생각했어. 교만!하지 않는 자! 탐욕!스럽지 않은 자, 나태!하지 않은 자, 성욕!이 없는 자, 식탐!이 없는 자, 시기!하지 않는 자, 분노!하지 않는 자, 이게 니가 세운 7대 죄악이잖아!!! 그래서 그들을 심판한 거잖아!!!

그때‥ 지잉 지잉 핸드폰 울리고. 무치 받으면!

5부   #70-5 구동 성당 예배당 (독립씬)

바름   (묶여있는 무원 쪽 보며) 빙고~ 역시 똑똑해. 고무치 형사. 이래서 내가, 당신 팬이라니까….

무치   (F) 변순영! 어떤 유혹에도 흔들리지 않고, 오직 딸만을 키우며 살았단 이유로 죽였지?! 성욕이 없다는 이유로!

바름   미련한 년. 얼굴도 반반한데 적당히 몸뚱이 좀 굴리고 사는 게 뭐 어때? 그럼 지 년 딸도 편하게 살았을 텐데 말이야‥

무치   (F) 세상 열심히 산다는 이유로 박종호를 살해하고 목구멍에 베짱이를 쳐넣어?

바름   (눈빛 텅 빈 중얼거리듯) 그 자식 조금만 게으르게 살았으면 안 죽었을 거

아냐‥ 그렇게 아등바등 살면 뭘 해. 개미 새끼처럼 찍소리도 못하고 나한
테 밟혀 죽을걸⋯. 뭐, 그래도 끝까지 억세게 반항해줘서 아주 즐거웠어.

무치   (F) 뭐 이 새끼야? (사이 좀 진정된 말투로) 그래서 조미정은?

바름   처먹고, 방송 끝나면 토하고‥ 그러면서 마치 살이 안 찌는 체질인 것처
럼. 처먹는 게 어때서? 말라비틀어진 꼬라지란‥ 역겨워서 정말

무치   (기막힌)

바름   나치국은 말야‥ 위선자 마냥 겸손 떠는 그놈 인터뷰를 보는 순간, 빨리
죽여서 저놈의 죄를 덜어 줘야겠다‥ 싶었지.

무치   (F/울컥하는 목소리로) 그 불쌍한 할머니는 왜 죽였어⋯ 왜!!!!

바름   아 그거? 그냥 재수가 없었던 거지‥ 나라고 그런 노인네 죽이는 게 재밌
었겠어? 좀 반항도 하고, 버텨줘야 죽일 맛도 나는데‥ 영 시시했어‥

5부   #72 - 112 종합상황실/ 밤

컴퓨터 화면에 범인이 전화한 번호의 신호 잡히는!

직원   (다급히) 잡혔습니다!!! (잡힌 신호, 계속 움직이는)

호남   오케이. 출동해! (후다닥 뛰어나가는)

5부   #73 부조 + 스튜디오 (서브 세트)/ 밤

홍주   (흥분한 무치 보며) 신호 잡았대‥ 조금만! 조금만 더 끌어!

무치   그걸 말이라고 해? 그 가족 생각 안 해봤어? 네가 그러고도 사람 새끼야?!

인서트/ 거리 + 차 안/ 밤
사이렌 소리 울리며 특공대, 경찰 차량. 차 안, 호남, 상황실과 정신없이 교신한다.

상황실   (F) 멈췄습니다. 성오동 123번지!!!

호남   (눈 반짝) 됐어!!!

홍주	(모니터 보며) 위치 확인됐대! 특공대 무전 고형사 인이어로 공유했어!

5부   #74-1 구동성당 예배당/ 밤/ 추가

바름	내가 낸 문제는 그게 아니잖아. 시간 다 돼가‥ 아인 왜 죽을까?
무치	(F) 한국이가 사라진 자리에 빵조각이 있었어. 넌 한국일 이 빵으로 유인 했겠지. 결국 한국이는 집에 돌아오지 못했어, 이 빵조각을 새가 먹어버 리지도 않았는데 말이야‥
바름	새? 오~
무치	그래. 넌 이번엔 〈헨젤과 그레텔〉의 결말을 네가 정한 죄악에 끼워 맞 췄지.
바름	그래서 아이의 죄명은?
무치	(F/잠시 사이) 7대 죄악에서 남은 건 둘. 시기! 와 분노!

바름, 화면 보면 다큐 〈어린이에게 희망을〉 한국이 인터뷰장면 나온다. 동시에 LED 화면에 다큐 〈어린이에게 희망을〉 한국이 인터뷰 뜬다. (3부 #58) 보는 바름 화면 속 한국 얼굴 보이고

피디	(F)한국이는 한국이를 버린 아빠가 밉지 않아?
한국	아뇨. 안 미워요. 아빠한테도 이유가 있을 거예요.
피디	(F)혹시 아빠가 TV 보고 계실지 모르니까 하고 싶은 말 있으면 해봐.
한국	(화면 정면 응시하며) 아빠 보고 싶어요‥ 사랑해요‥

바름 보고 있는데 다시 화면에 무치 나오며

무치	(F) 넌 이걸 봤어…
바름	그래서?
무치	(F) 헨젤과 그레텔의 결말! 아이들을 잡아먹은 마녀를 솥에 넣어 죽이지. 분노에 차서 말이야. 화내지 않는 자! 분노하지 않는 자! 저 아이는 자신 을 버린 아버지한테 화를 냈어야 했겠지! 아빠가 밉다고 분노했어야 했

겠지! 넌 지금 아무 죄 없는 아이를 죽이려고 하고 있어!!! 그런 말도 안되는 이유로!

바름   (보는)
무치   (F) 자, 답을 맞혔으니, 그 엿 같은 짓 멈추고 당장 아일 풀어줘!!!

5부   #75 주택 인근/ 밤

요한 집으로 보이는 주택 인근 사방에 잠복해있는 특공대와 호남. 호남, 망원경으로 보면, 창문 너머 TV 보며 등 돌린 채 통화 중인 (요한으로 보이는) 사내 뒷모습.

호남   (E) 안에 범인이 있다! 지금 방송을 보며, 통화 중인 것으로 확인된다!

5부   #80 스튜디오 (서브 세트)/ 밤

무치   (차분하게) 자, 네가 원하는 아이 목숨 값 지불했잖아. 약속 지켜.
프레데터   (F) …

인서트/ 시청자들, 스텝들, 모두 긴장해서 본다.

특공대   (F) (무치 인이어로 들리는) 안에 아이가 있다! 조심해라! 생포한다!
무치   (됐다! 싶은 계속 귀 기울여 듣는)

인서트/ 현관 앞에 서 있는 특공대 서로 눈짓, 손짓하고. 특공대 1, 잠긴 문 쾅 부수고 동시에 들어가는

특공대   (F) (인이어로 들리는, 우당탕 현관문 부서지는 소리와 동시에) 꼼짝 마!!!

무치와 홍주, 인이어 통해 긴장해서 듣고 있는데…

특공대	(F) 잡았습니다!
무치	(순간 안도하는, 자신도 모르게 중얼거리듯) 넌 이제 끝났어. 새꺄…(하는데)
프레데터	(F/ 담담하고 나지막한) 땡! ··틀렸어! (전화 끊는다)
무치	(순간 뚜뚜뚜… 전화 끊김 소리 들리고·· 멍한) 뭐야?

5부 #81-1 구동 성당 예배당/ 밤

무치	(F 차분하게) 자, 네가 원하는 아이 목숨 값 지불했잖아. 약속 지켜.
바름	(입꼬리 씰룩하는)
무치	(사이… F/중얼거리듯) 넌 이제 끝났어. 새꺄… (하는데)
바름	(담담하고 나지막한 말투로) 땡! ··틀렸어! (전화 끊고 의자에 묶여있는 무원 돌아보며) 어떡하죠? 신부님. 동생분이 틀려버렸네? (하며)

5부 #82 스튜디오 (서브 세트) + 부조/ 밤 (추가촬영)

덩그러니 서 있는 무치, 정신 아득해오는. 눈앞 스텝들 분주한 움직임 슬로우비디오처럼 보이고, 인이어 통해 다급히 들려오는 홍주 목소리 귓가에 웅얼웅얼 울릴 뿐이다. 인이어 빼버리는 무치, 정신 차리려 애쓰는 데 눈에 독기 서리는데….

무치	(정면 응시하며) 맞잖아. 분노 맞잖아! 약속 지켜! 애 어딨어? 어딨냐고!!!

인서트/ 무진청 영상분석팀
경찰, 전화로 "심전역 보관함 USB 영상 복원됐습니다!" 하며 클릭하면,
화면 열리고. 어둠 속 TV 모니터를 보는 누군가의 실루엣 영상

스튜디오/

무치	(소리 지르는) 어딨어 이 개새끼야!!! 당장 나와!!! 애 내놔!!! 내놓으라고!

5부   #81-1 이어

의자 발로 차자 무원 바닥으로 떨어지는. 바름 무원 뒤에 한쪽 무릎 꿇고 앉아
무원 입에 물린 재갈 확 풀고는 목에 칼 들이대고 리모컨으로 라이브 버튼 누른다.
노트북 화면에 목에 칼 들이대진 무원 보인다!

그때 스텝들 핸드폰에 갑자기 쏟아지는 카톡 소리. 징징 핸드폰 소리… 주변 웅성거
린다. 무치, 스텝들 각자 정신없이 문자 확인하는 모습‥ 뭔가 싶어 보는데‥ 무치
핸드폰 울린다. 보면 발신 제한표시다. 그놈이다! 무치 얼른 받는다.

5부   #82-2 구동 성당 예배당/ 밤

촬영 계속되고 무릎 꿇린 무원 그 뒤에서 무원의 목에 시퍼런 칼을 겨누고 있는 바름
(자신의 모습은 보이지 않게)

바름   (핸드폰 입에 댄 채) 분노는 한국이가 아니라 얘지… 분노하지 않은… 죄
           인…!!!

5부   #83 봉이네 집- 방 안/ 밤

봉이   (얼어붙은 채 보고 있다) 시, 신부님…!!

문득 책상 위에 놓인 할머니 사진(성당에서 찍은/ 배경에 촛대 아주 작게 보이게)보다 뭔
가 결심한 듯! 사진 주머니에 넣고 후다닥 장롱 깊숙이 숨겨둔 신문에 싼 식칼 꺼내
들더니 뛰쳐나간다.

5부   #82-3 구동 성당 예배당/ 추가

바름	(씩 웃고 있는)
무치	(F) 혀, 형…!!
바름	답을 못 알아내면 방송 끝나는 정각에 죽인다고 했지… 시간 됐어.
무치	(F) 허‥허…
바름	말이 돼? 헤드헌터가 자기 엄마, 아빠 머릴 잘라 죽였는데‥ 지 몸뚱일 이렇게 만들어 놨는데… 다 용서했잖아. 아주 가관이더라구‥

5부　#82-4 구동 성당 예배당/ 추가

바름, 무원 목에 칼 겨눈 채 즐기고 있는데‥

5부　#86 구동성당/ 밤

화면 속 덜덜 떨고 있는 무치 가슴 아프게 보는 무원 위로‥

바름	(E) 그럼 당신 죄를 용서해주지. 자, 당신 부모를 죽인 헤드헌터 그놈에게 분노를 터뜨려 봐. 어서!

무치가 보이는 생방송 화면 옆, 또 하나의 모니터 쪽으로 무원이 시선 돌리면‥ 모니터 속, 세상모르고 잠든 한국이 몸에 사제폭탄과 전선들 감겨있다. 무원 목에 칼 대고 있는 바름의 손! 다른 손은 주머니 속에 들어가 있는데, 주머니 속 깜박거리는 빨간 불빛(폭탄 리모컨). 금방이라도 버튼 누를 듯한 자세인 바름!

5부　#82-4 구동 성당 예배당/ 추가

무치	(F/떨리는) 저, 저를 죽이세요‥ 제발요‥ 제발…불쌍한 우리 형 살려주시고…
무원	(화면으로 그런 무치 보며 가슴 아픈) 무치야, 형 괜찮아. 형한테 무슨 일이

생겨도 니 잘못이 아니야. 알았지?

바름   (감정 동요 없이 차분한 어조로) 마지막 기회야! 화를 내! 분노하라고! 네 부
       모를 죽인 헤드헌터에게! 그놈을 사형시키지 않는 세상에!!! 분노를 터뜨
       리라고!

무치   (F) 제발‥ 형‥ 형…

무원   무치야‥ (눈에서 눈물 뚝) 복수심으로 니 인생을 망치지 마‥

바름 텅 빈 눈빛으로 무원 목에 대고 있는 칼에 힘 확 주며 무원의 목 쓰윽 긋는!

5부   #89 스튜디오 (서브 세트)/ 밤

무치 몸부림치며 절규, 스텝들 충격 받아 차마 말 못하고 보는 데서 서서히 F.O.

6부   #1-1 구동성당- 예배당/ 밤/ 추가

꿀럭꿀럭 피 뿜어져 나오는 목. 그제야 손에 묶인 줄 뚝 끊기자 목 부여잡은 채 고통
스러워하는 무원. 목 밖으로 달랑거리는 십자가 목걸이. 툭, 뜯어내는 바름의 손, 무
원의 손, 뺏기지 않으려 허공을 가르다 바름의 바지자락 꽉 움켜쥔다. 올려다보는
힘겨운 시선,

무원   (입 달싹거리는) 주님이‥ 널…. 구원하길….

무원 내려다보는 바름, 무원 목 그었던 칼로 무원의 배를 가른다. (배 가르고 창자 꺼
내지만 보여주지 않음) 바름 트렁크에서 돌멩이 든 자루 꺼내고 (돌멩이 넣는 장면 보여
주지 않음) 배 얼기설기 꿰맨다.

6부   #2-1 구동 성당 예배당 앞 + 안, 바름의 시선/ 밤/ 추가

칠흑 같은 어둠속 드르륵 소리를 내며 무언가 올라가고 바름, 당기고 있던 로프를 뒤에 보이는 기둥에 묶는다. 단상 위 대롱대롱 매달린 무원의 십자가, (신부복에 동화책 끼어있고)바름, 마음에 드는지 기분 좋은 미소 짓고 밖으로 나오려는데 때마침, 끼익 소리를 내며 열리는 문 사이로 빛이 들어오고 봉이 모습 보인다. 놀란 바름, 주변을 살피다 소리 내지 않고 단상 위로 오르고 다시 어두워진 예배당, 암막커튼 뒤로 숨으면 탁 하고 봉이, 스위치 켜는 소리 들린다. 바름, 한쪽 눈만 살짝 빼 보면 핸드폰 불빛에 의지한 봉이, 어느새 단상 위까지 왔다. '아씨 망할 년!' 하며 조심스럽게 단상 아래로 내려간다. 그때 촛대에 불이 켜지고 바름, 환해지는 곳을 보는데 무원의 시신을 본 봉이, 털썩 주저앉자 바름, 봉이 뒤에서 확 덮치는데 봉이 바름을 피하며 어느새 꺼내든 칼 내리 찍는다. 바름, 피하며 봉이 얼굴 팔꿈치로 가격하고 촛대의 불을 끈다. 어두워 진 예배당 안에 울리는 쿵하고 봉이 나가떨어지는 소리, 들고 있던 칼 떨어뜨리며 신음소리를 낸다. 봉이 앞으로 다가가는 바름(검정모자에 검은 후드 티), 봉이 재빨리 칼을 집어 들고 "죽어 이 살인마!" 하며 달려들면 바름, 뒤에 있던 촛대를 집어 들고 달려드는 봉이를 향해 휘두른다. 봉이, 비명을 지르며 주저앉으면, 그 위로 사이렌소리 들린다.

6부   #2-2 구동 성당 예배당 안, 바름의 시선/ 밤/ 추가

바닥을 더듬는 봉이를 보다 입구로 향하는 바름, 예배당 문을 잠근다. 다급하게 더듬거리는 봉이를 향해 가는 바름, 어두운 예배당 안 바름의 발자국 소리로 가득하다. 엉금엉금 기는 봉이 의자 밑으로 숨으면 바름, 봉이가 있는 의자로 향한다. 다시 기는 봉이 반대편으로 너머 가고 바름, 그 모습을 지켜본다. 비릿하게 웃는 바름, 휘파람을 불며 봉이가 기어가는 곳을 따라 다니며 여유를 부리다 순간 봉이 앞에 반짝이는. (떨어져있는 칼) 발견하고 못 잡게 하려고 하지만 그보다 먼저 봉이가 칼 잡자, 곧바로 봉이 머리채 확 낚아챈다. 순간 집어든 칼을 막 휘두르는 봉이 미처 피하지 못하고 칼날이 바름의 왼쪽 팔 스친다. "윽" 낮은 신음소리와 함께 봉이 머리채 놓는 바름. 보면 소매 피로 물든. 바름 돌아보면 벽에 부딪혀 넘어져 신음하며 일어나는 봉이에게 달려들고 발길질하는 봉이 막아내며 봉이 목 벽에 쳐댄다. 축 늘어지는 봉이, 그제야 봉이 놓고 바닥에 떨어진 자신의 피 묻은 칼 주워드는 바름, 자신의 옷에 피 쓱쓱 닦아낸 후에 쓰러진 채 누워있는 봉이 목 향해 휙 내리 꽂는데 순간 봉이의 손 칼날 확 잡고 필사적으로 막아낸다. 바름, 어쭈! 제법인데… 가소롭다는 듯 손에 힘 주는데 끝까지 버티고 막아내는 봉이. 거의 봉이의 눈 찌르기 직전 문밖에서 들리는 우당탕 소리 들리자, 들고 있던 칼 챙겨 단상 옆 사제실로 뛰어 들어간다.

6부   #2-3 사제실, 바름의 시선/ 밤/ 추가

환풍기 뜯어내고 빠져나가는 바름. 뒤에서 들리는 뼹뼹 문 차는 소리 아슬아슬하게 성당건물 뒤편에 이어진 환풍기로 빠져나온다.

6부   #2-4 성당건물 뒤편에서 이어지는 길, 바름의 시선/ 밤/ 추가

정신없이 뛰는 바름. 저만치 달려오는 경찰차 피해 바로 옆길로 들어간다.

6부   #2-5 고물상 폐가전 집하장 (5부 #61-1), 바름의 시선/ 밤/ 추가

주변 살피며 급히 들어오는 바름, 냉장고 문 열고 그 안에 숨겨둔 옷으로 갈아입고, 몸 상태 확인하며 깁스까지 장착하는 바름, 골목에서 나와 절룩거리는 척 하며 택시 잡아탄다.

6부   #2-6 택시 안, 바름의 시선/ 밤/ 추가

택시 타고 출발하면 바름 비 오듯 쏟아지는 땀 닦는데 뉴스에서 계속 고무원 신부 살해 속보 들린다.

기사   아이고. 저 미친 새끼‥ 시상에‥ 아이고 시상에…
바름   (완전 놀란 척) 예? 신부님이 살해됐다구요?
기사   아이고 신부를 죽였어 그 미친 새끼가.

바름   (다급한 척) 기사님. 구동성당 쪽으로 가주세요.

6부   #3-1 상가 (성당) 건물 앞, 바름의 시선/ 밤/ 추가

바름   민트 향이야·· (휙 돌아보면, 어느새 사내 보이지 않는다)
       (표정 굳으며) 이상하다·· 그 놈···죽였는데···

플래시 컷/ 김준성 숨 넘어가는···(4부 #69-1)

바름 갸웃하다, 돌아서서 다급한 척 절룩거리며 인파들 뚫고 상가 안으로 들어간다.
숨어서 그 모습 지켜보는 요한의 몸 바들바들 떨리는···

6부   #4-1 구동 성당 예배당 안, 바름의 시선/ 밤/ 추가

경찰들 붙잡을 새도 없이, 달려가, 십자가에 매달린 무원 다리 붙잡는·· 순간 휘청
흔들리는 무원 시신. 동시에 무원 사제복 주머니에 접힌 채 꽂혀있던 책자 바닥으로
툭 떨어지고 호남 등 경찰들 일제히 몰려들어 무치 시신으로부터 강제로 떼려 하지
만, 무치 경찰들 뿌리치며 발악하고, 뒤늦게 절룩거리며 뛰어 들어오는 바름. 무원
의 충격적인 모습 보고 즐거운 그러나 일부러 놀란 표정 짓는 문득 십자가 아래, 떨
어져 있는 동화책 발견하는 척 다가가 피 범벅인 동화책 표지 끝 깨끗한 염소 캐릭터
(얼굴) 부분 집어 드는···

앵커   (E) 조금 전, 저희 팩트체크팀 앞으로 범인이 보낸 영상이 배달됐습니다.

6부   #5 SBC ⟨팩트체트⟩ 방송/ 밤

앵커 1S 화면 잡히고, 속보 자막 ⟨살인범이 촬영한 김한국 군 영상 입수·공개⟩

| 앵커 | (비장한) 총 3분 길이의 이 영상 속엔 김한국 군의 모습이 들어있었습니다. 저희는 긴급논의 끝에 이 영상을 공개하기로 했습니다. |

6부   #11-1 프레데터의 지하실, 바름의 시선/ 과거/ 낮/ 추가

손에 동화 들고 소리 내어 읽고 있는 한국,

6부   #11 프레데터 지하실/ 낮

| 한국 | 걱정된 농부는 수의사를 찾아가 치료법을 물었고 수의사는 대답했습니다. "염소 허파를 달여 먹이세요. 그럼 당나귀가 건강을 찾을 거예요." 결국 염소는 당나귀 치료를 위해 농부 손에 죽음을 맞게 되었답니다. |

그 모습 핸드폰으로 촬영 중인 바름, 계속 촬영하며 테이블 위에 놓인 고트맨 가면 가지고 와 한국 얼굴에 씌우고는

| 바름 | (한국 귀에 속삭이듯) 고트맨! 살고 싶음, 저 당나귀를 죽여야 해. 선택해. 당나귀를 죽이지 않으면 염소가 죽어… |

| 앵커 | (E) 정말 고무치 형사가 틀렸습니다. 헨젤과 그레텔의 분노가 아니었습니다…. |

6부   #19 무치의 집 앞, 바름의 시선/ 낮/ 추가

현관문 앞 쌓여있는 우유 팩, 신문 더미. 바름이 갖다 놓은 음식들 그대로 있다‥

| 바름 | 문 좀 열어봐요‥ 벌써 며칠 째에요? (바닥에 풀지 않은 찬합 보고) 이러다 굶어 죽어요. 제발 좀 열어봐요. 살아있는지, 얼굴이라도 보여달라구요… |

무치의 집 안/ 낮

커튼 처져 있는 어두운 실내. 여기저기 나뒹굴고 있는 술병들. 죽은 듯 바닥에 엎어져 있는 무치 모습 보인다. 그 위로 계속 쾅쾅!!! 현관문 두드리는 소리

바름   (E) 제발요…. 문 좀 열어줘요. 고형사님·· 저랑 얘기 좀 해요 네?

6부   **#19-1 무치의 집 앞/ 낮**

바름   얼굴만 보고 갈게요. 제발요 (하는데 핸드폰 울리는) 네. (반갑게) 깼어요?
            (전화 끊고 다시 두드리는) 문 좀 열어봐요. 한국이 찾아야죠. 고형사님. (묵
            묵부답이자 텅 빈 눈빛 되며 나직이 중얼거리는) 아씨 재미없잖아. 니가 그러
            고 있으면·· 얼른 기어 나와. 그래야 내가 재밌어지지.

6부   **#22 무진병원- 응급실 안/ 낮 (추가)**

바름   (봉이 얼굴 속상한 듯 보며) 어떻게 애 얼굴을 이렇게 만들어… 아프겠다··
            (봉이 얼굴 멍든 부위에 살짝 손대면)
봉이   안 아퍼. (하며 바름 손 치우는데, 쑥스러운)
바름   어르신이랑 약속했단 말이야.
봉이   약속? 무슨?
바름   혹시 당신이, 니 옆에 안 계시면·· 나더러 가끔 들여다봐달라고 하셔서
            그러겠다고 약속했어.
봉이   그런 말을 했어? 울 할머니가?
바름   그래. 그러니까 너한테 뭔 일 생김 내가 어르신께 면목 없단 말이야. (봉이
            머리 쓰다듬으며) 그러니까 앞으론 절대 혼자 행동하고 그러지 마. 알았지?
봉이   (끄덕이는. 그런 바름 믿음직스러운 눈빛으로 보는)
바름   좀 자. (눕히며) 입원실로 옮겨야 하니까 가서 세면도구랑 좀 챙겨올게.
            (봉이 눈 감는 거 보고, 일어나 나가는데)
봉이   (감은 눈 갑자기 번쩍 뜨며) 참!

바름	(돌아보는)
봉이	내가 칼로 그놈 팔을 그은 거 같아.
바름	(순간 움찔!) 진짜? 뭐야. 그은 거야? 그은 거 같아?
봉이	그게 그놈한테 머리채를 잡혔을 때 들고 있던 칼을 휘둘렀는데 뭔가가 살짝 스쳤어‥ 근데 그놈이 작게 신음 소리를 냈던 거 같아‥
바름	어디? 어디를 스쳤는데?
봉이	잘… (혼자 시뮬레이션 해보더니) 아마 왼쪽 팔 쪽이었던 거 같아‥
바름	그래? 알았어. 얼른 자… 강형사님께 얘기할게…
봉이	응. (눈 감는)

6부   #22-2 무진병원- 응급실 밖, 바름의 시선/ 낮/ 추가

나오는 바름, 쓱 한번 돌아보면 잠이든 봉이 모습 보인다. 바름 눈 파르르 떨리고 소매 걷어 보는데 칼로 그은 자국. 아씨! 짜증스런.

6부   #23-1 무진병원 현관 앞, 바름의 시선/ 낮/ 추가

나오던 바름. 우엑 거리는 소리에 돌아보면 화단 앞에 쭈그리고 앉아있는 지은.

바름	(E) 아씨…드럽게‥

달려가 등 두드려주며 "괜찮으세요?" 걱정스런 표정 짓는 바름. 지은 돌아보는데 순간 지은 눈에 서 있는 바름 모습 재훈으로 오버랩 되는‥

지은	괘, 괜찮아요. (뿌리치듯 후다닥 뛰어가는)

6부   #29 바름의 집 거실 + 주방/ 낮 (추가)

현관문 열리고, 찬합 손에 들고 힘없이 들어오는 바름과 동구. 주방 식탁에 찬합 올려놓고 뚜껑 열어, 안에 든 내용물 보는 바름.

동구   (보며) 손도 안 댔네…
바름   (한숨 내쉬며 음식들 음식물쓰레기통에 버리는)
동구   빈속에 술만 계속 마시면 급성 알코올 중독인가로 급사 할 수도 있다던데‥
바름   어떻게든 먹여야지. (냉장고 안 재료 훑어보며) 이번엔 뭘 만들어 보지‥
동구   너도 지극정성이다. 살 의지가 없는 사람한테 뭘 갖다 준들 먹겠냐….
바름   (이번엔 냉동고 열어보며) 그래도 어떻게든 한술이라도 뜨게‥ (하다, 검은 비닐에 싼 통 보는) 이게 뭐지? (풀어보다) 하!! 이거야!!!

6부   #30-1 무치의 집 문 앞, 바름의 시선/ 낮/ 추가

손에 찬합 든 채 계단 올라오는 바름. 문 앞 가득 쌓여있는 우유팩과 신문들 보고 따분한 듯한 표정 짓는다.

바름   아‥ 심심해‥ (중얼거리는) 고무치 니가 나랑 놀아줘야지. 시작한 게임은 마무리를 해야 할 거 아냐… 나와 얼른 기어 나오라고. 얼른. (이내 사정하는 말투로 바꾸며) 방송 준비한다고 우리 집에 모여 있을 때‥ 잡채랑 음식들 맛있게 드셨잖아요… (생략) …신부님, 고형사님 그리고 있는 거 정말 바라지 않을 거예요‥

안에서 아무 반응 없자, 굳게 닫힌 문 향해 픽 비웃으며

바름   좋아. 이래도 집구석에 쳐 박혀 있는지 한번 보자구!

6부   #30-2 바름 집 지하실, 바름의 시선/ 낮/ 독립씬

염소 들쳐 업고 내려오는 바름, 김장비닐 위로 툭 던져놓고 카메라 세팅하는. 녹화

가 시작되면 염소 배를 가리고 뭔가를 꺼내는데·· 화면 가까이 가는 바름의 장갑 낀 손, 피 범벅인 염소 허파다.

바름   이게 고트맨의 최후야. 고무치 형사님. 뭐 하고 있어? 이대로 한국이 포
      기할 거야? 사흘 안에 날 찾지 못하면 전 국민이 허파 없는 한국이 시체를
      보게 될 거야!!! 정확히 사흘 후 자정까지야!!!

바름, 카메라 돌리면 구석 낡은 소파에 잠들어 있는 한국. 쌕쌕거리며 뒤척이는 한
국의 모습 화면에 담고 종료버튼 누른다. 노트북으로 동영상 딥웬(다크웹)계정으로
올리는 바름.

6부   #31 무치의 집 안/ 낮

엎드린 채 듣고 있던 무치 눈에서 눈물 한 방울 뚝 떨어지는…

기자   (E) 속봅니다. 범인이 다시, 김한국군의 동영상을 공개했습니다.

6부   #35-1 바름의 집 방안, 바름의 시선/ 밤/ 독립씬

실시간 댓글 확인하며 만족스러운 표정 짓는 바름.

6부   #37-1 무진병원 병실 복도 + 봉이 병실 안, 바름의 시선/ 밤/ 추가

바름   (홍주와 통화 중인) 못 봤을 거예요. 차라리 안 보는 게 나아요·· 얘기 안
      할래요. 피디님. (버럭!) 그 새끼 고형사님한테 대체 왜 그러는 건데요!
      (끊고 피식, 중얼) 왜 그러긴? 심심해서 그러지·· (뒤돌면 병실 안 봉이 슬픈
      눈으로 자기 보고 있다)
바름   (전화 끊고 병실 들어와) 봉이야. 나 좀 나갔다 올게… (나가며) 봤어야하는데··

뭐 못 봤음 내가 알려주면 되고. 크크크크

6부   #39-1 무치집 현관 앞, 바름의 시선/ 밤/ 추가

바름, 현관 앞에 놓여있는 찬합통 사라지고 없는 것 보고 반가운 표정으로 대문 보는.

바름   (신나서 중얼거리는) 오호 ~ 좋았어. 고무치. 자, 이제 게임을 즐겨보자고!

6부   #86 무진청- 특별수사팀 사무실/ 낮

무치   (정신없이 뛰어 들어오며) 차 발견됐어요?
호남   아직·· 찾고 있어.
무치   (불안한) 빨리!! 얼른! 한국이 죽어. 죽는다고!!!
호남   진정해 고무치! 안보여? 다들 최선을 다해 찾고 있잖아!!

보면, 형사들 매달려 고속도로 CCTV, 시내 방범 CCTV 확인하며 차량추적 하느라 정신없다. 무치, 시계 보면 정각 지나고, 미치겠는. 머리 뜯으며 발 동동 구르다, 문득 회의실 창문 블라인드 틈새로 사진 보이는데··

무치   (뭔가 이상한) 저게 뭐야··?

6부   #87 무진청- 특별수사팀 회의실/ 낮

문 열고 들어오는 무치 눈에 보드 가득히 연쇄살인 사건의 피해자 시신 사진들.
무치   (그중 한 사진 보며) 저게·· 뭐·· (하는데)

놀라 뛰어 들어오는 강형사와 호남, 이미 무치가 본 상태라는 걸 알고 멈칫! 서는.

무치　　(호남과 강형사 돌아보며) 왜…. 왜 이래……? 우리 형. 배가….

하며 다시 보드 보는데, 보드에 붙어있는 피해자 시신 사진 중 무원의 십자가에 걸려 있는 사진에서 배 불룩 나와 있는…

플래시 컷/ 구동 성당 앞+안/ 밤 (6부 #4)
실사로 바뀌며 걸려있는 무원의 불룩 불러온 배 부위 경찰들에게 제압된 채 드러누워 오열하는 무치 뒤로 하고. 카메라, 바름 손에 들린 책 찬찬히 비추면, 피범벅인 표지. 피 묻지 않은 부분엔 귀여운 염소 캐릭터 얼굴 그려져 있다. 그 위로

바름　　(NA) 분노로 가득 찬 염소 엄마는 늑대의 배를 갈라, 아기들의 시체를 다 꺼내고, 배에 돌멩이를 가득 담은 후, 그 배를 꿰맸습니다.

으아악 소리 지르며 보드에 붙은 무원 시신 관련 사진 뜯어내는 무치. 바닥에 떨어진 무원 관련 사진 중, 피범벅인 돌멩이, 염소 그림 그려진 피범벅인 동화책… 그리고 불룩 솟아오른 배 위로 듬성듬성 꿰맨 자국의 부검 사진 등‥

바름　　(NA) 분노하지 않는 자는 죄인이야. 고무원 신부. 내가 널 심판할 거야!

15부　　#2 구동 바름의 집- 지하실/ 밤

벽시계 초침 12시 향해 달려간다. 시계 보고 있던 바름. 초침, 막 12시 넘자, 소파에서 잠든 한국에 다가간다. 영혼 빠져나간 듯한 메마른 눈빛으로 한국 내려다보는 바름

바름　　(다정한 말투로 나즈막이) 한국아. 그 형사아저씨가 약속을 안 지켰어.

한국 앞에 앉아 자신이 차고 있던 시계 풀어 잠들어있는 한국 손목에 채우며…

바름　　나중에 그 형사 아저씨한테 보여줘야지. 난 약속 지켰다는 거. (이어 칼 꺼내 들고, 세상모르고 곤히 잠든 한국 내려다보며) 시기, 질투하지 않는 자는

죄인이야!

잠든 한국 내려보며 칼 드는 바름 영혼 없는 눈빛‥!!!!

앵커   (E) 한국이에게 주어진 시간인 어젯밤 자정을 넘기면서… 안타까운…

6부   #96 봉이네 집- 화장실/ 밤

봉이야! 부르며 뛰어 들어오는 바름. 열린 화장실 안에 벌러덩 넘어져 있는 봉이 발견하고 후다닥 일으키는데 봉이 일어나다 아악 비명 지르는.

바름   (살피며) 안 되겠다 업혀.
봉이   왜?
바름   우리 집으로 가. 고집부리지 말고.

6부   #97 구동마을 골목/ 밤

봉이 등에 업고 걸어가는 바름. 봉이, 그런 바름 등 따듯하다‥

봉이   오빠….
바름   응?
봉이   아냐‥ (바름 등에 얼굴 푹 파묻는)

6부   #98-1 바름의 집, 거실/ 밤 (독립씬)

바름   (업고 있던 봉이 소파에 조심스레 앉히며) 여기 잠시만 앉아있어. (방으로 들어가는)

6부   #99 바름의 집- 방 안/ 밤

바름   (이불 깔아주고 봉이 조심스레 부축하며 눕히고는) 내가 덮던 이불인데 오늘
        만 덮고 자. 내일 깨끗이 빨아놓을게··

봉이   (그런 바름이 좋은) 참, 어벙이 먹이 줘야 하는데··

바름   내가 주고 올게. 아니다 데려오지 뭐·· 간 김에 니 옷도 좀 챙겨오고(가는)

봉이   (이불 냄새 맡고 좋은)

6부   #100-1 구동마을- 골목, 바름의 시선/ 밤/ 추가

어벙이 새장과 봉이 옷가지 담은 가방 들고 걸어오는 바름. 핸드폰 벨 울리는데.

바름   (새장 내려놓고 전화 받는) 네. 강형사님···. 고형사님이요? 집에 없어요?
        네? (충격받은) 봉이 할머니 DNA가 나와요? 그 의사 집에서요?

바름   (멍하니 서 잠시 생각하는/E) 성요한 집에서 왜··? (하다) 설마··? 아씨! (정
        신없이 뛰어가는)

6부   #101-1 요한의 집 앞- 담장 안, 바름의 시선/ 밤/ 추가

가뿐하게 훌쩍 담 넘어가는 바름.

6부   #102-1 요한의 집- 지하실 방, 바름의 시선/ 밤/ 추가

부서진 채 열려 있는 지하실 문. 들어가 보면, 아무것도 없다. 바름 나가려다, 문득
돌아보는데, 벽 사이에 끼어있는 미세한 (사진) 조각 발견한다. 변순영 시신 사진! 벽
사이에 틈 발견한 바름, 확 열면, 그 안 온통 무진 연쇄살인 사건 스크랩!

바름   (E) 성요한이었어··? 김준성이 아니라··? 이 새끼가 어떻게 이 사진들을··?

문득 사진들 옆쪽 구석에 자신과, 봉이와 함께한 일상 사진까지 찍혀있고 바름의 집 구조 사진까지 샅샅이 찍혀있는. (화분 있던 뒷마당도) 순간 흠칫! 하는 바름

바름   (E/생각하다) 다 알고 있어! 나에 대해… (내 뱉으며 뛰어 나가는) 아씨!!!

6부   #107 바름의 집- 뒷마당/ 밤

뒷마당 나오는 요한, 화분 뒤에서 숨죽이는 봉이. 칼 들고 두리번거리던 요한, 화분 쪽으로 성큼 걸어온다. 붕대 감긴 손 땜에 미치는 봉이. 순간 봉이 입 틀어막는 손!

봉이   (흡! 몸부림치려는데)
바름   쉿! (놀라 보는 봉이 보며) 이리 와. (봉이 끌고 담벼락 위로 올려주며) 도망쳐! 얼른!
봉이   싫어! 같이 가.
바름   난 그놈 잡을 거야! 내 손으로! 어르신 죽인 놈이야. 내 손으로 잡을 거 야! (기척 나자) 얼른 신고해! 알았지 (봉이 담벼락 아래 내려주고 돌아서는데)

봉이 숨어있던 화분 앞, 요한이 손에 칼 든 채, 바름 노려보고 있다. 바름과 요한, 서로 화분을 가운데 둔 거리에서 팽팽하게 노려보는데··

6부   #107-1 바름집- 뒷마당, 바름의 시선/ 밤/ 추가

요한   … 그 아이부터 살려줘.
바름   어?
요한   니 발밑에 있는 한국이··
바름   (지그시 요한 보며) 오호라~ 한국이 구하러 온 거구나?

6부   #109-1 바름의 집 옥상 위 + 구동 골목 , 요한의 시선/ 밤/ 추가

탕! 총성에 바름 머리 내리치다 놀라 돌아보는 요한. 저멀리 총 겨누고 있는 무치 보인다. 요한, 두려움과 슬픔이 섞인 눈으로 무치 보는데‥ 순간 탕 소리와 함께 배에 총알 박히며 복부에서 피 뿜으며 쓰러진다. 끄억거리며 고통스러워하는 요한, 힘겹게 고개 돌리면 얼굴 피 범벅된 채 끄억거리며 눈 까무룩 감기려는 바름 보이자, 바름 향해 뻐끔거리며 페이드 아웃.

페이드 인 되면서….

2부 　 #67 무진병원- 로비/ 낮

띵 소리 나며 엘리베이터 열리고 내리는 바름. 그 위로 뉴스 소리 들린다.

기자 　 (E) 사건 현장에서 얼마 전 살해당한 체육관 관장 A씨와 종업원 B씨, 신원미상의 노숙자 C씨의 소지품이 발견돼 충격을 주고 있습니다.

터벅터벅 현관 향해 가는 바름. 로비 중앙, 모니터 앞 웅성거리며 서 있는 사람들. 가던 걸음 멈추고 보면, 모니터에는 비닐하우스 현장 S. K 모습 보이며

기자 　 (E) 경찰은 이번 사건을 연쇄살인 사건으로 규정짓고 특별 수사본부를 꾸려 수사를 진행하겠다고 밝혔습니다.

뉴스 보고 있는 바름의 얼굴 위로…

바름 　 (NA) 엄마가 말했다. 괴물 유전자를 가진 아이가 나 말고 하나 더 있다고…

바름을 저만치 떨어진 거리에서 바라보고 있는 누군가의 시선 위로….

바름 　 (NA) 살면서 늘‥ 궁금했다… 그 아인… 어떻게 됐을까?

기자 　 (E) 현장에는 네 명의 피해자의 물건 외에, 남성용 시계도 남겨져 있어 경찰은 또 다른 피해자가 있을 것으로 추정하고‥

뉴스 보던 바름. 문득 자신에게 향한 시선 느끼고 문득 고개 돌리는데‥ (그 뒤로 화면에 시계 뜨는데, 치국의 시계다. 바름 그 화면 보지 못한 채) 요한과 시선 마주치는 바름. 요한 바라보는 바름의 서늘한 눈빛 위로… (2부와 다르게 바름 얼굴 위로)

바름   (NA) 나와 같은, 프레데터가 되었을까‥?

그런 바름 바라보는 요한의 선한 눈빛 위로…(2부와 다르게 요한 얼굴 위로)
바름   (NA) 나와 다른, 보통의 인간이 되었을까‥?

허공에서 강렬하게 마주치는 선한 바름 눈빛과 서늘한 요한 눈빛. 화면 슬로우 걸리며 지나치는 사람들 사이 마주보고 서 있는 바름과 요한이 있는 로비 풍경 (F.S)

에필로그 (1부 93씬) - 프레데터의 집- 지하실

지하 공간. 벽 가득 붙어 있는 죽어가는 피해자들 사진들 앞에 서 있는! 바름이다. 그리고 한쪽 아래, 어린이집 원생복 차림의 어린 바름 사진 놓여있다.

바름   (NA) 신은 결코 나의 기도를 들어주지 않았다. 결국… 나는 살인마가 되었다.

the END-

#바름의 집 지하실

일기 쓰는 아이의 손. 그 위로…

재훈   (NA) 10월 17일. 맑음. 토끼 배를 갈랐다. 살이 찐 건지. 새끼를 뱄는지 궁금했다….

학교 앞, 계부한테 뺨 맞는 재훈 위로.

재훈   (NA) 10월 18일. 흐림. 토끼 배를 가른 게 맞을 일인지 모르겠다.
그래서 어항에 암모니아를 부어버렸다.
아빠가 금붕어보다 더 아끼는 건…. 초코다.

초코 들고 나가는 재훈. 둥둥 떠오르는 초코 보는 위로

재훈   (NA) 10월 19일. 맑음. 재민이가 일러바쳤다.
고자질쟁이는 혼이 나야한다. 그래서 재민이를 혼내줬다.

일기를 쓰는 재훈 위로

재훈   (NA) 10월 20일. 흐림. 엄마가 나를 죽이려고 했다.
        너 같은 괴물은 죽어야 한다고 했다.

성당에서 기도하는 재훈 위로

재훈   (NA) 10월 21일. 천둥번개‥
        태어나 처음으로 신에게 기도했다. 괴물이 되지 않게 해달라고…

무표정하게 일기 쓰는 재훈. 책상 한쪽, 탁상거울 보면‥ 거울 속 재훈의 표정,
착한 아이처럼 해맑은 미소를 짓는. 그 위로

재훈   (NA) 10월 29일. 해 쨍쨍.
        오늘부터 가면을 쓰고 살기로 결심했다.
        세상에서 제일 착하고 바른 아이인척… 정바름‥ 마음에 드는 이름이다.

바름의 지하실

일기 쓰는 손‥ 아이 손에서 어른 손으로 바뀌고.

바름   (NA) 10월 15일.
        신은 내 기도를 들어주지 않았다. 나는 결국 살인마가 되었다‥‥‥

일기장 덮는 손‥ 일기장 표지에 삐뚤빼뚤한 글씨로 정재훈. 이름 위로 〈마우스〉

마 우 스

타이틀 떴다 글씨가 가루처럼 사라지고 〈더 프레데터〉PART-2 로 바뀌면, 일기장
표지 이름, 정재훈에서 정바름으로 바뀌어있다.

〈더 프 레 데 터〉 PART-2

2부   #33-1 석진동 복싱 체육관, 바름의 시선/ 밤

바름, 송수호 묶어 놓고 구타하고 있다.

바름   (NA) 나의 첫 살인은 서툴렀고… 힘들었던 것으로 기억된다.

바름, 라이터를 켜서 휙 던지면‥ 순식간에 확! 불타오르는 송수호,
마지막 방점 찍듯, 들고 있던 칼을 송수호 가슴에 푹! 꽂으면!
송수호, 욱 피를 토하며 힘없이 고개 떨구는 그 위로 불길이 더 거세지고‥
활활 타고 있는 송수호의 몸을 움직임 없이 지켜보는 텅 빈 눈빛의 바름. 그 위로‥

바름   (NA) 하지만 그날의 짜릿하고 흥분됐던 기분은 내내 머릿속을 떠나지 않았다.

2부   #35-1 석진동 복싱 체육관, 바름의 시선/ 밤

어느새 완전 타 버린 송수호의 몸에서 피어나는 연기, 개운한 표정으로 보고 서 있는
바름. 뚜벅뚜벅 걸어가 손에 들린 성서, 책장에 꽂아 두는데, 문득 다시 빼서 뒤집어
꽂아둔다. (이후 내레이션 이어지는 느낌으로.)

바름   (NA) 이젠… 내가 신이 되기로 했다.

무진시가 한 눈에 내려다 보이는 옥상 (15부 #86 동장소)/ 밤

바름이 내려다보는 시선으로 도심 곳곳의 불켜진 빨간 십자가들(CG)에서…
(가능하면 바름 뒷모습 대역으로-송수호 죽일 때 옷 입고-)

바름　　　(NA) 나태하지 않은 자, 탐욕스럽지 않은 자, 성욕이 없는 자,

　　　　　　교만하지 않은 자, 식탐이 없는 자, 분노하지 않는 자, 시기하지 않는 자.

바름의 지하실/ 밤

일기 쓰는 바름의 손으로 디졸브 되며.

바름　　　(NA) 이게 내가 세운 7대 죄악이다. 나는 그들을 심판할 것이다.

5부　　　#8 공장/ 과거/ 밤

컨베이어 벨트에서 작업하면서 꾸벅꾸벅 조는 박종호(20대).
박종호, 주머니에서 커피믹스 꺼내더니 물도 없이 가루 째 입에 털어 넣는 위로

〈점핑〉 피 흘리며 죽어있는 박종호 손에 들린 커피믹스 뺏어 드는 손!

바름의 지하실/ 밤

일기장에 죽어있는 박종호 모습 그리는 손!

바름　　　(NA) 박종호. 나태하지 않은 자!

죽어있는 박종호 그림에서… 실사로 바뀌는.

3부　　　#83　　 인서트/ 종교단체 폐 의류공장 안 (살인사건 현장)

경찰 보면, 부패한 시신 오른손 가운뎃손가락 꺾여있고. 왼쪽 손, 가운뎃손가락 잘
려지고 없다. 옆에 던져져 있는 가방 옆 커피 믹스들 여러 개 흩어져 있다.

2부   #48 인서트/ 재건축 현장

덮인 포대 사이로 나온 발. 낡은 신발 신겨져 있고 다른 쪽은 맨발이다. 그 주변에 파리 앵앵 날아다니고‥ 경찰 포대 들추다 흡! 코 막으며 고개 돌리는. 머리에 도끼(소형 도끼) 꽂혀있고, 꺾인 중지, 가리키는 곳 십자가가 불빛 보인다.

바름   (NA) 김성규. 탐욕스럽지 않은 자!

2부   #4 무진, 금신동 버스정류장 + 길/ 밤

살대 부러진 우산 펴며 마을버스에서 내리는 추레한 복장에 모자(자주) 여인. (변순영. 30대) 기사, 버스 문 닫으며 정류장 구석 검정 우산 들고 서 있는 사내 힐끔 본다. 이내 버스 출발하고, 들고 있던 검정 비닐봉지 비 맞을까봐 가슴에 꼭 안아 들고 걸음 재촉하던 여인, 문득 돌아보면 저만치 자신을 따라오는 우산 쓴 사내 보인다. 여인, 불안한지 더 빠르게 걷기 시작하면 역시 간격 맞추며 빠르게 따라오는 사내. 그런 그들의 모습을 저만치(길 건너쯤)에서 지켜보는 시선. 불안한 표정의 여인 힐끔힐끔 돌아보다 갑자기 전속력으로 뛰기 시작한다.

2부   #5-1 금신동 버스정류장 인근 한적한 길, 바름의 시선/ 밤/ 추가

헉헉대며 멈춰 서서 슬쩍 뒤돌아보는 순영, 따라오던 사내 보이지 않자 후… 안도하며 돌아서는데. 검정 우산 쓴 사내 바로 앞에 서 있다. 쓰윽 우산 들면 텅 빈, 메마른 눈빛의 바름이다. 순간 달려들어 순영 푹 쑤시는 위로!!!

바름   (NA) 변순영. 성욕이 없는 자!

2부   #5-2 한적한 길, 바름의 시선/ 밤/ 추가

죽어가는 변순영을 여유로운 자세로 질질 끌고 가는 바름. 블라우스 입은 등에 돌이 걸려 블라우스 긁히는.

2부 　#5-3 배수로 앞, 바름의 시선/ 밤/ 추가

미니 폴라로이드 꺼내 죽어가는 변순영을 찍는 바름, 변순영 앉혀놓고 가운데 손가락 반지 뺀 후 손가락 꺾어 십자가 쪽 향하게 세팅한다.

바름　　　(자신이 세팅한 변순영 모습 만족스럽게 바라보다. 십자가 향해) 잘 보이지?

2부 　#17 구치소- 강당 가는 길/ 낮

낑낑대며 매직박스 들고 풀 무성한 샛길로 가는 바름과 치국.

치국　　　아씨 엄청 무겁네. 바퀴 놔두고 왜 들고 가냐고!
바름　　　바퀴가 워낙 예민해서, 이런 돌길에 고장이라도 나면 이따 공연 때 낭패라‥ 미안. (하다) 잠깐 쉬자. (박스 내려놓으며 운동장 쪽 바라보며 땀 닦는)

수풀 옆에 드리워진 철망 안쪽으로 구치소 운동장 한눈에 보인다.

2부 　#18 구치소- 운동장 철망 밖/ 낮

바름의 시선으로 책 읽던 서준, 문득 시선 느끼고 고개 들어 바름 쪽 보는…

2부 　#19-1 구치소- 운동장 철망 밖, 바름과 서준의 시선 추가

서준과 바름, 서로 바라보는 눈빛 -마치 자신의 종족을 알아본 듯한 흥미로운 각자의 시선.

15부 # 무진구치소- 폐쇄된 공동샤워장/ 낮

바름   (표정 없는) 우리가 고1때 처음 만났지? 같은 반 내 짝꿍. 그때부터 쭉 관찰했는데‥ 넌 너무 겸손해. 니가 한 선행도 다 내가 했다고 공을 돌리고 말이야.

치국   (픽 웃는) 그래서 그게 재수가 없어? 그럼 나 계속 재수 없는 사람 할란다.

바름   그래서 말이야… 널 보면서 생각했어. (하며 귀에 이어폰 꽂는)

치국   뭘얼?

바름   (치국에게 다가가 치국 눈 정확히 응시하며) 널 심판할 거라고!

찰나적으로 주머니에서 칼 꺼내 들고 치국 공격하는 반사적으로 치국, 방어하려 손 올리지만 손보다 칼이 먼저 들어오며 손가락 맨 윗마디에 나는 상처(방어흔-요한 발견). 치국 손가락 베이며 가슴팍으로 들어오는 칼날! 퍽퍽 찌르는데 눈에 살기 가득한 바름. 치국 그 와중에 힘겹게 바름 칼 잡고 버티며 끄억끄억 핏발 선 눈으로 노려보는.

치국   (점점 힘 빠지는) 왜… 왜…

바름   (피식) 교만하지 않은 자는 죄인이야. 새끼야!

힘 더 꽉 주며 밀어 넣으면! 치국, 결국 바름 손 놓치고, 가슴에 쑥 들어가는 칼. 이내 쓰러지는 치국. 칼 뽑아 계속 난자하며 바름 얼굴 위로 튀는 피피피!!!

2부 #32 구치소- 강당/ 낮

충격 받은 모습의 바름! 열린 매직박스 속엔 팬티만 입은 치국이 머리와 온몸에 자상을 입고 피투성이 된 채 마술용 쇠사슬에 묶여 새우 자세로 구겨져 있다. 잘린 치국의 오른쪽 집게손가락, 매직박스 바닥에 아무렇게나 내동댕이쳐져 있다!

서준	(고개 들어 잔뜩 긴장한 채 보는 바름에게) 실, 바늘 가져와.
바름	에?
서준	마술할 때 사용했잖아.
동구	아·· (후다닥 무대에 있던 실 바늘 찾아서 갖다 주면)
서준	(받아서 치국의 터진 뇌간 부위 응급처치 하려는데)
바름	(두려운 눈빛으로 서준 보다, 정신 든 듯 확 밀치며) 소, 손대지 마!
서준	**(옆으로 툭 밀려나며 바름 보는데, 바름의 손대지마!라는 감정적 대사와 달리 텅비고 메마른 눈빛 본다.)**

서준, 어깨 으쓱하고 다시 앉아 실을 끼운 바늘로 치국의 손상된 머리 처치하는데··

| 바름 | (NA) 아씨·· 짜증나. 왜 방해하고 지랄이야··· |

손놀림 예사롭지 않다. **주변에 몰려 있던 사람들, 모든 시선 서준과 치국에게 향하자 바들바들 떨며 보던 바름, 일순, 죽어가는 치국 향해 미세하게 씨익 입꼬리 올리는.**

| 바름 | (NA) 이새끼 운도 좋네·· |

3부   #44-1 무진병원- 치국의 병실 (#45 바로 앞 상황)/ 바름 시선/ 낮

병실 들어서면 치국 앞에 앉아 치국의 몸 닦아주고 있는 치국母.
바름, 픽 웃더니 치국母에게서 물수건 뺏어드는.

바름	제가 할 테니 휴게실 가서 잠깐 눈 좀 붙이고 오세요. 얼른요. (억지로 밖으로 끌어내는)
치국母	괜찮아. 내가 할게. (하다 바름에게 밀려나는데, 바름 손 꼭 잡고) 고맙다. 바름아. 치국이 저러고 있지만 분명히 고마워할 거야··
바름	(끄덕) 지치시면 안 돼요, 어머니···
치국母	그래.
바름	얼른 쉬고 오세요. (보내고 치국 돌아본다. 비웃듯) 이것도 스릴 있다? 그치?

치국아? (물수건으로 얼굴 닦아주는 눈빛이 텅 비는) 깨지마. 안 깨는 게 좋을 거야. 더 처참한 꼴로 죽기 싫음… (하며 닦는데 무치 들어온다)

2부   #49-1 차 앞, 바름의 시선/ 밤/ 추가

바름 트렁크 열면, 그 안에 벌집 문양 장갑, 트레이닝 복, 마라톤화, 칼, 밧줄, 초대형 비닐 롤 등… 들어있다. 이내 트렁크 문 쾅 덮는다.

2부   #50-1 한적한 신도시 거리, 바름의 시선/ 밤

진한 선팅의 승용차, 카오디오에서 바흐의 골드베르크 변주곡 중 아리아 흐르고. 사냥감 찾는 하이에나처럼 전방을 주시하며 천천히 속도를 낮춰 배회하는 바름. 바름 시선으로 다리 아래 산책로에서 흰색 추리닝에 이어폰을 꽂고 산책중인 여대생 보인다.

바름   (NA) 컨디션이 별로다. 그래서 오늘은 쉬운 먹잇감을 고르기로 했다.
           저렇게 몸집이 작고 한눈에 봐도 힘이 없어 보이는 사냥감….
           아주 이상적인 사냥감이다.

5부   #70-2 포도농장 (독립씬)

포도들 꾸역꾸역 정신없이 따먹는 조미정. 그러나 결국 우엑우엑 게워내고 마는. 바름, 못마땅한 표정으로 보다 다가가 토하는 조미정 머리채 확 휘어잡곤 바로 찔러버리는!

2부   #63. 포도밭 농장 (비닐하우스) 안/ 낮

포도나무 덩굴 감긴 철대 위에 대롱대롱 매달린 여대생 시신. 시신의 목에는 수호의 빨간 글러브가 걸려 있고, 손목에는 남성용 시계, 손가락에는 캐릭터 반지가, 그리고 한쪽 발에는 낡고 더러운 남자 신발 한 짝 신겨져 있는데. 오른손, 가운뎃손가락을 입에 물고 있는 기괴한 형상이다.

2부   #52-1 프레데터의 집 - 지하실, 바름의 시선/ 밤/ 추가

끼이익, 지하실 문 열리며 바름 계단 내려온다. 벽 가득 죽기 직전의 피해자들 사진 붙어 있고. 천천히 걸어 벽 앞에 서는 바름, 붙어 있는 사진들 사이에 숨 끊어지기 직전의 조미정 모습이 담긴 사진 붙인다.

바름　　(NA) 조미정. 식탐이 없는 자!

5부   #84 인서트/ 지하실

어둠 속 TV 모니터 보이고 누군가의 실루엣 보이고 화면은 다큐멘터리 〈용서〉 속 무원의 인터뷰 모습이다. 그 모습 앉아서 보고 있는 프레데터의 실루엣.

무원　　마음에 분노를 가득 채우고 사는 건 당연한 일이죠. 아마 분노가 지금의 날 살게 하는 힘이었을 거예요. 그런데 용서하기로 마음먹고 모든 게 달라졌어요. 동생을 위해서라도 좀 더 열심히 살아야겠구나⋯ 한서준에게 용서한다고 말하고 돌아온 날⋅⋅ 정신없이 잤어요. 그날 이후, 처음으로 푹 잤어요⋅⋅

장면 바뀌고, 탄원서 제출하는 무원의 모습 보인다. 그 위로 홍주 내레이션 깔리는

홍주　　(NA) 늦은 나이에 신학공부를 시작한 고무원 신부는 한서준의 사형을 면하게 해달라는 탄원서를 제출했습니다. 용서가 비로소 그를 살게 했습니다⋯.

　　　#90-1 구동 성당 예배당 안/ (독립씬) (5부 #1 이전 상황)

들어오는 바름. 예배당 의자에 무원 앉아 핸드폰으로 방송 보고 있다가

바름	안녕하세요 신부님. (90도로 깍듯이 인사하는)
무원	(돌아보고 반갑게) 어 정순경. 무슨 일인데 여기서 보재? 무슨 일 있어?
바름	(건조하게) 네, 그게 누굴 어딜 좀 보낼까 말까 고민이 돼서 상담 좀 드리려구요.
무원	누가 어디 가?
바름	(무원 옆에 앉아 의미심장한 표정 지으며) 갈 지‥ 안 갈 지‥ 아직은 모르겠어요.
무원	어? (못 알아들은)
바름	(십자가 올려다보며) 마지막으로 물을게요.
무원	마지막? (무슨 말인가) 뭘?
바름	(돌아보는) 정말, 한서준한테 화 안 나세요?
무원	(보면)
바름	분하지 않냐구요? 신부님을 이렇게 만들었는데‥ 고형사님 저렇게 사는 것도 다 그 한서준 때문인데…
무원	(슬프게 십자가로 시선 돌리며) 난 이미 한서준을 용서했어…
바름	(그런 무원 서늘하게 보다, 무원 손에 들려있는 핸드폰 화면에 시선 두며) 대체 정답이 뭘까요? 뭐길래…?
무원	그러게‥ 시간이 얼마 안 남았는데… 문젤 못 맞추면 아일 죽일 텐데‥
바름	(눈빛이 텅 비어가며 중얼거리는) 아일 죽인다고는 안했는데‥
무원	(무슨 말인가) 어? (보는데)
바름	죽인다고만 했지…
무원	(바름 눈빛 이상한)
바름	아이라고는 안했거든요.
무원	(순간 소름!!! 돋는)
바름	(씩 웃으며) 맞아 너야.

콱! 순식간에 무원이 목 확 틀어잡는 바름의 손힘에 버둥거리는 무원.

5부　　#90-2 장미상가 앞 (독립씬)

나오는 바름. 상가 입구 문에 〈구동성당 폐쇄-재개발로 인해 구동성당 폐쇄합니다〉
붙어있다.

5부　　#82-4 구동 성당 예배당/ 추가

바름 텅 빈 눈빛으로 무원 목에 대고 있는 칼에 힘 확 주며 무원의 목 쓰윽 긋는!

바름　　(NA) 고무원. 분노하지 않는 자!

3부　　#58 바름의 집 거실/ 아침/ 추가

캐릭터 잠옷과 사과머리 차림의 바름, 소파에 앉아 "어린이에게 희망을"이라는 후원
프로그램 보고 있다. 코피노 어린이 김한국 소개 영상과 함께 후원 전화 자막 떠 있
고, 한국이 인터뷰.

피디　　한국이는 한국이를 버린 아빠가 밉지 않아?
한국　　(고개 흔드는) 아뇨. 안 미워요. 아빠한테도 이유가 있을 거예요.

티비 보던 바름 순간 표정 굳고 눈빛 서늘해지는

피디　　혹시 아빠가 TV보고 계실지 모르니까 하고 싶은 말 있음 해볼래?
한국　　(잠시 생각하다, 화면 응시하며) 아빠 보고 싶어요‥ 사랑해요‥

어느새 바름 눈빛 텅 비어 있다

피디　　한국인 아빠 만나면 젤 먼저 뭐 하고 싶어?
한국　　놀이동산이요! 놀이동산 가고 싶어요…

바름	(E) 좋아. 다음 심판은 너로 정했어! (이내 표정 바꾸고 우는 척)

4부   #65-1 놀이동산- 매점 앞/ 바름의 시선/ 낮

바름, 한국이 촬영하는 모습을 모두 지켜보다 가방에서 고트맨 빵 꺼내 숲길 입구에 놓는다. 한국이 와서 빵 집어 드는 거 보고 유인하듯 한국이 시야에 보이는 곳에 빵 봉지 또 꺼내 놓는다.

4부   #65-2 놀이동산 숲길 일각/ 낮 (독립씬)

나무 뒤에 숨어있는 바름. 어느새 한국이 품에 빵 5개 들려있고, 한국이 앞에 놓여있는 빵을 또 집어 드는 순간 한국의 입 틀어막으며 낚아채는 바름.

6부   #7-1 옥상, 바름의 시선/ 과거/ 낮

바름 핸드폰 카메라로 줌인해서 바비큐 굽는 한국부와 테이블에 앉은 한국의 이복동생. 행복한 부자의 모습 찍고 있다, 화면 옆으로 돌려 그 모습 보고 있는 한국 찍는다. 줌인해서 한국의 슬픈 눈빛 담는다.

바름	원래 저 자리가 니 자린데…. 쟤가 니 자릴 뺏은 거야.
한국	(말없이 보고만 있는)
바름	어때? 쟤가 밉지? 쟤가 없어져 버렸음 좋겠지? (말없는 한국 보며)
바름	왜 대답이 없어? 말해. 저 아이한테 질투 난다고.
한국	(입 꾹 다문 채, 아빠와 아이의 다정한 모습 보고만 있는)
바름	(그런 한국 모습 짜증스러운)

6부   #8-1 프레데터의 지하실, 바름의 시선/ 과거/ 낮

바름, 아이(한국이복동생) 얼굴에 씌워진 고트맨 가면 벗긴다. 바름, 의식 없이 고개 떨군 채 의자에 묶여있는 아이 보며 놀란 한국 표정 살피며.

바름	니가 대답을 안 해서 데려왔어. 직접 보니 어때?
한국	(아이 보면서 아무 대답 않는)
바름	거짓말하면 나쁜 아이야·· 사실은 이 아이가 미워 죽겠잖아·· 말만 해. 질투 난다고. 그럼 아저씨가 저 아이 없애줄게….
한국	(화난 듯 씩씩거리며) 질투 안 나요! 그러니까 쟤 얼른 집에 보내줘요.
바름	(차갑고, 건조하게) 시기, 질투하지 않는 인간은 죄인이야·····
한국	(갑자기 화면 쪽 휙 돌아보더니) 아저씨·· 참 불쌍한 사람이에요.

순간 바름의 눈빛 서늘해지며 핸드폰 쥔 손 미세하게 떨린다. 바름 무표정하게 변하더니 종료 버튼 누른다.

#바름의 지하실/

칼로 난도질 된 염소와 포르말린 통 그려져 있는 일기장.

바름	(NA) 김한국. 시기하지 않는 자!

3부   #57-1 바름의 집 방 안/ 아침 (#58앞 상황)

캐릭터 잠옷 입은 바름. 거울 앞에 서 있다. 무표정하고 텅 빈. 메마른 눈빛 바름, 머리에 고무줄 묶고 방긋 웃는 연습한다. 다시 울먹이는 연습하고·· 반복 연습하는데.

바름	(NA) 11월 1일. 가면을 쓰고 사는 건… 귀찮고 짜증나는 일이다.

2부   #55-1 구동, 하수구 인근, 바름의 시선/ 새벽/ 추가

사건 현장에서 뛰쳐나오는 바름, 입을 틀어막은 손을 떼며 '웩'하고 헛구역질을 한다. 현장에 있는 파출소장을 힐끔거리면, 쪼그려 앉아 뭔가를 보고 있다. 짜증이 나는 바름, 더 큰 소리로 '웩' 하고 손가락 넣어 헛구역질하면, 그제야 바름을 보며 혀를 찬다. 파출소장 '어이 정순경' 하고 부르자, 입을 닦아내며 대답하는‥

바름   네. (손으로 눈 옆 가리며 오는)

소장   넌 죽은 고양이 하나 보고도 이러니 사람시체라도 보면 기절초풍하겠다?

바름   죄송합니다. 노력하겠습니다.

소장   그게 노력으로 되냐. 사무실 가면 캐비닛에 전단지 붙이고 남은 거 있을 거야. 빨리 튀어가서 그거 들고 동네 여기저기 쫙 붙여놔.

바름   네. (일부러 천천히 뛰는 척하는)

3부   #31 구동역 앞 격투장 앞/ 밤

건물에서 나오는 봉이. 고개 푹 숙인 채 터벅터벅 걸어가는데 "지금이 몇 시냐" 소리에 돌아보면 바름이다.

바름   (건물 올려다보면 만화 간판 보인다) 도서관 간다더니 만화방 간 거였어?

봉이   (짜증) 남이사!

바름   손은 좀 어때? 괜찮아? (다친 손잡다) 손이 왜 이렇게 차?

봉이   (잡힌 손 확 뿌리치며) 죽을래?

바름   안 되겠다. (다시 봉이 손잡아 끌고) 가! (앞장서 가면)

봉이   (손 붙들린 채 끌려가며) 어딜 가? 야! 안 놔!? 놓으라고!!!

3부   #32 구동역 근처 설렁탕집/ 밤

우걱우걱 설렁탕 먹는 바름. 그 앞에 앉아 깨작깨작 먹는 봉이.

바름	(우걱우걱 먹다) 왜 이렇게 못 먹어. 푹푹 퍼먹어. (봉이 억지로 한 숟갈 뜨면, 얼른 그 위에 깍두기 얹어주며) 뜨거운 걸 먹어야 몸이 따듯해져…
봉이	(바름이 얹어준 깍두기 물끄러미 바라보다) 정순경.
바름	(밥 우걱우걱 먹으며) 정순경님! 혹은, 바름 오빠.
봉이	나 정순경한테 시집가도 돼?
바름	(켁!)
봉이	(여전히 퉁명스러운 말투로) 내가 잘할게. 나 밥도 잘 하‥ 아니 잘할 거고… 청소도 잘할 거고… 나가서 돈 벌어오라고 하면 돈도 벌어올게… (기어들어가는 목소리로 혼잣말처럼) 자격은 안 되겠지만…
바름	(못 듣고. 걱정스레) 너 무슨 일 있어?
봉이	(다시 큰소리로) 아무 일 없거든. 빨리 대답이나 해.
바름	(숟가락 놓으며 부드럽게) 넌‥ 나한테 귀여운 동생이야‥
봉이	(띠껍게) 거절 참 지랄같이도 한다. (숟가락 탁 놓고, 확 일어나 나가는)
바름	보, 봉이야‥ (후다닥 따라 나가는)

3부   #32-1 설렁탕집 건물 앞/ 바름 시선/ 밤/ 추가

뛰어나오는 바름. 버스에 올라타는 봉이 보인다. 버스 창가에 앉는 봉이, 생각에 잠겨있는.

바름	(그런 봉이 짜증스럽게 보며) 귀찮아… 저 기집애

3부   #80 구동역 앞 격투장 건물 밖 + 특별수사팀 사무실/ 낮/추가

건물 안에서 바름 나오는데, 핸드폰 울린다. 전화 받는.

바름	네. 제가 정바름 순경인데요‥ 아, 네 형사님.
강형사	(F/짜증스러운) 그때 봉합 안 된 나치국씨 손가락 혹시 보관 안했죠?
바름	그건 왜요?

강형사	(F/어이없다는 듯) 그 손가락도 현장 증거품이라고‥ 증거보관 팀에서 제출하라는데‥ 무슨 물건도 아니고 참내‥
바름	(반색하며) 병원에 있을 거예요. 혹시라도 그 손가락에서 범인 디엔에이라도 나올까 해서 꼭 좀 보관해달라고 부탁드렸었거든요‥ 당장 확인해 볼게요. **(전화 끊고 피식 웃는)**

2부   #58 봉이네 집- 마당/ 아침

바름	(마루에 앉아있는 할머니 다리에 얼음찜질 하며) 다행히 **뼈**에 이상이 있는 것 같진 않아요‥ 인대가 좀 늘어난 거 같아요‥
봉이할매	(그런 바름 물끄러미 바라보는)
바름	(찜질하다 발목 뒤쪽에 상처 자국 보며) 어? 여기도 다치셨는데… 약도 안 바르고 이러다 곪아요‥ (하다 생각난 듯 봉이 주려고 산 소독약과 연고, 고트맨 캐릭터 밴드 꺼내 붙이며) 귀엽죠? 고트맨. 이게 아통령이에요. 아이들의 대통령. 이거 붙이면 패피 되십니다.
봉이할매	염생이 새끼고만. 그것이 뭐시‥
바름	(그런 할머니 보다) 앞으론 제가 갈게요.
봉이할매	잉? 뭘슬?
바름	비 오는 날 봉이 마중 제가 갈게요. 그니까 어르신은 집에 가만 계세요.
봉이할매	음마. 어째 그런 걸 부탁 한단 가. 나랏일 허니라고 바쁜 사람 헌티….
바름	(씽긋 웃으며) 아니에요. 주민 편의. 그게 제 일인 걸요.

바름의 집 지하실

할머니 몸에 꼬챙이 꽂힌 채 죽어있는 모습의 그림 그려져 있고, 그 옆에 일기 쓰는.

바름   (NA) 가끔은 예기치 않던 사냥을 나설 때가 있다.

3부   #94-1 구동파출소 안/ 밤/ 추가

휘파람 불며 들어가려던 바름, 안에 김순경 보고, 지친 듯한 표정으로 확 바뀐다. "무슨 일 있냐"고 묻는 김순경에게‥

바름 치국이 옷이랑 흉기 찾았어요…

꺼진 핸드폰 충전기에 꽂으며 전원 켜는데. 켜지자마자 계속해서 부재중음 울리는. 바름, '봉이할머니' 부재중 전화 잔뜩 와 있는 것 확인한다. 무슨 일인가 전화 걸면 받지 않는다. 문자메시지 알림 뜨자 별 생각 없이 확인하는데, 흠칫! 문자, 〈누스에 난 그 학상 죽인 놈 봐 부렀는디. 우째야 쓰냐?〉

바름 (E/픽 웃는) 내가 여기 있는데 누굴 봤다는 거야? 노망난 할망구! (하는데)

음성 1통 와 있다. 확인하는데 봉이할머니 목소리, 'E/우째 전화를 안 받는 거? 정순경, 나가 무사서 어따 신고도 못 하긋는디‥ 버스 탔응께‥ 만물상 앞으로 나와 있어. 사진 갖고 왔어.'

바름 (순간 불안한 예감이 드는) 사진? 무슨 소리야? (후다닥 뛰어나가는)

3부 #95-1 뚱보만물상 앞/ 밤/ 추가

자전거 타고 급히 달려오는 바름. 만물상 셔터 닫힌 채 〈폐업〉 붙어있다.
자전거에서 내려 두리번거리는 바름.

바름 (E) 사진이라니? 무슨 소리야 대체… (핸드폰 꺼내 전화하는데)

골목 안에서 희미하게 들리는 벨 소리. 골목으로 들어가며‥

바름 (걱정스런) 어르신. 어르신‥ (하다 점점 느려지며 차가워진 말투) 어르신. 어르신!!

4부   #2-1 골목 끝 집- 집 안/ 밤/ 비

바름 표정에 순간 쿵! 심장 내려앉는 봉이할매. 후다닥 도망치려는데 쓰레기더미에 자빠지는. 쓰레기더미에 버려진 쇠꼬챙이 드는 바름. 일어나 허둥지둥 도망치려던 할머니 붙잡아 세우고 봉이 할머니 배, 등 할 거 없이 푹푹 쑤시기 시작하는 바름! 얼굴 위로 피 튀는데 그 눈빛이 텅 비어 있고

3부   #97-1 구동 골목 끝 집/ 밤

봉이할매 배에 꽂힌 꼬챙이 쑥 뽑고 내려다보는 바름.

바름   (NA) 이 운 없는 늙은이는 보지 말았어야 할 것을 보아 버렸고…
         피치 않게, 나의 사냥감이 되었다.

순간 바스락 소리에 흠칫!!! 소리 나는 쪽에 핸드폰 불빛 비추면, 동시에 후다닥 도망치는 사내(요한)

3부   #98 몽타주- 비 쏟아지는 골목 추격전 (골목 + 일각. 다른 골목들)/ 밤

달아나는 (검정 모자에 검정 후드, 검정 점퍼) 사내 쫓는 바름. 추격전 벌어지고, 점점 간격 좁아지더니 두 사내, 아주 짧은 거리를 사이에 두고 쫓고 쫓는다. 손 뻗는 바름, 사내의 등 아슬아슬 잡힐 듯 말 듯!

3부   #99 인근 도로/ 밤/ 비

골목 안에서 대로로 튀어나오는 (*잠바 없이 검정 후드 차림) 요한, 속력 내 달려오는 차들 사이 아슬아슬 피하며 길 건너고 바름도 골목에서 튀어나온다. 순간 달려오는

승용차! 쾅 부딪히는 바름! 끼익! 서는 승용차. 붕 허공에 뜨더니 툭 바닥에 떨어지는 바름! 사람들의 비명 소리 아득하게 들리며 정신 잃어가는데 감기는 눈에 비치는 몰려든 인파들 사이로 바름 내려다보는 사내, 다시 한 번 깊게 모자 눌러 쓴 채, 유유히 인파 사이로 사라지며 슬쩍 고개 돌리는 모자 속 날카로운 눈빛, 요한이다. 거기·· 서·· 입 달싹이며 일어나려 하지만 의지와 달리 눈 서서히 감기는···

4부　#14-2 응급실 복도/ 휴게실 앞 + 복도/ 추가

휴게실 안쪽에서 TV 보는 바름. 구동 70대 노인 살인사건 뉴스 한창이다.

바름　날 봤으면서 신고를 안 했다··? 어떤 새끼지·· 분명 내 얼굴을 봤을 텐데·· 응급실 쪽으로 걸어가며) 지금까지 신고를 안 했다는 건··· 겁을 먹었단 얘기겠지··

4부　#52 봉이 할머니의 무덤/ 노을/ 추가

할머니 무덤 앞에 앉아있는 봉이와 그 뒤에 목발 짚고 서 있는 바름.

봉이　할머니 무덤 마련해줬단 얘기 들었어. 화장해도 되는데··· 엄청 비쌀 텐데···
바름　나·· 우리 부모님··· 바다에 뿌려서·· 울고 싶을 때도 찾아갈 데가 없어··
봉이　그래서·· 내가 할머니 보고 싶을 때 갈 곳이 없을까봐?
바름　(끄덕)
봉이　(그런 바름이 고마운. 막걸리 따라 무덤 앞에 놓는)
바름　(보며) 할머니 술 안 드시잖아···
봉이　아냐·· 울 할머니 막걸리 엄청 좋아했었어···
바름　(가슴 아프게 보는)
봉이　(쓸쓸한 눈빛으로 무덤 보며) 내가 할머니한테 마지막으로 한 말이·· 절대 해선 안 될 말이었어··· 근데 내가 해버렸어··· 할머니·· 마지막 눈 감으면서도·· 나한테 미안해했을 거야·· (눈물 후두두 떨어지며) 그것만 생각하

면 미칠 거 같아‥

바름   (보는)

봉이   미안해‥ 할머니‥ 잘못 했어‥ 내가 잘못했어. (무덤에 엎드려 흐느껴 운다)

바름   **(바름, 말없이 그런 봉이 어깨에 손 올려 위로하는 척하지만 눈빛은 텅 비어있다.)**

바름   **(NA)** 이쪽은 마무리 됐고‥

            자, 이제 숨어있는 그 놈을 찾아야겠다.

4부   **#68-1 준성의 빌라 거실 + 화장실/ 밤/ 추가**

집안 여기저기 두리번거리며 들어오는 바름. 칼 꺼내 들고 소파에 앉는.

4부   **#69-1 준성의 집/ 바름의 시선/ 밤**

바름, 엎드린 자세로 꺽꺽대며 고통스레 죽어가는 준성의 목에 흰 운동화 신은 발 올려놓은 채 거만한 자세로 앉아 TV 속 뉴스 보고 있다.

양기자   (몰아붙이는) 혹시 수사를 전혀 엉뚱한 방향으로 잡고 있는 거 아닙니까?

무치   (터지는 플래시 눈부신 듯 인상 쓰며 불쾌한) 저희가 확실하게 다 수사했습니
            다. 피해자들 간에는 그 어떤 연관성도 없었습니다. (하다 번뜩‥ 뭔가 깨
            달은 듯… 무의식적으로 중얼거리는) 피해자들 간에는 없지… 만‥

뉴스 보고 있던 바름, 대포폰 꺼내 들어 빠른 속도로 문자 치는.
'빙고! 고무치 형사님의 추리력에 경의를! 부디, 준비한 선물이 마음에 들길.'

전송 누르는. 잠시 등 돌리고 있는 무치 뒷모습 잡힌 뉴스 화면 보다가, 무치에게 전
화한다. 신호 가다 받으면.

바름   (핸드폰 음성변조 앱 실행) 역시 고무치 형사야… 그대의 추리력에 경의

를…. 한 번은 틀렸지만 말이야… 뭐 그 정도 맞춘 것도 훌륭했어

/ 맞아. 피해자를 고른 기준이 있지… 그럼 내가 그 아일 왜 골랐을까?

/ 그 아인 왜 죽을까? 대체 뭘 잘못했길래….

/ 고형사님. 방송 좋아하지? 무작위라고 헛소리 지껄인 방송이 뭐였더라‥ (하며 다리 바꿔 꼬다가 운동화에 피 튄 거 발견하고 아씨! 짜증내며 준성 머리에 쓱쓱 닦는다) 내가 그 아일 죽이는 이율 찾아서 거기서 말해줘

/ 이번엔 음주 방송은 사절이야. 진지하게 하라고. 사람 목숨이 달려있는 일이니까

/ 정답을 말하지 못하면 그 방송이 끝나는 시간! 정각에 전 국민이 보는 앞에서 죽일 거야… 약속하지. (뚝 끊는)

3부   #28 무치 차 안/ 밤/ 추가

운전하는 무치. 옆에 생각에 잠긴 채 앉아있는 바름.

무치   … 너 싸이코패스 만난 적 있어?

바름   (보는)

무치   니가 상상하는 거‥ 이상이야. 너 같은 순딩인 상상도 못 할 무시무시한 괴물이야. 나처럼 잃을 게 없고‥ 악만 남은 인간이 상대해야 할 대상이라고‥

바름   **(시선 앞에 두는데 무치 비웃는 듯한 눈빛. 입꼬리 씰룩)**

바름   (NA, 비웃듯) 맞아. 니가 상상하는 거 이상이야.
너 같은 순딩인 상상도 못 할 무시무시한 괴물‥

3부   #21 구치소- 수용동 밖 쪽/ 낮/ 추가

무치   (모여 있는 경찰들(전경들)과 수색견들 앞에 무치, 지시 중인) 피해자의 옷과 범행에 사용된 흉기를 아직 찾지 못했다. 그동안 수색 범위를 수용동

내부로 맞췄으나 지금부터는 내부를 포함하여 수용동 밖, 외부인들이 드나들 수 있는 모든 공간으로 수색 범위를 넓혀 재수색한다.

일동 네. (흩어지는)

바름 (옆에서 보다) 외부출입이 가능하면 그날 바로 갖고 나가지 않았을까요?

무치 외부 출입자 경우, 입 출입 때 소지품 검사를 철저히 했다고 하니, 여기서 갖고 나가긴 쉽지 않았을 거야. 없앴든, 숨겼든 이 안에 있을 가능성이 커.

바름 (갸웃) 흉기는 그렇다 치고, 치국이 옷 찾는 건 왜 그렇게 중요해요?

무치 놈의 살인 패턴 상 지금까지 피해자 옷을 벗긴 적은 없었어. 그런데 나치국만 벗겼다는 건‥ 분명, 나치국 옷에 결정적 증거가 남아 있단 얘기지.

바름 **아… (존경스러운 눈빛으로 무치 바라보는 척하며/E) 어쭈 제법인데? 고무치라… (맘에 드는 표정으로 보는)**

3부   #27-1 구치소- 철망 앞/ 바름 시선/ 밤

바름, 헤드라이트 아래 경찰&경찰견들 수색 한창인 모습 비웃듯 보고 있다. 그때 무치, 생각에 잠긴 채 나오자 일부러 수용동 쪽으로 시선 둔다. **(E) 안 가고 뭐해? 가랜지가 언젠데?** 소리에 표정 싹 바꾸며 돌아보는 바름.

3부   #82 무진병원- 냉동 보관실/ 낮/ 추가

의료진 (손가락 든 냉동 박스 주면)

바름 (받아서 손가락 상태 보며) 잘 보관해주셔서 감사합니다. (하다) 어?
(손가락 상태 확인하는 척, 픽 웃고는 놀란 표정) 어? (고개 들며) 이상해요 선생님‥

3부   #83 무진병원- 카페 밖 로비/ 낮/ 추가

병원 로비 카페에서 나오는 무치. 저 앞 정신없이 뛰어가는 바름 발견하는.

무치	어? 정순경!!!
바름	(돌아보다, 무치 발견하고 잘됐다 싶은 표정 짓더니 다급히 뛰어오는) 고형사님!
무치	어딜 그렇게 급하게 뛰어가?
바름	이거요·· (박스 속 치국 손가락 보여주며) 치국이 손가락·· 아니에요.
무치	어? 그게 무슨 말이야?
바름	사건 나기 일주일쯤 전에 같이 낚시 갔었는데 낚싯바늘에 치국이 손가락이·· 분명 찢긴 흉터가 있는데·· (손가락 보며) 없어요··
무치	(소름 돋는) 그럼 이게 딴 사람 손가락이란 말야? 일부러 남의 손가락을 봐뒀다… 그럼 나치국 손가락은 (순간 번뜩!) 구치소에 성당 있었지?
바름	아. 네. (그런 무치 재밌다는 듯 보며/ E) 오 똑똑한데. 고무치!
무치	(다급히 뛰어가는)
바름	(이내 표정 바꾸며) 혀, 형사님 (따라가는)

3부   #91-1 구치소 내 간이 성당 밖/ 바름의 시선/ 낮

바름 재밌다는 듯, 앞 보고 있고 그 뒤로 투덜거리는 무치 소리 들린다.

무치	(E) 지금 저 자식들 미사 보는 게 더 중요하냐고. 그런다고 천당 갈 줄 아나··
김교도	(E) 아니, 말씀을 그렇게 하시면··
바름	**(내리는 비 사이로 핏물 떨어지자 순간 당황하다/E) 기왕 이렇게 된 거 쇼타임이나 가져볼까? (표정관리 들어가고 이상한듯 손 내미는)**
무치	(E) 내가 말을 어떻게 하는데? 사람 죽여 놓고, 기도한다고 죄가 없어져요! 어?
바름	**고형사님·· (E/ 뭐? 내 말 틀려? 하자) 이게… 뭐죠? (손바닥 보여주면 바름 손바닥에 떨어진 물방울이 살짝 빨간)**
무치	(올려다보면 지붕 아래 처마에서 뚝… 떨어지는 물. 다시 바름 손바닥 보고 빨간 물 확인하다, 교도관 향해 소리치는) 사다리, 사다리 가져와! 얼른!!
바름	**(씩 입꼬리 올라가는)**

3부   #93-1 구치소 내 간이 성당 앞/ 바름의 시선/ 낮/ 추가

지붕 쪽에 사다리 놓여 있고, 정신없이 사다리 올라가는 무치. 바름과 교도관 밑에서 사다리 꽉 잡은 채, 위쪽 올려다보는데 무치 조용하다. 바름 여유로운 표정이다.

바름   (E) 발견했을 텐데‥ 왜 조용하지? (일부러 크게 부르는) 형사님‥ 고형사님?

바름, 사다리에서 몸 떼고 올려다보면, 지붕 위 모습 드러내는 무치.

바름   **(궁금한 듯 연기하며) 왜요? 왜 그래요? (하는데 우르르 쾅쾅! 천둥소리. 동시에. 으아악!!!! 비명소리 성당 쪽 보며 씩 웃는)**

인서트/ 구치소 성당 안 (3부 #93)
신부와 수형수들 놀란 눈으로 내려다보고 있다. 그들의 시선 따라, 바닥에 떨어뜨린 은색 와인 잔 아래 쏟아진 포도주. 그리고 그 안에 덩그러니… 잘린 치국의 손가락 있다.

4부   #14-2 응급실 복도/ 휴게실 앞 + 복도/ 추가

휴게실 안쪽에서 TV 보는 바름. 구동 70대 노인 살인사건 뉴스 한창이다.
돌아서는데 씩씩거리며 들어오는 무치 보고 일부러 절룩거리며 다급히 응급실로 가는.

4부   #14-3 무진병원 응급실 복도 + 안, 바름 시선

다급히 들어와 침상에 걸터앉더니 주위 쪽 살피고는 이윽고 우는 시늉 시작하는 바름. 무치 씩씩거리며 들어온다.

4부   #15 무진병원 응급실 복도 + 안/ 밤

씩씩거리며 응급실 향해 걸어오는 무치. 둘러보면 왼쪽 팔과, 오른쪽 다리에 깁스한 상태의 바름 침상에 끅끅거리며 앉아있다.

무치   (달려와 바름 다그치듯) 어떻게 된 거야?
바름   (끅끅거리며 울고만 있는)

4부   #21 구치소 내 간이 성당 지붕 위/ 낮 (3부 #93에 이어)/ 추가

나치국 교도복에 꽂혀있는 칼 보고 있는 무치와 바름.

무치   범인은 왼손잡이야. 칼이 한시 방향으로 꽂혀 있잖아. 왼손으로 꽂았을 때 가능한 각도야‥
바름   (칼 꽂힌 방향 보며) 아‥ 그러네요… 근데 치국이 몸에 상처는‥
무치   나치국 뿐 아니라 다른 피해자들을 살해했을 땐 일부러 양손을 번갈아 이용했어. 자신이 왼손잡이라는 걸 감추고 싶었겠지. 하지만 무의식 상태에서 왼손을 썼다면, 놈은 분명 왼손잡이야.
바름   **(설명하는 무치 보며 쫏! E) 어떡하나 고무치. 난 양손잡인데!**

6부   #19 무치의 집 안/ 낮

커튼 쳐져 있는 어두운 실내. 여기저기 나뒹굴고 있는 술병들. 죽은 듯 바닥에 엎어져 있는 무치 모습 보인다.

기자   (E) 무진의 한 놀이동산에서 유괴된 김한국 군의 행방은 여전히 오리무중입니다. 범인이 보내온 동영상을 바탕으로 경찰은 심전역 일대와 친부의 집 일대를 대대적으로 수색 중이지만 별다른 진척이 없는… (6부 #28)

4부   #19-1 무치의 집 앞, 바름의 시선/ 낮/ 추가

바름	(전화 끊고 다시 두드리는) 문 좀 열어봐요. 한국이 찾아야죠. 고형사님. (묵묵부답이자 텅 빈 눈빛이 되며 나직이 중얼거리는 위로‥)

바름	(NA) 그러게 왜 내 앞에서 까불어.

바름의 집 지하실

일기장에 성당에 매달려있는 무원이를 끌어안고 있는 무치의 뒷모습 그려져 있고, 그림 마무리 중인.

바름	(NA) 어때, 나의 심판이‥ 이건 다 당신 때문이야.

무원 부둥켜안고 있는 무치 그림 우측 상단에 십자가 그리며…

바름	(NA) 지켜봐. 앞으로 내가 얼마나 많은 사람을 죽이는지.

일기장 덮는 손.

바름의 방

천장 뚜껑 열리고, 공간에 일기장 넣는 바름의 손. 뚜껑 서서히 닫히면‥ 천장 어두워지며… 어둠 속 일기장 페이드 아웃되면서 바흐의 골든베르크 변주곡 아리아 깔리기 시작한다.

9부　　#1 수술실/ 밤

조명 탁 켜지면, 수술대 위 바름의 얼굴. (*방송용 화면으로, 요한 얼굴 안 나오게)

6부   #111 무진병원- 바름 병실/ 아침

이내 무겁게 눈꺼풀 들리듯 화면 밝아지면, 천장에 달린 형광등 어른거리며 보인다. 머리에 붕대 감은 채, 멍한 표정으로 눈 뜬 바름. 다시 들려오는 새소리. 바름 새소리 따라 시선 돌리면, 창가에 걸려 있는 새장 속 새(어벙이) 울어댄다. 힘겹게 몸 일으켜 앉는 바름. 이윽고 침대에서 일어나 창가 새장 앞에 가 선다. 새장 속, 어벙이 멀건 눈빛으로 바라보던 바름. 새장 문 열어 조심스레 손바닥 펼치면 올라앉는 어벙이. 다시 째잭째잭 울기 시작한다. 그런 어벙이 멍한 눈빛으로 바라보는 바름. 순간! 확 움켜쥐더니, 어벙이 목 확 비틀곤 휙! 창밖으로 던져버린다.

바름   (다시 침대로 돌아가 눕더니) 이제 좀 조용하네‥

평온한 표정으로 눈 감는, 이윽고 쌕쌕거리며 잠든 바름에서 페이드 아웃.
화면 밝아지며 자막 - 1년 후.

무진시가 한눈에 내려다보이는 옥상 (15부 #86)/ 밤

주머니에서 A4용지(유서) 꺼내 난간에 올리고 그 위에 핸드폰 올려둔다. 펄럭이는 종이에 언뜻 글씨 보이는. 바름, 난간 위에 올라선다. 죄책감과 회환으로 얼룩진 바름 복잡한 눈빛.
(*이하 내레이션은 바름의 유서 내용임)

바름   (NA 미세하게 떨리는 목소리) 부디 지옥이 있다면‥
             가장 고통스러운 형벌을 받는 곳으로 떨어지게 해주세요.

7부   #44 무진병원 현관 앞/ 낮

기자들과 꽃다발 선물 피켓 등 시민들 모여 있다. 기자 그 앞에서 리포팅하는

| 기자 | 연쇄살인마와 싸우다 중상을 입고 세 차례의 뇌수술을 받은 정바름 순경의 퇴원을 축하하기 위해 병원 앞은 전국에서 모여든 시민들로 인산인해를… |

머리에 붕대 감은 바름, 동구와 이모 부축받으며 나오면. 인터뷰하려는 기자들과 선물, 꽃다발 전달하려는 시민들 몰려들며 순식간에 아수라장 되고. 그 안에 갇혀 꼼짝 못 하고 당황하는 바름 위로 터지는 플래시 세례들!

7부 #45 바름 집-거실/ 낮

이모 부축받으며 들어오는 바름.

| 바름이모 | 쉬고 있어. 죽 좀 끓일게. (짐 놓고 바로 주방으로 가는) |

소파에 앉는 바름. 집이 낯선지 두리번거리다 장식장에 놓여있는 상패와 사진들 보고 일어나 장식장 앞으로 가서는, 치국과 찍은 사진과 그 옆 상패 보인다.

바름	(상패에 쓰여 있는 시민영웅상 글씨 보고 안심하는) 전 좋은 사람인가 봐요.
바름이모	(미소 짓는) 말이라고. 넌 어릴 때부터 사고 한번 안 치고 자란 바른 생활 아이였단다. 지금도 그렇고 바름아. 넌 정말 착하고 정의로운 사람이야.
바름	(그 말에 기분 좋은) 다행이네요 (하다 그 옆 사진 액자 보는데)

7부 #59 평안 파출소 안/ 아침

| 신형사 | (달력에 빨간 동그라미) 이야, 이런 데 짱박혀있느라 수고했다 신형사 (하며 자신 칭찬하다 생각할수록 열 받는) 밴댕이들! 고의로 그런 것도 아니고 총경 턱 쪼가리 고거 하나 날렸다고 1년씩이나 이런 데다 귀양을 보내냐! 암튼 이제 강력팀으로 돌아가면 근무복 안 입어도 되고… (하는데) |
| 바름 | (E) 오늘부터 평안파출소 근무를 명받은 순경 정바름입니다. |

닫힌 유리문 뒤로 기자들 웅성대고, 문 앞에 서서 경례하는 바름, 씩 웃는다.

신형사	(격하게 반기는) 오! 정순경~ 내 후임으로 발령 났단 소식은 들었어. 반가워
바름	(신형사가 내민 손, 두 손으로 공손하게 잡으며) 잘 부탁드리겠습니다.
파출소장	아이고 우리 평안파출소의 얼굴 정순경 왔는가? (밖에 기자들 의식하며) 남순경~ 뭐해? 얼른 갖고 오지 않고·· (바름 보며) 전 국민이 응원한 거 알지? 적응기간이다 생각하고 무리하지 말고·· 알았지?
바름	(긴장한 자세로) 네! 열심히 하겠습니다.
파출소장	열심히 하지 말라니까 그러네·· (잔 받으며) 이거 한잔하고 있어. 총명탕이야. (밖에서 찍고 있는 카메라 의식하며 방긋)
바름	아 네 감사합니다. (한 모금 마시면 계속 밖에서는 카메라 플래시)
바름	(NA) 저는··· 용서받을 수 없는 죄를 지었습니다. 무고한 사람들·· 내가 가장 사랑하는 사람들한테까지도···

사고 이후, 무치와 바름의 즐거운 모습.

7부   #73 무치의 차 안 + 밖 (평안동)/ 낮

무치	(운전하며 두리번거리며) 평안동 파출소가··· 이 근처 같은데··?

주변 살피다, 순간 억! 놀라 반사적으로 끼익 브레이크 밟는. 무치 놀라 고개 보면, 차 밑에서 누군가 쓰윽 올라오는데··

무치	저런 미친 새끼! (놀라 보는) 어? 정순경?
바름	(90도로 인사하며) 죄송합니다. 죄송합니다. 골목에 버려져 있는 쓰레기 분리수거 하다가, 이게 굴러가는 바람에·· 죄송합니다. 많이 놀라셨죠?
무치	(그런 바름 보며 피식 웃는) 여전하네. 정순경.
바름	저를·· 아세요? (하다 문득 두통 오는지 인상 찌푸리며 머리 잡다 무치의 차 범

퍼 보는데)

무치   (걱정스레 보며) 왜? 머리 아파?

바름   (반갑게 보며) 고‥무치…형사님?

10부   #27 우형철의 집 앞/ 아침

형철   (무치와 바름 번갈아 보며) 그림 형제라도 되시나? 두 분 소설가로 전업하는
               건 어떠세요? 그쪽이 훨씬 적성에 잘 맞는 것 같은데.

무치   그럴까? 정순경?

바름   굳이 따지자면 전 소설보단 다큐 쪽이 적성입니다만! (검사서 꺼내 보이며)
               냉장고 안에서 나온 DNA 검사결과 홍나리와 99%일치!

형철   (애써 침착한 얼굴로) 체포영장 가져오셨나요?

바름   그게 아직…

형철   그럼 가져오시죠. 저는 두 분 덕분에 출근 시간이 늦어져서 이만. (가는)

무치   왜 이렇게 늦어? 정순경, 영장 어디까지 왔나 확인 좀 해 봐.

바름   아. 네. (후다닥 뛰어가는)

무치   (가는 바름 보고, 형철 돌아보면. 차 쪽으로 가 차문 여는 형철 뒤통수에 대고 중
               얼) 필요 없어. 영장 따위! (총 꺼내 쏘는데 찰칵!) 어?

(E)   (속삭이듯) 이거 찾으세요?

무치   (음마야! 놀라 돌아보면 어느새 바름 옆에 서 있다.)

바름   빼 놨어요. 아까 차에서 주무실 때. (주머니에서 총알 꺼내 보이며 으쓱)

무치   (황당) 야 이 새끼야!!! 이리 내놔! 안 내놔!

형철   (차안에 앉아 무슨 일인가 보다, 운전해가는)

무치   야! 너 거기 서!!! (아가는)

골목 밖/ 형철 운전해서 나오는데. 끼익 막아서는 경찰차. 내리는 강형사 신형사.

강형사   (차 안의 형철 향해 체포영장 보이며) 당신을 김영희, 강민주 홍나리 살해용
             의자로 체포하겠습니다.

신형사   (문 열고 형철 끌어내 수갑 채우며) 당신은 묵비권을 행사할 권리가 있고, 지

금부터 하는 말은 당신에게 불리한 증거가 될 수 있으며, 변호사를 선임/

무치　　(쫓아 나오다 두 사람 보고 놀라) 뭐야? 어떻게 알고 왔어?

바름　　(신형사랑 눈 찡긋하는) 어떻게 오다뇨? 체포영장 신청하셨다더니‥ 깜빡하고 얘기 안 하신 거 같아서 제가 신형사님한테 말씀 드렸습니다.

무치　　아씨 근데 이 자식이!!! 정순경 너!!!

바름　　(미소 지으며) 이번에도 지켜주신 겁니다. 신부님이요‥

봉이와 바름의 순간들.

8부　　#73 안신동. 다리 앞/ 밤/ 비

봉이, 다리 건너기 시작하는데 굵은 빗방울 떨어지기 시작하고. 떨리는 발걸음으로 뛰기 시작하는데, 번개 번쩍! 다리 끝 강아지(환상) 보인다. 뒷걸음질 치며 다리 끝에 쭈그려 앉는 봉이. 비 점점 굵어지고 오들오들 떨며 고개만 푹 숙이고 있던 봉이, 망설이다 핸드폰 꺼내 바름에게 전화 거는데. 신호 길어지고 점점 눈물 차오르던 찰나, 여전히 비 내리지만 봉이 발밑으로 떨어지던 비 멈춘다. 올려보면 찢어진 캐릭터 우산. 봉이 천천히 고개 돌리면 우산 든 채 서 있는 바름 보인다.

바름　　미안해… 늦어서… 너무 늦게 기억해내서…

봉이, 바름 보자마자 안도감에 긴장 풀려 눈에 눈물 가득 찬다. 바름에게 그 모습 보이기 싫어 고개 푹 숙인다.

바름　　(알지만 모른 척) 가자.

봉이　　(우산 낚아채며 퉁명스럽게) 어디서 이런 다 찢어진 유치한 걸 주워 와서…

봉이, 우산 쓰고 혼자 성큼 걷는다. 그런 봉이 귀엽고 안쓰러운. 바름 천천히 뒤쫓아 걷는다. 봉이, 바름 의식하며 멀어지는 것 같으면 걸음 늦췄다가 가까워지면 다시 종종걸음. 알아챈 바름 피식 웃는. 그러다 강아지 있던 자리에서 멈칫하는 봉이.

봉이	(뒤 보지 않고) 빠, 빨리 좀 걸어.
바름	(뛰어서 봉이 곁에 서는) 니가 싫어할까 봐.
봉이	… 팔 아파.
바름	(피식 나오는 웃음 참으며 우산 드는) 가자.

비 오는 다리 위, 투명 우산 아래 바름과 봉이 나란히 걷는.

10부 　#37 봉이네 집 앞/ 밤

터벅터벅 걸어오는 봉이, 저만치 문 앞에 누군가 웅크린 채 앉아있다

봉이	(순간 긴장한. 공격 태세로 조심스럽게 다가가다 어?) 오빠?
바름	(힘없이 고개 들다 봉이 보고 그대로 봉이 품에 안기듯 머리 기대는)
봉이	(놀라) 오빠…? 왜 그래? 어? (걱정스런) 왜 그래? 무슨 일인데…
바름	봉이야… 나… 별일 없겠지…? 나… 괜찮겠지?
봉이	(걱정스레 보다) 그럼 괜찮아‥ 아무 일 없을 거야‥ (머리 가만히 쓰다듬는)

그런 봉이에게 안기듯 기대있는 바름 두 사람의 풍경. 한참을… 페이드 아웃‥

14부 　#66 무진병원 복도 + 치국이 병실/ 낮

걸어오는 바름, 병실 들어오면 치국 몸 옆으로 들며 구석구석 닦아주고 있는 치국母 있다.

치국母	(바름 보고 반갑게) 바름아 웬일이야? 근무시간 아냐?
바름	(인사하며) 사건 수사 차 왔다가‥ 가는 길에… 죄송해요. 자주 오지도 못하고‥
치국母	아이고. 괜찮아… 바쁜데 뭐‥ 치국아. 바름이 왔어
바름	(치국 짠하게 보다 문득 한 쪽에 방치된 듯 놓인 재즈 CD 발견하고) 아! 맞다.

이거 구치소에서 가져온 건데 동구랑… 아빠가 생전에 좋아했던 곡이라고 늘 귀에 꽂고 들었거든요··

치국母　아·· 그랬지··· 이제 그런 것도 다 기억나나 봐. 바름인 이제 다 나았네··

바름　치국이도 이제 깨날 거예요. 어머니··· (하다) 잠시만요. (뛰어나가는)

14부　#69 치국이 병실/ 낮

바름　(CD플레이어에 CD 넣으며) 간호사선생님이 구해주셨어요. (플레이하면 재즈음악 나온다) 치국아. 이 노래 기억나? 나 요새 고등학교 때 기억도 다 나기 시작했어. 너랑 같이 캠핑 가서 이 음악 줄기차게 들었잖아. 니 아빠가 좋아하는 음악이라고…

치국母　어제는 동구가 와서 지 꿈에 우리 치국이가 나왔대.

바름　그래요? (치국母 보며) 꿈에 어떻게 나왔대요?

바름의 머릿속에 떠올랐던 이전 기억들!

8부　#65 안신동 골목/ 해질녘

바름, 축 늘어지는 우재필 보면서도 멈추지 않고 계속 패는데, 순간 우재필 얼굴 송수호의 얼굴과 오버랩 되는! 극심히 몰려오는 두통. 섬광처럼 떠오르는 장면··

플래시 컷/ 이미 만신창이 얼굴이 된 송수호 때리는 사내의 주먹.

10부　#101 무강건설 공사장/ 밤

순식간에 형철 무릎 관절 박살내는! 슬개골, 종자뼈 아래를 걸어찬다. 넘어진 형철 미친 듯이 패는 바름. 곤죽 된 채 헉헉거리는 형철.

바름	(씩씩거리며) 송수호! 김성규! 변순영! 조미정! 봉이할머닌 왜 죽였어? 왜?
형철	(헉헉 숨 몰아쉬며) 뭔 소리야? 그것들은 성요한이 한 짓이고.
바름	거짓말 마. 다 니‥ 니가 한 짓이잖아. 성요한도 네 아버지처럼 대신 뒤집 어쓰고 죽은 거잖아. 넌 들키지 않기 위해 성요한이 살인한 것처럼 꾸몄 어. 마치 다른 인물의 범행인 것처럼!
형철	뭔 소리야? 내가 뭘 꾸며 냈다는 거야? 뇌 수술을 했다더니만‥ 미쳤군 쯧‥
바름	거짓말 니가 한 짓이잖아! 신부님 목걸이랑 할머니 브로치 니가 갖다 놓 은 거잖아.
형철	단단히 미쳤구나. 너! (하며 철근 집어 확 달려드는)
바름	(눈앞까지 들어온 철근 확 낚아채는데!)

퀵 플래시/ 봉이 할머니를 푹 찌르는 장면 (4부 #2)

뺏어든 철근 떨어트리곤, 고통스러운 듯 머리 붙잡고 괴로워하는 바름. 순간 형철, 도망치다 드럼통 차서 넘어지며 바닥에 불 붙는다. 바름, 불 보자 순간 파바박!

플래시 컷/ 라이터 든 손, 기름 끼얹어진 송수호에게 던지면 불 확 붙는!

8부 #109 무진 구치소 접견실/ 낮

바름	(독기 서린 눈으로) 무슨 짓을 한 겁니까? 내 머리에.

바름 시선에, 아크릴 벽 너머 서준 앉아있다.

바름	(수술한 흉터 확 까 보이며) 여기에 뭘 넣은 거냐구요?
서준	(그런 바름 빤히 보면)
바름	내 머리에 성요한! 그 살인마 뇌를 집어넣은 거야? 어?!!

서준, 서늘한 눈빛으로 자신을 독기 서린 눈으로 바라보는 바름 바라보는. 그렇게 바름과 서준의 시선 허공에서 강렬하게 마주치는!

10부　#46 성당 (예배당) 내부/ 밤

문 열고 들어오는 바름. 터벅터벅 걸어가 십자가에 매달린 예수상 앞에 선다.
이윽고 무릎 꿇는 바름. 기도하듯 손 모으고

바름　　제발 저에게 아무 일도 일어나지 않게 도와주세요… 성요한처럼 변하지
　　　　않게 해주세요… 저를… 지켜주세요·· 하느님.

바름　(NA) 내가 가증스러워서 견딜 수가 없습니다.

6부　#1-1 구동성당- 예배당/ 밤/ 추가

무원 손, 허공을 가르다 바름의 바지자락 꽉 움켜쥔다. 올려다보는 힘겨운 시선. 볼
에 튄 피 손등으로 쓱 닦아내며 무원 내려다보는 바름의 서늘한 눈빛,

무원　　(입 달싹거리는) 신이·· 널…. 구원하길….
바름　　(NA 울먹이며) 저에게 가장 고통스러운 형벌을 내려주세요.

15부　#79 홍주네 집 앞 + 안/ 낮

엘리베이터에서 내리는 바름. 초인종 누르려는데, 문 말굽에 걸린 채 열려있다. 조심
스레 들어가면. "좀 자! 이놈새끼야" "누가 살인마 새끼 아니랄까봐" 하곤 깔깔대며
TV 보고 있는 도우미. 뭐지? 싶어 보면, 도우미 앉은 스툴에서 아기 울음소리 들리는.

도우미　니 새끼도 한번 당해봐야지. 내가 불쌍한 김한국이 생각만 하면·· 뚝 안
　　　　그쳐? 그칠 때까지 안 꺼내줄 거야··

하며 TV 소리 더 크게 키우고 코미디 프로 보면서 깔깔거리고 웃는! 순간, 눈빛 서

늘해지는 바름. 신발 그대로 신은 채 뚜벅뚜벅 걸어가 도우미 벽에 쾅 밀치고 스툴 뚜껑 열면 그 안에 포대기에 싸인 채 울고 있는 아이. 아이 꺼내 소파에 올려놓곤 휙 돌아보는 바름.

도우미   (일어서며) 누, 누구… 누군데 남의 집에…

바름, 도우미 벽에 밀어붙이며 목 틀어잡는 끄억끄억 거리는 도우미. 순간 울고 있는 아이 보는데 아이랑 눈 딱 마주친다. 순간 바름 자신도 모르게 도우미 누르던 손 황급히 떼며 눈빛에 당혹감 서리는. 도우미 헉헉거리며 후다닥 줄행랑치고. 바름, 자기도 모르게 빽빽 울어대는 아이 물끄러미 바라보는데, 순간 눈에서 눈물 한 방울 뚝 떨어진다.

15부   #80 홍주네 집 주차장/ 낮

정신없이 주차하는 홍주. 바들바들 떨리는 손으로 시동 끄고 내리는.

15부   #81 홍주네 집- 거실/ 낮

다급히 들어오는 홍주 눈에 까르르 웃고 있는 아이, 바름 안고 어부바 해주며 놀아주고 있는 모습. 멍하니 보는 홍주. 순간 바름, 아이 안고 놀아주고 있는 요한 모습으로 보이는··

홍주   (눈물 그렁이는데)
바름   (돌아보다, 홍주 발견하고 순간 당황해서) 아··· 그게··
홍주   (다가가 아이 확 뺏어드는)
바름   (당황스러운··· 대충 둘러대는) 그럼 이만··· (다급히 나가다) 아이 봐주시는 아주머니가 잠깐 나가신 모양이에요·· (허둥지둥 나가는)

15부   #82 홍주네 집 앞/ 낮

나오던 바름. 올려다보면, 베란다에서 아이 안은 채 내려다보는 홍주와 눈 마주친다.

바름   (올려다보며, E) 미안해요 최피디님… 미안하다. 아기야·· 나 때문에·· 나
         때문에·· (고통스러운)
홍주   (묘한 눈빛으로 내려다보다 들어가는)

바름   (NA) 무진 연쇄살인사건의 진범은 성요한이 아닙니다. 저 정바름입니다.

6부   #107-1 바름집- 뒷마당, 바름의 시선/ 밤/ 추가

화분 사이로 팽팽한 시선으로 마주 보고 서 있는 바름과 요한.

요한   ··· 그 아이부터 살려줘.
바름   어?
요한   니 발밑에 있는 한국이··

바름   (NA) 성요한은 한국이와 봉이를 저에게서 구하려다 억울하게 희생된 것입니다.

순간 '탕'하고 총소리 들리고. 복부에서 피 뿜으며 쓰러지는 요한.
의식 가물가물해지며 그 모습 보는 바름 위로··

바름   (NA) 그러니 성요한과 그 가족에 대한 비난을 멈춰주세요…

무진시가 한눈에 내려다보이는 옥상 (15부 #86)/ 밤

고통 가득한 눈빛으로 서있는 바름 위로…

바름   (NA) 희생자와 희생자 유가족에게 사죄할 방법을 모르겠습니다. 저를 절대 용서하지
                마세요.

담담히 발 허공에 내딛는 순간 화이트 아웃.

바름   (NA) 신이시여… 부디…
                (절망 속 읊조리는) 저를 절대 용서하지 마세요··

the END-

성요한

1995년 1월	성지은 산모 관찰 시작. 특이사항 없음.
1995년 1월	성지은 관찰 중, 병원 정기검진을 위해 외출했다 돌아오는 길에 강도에게 습격. 태아를 구하기 위해 담당 관찰자 송수호가 강도 제압. 성지은 산모 무사히 귀가. 이 과정에서 어쩔 수 없이 담당자가 성지은에게 얼굴이 오픈 됨. *조치 : 김희정 산모 관찰 담당자(김명준)와 성지은 산모 관찰 담당자(송수호) 교체.
1995년 2월	병원 정기검진 차 외출. 갑작스러운 상황으로 성지은 산모 구령병원에서 출산. 남아.
1995년 3월	특이사항 없음.
1995년 5월	성지은, 아이와 함께 대형 쇼핑몰 외출.

아이 옷 구매 후 별다른 특이사항 없이 귀가.

. . .

1997년	성지은, 구령 시내에 꽃집 개업.

2002년 3월	성요한, 미원초등학교 입학. 초등 입학 전까지 성요한에게서 사이코패스와 관련한 발현 증상 이 없는 것으로 확인됨.

. . .

2002년 4월	학우관계 원만. 별다른 특이점 발견되지 않음.
2005년 4월	성요한, 구령초등학교 전학. (*정재훈과 같은 학교, 학급)

2005년 5월	같은 학급 김준성과의 관계가 돈독해보임.

2005년 10월 5일	전학 후 전교 1등. 학급성적 매우 우수. IQ 164. *미행 눈치챈 듯 보이나 별다른 행동 반응 보이지 않음.

2005년 10월	정재훈과 인근 갈대밭에서 만남. 다른 아이들과 달리 정재훈에게 거부 반응을 보이지 않는 듯함.

2005년 11월	성지은의 꽃집에 헤드헌터 피해 유가족(고무치) 찾아옴. 성요한, 아버지 한서준의 존재에 대해 알게 된 것으로 추정. 하지만 이후도 별다른 행동반응은 나타나지 않음.

2006년 11월	무진시로 이사. /공민초등학교 5학년으로 전학. (2008년 2월 무사 졸업)

2008년 3월	공민중학교 입학. 현재까지 사이코패스 성향은 드러나지 않음.

2009년	*성요한 증상 발현 시험차, 한서준(헤드헌터) 아들이라는 소문 퍼트림.
	/눈에 띄는 우울증세 보이기 시작.

2010년   교우관계 원만하지 못 함. 학교 내에서 따돌림의 대상이 되고 있음.
성지은(모친)에게 적대적으로 변함.
이 외에는 별다른 특성이 발현되지 않음.
공민중학교 졸업. (2011년 2월)

2011년   서원고등학교 수석 입학.
우수 장학생 선정. 전국 수학올림피아드 금상 수상.

2012년   성요한 이공계열 진학.
집단 따돌림 심화. 지속적인 폭력 피해를 당하고 있음.
그러나 아무런 조치를 취하지 않는 것으로 보임.

2012년 4월   평소 괴롭힘이 심하던 학급 무리에게 폭력 당하던 중,
인근 학교 학생들(*정바름-김희정 산모아들)에 의해서 구출.
파출소로 연행.
피해 정도가 꽤 큰 것으로 보임. 성요한은 이후 병원에 입원.

/이전 폭행 피해로 무진병원 입원.
관찰 중 자살시도 목격. 바로 제지하려 했으나, 지나가는 시민에
의해 구출.
(병원을 찾은 OBN 최홍주 PD가 성요한의 자살 시도를 제지)

정재훈 (정바름)

1995년 1월   김희정 산모 관찰 시작. (담당자: 김명준)
구령산부인과 간호사로 재직/ 현재 임신 24주.
*성지은 산모 관찰자 송수호가 얼굴이 노출되면서, 담당자 서로 교체.

1995년 5월	김희정 출산 휴가. 산부인과 휴직 처리. 구령 자택에서 출산 준비 중 출산. 남아. 산부인과에서 산후조리 후 집으로 귀가. /아이와 함께 대형쇼핑몰 외출. 장보고 귀가. 별다른 특이사항 발견되지 않음.
· · ·	
1996년 5월	김희정 구령산부인과 복직. /매일 집으로 육아도우미가 출퇴근.
1999년 2월	김희정, 정무영과 재혼. **박재훈 -> 정재훈으로 성씨 변경.
1999년 3월	정재훈, 개나리어린이집 등원 시작. 원내 생활 중 별다른 특이사항 발견되지 않음. 아직 아무런 발현 증상이 없는 것으로 확인됨.
2000년 9월	개나리어린이집 구령 애니멀 테마파크로 소풍. /등원 시, 길거리의 생쥐를 무서움 없이 만지고 데려감. /애니멀 테마파크 내 파충류관에서 아침에 주워간 생쥐를 구렁이 먹이구멍에 넣음. /다른 아이들과 달리 겁도 없고 상황을 즐기는 듯 보임. ** 증상 발현이 시작된 것으로 확인.
2000년 10월	김희정, 이란성쌍둥이 출산. (남아 정재민, 여아 정재희) 2000년 9월 사건과 자녀 출산으로 인해 계부가 정재훈을 무관심 과 방치로 일관. 이 일로 김희정과 계부 정무영의 다툼이 시작됨.
2001년	정재훈 개나리어린이집 졸업.

2002년	정재훈, 구령초등학교 입학. 감정표출이 전혀 보이지 않음. 가까운 친구 없음. * 평상시에 문득문득 팔을 긁는 습관이 발견됨. (심각하지는 않음)
2003년	팔 긁는 습관 심화된 듯 보임. 팔과 다리 등의 상처 발견됨. /계부, 동생들과 함께할 때 유독 스트레스 행동반응이 자주 보임. * 가족 관계에서 스트레스를 받는 듯 보임.
2003년 4월	모친 김희정, 간호사 퇴직 후 구령 시내에 의료기기 판매 직원으 로 취직.
2004년	교내 국어/수학/과학 경시대회에서 수상. IQ 168 뛰어난 학업 성과를 보임. 친구들이 가까이하는 것을 두려워함.
2005년 4월	(* 구령초등학교로 성요한 전학. /정재훈과는 다른 반으로 배정.)
2005년 10월 5일	전교 1등을 처음으로 놓침. 곤충을 잡아 사지 절단시킴.
2005년 10월 17일	중요) 정재훈 학교내 토끼 사육장에서 토끼를 죽임. /살 찐 토끼가 새끼를 밴 건지 궁금해서 죽였다고 실토. 이 사건으로 담임선생님과 계부 (정무영) 면담. 면담 후 나오던 계부, 정재훈 폭행. 스트레스 심화된 정재훈의 행동 반응 추적.
18일	/정재훈, 집에서 기르고 있던 금붕어 죽임. 구령호숫가에서 계부가 기르던 강아지 죽임. 폭행한 계부에 대한 복수로 보임. 이후, 계부에게 심한 폭행 당함.
20일	정무영이 쌍둥이 동생들 데리고 외출, 이후 모친 김희정 수상한 정황 포착.

(*전날 송수호 결근으로 무슨 상황이 일어났는지는 알 수 없음.)
정재훈을 죽이려고 하는 모친 김희정을 보고 담당자(송수호)가
제지하려던 와중에 의도치 않은 사고 발생. 이후 김희정 사망.
/외출 후 돌아온 정무영이 목격, 담당자 송수호와 대치 중 칼에
찔려 사망.
대책 회의 후 화재사고로 사건 마무리.
*후조치:송수호(국정원 사조직 OZ 직원) OZ 탈퇴,
담당자 김희진으로(본명:김현미-국정원 정직원) 전격 교체.

29일   정재훈의 이모로 분한 김희진, 정재훈 데리고 무진시로 이사.
정재훈 주민등록말소 후 정바름 개명. 이후 새 주민번호 발급.
(본인은 이모 호적으로 입양된 것으로 알고 있음)
무진 매성초등학교 전학.

2006년   전학 이후 교우관계 매우 원만함.
처음 담당자 본인과 마주한 뒤부터 꾸준히 행동이 변화되기 시작.
/마치 사람들을 보며 교화 학습을 하는 듯 보임.
일가족 사건의 트라우마 증세는 특별히 발견되지 않는 것으로 보임.

2007년   매성초등학교 무사 졸업. (2008년 2월)

2008년   매성중학교 입학. 천재성을 전혀 드러내지 않고 숨김.
대외적으로는 교우관계도 원만하고, 바르고 사회성 좋은 아이로
보이지만, 모든 사람과 가까이 지내고, 존재감을 전혀 드러내지
않음. 그러나 혼자서 고양이 강아지 등의 동물을 대할 때 학대를
하는 등의 사이코패스적 성향이 드러남.
단, 주변에 사람이 있으면 그런 성향조차 감추는 것으로 보임.
자신을 감추는 데에 능하며 스스로를 통제하는 능력이 상당한 것
으로 추정됨.

2009년   * 동네에 버려진 강아지 학대 정황 포착.

아무도 없는 사이 다리를 부러뜨리고 골목에 버려놓은 것으로 추정.
하지만 다른 싸이코패스 성향과 달리 살인 본능을 억제하는 능력
이 상당함.
(가족을 죽인 송수호에 대한 복수 의지로 살인 본능 억제중인 것
으로 추정. 아무도 모르게 가족을 죽인 범인을 찾고 있음.)

2011년	승리고등학교 입학. 같은 반 나치국과 절친한 관계를 유지하는 중. 나치국으로 인해 교화를 학습하는 것으로 보임.
2011년 5월	본격적으로 길고양이와 강아지들을 학대하고 죽이기 시작. 한 번에 죽이지 않고 서서히 고통을 주며 상황을 즐기는 듯 보임. 전형적인 사이코패스적 성향이 두드러지기 시작함.
2012년	인문계열 진학. 성적은 중하위권. 교우관계 매우 원만하며, 교내에서 인기도 좋다는 평가.
2012년 4월	나치국과 귀가 중, 학교 폭력 피해자를 돕기 위해 싸움에 휘말림. 파출소 연행 후, 피해자는 무진병원 입원. (*피해자 성요한)
2012년 5월	학교 폭력 피해자 구출로 인해 나치국과 시민 영웅상 수상.
2014년 2월	승리고등학교 졸업.
2015년	공무원 고시 준비 중, 동네 친구 구동구, 나치국과 셋이서 삼총사가 됨.
2016년	김희진 출산으로 인해 /정바름 독립.
2018년 4월	경찰공무원 시험 응시. /합격 후 발령 대기.
2019년 3월	무진. 구동파출소 순경으로 발령.

/계속해서 동물 학대, 살해 정황은 포착되나 살인은 억제중인 것으로 보임.
/동네 주민들과 원만한 관계 유지.
대외적인 이미지도 훌륭. 이미지메이킹에 능함.

2019년 9월　　정바름 프레데터 확실하나 스스로 살인 본능을 강력하게 통제중인 것으로 보임.
트리거 필요 요망.
트리거, 정바름 일가족을 살해한 송수호로 결정!

2019년 10월 14일　송수호의 주소와 이름 정바름에게 문자로 전송 완료.

　　　　15일　정바름, 첫 살인 행함. /송수호 살해.

종합보고

2012년 5월　　범죄 전문가 집단 회의 결과,
- 정바름(정재훈) 100% 프레데터 확실 결론.
- 성요한, 병원에서 자살 기도 포착.
사이코패스 아닌 것으로 잠정 결론.
이에 관찰 중지 결정.
그러나 예외로 뒤늦게 발현될 여지를 배제할 수 없음.
카메라 / 도청 / 복제폰은 유지, 정기적 추적 관찰 요망!

2019년 10월　　정바름 첫 살인 행함.
/이후 살인 본능이 폭발한 듯, 연쇄 살인 시작.
- 송수호 / 박종호 / 김성규 / 변순영 / 나치국 (미수)
- 조미정 / 김갓난

정재훈(바름)의 일기

10월 17일 맑음　　토끼 배를 갈랐다.
　　　　　　　　　살이 찐 건 지, 새끼를 뱄는지 궁금했다..

10월 18일. 흐림　　토끼 배를 가른 게, 맞을 일인 지 진짜 모르겠다.
　　　　　　　　　그래서 어항에 암모니아를 부어버렸다.
　　　　　　　　　아빠가 아끼던 금붕어들이 물 위에 둥둥 떠올랐다.

　　　　　　　　　아빠가 붕어보다 더 아끼는 게 뭐였더라?
　　　　　　　　　맞다. 초코가 있었지.
　　　　　　　　　죽은 초코가 호수 위에 둥둥 떠올랐다.
　　　　　　　　　기분이 이상했다. 뭐라고 설명해야할까...

10월 19일 맑음　　내가 초코를 데리고 나간 걸, 동생 재민이가 일러버렸다.
　　　　　　　　　고자질쟁이는 혼 나야한다. 그래서 재민이에게 장난을 좀 쳤다.

10월 20일 흐림　　엄마가 내 얼굴에 베개를 짓누르며 울었다.
　　　　　　　　　"태어나지 말았어야 했어. 너 같은 괴물은.."

10월 21일 천둥번개　태어나 처음으로 성당을 찾아가, 두 손 모아 기도 했다.

" 나 괴물이 안 되게 해 주세요"

10월 29일. 해 쨍쨍 오늘부터는 가면을 쓰고 살기로 결심했다...
세상에서 제일 착하고 바른 아이처럼...
정바름...마음에 드는 이름이다...

10월 15일 신이란 작자는 내 기도를 들어주지 않았다...
나는 결국... 살인마가 되었다...

작의

로그 라인은 이랬다.

세상 어디에도 없던, 착하고, 정의로운 청년 경찰의 뇌에
세상 어디에도 없던, 사악하고, 잔혹한 연쇄살인마의 전두엽이 이식된다...?

진짜, 로그 라인은 이것이다.

세상 어디에도 없던, 사악하고, 잔혹한 연쇄살인마의 뇌에
세상 어디에도 없던, 착하고, 정의로운 청년의사의 전두엽이 이식된다.

다시 말해, 바름의 전두엽에, 사이코패스, 요한의 전두엽이 이식되었던 것이 아니라, 인간의 가면을 쓴 괴물, 살인마 바름의 뇌에, 선한 의지의 인간, 요한의 전두엽이 이식된 것이다.

이 이야기는 착하고 정의로운 인간의 뇌에 사악하고 잔혹한 연쇄살인마의 뇌가 이식된 이야기가 아니라, 사악하고 잔혹한 연쇄살인마가 착하고 정의로운 인간의 뇌를 이식받아, 진정한 인간으로 변화하는 과정을 담은 이야기이다.

이 이야기는 감정이 없는 괴물, 사이코패스에게, 인간의 보편적인 감정(타인의 고통,

양심, 죄책감. 후회 등)이 들어가, 그 괴물을 변화시킨 이야기다.

다시 말해, 타인의 고통이나 죄책감 등 아무 감정을 느끼지 못하고 인간을 사냥감이나 먹잇감으로만 여기는 상위 1% 싸패, 프레데터의 유전자 자체인 바름에게, 요한의 감정이 스며들면서, 바름이 서서히 변화되는 이야기다.

바름은 초등학교 때, 성당을 찾아가 신에게 자신이 괴물이 되지 않게 기도했다.
결국, 신은 그런 바름의 기도를 들어준 것이다.
절대 구원받을 수 없는 괴물 살인마인 바름에게 선한 인간, 요한의 전두엽을 선물함으로써, 바름이 자기 스스로 저지른 죄에 대해 속죄할 기회를 준 것이며 구원받을 기회를 준 것이다.

마우스 2
| 내 머릿속에 살인마가 산다 |

초판 1쇄 인쇄 2021년 5월 21일
초판 1쇄 발행 2021년 6월 2일

지은이   최란
편집인   서진
펴낸곳   이지퍼블리싱

편집   성주영

마케팅   구본건 김정현
영업   이동진

디자인   양은경

주소   경기도 파주시 광인사길 209, 202호
대표번호   031-946-0423
팩스   070-7589-0721
전자우편   edit@izipub.co.kr
출판신고   2018년4월23일 제2018-000094호

ISBN   979-11-90905-10-7   03680
값 17,500원